CORSO DI ECONOMIA

Economia politica e società nell'era della globalizzazione

CORSO DI ECONOMIA

Franco Poma

Economia politica e società nell'era della globalizzazione

Direzione editoriale	Franco Menin
Redazione e coordinamento	Alessandro Torcello
Progetto grafico e copertina	Giuseppina Vailati Canta
Ricerca iconografica	Mariagrazia Ferri
Impaginazione	Edistudio S.r.l. - Milano, La Bottega dei Pensieri - Novara

Si ringrazia la professoressa Janet Harmer per la consulenza, le traduzioni e la revisione dei materiali in lingua inglese.

Referenze iconografiche
ICP Online
Shutterstock
Tutte le altre immagini provengono dall'Archivio Principato.
Per le riproduzioni di testi e immagini appartenenti a terzi, inserite in quest'opera, l'editore è a disposizione degli aventi diritto non potuti reperire, nonché per eventuali non volute omissioni e/o errori di attribuzione nei riferimenti.

Contenuti digitali
Progettazione Marco Mauri, Giovanna Moraglia
Realizzazione Alberto Vailati Canta, ITG Torino, Giuliano Mannini, La Bottega dei Pensieri

ISBN 978-88-416-6068-3 Corso di economia - Economia politica
ISBN 978-88-6706-322-2 Corso di economia - Economia politica *solo versione digitale*

Prima edizione: gennaio 2017

Ristampe
2022 2021 2020
VI   V   IV   III

Printed in Italy

© 2017 - Proprietà letteraria riservata.
È vietata la riproduzione, anche parziale, con qualsiasi mezzo effettuata, compresa la fotocopia, anche ad uso interno o didattico, non autorizzata. Le fotocopie per uso personale del lettore possono essere effettuate nei limiti del 15% di ciascun volume dietro pagamento alla SIAE del compenso previsto dall'art. 68, commi 4 e 5, della legge 22 aprile 1941 n. 633. Le riproduzioni per finalità di carattere professionale, economico o commerciale o comunque per uso diverso da quello personale, possono essere effettuate a seguito di specifica autorizzazione rilasciata da CLEARedi (Centro licenze e autorizzazioni per le riproduzioni editoriali), corso di Porta Romana 108, 20122 Milano, e-mail **autorizzazioni@clearedi.org** e sito web www.clearedi.org.

I materiali reperibili nel sito www.principato.it sono messi a disposizione per un uso esclusivamente didattico. All'atto della pubblicazione la casa editrice ha provveduto a controllare la correttezza degli indirizzi web ai quali si rimanda nel volume; non si assume alcuna responsabilità sulle variazioni che siano potute o possano intervenire successivamente.

Casa Editrice G. Principato S.p.A.
Via G.B. Fauché 10 - 20154 Milano

La casa editrice attua procedure idonee ad assicurare la qualità nel processo di progettazione, realizzazione e distribuzione dei prodotti editoriali.

sito web: http://www.principato.it
e-mail: info@principato.it

Stampa: Sebegraf - Arese (Milano)

Presentazione

Questo nuovo **Corso di economia** è il risultato di una profonda revisione che ha interessato più fronti. È stato innanzitutto riveduto l'aspetto contenutistico, in modo da rendere la trattazione della materia sempre più precisa e aggiornata; sono state apportate forti innovazioni alle sezioni didattiche; il testo ha visto poi l'introduzione di nuove rubriche, che evidenziano le più interessanti tendenze dell'economia dei nostri giorni; infine è stato compiuto un grande sforzo migliorativo sotto l'aspetto grafico, per cui il corso si presenta oggi con una veste e un formato del tutto nuovi.

Migliorare un testo che da decenni trova continue conferme del suo apprezzamento nella scuola non è un compito facile. Ancora una volta si è scelto di **innovare nella tradizione**, in modo da non snaturare lo stile e il taglio che hanno reso questo manuale un classico del settore. Il corso risulta così perfettamente funzionale alle attuali esigenze didattiche, senza però rinunciare alla sua caratteristica impostazione apprezzata da insegnanti e studenti.

I punti di forza del libro sono mantenuti nella loro interezza: **impianto disciplinare solido**, **rigore contenutistico**, **linguaggio chiaro e preciso**. Chi già lo conosce vi ritroverà la consueta ricchezza di tabelle, schemi e percorsi grafici, unita allo scrupoloso aggiornamento dei dati statistici e all'attenzione alle tendenze più recenti dell'economia. Chi invece vi si avvicinerà per la prima volta potrà apprezzare il taglio pratico e innovativo dell'opera, orientata a una visione moderna e dinamica della materia.

Molto del lavoro che ha portato a questa nuova edizione si è concentrato sull'**attualità dei contenuti**, sulla **cura dell'apparato didattico** e sulla **semplificazione del linguaggio**: il tutto allo scopo di aumentare l'efficacia dell'insegnamento e di seguire l'incessante evoluzione della dinamica dei fatti economici. Sezioni totalmente nuove sono poi quelle in **lingua inglese**, costruite secondo la metodologia **CLIL**, che permettono ai ragazzi di conoscere l'economia in quella che è attualmente la sua lingua di riferimento.

Una grande novità è rappresentata anche dalla **veste grafica**, riveduta a fondo in modo da dare al corso **un volto totalmente nuovo**. Il formato adottato, le aperture di moduli e unità e tutti gli elementi grafici sono stati pensati non solo per donare una maggiore gradevolezza alla lettura, ma per armonizzarsi con gli altri elementi del testo e completarne la funzione. La grafica contribuisce infatti a semplificare l'utilizzo del volume, evidenziando i concetti fondamentali, sottolineando alcuni passaggi e mettendo in maggiore risalto elementi utili all'apprendimento, come i glossari o le mappe concettuali. La ricchezza di **immagini** concorre poi a rendere questa materia più vicina al vissuto e agli interessi degli studenti.

L'**apparato didattico** è particolarmente curato: i termini tecnici sono spiegati in un apposito **glossario** che affianca direttamente il testo nel colonnina laterale (nella versione eBook+ è disponibile un glossario aggiuntivo in lingua inglese); **approfondimenti**, **letture** e **rubriche** accompagnano e completano la trattazione. Alla fine di ogni unità è stata predisposta una **scheda operativa** dotata di numerosi esercizi e test per la **verifica formativa**.

presentazione

Al termine di ciascun modulo è poi presente una **verifica di tipo sommativo**, con ulteriori proposte di attività e approfondimenti, oltre alla nuova **sezione CLIL** con testi in inglese.

Il **linguaggio** è stato semplificato, per avvicinarsi ai temi economici con un approccio il più possibile accattivante e coinvolgente. È importante infatti che gli studenti si accostino a questa disciplina senza dubbi e incertezze, perché l'economia è un'esperienza che riguarda tutti nello sforzo quotidiano per assicurare il benessere a sé e alla propria famiglia.

Pur mantenendo la tradizionale **precisione**, in generale il testo è stato alleggerito, migliorandone la **chiarezza espositiva** con esempi e casi tratti dal vissuto quotidiano degli allievi. La terminologia è stata riveduta e aggiornata, e risulta ora più "amichevole" per il lettore. La **sintesi finale**, presente in ogni unità (sia in italiano che in inglese), concorre al raggiungimento di una maggiore immediatezza, fornendo subito l'itinerario logico della materia ed evidenziandone i nodi concettuali.

Il testo sfrutta appieno le possibilità offerte dai nuovi strumenti informatici: la **versione eBook+** offre infatti ulteriori **approfondimenti**, **letture**, **schemi animati** e **materiali audio** ai quali si può accedere facilmente per disporre di ulteriori attività di ricerca, spesso adatte a lavori di gruppo. Inoltre, le **verifiche** a domanda chiusa possono essere svolte in modalità interattiva e con autocorrezione. Ne è esaltato così sia il ruolo dell'insegnante, che diventa guida e accompagnatore in un percorso compiuto insieme alla classe, sia quello dello studente, ora parte attiva del processo di apprendimento.

L'economia politica ha una **particolare valenza formativa**, perché non offre verità incontrovertibili, raggiunte una volta per tutte, ma al suo interno convivono diverse posizioni dottrinali, ciascuna delle quali conserva una parte di verità. Essa è quindi in grado di educare lo spirito critico del giovane, abituandolo al dialogo e al confronto. In questo corso i problemi trattati sono spesso collocati in una **dimensione storica**: lo studente può così cogliere la dinamica dell'economia non come un insegnamento che trasmette verità indiscutibili, ma come una disciplina che evidenzia i conflitti ed esamina le diverse posizioni.

La materia è dunque organizzata in modo da raggiungere **due obiettivi fondamentali**: il primo è l'acquisizione di una buona conoscenza del funzionamento del sistema economico, sia nella prospettiva di un arricchimento culturale dell'allievo, sia in quella di un suo futuro inserimento nel mondo del lavoro; il secondo è lo sviluppo dell'abitudine alla riflessione sul funzionamento degli istituti economici e sul ruolo svolto dai diversi operatori dell'economia.

L'autore si augura di avere raggiunto tali obiettivi; in particolare, l'auspicio è che questo corso possa diventare uno strumento utile per lo studio e l'attività didattica in classe, ma che soprattutto riesca ad essere un mezzo per rendere i giovani sempre più consapevoli e protagonisti della realtà di oggi.

L'autore

Guida alla lettura

Questo nuovo **Corso di economia** costituisce un valido strumento di lavoro per la scuola di oggi, perché facilita sia lo sforzo di apprendimento degli studenti, sia l'attività didattica degli insegnanti: nella sua strutturazione sono state privilegiate **soluzioni pratiche ed efficaci**, in grado di rispondere alle reali necessità degli utenti lungo il percorso di studio.

Il testo è suddiviso in **moduli**, a loro volta organizzati in **unità** di apprendimento. All'interno di ogni unità il testo è strutturato in **paragrafi** e **sottoparagrafi**, in modo da arrivare a unità minime di agevole comprensione; sia le unità sia i moduli presentano **sezioni in lingua inglese** costruite secondo la **metodologia CLIL**. Conclude il volume una rapida **Appendice** dedicata alla storia economica dell'Italia unita.

Per aiutare lo studente a ritornare sui concetti appresi e rintracciare agevolmente le nozioni basilari, il volume è dotato di vari **indici**: oltre naturalmente all'indice generale sono presenti l'*Indice dei nomi*, l'*Indice degli argomenti e delle definizioni*, l'*Indice del glossario* e l'*Indice dei termini inglesi*; in tal modo il manuale si presenta anche come un efficace **strumento di consultazione**, che permette allo studente di avere sempre sotto mano l'intera disciplina.

La **trattazione** è stata resa fluida e coinvolgente attraverso un accurato lavoro sul testo, ma anche tramite l'inserimento di **esempi** e **casi pratici**. Un ampio utilizzo di **elementi grafici** (schemi, evidenziazioni, simboli ecc.) contribuisce ad avvicinare la materia ai giovani, evitando quella sensazione di disorientamento che la complessità di alcuni temi può provocare.

Per rendere la disciplina più interessante e gradevole il volume è poi dotato di una serie di particolari **rubriche** e **strumenti didattici**, strutturati in modo da agevolare il più possibile la comprensione dei concetti. Vediamoli qui di seguito.

Ogni modulo si apre con una **sintesi ragionata** che ne illustra il percorso logico, orientando l'allievo verso i temi che verranno affrontati e mostrandone i reciproci collegamenti. Alla sintesi si accompagnano i **prerequisiti** e gli **obiettivi di modulo**, attraverso i quali è possibile verificare le conoscenze richieste per la migliore comprensione del testo e gli elementi che verranno appresi.

guida alla lettura

Le unità di apprendimento sono introdotte da una breve **presentazione** in forma testuale, che anticipa gli argomenti presenti nell'unità stessa. Lo scopo di tale introduzione è quello di circoscrivere idealmente il tema che verrà studiato, per una sua migliore comprensione.

Alla presentazione si affiancano gli elenchi dei **prerequisiti di unità**, delle **conoscenze** e delle **abilità operative** che verranno raggiunte; questi elementi, considerati nel loro insieme, costituiscono i principali snodi tematici dell'argomento.

Il testo fa della **chiarezza e semplicità espositiva** un suo punto di forza. Per ottenere tale risultato sono stati utilizzati vari accorgimenti:

- le **definizioni** e i **concetti basilari** della disciplina sono evidenziati da un fondino e da una banda laterale in colore accompagnata da un evidenziatore stilizzato; tutte le definizioni sono poi elencate nell'apposito **indice** a fine volume;

- i concetti meno immediati sono spiegati attraverso **esempi** e **casi pratici** tratti dall'esperienza comune; un'apposita rubrica chiamata *In pratica* inframmezza il testo mostrando le ricadute reali di quanto appena spiegato, in modo da avvicinare la materia alla realtà quotidiana;
- la trattazione è accompagnata da **tabelle**, **grafici** e **schemi** di vario genere, che contribuiscono a chiarire o sintetizzare i concetti.

Di grande utilità sono le voci di **glossario** poste al piede della pagina o nel colonnino, che attraverso brevi box chiariscono immediatamente i concetti più complessi presenti nel testo; il loro numero, particolarmente elevato (sono presenti oltre **300 voci** distribuite nell'intero volume) fa di questo glossario quasi un "testo parallelo" che accompagna la trattazione corrente. L'*Indice del glossario* a fine volume permette poi di ritrovare con facilità ogni singola voce.

Nell'ottica della **metodologia CLIL**, il volume presenta diverse sezioni in lingua, a livello sia di unità sia di modulo. Lungo il testo, evidenziata da una bandierina, viene offerta la **traduzione inglese immediata** dei termini più importanti dell'economia (circa **120**), in modo che lo studente possa costruirsi un vocabolario economico di base. L'*Indice dei termini inglesi* a fine volume permette di tornare facilmente a ogni singola voce.

La **versione eBook+**, utilizzabile da computer e tablet, offre una serie di **estensioni** che permettono un'esperienza di studio più ricca e completa: la possibilità di accedere a ulteriori materiali (rubriche, approfondimenti, animazioni, immagini e file audio) consente infatti una migliore comprensione degli argomenti. Un apposito **simbolo** posto nel colonnino laterale (si veda la **legenda** completa a p. XIII) segnala la presenza di un **ampliamento** relativo all'argomento in questione; per quanto riguarda i termini inglesi, nella versione **eBook+** cliccando sulla bandierina si accede a un **box di glossario** in lingua che spiega in dettaglio il concetto indicato.

IX

indice

Il testo è accompagnato da **rubriche** e **box di approfondimento** di varia tipologia, ciascuno distinto da una particolare grafica. Molto aggiornati, questi box forniscono precisazioni di carattere tecnico o storico, e offrono ulteriori spunti di riflessione anche per lavori di gruppo.
Le rubriche sono distinte in tre tipologie:

- ***Per capire meglio***, con approfondimenti, notizie storiche, opinioni di economisti ed esperti;

- ***L'economia che non ti aspetti***, dove si mostrano i lati più curiosi, insoliti e a volte anche imprevisti dell'economia;

- ***La nuova economia***, incentrata sugli aspetti più moderni della disciplina.

Nel loro insieme questi box costituiscono un **testo parallelo** che introduce nuovi punti di vista o utili chiarimenti sui temi economici di maggiore attualità.

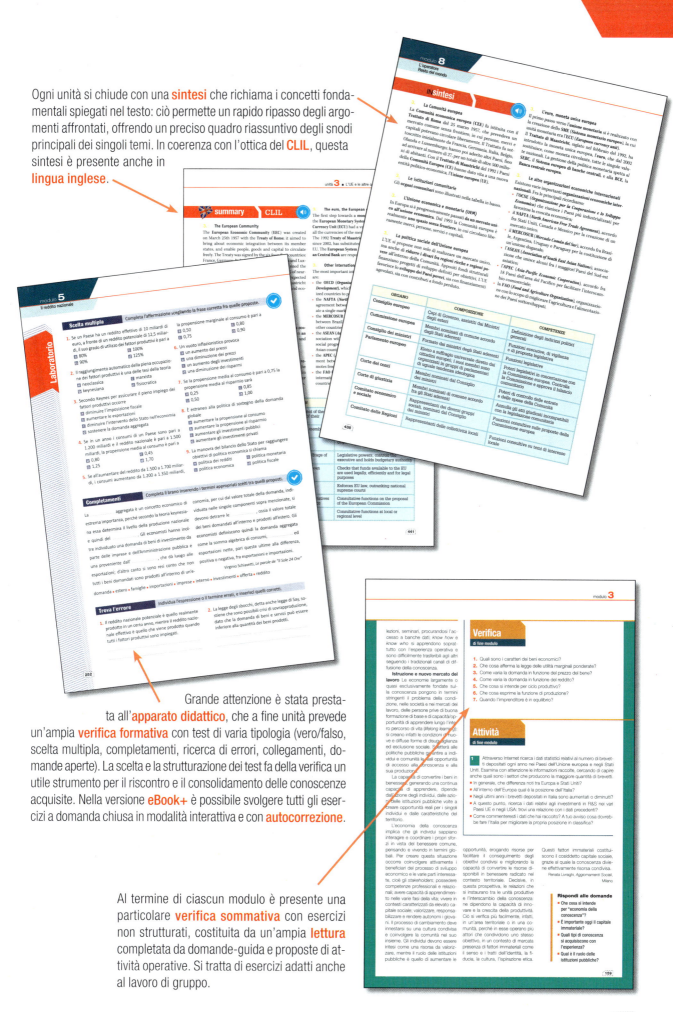

La versione eBook+

Economia politica e società nell'era della globalizzazione

Questo nuovo **Corso di economia** è proposto anche in versione **eBook+**, un nuovo modo per studiare utilizzando diversi dispositivi multimediali, come computer e tablet.

L'**eBook+** è multimediale
L'eBook+ arricchisce il libro di testo con approfondimenti, animazioni di grafici, oggetti interattivi, gallerie fotografiche, link e collegamenti vari.

L'**eBook+** è interattivo
L'eBook+ integra esercizi direttamente sul testo digitale, per una verifica immediata dell'apprendimento.

L'**eBook+** è coinvolgente
L'eBook+ aiuta gli studenti a comprendere e approfondire i contenuti, rendendo l'apprendimento più attivo e divertente.

Nelle pagine del libro sono inserite delle **icone** che indicano la presenza e il tipo di contenuti aggiuntivi disponibili. Ecco il loro significato.

Documenti
Integra il testo con schede tematiche, approfondimenti, glossari o definizioni. I concetti di cui si tratta vengono quindi spiegati in modo più dettagliato.

Link
Rimanda ad altre sezioni dello stesso libro, in modo da avere una visione più completa dell'argomento.

HTML 5
Propone oggetti animati o interattivi che aiutano la comprensione dei concetti meno immediati, offrendo agli studenti un nuovo modo di approfondire i contenuti della materia.

Esercizi
Offre esercizi, test a risposta multipla e verifiche di apprendimento. La correzione è immediata, e consente di ripassare in autonomia i temi studiati, valutando la propria preparazione e ripassando, se necessario, i contenuti non assimilati.

Audio
Include nel libro digitale contributi audio e file musicali. Permette, ad esempio, di ascoltare le versioni audio dei testi indicati, con la corretta pronuncia nel caso di sezioni in lingua straniera.

Immagini e Gallery
Aggiunge al testo fotografie, disegni e altro materiale grafico, accompagnato dalle relative didascalie. Viene così fornita una diversa chiave di lettura dei temi trattati.

Download
Permette di scaricare file didattici, nei principali formati, relativi all'argomento affrontato nel testo.

Zoom
Ingrandisce le immagini più piccole presenti sul testo. Diagrammi, tabelle e grafici possono essere quindi espansi sullo schermo ed esaminati dagli studenti con maggiore facilità.

Indice

modulo 1 — Come funziona il sistema economico

Unità 1 L'oggetto dell'economia politica

1.1.	Che cosa studia l'economia politica?	2
	■ L'origine etimologica del termine economia	3
1.2	Le parti dell'economia politica	5
	■ Gli aggregati economici	6
1.3	Le leggi dell'economia	7
1.4	Etica ed economia	9
	■ Un impegno etico per l'economia: sconfiggere la fame	10
1.5	Rapporti tra l'economia e le altre discipline	10
	■ L'economista ideale	11
	INsintesi	12
	Laboratorio	12
	Summary CLIL	14

Unità 2 Il funzionamento del sistema economico

2.1	I soggetti economici	15
2.2	Il circuito economico	17
	■ La globalizzazione dell'economia	18
2.3	Le attività dell'economia	21
	■ Sistema economico e ambiente naturale	21
2.4	Tre domande fondamentali	23
2.5	I settori produttivi	23
2.6	L'evoluzione storica dell'economia	25
	■ Le nuove frontiere dell'economia	28
	INsintesi	29
	Laboratorio	29
	Summary CLIL	31

Unità 3 Le scuole economiche

3.1	L'evoluzione del pensiero economico	32
	■ L'interazione tra la realtà e il pensiero economico	33
3.2	Il periodo frammentario	33
3.3	Il mercantilismo	34
3.4	La fisiocrazia	37
	■ La circolazione del prodotto secondo Quesnay	38
3.5	La scuola classica	39
	■ La rivoluzione industriale	41
	■ Divisione del lavoro e aumento del sovrappiù	43
3.6	La scuola socialista	44
	■ La crisi del capitalismo secondo Marx	45
3.7	La scuola storica	47
3.8	La scuola neoclassica	47
	■ Il paradosso del valore (l'acqua e il diamante)	49
3.9	La rivoluzione keynesiana	50
3.10	La controrivoluzione neoliberista	51
3.11	La situazione attuale	52
	■ Perchè è aumentata la precarietà del lavoro	53
	INsintesi	54
	Laboratorio	55
	Summary CLIL	57

Lettura di fine modulo I problemi fondamentali dell'economia — 58
Verifica di fine modulo — 59
Attività di fine modulo — 59
CLIL What is economics? — 60

modulo

2

Gli operatori economici

Unità 1 L'operatore famiglie

1.1	La funzione delle famiglie	64
	▪ La famiglia italiana oggi	65
1.2	I consumi delle famiglie	66
	▪ Come cambiano i consumi	67
1.3	La legge di Engel	68
1.4	Il risparmio delle famiglie	68
	▪ La famiglia come impresa	69
1.5	L'influenza delle variabili socio-economiche sui consumi	72
	INsintesi	73
	Laboratorio	73
	Summary CLIL	75

Unità 2 L'operatore imprese

2.1	L'imprenditore e l'impresa	76
2.2	Le funzioni dell'impresa	78
2.3	La politica industriale	80
2.4	Le imprese multinazionali	82
	▪ Imprese multinazionali e imprese transnazionali	83
	▪ Outsourcing: rifornirsi all'estero	83
2.5	L'impresa cooperativa	84
	▪ Cooperazione e banca etica	85
2.6	Piccole e medie imprese	85
	▪ Identikit delle PMI	86
	▪ I pericoli della contraffazione	87
2.7	I distretti industriali	87
	▪ Un mondo di piccole imprese	88

2.8	La distribuzione commerciale	89
	▪ Il business corre in rete	90
2.9	L'impresa e l'ambiente	90
	▪ Il bilancio ambientale	93
2.10	La responsabilità sociale dell'impresa	94
	▪ Il bilancio sociale dell'impresa	95
	INsintesi	96
	Laboratorio	97
	Summary CLIL	99

Unità 3 L'operatore Stato

3.1	Soggetti e funzioni dello Stato	100
3.2	Entrate e spese dello Stato	102
	▪ I grafici: istruzioni per l'uso	104
3.3	Dallo "Stato gendarme" al Welfare State	105
3.4	La politica economica	107
3.5	Il ruolo dello Stato nel sistema liberista	108
3.6	Il sistema collettivista	110
3.7	Il sistema di economia mista	111
	INsintesi	113
	Laboratorio	113
	Summary CLIL	115

Lettura di fine modulo Lo sviluppo economico richiede una buona istruzione — 116

Verifica di fine modulo — 117

Attività di fine modulo — 117

CLIL The sharing economy, a new form of collaborative consumption — 118

modulo

3

Domanda e offerta

Unità 1 La sfera della domanda

1.1	I bisogni economici	122
1.2	I beni economici	124

1.3	Ricchezza, patrimonio e reddito	126
1.4	L'utilità economica	126
	▪ I soldi danno la felicità?	127

XV

indice

1.5	L'equilibrio del consumatore mediante la funzione di utilità	129
1.6	La curva di domanda	130
	■ Che cos'è l'econometria	131
	■ Eccezioni alla legge della domanda	133
1.7	L'elasticità della domanda	134
	INsintesi	137
	Laboratorio	137
	Summary CLIL	139

Unità 2 La sfera dell'offerta

2.1	I fattori produttivi	140
2.2	La funzione di produzione	143
	■ Le economie di scala nell'industria	144
2.3	Prodotto medio e prodotto marginale	145
2.4	L'equilibrio dell'imprenditore	146
2.5	Il costo di produzione	146

2.6	La curva di offerta	149
2.7	L'equilibrio costi-ricavi	150
2.8	Il progresso tecnico	150
	■ Il costo del lavoro per unità di prodotto	151
2.9	La produttività dell'impresa	151
	■ La "malattia" di Baumol	153
2.10	"Mettersi in proprio": incentivi ai giovani imprenditori	153
	■ Gli incubatori creano giovani imprenditori	154
	INsintesi	155
	Laboratorio	155
	Summary CLIL	157

Lettura di fine modulo L'economia della conoscenza		158
Verifica di fine modulo		159
Attività di fine modulo		159
CLIL Supply and demand		160

modulo 4
I mercati e la distribuzione del reddito

Unità 1 Le forme di mercato

1.1	Definizione di mercato	164
1.2	Come si forma il prezzo di equilibrio	166
1.3	Spostamenti delle posizioni di equilibrio	168
1.4	Vari tipi di mercato	169
	INsintesi	171
	Laboratorio	171
	Summary CLIL	173

Unità 2 La concorrenza perfetta

2.1	Caratteri della concorrenza perfetta	174
2.2	Equilibrio dell'impresa in regime di concorrenza perfetta	176
2.3	Economie interne ed economie esterne	177
2.4	Vantaggi e svantaggi della concorrenza perfetta	178
2.5	Il mercato contendibile	179
	INsintesi	181

Laboratorio		181
Summary CLIL		183

Unità 3 I mercati non concorrenziali

3.1	Il monopolio	184
3.2	La formazione del prezzo nel monopolio	186
3.3	La discriminazione dei prezzi	188
3.4	Critiche al monopolio	189
3.5	Il monopolio bilaterale	189
	■ Il monopolio al tempo di Internet	190
3.6	Il duopolio	191
3.7	L'oligopolio	192
	■ La curva di domanda ad angolo	193
3.8	Strategie di vendita nell'oligopolio	193
	■ Come la teoria dei giochi spiega l'oligopolio	194
3.9	La concorrenza monopolistica	195
	INsintesi	197
	Laboratorio	197
	Summary CLIL	199

Unità 4 La sfera della distribuzione

4.1	Teorie alternative sulla distribuzione del reddito	200
4.2	Il salario	201
4.3	Il salario nella teoria economica	203
4.4	Il profitto	205
4.5	Le principali teorie sul profitto	206
4.6	L'interesse	206
4.7	La rendita	207
	IN**sintesi**	209
	Laboratorio	209
	Summary CLIL	211

Unità 5 La distribuzione del reddito

5.1	I diversi tipi di distribuzione	212
5.2	La distribuzione funzionale	213
5.3	La distribuzione personale	214
5.4	La distribuzione territoriale	215
5.5	La distribuzione settoriale	216
	IN**sintesi**	217
	Laboratorio	217
	Summary CLIL	219

Lettura di fine modulo Se cresce l'uguaglianza migliorano le possibilità di sviluppo — 220
Verifica di fine modulo — 221
Attività di fine modulo — 221
CLIL Types of markets — 222

modulo 5
Il reddito nazionale

Unità 1 Il prodotto e il reddito nazionale

1.1	La contabilità economica nazionale	226
	■ L'Istat e la contabilità nazionale	227
1.2	Il prodotto nazionale	227
	■ Il peso dell'economia criminale	228
1.3	Il reddito nazionale	230
	■ Livello del reddito e qualità della vita	232
1.4	Il bilancio economico nazionale	232
	■ La contabilità ambientale	234
	IN**sintesi**	235
	Laboratorio	235
	Summary CLIL	237

Unità 2 L'equilibrio del sistema economico

2.1	Il reddito nel periodo breve e nel periodo lungo	238
	■ Prodotto effettivo e prodotto potenziale	239
2.2	La teoria neoclassica del reddito e dell'occupazione	240
2.3	La teoria keynesiana	241
2.4	Il livello del reddito nazionale	242
2.5	Il principio del moltiplicatore	243
2.6	La politica keynesiana a sostegno della domanda	246
2.7	L'equilibrio del reddito nazionale	247
2.8	L'intervento dello Stato nell'economia	248
	■ Il Welfare State	250
2.9	Pro e contro l'intervento pubblico	250
	IN**sintesi**	251
	Laboratorio	251
	Summary CLIL	253

Unità 3 Consumi, risparmi e investimenti

3.1	Uno sguardo d'insieme	254
3.2	I consumi secondo la teoria tradizionale	256
3.3	La funzione keynesiana del consumo	256
3.4	Il risparmio	258
3.5	Gli investimenti	259
	■ Gli investimenti nel capitale umano	260

XVII

indice

3.6	La dimensione ottima degli investimenti	260
3.7	Consumi, risparmi e investimenti in Italia	262
	INsintesi	263
	Laboratorio	263
	Summary CLIL	265

	Lettura di fine modulo Le motivazioni dell'investimento	266
	Verifica di fine modulo	267
	Attività di fine modulo	267
	CLIL The measurement of Gross National Product (GNP)	268

modulo 6 — La moneta e il credito

Unità 1 La moneta e le teorie monetarie

1.1	Origini e funzioni della moneta	272
	▪ Breve storia della moneta	274
	▪ Il No cash day	275
1.2	Vari tipi di moneta	275
	▪ I moderni mezzi di pagamento	276
1.3	I sistemi monetari	277
1.4	Il valore della moneta	279
1.5	La teoria quantitativa della moneta	279
1.6	Il mercato dei capitali	281
1.7	La domanda di moneta	281
1.8	L'offerta di moneta	282
1.9	L'equilibrio del mercato monetario	285
1.10	La disputa monetaristi-neokeynesiani	286
	INsintesi	288
	Laboratorio	288
	Summary CLIL	290

Unità 2 Le banche e il mercato monetario

2.1	Mercato monetario e mercato finanziario	291
2.2	La Banca d'Italia	293
	▪ Il Sistema della Riserva Federale (FED) in USA	294
	▪ Il Sistema europeo di banche centrali (SEBC)	295
2.3	Il sistema bancario italiano	297
	▪ Correntisti più tecnologici in banca	298
	▪ Il gruppo bancario	299
	▪ Too big to fail	300
2.4	Gli strumenti della politica monetaria	301
	▪ Il quantitative easing, una ricetta contro la crisi	301
2.5	Politica monetaria e reddito nazionale	303
	▪ Perchè il cavallo si rifiuta di bere	303

2.6	La controversia sulla politica monetaria	304
	INsintesi	305
	Laboratorio	305
	Summary CLIL	307

Unità 3 La Borsa e il mercato finanziario

3.1	Il mercato finanziario	308
	▪ Come opera il mercato finanziario	309
3.2	La Borsa	309
	▪ Le Zero Coupon, le irredimibili, le subordinate… e tutte le altre	310
	▪ Gli hedge fund	311
	▪ Le Blue chips	312
3.3	Gli operatori della Borsa	314
	▪ Gli indici di Borsa	315
3.4	La riforma della Borsa	316
	▪ Che cos'è l'insider trading	317
3.5	I fondi comuni di investimento	317
3.6	I nuovi strumenti finanziari	319
3.7	Gli istituti di assicurazione	321
3.8	Connessioni tra mercato monetario e mercato finanziario	321
	▪ In Borsa con Internet	322
	INsintesi	323
	Laboratorio	323
	Summary CLIL	325

	Lettura di fine modulo La banca è un fenomeno moderno?	326
	Verifica di fine modulo	327
	Attività di fine modulo	327
	CLIL The functions of the Bank of Italy	328

modulo

7

La dinamica del sistema economico

Unità 1 Il ciclo economico

1.1	Definizione di ciclo economico	332
1.2	Le fasi del ciclo economico	335
	■ Paura e panico	336
1.3	Le teorie del ciclo economico	338
1.4	La politica anticiclica	340
	■ Ciclo politico e ciclo elettorale	341
	■ Gli indici di fiducia	342
	INsintesi	343
	Laboratorio	343
	Summary CLIL	345

Unità 2 L'inflazione

2.1	Definizione di inflazione	346
2.2	La misura dell'inflazione	347
	■ L'inflazione nel passato	348
	■ Come si costruiscono i numeri indici dei prezzi	350
2.3	Le cause dell'inflazione	350
2.4	Gli effetti dell'inflazione	353
	■ Aspettattive e indicizzazioni	354
	■ La stagflazione	356
2.5	Le politiche antinflazionistiche	356
2.6	La politica dei redditi	358
	INsintesi	359

Laboratorio	359
Summary CLIL	361

Unità 3 Il mercato del lavoro

3.1	Il problema dell'occupazione	362
3.2	La misura della disoccupazione	364
3.3	La disoccupazione in Italia e nel mondo	365
3.4	Disoccupazione e tecnologia	366
3.5	Due opposte spiegazioni	367
3.6	La cause della disoccupazione	369
3.7	I rimedi contro la disoccupazione	370
	■ L'indice di miseria	370
	■ Giovane, diventa imprenditore!	371
3.8	Le nuove forme di lavoro	372
	■ Not in education, employment or training	374
3.9	I giovani e il mondo del lavoro	376
	INsintesi	379
	Laboratorio	379
	Summary CLIL	381

Lettura di fine modulo	Lo sviluppo ripartirà dall'ambiente	382
Verifica di fine modulo		383
Attività di fine modulo		383
CLIL	The various types of unemployment	384

modulo

8

L'operatore Resto del mondo

Unità 1 Commercio internazionale e bilancia dei pagamenti

1.1	La distribuzione internazionale delle risorse	388
1.2	La teoria dei vantaggi comparati	390
	■ La teoria ricardiana spiegata da un Nobel	392
1.3	Critiche alla formulazione ricardiana	392
1.4	La moderna teoria del commercio internazionale	393
	■ Come si "rivitalizza" un prodotto maturo	394

XIX

indice

1.5	Commercio internazionale e sviluppo economico	396
1.6	Libero scambio e protezionismo	397
	▪ L'autarchia	398
1.7	Gli strumenti del protezionismo	399
1.8	La cooperazione commerciale internazionale	401
1.9	L'import-export italiano	402
	▪ Aiutare le imprese a competere	403
1.10	La bilancia dei pagamenti	404
	INsintesi	409
	Laboratorio	410
	Summary CLIL	412

Unità 2 Il sistema monetario internazionale

2.1	Il mercato valutario e il cambio	413
2.2	I diversi regimi di cambio	415
	▪ Gli effetti della svalutazione	416
2.3	I "fondamentali" del cambio	417
2.4	I movimenti internazionali dei capitali	418
2.5	Il sistema di Bretton Woods	419
2.6	Il Fondo Monetario Internazionale	420
2.7	La Banca Mondiale	421
	▪ La Banca Mondiale ha cambiato strategia	421
2.8	Dalla scarsità all'eccesso di dollari in Europa	422
2.9	La fine del sistema di Bretton Woods	423
	▪ Una proposta per il futuro	424
2.10	Il sistema monetario attuale	424
	INsintesi	425
	Laboratorio	425
	Summary CLIL	427

Unità 3 L'UE e le altre organizzazioni internazionali

3.1	La Comunità europea	428
3.2	Le istituzioni comunitarie	429

3.3	L'Unione economica e monetaria	431
	▪ A Maastricht è nata l'unione politica dell'Europa	432
3.4	La politica sociale dell'Unione europea	433
3.5	L'euro, moneta unica europea	433
	▪ Euro, la moneta per l'Europa	434
	▪ I tassi dell'euromercato	435
3.6	Le altre organizzazioni economiche internazionali	437
	INsintesi	438
	Laboratorio	439
	Summary CLIL	441

Unità 4 Sviluppo e sottosviluppo

4.1	Perché è importante lo sviluppo economico?	442
	▪ L'influenza dei fattori non economici nello sviluppo	443
4.2	I modelli di sviluppo	444
4.3	La programmazione per lo sviluppo	445
4.4	Come uscire dal sottosviluppo?	446
4.5	La spirale del sottosviluppo	448
4.6	Lo sviluppo nei Paesi ricchi e nei Paesi poveri	451
	▪ Fame un popolo di un miliardo di persone	453
4.7	Gli aiuti ai Paesi poveri	454
	▪ Il mondo in una tazzina di caffè	455
4.8	La globalizzazione	455
4.9	La globalizzazione e i Paesi sottosviluppati	456
	INsintesi	458
	Laboratorio	458
	Summary CLIL	461

Lettura di fine modulo Bretton Woods: come crolla un sistema monetario internazionale		462
Verifica di fine modulo		463
Attività di fine modulo		463
CLIL The debt of developing countries		464

Appendice

A
L'economia dell'Italia unita

Unità A Lo sviluppo economico italiano

A.1	Dall'Unità alla fine della seconda guerra mondiale: 1861-1945	468
A.2	Gli anni della ricostruzione: 1946-1950	470
A.3	Il "miracolo economico": 1951-1963	472
A.4	Gli squilibri del "miracolo"	474
A.5	Il periodo del ristagno: 1964-1972	475
A.6	Gli anni della "grande inflazione": 1973-1983	476
A.7	Il lungo cammino verso il risanamento: 1984-2006	478
A.8	La crisi finanziaria e i problemi attuali: 2007- oggi	479
A.9	Il problema meridionale	481
	INsintesi	484
	Laboratorio	485
	Summary CLIL	487

Lettura di fine modulo	Le "due Italie" al momento dell'Unità	488
Verifica di fine modulo		489
Attività di fine modulo		489
CLIL	The economic history of Italy	490

Strumenti di consultazione

Indice dei nomi	494
Indice degli argomenti e delle definizioni	496
Indice del glossario	499
Indice dei termini inglesi	502

modulo 1

Come funziona il sistema economico

Questo modulo introduce i principi fondamentali dell'economia, chiarendone sia l'oggetto di studio, sia le modalità per giungere alla scoperta delle leggi economiche. Studieremo quindi gli operatori economici (famiglie, imprese, banche, Stato e Resto del mondo) e le loro attività (produzione, distribuzione, consumo, risparmio, investimento). Ci soffermeremo poi sull'evoluzione dei sistemi economici, considerando la situazione attuale e le prospettive per il futuro. Infine inizieremo a conoscere le scuole economiche, con particolare riguardo alle principali correnti di pensiero che hanno caratterizzato lo sviluppo della scienza economica. Impareremo infine che, in ogni fase storica, il pensiero degli economisti è sempre influenzato dalla realtà in cui essi vivono.

PREREQUISITI DI MODULO
- Aver presenti i principali concetti economici appresi nel biennio
- Conoscere le principali periodizzazioni della storia moderna
- Sapersi orientare nel linguaggio economico di base
- Individuare i termini del problema economico
- Conoscere l'oggetto di studio dell'economia, scienza delle scelte

unità 1
L'oggetto dell'economia politica

unità 2
Il funzionamento del sistema economico

unità 3
Le scuole economiche

OBIETTIVI DI MODULO
- Conoscere l'oggetto di studio dell'economia politica
- Avere consapevolezza della natura delle leggi economiche
- Essere consapevoli del funzionamento del sistema economico
- Riconoscere i ruoli dei diversi soggetti economici
- Saper rispondere alle tre domande fondamentali dell'economia
- Saper collegare il pensiero degli economisti ai diversi contesti storici
- Conoscere gli sviluppi essenziali del pensiero economico

modulo **1**
Come funziona il sistema economico

unità

L'oggetto dell'economia politica

DI CHE COSA PARLEREMO
In questa prima unità vengono introdotti i **FONDAMENTI** dell'economia, partendo da una definizione capace di orientarci nel cammino che dovremo percorrere insieme. Ci soffermiamo poi sulle **CLASSIFICAZIONI** che si possono fare all'interno dell'economia e sul **METODO D'INDAGINE** di questa disciplina, basato essenzialmente su **MODELLI**. Infine si analizzano i **RAPPORTI TRA ECONOMIA ED ETICA**, la cui conoscenza è fondamentale per capire i problemi della nostra società.

CHE COSA DEVI CONOSCERE
- La differenza fra le nozioni di *microeconomia* e *macroeconomia*
- Qual è il significato del concetto di etica
- Che cosa studia il diritto
- Qual è l'oggetto di studio della storia
- Qual è l'oggetto di studio della matematica

CHE COSA IMPARERAI
- La definizione di economia politica
- Il principio di razionalità
- Il principio di scarsità
- Le classificazioni dell'economia politica
- Le leggi economiche
- I modelli economici
- Il rapporto tra economia ed etica
- I rapporti dell'economia con le altre materie

CHE COSA SAPRAI FARE
- Definire gli ambiti di attività dell'economia politica
- Classificare le diverse articolazioni di questa disciplina
- Illustrare il particolare carattere delle leggi economiche
- Spiegare il rapporto tra economia ed etica
- Illustrare i collegamenti tra l'economia e le altre scienze

1.1 Che cosa studia l'economia politica?

Di solito, quando si incomincia a studiare una nuova materia, se ne fissano i contenuti attraverso una definizione che serva di orientamento per il lettore: procedura corretta, purché si tenga presente che ogni definizione è relativa, in quanto rispecchia lo stato delle conoscenze in un determinato momento storico. Ciò vale anche per l'economia, dato che le condizioni economiche mutano continuamente e diversi sono i punti di vista degli studiosi e delle **scuole di pensiero** che si succedono nel tempo.

Scienze naturali e scienze sociali
A seconda del loro oggetto di studio, le scienze si distinguono in **fisiche** o **naturali** (chimica, fisica, astronomia ecc.) e **sociali** o **umane** (economia, sociologia, psicologia ecc.). Le prime studiano il mondo esterno, mentre le seconde

unità **1** ■ L'oggetto dell'economia politica

PER capire meglio: L'origine etimologica del termine "economia"

L'espressione economia politica deriva dai termini greci *oîkos* (casa), *nòmos* (legge) e *polis* (città-stato). Essi significano quindi "legge che regola la gestione della famiglia e dello Stato."
Questa denominazione fu usata per la prima volta dal **mercantilista** francese Antoine de Montchréstien, nel titolo di un suo libro del 1615, e divenne ben presto di uso comune. L'etimologia sottolinea che l'economia non è solo una scienza, ma anche un'attività pratica che l'uomo esplica attraverso una serie di attività fra loro collegate, allo scopo di raggiungere un obiettivo. Alla fine dell'Ottocento, sotto l'influenza delle correnti positivistiche, venne preferito nel mondo anglosassone il solo termine ***economics***, per indicare che l'economia doveva adottare gli stessi metodi delle scienze esatte, come la fisica e la matematica (*physics* e *mathematics*).

> L'economia studia l'attività dell'uomo volta a soddisfare i bisogni che accompagnano la sua vita, e le scelte che è necessario compiere per impiegare al meglio le risorse limitate di cui dispone.

si occupano dell'uomo, sia come singolo sia nelle formazioni sociali di cui fa parte. Per quanto riguarda in particolare le scienze sociali, la realtà è così complessa da impedire alla nostra mente di comprenderla nella sua totalità: da qui l'esigenza di studiare l'attività umana da diverse angolature: così, ad esempio, il **diritto** studia l'uomo sotto il profilo dei suoi rapporti con gli altri uomini e delle possibili trasgressioni alle norme che lo Stato gli impone, la **psicologia** studia come le persone si comportano in risposta agli stimoli derivanti dai meccanismi con cui opera la mente umana, la **sociologia** studia i fenomeni che riguardano la società nel suo insieme, indagandone le cause e gli effetti in rapporto ai singoli e ai gruppi sociali.

> Sulla base di queste premesse l'**economia politica** può essere definita come la scienza sociale che studia l'attività dell'uomo rivolta a conseguire le risorse necessarie a soddisfare i suoi bisogni.

Dalla definizione appena riportata si capisce chiaramente il carattere continuativo dell'attività economica svolta dall'uomo, che deve ogni giorno procurarsi i mezzi necessari al suo sostentamento. Aspetto già evidenziato da un'osservazione dell'economista inglese **Alfred Marshall** (1842-1924) che ha lungamente dominato la tradizione scientifica, secondo cui l'economia "è lo studio degli uomini nelle loro normali attività quotidiane... cioè uno studio degli uomini, così come si muovono e pensano".

| Economia politica |
| Economics |

▲ Alfred Marshall

I bisogni umani sono numerosi, spesso risorgenti e suscettibili di svilupparsi all'infinito. I mezzi disponibili per il loro soddisfacimento sono, al contrario, limitati o comunque inferiori alla misura necessaria a soddisfare pienamente i bisogni umani. Questo dato di fatto impone delle scelte fra i mezzi, idonei a impieghi alternativi, e fra i bisogni da soddisfare. Possiamo allora concludere con la seguente definizione più completa:

> l'**economia politica** è la scienza sociale che studia l'attività degli uomini rivolta all'impiego razionale di risorse scarse per il soddisfacimento di bisogni numerosi e risorgenti.

S Scuole di pensiero Raggruppano gli economisti che presentano una certa omogeneità di idee e opinioni. La convergenza si spiega perché, operando nello stesso periodo, gli studiosi sono inevitabilmente influenzati dai giudizi e dagli avvenimenti del loro tempo.

F Formazioni sociali Comunità intermedie fra le persone e lo Stato (come le famiglie, le associazioni professionali, i sindacati, i partiti, le comunità religiose); si sviluppano spontaneamente per raggiungere obiettivi che non possono essere conseguiti da una sola persona.

B Bisogni risorgenti Sono quei bisogni che, dopo essere stati soddisfatti, risorgono a distanza di tempo più o meno breve. Tipici sono la fame e la sete, che una volta saziate si ripresentano con le stesse modalità. È da notare che nel lungo termine gran parte dei bisogni diventa risorgente.

3

modulo 1
Come funziona il sistema economico

Il comportamento ottimizzante

Il principio di razionalità Appunto perché le risorse disponibili per il soddisfacimento dei bisogni sono limitate, i soggetti economici devono, nel loro comportamento quotidiano, rispettare il **principio di razionalità**, che consiste nell'adottare un *comportamento ottimizzante*, cioè nell'assegnare le scarse risorse disponibili al soddisfacimento dei bisogni, in modo da conseguire il massimo risultato con il minimo sforzo.

A seconda delle situazioni in cui si trova un soggetto, il principio di razionalità può così esprimersi:

- **principio del massimo risultato**: se un soggetto ha a disposizione una certa quantità di risorse e deve soddisfare determinati bisogni, le risorse devono essere usate in modo da massimizzare la sua soddisfazione.

IN pratica — Se una persona dispone di 100 euro e ha bisogno di sfamarsi e di comprare un maglione, dovrà destinare le sue risorse in modo tale da soddisfare entrambe le necessità, per cui acquisterà un maglione del costo di soli 80 euro così da destinare la rimanenza all'acquisto del cibo.

- **principio del minimo mezzo**: se un soggetto ha determinati bisogni da soddisfare e dispone di una certa quantità di risorse, queste ultime devono essere utilizzate nella minor quantità possibile.

IN pratica — Se un giovane vuole acquistare un nuovo impianto stereo e dispone in totale di 500 euro, sceglierà un modello che soddisfi le sue esigenze al minor prezzo possibile, in modo da mantenere le risorse per acquistare benzina per la moto, andare al cinema e per le altre sue esigenze quotidiane.

Il seguente schema presenta l'economia come scienza delle scelte razionali fra usi alternativi delle risorse disponibili.

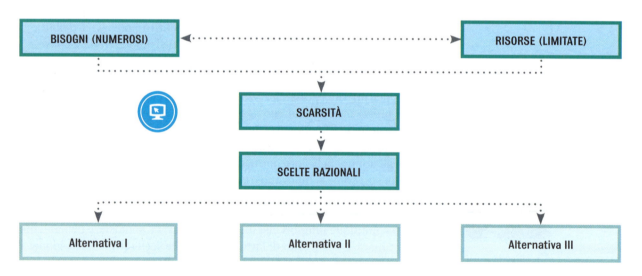

La scarsità

La **scarsità** nasce dallo squilibrio fra le risorse disponibili e i bisogni da soddisfare.

È la situazione tipica della condizione umana, in cui a fronte di bisogni numerosi e risorgenti, ci si trova nella necessità di ottimizzare l'uso delle limitate risorse disponibili, come illustrato nei due esempi precedenti. L'economia si

C Comportamento ottimizzante Impiego efficiente delle risorse per ottenere la maggior quantità possibile di beni e servizi, con il minimo dispendio dei mezzi a disposizione. Scegliere l'utilizzo più efficiente delle risorse nel sistema economico significa applicare il principio di razionalità, teso a ottenere il massimo risultato con il minimo sforzo.

La scienza delle scelte occupa delle scelte razionali fra impieghi alternativi delle risorse: si spiega così perché l'economia è stata anche definita **scienza delle scelte**. Soddisfare un bisogno significa rinunciare alla soddisfazione di un altro bisogno, cioè "scegliere" ciò a cui si deve rinunciare per riuscire a realizzare l'obiettivo che ci si è proposto.

Anche in presenza di risorse abbondanti, dobbiamo sempre decidere tra più alternative. La stessa limitatezza del tempo disponibile impone una scelta fra le diverse attività da svolgere.

> **IN pratica**
> Ci rendiamo facilmente conto di ciò se osserviamo che quando dedichiamo un'ora a una passeggiata con gli amici, rinunciamo a tutti gli altri possibili impieghi del nostro tempo, per esempio leggere un libro o ascoltare musica.

Il costo-opportunità Essendo le risorse limitate e suscettibili di usi alternativi, ogni decisione tesa a impiegarle per un dato scopo implica la rinuncia a un impiego diverso.

> Prende il nome di **costo-opportunità** l'alternativa alla quale si rinuncia nel momento in cui si fa una certa scelta.

Scelte d'impresa Se per esempio un'impresa può produrre, usando le stesse risorse, 100 televisori oppure 120 videoregistratori, scegliendo di produrre i 100 apparecchi televisivi deve rinunciare a produrre i videoregistratori.

In questo caso il costo-opportunità di 100 televisori è pari a 120 videoregistratori, non prodotti in quanto l'impresa ha scelto di produrre televisori.

Scelte collettive Il problema riguarda non solo i singoli soggetti, ma anche la collettività nel suo insieme. Sono in questo caso esempi di costo-opportunità la scelta tra costruire una scuola o una casa di riposo per anziani, oppure la scelta fra la produzione di maggior energia o la tutela dell'ambiente naturale; oppure fra l'aumento dei consumi interni o quello delle esportazioni o degli aiuti ai Paesi sottosviluppati.

1.2 Le parti dell'economia politica

All'interno dell'economia politica si possono fare alcune importanti classificazioni.

Microeconomia - macroeconomia Questa distinzione si basa sulla natura dei soggetti studiati.

Microeconomia

> La **microeconomia** studia il comportamento di singole unità, cioè di operatori economici individuali.

Nel suo campo di indagine rientra, ad esempio, lo studio del comportamento di un singolo consumatore o di un singolo imprenditore.

Macroeconomia

> La **macroeconomia**, invece, si occupa dei grandi aggregati economici, ossia degli insiemi di grandezze omogenee, come il **reddito nazionale**, i consumi e i risparmi globali; oppure dei gruppi che presentano comportamenti economici comuni, come i consumatori, gli imprenditori, e così via.

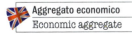
Aggregato economico | Economic aggregate

R Reddito nazionale Valore totale dei beni e servizi prodotti in un anno da un certo sistema economico. Se osservato per un certo periodo, il reddito nazionale è un importante indicatore del processo di crescita economica, e quindi di benessere materiale, di un determinato Paese.

modulo 1
Come funziona il sistema economico

IN pratica — Se si studia come reagisce una famiglia all'aumento del prezzo del pane, l'indagine rientra nel campo della microeconomia; se invece si studia la reazione dell'insieme delle famiglie italiane all'aumento dei prezzi dei pasti consumati fuori casa, l'indagine rientra nel campo della macroeconomia.

Microeconomia e macroeconomia non sono due rami separati dell'economia, ma piuttosto due metodi di analisi che si integrano a vicenda: in particolare, la macroeconomia utilizza i risultati della microeconomia e quindi i due metodi non si contrappongono, ma devono essere impiegati contemporaneamente per conoscere meglio i problemi economici.

Il problema dell'aggregazione — Si passa dalla microeconomia alla macroeconomia **aggregando** i dati economici, cioè esaminandoli nel loro insieme. Il passaggio, indicato come **problema dell'aggregazione**, comporta la soluzione di non facili problemi.

PER capire meglio — Gli aggregati economici

Con questo termine si designano le grandezze economiche che si ottengono sommando insieme grandezze individuali. Risultano importanti per lo studio del comportamento di un settore dell'economia o dell'intero sistema economico. Il termine è largamente impiegato in economia per indicare fenomeni che si manifestano in un certo periodo di tempo (in genere un anno).
Esempi di aggregati sono costituiti dai consumi globali e dai risparmi globali, che risultano rispettivamente dalla somma dei consumi e dei risparmi individuali.

Economia positiva - Economia normativa L'attività rivolta al soddisfacimento dei bisogni può essere studiata sia dal punto di vista del comportamento reale dei diversi soggetti, sia dal punto di vista di come essi dovrebbero comportarsi per raggiungere determinati fini.

L'economia si distingue quindi in **economia positiva** ("scienza di quello che è"), che studia la realtà economica così come si presenta, e in **economia normativa** ("scienza del dover essere"), che indica le norme di condotta che si devono osservare per raggiungere determinati obiettivi.

IN pratica — Se si studia come varia la domanda di benzina all'aumento del prezzo della stessa, l'indagine rientra nel campo dell'economia positiva; se invece si vuole capire come lo Stato deve intervenire per evitare che l'aumento dei prezzi incida eccessivamente sulla spesa delle famiglie più povere, l'indagine rientra nel campo dell'economia normativa.

La politica economica

La parte più importante del ramo normativo dell'economia è costituita dalla **politica economica**, che studia gli interventi dello Stato nell'economia per il raggiungimento di certi obiettivi di interesse generale.

IN pratica — Fra gli obiettivi della politica economica ricordiamo la lotta alla **disoccupazione** e all'**inflazione**, la realizzazione dello sviluppo economico, una più equa distribuzione del reddito fra tutti i soggetti dell'economia.

D Disoccupazione Situazione in cui i lavoratori sono privi di impiego. Può essere **volontaria**, quando le persone non lavorano per libera scelta, oppure **involontaria**, quando le persone desiderano lavorare ma non trovano lavoro.

I Inflazione Aumento generalizzato e continuo del livello dei prezzi, cioè diminuzione prolungata nel tempo del valore o potere di acquisto della moneta. Provoca conseguenze dannose sul sistema economico, per cui va combattuta efficacemente.

unità **1** ■ L'oggetto dell'economia politica

❯ Sacchi di cacao pronti per la spedizione. I meccanismi che regolano il commercio internazionale sono tra gli argomenti studiati dall'economia politica.

Il fattore tempo

Economia statica - Economia dinamica Questa distinzione si basa sul fattore tempo.

 L'**economia statica** studia i fenomeni economici nell'ipotesi (irrealistica) che la situazione economica non subisca variazioni nel tempo.

Essa fornisce un'immagine della realtà così come si presenta in un certo istante.

 L'**economia dinamica** studia i fenomeni economici nelle loro variazioni nel tempo.

Con un'immagine potremmo dire che la statica fotografa una situazione in un momento determinato, mentre la dinamica rappresenta "cinematograficamente" la realtà che si evolve nel tempo.

Se si studia come un lavoratore risponde oggi all'offerta di un aumento della paga per ogni ora lavorata in più, l'indagine rientra nel campo dell'economia statica; se invece si studia la reazione dei lavoratori del settore industriale alle variazioni dei salari nell'ultimo decennio, l'indagine rientra nel campo dell'economia dinamica.

IN pratica

1.3 Le leggi dell'economia

La ricerca economica porta alla scoperta delle **leggi economiche**, che esprimono i modi secondo cui l'uomo tende a comportarsi nelle diverse situazioni.

 Tutte le scienze mirano infatti alla formulazione di **leggi scientifiche**, cioè di affermazioni che enunciano il modo in cui si manifesta un certo fenomeno, chiarendo le cause che lo determinano.

La scienza ha lo scopo di spiegare i fatti osservati (fenomeni), utilizzando un metodo di ricerca e formulando delle leggi.

Le leggi economiche

Le leggi economiche, essendo l'economia una scienza sociale, hanno un carattere particolare; ciò è dovuto al fatto che esse si riferiscono a una realtà complessa, in cui operano variabili difficilmente riducibili alle condizioni semplificate di un esperimento di laboratorio, come avviene per la verifica delle leggi fisiche.

Carattere probabilistico

Infatti le leggi economiche hanno **natura probabilistica**, cioè esprimono tendenze che possono anche essere smentite dalla realtà. In effetti i comportamenti economici sono solo in parte prevedibili e quantificabili, in quanto dipendono da motivazioni complesse, su cui si fonda l'agire dei singoli o dell'intera collettività.

7

modulo 1

Come funziona il sistema economico

Si tenga presente in generale che le leggi scientifiche non esprimono certezze assolute, ma costituiscono sempre verità provvisorie, in quanto possono essere rivedute alla luce di fatti nuovi. **In nessun campo delle scienze esistono spiegazioni definitive,** perché ogni fenomeno può essere ulteriormente spiegato da una nuova teoria che tenga presenti esperienze o concetti scientifici nuovi.

La fisica offre un esempio tipico della provvisorietà delle leggi scientifiche. Il mondo antico credeva ciecamente nella teoria tolemaica, che riteneva il sole in movimento attorno alla terra. Nel corso del XVII secolo le osservazioni di Copernico e di Galileo hanno smentito la teoria tolemaica e verso la metà del XX secolo Einstein ha corretto la stessa teoria copernicana; oggi nuove teorie e nuove osservazioni consentono ulteriori avanzamenti nelle nostre conoscenze in materia. *IN pratica*

Le due strade del metodo scientifico

Il metodo scientifico Alla formulazione delle leggi scientifiche si può giungere attraverso due metodi diversi: il **metodo deduttivo** e il **metodo induttivo**. Si tratta di due procedimenti, di due cammini diversi che la mente umana segue per giungere a scoprire la verità.

Il **metodo deduttivo** consiste nel prendere le mosse da affermazioni generali (ipotesi), giungendo alla spiegazione di un fenomeno mediante lo svolgimento di deduzioni logiche.

Si supponga di voler conoscere le abitudini di spesa di un gruppo di giovani nell'acquisto di romanzi di avventura. Possiamo partire dalle seguenti premesse conoscitive: 1) le disponibilità finanziarie dei giovani negli ultimi anni hanno dimostrato una certa tendenza alla crescita; 2) i mezzi di informazione di massa e la pubblicità hanno diffuso fra i lettori giovani una maggiore conoscenza delle opere pubblicate; 3) gli interessi dei giovani sono aumentati in relazione alla maggiore maturità degli stessi.
In base alle premesse richiamate, applicando il ragionamento logico si può pensare che la spesa dei giovani in libri di avventura sia verosimilmente aumentata rispetto al passato. *IN pratica*

Il **metodo induttivo** si basa invece sull'osservazione di numerosi casi particolari e sulla successiva classificazione dei casi uniformi, pervenendo per tale via alla formulazione di leggi generali.

Nel caso prima proposto, il metodo induttivo consente di scoprire il comportamento dei giovani attraverso una induzione statistica che si effettua, per esempio, mediante interviste a un campione di giovani. L'elaborazione delle risposte si conclude con il calcolo di un dato sintetico della spesa pro capite che dà informazioni sulla consistenza del fenomeno. *IN pratica*

Un processo circolare

L'economia politica, come del resto le altre scienze, usa entrambi i metodi: si può anzi dire che la ricerca scientifica consiste in un **processo circolare** in cui i due procedimenti vengono usati insieme. Ciò perché la conoscenza non si esaurisce nella formulazione di una legge definitiva, ma procede continuamente in base ai nuovi elementi che la realtà offre allo studioso.

I modelli economici I modelli economici sono rappresentazioni semplificate del comportamento dei vari operatori per capire meglio il funzionamento del sistema economico. La semplificazione deriva dal fatto che non si considerano tutte le variabili che agiscono nel sistema economico, ma solo quelle considerate più importanti.

■ **Induzione statistica** Procedimento usato per estendere i risultati ottenuti dall'osservazione di un campione all'intera popolazione da cui è estratto. Consiste quindi nel passare dai fatti osservati alla conoscenza delle leggi generali che li regolano.

unità **1** ■ L'oggetto dell'economia politica

L'importanza dei modelli

Il funzionamento dei modelli Per capire come funziona un modello scientifico, si pensi alle previsioni meteorologiche: il modello serve per studiare come interagiscono le variabili (temperatura, umidità, pressione dell'aria) per prevedere l'evoluzione del tempo atmosferico.

> Possiamo dire che il **modello economico** è una rappresentazione semplificata di tutto o parte del sistema economico, elaborata dagli economisti per meglio capire il funzionamento dell'economia e formulare corrette previsioni.

I modelli economici hanno una **base matematica**: sono costituiti in genere da sistemi di equazioni più o meno complessi, e solo i modelli più elementari sono formati da una sola equazione o da semplici rapporti di causa-effetto.

1.4 Etica ed economia

Fin dal suo apparire come scienza, verso la fine del XVIII secolo, l'economia politica è apparsa strettamente legata all'etica, che si occupa della condotta dell'uomo in rapporto a un ideale di giustizia e di onestà. Fin dal 1890 Alfred Marshall aveva scritto, riassumendo una lunga tradizione scientifica, che "l'economista, al pari di chiunque altro, si deve occupare degli scopi finali dell'uomo".

I giudizi di valore Nel corso degli anni Trenta del secolo scorso un importante economista inglese, **Lionel Robbins** (1898-1984), sostenne la tesi che economia ed etica vanno tenute distinte: l'economista non deve occuparsi di giudizi morali, ma limitarsi a studiare la realtà nei suoi aspetti oggettivi. Secondo questa posizione i giudizi di valore sono estranei all'economia, che deve studiare come i soggetti impiegano effettivamente i mezzi scarsi al soddisfacimento dei loro bisogni, senza preoccupazioni di ordine morale.

▲ Lionel Robbins

La dimensione sociale e politica Oggi si è invece sempre più convinti che l'economista deve essere attento alle dimensioni sociali e politiche dei problemi, non essendo accettabili comportamenti soggettivi tesi esclusivamente alla massimizzazione dell'interesse personale. Nell'odierno quadro culturale gli economisti si rendono conto che l'economia si impoverisce irrimediabilmente se viene distaccata dalle sue radici, costituite dall'uomo e dai suoi bisogni.

L'etica negli affari

Prendiamo, per esempio, la ripartizione del reddito nazionale fra i soggetti che hanno concorso a produrlo. Questo processo di distribuzione non è un fatto tecnico, regolato da principi rigidi e inderogabili, sui quali l'economia non ha nulla da dire. Vi sono viceversa delle finalità, come un'equa distribuzione del reddito fra le classi sociali, che devono essere rispettate.

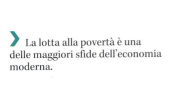

❯ La lotta alla povertà è una delle maggiori sfide dell'economia moderna.

G Giudizi di valore Valutazioni legate a convincimenti individuali, spesso di natura morale o religiosa. Si tratta di opinioni non legate a prove oggettive, ma alle convinzioni di una certa persona o di un certo ambiente; possono rendere la ricerca scientifica meno obiettiva.

9

modulo **1**

Come funziona il sistema economico

la nuova economia

Un impegno etico per l'economia: sconfiggere la fame

L'Expo 2015 è stata l'occasione per la stesura della **Carta di Milano**, che ha lo scopo di sensibilizzare l'opinione pubblica sul tema dell'Expo, "Nutrire il Pianeta, Energia per la Vita". L'obiettivo della Carta è di **educare i cittadini a evitare gli sprechi** di ogni giorno, affermando il diritto al cibo di tutti i popoli della terra, oltre alla sicurezza dei prodotti alimentari e a un'agricoltura sostenibile, tale cioè da non pregiudicare le risorse per le generazioni future. **L'accesso al cibo è considerato un diritto umano fondamentale**, e a questo scopo è necessario combattere la denutrizione e i consumi irreversibili delle risorse naturali, garantendo una gestione sostenibile dei processi produttivi. Tutti siamo stati testimoni, soprattutto negli ultimi anni, di processi migratori sempre più vasti e drammatici causati dalla fame. La Carta di Milano è un **manifesto collettivo**, essendo stata elaborata da una nutrita serie di studiosi e organi ufficiali a livello internazionale. Essa elenca gli impegni sottoscritti dai firmatari per risolvere il problema della fame nel mondo. È stata consegnato a Ban Ki-moon, Segretario generale dell'**Organizzazione delle Nazioni Unite** (ONU), per essere discussa in quella sede quale contributo dell'Italia alla soluzione del cruciale problema della fame.

I lavori preparatori Nel predisporre questo documento ci si è trovati d'accordo sul fatto che a un comportamento orientato al solo profitto e all'interesse privato è necessario contrapporre comportamenti aperti alla partecipazione di tutti ai beni, coinvolgendo i più deboli, con attenzione particolare alla tutela dei giovani, delle donne, degli anziani e delle minoranze. Risulta necessario costruire un'economia che miri alla messa in comune delle risorse, al rispetto della natura, alla partecipazione collettiva ai benefici del progresso, all'investimento di capitali finalizzato al bene della società, alla responsabilità verso le generazioni future. La società futura non può essere programmata e gestita secondo logiche puramente utilitaristiche, ma dovrà essere il frutto di un'economia integrata, che unisca l'interesse pubblico e quello privato, secondo una logica di economia al servizio delle persone, in grado di valorizzare tutti i soggetti in gioco e di promuovere la crescita collettiva. Quest'agire responsabile dovrà essere sostenuto dall'acquisizione del **principio di solidarietà**, che afferma la corrispondenza fra bene personale e bene comune, stimolando l'attenzione verso i più deboli.

I campi di intervento L'idea centrale della Carta di Milano è di giungere all'utilizzo sostenibile delle risorse, intervenendo su **quattro distinti fronti**:
a) promozione di comportamenti responsabili in grado di garantire uno sviluppo sostenibile in ambito economico e sociale;
b) diffusione di coltivazioni agricole che garantiscano cibo sufficiente a tutto il Pianeta senza danneggiare le risorse idriche e la biodiversità;
c) identificazione delle migliori tecnologie per ridurre le disuguaglianze all'interno delle aree urbane dove si concentra la maggior parte della popolazione;
d) sviluppo di strumenti per aiutare a riconoscere nel cibo non solo la fonte del nutrimento, ma anche l'espressione dell'identità socio-culturale della comunità.

L'apertura della Carta Il documento si apre con una citazione carica di significati, tratta dall'*Human Development Report*, una pubblicazione annuale dell'ONU: "Salvaguardare il futuro del Pianeta e il diritto delle generazioni future del mondo intero a vivere esistenze prospere e appaganti è la grande sfida per lo sviluppo del XXI secolo. Comprendere i legami fra sostenibilità ambientale ed equità è essenziale se vogliamo espandere le libertà umane per le generazioni attuali e future".

Il testo completo della **Carta di Milano** si può scaricare dal sito:
http://carta.milano.it/wp-content/uploads/2015/04/Italian_version_Milan_Charter.pdf

1.5 Rapporti tra l'economia e le altre discipline

Molto stretti sono i rapporti dell'economia con le altre scienze sociali, che studiano i diversi aspetti dell'attività dell'uomo.

Economia e politica economica

Fortissimi sono i collegamenti con la **politica economica**, un ramo dell'economia politica che studia gli interventi dello Stato in vista del conseguimento di determinati fini di carattere generale.

Economia e scienza delle finanze

Lo stesso avviene con la **scienza delle finanze** (detta anche **economia pubblica** o **economia finanziaria**), che si occupa dell'attività dello Stato e degli altri enti pubblici rivolta a reperire i mezzi per finanziare la gestione dei servizi pubblici (difesa nazionale, pubblica sicurezza, giustizia, pubblica istruzione ecc.).

10

unità 1 ■ L'oggetto dell'economia politica

Economia e statistica economica

Intensi sono anche i rapporti con la **statistica economica**, che fornisce i dati quantitativi indispensabili alla conoscenza dei fenomeni e alla verifica delle ipotesi formulate (numero dei disoccupati, dati sulle esportazioni e le importazioni, aumento della popolazione, variazioni nei risparmi ecc.).

Economia e diritto

Le connessioni con il **diritto** sono ugualmente importanti, dal momento che l'attività dei soggetti pubblici e privati è regolata da norme giuridiche, il cui scopo è quello di attribuire certezza ai rapporti economici (norme sui contratti, le società commerciali, l'attività produttiva, l'attività bancaria e assicurativa ecc.).

Alcune scelte economiche, come gli acquisti in periodo di saldi, sono fortemente influenzate da motivazioni psicologiche.

Economia, sociologia e psicologia

Da non trascurare i rapporti con la **sociologia** e la **psicologia**, che si occupano rispettivamente dell'organizzazione politica della società (ad esempio, come reagiscono i consumatori al variare della moda, oppure quali sono i comportamenti dei lavoratori nell'impresa) e del comportamento dei singoli soggetti (ad esempio, come reagisce il singolo consumatore all'aumento del prezzo di un bene).

Economia e storia

Tradizionalmente importanti sono sempre stati i rapporti fra l'economia e la **storia**, perché le azioni economiche dei soggetti sono condizionate da abiti mentali ereditati dal passato, che devono essere adeguatamente considerati per capire il presente.

Economia e scienza della politica

Di grande rilievo sono infine i collegamenti con la **scienza della politica**, che studia i rapporti fra i cittadini e le istituzioni rappresentative: le scelte economiche sono sovente il risultato di decisioni politiche, assunte dagli organi istituzionali, che derivano la loro legittimità dalle elezioni.

Economia, matematica e informatica

Con il passare del tempo diventano sempre più stretti i collegamenti con la **matematica**, che consente di trasformare le complesse relazioni fra i fenomeni economici in espressioni numeriche; con l'**informatica**, che si occupa della elaborazione automatica dei dati e utilizzando la velocità di calcolo di potenti elaboratori consente di quantificare le relazioni fra le grandezze economiche, permettendo la simulazione di sistemi economici complessi; con la **telematica**, che studia le modalità della trasmissione delle informazioni.

Le tecnologie informatiche e telematiche consentono oggi il collegamento a livello mondiale di tutti gli operatori economici attraverso una rete elettronica interattiva. Gli enormi progressi dell'informatica hanno rivoluzionato i rapporti economici internazionali, diffondendo un nuovo modo di concepire l'economia nel suo insieme: è la **new economy**, che collega tutti i mercati a livello mondiale attraverso una semplice digitazione sul computer, con possibili riduzioni dei costi e conseguenti vantaggi per i consumatori.

L'ECONOMIA CHE NON TI ASPETTI

L'ECONOMISTA IDEALE

Leggiamo il modo in cui il grande studioso inglese John Maynard Keynes (1883-1946, nella foto) immagina debba essere un buon economista: un insieme di caratteristiche diverse e a volte contrastanti, che danno bene l'idea della complessità di questa disciplina.

«Il buon economista deve essere un matematico, uno storico, un uomo di Stato, un filosofo, in qualche maniera. Deve comprendere i simboli e parlare in parole. Egli deve contemplare il particolare in termini del generale, e trattare l'astratto e il concreto nello stesso giro di pensiero. Deve studiare il presente alla luce del passato, per riuscire a costruire il futuro. Nessuna parte della natura dell'uomo o delle sue istituzioni deve restare totalmente fuori dal suo sguardo. Deve essere propositivo e disinteressato allo stesso tempo: solitario e incorruttibile come un artista, ma talvolta così vicino alla terra come un politico».

John Maynard Keynes, *Alfred Marshall*, «The Economic Journal», 1924

modulo 1
Come funziona il sistema economico

INsintesi

1.1 Che cosa studia l'economia politica?

L'economia politica è una scienza sociale che si occupa dell'attività dell'uomo rivolta all'ottenimento delle risorse necessarie a soddisfare i suoi bisogni. Dato che i bisogni sono illimitati mentre le risorse disponibili sono scarse (**problema della scarsità**), è necessario scegliere quali bisogni soddisfare. Nel soddisfacimento dei bisogni i soggetti si devono comportare razionalmente, in modo da conseguire il massimo risultato con il minimo sforzo. Quando le risorse sono impiegate per raggiungere uno scopo, è necessario rinunciare al raggiungimento di altri scopi. Si chiama **costo-opportunità** l'alternativa migliore a cui si rinuncia quando si fa una determinata scelta.

1.2 Le parti dell'economia politica

Le più importanti classificazioni all'interno dell'economia sono le seguenti.
Microeconomia - Macroeconomia. La microeconomia studia il comportamento delle singole unità economiche (ad esempio il singolo consumatore, il singolo imprenditore); la macroeconomia studia il comportamento dei grandi aggregati, come tutti i consumatori, tutti gli imprenditori visti nel loro insieme.
Economia positiva - Economia normativa. L'economia positiva studia la realtà economica così come si presenta in concreto; l'economia normativa studia i comportamenti necessari per raggiungere determinati fini. La parte più importante dell'economia normativa è costituita dalla **politica economica**, che studia gli interventi dello Stato nell'economia per il conseguimento di obiettivi di carattere generale.
Economia statica - Economia dinamica. L'economia statica studia i fenomeni economici nell'ipotesi che non si verifichino variazioni nel tempo; l'economia dinamica studia i fenomeni economici tenendo conto delle variazioni che subiscono al passare del tempo.

1.3 Le leggi dell'economia

La ricerca scientifica ha come oggetto la scoperta di **leggi scientifiche** che riguardano il modo di manifestarsi dei fenomeni, rispetto alle cause che li determinano. Per scoprire le leggi scientifiche si seguono fondamentalmente due metodi:
- **metodo deduttivo** (ipotesi → ragionamento logico → spiegazione del fenomeno);
- **metodo induttivo** (osservazione dei casi → classificazione → formulazione della legge).

1.4 Etica ed economia

Intorno al 1930 **Lionel Robbins** aveva sostenuto che l'economia non deve preoccuparsi dei **giudizi di valore**, dunque di considerazioni etiche, ma deve solo studiare come i soggetti impiegano i mezzi scarsi per soddisfare i propri bisogni. Diversamente da queste posizioni, ormai superate, oggi si ritiene invece che l'economia debba tenere presenti le considerazioni etiche, in modo da tener sempre conto dei valori fondamentali dell'uomo.

1.5 Rapporti tra l'economia e le altre discipline

L'economia ha stretti rapporti con molte altre discipline. Fra queste ricordiamo la **politica economica**, la **scienza delle finanze**, la **statistica economica**, il **diritto**, la **sociologia**, la **psicologia**, la **storia**. Da non trascurare le relazioni con la **matematica** e l'**informatica**, come pure con la **scienza della politica**, che studia i rapporti fra i cittadini e le istituzioni che li rappresentano.

Laboratorio

Vero / Falso
Indica se le seguenti affermazioni sono vere o false.

1. L'economia politica è una scienza fisica, perché segue leggi verificabili in laboratorio. V F
2. L'economia e il diritto sono scienze sociali, in quanto studiano il comportamento umano. V F
3. L'alternativa a cui si rinuncia nel momento in cui si opera una certa scelta in economia politica si chiama costo-opportunità. V F
4. Il problema economico nasce perché esiste uno squilibrio fra bisogni e risorse. V F
5. L'economia si può definire "scienza delle scelte" perché studia le scelte necessarie per impiegare in modo razionale le scarse risorse disponibili. V F
6. L'economia positiva studia la realtà economica senza preoccuparsi di modificarla. V F
7. Fa parte dell'economia normativa l'affermazione secondo cui per combattere la disoccupazione giovanile è necessario investire in istruzione e formazione. V F
8. La politica economica studia gli interventi dello Stato nell'economia per raggiungere certi fini di interesse generale. V F
9. La microeconomia si occupa del comportamento dei singoli operatori economici. V F
10. Microeconomia e macroeconomia sono due campi di indagine senza alcun rapporto reciproco. V F
11. Gli aggregati economici derivano dalla somma dei comportamenti delle singole unità economiche. V F

unità 1 ■ L'oggetto dell'economia politica

Laboratorio

Scelta multipla
Completa l'affermazione scegliendo la frase corretta fra quelle proposte.

1. Il problema economico nasce dallo squilibrio fra
   a. beni limitati e servizi abbondanti
   b. risorse scarse e bisogni molteplici e risorgenti
   c. bisogni limitati e risorse abbondanti
   d. servizi scarsi e beni abbondanti

2. Il metodo deduttivo consiste nel ragionamento logico, partendo
   a. dall'esame di conoscenze già acquisite ma sperimentate come false
   b. dall'esame di alcuni fenomeni inconsueti per stabilire l'eccezione alla regola
   c. dall'osservazione di numerosi casi particolari per spiegare un dato fenomeno
   d. da principi generali per spiegare un fenomeno particolare

3. Fra le seguenti discipline è una scienza sociale
   a. l'economia
   b. la fisica
   c. la chimica
   d. l'astronomia

4. L'obiettivo di raggiungere una maggior equità nella distribuzione della ricchezza rientra nella
   a. economia positiva
   b. economia normativa
   c. economia dinamica
   d. economia statica

5. Fra le seguenti discipline è una scienza fisica
   a. la chimica
   b. l'economia
   c. il diritto
   d. la psicologia

6. Tutti i fenomeni economici sono fra loro
   a. interdipendenti
   b. indipendenti
   c. in rapporto di casualità
   d. quasi mai collegati

7. Il problema della scarsità delle risorse riguarda
   a. solo le aree povere del Terzo mondo
   b. solo i Paesi extraeuropei privi di petrolio
   c. tutti gli operatori economici
   d. solo i disoccupati privi di reddito

8. La parte dell'economia che studia il comportamento degli operatori economici individuali si chiama
   a. microeconomia
   b. macroeconomia
   c. economia statica
   d. economia dinamica

Completamenti
Completa il brano inserendo i termini appropriati scelti tra quelli proposti.

Se una certa quantità di risorse viene impiegata per produrre un determinato _____, non potrà essere utilizzata per produrne altri. Se un contadino coltiva grano, dovrà rinunciare al valore di tutti i raccolti _____ che avrebbe potuto ottenere al posto del grano. La produzione di un bene implica necessariamente una minore quantità di altri beni cui si rinuncia. Se si passa a considerare il _____ economico nel suo insieme, la scelta di fondo si pone in termini di _____, cioè di possibilità alternative nella produzione, ad esempio, di missili o di ospedali. Se, infatti, le _____ vengono impiegate prevalentemente nell'industria pesante o degli armamenti, il costo di questa _____ per la collettività è dato dalla mancata produzione di beni di consumo o di altri servizi socialmente utili (ospedali, case, scuole ecc.).

alternativi ■ bene ■ consumo ■ costo-opportunità ■ economia ■ investimento ■ risorse ■ scelta ■ sistema ■ soggetti

Trova l'errore
Individua l'espressione o il termine errati, e inserisci quelli corretti.

1. L'economia politica è la scienza naturale che studia l'attività degli uomini rivolta all'impiego razionale di risorse scarse per il soddisfacimento di bisogni numerosi e risorgenti.

2. La macroeconomia studia il comportamento delle singole unità economiche, come ad esempio quello di un singolo consumatore o di un singolo imprenditore.

modulo 1
Come funziona il sistema economico

Laboratorio

Collegamenti
Associa ogni termine della prima colonna con un solo termine della seconda.

1. economia statica _____
2. macroeconomia _____
3. metodo induttivo _____
4. modello economico _____
5. problema economico _____
6. ricerca scientifica _____

a. analisi dei fenomeni economici nell'ipotesi che restino immutati nel tempo
b. studio del comportamento dei grandi aggregati economici
c. impiego razionale dei mezzi scarsi per soddisfare bisogni molteplici e risorgenti
d. rappresentazione semplificata del sistema economico per capirne meglio il funzionamento

1. economia positiva _____
2. economia statica _____
3. economia dinamica _____
4. politica economica _____
5. economia normativa _____

a. in seguito a una forte diminuzione dei consumi delle famiglie, il Governo riduce sensibilmente le imposte per aumentare la capacità di spesa delle famiglie
b. vengono studiate le motivazioni della diminuzione dei consumi delle famiglie italiane, per capirne le cause
c. si analizza la dinamica dei consumi delle famiglie italiane, per capire come è variata nel tempo

Domande aperte
Rispondi alle seguenti domande.

1. Che cosa studia l'economia politica? (1.1)
2. Che cosa si intende per costo-opportunità? (1.1)
3. Che cos'è la politica economica? (1.2)
4. Di che cosa si occupa la macroeconomia? (1.2)
5. Le leggi economiche esprimono certezze assolute? (1.2)
6. Quale differenza esiste fra il metodo deduttivo e il metodo induttivo? (1.3)
7. Che cosa si intende per modello economico? (1.3)
8. Robbins era d'accordo con Marshall in merito al problema della separazione tra economia ed etica? (1.4)
9. Perché sono importanti i collegamenti fra l'economia e la statistica? (1.5)
10. Con quali altre discipline l'economia è in stretto collegamento? (1.5)

 summary CLIL

1.1 What does economics study?
Economics is a social science concerned with how people get what they want in order to satisfy their needs. Since **our needs are unlimited and available resources are scarce**, we have to decide which of these needs are to be satisfied. People have to behave rationally in order to obtain **maximum results with minimum effort**. When resources are used to reach an objective, it is necessary to abandon other objectives. This is known as **opportunity cost**, that is, the cost of a missed opportunity.

1.2 The sections of economics
Microeconomics examines the behaviour of individual consumers and firms, **macroeconomics** focuses on the national economy as a whole.
Positive economics is the study of economics based on objective analysis, while **normative economics** studies "what ought to be" rather than what actually is. The most important part of normative economics is **economic policy**, which refers to the actions that governments take in the economic field.
Static economy and dynamic economy: a static economy is a hypothetical economy in which the basic forces are unchanging; a dynamic economy is based on the changes in an economic system over time.

1.3 The laws of economics
Scientific research derives **laws** or generalisations through two methods:
- the **deductive method** (formation of hypothesis → logical reasoning → hypothesis testing);
- the **inductive method** (observation → classification → formation of law).

1.4 Ethics and economics
Around 1930 **Lionel Robbins** claimed that **ethical considerations** can in no way affect the economic aspect of affairs. Economics should only study how individuals use their resources to satisfy their needs. Today, however, it is widely believed that ethical issues connect intimately with economic issues, in a way that man's fundamental values are considered.

1.5 Relationship between economics and other disciplines
Economics is **closely related to many other sciences** including economic policy, public finance, economic statistics, law, sociology, psychology and history. It is also related to mathematics, information technology, and political science, which studies the relationship between citizens and the institutions which represent them.

modulo **1**
Come funziona il sistema economico

unità **2**

Il funzionamento del sistema economico

DI CHE COSA PARLEREMO

In questa unità si analizzano il RUOLO DEI SOGGETTI ECONOMICI (famiglie, imprese, banche, Stato, Resto del mondo) e le loro specifiche ATTIVITÀ (produzione, distribuzione, consumo, risparmio, investimento), evidenziando relazioni e interconnessioni. Si esaminano poi i vari SETTORI PRODUTTIVI e, nella parte finale, si traccia un profilo dell'EVOLUZIONE STORICA dei sistemi economici, con particolare riguardo alla situazione attuale e alle prospettive future.

CHE COSA DEVI CONOSCERE

- La definizione di economia politica
- Il fatto che l'economia è "la scienza delle scelte"
- La differenza fra microeconomia e macroeconomia
- L'importanza del ruolo dell'etica nelle scelte economiche
- Quali sono i principi del metodo deduttivo

CHE COSA IMPARERAI

- Quali sono gli operatori economici e come funziona il circuito economico
- Quali sono le sfere dell'economia
- A quali domande fondamentali l'economia dà risposta
- Che cosa caratterizza i diversi settori produttivi
- In che modo si è evoluta storicamente l'economia

CHE COSA SAPRAI FARE

- Definire i diversi soggetti economici e il loro specifico ruolo
- Descrivere il modo in cui tali soggetti interagiscono tra loro
- Illustrare le diverse attività proprie dell'economia
- Spiegare i problemi della produzione, della distribuzione e del consumo
- Individuare i diversi settori dell'attività produttiva

2.1 I soggetti economici

> L'insieme dei soggetti che mediante rapporti di collaborazione svolgono l'attività economica su un certo territorio, nel quadro di comuni istituzioni giuridico-politiche, prende il nome di **sistema economico**.

Elementi soggettivi e oggettivi

Un sistema economico si compone sia di **elementi soggettivi** (persone), sia di **elementi oggettivi** (organizzazioni, attrezzature, tecniche produttive).

Per capire il funzionamento di un sistema economico è opportuno raggruppare i soggetti in diverse categorie, a seconda delle rispettive caratteristiche operative. Impariamo ora a conoscere le diverse classi di **soggetti economici**, chiamati anche **operatori economici**.

modulo 1
Come funziona il sistema economico

Il ruolo delle famiglie

Le famiglie Sono costituite non solo dai nuclei legati da rapporti di parentela, perché dal punto di vista economico le famiglie comprendono anche le persone singole e le convivenze che costituiscono centri autonomi di spesa (ad esempio conventi, comunità terapeutiche, case di riposo ecc.). Le famiglie **consumano** beni e servizi per il soddisfacimento dei loro bisogni; **risparmiano** per finanziare i consumi futuri (e garantirsi così una certa sicurezza per l'avvenire); **lavorano** per le imprese e lo Stato, allo scopo di procurarsi i mezzi necessari alle loro esigenze di consumo e di risparmio.

▲ La famiglia è un soggetto di grande importanza in economia: le sue attività (lavoro, consumo e risparmio) sono alla base dell'attività economica.

Produzione e scambio

Le imprese Possono essere **individuali** o **societarie** (ossia formate da più proprietari, come le società per azioni), private o pubbliche, a seconda che appartengano a privati o a enti pubblici. Le imprese **acquistano il lavoro** dalle famiglie, **le materie prime** e i **fattori produttivi** per produrre i beni e i servizi che vendono sul mercato. Operano in modo da conseguire un **profitto**, che si realizza quando i ricavi sono più alti dei costi. Sono quindi un **centro di produzione e di scambio**.

Le banche Sono imprese speciali, che trattano un bene particolarmente importante nelle economie moderne, la moneta. **Raccolgono risparmio da chi ne ha in eccesso e lo prestano a chi ne ha bisogno.** Le principali attività che le banche svolgono nel sistema economico sono quindi:
- raccolta del risparmio dalle famiglie;
- finanziamento delle imprese che chiedono prestiti da impiegare nell'acquisto dei fattori produttivi.

Le banche sono istituzioni che svolgono una **funzione di intermediazione finanziaria** fra le famiglie e le imprese. Pagano un interesse ai depositanti e ricevono un interesse più elevato dalle imprese a cui concedono i prestiti.

I servizi per la collettività

Lo Stato Con il nome di Stato vengono designati gli organi dell'amministrazione centrale e locale che assicurano i **servizi pubblici**, come la pubblica istruzione, la difesa, la giustizia, l'ordine pubblico, il servizio postale, i lavori pubblici ecc. Essi sono finanziati mediante il prelevamento di imposte e tasse dalle famiglie e dalle imprese e – quando queste non sono sufficienti a finanziare la spesa pubblica – ricorrendo a prestiti presso i privati; l'ammontare di questi prestiti costituisce il **debito pubblico**.

M Moneta Mezzo di scambio per l'acquisto di beni e servizi. Appare nel VII secolo a.C. e caratterizza l'intera storia economica dell'umanità. Le prime monete erano probabilmente costituite da vari tipi di metallo (oro, argento, rame) ma anche da conchiglie, sale e pietre varie.

I Imposte Tributi pagati allo Stato e agli altri enti pubblici dai contribuenti (famiglie e imprese) per il godimento di servizi pubblici che avvantaggiano l'intera collettività. Sono commisurate alla capacità contributiva, senza alcun riferimento alla quantità di servizi resi al singolo.

T Tasse Tributi pagati allo Stato e agli altri enti pubblici come corrispettivo di prestazioni particolari richieste dal singolo contribuente. Non sono obbligatorie, ma da corrispondere solo a fronte di un servizio prestato dietro specifica richiesta del contribuente stesso.

unità **2** ■ Il funzionamento del sistema economico

Gli scambi internazionali

Il Resto del mondo Nessun sistema economico nazionale è isolato, ma **tutti i sistemi sono in rapporto fra loro**. Non c'è Paese, per quando grande, che possa produrre al suo interno tutto ciò di cui ha bisogno; non è cioè possibile realizzare un regime di autarchia, ossia di totale indipendenza dall'esterno. In effetti, gli scambi fra Paesi sono molto aumentati negli ultimi decenni: ogni sistema economico è un'**economia aperta**, ossia in rapporto di scambio con tutto il mondo. Con l'espressione "Resto del mondo" intendiamo appunto l'insieme dei sistemi economici con i quali il nostro è collegato.

2.2 Il circuito economico

I soggetti economici interagiscono in stretto rapporto fra loro: le **imprese** producono beni e servizi che vendono ai consumatori, ma per produrre devono dipendere da altre imprese, dovendosi rifornire di materie prime, macchinari e semilavorati. Le **famiglie** dipendono dalle imprese, in quanto acquistano beni e servizi prodotti da queste, e forniscono lavoro alle imprese; le imprese a loro volta dipendono dalle famiglie, perché senza la vendita dei beni alle famiglie non è possibile dar corso a nuovi processi di produzione. Le **banche** raccolgono risparmi dalle famiglie e fanno prestiti alle imprese. Lo **Stato** produce i servizi pubblici che servono alle famiglie e alle imprese, ottenendo dalle famiglie e dalle imprese, attraverso il prelievo fiscale, le risorse necessarie per finanziarli. Infine, ogni sistema economico è in stretto rapporto con il **resto del mondo**, attraverso le importazioni e le esportazioni di beni e servizi.

▼ Un aereo cargo prima del decollo. La fitta rete dell'import-export ha reso le economie di tutto il mondo molto interdipendenti tra di loro.

Come si vede, nel sistema economico si realizza uno stretto intreccio fra gli operatori, un complesso sistema di relazioni dove ciascun soggetto è in stretta relazione con tutti gli altri.

Flussi reali e flussi monetari

I flussi dell'economia Per capire le relazioni fra gli operatori economici si usa uno schema semplificato, chiamato **circuito economico**, che collega le famiglie, le imprese, le banche, lo Stato e il Resto del mondo.

Nelle moderne economie gli scambi hanno sempre una contropartita finanziaria: i beni e i servizi vengono acquistati contro il pagamento di una somma di denaro, il lavoro prestato nell'impresa viene remunerato con un salario, i servizi prestati dallo Stato hanno come contropartita le imposte pagate in denaro, e così via.

I movimenti di moneta, di beni o di servizi tra gli operatori economici sono chiamati flussi: in particolare, i **flussi monetari** riguardano i movimenti di moneta, i **flussi reali** riguardano i movimenti di beni e servizi (comprese le prestazioni lavorative).

Tra gli operatori si stabiliscono due tipi di flussi: **flussi di reddito** e **flussi di spesa**. Le imprese, che pagano i salari ai lavoratori e le rendite ai proprietari dei fattori produttivi, determinano flussi di reddito verso le famiglie. Le famiglie, a loro volta, acquistano beni e servizi, e ciò determina flussi di spesa diretti verso le imprese. L'insieme dei flussi che si determinano all'interno del sistema costituisce il **circuito reddito-spesa**.

A **Autarchia** Indipendenza economica di uno Stato dall'estero, ottenuta mediante la produzione all'interno di tutto ciò di cui ha bisogno, eliminando quindi ogni necessità di importazione. Si realizza solitamente con l'affermazione di movimenti nazionalistici.

P **Prelievo fiscale** È l'insieme dei tributi, cioè delle imposte, delle tasse e dei contributi sociali versati allo Stato. Costituisce la maggior fonte di entrata dello Stato e garantisce il funzionamento dei servizi pubblici.

modulo 1
Come funziona il sistema economico

la nuova economia

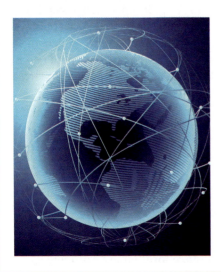

La globalizzazione dell'economia

La facilità delle comunicazioni internazionali rende omogenei i comportamenti degli operatori economici a livello mondiale: le grandi **imprese multinazionali** si fanno concorrenza senza frontiere, gli stessi **prodotti** sono commercializzati in interi continenti, **materie prime** e fonti di energia sono quotate sui mercati internazionali.
Oggi le decisioni degli operatori sono **interdipendenti**: una decisione presa in un settore dell'economia o in un Paese del mondo influenza le decisioni prese in altri settori o in altri Paesi del mondo.

Si pensi al caso del mercato finanziario, che attraverso una rete telematica mondiale consente la contrattazione e gli scambi in tempo reale di azioni e titoli pubblici in ogni parte del mondo. Sempre più numerose sono poi le decisioni prese a **livello planetario**, che coinvolgono operatori sparsi in tutti i continenti. Si pensi al caso di una multinazionale che produce in diversi Paesi: i suoi problemi organizzativi sono così complessi che possono essere gestiti solo attraverso **potenti sistemi informativi** centralizzati, che fanno da supporto a decisioni che impegnano tutte le unità dipendenti.

Le famiglie traggono la propria capacità di acquisto dal reddito che ottengono partecipando all'attività produttiva: si capisce quindi come sia importante che a esse affluisca un reddito dignitoso, perché in caso contrario si ritrovano con un potere d'acquisto limitato e quindi non sono in grado di acquistare i prodotti realizzati dalle imprese, con gravi conseguenze economiche, soprattutto con l'aumento della disoccupazione.

Il flusso circolare del reddito

Gli economisti parlano di **flusso circolare del reddito**, per mettere in evidenza che la spesa è possibile solo se si dispone di reddito, e la spesa a sua volta costituisce un reddito per chi la percepisce.

La rappresentazione del circuito economico è piuttosto complicata. È opportuno quindi procedere per gradi, partendo da uno scenario molto semplice e facendo entrare successivamente i diversi attori.

Rapporti tra famiglie e imprese

Le famiglie e le imprese Immaginiamo un'economia molto semplificata in cui operano solo le **famiglie** e le **imprese**, senza formazione di risparmio da parte delle famiglie e investimenti da parte delle imprese. Il settore delle famiglie fornisce lavoro alle imprese (*flusso reale*) e riceve come contropartita i salari (*flusso monetario*). Il settore delle imprese offre i beni e i servizi (*flusso reale*) e riceve come contropartita le somme pagate per l'acquisto dei beni e servizi (*flusso monetario*).

Come si vede dal grafico, i flussi reali e i flussi monetari sono gli uni la contropartita degli altri.

▼ Rappresentazione semplificata del circuito economico tra famiglie e imprese.

┈┈▶ Flussi reali   ┈┈▶ Flussi monetari

Prezzi di beni e servizi acquistati dalle famiglie

Beni e servizi venduti alle famiglie

FAMIGLIE ⟷ **IMPRESE**

Lavoro

Salari

18

unità 2 ■ Il funzionamento del sistema economico

Le famiglie, le imprese e le banche Facciamo ora entrare in scena le banche, che svolgono – come già sappiamo – l'importante funzione della **intermediazione finanziaria**. Se il reddito delle famiglie è sufficientemente alto, una parte di esso viene risparmiata e depositata in banca. Su tali depositi le banche corrispondono un **interesse** commisurato alla durata e all'importo del deposito. Dato che le famiglie non chiedono tutte contemporaneamente il rimborso dei prestiti, le banche possono effettuare a loro volta **prestiti** alle imprese, che così possono finanziarsi.

Il ruolo della intermediazione finanziaria

Le imprese pagano un interesse alle banche per i finanziamenti ricevuti; questo interesse è ovviamente più alto di quello che le banche pagano alle famiglie, dato che le banche sostengono dei costi di gestione e devono realizzare un profitto.

▼ Il circuito economico famiglie-banche-imprese.

Le famiglie, le imprese e lo Stato Lo Stato produce beni non destinati alla vendita, ma offerti alla collettività come servizi pubblici. Vediamo ora come opera.

Cominciamo con l'esaminare i rapporti fra lo Stato e le famiglie.

Rapporti fra Stato e famiglie

Per fornire i servizi pubblici, lo Stato ha bisogno del lavoro delle famiglie (*flusso reale*), in quanto deve disporre delle prestazioni dei dipendenti pubblici (insegnanti, magistrati, carabinieri, ambasciatori, impiegati delle imposte, medici del servizio sanitario ecc.). A questi lavoratori lo Stato corrisponde un salario (*flusso monetario*), determinato in base agli accordi sindacali. A loro volta, le famiglie pagano allo Stato le imposte, le tasse e i contributi sociali (*flussi monetari*). I contributi sociali sono costituiti da somme che le famiglie e le imprese versano allo Stato per assicurare le prestazioni sociali ai lavoratori (pensioni, assegni familiari, indennità di disoccupazione, indennità in caso di malattia o infortuni sul lavoro). Lo Stato, poi, fornisce alle famiglie i servizi pubblici (*flusso reale*).

Come meglio vedremo più avanti, lo Stato attraverso il prelievo fiscale e la prestazione di servizi (pubblici, previdenziali e assistenziali) svolge anche una funzione di **redistribuzione del reddito** a favore dei cittadini più bisognosi (si pensi alle pensioni sociali, ai sussidi di disoccupazione, all'assistenza sanitaria ecc.).

▼ Il circuito economico Stato-famiglie-imprese.

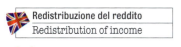

C Contributi sociali Prelevamenti obbligatori a carico dei datori di lavoro e dei lavoratori a favore di enti pubblici previdenziali e assicurativi (come Inps e Inail) a cui è affidata la gestione della previdenza e dell'assistenza ai lavoratori; questa si realizza attraverso varie forme di pensione e di indennità, assegni familiari, interventi di sostegno di vario genere ecc.

R Redistribuzione del reddito Complesso di interventi di politica economica tesi a modificare la distribuzione del reddito per aumentare il livello di vita dei cittadini più poveri. Si realizza soprattutto mediante un sistema fiscale progressivo e attraverso la politica della spesa pubblica, con prestazioni a favore delle classi sociali più svantaggiate.

modulo 1
Come funziona il sistema economico

Rapporti fra Stato e imprese

Consideriamo ora i rapporti fra lo Stato e le imprese. Le imprese vendono allo Stato beni e servizi: ad esempio, lo Stato acquista i banchi e le sedie usate dagli studenti in una classe, ha fatto costruire la scuola ecc. (*flusso reale*), beni a fronte dei quali ha dovuto pagare un prezzo (*flusso monetario*). Lo Stato preleva dalle imprese le imposte, le tasse e i contributi sociali (*flusso monetario*) e fornisce alle imprese i servizi pubblici (strade, ferrovie, porti ecc.), necessario perché queste svolgano il loro compito (*flusso reale*).

Lo Stato può anche trasferire risorse alle imprese, soprattutto se queste versano in situazione di crisi, sotto forma di contributi alla produzione o di esenzioni fiscali.

▲ L'assistenza medica è uno tra i principali servizi pubblici offerti da uno Stato moderno ai suoi cittadini.

🇬🇧	Tassa
	Tax

Rapporti fra le diverse economie

Il Resto del mondo Entra in scena l'ultimo attore, il **Resto del mondo**. I rapporti fra le varie economie si sono molto intensificati negli ultimi decenni, dato che il commercio internazionale ha avuto un enorme sviluppo. Quando un'economia esporta beni e servizi prodotti all'interno, riceve in cambio un flusso di valuta estera, così come quando importa beni e servizi dall'estero ha come contropartita l'uscita di moneta nazionale. Anche il turismo internazionale gioca un ruolo importante nel rendere interdipendenti i vari sistemi, come pure i movimenti di capitali fra i diversi Paesi. Il grafico sottostante evidenzia le complesse connessioni fra economia nazionale e resto del mondo.

Il circuito economico così costruito semplifica molto la realtà, ma ci permette di capire meglio le relazioni intercorrenti tra i vari operatori economici.

▼ Schema riassuntivo del sistema economico, dei suoi operatori e dei reciproci rapporti.

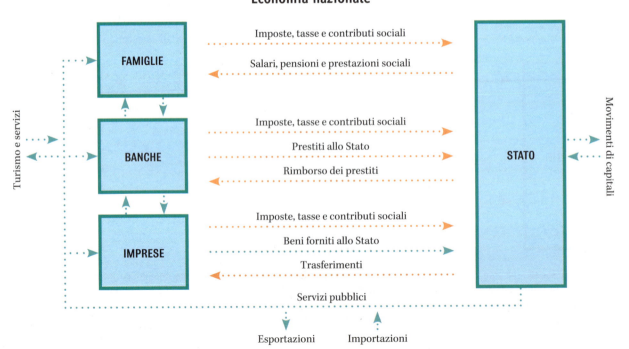

unità **2** ■ Il funzionamento del sistema economico

2.3 Le attività dell'economia

In tutti i sistemi economici vengono svolte alcune attività fondamentali, il cui scopo ultimo è la creazione di beni e servizi destinati a soddisfare i bisogni dell'uomo.

Le funzioni dell'economia

Le attività economiche, che corrispondono ad altrettante **sfere** o **funzioni dell'economia**, sono le seguenti.

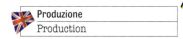

■ **Produzione.** È il processo attraverso il quale si utilizzano le risorse (**fattori produttivi**) per ottenere altri beni, che a loro volta vengono consumati direttamente (**beni di consumo**) oppure servono per produrre altri (**beni strumentali**), attraverso una catena più o meno lunga il cui ultimo anello è sempre necessariamente un bene di consumo.

La produzione consente all'imprenditore di realizzare beni o servizi dalla cui vendita ottiene un ricavo che serve per pagare i salari ai lavoratori, gli interessi alle banche che gli hanno prestato denaro, le spese generali; una quota molto elevata affluisce allo Stato sotto forma di imposte, tasse e contributi previdenziali; ciò che rimane è il profitto netto dell'imprenditore.

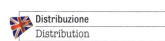

■ **Distribuzione.** Il prodotto ottenuto costituisce una nuova ricchezza che deve essere ripartita fra tutti i soggetti che hanno concorso a produrla.

Salari, rendite, interesse e profitto

Così i lavoratori percepiscono i **salari**; i proprietari dei fattori naturali (materie prime, terra ecc.) percepiscono le **rendite**; i prestatori di capitali l'**interesse**;

la nuova economia

Sistema economico e ambiente naturale

Gli studi più recenti hanno inquadrato l'attività economica in una visione ecologica, in cui l'insieme degli operatori fa parte di un sistema uomo-natura, e precisamente di un ecosistema, in cui tutte le variabili sono interdipendenti. Solo da pochi anni, purtroppo, si presta attenzione al fatto che l'uomo esplica la sua attività in un ambiente naturale che deve essere salvaguardato e trasmesso integro alle generazioni future.
Sino a un passato non molto remoto l'attività economica si è svolta in un ambiente prevalentemente rurale con una popolazione in crescita lenta, che non ha avuto molte possibilità di incidere sulla disponibilità delle risorse o alterare il paesaggio naturale. Da circa un secolo, invece, l'economia è prevalentemente industriale, e l'industria impone cambiamenti veloci e spesso incontrollabili. La popolazione mondiale è cresciuta a ritmi esponenziali, occupando sempre più intensamente gli spazi abitabili. Tutti i giorni dobbiamo fare i conti con un inquinamento crescente, la riduzione delle risorse naturali, la dimensione smisurata delle grandi metropoli, una disuguale distribuzione delle ricchezze, un progressivo degrado della qualità di vita. In poche parole, sono ora notevolmente accresciute sia la complessità che l'instabilità dei sistemi economici.
Si è ora consapevoli che lo sviluppo dell'economia deve essere compatibile con l'ambiente. Distruggere l'ambiente naturale per realizzare uno sviluppo di breve periodo è contro l'interesse dell'umanità. Ogni aumento di reddito è illusorio se comporta una perdita permanente di ricchezze naturali. La difesa dell'equilibrio ambientale deve essere un obiettivo

fondamentale della politica economica, perché nel tempo giova al benessere di tutti.
Per quanto riguarda i rapporti fra sistema economico e ambiente, si sta gradualmente diffondendo un atteggiamento responsabile che sostiene la necessità di trovare un ragionevole mix fra la libertà di iniziativa e la salvaguardia dell'ambiente, avviando rapidamente l'economia sui binari di uno sviluppo compatibile con l'ambiente. Questo atteggiamento – lontano dagli atteggiamenti estremi dei catastrofisti e dei tecno-ottimisti – va senz'altro condiviso. Induce a un ragionato ottimismo per il futuro la riduzione dell'importanza delle risorse materiali inquinanti a favore di quelle immateriali, più rispettose dell'ambiente (questa tendenza è conosciuta come "dematerializzazione dell'economia"), fra le quali assumono una notevole importanza l'elettronica, l'informatica e le biotecnologie.

modulo 1
Come funziona il sistema economico

gli imprenditori sono remunerati con il **profitto**. Come è facile capire, il problema della distribuzione ha un'importante dimensione sociale, in quanto fra i diversi gruppi che concorrono alla produzione possono nascere conflitti circa i criteri di equità in base ai quali il reddito prodotto viene distribuito.

L'utilizzo del reddito

■ **Consumo.** Consiste nell'utilizzazione, da parte delle persone e delle famiglie, dei beni e dei servizi per soddisfare direttamente i bisogni.

I beni e i servizi vengono acquistati spendendo il reddito che le famiglie hanno ottenuto come contropartita del lavoro prestato alle imprese o allo Stato; oppure ottenuto mediante l'impiego del capitale, ricevuto in eredità o risparmiato. A volte i redditi spesi per il consumo derivano da sovvenzioni pubbliche, come nel caso delle pensioni sociali e agli invalidi civili.

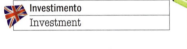

Uno sguardo al futuro

■ **Risparmio.** La produzione si realizza impiegando non solo il lavoro e le risorse naturali, ma anche i beni strumentali.

L'uso di tali beni rende il lavoro umano più produttivo: è proprio l'impiego di beni strumentali che aumenta la quantità di beni prodotti e ne migliora la qualità. Appunto per questo la collettività non consuma tutto ciò che produce, ma ne riserva una parte alla formazione di altri mezzi di produzione, capaci di aumentare il rendimento del lavoro, consentendo così la possibilità di maggiori consumi futuri. Il risparmio è quindi l'atto con cui si rinuncia a un consumo presente per ottenere un maggior consumo nel futuro.

Macchinari, impianti e formazione

■ **Investimento.** È l'atto con il quale le risorse risparmiate sono destinate alla produzione di beni strumentali che vengono ad aggiungersi a quelli già esistenti, o che sostituiscono i beni strumentali che si sono logorati durante i precedenti processi produttivi.

Anche il miglioramento del capitale umano, attraverso un più approfondito addestramento professionale e in generale l'educazione e l'istruzione dei lavoratori, è un'importante forma di investimento.

In sintesi, il funzionamento di un sistema economico si può rappresentare mediante il seguente schema, in cui compaiono le più importanti "parole chiave" dell'economia: sono questi i concetti intorno a cui lavorano operatori economici ed economisti.

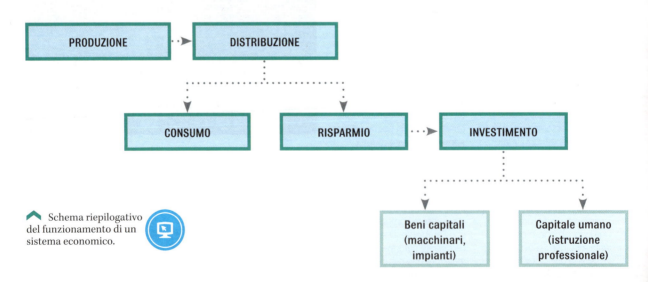

▲ Schema riepilogativo del funzionamento di un sistema economico.

C Capitale umano È costituito dall'accumulazione, nel tempo, di competenze e abilità da parte dei lavoratori (a differenza del capitale fisico, composto dagli impianti e dai macchinari presenti nell'impresa). L'aumento delle capacità professionali dei lavoratori si traduce in miglioramenti nella qualità del lavoro, con ricaduta positiva sulla produttività.

unità **2** ■ Il funzionamento del sistema economico

2.4 Tre domande fondamentali

Per la soluzione dei problemi economici le società si organizzano in sistemi, che sono formati dall'insieme di istituzioni, leggi, attività e valori che costituiscono la cornice delle decisioni economiche.

Ogni **sistema economico**, qualunque sia il suo assetto istituzionale, deve risolvere i problemi della produzione, della distribuzione e del consumo. Tali problemi possono essere schematizzati nei seguenti tre interrogativi fondamentali.

Le domande fondamentali

■ **Quali beni e servizi produrre, e in quali quantità?** Dato che le risorse sono scarse, è necessario stabilire un ordine di priorità tra i bisogni da soddisfare.

È disponibile un certo capitale da investire nell'impresa, con il quale si possono acquistare macchinari, materie prime e lavoro per ottenere il prodotto finito. Si deve stabilire se produrre scarpe, abiti o altri beni, e in quale quantità. Ma **chi deve fare questa scelta?**

■ **Come produrre i beni e i servizi?** Occorre scegliere fra i diversi metodi di produzione, sia a livello microeconomico (singola impresa), sia a livello macroeconomico (insieme delle imprese).

Il responsabile della produzione, dopo aver scelto quali beni produrre, deve decidere se occupare un elevato numero di lavoratori utilizzando una quantità limitata di macchinari, oppure occupare un numero inferiore di lavoratori, aumentando però gli investimenti nei macchinari. Come è ovvio, i criteri di scelta sono diversi e anche qui si pone la questione: **chi deve operare tali scelte?**

■ **Per chi devono essere prodotti i beni e i servizi?** È questo il problema della distribuzione, che consiste nelle decisioni relative alla scelta dei destinatari dei prodotti.

Si dovrà scegliere se produrre beni per lo Stato o per il mercato, se offrirli al mercato nazionale o internazionale, se scegliere un prodotto di alta qualità da vendere al segmento più ricco della popolazione o un prodotto di qualità media da offrire alla generalità dei consumatori. **Ma a chi spetta fissare i criteri di scelta?**

Risposte differenziate

Le risposte a questi problemi fondamentali variano in relazione all'assetto giuridico-politico in cui è **organizzato il sistema economico**, in quanto le forme, gli scopi e i destinatari della produzione e del consumo sono diversi nel sistema liberista, nel sistema collettivista e nel sistema misto.

Tali diversi sistemi dipendono dal **diverso ruolo svolto dallo Stato nell'economia**: ne parleremo nel Mod. 2, unità 3, dedicata a questo importante argomento.

2.5 I settori produttivi

Settore primario

Settore secondario

Nell'attività produttiva si distinguono **tre settori**: agricoltura, industria e servizi.

L'**agricoltura**, detta anche **settore primario**, comprende tutte le attività connesse ai processi naturali legati alla terra, come la coltivazione dei fondi agricoli, l'allevamento del bestiame, lo sfruttamento delle foreste, la pesca e l'acquacoltura.

L'**industria**, detta anche **settore secondario**, comprende le attività di trasformazione dei beni provenienti, direttamente o indirettamente, dalla terra.

Comprende diversi comparti: in quello *manifatturiero* rientrano tutte le at-

23

modulo 1
Come funziona il sistema economico

tività di trasformazione delle materie prime e semilavorati in prodotti finiti (industrie alimentari, tessili, meccaniche, chimiche, metallurgiche ecc.); quello *estrattivo* comprende l'estrazione dal suolo di materie prime, come petrolio, minerali, gas metano ecc.; il *settore delle costruzioni*, infine, realizza case, strade, dighe, ospedali, scuole ecc.

I **servizi**, che costituiscono il **settore terziario**, comprendono le imprese che non producono beni materiali, ma offrono prestazioni come il trasporto, il commercio, il credito, le assicurazioni, i servizi della Pubblica amministrazione ecc.

Fanno parte di questo settore anche i servizi resi dai liberi professionisti (medici, avvocati, commercialisti, ingegneri ecc.). Si tratta, in altri termini, della produzione di **beni immateriali**. Una parte di tali servizi è fornita dalle imprese private (*servizi privati*); un'altra parte è fornita dallo Stato (*servizi pubblici*). Alcuni di questi ultimi non hanno un prezzo di mercato, essendo forniti indistintamente a tutti i cittadini e finanziati, come si è detto, con le imposte.

Lo schema evidenzia i principali servizi privati e pubblici.

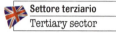

Settore terziario

I beni immateriali

> Schema riepilogativo del sistema dei servizi.

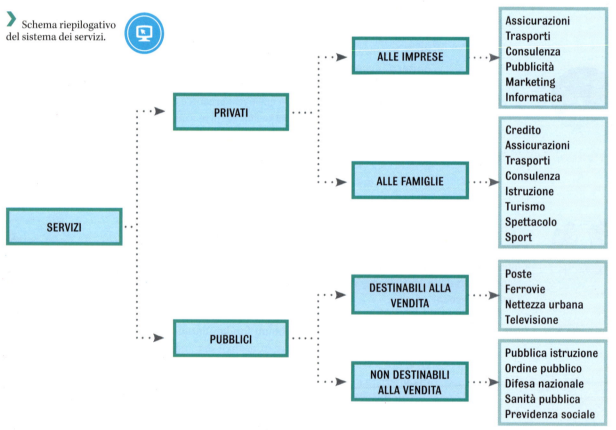

Il comparto avanzato

Il processo di terziarizzazione dell'economia Con l'avanzare del processo di sviluppo, l'agricoltura assume un ruolo sempre meno importante: sia il numero dei suoi addetti che la sua quota nel prodotto nazionale tendono a diminuire nel tempo (nei Paesi industriali più avanzati sia gli addetti all'agricoltura che la quota del prodotto agricolo sono ormai al di sotto del 5% del totale).

Il settore che oggi impiega il maggior numero di lavoratori e contribuisce in maggior misura alla produzione del reddito nazionale è quello terziario: il processo di **terziarizzazione dell'economia** è un carattere tipico della moderna società postindustriale. In essa assumono notevole rilievo, accanto ai servizi del comparto tradizionale (che comprendono soprattutto il commercio e i trasporti), i servizi del comparto avanzato, che riguardano i settori del credito, delle assicurazioni, del marketing, dell'informatica, delle telecomunicazioni, dell'istruzione, della medicina, della ricerca scientifica.

2.6 L'evoluzione storica dell'economia

Le economie del passato

Nelle diverse epoche storiche le società sono state diversamente organizzate per risolvere i fondamentali problemi economici. Passiamo ora in rassegna i principali caratteri dei sistemi economici che si sono succeduti nel tempo, poiché la loro conoscenza è utile per capire il funzionamento dell'economia contemporanea.

Il profilo storico che segue indica i punti di svolta del cammino verso l'economia moderna, che evidenziano il lento ma progressivo miglioramento delle tecnologie favorito da una sempre più accentuata divisione del lavoro.

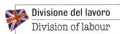
Divisione del lavoro — Division of labour

Economia primitiva Caccia e pesca sono le principali attività economiche, l'agricoltura inizialmente si limita alla raccolta dei frutti spontanei, l'allevamento è nomade.

Economia di sussistenza

Le società primitive producono ciò che è strettamente necessario alla sopravvivenza (**economia di sussistenza**). L'attività produttiva si svolge in ambito familiare, e i vari gruppi sono autosufficienti, nel senso che viene prodotto tutto ciò che serve al consumo (*autoconsumo*), con scarsi scambi con gli altri gruppi (**economia chiusa**). All'interno dei vari gruppi prevale il **baratto**, consistente in scambi di beni contro beni, senza l'uso di moneta. Lentamente si affermano le prime forme di agricoltura stanziale, e solo in una fase successiva cominciano a nascere le prime città. Infine, con il progressivo sviluppo degli scambi, compare la **moneta**, che gradualmente sostituisce il baratto.

Baratto

Baratto — Barter

Economia schiavistica Caratterizza l'antichità, in particolare il mondo greco-romano. Nascono le prime imprese produttive, dove il lavoro è svolto dagli schiavi. I mezzi di produzione appartengono ai padroni, che danno agli schiavi solo il necessario per vivere e riprodursi. I padroni si appropriano del sovrappiù, utilizzandolo spesso in consumi improduttivi (come offrire sontuosi banchetti, costruirsi case lussuose ecc.).

Sovrappiù — Surplus

I metodi di produzione non presentano grandi miglioramenti nel tempo, anche perché qualsiasi occupazione lavorativa viene considerata di rango inferiore. Tuttavia le attività commerciali, favorite dalla diffusione della moneta e dallo sviluppo della navigazione, si svolgono con particolare intensità lungo le coste del Mediterraneo.

Tecnologia stazionaria

Economia feudale La quasi totalità delle terre appartiene ai nobili, che costituiscono la classe dei feudatari. Il prodotto dell'agricoltura affluisce prevalentemente alla nobiltà, mentre ai contadini, in genere servi della gleba, obbligati a prestare le corvées per i nobili, va solo ciò che è strettamente necessario alla sopravvivenza. L'attività di produzione e consumo avviene all'interno della corte, dove si produce e si consuma tutto ciò che è necessario per vivere (**economia curtense**). Si tratta ancora di un'economia chiusa, dove il ruolo del mercato e la circolazione monetaria sono molto limitati. Questo sistema è diffuso nell'Europa durante l'Alto Medioevo. Nella fase finale riprendono a popolarsi le città e si sviluppano le prime coltivazioni agricole per il mercato, con scambio fra città e campagna di prodotti contro denaro.

▲ Miniatura medievale raffigurante servi della gleba al lavoro in un frutteto.

D Divisione del lavoro Nella moderna organizzazione produttiva ogni lavoratore si specializza in una fase di lavorazione: ciò aumenta la resa del lavoro. Nasce da qui la necessità degli scambi, dato che ognuno deve acquistare dagli altri quello che gli è necessario ma non è in grado di produrre.

S Sovrappiù Eccedenza di ciò che si produce rispetto alla parte che serve per assicurare la sussistenza alla popolazione e per ricostituire i mezzi di produzione. La parola deriva da "sopra" e "più", e quindi indica ciò che è disponibile in più rispetto a quanto strettamente necessario.

C Corvée Lavoro gratuito e obbligatorio che, nelle società feudali, i servi della gleba dovevano prestare al signore proprietario della terra in cui vivevano. Con lo sviluppo della vita urbana le corvées si ridussero, ma vennero definitivamente abolite solo con la Rivoluzione francese del 1789.

modulo 1
Come funziona il sistema economico

Economia mercantile Nelle città, che cominciano ad ingrandirsi, si organizzano importanti attività artigianali, al servizio delle classi più ricche. Nuove tecniche di navigazione e grandi scoperte geografiche danno impulso al commercio fra Paesi lontani.

Le innovazioni in campo agricolo fanno aumentare le produzioni, si moltiplicano gli scambi e si formano mercati sempre più ampi. Sorgono le prime banche. Si affermano città come Firenze, Londra e Amsterdam, importanti centri commerciali e finanziari. La formazione degli Stati nazionali (Inghilterra, Francia, Olanda) origina una estesa legislazione sulla produzione e il commercio, al fine di aumentare la ricchezza e quindi la potenza del Paese.

Le prime banche

L'economia mercantile si sviluppa dal Basso Medioevo sino alla prima metà del XVIII secolo; con la **rivoluzione industriale** ha inizio la fase capitalistica, che caratterizzerà i due secoli successivi.

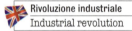

Economia capitalistica Si avvia il processo di industrializzazione, con l'introduzione nell'attività produttiva di nuove macchine (telai meccanici e macchine a vapore), nuove fonti di energia (carbon fossile), nuovi mezzi di trasporto (ferrovie).

Innovazioni tecnologiche e lavoro salariato

Si sviluppa un commercio su scala mondiale, che rende disponibili nuovi beni non solo alle classi più agiate, ma anche a quelle intermedie. L'agricoltura si trasforma in senso capitalistico, espellendo i contadini dalla campagna, e ciò allarga il mercato interno perché i contadini, trasformati in lavoratori salariati, devono acquistare sul mercato i beni di prima necessità.

Nel sistema sono presenti tre categorie di soggetti: i **lavoratori**, che offrono la propria forza-lavoro ma non hanno la proprietà dei mezzi di produzione; gli **imprenditori**, che dispongono dei mezzi di produzione, organizzano l'impresa e promuovono la ricerca tecnologica; i **proprietari delle risorse naturali** (materie prime, fonti di energia), che cedono tali risorse agli imprenditori perché siano trasformate in prodotti finiti. Si attua una netta separazione fra il lavoro e la proprietà dei mezzi di produzione, che appartengono ai **capitalisti**.

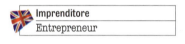

Classi sociali antagoniste

Si approfondisce il divario fra le classi sociali, e i lavoratori vengono pesantemente sfruttati (nelle fabbriche dell'800 venivano largamente impiegati donne e fanciulli, con bassi salari ed orari di lavoro estenuanti in ambienti malsani).

L'accumulazione capitalistica

I settori produttivi (industria e agricoltura) si sviluppano notevolmente, grazie alle innovazioni rese possibili dal progresso tecnico. **Il sovrappiù viene direttamente reimpiegato nel processo produttivo**: mentre nei sistemi precedenti lo scopo del processo produttivo era il consumo spesso improduttivo (come il mantenimento della servitù, la costruzione di palazzi, l'acquisto di beni di lusso), ora nel sistema capitalistico il fine fondamentale è l'**accumulazione per lo sviluppo**.

Economia neocapitalistica Nell'ultima fase, a noi contemporanea, si affermano le grandi imprese, che necessitano di capitali sempre più ingenti, impiegati per finanziare investimenti a elevato contenuto tecnologico: il lavoro dell'uomo viene in parte sostituito da impianti capaci di autoregolarsi (automazione). La produzione fornisce grandi quantità di beni e i consumi aumentano notevolmente. Il settore dei servizi acquista sempre maggiore importanza.

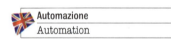

Imprese multinazionali

Le imprese di grandi dimensioni operano contemporaneamente in diversi Paesi (**imprese multinazionali**), mentre un commercio mondiale sempre più

R Rivoluzione industriale Iniziata in Inghilterra tra il 1760 e il 1800 (e poi gradualmente estesasi agli altri Paesi) grazie all'introduzione delle macchine a vapore, dà origine a un grandioso processo di trasformazione della produzione. Nascono le prime grandi fabbriche, migliorano le comunicazioni fra i diversi Paesi e grande impulso riceve il commercio internazionale.

A Automazione Sostituzione di attività svolte dal lavoro umano con attività eseguite da apparecchiature meccaniche o elettroniche capaci di autoregolarsi e di svolgere compiti diversi. Negli ultimi anni il termine ha assunto significati più ampi, indicando la nuova prospettiva dei robot programmabili e della fabbrica completamente automatizzata.

unità 2 ■ Il funzionamento del sistema economico

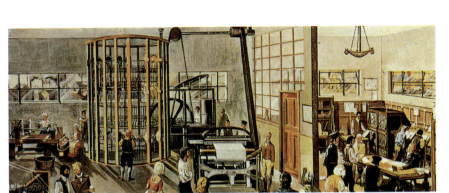

▲ L'introduzione di nuove macchine in un'industria di Manchester dell'Ottocento.

Capitalismo manageriale

Capitalismo postindustriale

Il problema ecologico

■ **Industria 4.0** Utilizzo di una grande quantità di dati e informazioni per il governo della produzione, divenuta automatizzata e interconnessa grazie allo sviluppo delle tecnologie digitali. Il suffisso 4.0 evoca la quarta rivoluzione industriale promossa dal computer, dopo quelle avvenute grazie all'energia del carbone, del vapore e alla produzione in massa con la catena di montaggio.

L'e-business

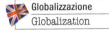
| Globalizzazione |
| Globalization |

intenso rende interdipendenti tutti i Paesi del mondo. Si sviluppa una tendenza all'abbattimento delle barriere commerciali e finanziarie fra gli Stati, con la creazione di mercati a scala continentale o mondiale. La domanda di beni e servizi non è però in grado di assicurare la continua espansione delle imprese; si possono verificare cioè periodiche crisi, con vistosi fenomeni di disoccupazione.

Nelle imprese più grandi si verifica il fenomeno della dissociazione fra proprietà azionaria e gestione dell'azienda, affidata a dirigenti stipendiati (manager, da cui il nome di **capitalismo manageriale**). Le forme di mercato prevalenti nei settori avanzati dell'economia sono quelle oligopolistiche, caratterizzate dalla presenza di poche grandi imprese in grado di controllare il mercato.

Nelle fasi più avanzate, dette di **capitalismo postindustriale**, il progresso tecnico gioca un ruolo importantissimo: la produzione si automatizza sempre più e diventa indispensabile l'impiego di lavoro sempre più specializzato. Si creano reti telematiche che favoriscono il decentramento delle attività produttive, si afferma il telelavoro (cioè lavoro che non richiede la presenza fisica del dipendente in azienda), aumenta esponenzialmente la circolazione delle informazioni (si parla già da tempo, a questo proposito, di "**società dell'informazione**"). Diminuiscono gli occupati nell'industria mentre cresce la richiesta di personale nei servizi e nel settore quaternario.

La significativa accelerazione dello sviluppo nell'attuale fase neocapitalistica dell'economia, e il frequente ripetersi di emergenze ambientali con gravi episodi di inquinamento delle acque e dell'atmosfera, hanno reso più evidente il rapporto di **interdipendenza fra economia e ambiente**: siamo così divenuti consapevoli della possibilità che lo sviluppo incontrollato dell'economia mondiale possa compromettere l'**equilibrio ecologico** e l'**ecosistema** del nostro pianeta.

Il settore quaternario Per i servizi più avanzati, in particolare quelli della **new economy**, oggi si parla di **settore quaternario**. In pochi anni la rivoluzione informatica ha determinato uno straordinario cambiamento nell'economia, come già avvenuto in passato in seguito alle grandi innovazioni tecnologiche (ad es. la costruzione delle ferrovie). È in questo settore che si aprono le più ampie prospettive di sviluppo occupazionale, con la completa digitalizzazione dei processi produttivi, come già avviene nell'industria 4.0.

Il mondo è collegato da una rete di informazioni, come nei fili di una ragnatela (*web* = ragnatela). Il Web ha rivoluzionato completamente l'attività di scambio fra gli operatori economici: il commercio elettronico (*e-business*) è stato decisivo nel processo di globalizzazione dell'economia, perché ha aperto le frontiere fra tutti i Paesi del mondo.

Si sono ormai affermati i seguenti tipi di commercio elettronico:

- **business to business (B2B)**, che riguarda gli scambi via Internet fra imprese, come ad esempio l'acquisto di materie prime, semilavorati o prodotti finiti;
- **business to consumers (B2C)**, relativo alla vendita diretta di prodotti da parte di imprese produttrici ai consumatori finali, a prezzi più vantaggiosi per l'eliminazione dei passaggi intermedi;
- **consumers to consumers (C2C)**, che comprende gli scambi tra i consumatori finali, e si attua attraverso aste o mercati on line;

modulo 1
Come funziona il sistema economico

la nuova economia

Le nuove frontiere dell'economia

L'enorme diffusione delle moderne tecnologie informatiche ha causato profondi mutamenti nei sistemi economici, tanto che si usa l'espressione **new economy** o anche **net economy** (*net* da *network*) per indicare l'impetuoso sviluppo dei rapporti a livello mondiale come conseguenza della diffusione di tali nuovi strumenti. Ciò ha avuto significative ricadute sull'intera società, determinando anche cambiamenti negli stili di vita e nei comportamenti dei diversi operatori economici.

Le origini Il processo ha avuto origine negli Stati Uniti negli ultimi decenni del secolo scorso e si è esteso successivamente a tutti i Paesi del mondo: soprattutto nelle aree più sviluppate si è registrata una significativa accelerazione della crescita economica, fino allo scoppio della crisi del 2008, dalla quale stiamo uscendo a fatica in questi anni.

Carattere distintivo di questa nuova forma di organizzazione economica è l'**uso di internet**, che ha svincolato l'attività di produzione e scambio di beni e servizi da un luogo fisico preciso per aprirla al **mercato globale**: le operazioni di vendita e di acquisto di beni e servizi avvengono in pochi secondi con una semplice digitalizzazione su computer, come pure il trasferimento di ingenti capitali da un continente all'altro. I nuovi strumenti informatici hanno determinato la transizione da un'economia basata sulla produzione manifatturiera (**old economy**) a una economia basata sui servizi e sulla finanza.

Le conseguenze Internet ha velocizzato la produzione e gli scambi, con una notevole diminuzione dei **costi di transazione**. L'introduzione delle nuove tecnologie ha reso più efficienti i processi produttivi, non solo nei settori più avanzati, ma anche in quelli tradizionali legati alla produzione di beni e servizi "maturi", grazie alla possibilità di ridurre i costi di produzione. Inoltre, l'informatizzazione dei processi produttivi ha richiesto ingenti investimenti sia in capitale fisico sia in capitale umano, per la necessità di impiegare lavoro altamente qualificato.

L'economia sta vivendo una fase di profondi mutamenti, che avranno ricadute sulla nostra vita di tutti i giorni. Le transazioni, le informazioni e i movimenti economici saranno contemporaneamente più semplici, rapidi e sicuri. I prossimi anni ci diranno quali frontiere la nuova economia sarà in grado di superare.

- **business to administration (B2A)**, che riguarda le transazioni tra un'impresa venditrice e una pubblica amministrazione, come ad esempio lo Stato.
- **intra business (IB)**, che riguarda le transazioni commerciali intra-aziendali, cioè fra le diverse sedi di una stessa azienda distribuite in un certo territorio, o tra imprese appartenenti allo stesso gruppo.

Capitale umano e servizi

Dematerializzazione e new economy Oggi la più importante risorsa strategica dell'economia è il **capitale umano**, perché l'intelligenza e la creatività sono fattori fondamentali per aumentare la produzione di beni a disposizione della collettività. I sistemi economici sviluppati spostano sempre più la produzione dai beni fisici verso la fornitura di servizi basati su conoscenze immateriali con elevati contenuti di sapere (il caso tipico è quello del *software* informatico).

L'informazione, ricchezza del futuro

Il baricentro della produzione di ricchezza si sposta così dai beni materiali (come materie prime e macchine) verso i beni immateriali (come i **brevetti**, i **diritti d'autore** e i servizi alle persone e alle imprese). Le imprese si dematerializzano, il loro patrimonio più importante è costituito dall'**informazione**, che consente di agire sul mercato attraverso una logica di rete. Le risorse di base dell'impresa sono le idee innovative, mentre i capitali sono diventati, nelle economie sviluppate, una risorsa reperibile con una facilità senza precedenti nella storia dell'umanità.

B Brevetto Diritto riconosciuto all'autore di un'invenzione adatta a un'applicazione industriale. Il brevetto viene tutelato a livello internazionale da un'apposita normativa.

D Diritto d'autore Diritto riconosciuto all'autore di opere dell'ingegno (opere letterarie, musicali, figurative, cinematografiche ecc.), a cui la legge assicura un'idonea protezione a livello internazionale.

unità 2 ■ Il funzionamento del sistema economico

INsintesi

2.1 I soggetti economici

In un sistema economico operano i seguenti operatori economici:

- **Famiglie** — Consumano - Risparmiano - Prestano lavoro alle imprese
- **Imprese** — Acquistano i fattori produttivi - Producono beni e servizi
- **Banche** — Raccolgono depositi dalle famiglie - Finanziano le imprese
- **Stato** — Fornisce i servizi pubblici - Preleva le imposte
- **Resto del mondo** — Importa dal nostro Paese beni, capitali e servizi - Esporta nel nostro Paese beni, capitali e servizi

2.2 Il circuito economico

Gli operatori economici sono interdipendenti: i loro rapporti di scambio generano **flussi reali** e **flussi monetari**. Il circuito economico è uno schema semplificato di funzionamento del sistema.

2.3 Le attività dell'economia

Gli operatori economici pongono in essere una complessa serie di operazioni, che si sintetizzano nelle seguenti attività: **produzione, distribuzione, consumo, risparmio, investimento**. Sono queste le **funzioni dell'economia**.

2.4 Tre domande fondamentali

Ogni sistema economico, qualunque sia il suo assetto istituzionale, deve risolvere i problemi della produzione, della distribuzione e del consumo. Questi problemi possono essere sintetizzati in tre interrogativi:
1. Quali beni e servizi produrre?
2. Come produrre i beni e i servizi, e in quale quantità?
3. Per chi produrre i beni e i servizi?

2.5 I settori produttivi

L'attività produttiva viene classificata in tre settori: primario, secondario e terziario. Il **primario** comprende l'agricoltura, l'allevamento e la pesca, il **secondario** l'industria e il **terziario** i servizi, sia pubblici che privati.
Nelle economie più sviluppate il terziario è il settore che occupa il maggior numero di lavoratori.

2.6 L'evoluzione storica dell'economia

L'economia è soggetta a una continua **evoluzione storica**. Nelle varie epoche le diverse società si sono date forme di organizzazione differenti per risolvere i propri problemi economici. Si è passati così dalle economie antiche a quelle mercantili, fino a quelle capitalistiche.
Oggi, nella fase del **neocapitalismo**, è sempre più evidente che l'attività economica deve essere compatibile con **l'ecosistema** del nostro pianeta.

Laboratorio

Vero / Falso   Indica se le seguenti affermazioni sono vere o false.

1. Gli operatori economici sono i soggetti che agiscono in un sistema economico. **V** F
2. Le banche sono imprese speciali che trattano un bene particolarmente importante, la moneta. **V** F
3. Tutti i Paesi del mondo operano in regime di autarchia, dato che producono la totalità dei beni di cui hanno bisogno. V **F**
4. Il circuito economico è uno schema semplificato delle relazioni fra gli operatori economici per capire come funziona il sistema economico. **V** F
5. I flussi reali riguardano i movimenti di moneta fra i diversi operatori economici. V **F**
6. I problemi fondamentali dell'economia (quali beni produrre, come produrli, per chi produrli) sono risolti sempre nello stesso modo nei diversi sistemi economici. V **F**
7. L'industria è così essenziale allo sviluppo dell'economia che viene indicata come "settore primario". V **F**
8. Il processo di terziarizzazione dell'economia consiste nella tendenza del settore terziario a prevalere nelle moderne società industrializzate. **V** F
9. Le economie primitive si dicono "di sussistenza" perché tutto il prodotto viene consumato, e nulla rimane per gli investimenti produttivi. **V** F
10. Nel sistema con sovrappiù il prodotto eccede le necessità della sussistenza e della ricostituzione dei mezzi produttivi impiegati, consentendo così nuovi investimenti. **V** F
11. Gli aggregati economici derivano dalla somma dei comportamenti delle singole unità economiche. **V** F

modulo 1
Come funziona il sistema economico

Laboratorio

Scelta multipla — Completa l'affermazione scegliendo la frase corretta fra quelle proposte.

1. L'insieme dei soggetti che cooperano nell'attività economica in un certo territorio, nel quadro di comuni istituzioni giuridico-politiche, si chiama
   - a problema economico
   - b modello economico
   - c sistema economico ✓
   - d costo-opportunità

2. Non rientra nell'attività economica delle famiglie
   - a acquisire materie prime e fattori produttivi ✓
   - b consumare beni per il soddisfacimento dei bisogni
   - c risparmiare per finanziare consumi futuri
   - d prestare lavoro alle imprese

3. I soggetti che acquistano i fattori produttivi per produrre beni e servizi da vendere sul mercato allo scopo di realizzare un profitto costituiscono l'operatore
   - a famiglie
   - b imprese ✓
   - c banche
   - d resto del mondo

4. Non rientra nelle funzioni delle banche
   - a finanziarsi mediante il prelievo di imposte ✓
   - b raccogliere il risparmio delle famiglie, delle imprese e dello Stato
   - c finanziare le imprese per l'acquisto dei fattori produttivi
   - d intermediare il credito tra famiglie e imprese

5. L'operatore "Resto del mondo" comprende i rapporti di scambio tra
   - a la nostra famiglia e tutte le altre famiglie italiane
   - b un'impresa italiana e tutte le altre imprese italiane
   - c i residenti in Italia e i residenti nell'UE
   - d i residenti in Italia e i residenti negli altri Paesi ✓

6. Il processo attraverso il quale si utilizzano le risorse per ottenere beni e servizi si chiama
   - a produzione ✓
   - b investimento
   - c distribuzione
   - d consumo

7. Il processo attraverso il quale le famiglie utilizzano i beni e i servizi per soddisfare i loro bisogni prende il nome di
   - a produzione
   - b distribuzione
   - c consumo ✓
   - d risparmio

8. La parte di reddito non impiegata nel consumo costituisce
   - a la distribuzione
   - b l'investimento
   - c il risparmio ✓
   - d la produzione

9. Il processo attraverso il quale il prodotto viene ripartito fra i soggetti che hanno concorso a produrlo si chiama
   - a produzione
   - b consumo
   - c distribuzione ✓
   - d risparmio

10. Nell'economia capitalistica lo scopo del processo produttivo è
    - a il consumo improduttivo
    - b l'accumulazione per lo sviluppo ✓
    - c il risparmio finanziario
    - d la tutela ambientale

Completamenti — Completa il brano inserendo i termini appropriati scelti tra quelli proposti.

L'era agricola comincia in Mesopotamia 14mila anni prima di Cristo e segna il primo grande spartiacque nella storia umana perché coincide con la formazione di comunità _stanziali_ e, successivamente, di villaggi e città. La vita di questi centri è possibile grazie alle sovrapproduzioni agricole che stimolano scambi e commerci, ma anche lo sviluppo di cultura, arti e scienze. L'era dell'industrializzazione esplode dopo la metà del XVIII secolo ed è resa possibile dall'invenzione della _macchina a vapore_. Questa tecnologia, originariamente concepita per il settore tessile, diventa dirompente quando applicata al settore dei trasporti e a quello minerario, portando alla formazione dei moderni sistemi capitalisti. L'era della conoscenza coincide con la fine del XX secolo, con lo sviluppo delle tecnologie dell' _impresa_ [informazione], oggi in piena espansione.

di scambio ▪ impresa ▪ industriali ▪ informazione ▪ macchina a vapore ▪ nomadi ▪ prima ▪ seconda ▪ stanziali

Trova l'errore — Individua l'espressione o il termine errati, e inserisci quelli corretti.

1. Il consumo consiste nel destinare il risparmio alla produzione di beni strumentali che si aggiungono a quelli già esistenti o che sostituiscono quelli logorati.
   → _l'investimento_

2. La distribuzione consiste nell'utilizzazione, da parte delle persone e delle famiglie, dei beni e dei servizi per soddisfare direttamente i bisogni.
   → _il consumo_

unità **2** ■ Il funzionamento del sistema economico

Laboratorio

Collegamenti
Associa ogni termine della prima colonna con un solo termine della seconda.

1. economia schiavistica — c
2. economia liberista
3. economia capitalistica — f
4. economia mercantile — a
5. economia agricola
6. economia primitiva — d
7. economia feudale — b
8. economia neocapitalistica — e

a. si sviluppa dal XIII al XVIII secolo, si formano i grandi Stati nazionali, le nuove tecniche di navigazione danno impulso alle scoperte geografiche con lo sviluppo del commercio internazionale

b. si afferma nell'Alto Medioevo, è un'economia chiusa in cui quasi tutto il prodotto affluisce alla nobiltà, mentre i contadini ricevono solo ciò che è necessario alla sopravvivenza

c. tipica del mondo greco-romano, il lavoro è svolto da schiavi, che ricevono solo ciò che è necessario alla pura sopravvivenza, mentre il sovrappiù affluisce ai padroni, che lo destinano a consumi improduttivi

d. si sviluppa nelle epoche più antiche, la sopravvivenza è assicurata dalla caccia e dalla pesca, l'allevamento è nomade, l'agricoltura è primitiva e si limita alla raccolta dei frutti spontanei, non esiste la moneta e prevale il baratto

e. fase a noi contemporanea, si affermano le imprese multinazionali, il mercato è dominato da poche grandi imprese, il progresso tecnico gioca un ruolo determinante, crescono sempre più gli addetti ai servizi

f. si afferma con la rivoluzione industriale, l'agricoltura si trasforma in senso capitalistico e il lavoro è pesantemente sfruttato

Domande aperte
Rispondi alle seguenti domande.

1. Quali sono gli operatori del sistema economico? (2.1)
2. Qual è il ruolo svolto dalle imprese? (2.1)
3. Come funziona il circuito economico? (2.1)
4. Sai esporre il circuito famiglie-banche-imprese? (2.2)
5. In che cosa consiste l'attività di produzione? (2.3)
6. Che cosa si intende per investimento? (2.3)
7. A quali domande deve rispondere ogni sistema economico? (2.4)
8. Quali attività produttive vengono comprese nel settore terziario? (2.5)
9. Quali sono i servizi non destinabili alla vendita? (2.5)
10. Quando si sviluppa l'economia mercantile? (2.6)
11. Perché è importante il sovrappiù nell'economia capitalistica? (2.6)
12. Sai delineare i caratteri principali del capitalismo post-industriale? (2.6)

summary — CLIL

2.1 The economic operators
Several economic subjects operate in an economic system: • **households**, who buy, save and work; • **firms**, who purchase factors of production and produce goods and services; • **banks**, who receive money from families and provide financial services to businesses; • the **State**, which provides public services and imposes taxes; • the **Rest of the world**, which imports and exports goods, capital and services.

2.2 The economic circuit
Modern economies are **exchange economies**: all the flows can be classified into **real flows** or **monetary flows**. The circular flow of income is a mean for a better understanding of the economy.

2.3 The economic activities
Economic operators implement a series of complex operations which can be classified under the following: **production, distribution, consumption, savings, investment**.

2.4 Three fundamental questions
An economic system has to make **three fundamental types of choices**. It has to decide:
1. What to produce   2. How to produce
3. For whom to produce

2.5 The productive sectors
There are **three sectors** in a nation's economy: primary, secondary and tertiary. The **primary sector** includes agriculture, farming and fishing. The **secondary sector** produces manufactured goods, and the **third sector** produces services (private and public). In most developed and developing countries more workers are devoted to the tertiary sector.

2.6 The historical evolution of economy
There has been an **evolution** of economic systems over the years: from the ancient economies to mercantilism to capitalism. Today, with **neocapitalism**, it is becoming increasingly important for economic systems to be compatible with the **ecosystem** of our planet.

31

modulo 1
Come funziona il sistema economico

unità 3
Le scuole economiche

DI CHE COSA PARLEREMO	Questa unità presenta le **SCUOLE ECONOMICHE**, cioè le correnti di pensiero che nel corso dei secoli hanno caratterizzato lo studio della scienza economica. Partendo dalle **ORIGINI**, si esamineranno le tesi delle **SCUOLE PIÙ ANTICHE** fino ad arrivare alle **TENDENZE ATTUALI**, caratterizzate dalla mancanza di una teoria dominante ma con una notevole vivacità della ricerca scientifica. L'economia politica infatti è **UNA DISCIPLINA IN CONTINUA EVOLUZIONE**, che si rinnova per interpretare al meglio la realtà in cui viviamo.
CHE COSA DEVI CONOSCERE	▪ Qual è il campo di studio dell'economia politica ▪ Il fatto che l'economia è una disciplina in continua evoluzione ▪ Il concetto di legge economica ▪ Quali sono gli operatori (o soggetti) economici ▪ Quale ruolo riveste lo Stato nell'economia
CHE COSA IMPARERAI	▪ Le novità rappresentate dal mercantilismo e dalla fisiocrazia ▪ Le teorie proposte dalla scuola classica ▪ Le innovazioni introdotte dalla scuola socialista e dalla scuola storica ▪ La grande portata della "rivoluzione keynesiana" ▪ La controrivoluzione neoliberista
CHE COSA SAPRAI FARE	▪ Definire i principali periodi della storia del pensiero economico ▪ Descrivere la visione economica del mercantilismo e della fisiocrazia ▪ Spiegare la concezione delle scuole classica, socialista, storica e neoclassica ▪ Illustrare la forte carica innovativa del pensiero di Keynes ▪ Commentare la visione neoliberista e le attuali tendenze dell'economia

3.1 L'evoluzione del pensiero economico

Le leggi dell'economia

L'attività economica è inseparabile da ogni azione umana, e perciò è presente fin dalla più remota antichità. Invece, lo sforzo scientifico rivolto alla formulazione delle leggi che regolano l'attività economica è piuttosto recente: inizia infatti dal momento in cui si è capito che l'attività dell'uomo in campo economico obbedisce a leggi che possono essere formulate partendo dall'osservazione del concreto comportamento umano.

La **storia del pensiero economico** studia l'evoluzione del pensiero degli studiosi nel tempo, nel loro sforzo di osservare la realtà e trovare strumenti di analisi idonei a interpretarla.

unità **3** ■ Le scuole economiche

PER capire meglio

L'interazione fra la realtà e il pensiero economico

Si possono portare numerosi esempi di interazione tra fatti storici e storia del pensiero economico: si pensi allo sviluppo del **mercantilismo** (v. par. 3.3) come risposta alla rivoluzione dei prezzi del XVI secolo conseguente all'introduzione in Europa di metalli preziosi dal Nuovo Mondo; oppure all'influenza esercitata dalla grande crisi del 1929-32 sulla formazione del pensiero di J. M. Keynes. Rilevante è anche l'influenza delle idee filosofiche e in generale degli orientamenti culturali sugli interessi degli economisti: la **scuola fisiocratica** (v. par. 3.4), ad esempio, nasce e si sviluppa in clima illuministico, e risente in modo evidente delle nuove idee dei filosofi del XVIII secolo; infine, i recenti sviluppi tecnologici hanno permesso la creazione di nuovi e più precisi modelli di studio.

Scuole economiche e realtà

Gli economisti vengono abitualmente raggruppati in **scuole**, caratterizzate da una certa omogeneità di posizioni nell'affrontare i problemi della realtà economica. Ciò si capisce facilmente, se si pensa che gli economisti sono sempre condizionati dall'influenza delle idee dominanti nella società in cui operano.

Tre periodi

La storia del pensiero economico può essere suddivisa in tre periodi.

■ **Periodo frammentario**, che va dalle origini fino all'inizio del XVI secolo. Il nome deriva dal fatto che in tale periodo non esistono studiosi che trattano in modo specifico il problema economico. Le notizie relative all'economia si trovano sparse in opere di storici, moralisti, filosofi ecc., allo stato di cenni frammentari, in vari contesti.

■ **Periodo pre-scientifico**, che va dall'inizio del XVI secolo al 1776, anno in cui appare la prima opera sistematica di economia, la *Ricchezza delle Nazioni* di **Adam Smith**. Gli autori trattano specificamente di problemi economici, ma in assenza di un metodo scientifico. Tale periodo comprende il **mercantilismo** e la **fisiocrazia**.

■ **Periodo scientifico**, che va dal 1776 ai giorni nostri. Le basi teoriche dell'economia sono irrobustite dall'analisi sistematica dei fatti e dalla elaborazione di un metodo scientifico. Questo periodo comprende la **scuola classica**, la **scuola socialista**, la **scuola storica**, la **scuola neoclassica**, la **scuola keynesiana**, la **scuola monetarista** e le attuali articolazioni delle scuole keynesiana e monetarista.

▲ Le operazioni di scarico delle merci da una nave, raffigurate in un mosaico di epoca romana in Tunisia. Già nel mondo antico l'economia era caratterizzata da un forte scambio commerciale tra i vari popoli.

3.2 Il periodo frammentario

Rari riferimenti all'economia

Il Mondo antico e il Medioevo non furono in grado di elaborare un corpo autonomo di leggi economiche. Negli scritti degli autori antichi si trovano anche osservazioni che riguardano l'economia, ma calate in contesti diversi: gli storici parlavano, ad esempio, delle risorse economiche dei diversi popoli, mentre i filosofi trattavano dei problemi del buon governo e del comportamento corretto dei singoli cittadini.

Soltanto verso il XIII secolo, con la ripresa dell'attività economica dopo l'arretramento subito dall'Europa in seguito alle migrazioni barbariche, si sviluppa un interesse per lo studio dei fenomeni economici. Per tutto il Medioevo filosofi e teologi affrontano problematiche economiche, ma da un punto di vista esclusivamente morale.

33

modulo 1
Come funziona il sistema economico

Il pensiero economico nell'antichità Il pensiero dell'antichità può riassumersi in due filoni: quello "collettivista", che fa capo a Platone, e quello "individualista", elaborato soprattutto da Aristotele e dai giuristi romani.

Il "collettivismo" di Platone

Il "collettivismo" di Platone, di natura ideale e aristocratica, ha la sua base nella condanna dell'arricchimento individuale, che comporta atti ingiusti nei confronti della comunità. Solo la comunione dei beni materiali toglie ai singoli l'ambizione di arricchirsi a spese degli altri: è quindi necessario abolire la proprietà privata, e procedere a una distribuzione egualitaria dei beni fra le diverse famiglie.

L'"individualismo" di Aristotele

A differenza di Platone, Aristotele riconosceva che il desiderio di arricchimento individuale poteva stimolare l'iniziativa economica. A lui si devono i primi studi sulla formazione del valore dei beni, come pure l'analisi del problema del giusto prezzo. Contrariamente a Platone, le cui osservazioni riguardano un mondo ideale e sono pertanto di valore scientifico limitato, Aristotele ha cercato di studiare la realtà concreta, e molte sue intuizioni sono valide ancora oggi.

Negli autori dell'antica Roma si trovano osservazioni che vanno ricollegate allo spirito eminentemente concreto e pratico di quel popolo: nei loro testi si trovano frequenti riferimenti all'organizzazione dei mercati, ai metodi di coltivazione e alla tecnologia rurale. L'orientamento generale del loro pensiero, vicino a quello di Aristotele, ha informato l'opera dei giuristi, che hanno dato vita a un sistema individualista, imperniato su una rigida difesa della proprietà.

Il pensiero economico medievale La base di partenza del pensiero economico medievale fu fornita da Aristotele, interpretato alla luce della diversa concezione del lavoro umano che il cristianesimo aveva nel frattempo sviluppato.

La dottrina sociale di Tommaso d'Aquino.

Gli ideali del pensiero medievale sono espressi nella *Summa Theologica* di **Tommaso d'Aquino**, il cui scopo non era però quello di analizzare i meccanismi economici, né quello di scoprire quali di essi assicuravano la prosperità agli uomini e agli Stati. Nella sua costruzione filosofica, Tommaso si preoccupò soprattutto di scoprire **ciò che era giusto per l'uomo**, subordinando le scelte economiche alle direttive della morale cattolica; talché la sua opera non costituisce una teoria economica, ma piuttosto una dottrina sociale. Va vista in questa prospettiva la condanna, da parte della Chiesa medievale, del prestito ad interesse, che veniva identificato con l'usura. Soltanto nel XVI secolo la Chiesa ne riconobbe la liceità (v. Mod. 4, par. 4.6).

▷ Francescani e Domenicani in una miniatura del XIII secolo, rappresentati nell'atto di rifiutare l'elemosina offerta da due usurai.

3.3 Il mercantilismo

L'economia come scienza formata da un corpo organico di teorie nasce all'inizio del XVI secolo, dopo il declino dell'economia feudale e durante l'espansione di quella mercantile. Ciò in evidente collegamento con il verificarsi di eventi storici che determinarono in modo rilevante l'evoluzione della società europea.

La formazione degli Stati nazionali

Nel XVI secolo si formano i grandi **Stati nazionali** moderni: la Francia di Francesco I, la Spagna di Carlo V, l'Inghilterra di Enrico VIII. Le notevoli esigenze organizzative dell'apparato statale spingono gli autori del tempo a interro-

U Usura Prestito di denaro a tassi di interesse molto più alti di quelli di mercato, in modo da approfittare della situazione di bisogno di chi richiede il prestito.

unità 3 ■ Le scuole economiche

Navi mercantili in un dipinto di Claude Lorraine del 1637.

Riforma protestante

Il ruolo dello Stato

Colbert, il maggior interprete del mercantilismo

Protezionismo
Protectionism

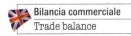
Bilancia commerciale
Trade balance

garsi sui modi di arricchire lo Stato, soprattutto in vista della conduzione delle guerre di conquista. L'economia si svincola dalla sua subordinazione all'etica e alla teologia per diventare strumento della politica di potenza dei sovrani.

Le **scoperte geografiche**, susseguitesi a ritmo incalzante in tutto il corso del secolo, aprono all'Europa fonti straordinarie di materie prime, insieme a un afflusso di metalli preziosi che ben presto provocheranno seri problemi agli Stati conquistatori.

I **progressi scientifici**, propiziati dalle ricerche teoriche dei grandi fisici del XVI e XVII secolo, da Copernico a Keplero, da Galileo a Newton, preparano un terreno fertile su cui poi si svilupperà la rivoluzione industriale.

Né va sottovalutata l'influenza della **riforma protestante**: dall'esame della Bibbia sembrò potersi trarre la convinzione che il successo economico fosse un segno del favore divino, e da qui deriverebbe, secondo il sociologo **Max Weber**, il carattere etico dello sforzo individuale teso alla ricerca del profitto.

La storia del pensiero economico raccoglie sotto l'etichetta di **mercantilisti** gli autori che vanno dall'inizio del XVI secolo alla prima metà del XVIII: uno spazio di tempo molto ampio, che giustifica le differenze, talvolta profonde, fra il pensiero dei diversi studiosi.

Ma un filo conduttore è riscontrabile nello sviluppo della loro analisi: tutti erano convinti che l'**attività economica** doveva essere orientata ad accrescere la potenza dello Stato.

> Per i **mercantilisti**, il compito dell'economia era infatti quello di ricercare le leggi che rendono più ricco, più potente e più popolato lo Stato.

Ai governanti si raccomandava di sviluppare le esportazioni e scoraggiare le importazioni, di accumulare oro e metalli preziosi, di estendere e sfruttare i possedimenti coloniali, di regolamentare la produzione e i commerci.

Jean-Baptiste Colbert (1639-1683) fu capo dell'Amministrazione centrale dello Stato sotto Luigi XIV, il "Re Sole". Attuando le idee dei mercantilisti, praticò una politica commerciale basata sul protezionismo, fondò manifatture e compagnie di navigazione di Stato, riformò la legislazione sui commerci. Convinto che la potenza dello Stato dipendesse dalla quantità di metalli preziosi presenti nel Paese, da ottenersi soprattutto attraverso il commercio, attuò una politica diretta ad accrescere la ricchezza della Francia, incoraggiandone lo sviluppo industriale e coloniale. Per realizzare il suo obiettivo fondò manifatture e potenziò l'industria armatoriale aumentando il numero delle navi della flotta e fondando nuovi porti. Protesse l'industria nazionale ostacolando l'importazione di manufatti con alti dazi doganali. Convinto della necessità di conseguire un attivo della bilancia commerciale, favorì la produzione e l'esportazione, introducendo esenzioni fiscali alle esportazioni e ostacolando le importazioni. Riorganizzò il sistema tributario e cercò di ridurre il deficit nonostante le imponenti spese militari, anche con una vigorosa lotta agli sprechi e alla corruzione.

I mercantilisti sostennero l'importanza della politica economica, del controllo statale sulla bilancia commerciale e alcuni di essi seppero correggere il

P Protezionismo Politica commerciale rivolta a contrastare la concorrenza estera in modo da sostenere i prodotti nazionali. Si realizza attraverso impedimenti all'entrata dei prodotti stranieri, soprattutto imponendo *dazi doganali*, ossia imposte che colpiscono le importazioni, rendendole meno convenienti.

B Bilancia commerciale Conto che registra tutte le esportazioni e le importazioni operate da un Paese verso e dal Resto del mondo. Costituisce la parte più importante della *bilancia dei pagamenti*, il conto in cui sono registrati i flussi finanziari che hanno come contropartita le merci.

pregiudizio mercantilista che identificava potenza economica e accumulazione di oro.

Secondo i mercantilisti i compiti dello Stato possono essere schematizzati nel modo seguente:

La prima teoria quantitativa della moneta

Le gravi tensioni inflazionistiche verificatesi soprattutto in Spagna e in Portogallo, conseguenti al riversarsi sul loro territorio nazionale delle ingenti quantità di metalli preziosi provenienti dal Nuovo Mondo, spinsero i mercantilisti a indagare sui fondamenti del valore della moneta. **Jean Bodin** (1529-1596) e **Bernardo Davanzati** (1529 - 1606) formularono una teoria quantitativa della moneta (per molti aspetti precorritrice di quella moderna di **Fisher**, v. Modulo 6, Unità 1, par. 5) sulla scorta dell'osservazione degli avvenimenti del loro tempo.

Antoine de Montchréstien (1575-1621), che per primo usò l'espressione "economia politica", scrisse che «non è l'abbondanza d'oro o d'argento, la quantità di perle e di diamanti, che fa ricchi e opulenti gli Stati; è invece la disponibilità di cose necessarie alla vita».

Thomas Mun (1571-1641) precisò che la bilancia commerciale non era sufficiente per dare un'idea della situazione reale di uno Stato, ma ogni giudizio si doveva basare sulla bilancia dei pagamenti; **Gerard Malynes** (1586-1641) dimostrò che l'accumulazione dei metalli preziosi provocava un aumento dei prezzi interni, con conseguente danno alle esportazioni.

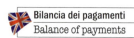

King, un precursore dell'economia moderna

Gregory King (1648-1712) introdusse la nozione di elasticità della domanda e dell'offerta analizzando le oscillazioni del prezzo del grano. Nella sua opera *Osservazioni naturali e politiche sullo stato e la condizione dell'Inghilterra* (1696) stimò la popolazione inglese, per età e stato civile, partendo dal gettito delle diverse imposte, come pure il livello di importanti aggregati economici, quali il reddito nazionale e la spesa per consumi. Celebre è il suo calcolo della variazione del prezzo del grano al variare del raccolto (*legge di King*), che anticipò di oltre due secoli i moderni studi sulla domanda.

Il contributo dei mercantilisti

Questi studiosi hanno formulato leggi importanti, consentendo il successivo sviluppo delle conoscenze scientifiche. Non meritarono quindi i rimproveri degli esponenti della scuola classica relativamente alla loro mancanza di metodo: in taluni scritti degli economisti di questa fase storica già si trovano i fermenti che favoriranno la fioritura delle scuole successive: basti citare fra tutti il *Saggio sulla natura del commercio in generale* di **Richard Cantillon** (1697-1734), il primo studio sulla teoria del valore. Cantillon, abbandonando l'abitudine dei mercantilisti di dare consigli ai governanti, sostenne per la prima volta che la principale regola dell'economia era che ciascuno potesse agire con la massima libertà in vista del proprio vantaggio.

B Bilancia dei pagamenti Conto che registra tutte le transazioni in entrata e in uscita di un Paese con il Resto del mondo, cioè tutti i pagamenti che in un anno i residenti in un Paese (famiglie, imprese, banche, Stato) hanno eseguito a favore di residenti in altri Paesi o hanno da essi ricevuto.

E Elasticità Misura come si modifica una variabile per effetto della variazione di un'altra variabile. L'elasticità della domanda e dell'offerta registrano quindi, rispettivamente, la variazione che si verifica nella quantità domandata e nella quantità offerta di un bene al variare del suo prezzo.

3.4 La fisiocrazia

▲ François Quesnay

Ordine economico naturale

La scuola fisiocratica si sviluppò nel secolo XVIII, nella Francia dei filosofi illuministi. Attorno al suo fondatore, **François Quesnay** (1694 - 1774) si formò un circolo detto dapprima "setta degli economisti" e successivamente "scuola dei fisiocrati" (*fisiocrazia* = governo della natura). Testo fondamentale del pensiero fisiocratico divenne il *Tableau Économique* (nell'immagine a destra) pubblicato dal Quesnay nel 1758.

Gli esponenti di questa scuola (fra cui si segnalano **Mirabeau, Dupont de Nemours, Le Mercier de la Rivière, Turgot**) partirono dalla convinzione dell'esistenza di un **ordine economico naturale**, basato su leggi fisiche necessarie e inderogabili, e su leggi morali che l'uomo deve adottare nel suo stesso interesse.

> Nella **visione fisiocratica**, compito dell'economia è quello di scoprire le leggi naturali che stanno alla base della produzione e della distribuzione dei beni. Il rispetto di queste leggi assicura equilibrio e benessere.

Inopportunità dell'intervento dello Stato

L'esistenza di un ordine economico naturale rende dannosi i tentativi dello Stato di regolamentare l'economia: da qui la netta opposizione dei fisiocratici al regime vincolistico che la società feudale e la politica economica mercantilista avevano lasciato in eredità alla Francia illuminista, soprattutto per quanto riguarda l'abolizione delle norme che ostacolavano la produzione e il commercio dei prodotti agricoli.

Secondo la scuola fisiocratica **solo la natura è produttrice di ricchezza**, in quanto moltiplica i beni; in particolare, soltanto l'agricoltura può fornire i beni di consumo senza intaccarne la fonte di produzione. Le altre attività economiche semplicemente trasformano i beni prodotti dalla natura, e quindi di per sé sono sterili. Questa tesi, che in realtà è la parte più debole della teoria fisiocratica, sarà successivamente smentita da Smith e Ricardo, che dimostrarono il ruolo essenziale dell'industria nello sviluppo dell'economia.

Agricoltura, unica fonte di ricchezza

Tuttavia notevoli furono i meriti di questa scuola, soprattutto sotto il profilo metodologico. Fu infatti la prima scuola economica a impiegare con coerenza procedimenti scientifici di analisi della realtà economico-sociale, aprendo la via alle ben più mature riflessioni della scuola classica.

Quesnay e i suoi seguaci affrontarono soprattutto due problemi:
- la circolazione del prodotto netto dell'agricoltura fra le tre grandi classi sociali (**teoria della distribuzione**);
- la riproduzione annuale del prodotto netto nel settore agricolo (**teoria della produzione**).

> **Illuminismo** Movimento filosofico, politico, sociale e culturale nato in Francia e diffusosi in tutta Europa nel XVIII secolo. Si proponeva di "illuminare" la mente degli uomini, ottenebrata dall'ignoranza e dalla superstizione, avvalendosi della ragione e dei progressi della scienza. Mirava ad affermare i valori universali della giustizia e della libertà di tutti gli uomini.

modulo 1
Come funziona il sistema economico

PER capire meglio

La circolazione del prodotto secondo Quesnay

Dato che l'agricoltura è il solo settore capace di fornire il prodotto netto, i coltivatori che si dedicano a questa attività costituiscono la **classe produttiva**.

La **classe dei proprietari** fornisce le terre alla classe produttiva, ricevendo in cambio una parte del prodotto a titolo di affitto. Artigiani e commercianti non fanno altro che trasformare il prodotto ricevuto dalla classe produttiva in cambio degli attrezzi e dei manufatti forniti alla classe produttiva; siccome non creano ricchezza, ma la trasformano, costituiscono la **classe sterile**.

La classe produttiva usa una parte del prodotto per pagare gli affitti ai proprietari fondiari e un'altra parte per pagare i manufatti e gli attrezzi ricevuti dalla classe sterile.

Alla fine del processo, mentre nulla rimane alla classe dei proprietari e alla classe sterile (che consumano esattamente quanto ricevono), alla classe produttiva rimane il prodotto netto (o sovrappiù), che verrà reimpiegato in un nuovo ciclo produttivo.

Il modello di Quesnay può essere così rappresentato:

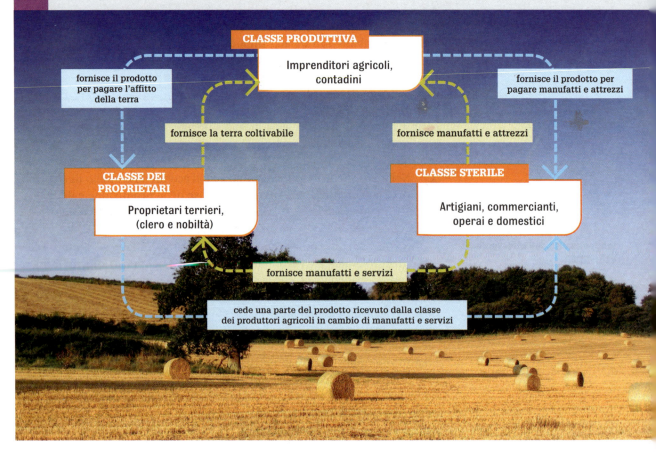

Un attento studio del processo produttivo

L'**analisi del processo produttivo**, che formerà la base delle meditazioni posteriori degli studiosi, è l'elemento caratterizzante di questa scuola e indice della sua superiorità rispetto ai mercantilisti. Certamente furono favoriti dalle circostanze: la rivoluzione della tecnica agraria rese più sentiti i problemi dell'agricoltura (ecco un altro esempio di interdipendenza fra realtà e teoria economica); i progressi scientifici propiziarono l'uso di nuovi strumenti di analisi (Quesnay, medico, si è probabilmente ispirato alla scoperta di William Harvey sulla circolazione del sangue nel corpo umano; e ciò può evidenziare l'influenza reciproca che esercitano le scoperte nei diversi rami scientifici).

Per i fisiocratici lo sviluppo economico si realizzava solo attraverso il **miglioramento delle tecniche agricole** e la tutela dei coltivatori da parte dello Stato, che doveva assicurare libertà di commercio, a favore delle esportazioni dei prodotti agricoli francesi.

Il *Tableau Économique*

Modello economico
Economic model

L'idea di Quesnay di sintetizzare i flussi di prodotto fra le classi sociali (**coltivatori, proprietari, classe sterile**) aprì la strada alla moderna modellistica economica, che consente di studiare la complessa realtà attraverso una sua drastica semplificazione. Il *Tableau* è il **primo esempio di modello economico** sulla produzione e distribuzione del reddito globale, anche se rimane molto lontano da quelli assai complessi oggi in uso.

La metodologia utilizzata dalla scuola fisiocratica rappresenta un grande progresso, in quanto evidenzia le **interdipendenze tra produzione e distribuzione**; si ha per la prima volta l'enunciazione di un concetto di equilibrio economico, che collega le classi sociali fra loro.

Altre idee fisiocratiche non hanno retto all'usura del tempo: non si accetta ormai più la tesi che lo Stato deve comunque astenersi dall'intervenire per non turbare l'ordine economico naturale.

Questa conclusione ebbe però molto seguito sino al 1936, quando Keynes dimostrò che l'intervento dello Stato può essere molto benefico in determinate condizioni. Come pure va respinta la convinzione dei fisiocratici, secondo cui solo l'agricoltura produce un sovrappiù e, pertanto, le imposte devono colpire esclusivamente le rendite della terra.

3.5 La scuola classica

Adam Smith

Critica al mercantilismo

La scuola classica sorge in un periodo caratterizzato da **profondi rivolgimenti** in campo politico ed economico: nell'ultimo quarto del secolo XVIII, infatti, si realizza una singolare accelerazione nella storia della società moderna. Pochi mesi dopo la pubblicazione dell'opera fondamentale di **Adam Smith** (1723-1790) – il fondatore della scuola classica e a ragione definito come il padre dell'economia politica (*La Ricchezza delle Nazioni*, 1776) – viene proclamata a Filadelfia la "Dichiarazione di Indipendenza", che si apre con la solenne affermazione di Jefferson secondo cui «tutti gli uomini sono creati uguali e dotati dal Creatore di certi diritti inalienabili».

Lo stesso Smith, strenuo sostenitore della libertà dei commerci, trattando del problema delle colonie, aveva osservato che «il monopolio del commercio coloniale, come del resto ogni espediente del mercantilismo, danneggia le industrie dei due Paesi, specialmente quella delle colonie, senza avvantaggiare quella del Paese a favore del quale è stabilito, anzi danneggiandolo».

In campo economico e sociale si assiste a un mutamento ancora più eccezionale: in Inghilterra si attua una trasformazione tanto radicale da essere successivamente designata come "rivoluzione": è la **rivoluzione industriale**, che imprime una svolta nella storia del mondo.

Capitalismo
Capitalism

La finalità del capitalismo

L'analisi classica del capitalismo In Smith, come negli altri economisti classici, emerge chiaramente la convinzione che il capitalismo nascente costituisce una rottura irreversibile rispetto al passato. Nei sistemi precedenti era preminente la finalità di soddisfare i consumi delle classi ricche; nel siste-

---

M Modellistica economica Insieme delle tecniche per la costruzione, la verifica e l'applicazione di modelli in economia e nelle altre scienze sociali; l'utilizzo della modellistica costituisce un'importante metodologia di ricerca.

E Equilibrio economico Situazione in cui il sistema economico funziona in modo armonico, i prezzi sono stabili e i mercati operano in modo soddisfacente, per cui nessun operatore ha un particolare interesse a modificare le sue scelte.

C Colonie Territori fuori dall'Europa sottoposti all'autorità di uno Stato europeo. Il colonialismo da parte delle grandi potenze occidentali ha portato a uno sfruttamento delle risorse dei Paesi più poveri, con conseguenze ancora oggi visibili.

C Capitalismo Sistema economico caratterizzato dalla proprietà privata dei mezzi di produzione, in cui la scelta dei beni da produrre spetta ai consumatori e le decisioni economiche vengono assunte dai singoli operatori.

modulo **1**
Come funziona il sistema economico

▲ Il Warley, una delle navi più famose della Compagnia inglese delle Indie Orientali, in un dipinto di Robert Salmon del 1801.

ma capitalistico, invece, mediante l'accumulazione e la trasformazione del **sovrappiù** in capitale, è possibile accrescere la produzione a beneficio di tutta la popolazione.

Gli economisti classici dimostrarono una straordinaria capacità di comprensione del meccanismo dell'economia a loro contemporanea: **usarono con rigore il metodo scientifico** per derivare le leggi che sono alla base del sistema capitalistico. In effetti uno dei meriti principali di questa scuola è riscontrabile nella ferma convinzione che i fenomeni sociali hanno proprie leggi, che debbono essere scoperte non solo con l'uso dell'osservazione (*metodo induttivo*), ma anche del ragionamento logico (*metodo deduttivo*).

Un ordine naturale

Dai fisiocratici la scuola classica assunse l'idea di **un ordine naturale**, cioè di **un ordine economico razionale e spontaneo**, previsto e voluto dalla natura stessa. Ciascuno contribuisce a realizzare tale ordine perseguendo il suo interesse individuale. Secondo le parole di Smith, «ogni individuo cerca di impiegare il suo capitale in modo che il suo prodotto aumenti di valore il più possibile. Generalmente non è nelle sue intenzioni favorire l'interesse pubblico, né è consapevole di quanto lo favorisca. Nel suo agire egli pensa solo alla sua sicurezza, al suo guadagno. In questo è guidato da una **mano invisibile**, che tende a un fine che non faceva parte delle sue intenzioni. Perseguendo il proprio interesse, spesso egli promuove quello della società più efficacemente di quando intende veramente promuoverlo». Dal convincimento dell'esistenza di un ordine naturale, deriva la prescrizione che **lo Stato deve astenersi dall'intervenire nell'economia**.

La dottrina del laissez faire

Dalla libera iniziativa e dalla competizione dei diversi individui, che perseguono il loro interesse personale, l'intera società trae il massimo vantaggio, poiché consegue con il minimo sforzo la massima quantità di beni. Di qui il motto "*laissez faire, laissez passer*" e il liberismo economico che la scuola classica contrappone al protezionismo dei mercantilisti.

L Laissez faire Principio che sostiene il non intervento dello Stato nell'economia, in base alla convinzione che il sistema economico operi spontaneamente sempre al meglio e sia in grado di autoregolarsi, adattandosi alle nuove situazioni che si verificano sul mercato,

unità 3 ■ Le scuole economiche

PER capire meglio

La rivoluzione industriale

A partire dalla metà del '700 si avvia in Inghilterra un processo, noto come **rivoluzione industriale**, che si estende gradualmente ad altri Paesi, come Germania, Francia, Stati Uniti. Caratterizza tale processo l'introduzione di nuove macchine nella produzione (macchine tessili, mac-

▲ **Una manifattura di cotone a Mulhouse in Alsazia.**

chine a vapore), l'utilizzazione di nuove fonti di energia (carbon fossile), l'impiego di nuove forme di trasporto (ferrovia e piroscafo). Si verificano, in tutti i Paesi interessati, due fenomeni che avranno molta importanza nella storia successiva:

1. la **nascita della fabbrica**, dove si svolge, sotto la direzione dell'imprenditore, l'attività produttiva;
2. l'**urbanesimo**, cioè l'aumento rapido della popolazione nelle città con la conseguente disponibilità di un gran numero di lavoratori.

Con la rivoluzione industriale si ha il **definitivo passaggio dalla società mercantile alla società capitalista**.

Diverse cause hanno favorito l'affermarsi di una trasformazione dei modi di produzione, così radicale da essere definita "rivoluzione". In primo luogo, nel corso del Settecento si introducono nuovi sistemi di coltivazione in agricoltura, che la trasformano in senso capitalistico. Si formano nelle campagne ingenti risorse finanziarie, disponibili a essere investite nella nascente industria; le innovazioni introdotte in agricoltura rendono inoltre disponibile una grande quantità di manodopera, pronta a essere impiegata nell'industria. In secondo luogo si allarga il mercato interno, per il rapido aumento della popolazione, dovuto alla accresciuta

disponibilità di risorse alimentari. Infine, nel periodo 1760-1780 si intensificano le invenzioni, soprattutto nel campo della tessitura, con la conseguenza di una notevole riduzione dei costi di produzione.

James Hargreaves e **Richard Arkwright** mettono a punto macchine per filare e per tessere azionate da motori ad acqua; **Edmund Cartwright** inventa il telaio meccanico, che aumenta enormemente la produttività dell'industria tessile; **James Watt** brevetta la macchina a vapore (1782), che trova efficace impiego nei trasporti con la "locomotiva a vapore" di **George Stephenson** (1814), oltre che nell'industria siderurgica e meccanica.

L'**organizzazione del lavoro** ne risulta profondamente modificata: in precedenza prevaleva il lavoro a domicilio prestato da numerose famiglie contadine che lavoravano per conto di un mercante, oppure il lavoro dell'artigiano, che produceva su commissione dei propri clienti. Con la nascita dell'impresa manifatturiera, che impiega in un solo luogo di lavoro centinaia di operai, scompaiono le vecchie forme di lavoro. La fabbrica usa macchine azionate dalla forza motrice del vapore e lavoratori salariati, per produrre beni che offre sul mercato.

Le **condizioni di lavoro** sono degradanti: orari estenuanti, sfruttamento dei fanciulli, condizioni ambientali malsane. Sono diffuse malattie infantili, alcolismo, epidemie. Periodiche crisi di sovrapproduzione gettano nella disperazione i lavoratori, che perdono il posto di lavoro. Lo Stato non interviene, ma è uno spettatore passivo delle condizioni di vita del proletariato.

Solo dopo la metà del XIX secolo la **situazione sociale** migliora, grazie alla costituzione dei sindacati a difesa dei lavoratori e all'introduzione di una legislazione a tutela dei cittadini più deboli.

Sta di fatto, tuttavia, che in pochi decenni (dal 1770 al 1850) il contributo dell'agricoltura alla formazione della ricchezza scende dal 45 al 20%, quello del settore manifatturiero sale dal 24 al 34% e quello del commercio dal 13 al 21%, facendo dell'Inghilterra il primo Paese industriale della storia.

41

modulo 1
Come funziona il sistema economico

Tre campi di indagine

Il pensiero classico si soffermò in particolare attorno a tre nuclei principali di indagine, e cioè:
- il problema dello sviluppo del sistema capitalistico;
- il problema del valore;
- il problema della distribuzione del prodotto fra i fattori che hanno concorso a produrlo.

A questi punti daremo lo spazio necessario più avanti; per ora ci soffermiamo sul problema dello sviluppo, che i classici per primi hanno affrontato, e che ancora oggi assilla politici ed economisti.

> Per **sviluppo economico** si intende una crescita durevole del reddito reale, cioè espresso in termini di beni e servizi.

Gli studiosi delle epoche precedenti non avevano elaborato una teoria dello sviluppo, in quanto i fenomeni da interpretare erano caratterizzati dalla stazionarietà del sistema economico. Solo con la comparsa della borghesia industriale il circolo vizioso della stazionarietà viene rotto, per dar luogo alla spirale dello sviluppo: se si realizza un "surplus" che non viene speso in consumi di lusso, ma destinato a nuovi investimenti (**accumulazione capitalistica**), si ottiene una maggiore quantità di nuova produzione e si esce dallo stato stazionario.

Ricardo e lo studio dei conflitti sociali

David Ricardo

David Ricardo (1772-1823), pur condividendo i principi del liberismo, avverte la presenza di ombre nella visione in generale ottimistica di Smith. Fra i contributi da lui dati all'avanzamento delle conoscenze, segnaliamo lo studio della **distribuzione del prodotto** fra le classi che concorrono alla sua formazione: i proprietari terrieri, i capitalisti e i lavoratori. Ricardo si rese conto dei conflitti sociali di cui è intriso il capitalismo, e dei conseguenti elementi di crisi. Per la prima volta sono descritti i **contrasti fra le classi sociali**, in particolare fra la vecchia classe dei proprietari e la nascente borghesia capitalistica, e fra quest'ultima e i lavoratori. Per Ricardo il valore dei beni dipende dalla quantità di lavoro in essi incorporato; anche il valore degli strumenti della produzione

▼ Moderne mietitrebbiatrici utilizzate nelle colture intensive degli Stati Uniti.

S Stazionarietà Situazione in cui, in assenza di accumulazione capitalistica, il prodotto netto non aumenta al passare del tempo, e quindi non si realizza un processo di crescita economica. Indica una situazione di stasi molto rara nelle economie moderne.

unità **3** ■ Le scuole economiche

PER capire meglio: Divisione del lavoro e aumento del sovrappiù

Secondo **Adam Smith** l'allargamento dei mercati favorisce la **divisione del lavoro** e l'**introduzione di nuove macchine**, che veicolano nel sistema il progresso tecnologico. L'aumento della produzione, che ne è la logica conseguenza, consente un aumento del sovrappiù, che viene ripartito fra le classi sociali in base alle forze della concorrenza; aumentando il sovrappiù, è possibile accentuare ulteriormente la divisione del lavoro e introdurre macchine ancor più innovative; di conseguenza il tenore di vita della popolazione migliora.
Smith ricorda che, prima della rivoluzione industriale, nella fabbricazione degli spilli ciascun lavoratore eseguiva tutte le operazioni che portavano dalla trasformazione del laminato all'ottenimento dello spillo. In tal modo ogni spillettaio non riusciva a produrre più di 20 spilli al giorno. Suddividendo il lavoro in una serie di operazioni elementari, affidate ciascuna a un singolo lavoratore (uno trafila il metallo, un altro raddrizza il filo, un terzo lo taglia, un altro fa le punte, un altro fabbrica la capocchia, un altro ancora pulisce il prodotto, e infine un ultimo lavoratore lo inscatola) si ottiene uno straordinario aumento di produzione. Mentre nel sistema di produzione pre-capitalistico 10 operai non potevano produrre più di 200 spilli al giorno, ora gli stessi operai possono produrre più di 48 000 spilli al giorno (la produzione è aumentata di 240 volte!).
Smith osserva che la **divisione del lavoro** è possibile solo quando il mercato è sufficientemente esteso. Per estendere il mercato – condizione necessaria per aumentare il volume di produzione dell'impresa – occorre sviluppare i **sistemi di trasporto e comunicazione** e soprattutto abolire tutti i vincoli al commercio.

▼ La raffigurazione di una fabbrica di spilli nell'Encyclopédie di Diderot e d'Alembert.

(e quindi del capitale) dipende dal lavoro impiegato a produrli: è questa la **teoria del valore-lavoro**. Per i classici il valore del lavoro a sua volta dipendeva dalle "sussistenze", cioè dai costi di mantenimento del lavoratore.

Thomas Robert Malthus (1766-1834), noto soprattutto per aver attirato l'attenzione sul **problema della scarsità della terra coltivabile** in contrasto con la crescente richiesta dei suoi prodotti, si segnala per una visione permeata di un diffuso pessimismo: nella sua analisi il capitalismo non è in grado di migliorare le condizioni dei lavoratori, sia perché la crescita demografica è eccessiva, sia perché la classe salariata non riceve redditi sufficienti ad assorbire la crescente quantità di beni messa sul mercato dal nuovo sistema di produzione industriale; questo, perciò, va incontro a crisi di sovrapproduzione e ristagno.

Le crisi di sovrapproduzione furono invece escluse dal maggior economista della scuola classica in Francia, **Jean Baptiste Say** (1767-1832), al quale si deve la formulazione della **legge degli sbocchi**, secondo cui «l'offerta crea la propria domanda». A fronte di una maggior produzione di beni, secondo Say, viene distribuito nel sistema un maggior reddito, e ciò fa crescere la domanda: il sistema tende dunque spontaneamente all'equilibrio fra quantità prodotte e quantità domandate e al pieno impiego delle risorse.

Thomas R. Malthus e il ristagno economico

▲ Jean B. Say

Jean B. Say e la "legge degli sbocchi"

C Crescita demografica Aumento della popolazione nel tempo, a seguito di eventi biologici (incremento delle nascite, riduzione della mortalità) e di eventi sociali (flussi migratori in arrivo, rimpatri ecc.). Ha avuto un forte incremento negli ultimi decenni.

S Sovrapproduzione Situazione in cui la quantità di beni prodotti eccede l'ammontare necessario a soddisfare la domanda, per cui le merci, in mancanza di uno sbocco commerciale, restano nei magazzini invendute.

Lo schema che segue illustra la visione ottimistica che la scuola classica ebbe dello sviluppo economico: fu il fondatore della scuola, Adam Smith, a scoprire il ruolo "strategico" dell'**allargamento dei mercati** e dell'**aumento del sovrappiù** nel determinare il processo circolare di crescita dell'economia.

▼ Schema del modello di sviluppo teorizzato da Adam Smith.

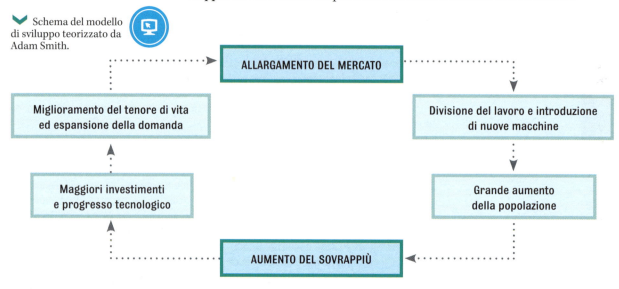

3.6 La scuola socialista

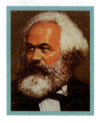

▲ Karl Marx

La critica marxiana al sistema capitalistico

L'ottimismo di fondo della scuola classica non poteva mancare di suscitare reazioni sia in rapporto all'osservazione della realtà economica effettiva della prima metà dell'800, sia soprattutto, in relazione al rapido mutamento dei rapporti sociali conseguente all'affermarsi della rivoluzione industriale. La più importante di tali reazioni – tanto per lo straordinario apporto scientifico, quanto per il richiamo che il suo pensiero ha esercitato negli ultimi centocinquant'anni – è l'opera di **Karl Marx** (1818-1883).

Marx criticò in termini scientifici il modo di produzione capitalistico. La sua analisi economica poggia su una visione sociologica dalla quale anche a noi conviene partire per comprendere pienamente il suo pensiero.

Nella *Critica dell'economia politica* (1858), Marx osserva che nella produzione gli uomini non entrano liberamente, ma in rapporti necessari, indipendenti dalla loro volontà. Sono questi rapporti di produzione a determinare una certa struttura sociale, sulla quale si costituisce una seconda struttura di istituzioni giuridiche, politiche, di rapporti sociali, di atteggiamenti e così via. In altre parole, tutti gli eventi di tipo spirituale, comprese le convinzioni filosofiche e religiose, sono sempre determinati da fatti materiali; i fatti sociali dipendono dai mutamenti delle strutture e delle tecniche produttive. Per illustrare questo concetto, Marx ricorre alla famosa affermazione che il mulino a mano crea la società feudale e quello a vapore la società capitalista.

Il materialismo storico

Si può sintetizzare questa posizione, nota come **materialismo storico**, con le stesse parole di Marx: «Il modo di produzione della vita materiale determina in generale il processo sociale, politico e intellettuale della vita. Non è la coscienza dell'uomo che determina il suo modo di essere, ma il suo modo di essere sociale che determina la sua coscienza».

La lotta di classe

Le classi sociali sorte dall'affermazione della rivoluzione industriale sono, secondo l'analisi marxiana, fondamentalmente antagoniste per la loro posizione rispetto ai rapporti di produzione, e ciò indipendentemente dalla loro

unità **3** ■ Le scuole economiche

PER capire meglio

La crisi del capitalismo secondo Marx

Per spiegare la crisi definitiva del capitalismo, Marx elabora la **teoria del plus-valore**. Nello stadio borghese della società, il capitalista acquista dal lavoratore la forza-lavoro per impiegarla nel processo produttivo, cioè per ottenere le merci. Queste appartengono al capitalista, che se ne appropria pagando il lavoratore in relazione al lavoro incorporato nei mezzi di sussistenza necessari alla sopravvivenza del lavoratore. Il plus-valore nasce quindi dalla differenza fra l'utilizzazione effettiva della forza-lavoro da parte del capitalista e il tempo di lavoro necessario per la sua produzione (cioè i mezzi di sussistenza necessari al lavoratore).

Nella sua opera principale, *Il Capitale* (1867), Marx applica la **teoria ricardiana del valore-lavoro**, secondo cui il salario è determinato dal costo di produzione del lavoro, cioè da quanto un lavoratore deve spendere per il proprio mantenimento (**salario di sussistenza**). Ora, la quantità di lavoro necessaria ad assicurare la sussistenza è piuttosto bassa: se è uguale a quattro ore di lavoro, il salario pagato al lavoratore corrisponde a quattro ore di lavoro. Ma in cambio il capitalista usa la forza-lavoro per un'intera giornata. Se la giornata di lavoro è, poniamo, di dieci ore, il capitalista si appropria di sei ore-lavoro; in questo modo la classe borghese si avvantaggia del fatto che il lavoratore crea più valore di quanto ne consumi per la sua sussistenza, come si vede nel grafico in basso.

Il lavoratore in quattro ore di lavoro crea un valore uguale a quello dei mezzi di sussistenza, che gli viene pagato come salario; nelle successive sei ore crea plus-lavoro, che appartiene al capitalista: il salariato lavora una parte della giornata per sé, per ricostituire il salario necessario alla sua sopravvivenza (**lavoro necessario**), e un'altra parte lavora gratuitamente per il capitalista (**plus-lavoro**).

Il plus-lavoro, utilizzato nel processo produttivo, genera **plus-valore**, così detto perché rappresenta un valore aggiuntivo rispetto a quello contenuto nel salario che assicura la sussistenza al lavoratore. Dal plus-valore nasce lo sfruttamento del lavoratore. Il capitalista può aumentare il plus-valore o allungando la durata della giornata lavorativa (ma ciò ha evidentemente dei limiti) o assumendo nuovi salariati, creando a questo scopo impianti produttivi sempre più grandi. Il capitalista aumenta gli investimenti anche sotto la pressione della concorrenza, che determina l'abbassamento dei prezzi. Si ha una progressiva concentrazione di capitale in poche mani, con graduale espropriazione degli artigiani e dei piccoli imprenditori, costretti a trasformarsi in salariati.

▼ Un'edizione del Capitale di Marx stampata ad Amburgo nel 1893.

▶ Durata della giornata di lavoro (in ore).

salario pagato al lavoratore				plus-valore che va al capitalista					
1	2	3	4	5	6	7	8	9	10

45

modulo 1
Come funziona il sistema economico

▲ La casa natale di Marx a Treviri, nella Renania-Palatinato.

Il crollo del sistema capitalistico

volontà. Tra la classe dei lavoratori e quella dei capitalisti il conflitto è inevitabile: è questa la **lotta di classe**, che porterà al superamento definitivo del sistema capitalista.

Secondo Marx il sistema capitalista è caratterizzato da **crisi di sovrapproduzione**, per l'enorme aumento dell'offerta di merci a fronte della scarsità della domanda. Il costante impoverimento delle masse, che si verifica necessariamente nel sistema capitalista, fa nascere l'**esercito industriale di riserva**, cui si deve il potenziale rivoluzionario che farà tramontare il regime capitalistico.

Come abbiamo visto (v. par. 3.5) gli economisti classici erano convinti che le crisi economiche fossero del tutto accidentali. Secondo J.B. Say, non possono aversi che temporanee crisi di sovrapproduzione, in quanto «l'offerta crea la propria domanda» (*legge degli sbocchi*). Secondo Marx, invece, le crisi sono una caratteristica necessaria del sistema capitalistico, e nel contempo sintomi delle sue profonde contraddizioni.

Quando poi il processo di concentrazione della ricchezza giungerà allo stadio finale, e a un gruppo ristrettissimo di supercapitalisti si opporrà l'immensa schiera dei diseredati, si avrà un movimento rivoluzionario che porterà alla **dittatura del proletariato**, per giungere infine a una **società senza classi** e senza antagonismi. Allora, «gli strumenti di produzione saranno centralizzati nelle mani dello Stato, cioè del proletariato costituito in classe dirigente».

Lo schema economico-sociologico di Marx può essere sintetizzato nel modo seguente:

Limiti dell'analisi marxiana

La storia ha largamente smentito l'analisi marxiana (per convincersene basti riflettere sul considerevole aumento della quota di reddito nazionale destinata al lavoro subordinato, oppure ancora al crollo dei regimi collettivisti fondati sulla dittatura del proletariato: v. Mod. 2, par. 3.6).

Tuttavia non vanno sottovalutati i meriti di Marx, sia come studioso, sia come ispiratore di grandiosi movimenti di opinione. A lui risale la prima critica sistematica alle istituzioni sociali, che ostacolavano gravemente nell'800 le libertà individuali e collettive; come pure lo stimolo all'approfondimento dei problemi sociali da parte degli economisti successivi, anche se appartenenti ad altre correnti di pensiero.

P Proletariato Insieme dei lavoratori dipendenti che prestano la loro forza-lavoro dietro un salario, privi della proprietà dei mezzi di produzione e di qualsiasi altra ricchezza, ma dotati soltanto della capacità di generare prole (da cui il loro nome).

3.7 La scuola storica

Le critiche ai classici

Le idee della scuola classica non vennero accettate facilmente in Germania, sia perché sul piano dottrinale persisteva in quel Paese la tradizione mercantilista, sia soprattutto perché i principi del liberismo erano contrari agli interessi delle classi dominanti che temevano la concorrenza della più avanzata industria inglese.

Le basi iniziali di questa scuola vennero poste verso la metà dell'800 da **Wilhelm Roscher** (1817-1894), il quale alternò a enunciazioni teoriche, basate sulla deduzione logica, ampie descrizioni storiche, nell'intento di collegare l'economia con «la storia del diritto, la storia politica e la storia della civiltà». Fu però **Bruno Hildebrand** (1812 - 1878) a porsi decisamente contro l'impostazione della scuola classica, negando che in economia potessero esistere leggi naturali, valide in ogni tempo e per tutti i Paesi. Un altro rappresentante della **vecchia scuola storica, Knies**, osservò che nelle scienze sociali non potevano esistere delle leggi, in quanto incompatibili con la libertà umana.

▲ Max Weber

La **nuova scuola storica**, sorta dopo il 1870 attorno a **Gustav Schmoller** (1838 - 1917), discusse sia di problemi di metodo (ingaggiando con la scuola marginalista una lunga controversia, nota appunto con il nome di *controversia sul metodo*), sia di vera e propria teoria, utilizzando però soprattutto statistiche e documenti storici. Secondo le parole di Schmoller, «la scienza deve giungere alla verità, ma solo attraverso l'impiego di tutti i materiali storici, descrittivi e statistici che si sono accumulati, senza continuare a distillare le proposizioni astratte dell'antico dogmatismo». La scuola storica si rifiutava di privilegiare il metodo deduttivo, essendo in favore di quello induttivo. Da qui il notevole impulso dato alle indagini di tipo statistico e agli studi di storia economica, che fino ad allora erano stati trascurati. La scuola storica ebbe notevole diffusione negli ultimi decenni del XIX secolo, soprattutto nell'area tedesca. Influenzò il pensiero di numerosi studiosi, che lasciarono tracce durature nello sviluppo delle idee: fra i tanti, citiamo **Max Weber** (1864-1920), che cercò di collegare la nascita dello "spirito del capitalismo" al diffondersi delle nuove confessioni religiose legate alla Riforma protestante; e **Werner Sombart** (1863-1941), che indagò le basi sociologiche e psicologiche del capitalismo.

Weber e lo "spirito del capitalismo"

La protezione delle "industrie nascenti"

Nell'ambito del pensiero tedesco una posizione autonoma fu quella di **Friedrich List** (1789-1846), il quale – pur accettando la critica dei classici al sistema mercantilista – sostenne la necessità di difendere le **industrie nascenti** dei Paesi che si avviavano all'industrializzazione, mediante una protezione doganale basata su dazi che colpivano i prodotti importati (*protezionismo*). Per List quindi la libertà degli scambi non poteva essere praticata sempre e dovunque, ma in rapporto alle diverse condizioni storiche; altrimenti, nei rapporti fra Stati, il liberismo commerciale avrebbe di fatto determinato la dipendenza dei sistemi economici meno evoluti da quelli più sviluppati.

3.8 La scuola neoclassica

Somiglianze con i classici

Negli anni 1871-1874 appaiono contemporaneamente le opere di tre studiosi, **Karl Menger** (austriaco), **Stanley Jevons** (inglese), **Léon Walras** (francese), che indipendentemente fra loro elaborano un nuovo metodo di indagine che dà origine a una scuola, nota come **scuola neoclassica**. Il nuovo indirizzo, che si oppone sia alla scuola socialista sia alla scuola storica, condivide con la scuola classica tre principi essenziali:

- le leggi economiche non dipendono dalle condizioni storiche, ma dalla natura del comportamento umano, per cui hanno una **validità universale**;

modulo 1
Come funziona il sistema economico

Karl Menger

- per scoprire le leggi del comportamento economico il **metodo deduttivo**, che privilegia il procedimento logico, è più vantaggioso del metodo induttivo, che privilegia l'osservazione dei fatti;
- il mercato di libera concorrenza (*laissez faire*) crea spontaneamente un **equilibrio di piena occupazione**, per cui ogni intervento dello Stato è dannoso.

A differenza dei classici, la scuola neoclassica:
- fa frequente ricorso alla matematica, a grafici e tabelle, cercando di avvicinare l'economia alle scienze esatte;
- studia l'equilibrio generale del sistema economico a partire dagli equilibri parziali (equilibrio del consumatore, equilibrio dell'impresa, equilibrio del mercato) analizzando il comportamento dei singoli soggetti;
- critica la tradizionale teoria del valore-lavoro, sostituendola con la nuova teoria del valore-utilità.

Il problema dell'equilibrio

Nell'ambito della scuola neoclassica, la **scuola marginalista** e la **scuola di Cambridge** svilupparono le analisi degli **equilibri parziali** (microeconomia), mentre la **scuola di Losanna** formulò, con Walras, una **teoria dell'equilibrio economico generale**.

La scuola marginalista Il punto di partenza della **scuola marginalista** non è la produzione, che aveva costituito l'oggetto principale dell'analisi della scuola classica, ma il **consumo** dei beni e l'utilità che i soggetti economici possono trarre dal consumo stesso.

Mentre i classici inglesi si erano soprattutto soffermati sui problemi di sviluppo generati dalla rivoluzione industriale, e sulle conseguenti rotture che questo processo aveva provocato sull'antico sistema sociale, i teorici del marginalismo, sotto l'influenza della filosofia politica liberale, furono attratti dall'equilibrio del consumatore e dall'esigenza di fornire un'immagine armoniosa del sistema capitalista, da contrapporre alla visione marxista.

L'utilità marginale

Sulla scorta di considerazioni di tipo psicologico (questa scuola è detta anche "psicologica", oppure "austriaca", perché aveva a Vienna il suo centro principale), i marginalisti costruirono la loro teoria sulla base del concetto di **utilità marginale**, cioè dell'utilità connessa al consumo di una unità aggiuntiva di bene (v. Mod. 3, par. 1.4). L'utilità marginale diventa la misura del valore dei beni: i beni hanno un valore in quanto sono utili, cioè servono a soddisfare un bisogno dell'uomo, e tale valore è tanto più elevato quanto maggiore è la scarsità dei beni e più intenso il bisogno.

Uso sistematico del concetto di margine

Il **concetto di margine** venne esteso, per opera soprattutto di Menger e di Jevons, a tutti i campi dell'attività economica, considerato idoneo a misurare «i grandi impulsi della condotta umana: i sentimenti di piacere e di pena» (Jevons). Così per quanto riguarda la prestazione di lavoro, oppure lo scambio di beni sul mercato.

... applicato al lavoro...

Jevons osserva che «il lavoro sarà continuato fino a quando l'incremento di utilità derivante da ciascuno dei suoi impieghi compensa perfettamente l'aumento di pena». Ciò perchè, secondo i marginalisti, il lavoro dapprima genera piacere, e successivamente pena, che aumenta con l'aumentare della durata del lavoro. L'offerta di lavoro cessa «quando la soddisfazione... che si trae dal lavoro diventa uguale alla pena connessa alla prestazione». Allo stesso modo, Gossen scrive che un soggetto procederà allo scambio di un bene contro un altro «fino a quando i valori delle ultime unità delle due merci che egli possiede sono divenuti uguali».

... e applicato allo scambio

L'armonia del sistema

Al problema della distribuzione i marginalisti hanno dato una soluzione tendente a sottolineare l'**armonia del sistema**. Le varie forme di reddito (salari, profitti, rendite) sono giustificate in quanto remunerazione dei contributi dei

unità **3** ■ Le scuole economiche

L'ECONOMIA **CHE NON TI ASPETTI** — IL PARADOSSO DEL VALORE (L'ACQUA E IL DIAMANTE)

Nella *Ricchezza delle Nazioni* Adam Smith si era posto una domanda: «Come è possibile che l'acqua, elemento così utile alla vita, abbia un prezzo così basso, mentre i diamanti, oggetti totalmente inutili, raggiungono prezzi elevatissimi?».
Con questo paradosso Smith osservò che valore d'uso di un bene e valore di scambio non coincidono: l'acqua ha un elevato valore d'uso, ma un basso valore di scambio; viceversa per il diamante.
I classici pensavano che, in generale, il valore di scambio dei beni tende ad uguagliare il costo del lavoro impiegato per produrli. I marginalisti risolvono il problema in modo diverso; per loro l'utilità di un bene è la sua idoneità a soddisfare un bisogno ed è tanto maggiore quanto più è intenso il bisogno e raro il bene idoneo a soddisfarlo. L'acqua è utile perché indispensabile alla vita, ma è abbondante e quindi la sua utilità economica è minima. Il diamante invece ha un alto valore perché è raro e molto ricercato. Il suo valore di scambio non dipende dal lavoro impiegato a produrlo, ma dalle quantità di danaro che l'acquirente è disposto a offrire per soddisfare il proprio desiderio (bisogno) di possederlo, che deve coincidere con il compenso che il venditore intende conseguire per risarcirsi della pena di privarsene. Il prezzo, cioè il valore di mercato del diamante, sarà dato dal punto di equilibrio che segna l'uguaglianza delle quantità marginali di utilità e disutilità conseguite nello scambio dai contraenti. Lo stesso vale per qualsiasi altro bene.
Viene così risolto il problema del valore, che per decenni si era trasformato in "paradosso del valore": perché cioè è elevato il valore del diamante, che non è indispensabile alla vita dell'uomo mentre è basso il valore dell'acqua, necessaria alla stessa sopravvivenza del genere umano? Gli economisti classici, con la teoria del valore-lavoro avevano dato una risposta razionale, ma non in grado di spiegare la formazione dei prezzi sul mercato e il loro modificarsi al variare della domanda e dell'offerta.

---

fattori produttivi alla produzione. I fattori produttivi (*terra, lavoro, capitale*) si sostituiscono così alle classi sociali, e viene in tal modo meno ogni motivazione conflittuale. Infatti, poiché ogni fattore produttivo viene remunerato secondo il suo contributo alla produzione, non si può parlare di sfruttamento del lavoro da parte del capitale.

Le crisi di mercato

Per i marginalisti **non sono ipotizzabili crisi di mercato**, dato che i beni prodotti sono totalmente venduti, e i fattori produttivi completamente impiegati: i mercati sono dotati di **meccanismi riequilibratori**, che assicurano l'uguaglianza fra la quantità prodotta e quella domandata dei diversi beni. Il sistema funziona perfettamente da solo, senza alcuna necessità di intervento statale. Come si vede, anche se gli strumenti analitici utilizzati dai marginalisti differiscono sostanzialmente da quelli dei classici, le conclusioni pratiche non sono molto diverse.

NO!

La scuola di Cambridge La **scuola di Cambridge** presenta un sistema che si pone come mediatore tra l'indirizzo astratto e la realtà concreta, cercando di conciliare la tradizione classica con la teoria marginalista. Per raggiungere questi fini, **Alfred Marshall** (1842-1924) elabora alcuni strumenti che diventeranno poi abituali per le successive generazioni di economisti. Ricordiamo la distinzione fra periodo breve e periodo lungo (v. Mod. 4, par. 1.2), che consente di conciliare la teoria classica del valore (secondo cui il valore dipende dal costo di produzione) e quella marginalista (secondo cui il valore dipende

Periodo breve e periodo lungo

S Salari - Profitti - Rendite Per produrre i beni le imprese impiegano i fattori produttivi – cioè lavoro, capitale e risorse naturali – che vengono remunerati rispettivamente con il *salario*, che affluisce ai lavoratori per la loro opera; con il *profitto*, che va agli imprenditori per il capitale investito e per la loro attività di coordinamento; e con la *rendita*, che remunera i proprietari delle risorse naturali.

P Periodo breve - Periodo lungo La distinzione si riferisce alla possibilità dell'impresa di variare o meno la quantità impiegata dei fattori produttivi: nel *periodo breve* l'impresa non può variarla, e quindi non può rispondere alle sollecitazioni provenienti dal mercato; nel *periodo lungo* può modificarla e quindi adeguarsi alle nuove condizioni di mercato.

49

dall'utilità). Costo e utilità hanno ciascuno un proprio ruolo, il primo nel periodo lungo, la seconda nel periodo breve; nella determinazione del prezzo, a misura che si allunga il periodo considerato, l'influenza dell'offerta, che dipende dai costi, si afferma congiuntamente a quella della domanda, che dipende dall'utilità.

Gli equilibri parziali

La scuola di Cambridge ha fatto suo il **metodo degli equilibri parziali**, elaborato dal Marshall e da lui applicato allo studio della domanda. Permeato da spirito pratico tipicamente inglese, Marshall era consapevole della complessità del fenomeno economico, che non può essere spiegato nella sua totalità. Questo metodo, anche noto col nome di **clausola del** *ceteris paribus*, consiste nella formulazione di ipotesi che permettono di limitare l'analisi economica nel tempo e nello spazio, e di studiare l'influenza di una causa, che si considera variabile, ferme restando tutte le altre pure capaci di esercitare la loro influenza sul fenomeno all'esame (per un esempio di applicazione di questo metodo si rimanda al Mod. 3, par. 1.6).

La scuola di Losanna La scuola di Losanna – detta anche *scuola matematica*, per l'ampio uso dello strumento analitico e della deduzione logica – perviene a una sintesi generale, che riassume in un sistema di *relazioni interdipendenti* le posizioni di equilibrio di tutti gli operatori: consumatori, imprenditori, fornitori di beni e di servizi, risparmiatori.

Equilibrio economico generale

Lo scambio, la produzione e la distribuzione sono collegati fra di loro da una serie di equazioni interdipendenti, e per questo la costruzione teorica di questa scuola è nota come **teoria dell'equilibrio economico generale**. I suoi esponenti più importanti furono **Léon Walras** (1834-1910) e l'italiano **Vilfredo Pareto** (1848-1923), successore di Walras alla cattedra di economia all'Università di Losanna.

3.9 La rivoluzione keynesiana

La crisi del 1929-32

L'ottimismo di fondo delle teorie tradizionali fu profondamente sconvolto dalla **Grande crisi del 1929-32**, sviluppatasi in tutto l'Occidente, che colpì soprattutto i Paesi più progrediti. L'ingente quantità di merci rimaste invendute e milioni di lavoratori rimasti disoccupati smentirono in modo clamoroso la legge di Say, considerata come la colonna portante della teoria dell'equilibrio (come abbiamo visto al par. 3.5, tale legge afferma che non si possono verificare crisi di sovrapproduzione, in quanto l'offerta di beni e servizi crea automaticamente la propria domanda).

Le terapie suggerite dagli economisti di formazione classica si dimostrarono incapaci di assorbire la massa di disoccupati, tanto che alcuni economisti cominciarono a sospettare che la piena occupazione non fosse una caratteristica dello stato di equilibrio del sistema economico.

John Maynard Keynes (1883-1946), nella sua famosa opera *Teoria generale dell'occupazione, interesse e moneta* del 1936, respinse la legge di Say (*legge degli sbocchi*) che considerava la piena occupazione del lavoro e degli altri fattori produttivi come una costante del sistema economico, e conseguentemente riteneva ogni scostamento da tale situazione come fenomeno transitorio, di passaggio fra due situazioni di equilibrio.

▲ John M. Keynes

C Ceteris paribus Clausola che consiste nell'isolare l'influenza di un solo fattore fra i tanti che caratterizzano i fenomeni economici. Nota anche con l'espressione "a parità di altre condizioni", viene applicata di frequente nell'analisi economica.

R Relazioni interdipendenti I fenomeni economici sono interdipendenti, perché si influenzano a vicenda. In base a ciò, Walras sintetizzò i comportamenti dei vari operatori economici mediante un sistema di equazioni che descrivevano l'equilibrio del sistema.

unità **3** ■ Le scuole economiche

Un **equilibrio di** sottoccupazione era invece possibile; anzi, secondo Keynes, era questa la situazione più probabile. Ciò perché al crescere del reddito, i consumi crescono in modo meno che proporzionale; per mantenere quindi un certo volume di occupazione, è necessario che si effettuino investimenti pubblici sufficienti ad assorbire la differenza fra produzione totale e consumi totali.

La necessità dell'intervento pubblico

Da qui la necessità di un **intervento dello Stato a sostegno della domanda globale**, che ha come conseguenza un aumento dei consumi e degli investimenti, e quindi dell'occupazione. Keynes suggerisce di finanziare le spese pubbliche anche in disavanzo (*deficit spending*), attraverso il collocamento di titoli del debito pubblico presso i risparmiatori e gli istituti di credito (v. Mod. 5, par. 2.6).

Lo schema keynesiano può essere sintetizzato nel modo seguente:

La crisi degli anni '70

Molti governi hanno adottato nel secondo dopoguerra politiche keynesiane, allo scopo di fronteggiare situazioni di squilibrio e di disoccupazione. Non sono mancati certamente risultati positivi, almeno fino alla fine degli anni '60 del secolo scorso. Ma il sopraggiungere della grave crisi degli anni '70 (di cui l'aumento notevole del prezzo delle fonti di energia, soprattutto del petrolio, fu una delle cause) ha messo in discussione la validità della teoria keynesiana e gli stessi fondamenti della scienza economica.

3.10 La controrivoluzione neoliberista

All'inizio degli anni '80 del secolo scorso la maggior parte dei Paesi industriali era afflitta da un grave problema: una elevata inflazione associata a una stagnazione, cioè a un ristagno dell'economia. La presenza contemporanea di questi due fattori viene chiamata **stagflazione** (stagnazione + inflazione).

Le critiche a Keynes

Un gruppo di economisti aveva ipotizzato che le cause della crisi fossero da ricondurre all'**eccessivo intervento dello Stato** nell'economia. Secondo questi studiosi il continuo ricorso alle politiche keynesiane da parte dei governi aveva prodotto guasti enormi, e in particolare:

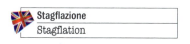

- la sempre più alta spesa pubblica, utilizzata per sostenere la domanda globale, aveva alimentato un debito pubblico che in alcuni Paesi era diventato

---

S Sottoccupazione Situazione in cui l'occupazione è inferiore a quella che il sistema potrebbe assorbire. Si verifica anche quando un lavoratore svolge un'attività inadeguata al suo titolo di studio, oppure per un tempo inferiore a quello ritenuto normale.

D Debito pubblico Totale dell'indebitamento accumulato dallo Stato per coprire il suo fabbisogno finanziario. Lo Stato può infatti procurarsi nuove entrate emettendo titoli del debito pubblico che vengono sottoscritti dietro versamento di moneta.

S Stagnazione Situazione prolungata di stazionarietà dell'economia, con mancanza di crescita del prodotto e assenza di prospettive di sviluppo a breve e medio termine. Si tratta di una situazione che tende a perdurare per lungo tempo.

51

modulo 1
Come funziona il sistema economico

insostenibile, per l'elevato flusso di interessi che lo Stato doveva pagare ai suoi creditori, cioè ai possessori dei titoli del debito pubblico;
- l'indebitamento dello Stato per sostenere la domanda aveva sottratto capitali agli investimenti degli imprenditori privati, senz'altro più efficienti perché motivati dalla ricerca del profitto;
- le politiche monetarie a sostegno della domanda avevano determinato un notevole aumento dei prezzi, con dannose distorsioni nei mercati e nella distribuzione del reddito, senza risolvere, nel lungo periodo, il problema della disoccupazione.

Le correnti neoliberiste erano convinte che il sistema economico fosse tendenzialmente in **equilibrio di piena occupazione**, proprio al contrario di quanto pensava Keynes.

All'interno di tali correnti si possono individuare due importanti indirizzi:

Il monetarismo

Monetarismo Per questa scuola, che fa capo a **Milton Friedman** e ai suoi allievi dell'Università di Chicago, la causa dell'inflazione risale alla banca centrale, costretta a emettere un'eccessiva quantità di moneta per finanziare i disavanzi pubblici. Secondo questa visione la banca centrale deve adottare sempre una politica restrittiva quando occorra difendere il potere d'acquisto della moneta; l'occupazione tornerà ad aumentare quando, debellata l'inflazione, le forze di mercato saranno in grado di provocare la ripresa dell'economia. Tuttavia vi sarà sempre un livello "fisiologico" di disoccupazione normale in un sistema economico complesso come l'attuale (v. Mod. 7, par. 3.1).

L'economia dell'offerta

Economia dell'offerta Si richiama alla tesi della scuola classica, secondo cui è l'offerta che crea la domanda (**legge degli sbocchi**) e quindi è l'attività produttiva delle imprese che riveste un ruolo dominante (al contrario di quanto sosteneva la teoria keynesiana, orientata al sostegno della domanda). Ne consegue che, per garantire un'adeguata crescita del sistema, **lo Stato deve limitare il suo intervento nell'economia**, ridurre i vincoli sulle imprese (deregulation), ridurre la spesa pubblica. L'imposizione fiscale sulle imprese va ridotta al minimo, per consentire maggiori investimenti e far aumentare l'occupazione e il reddito nazionale. La **scuola dell'offerta** (*supply-side economics*) si è affermata negli USA negli anni '70 del secolo scorso; tra i suoi maggiori esponenti è **Arthur Laffer** (1940-vivente), che ispirò la politica del presidente americano Ronald Reagan.

3.11 La situazione attuale

Oggi manca una teoria generale in grado di interpretare in modo univoco i fenomeni economici; ciò a causa dell'estrema complessità delle economie e delle realtà sociali contemporanee.

Ricerche specialistiche

La scienza economica attuale è caratterizzata da una grande specializzazione delle ricerche, da numerosi e attrezzati centri di studio che si occupano del "monitoraggio" dell'economia reale sulla base della raccolta, analisi e valutazione di una sempre più ampia quantità di dati statistici. Per molti studiosi è maggiore la preoccupazione di lavorare su dati statistici affidabili piuttosto che definire con precisione la propria scuola di appartenenza.

Fra gli economisti c'è oggi infatti una certa **presa di distanza dalle ideologie** e pochi credono più all'esistenza di un metodo valido per qualsiasi tipo di ricerca.

B Banca centrale Istituto posto al centro del sistema finanziario, con compiti di emissione della moneta e controllo del credito. È responsabile del funzionamento del sistema creditizio, con l'obiettivo primario di combattere l'inflazione.

D Deregulation Riduzione dei vincoli legislativi e amministrativi che ostacolano l'attività d'impresa. In Italia tali vincoli sono spesso designati con l'espressione giornalistica "lacci e lacciuoli", che impediscono alle imprese di operare in modo efficiente.

unità 3 ■ Le scuole economiche

la nuova economia

Perché è aumentata la precarietà del lavoro

Da almeno due decenni la **precarietà** del lavoro è aumentata e sono molto cresciute le **disuguaglianze** tra i lavoratori. Non si potrebbe organizzare il lavoro in un modo diverso, più armonico, gradevole e con minori disuguaglianze?
Come mai si è passati – intorno al 1980 – da un regime keynesiano di politica economica, che aveva come obiettivo la piena occupazione, a un altro regime, tuttora imperante, che ha come obiettivo primario la stabilità dei prezzi ed è alla radice della disoccupazione, della insicurezza del lavoro, delle crescenti disuguaglianze che hanno caratterizzato questi ultimi anni? L'economista inglese **Ronald Dore** (1925) ci fornisce un ampio spettro di possibili cause. Alcune di tipo economico (concorrenza di Paesi a salari più bassi, recenti sviluppi tecnologici, libertà dei manager di stabilire il proprio stipendio); altre ideologico-politiche (la riabilitazione del *laissez-faire*, il minor peso dei sindacati, l'ostilità delle imprese al crescente ruolo dello Stato); altre ancora, più profonde, attinenti a lunghi cicli di prevalenza del pubblico sul privato e viceversa, alle modificazioni della famiglia e della scuola, al ruolo dell'immigrazione e dell'invecchiamento. Non c'è dubbio che molti di questi fattori sono all'opera. A Dore l'imperante neoliberalismo di stampo anglosassone piace poco e gli piacciono di più modelli di organizzazione sociale in cui sulle manifestazioni sfrenate di libertà individuale prevalgono gli obblighi derivanti dall'appartenenza alla comunità. Ed è anche convinto che un "**capitalismo di benessere**", come ha chiamato il modello giapponese e tedesco in un recente libro, può funzionare altrettanto bene di un "capitalismo di Borsa": a suo modo di vedere, gli obblighi collettivi possono essere altrettanto e più efficaci degli interessi individuali nel motivare un comportamento idoneo a sostenere un forte sviluppo che va nella direzione di una maggiore uguaglianza sociale.

Tuttavia, per quanto sia frastagliato il panorama, è possibile raggruppare gli studiosi di economia in **due correnti** principali, come evidenzia il seguente schema:

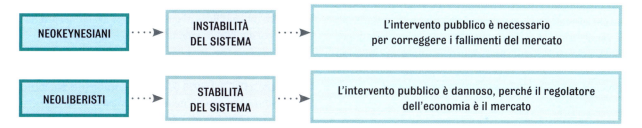

Quanto mercato?

Il maggior disaccordo fra gli economisti verte oggi sul **ruolo del mercato**, soprattutto per la preoccupazione che l'assenza dell'intervento pubblico possa consegnarlo ai gruppi privati più forti, che dispongono di poteri decisionali capaci di orientare la produzione delle imprese.

Quanto Stato?

Molti economisti diffidano di un mercato destinato a soddisfare prevalentemente i bisogni delle classi sociali più ricche, o delle aree geografiche più forti, e ritengono che lo Stato e le altre istituzioni internazionali, come l'Unione europea, debbano intervenire a sostegno delle categorie sociali più deboli e delle aree meno sviluppate che, altrimenti, rischiano l'emarginazione. A ciò si aggiunga che problemi, come ad esempio quelli della tutela ambientale e della protezione degli interessi delle generazioni future, sono sostanzialmente estranei al mercato. D'altra parte, neppure i seguaci più radicali del neoliberismo ignorano che **le finalità di una società pacifica e ben ordinata non sono soltanto economiche**.

Come vedremo nel prossimo modulo, al par. 3.7, le economie attuali sono prevalentemente **sistemi economici misti** e quindi è impensabile una astensione totale dello Stato; il dibattito oggi riguarda piuttosto l'estensione, la direzione e la qualità che l'intervento pubblico deve avere, per regolare e non annullare la libertà dei mercati.

Economia mista / Mixed economy

S Sistema economico misto Sistema in cui i mezzi di produzione sono in parte di proprietà pubblica e in parte di proprietà privata. In esso lo Stato interviene per assicurare uno sviluppo armonico e continuo del sistema economico.

53

modulo 1
Come funziona il sistema economico

IN sintesi

3.1 L'evoluzione del pensiero economico
La **storia del pensiero economico** studia l'evoluzione del pensiero degli economisti nel tempo. Essi vengono raggruppati in **scuole**, che presentano una certa omogeneità di posizioni di fronte ai problemi reali. L'intera storia del pensiero economico può essere divisa in tre periodi:
a. **periodo frammentario**;
b. **periodo pre-scientifico**;
c. **periodo scientifico**.

3.2 Il periodo frammentario
Il **periodo frammentario** è così chiamato perché i riferimenti all'economia sono episodici, e si trovano in altri contesti (storici, filosofici ecc.). Nel Medioevo in opere di filosofia e teologia si trovano osservazioni economiche, ma esclusivamente sotto il profilo morale.

3.3 Il mercantilismo
Nei secoli XVI-XVIII si diffonde il **mercantilismo**, secondo cui la potenza di uno Stato deriva dai suoi commerci e dalle sue disponibilità di oro e argento. I mercantilisti ritenevano che gli Stati sprovvisti di miniere dovessero promuovere le esportazioni, per acquistare con il ricavato metalli preziosi, e che lo Stato dovesse ridurre le importazioni imponendo **dazi doganali**, regolamentando in dettaglio l'attività economica per promuovere l'industria nazionale.

3.4 La fisiocrazia
La **fisiocrazia** si basa sull'idea che l'agricoltura sia l'unica fonte di ricchezza; sosteneva l'esistenza di un **ordine naturale**, per cui qualsiasi tentativo dello Stato di regolamentare l'economia sarebbe stato dannoso. Questa scuola si sviluppò in Francia ed ebbe in **F. Quesnay** il suo maestro: nel suo *Tableau Économique* (1758) illustrò la **circolazione del prodotto** fra le classi sociali (classe produttiva, classe dei proprietari, classe sterile).

3.5 La scuola classica
La **scuola classica** iniziò con la pubblicazione della *Ricchezza delle Nazioni* di A. Smith (1776) e si sviluppò sino alla metà del XIX secolo. Anche secondo questa scuola esiste un ordine naturale, una **mano invisibile** che guida ogni soggetto a promuovere il benessere della società quando agisce per realizzare il proprio interesse. Lo Stato non deve quindi intervenire nell'economia, dato che il mercato è un **meccanismo autoregolatore** che automaticamente soddisfa i bisogni della società. Per la scuola classica non solo l'agricoltura, ma anche l'industria è fonte di ricchezza.

3.6 La scuola socialista
La **scuola socialista**, il cui massimo esponente fu **K. Marx**, criticò le basi teoriche della scuola classica. Gli scritti di Marx, apparsi intorno alla metà del XIX secolo, sostenevano che il capitalismo si fondava sullo sfruttamento del proletariato e che ciò era all'origine della lotta di classe. Alla fine un movimento rivoluzionario avrebbe portato alla **dittatura del proletariato** e a una **società senza classi**.

3.7 La scuola storica
La **scuola storica**, sorta in Germania dopo la metà dell'Ottocento, negò la possibilità di elaborare leggi scientifiche in campo economico, in quanto ciascuna società ha proprie regole di comportamento; compito dell'economia doveva invece essere lo studio delle leggi del mutamento sociale. Gli economisti di questa scuola erano favorevoli all'intervento dello Stato nell'economia soprattutto per promuovere l'industria nascente e proteggerla dalla concorrenza estera.

3.8 La scuola neoclassica
Mentre i classici ritenevano che i prezzi fossero determinati dal costo di produzione, la **scuola neoclassica** sosteneva il ruolo importante giocato dalla domanda, che dipende dall'**utilità/rarità** dei beni. Secondo i neoclassici, in un libero mercato i fattori produttivi (terra, lavoro, capitale) sono remunerati in rapporto al loro contributo alla produzione. Secondo questa teoria, il libero mercato assicura spontaneamente un **equilibrio di pieno impiego dei fattori produttivi**, per cui ogni intervento dello Stato è dannoso.

3.9 La rivoluzione keynesiana
La **Grande crisi del 1929-32** aveva duramente smentito l'ottimismo della scuola neoclassica. Secondo Keynes era possibile un **equilibrio di sottoccupazione**. Per evitarlo, era necessario un **intervento dello Stato a sostegno della domanda globale**. Per conseguire la piena occupazione, era opportuno finanziare la spesa pubblica anche in disavanzo. Queste teorie, fortemente innovative, sono alla base della cosiddetta **rivoluzione keynesiana**.

3.10 La controrivoluzione neoliberista
Il ricorso alle politiche keynesiane ha contribuito a creare **inflazione**. Secondo alcuni economisti di ispirazione liberale, causa di ciò è l'eccessivo intervento dello Stato nell'economia. Le correnti neoliberiste ritengono tendenzialmente stabile il sistema economico, per cui l'intervento pubblico si risolve in un danno per l'economia. Questa visione è nota nella storia economica come **controrivoluzione neoliberista**.

3.11 La situazione attuale
Oggi non c'è una teoria generale capace di interpretare la realtà, a causa dell'estrema complessità delle economie contemporanee. Gli economisti si possono raggruppare in due grandi correnti: **neokeynesiani**, che sostengono la necessità dell'intervento dello Stato nell'economia per correggere i "fallimenti" del mercato; **neoliberisti**, contrari all'intervento dello Stato, perché considerano il mercato strumento di efficienza e stabilità.

unità **3** ■ Le scuole economiche

Vero / Falso — Indica se le seguenti affermazioni sono vere o false.

1. Gli studiosi medioevali che ci hanno lasciato i primi trattati avevano una precisa nozione del funzionamento del sistema economico. V [F]
2. Secondo i mercantilisti la bilancia commerciale doveva sempre essere passiva. V [F]
3. La scuola fisiocratica si sviluppò in Francia grazie agli studi di Quesnay, che scrisse nel 1758 il *Tableau Économique*. [V] F
4. Per i fisiocratici l'industria costituiva la fonte principale della ricchezza. V [F]
5. Secondo la scuola fisiocratica esisteva un ordine economico naturale e spontaneo, basato su leggi fisiche inderogabili. [V] F
6. La scuola classica è stata fondata da Adam Smith, considerato il padre dell'economia politica, che nel 1776 pubblicò *La Ricchezza delle Nazioni*. [V] F
7. Secondo gli economisti classici, quando l'individuo persegue il proprio guadagno avvantaggia l'intera società. [V] F
8. La scuola classica era favorevole al protezionismo, al contrario dei mercantilisti che sostenevano il libero scambio. V [F]
9. Secondo Marx sono i fatti materiali connessi ai modi di produzione che determinano gli orientamenti filosofici e religiosi. [V] F
10. Marx sostiene che la lotta di classe porterà al superamento del sistema capitalista, con sbocco finale nella dittatura del proletariato. [V] F
11. Marx accetta la legge degli sbocchi di Say. V [F]
12. Per la scoperta delle leggi economiche la scuola neo-classica utilizza prevalentemente, come metodologia di studio, il metodo induttivo. V [F]

Scelta multipla — Completa l'affermazione scegliendo la frase corretta fra quelle proposte.

1. Per i mercantilisti è importante
   a [✓] rendere più potente e popolato lo Stato
   b favorire la produzione agricola
   c abbandonare le colonie possedute
   d aumentare le importazioni

2. La scuola mercantilista si afferma
   a tra il 1500 e il 1750
   b tra il 1200 e il 1500
   c [✓] tra il 1750 e il 1776
   d dopo il 1776

3. La scuola fisiocratica si afferma
   a tra il 1500 e il 1750
   b [✓] tra il 1758 e il 1776
   c tra il 1776 e il 1851
   d dopo il 1851

4. È estraneo ai principi della fisiocrazia
   a incoraggiare l'attività agricola
   b rispettare l'ordine economico naturale
   c non regolamentare l'attività economica
   d [✓] incoraggiare la produzione industriale

5. Il termine "fisiocrazia" significa governo
   a [✓] della natura
   b dello Stato
   c dell'aristocrazia
   d della tecnica

6. La scuola classica si afferma
   a tra il 1500 e il 1750
   b tra il 1758 e il 1776
   c [✓] tra il 1776 e il 1851
   d dopo il 1851

7. Secondo la scuola classica
   a [✓] lo Stato non deve intervenire in economia
   b lo Stato deve intervenire in economia
   c il protezionismo favorisce l'economia
   d lo Stato deve incentivare e monopolizzare il commercio con le colonie

8. La tesi dell'ineluttabilità della lotta di classe, che porta al superamento definitivo del sistema capitalista, era sostenuta da
   a Adam Smith (1723-1790)
   b Davide Ricardo (1772-1823)
   c [✓] Karl Marx (1818-1883)
   d John M. Keynes (1883-1946)

9. Secondo Marx esistono due classi sociali antagoniste, costituite da
   a operai e impiegati
   b [✓] lavoratori e capitalisti
   c credenti e non credenti
   d contadini e cittadini

10. La scuola storica, favorevole all'intervento dello Stato nell'economia, si afferma in Germania
    a [✓] verso la metà del XIX secolo
    b all'inizio del XX secolo
    c durante il periodo pre-scientifico
    d verso la metà del XX secolo

11. La possibilità di un equilibrio di sottoccupazione è sostenuta da
    a François Quesnay (1694-1774)
    b Adam Smith (1723-1790)
    c Karl Marx (1818-1883)
    d [✓] John M. Keynes (1883-1946)

12. Secondo Keynes, in presenza di sottoccupazione, lo Stato deve intervenire nell'economia per
    a [✓] sostenere la domanda globale
    b assicurare condizioni concorrenziali
    c tutelare gli imprenditori
    d assicurare elevati risparmi

55

modulo 1
Come funziona il sistema economico

Laboratorio

Completamenti
Completa il brano inserendo i termini appropriati scelti tra quelli proposti.

Le prime osservazioni dei ___FENOMENI___ dell'economia risalgono all'antichità classica. Platone condannava l'arricchimento personale e vagheggiava un ideale sistema ___COLLETTIVISTA___; Aristotele, invece, considerava con simpatia l'iniziativa ___INDIVIDUALISTA___, stimolata dalla prospettiva di un profitto. Durante il Medioevo i più importanti esponenti della filosofia e della teologia affrontarono i problemi dell'economia da un punto di vista esclusivamente ___MORALE___. I loro scritti dettavano norme di comportamento nell'attività di produzione e di scambio, suggerendo i criteri per stabilire il giusto prezzo dei beni, l'ammissibilità del prestito a interesse, condannando l'usura e la ___SPECULAZIONE___. Il periodo della storia del pensiero economico che va dall'antichità alla fine del ___SETTECENTO___ prende il nome di "periodo ___FRAMMENTARIO___", dato che l'economia non viene considerata come scienza autonoma, ma solo come una parte della teologia. Per questa ragione le prime rudimentali trattazioni sull'organizzazione economica non hanno consentito l'elaborazione di ___LEGGI___ scientifiche.

Cinquecento • collettiva • collettivista • economico • fenomeni • frammentario • individuale • individualista • leggi • morale • pre-scientifico • Settecento • solidarietà • speculazione

Trova l'errore
Individua l'espressione o il termine errati, e inserisci quelli corretti.

1. Secondo i mercantilisti lo Stato ~~non~~ deve intervenire nell'economia, dato che il mercato è un meccanismo autoregolatore che soddisfa automaticamente i bisogni della società.

2. Per i sostenitori della teoria keynesiana ~~non~~ è possibile un equilibrio di sottoccupazione, perché al crescere del reddito aumentano anche i consumi e ciò assicura la piena occupazione dei fattori produttivi.

Collegamenti
Associa ogni termine della prima colonna con un solo termine della seconda e della terza.

1. mercantilismo — G - VI
2. fisiocrazia — D - VIII
3. scuola classica — H - I
4. scuola socialista — C - V
5. scuola storica — F - VII
6. scuola neoclassica — A - II
7. scuola keynesiana — E - IV
8. scuola monetarista — B - III

a. dopo la metà del XIX secolo
b. dopo il 1936
c. verso la metà del XIX secolo
d. 1758-1776
e. Verso la fine del XX secolo
f. 1871-1936
g. 1500-1750
h. 1776-1851

I. Smith, Ricardo, Malthus, Say
II. Menger, Jevons, Walras, Pareto
III. Milton Friedman
IV. J.M. Keynes
V. Karl Marx
VI. Bodin, King, Mun, Chantillon
VII. Roscher, Hildebrand, Schmoller
VIII. Quesnay, Mirabeau, Turgot

Domande aperte
Rispondi alle seguenti domande.

1. Quali periodi si possono distinguere nella storia del pensiero economico? (3.1)
2. Quali sono i compiti dello Stato secondo i mercantilisti? (3.3)
3. Su quali problemi si concentrò in particolare l'analisi della scuola fisiocratica? (3.4)
4. Perché, secondo gli economisti classici, lo Stato non deve intervenire nell'economia? (3.5)
5. Perché è importante il surplus nell'analisi degli economisti classici? (3.5)
6. Che cos'è il materialismo storico? (3.6)
7. In che cosa consiste la lotta di classe? (3.6)
8. Quali sono le idee fondamentali della scuola neoclassica? (3.8)
9. Perché secondo la scuola marginalista il sistema economico è armonico? (3.8)
10. Perché secondo Keynes lo Stato deve intervenire in economia? (3.9)
11. Quali conseguenze negative ha un eccessivo ricorso alle politiche keynesiane? (3.9)
12. In che cosa consiste la controrivoluzione neoliberista avviata da Milton Friedman? (3.10)
13. Quali sono i capisaldi della cosiddetta supply-side economics? (3.11)

3.1 The evolution of economic thought

The **history of economic thought** deals with the evolution of different theories over time. They can be grouped into three periods:
a. fragmentary period
b. pre-scientific period
c. scientific period

3.2 The fragmentary period

The **fragmentary period** is so called because references to the economy are episodic. They are also present in other contexts (historical, philosophical etc.). In the Middle Ages, economic observations were made in works of philosophy and theology, but exclusively from a moral perspective.

3.3 Mercantilism

In the 16th and 17th centuries **mercantilism** was dominant. This approach assumes that the wealth of a nation depends primarily on the possession of **gold and silver**. It was believed that nations that did not possess mines should increase their exports and collect precious metals in return, and that the State should reduce imports and impose **duties** in order to provide revenue for the government.

3.4 Physiocracy

Physiocracy is a theory that advocates that the wealth of a nation is derived solely from **agriculture**; it claims that there is a "**natural order**" and that any intervention by the State damages the economy. This theory originated in France with **Quesnay**; his *Tableau Économique* (1758) is an economic model which illustrated the **flow of production** between the three social classes: the propriety class, the productive class and the sterile class.

3.5 The classical school

Adam Smith's The Wealth of Nations (1776) marked the beginning of **classical economics** which was to last until the middle of the 19th century. This school also believed that there was a "natural order". An "**invisible hand**" moves markets towards their **natural equilibrium**. Thus, there must be no State intervention in the economy, since **the market is self-regulatory** and automatically satisfies the needs of society. Classical economists believe that not only agriculture, but also industry is a source of wealth.

3.6 The socialist school

The **socialist school** criticised classical economics. **Karl Marx**, a major figure in the founding of socialism, whose works appeared towards the middle of the 19th century, sustained that human societies progress through a **class struggle**. He argued that the capitalist bourgeoisie exploited the proletariat and that this created class struggles. A revolutionary movement would lead to the overthrow of capitalism and **a new classless society** would emerge.

3.7 The historical school

The **historical school** developed chiefly in Germany in the second half of the 19th century. It held that history was the key source of knowledge about human actions and economic matters, since **economic laws were culture-specific**. Historical economists favoured **State intervention** in economy, in order to promote domestic industry and protect it from foreign competition.

3.8 The neoclassical school

While classical economists claimed that prices were determined by production costs, the **neoclassical economists** focused on the role played by **demand**, which depends on the **utility/scarcity** of the goods. According to neoclassical economists, in a free market the factors of production (land, work, capital) are remunerated in relation to their contribution to production. According to this theory, the free market guarantees a complete equilibrium, thus **any State intervention is detrimental**.

3.9 The Keynesian revolution

The **economic crisis of 1929-32** was a harsh blow to the optimism of neoclassical economists. According to J.M. Keynes, an **underemployment equilibrium** was possible, and **State intervention was necessary** in order to pull the global economy out of the depression. In order to establish full employment Keynes advocated increased government expenditure, also in a debt situation. This was known as the **Keynesian revolution**.

3.10 The neoliberal counter-revolution

Keynesian policies led to **inflation**. According to some liberal economists, this was due to excessive interference by the State in the economy. **Neoliberal economists** argue that the economic system tends to be stable. Thus, **any intervention by the public sector is detrimental** to the economy. In the history of economics, this is known as the **neoliberal counter-revolution**.

3.11 The current situation

Today, due to the complexity of contemporary economics, there is not one single general theory which can represent reality in its whole. Current economists can be grouped into **neokeynesian economists**, who believe that State intervention is necessary in order to assist the economy, and **neoliberal economists**, who are contrary to State intervention.

modulo **1**
Come funziona il sistema economico

Lettura di fine modulo

I problemi fondamentali dell'economia

Il brano, tratto dal manuale di economia più diffuso al mondo, si sofferma sulle tre domande fondamentali a cui deve rispondere ogni sistema economico, qualunque sia il suo assetto istituzionale. Le risposte sono diverse, dipendendo dall'organizzazione che in concreto assume ogni società; ma il problema economico è sempre legato alla scarsità delle risorse disponibili rispetto ai bisogni da soddisfare. Paul Anthony Samuelson, economista statunitense (1915-2009), ha vinto il premio Nobel per l'economia nel 1970.

Ogni società, sia essa uno Stato completamente collettivizzato, una tribù dei Mari del Sud, un Paese industriale capitalista, una comune cinese o persino una colonia di api, deve affrontare tre problemi economici fondamentali e interdipendenti.

1. Cosa produrre e in che quantità? Cioè, quali beni e servizi produrre tra quelli che si possono scegliere in alternativa? E in quale quantità? Dovremo produrre più cibo e meno vestiario, o viceversa? Pane e burro oggi, oppure pane e frutta oggi e pane e marmellata l'anno prossimo?

2. Come si devono produrre i beni? Cioè, chi deve produrli, quali risorse si devono usare, quali procedimenti tecnici si devono seguire? Chi deve andare a caccia e chi a pesca? Conviene ricavare l'energia elettrica dal petrolio e dal carbone oppure dalle cascate e dagli atomi o dal sole e dal vento? Produzione artigianale o in serie? In grandi imprese private o in imprese statali?

3. Per chi produrre i beni? Cioè, chi deve godere i benefici dei beni e servizi prodotti nel Paese? Ossia, in altre parole, come deve essere distribuito fra le persone e le famiglie il prodotto nazionale? Scegliamo una società in cui alcuni sono ricchi e molti sono poveri? Oppure una società in cui il prodotto nazionale è distribuito equamente? Cosa dobbiamo compensare più generosamente, la forza muscolare o l'intelligenza? Dovranno essere gli egoisti a possedere la terra? O si dovranno fornire lauti pranzi anche ai pigri?

Benché questi tre problemi siano fondamentali e comuni a tutti i sistemi economici, i differenti sistemi economici tentano di risolverli in modo diverso.

▲ Paul A. Samuelson nel ritratto dell'artista spagnolo Massini Pontis.

◀ Samuelson è stato autore di un manuale, *Economics*, considerato tra i più completi e rigorosi del settore, oltre che estremamente piacevole alla lettura. Pubblicato per la prima volta nel 1948, è stato regolarmente aggiornato per oltre cinquant'anni.

Cosa, **come**, e **per chi** produrre non sarebbero problemi se le risorse fossero illimitate. Se fosse disponibile una quantità infinita di ogni bene, e i bisogni umani fossero completamente soddisfatti, non avrebbe importanza se si producesse una quantità eccessiva di un particolare bene; in una tale situazione non avrebbe poi neppure troppa importanza se il lavoro e le materie prime non venissero combinati razionalmente, né, potendo ciascuno avere quello che desidera, avrebbe importanza il modo come viene distribuito il reddito fra persone e classi sociali. In questo caso non esisterebbero i beni economici, cioè beni relativamente scarsi: tutti i beni sarebbero liberi e gratuiti, come l'aria e la sabbia del deserto.

Ma la maggior parte dei beni non è gratuita. Nel nostro mondo i bambini imparano presto che non si può rispondere "tutt'e due" alla domanda "quale vuoi". Rispetto ai Paesi in via di sviluppo o ai secoli passati, le società industriali moderne sembrano davvero molto ricche, ma sembra anche che al crescere dei livelli di produzione, crescono di conseguenza anche gli standard dei consumi: la scarsità resta. Persino negli Stati Uniti il prodotto totale dovrebbe raggiungere un livello molte volte superiore a quello attuale per consentire all'americano medio di godere del tenore di vita di un medico, un avvocato o un pubblicitario ragionevolmente benestanti, per non parlare del tenore di vita dei veri ricchi. E, al di fuori degli Stati Uniti, in particolare in Africa e in Asia, centinaia di milioni di persone soffrono di un'innegabile malnutrizione e privazione di beni. Perciò, anche se i nostri consumi attuali comprendono molte frivolezze inutili, il fatto fondamentale con cui deve misurarsi la teoria economica è che i beni sono scarsi. Sebbene molti vivano nell'opulenza, il mondo è affollato da miliardi di persone che vivono in assoluta povertà.

Paul A. Samuelson, *Economia*,
Zanichelli, Bologna

Rispondi alle domande

- Quali sono i problemi economici che qualsiasi società deve affrontare?
- Se le risorse fossero illimitate esisterebbe il problema economico?
- Se i beni fossero presenti in natura in quantità illimitata, avrebbero un valore economico?
- Esiste il problema economico nei Paesi industrializzati ad alto tenore di vita?
- Qual è la situazione nelle aree più povere del mondo?

Verifica
di fine modulo

1. Che cosa studia l'economia politica?
2. Quali sono le parti fondamentali dell'economia politica?
3. Sai distinguere le principali funzioni degli operatori economici?
4. Quali sono le attività economiche basilari?
5. Quali sono i caratteri fondamentali della scuola classica?
6. Quali sono i punti cardine della scuola neoclassica?
7. Che cosa pensano i monetaristi del ruolo dello Stato nell'economia?
8. Qual è il contenuto essenziale della rivoluzione keynesiana?

Attività
di fine modulo

1 Insieme ai tuoi compagni di classe consulta almeno due quotidiani d'informazione e seleziona gli articoli che interessano, direttamente o indirettamente, l'economia. Cerca così di farti un'idea della quota di tali articoli sul totale delle notizie riportate, traendo le tue considerazioni sull'importanza dell'economia nella società moderna.

- Nell'ambito degli articoli selezionati scegli quelli che trattano in generale l'argomento, oggi molto importante, del rispetto dell'ambiente. Sulla base dei loro contenuti, formula le tue osservazioni sul rapporto industria-ambiente.
- Effettua una serie di interviste a parenti o conoscenti della tua zona chiedendo come era la situazione ambientale e l'atteggiamento verso le risorse natuali negli scorsi decenni. Insieme ai tuoi compagni discuti quindi i risultati delle interviste, tracciando il percorso che ha portato alla situazione attuale.

2 Torna ad esaminare il quadro di Pellizza da Volpedo riportato a pag. 45. L'avrai già visto molte volte perché è importante sia per la storia dell'arte, sia per la storia sociale del nostro Paese.

– Cerca di approfondire il suo significato, dato che è uno dei simboli della nostra storia: celebra infatti l'affermazione di una nuova classe sociale, che chiede diritti sino ad allora negati.

– Il titolo *Il Quarto Stato* fa riferimento al proletariato, contrapposto ai tre "stati" che esistevano prima della Rivoluzione francese. Nota in particolare che la marcia dei lavoratori è guidata anche da una donna con un bambino in braccio: perché, secondo te, è stata inserita questa figura?

Per avere ulteriori informazioni consulta i seguenti siti:

– http://it.wikipedia.org/wiki/Il_Quarto_Stato
– http://www.pellizza.it/quarto.htm
– http://associazioneletteraa.com/2011/03/07/il-quarto-stato-di-pellizza-da-volpedo/

modulo 1
Come funziona il sistema economico

> Economics is the study of the production and consumption of goods and the use of wealth to produce and obtain those goods. Economics explains how people interact within markets to get what they want or accomplish certain goals. Since economics is a driving force of human interaction, studying it often reveals why people and governments behave in particular ways.

What is economics?

Most of us have some idea of what economics is about, even if we have never studied the subject. Newspapers, radio and television daily bombard us with information about economic problems. There are many disputes over wages in **industrial relations**, parliamentary debates about taxation, official directives about bank lending, international discussions about the balance of payments and trading relationships, housewives' grievances over rising prices, businessmen's complaints over falling profits, taxation or government expenditures on education, defense and **welfare**. All these and many more problems are covered by media and clearly represent part of the subject matter of economics.

▼ A modern shopping center in Birmingham, United Kingdom.

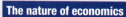

The nature of economics

Economics is a science and has to be studied in a scientific manner, **although it cannot be said to be an exact science**. Problems are considered, analyzed, simplified and perhaps subjected to mathematical treatment as they are solved. There are many specialized words used in economics, as in any science: as they have a precise meaning they have to be learnt and used correctly. The difficulty is that many technical economic words are used in everyday speech in a similar, but usually much broader sense.

What do all the economic problems have in common? The most obvious link between them is their concern with the use of resources, which are limited in supply. **It is the use of resources that constitutes the subject matter of economics**. If there were an infinite supply of everything that mankind required, there would be no need for the study of economics. Let us consider a factory worker who has a limited amount of money to spend and must decide whether to spend it on a new computer or on taking his family to the seaside for a holiday. His resources are limited, so he must make a choice. The government is also faced with such choices, perhaps between extra expenditure on national defense or the building of more schools: even government resources are limited. All individuals and institutions are faced with the same basic problem: there are many desirable things that they would like to do, but their resources will not allow them to achieve them all at the same time, and so they are forced to **consider alternative choices**.

Production and exchange

Economics is the social science that seeks to describe the factors which determine the production, distribution and consumption of goods and services, focusing on the behavior and interactions of economic agents.

Definitions of economics

There are a variety of definitions of economics. They reflect evolving views of the subject or different views among economists.

Adam Smith (1776) defines economics as "an inquiry into the nature and causes of the wealth of Nations", in particular as "a branch of the science of a statesman or legislator with the twofold objectives of providing a plentiful revenue or subsistence for the people … and to supply the State with a revenue for the public services".

modulo 1

Jean-Baptiste Say (**1803**) defines economics as "the science of production, distribution and consumption of wealth".

John Stuart Mill (**1844**) defines the subject in a social context as "the science which traces the laws of the phenomena of society as arise from the combined operations of mankind for the production of wealth".

Alfred Marshall (**1890**) gives a definition that extends analysis beyond wealth: "economics is a study of man in the ordinary business of life; it enquires how he gets his income and how he uses it: thus, it is on the one side, the study of wealth and, on the other side, a part of the study of man".

Lionel Robbins (**1932**) develops implications of what has been termed the most commonly accepted current definition of the subject: "economics is a science which studies human behavior as a relationship between ends and scarce means which have alternative uses".

Paul Anthony Samuelson (**1948**), Nobel laureate 1970, defines economics as the "study of how societies use scarce resources to produce valuable commodities and distribute them among different people".

Gary Becker (**1976**), Nobel laureate 1992, contributed to the expansion of economics into new areas: he describes his approach as "combining the assumptions of maximizing behavior, stable preferences and market equilibrium". One commentary characterizes the remark as making economics an approach rather than a subject matter, but with great specificity as to the "choice process and the type of social interaction that such analysis involves".

The Vanderbilt University (**2016**) gives a simple and easy definition: "economics is the study of how people choose to use resources, including the available time, the

land, buildings, equipment and other tools on hand, and the knowledge of how to combine them to create useful products and services". This definition is important, as it focuses on the role of knowledge, central to human material development, to identify scarce resources and use them to create commodities and distribute them among people.

bibliographical sources

M. Blaug, "The Social Sciences: Economics", *The New Encyclopædia Britannica*.

R. E. Backhouse and S. Medema, "Definition of Economics", *The New Palgrave Dictionary of Economics*, Macmillan, London.

D. Lobley, *Success in Economics*, John Murray, London.

questions exercises

1. "Economics is a study of man in the ordinary business of life" (A. Marshall). Explain and illustrate this statement.

2. Take a daily newspaper. Make a list of all the economic problems reported and discussed.

3. Write a short essay describing the principles that govern the allocation of your personal expenditure.

4. Why is economics defined as the science which studies human behavior as a relationship between given ends and scarce means which have alternative uses?

5. Explain carefully the terms "scarcity" and "alternative uses".

6. Why are economic choices necessary? Give examples of economic choices you have made recently.

7. Give examples to show the necessity of choices in Government behavior.

8. Trace the changes in the definitions of economics.

9. Assess the role of economics in areas previously treated in other fields. Why is economics considered an approach rather than a subject matter?

10. State whether the following sentences are true or false.
    a) Microeconomics analyzes the entire economy. T F
    b) Economics is not an exact science. T F
    c) Governments are not forced to consider alternative choices. T F
    d) Resources are not limited in supply. T F

glossary

•**Industrial relations**•
Relationship between the management of an enterprise and the workforce employed (normally covered by collective bargaining with Trade Unions). It concerns the organization of work, employment contracts, hours and working conditions, human resources management, security and disciplinary procedures. They are a complex problem of modern society, because social progress is not possible without harmonious relationships and cooperation of the economic agents.
•**Welfare**• State of well-being of an individual or a society; in general, the provision of resources for a minimal level of well-being. In modern times governments provide support for the poor or disadvantaged members of the society, usually through free or subsidized goods and services (food, housing, medical costs).

61

modulo 2

Gli operatori economici

Il modulo presenta i protagonisti del sistema economico, cioè gli operatori che pongono in essere l'attività economica: produzione, distribuzione, consumo, risparmio, investimento. Vengono esaminate le funzioni di ciascuno di essi: l'operatore famiglie (il più importante fra tutti, dato che per soddisfarne i bisogni si costituisce l'intero sistema economico), che consuma e risparmia; l'operatore imprese, che produce e offre sul mercato i beni e i servizi; l'operatore Stato, che soddisfa i bisogni pubblici (difesa, sicurezza, giustizia, istruzione, salute ecc.), finanziandosi attraverso le imposte. I soggetti che operano nel sistema economico interagiscono in uno stretto intreccio di rapporti dando origine a un complesso di relazioni che consente lo sviluppo dell'economia a vantaggio di ciascun operatore.

PREREQUISITI DI MODULO
- Conoscere le basi elementari della rappresentazione statistica
- Essere consapevoli dell'esistenza del problema economico
- Aver acquisito il concetto di bisogno e bene economico
- Avere presenti i concetti di produzione, consumo e risparmio
- Avere nozione degli sviluppi del pensiero economico

unità 1
L'operatore famiglie

unità 2
L'operatore imprese

unità 3
L'operatore Stato

OBIETTIVI DI MODULO
- Conoscere come operano i diversi soggetti dell'economia
- Riconoscere la funzione economica delle famiglie
- Individuare il ruolo dell'imprenditore nella produzione di beni e servizi
- Essere consapevoli del ruolo dello Stato nell'economia
- Riconoscere i caratteri dell'economia mista

modulo 2
Gli operatori economici

unità 1

L'operatore famiglie

DI CHE COSA PARLEREMO	In questa unità viene esaminato il ruolo dell'OPERATORE FAMIGLIE, il più importante del sistema economico. Sono approfondite le principali funzioni svolte da questo operatore, cioè CONSUMO e RISPARMIO, non trascurando il suo ruolo come fornitore di lavoro alle imprese e allo Stato e come pagatore di imposte allo Stato. Di tali funzioni vengono esaminate le determinanti sia economiche, sia psicologiche, con particolare riguardo al risparmio delle famiglie, fonte principale degli investimenti.
CHE COSA DEVI CONOSCERE	▪ Quali sono gli operatori economici ▪ Il significato del concetto di consumo ▪ Il significato del concetto di risparmio ▪ La nozione di bisogno economico ▪ La nozione di bene economico
CHE COSA IMPARERAI	▪ Il ruolo dell'operatore famiglie ▪ Le variabili socio-economiche ▪ I consumi delle famiglie ▪ Le aspettative del consumatore ▪ La legge di Engel ▪ La destinazione del risparmio ▪ Il risparmio delle famiglie ▪ Le tendenze dei consumi ▪ I fattori del consumo e del risparmio e dei risparmi
CHE COSA SAPRAI FARE	▪ Illustrare le funzioni economiche delle famiglie ▪ Spiegare l'evoluzione dei consumi delle famiglie ▪ Esporre il contenuto della legge di Engel ▪ Spiegare l'importanza del risparmio delle famiglie nel sistema economico ▪ Collegare l'andamento dei consumi ai principali fattori socio-economici

1.1 La funzione delle famiglie

Il principale operatore del sistema economico è costituito dalle **famiglie**, dato che da esse e per esse il sistema stesso si costituisce e opera.

La famiglia nell'economia

L'operatore famiglie comprende non solo i nuclei familiari veri e propri, ma anche le comunità o convivenze (ad esempio un convento o una comunità terapeutica) e i *single*, poiché tali soggetti agiscono sul mercato in modo del tutto simile a quello delle famiglie.

Le **funzioni economiche delle famiglie** sono le seguenti:
▪ **forniscono fattori produttivi alle imprese e allo Stato** (**risorse umane**, come lavoro e capacità imprenditoriale; **capitali**, come denaro liquido e beni strumentali), ottenendo in cambio un flusso di redditi (**salari** e **interessi**; anche i

unità **1** ■ L'operatore famiglie

PER capire meglio

La famiglia italiana oggi

La famiglia è stata messa sotto osservazione dai **demografi**, studiosi che si occupano dei fenomeni riguardanti la situazione presente e lo sviluppo futuro della popolazione.
Dalle loro analisi risulta che negli ultimi tre decenni sono avvenuti questi cambiamenti:
– la **dimensione media** delle famiglie italiane ha manifestato un costante calo;
– è diminuito il numero dei **matrimoni**, mentre è aumentato il numero delle **convivenze** e dei **divorzi**.

▼ Negli ultimi trent'anni in Italia i matrimoni sono progressivamente diminuiti.

La dimensione delle famiglie dipende da complessi fattori, sia sociologici che economici. Tra i fattori sociologici ricordiamo la tendenza a rimandare il matrimonio a più tarda età. Tra i fattori economici sono importanti l'aumento del reddito pro capite e l'entrata delle donne nel mondo del lavoro.
È salita la **vita media** degli italiani (78,8 anni per gli uomini e 83,9 anni per le donne). Ciò ha avuto importanti conseguenze sulla dinamica dei consumi delle famiglie e sui trasferimenti dallo Stato per spese previdenziali e sanitarie.
È notevolmente diminuito il **numero dei nati**, con la conseguenza di un rapido invecchiamento della popolazione: gli ultra 65enni sono il 20% della popolazione, mentre i giovani da 0 a 14 anni raggiungono appena il 14,1%. A causa del veloce calo delle nascite il nostro è un Paese a crescita zero. L'Italia si è rapidamente allineata ai modelli demografici dei Paesi industrializzati, raggiungendo uno dei primi posti nella graduatoria del calo delle nascite.
Quali sono le cause del fenomeno? In primo luogo va ricordato che l'aumento dei bisogni della famiglia ha notevolmente elevato il **costo** di mantenimento ed educazione dei figli. È inoltre cambiato l'**atteggiamento verso i figli**, che in passato erano considerati dai genitori come un'assicurazione per la vecchiaia, e oggi rappresentano invece un costo. Una notevole influenza è stata anche esercitata dall'ingresso della donna nel mondo del lavoro.

profitti, se non vengono reinvestiti con l'autofinanziamento nelle imprese);
■ **consumano beni e servizi**, spendendo così una parte del reddito per il soddisfacimento dei bisogni, in relazione al tenore di vita che sono in grado di permettersi;
■ **risparmiano una parte del reddito**, rinunciando a un consumo presente per poter accedere a maggiori consumi futuri;
■ **pagano imposte all'**erario, in cambio dei servizi pubblici resi dallo Stato;
■ **ricevono trasferimenti dallo Stato**, a titolo di solidarietà, quando ricorrono determinate condizioni (disoccupazione, invalidità, malattie, vecchiaia).

Lo schema di funzionamento dell'operatore famiglie è il seguente:

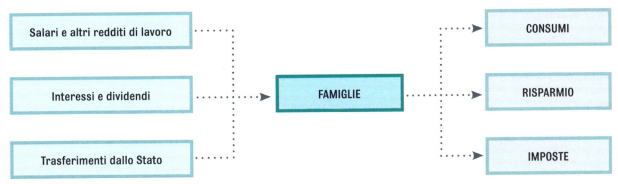

A **Autofinanziamento** Utili non distribuiti ai soci e reimpiegati all'interno dell'impresa. È una fonte interna di finanziamento, perché si tratta di risorse che consentono nuovi investimenti ottenute senza ricorrere al credito esterno.

E **Erario** Insieme dell'amministrazione finanziaria dello Stato. Il termine deriva dal latino *aerarium* (tesoro privato dell'imperatore) da *aes* = bronzo, con allusione alla lega di cui erano costituite le monete romane più antiche.

Importanza delle decisioni familiari

Le decisioni delle famiglie hanno un notevole impatto sull'economia: i consumi determinano il livello dell'attività produttiva delle imprese, mentre il risparmio è la fonte principale del loro finanziamento. Solo grazie al risparmio delle famiglie le imprese possono effettuare gli investimenti, che costituiscono il motore dello sviluppo economico.

Il salario

Flussi in entrata e in uscita Il lavoro che le famiglie prestano alle imprese e allo Stato è remunerato con il **salario**; i salari costituiscono la quota delle entrate di gran lunga più importante delle famiglie nei Paesi industrializzati. Le famiglie forniscono anche **risparmi** alle imprese e allo Stato, per i quali percepiscono delle **rendite** (se ad esempio la famiglia possiede titoli di Stato come BOT e CCT, oppure azioni di società commerciali, riceve come remunerazione interessi e dividendi).

Le famiglie ricevono altresì dallo Stato **trasferimenti** in denaro e in servizi (come ad esempio cure sanitarie gratuite) per prestazioni connesse alla sicurezza sociale.

Come vedremo più dettagliatamente in seguito, le famiglie distribuiscono il proprio reddito in **consumi**, **risparmi** e **imposte**.

▲ Le decisioni di acquisto delle famiglie hanno molta importanza in economia.

Tre domande fondamentali

Le scelte delle famiglie Nello svolgimento delle loro funzioni, le famiglie devono prendere le seguenti decisioni fondamentali.

- **Che cosa e quanto consumare?** È il problema quotidiano della famiglia, che lo risolve tenendo presenti le priorità nei suoi bisogni e il vincolo rappresentato dal reddito disponibile.
- **Quanto e come lavorare?** La decisione influenza il reddito disponibile, dato che un maggior lavoro può aumentare il reddito e quindi il tenore di vita della famiglia.
- **Quanto e come risparmiare?** La famiglia deve decidere quale parte del reddito va accantonata per consumi futuri, e come utilizzare il risparmio (se in depositi bancari, o in titoli pubblici e privati o nell'acquisto di beni reali, come vedremo più oltre).

1.2 I consumi delle famiglie

Attualmente le famiglie spendono in media circa i 3/4 del loro reddito in consumi, mentre la parte restante è risparmiata.

La spesa complessiva per consumi risulta dall'acquisto dei seguenti tipi di beni:

- **beni durevoli**, di durata poliennale, come i mobili, gli elettrodomestici, gli autoveicoli, i gioielli;
- **beni semidurevoli**, di durata inferiore ai precedenti, come i vestiti e le calzature;
- **beni non durevoli**, utilizzabili una sola volta, come i generi alimentari, i combustibili, i prodotti igienici;
- **servizi**, come le spese di affitto per la casa, di trasporto, di telefono.

D **Dividendo** Remunerazione spettante al possessore di azioni di una società, deliberata dall'assemblea degli azionisti in relazione agli utili conseguiti dalla società stessa nel corso dell'esercizio o degli esercizi precedenti. Rappresenta perciò il compenso dell'azionista.

I grandi capitoli di spesa L'**Istat** (Istituto nazionale di statistica) pubblica ogni anno un prospetto in cui i consumi delle famiglie vengono classificati in gruppi distinti, e quantificati in valori assoluti e percentuali. Questi dati permettono di esaminare come variano i consumi delle famiglie nel tempo, e di documentare l'evoluzione qualitativa e quantitativa dello standard di vita della popolazione, che cambia con il passare del tempo.

› Spesa media mensile delle famiglie italiane - 2016 (percentuale per voce di spesa rispetto al totale della spesa).
(Fonte: Istat, *I consumi delle famiglie*, 2016)

CAPITOLI DI SPESA	EURO	%
Generi alimentari e bevande	440,5	17,7
Bevande alcoliche e tabacchi	44,8	1,8
Abbigliamento e calzature	114,5	4,6
Abitazione, acqua, elettricità e combustibili	898,3	36,1
Mobili, articoli e servizi per la casa	104,5	4,2
Servizi sanitari e spese per la salute	112,0	4,5
Trasporti e comunicazioni	326,0	13,1
Ricreazione, spettacoli e cultura	126,9	5,1
Istruzione	14,9	0,6
Servizi ricettivi e di ristorazione	122,0	4,9
Altri beni e servizi	184,1	7,4
Totale	2.488,5	100,0

L'ECONOMIA CHE NON TI ASPETTI

COME CAMBIANO I CONSUMI

La crisi tuttora in corso ha profondamente modificato le abitudini di consumo delle famiglie dei Paesi avanzati: ricerche recenti relative agli USA hanno dimostrato che le classi medie acquistano prodotti sempre più economici, mentre aumentano i consumi sia dei beni di lusso sia dei beni abitualmente acquistati dalla fascia più povera della popolazione. Di solito gli Stati Uniti anticipano le tendenze che si verificano poi negli altri Paesi avanzati; quindi dobbiamo aspettarci un comportamento analogo nei consumatori italiani. Già in molti Paesi si notano i sintomi di una polarizzazione dei consumi: i beni di largo consumo, acquistati tipicamente dalla classe media, si vendono sempre meno, schiacciati dall'aumento delle vendite di beni *low cost* e dei beni *premium*, cioè quelli più costosi.

I consumi familiari Fino a un decennio fa le spese delle famiglie per generi alimentari e bevande occupavano il primo posto, seguite dalle spese per l'abitazione. Attualmente, queste ultime sono salite al primo posto, seguite dalle spese per trasporti e comunicazioni e dalle spese per generi alimentari e bevande. Ciò perché all'aumentare del reddito cambia la destinazione della spesa familiare.

Nel corso del tempo **i consumi delle famiglie sono considerevolmente aumentati**. Tuttavia, la nostra società (definita come società dei consumi) non è in grado di assicurare a tutti un livello di vita dignitoso: persistono ancora ampie fasce di povertà in mezzo a una società caratterizzata dai consumi di massa.

Secondo l'Istat le famiglie povere in Italia sono oltre 2,6 milioni (equivalenti a quasi 8 milioni di persone, pari al 13,1% della popolazione totale). A queste, che vivono in stato di "parziale o assoluta indigenza" si devono ancora aggiungere circa 2,4 milioni di famiglie a rischio povertà (v. su questo argomento il Modulo 4, par. 5.3).

I **Istat** Sigla dell'Istituto nazionale di statistica, con sede in Roma. Fondato nel 1926 e poi riorganizzato nel 1989, è la principale fonte di dati sui maggiori aggregati statistici nazionali, e cioè prezzi, produzioni, consumi, investimenti, importazioni ed esportazioni.

S **Società dei consumi** Società ad alto tenore di vita, caratterizzata da elevati consumi. Oggi l'espressione ha assunto connotati negativi, in relazione alla ricerca di beni materiali sempre nuovi e sofisticati, non corrispondenti a bisogni effettivi.

1.3 La legge di Engel

Ernst Engel

▲ Le spese per la ricreazione e la cultura, come l'acquisto dei biglietti per uno spettacolo teatrale, sono aumentate negli ultimi anni in conseguenza dell'aumento del reddito delle famiglie.

Come sono cambiati i **consumi** delle famiglie italiane? Se confrontiamo i consumi attuali con quelli, poniamo, del 1970, notiamo che la quota di reddito destinata all'acquisto di alimentari è più che dimezzata; mentre risultano notevolmente aumentate le quote destinate all'abitazione e ai consumi di elettricità, all'arredamento, ai trasporti e comunicazioni (spese per l'acquisto e la manutenzione dell'auto, spese telefoniche ecc.), alla ricreazione e cultura (comprendente gli spettacoli e i divertimenti in genere).

Andamento dei consumi

Questo andamento è del tutto logico: **quando il reddito di una famiglia aumenta, la quota di spesa destinata ai consumi alimentari diminuisce**, in quanto una volta soddisfatto il bisogno primario del cibo, il maggior reddito viene destinato ai consumi di beni e servizi meno essenziali. Ciò vale anche per i consumi di un Paese e nei confronti statistici fra Paesi con diversi livelli di reddito: i Paesi poveri destinano ai consumi alimentari una quota più elevata del proprio reddito rispetto a quelli ricchi.

Questo diverso andamento dei consumi alimentari rispetto ai consumi non alimentari è noto come legge di Engel, dal nome di **Ernst Engel** (1822-1896), statistico tedesco che la evidenziò in un'opera apparsa nel 1857.

Secondo la **legge di Engel** quando aumenta il reddito, la quota di spesa destinata all'acquisto di generi alimentari diminuisce, mentre aumenta la quota di spesa destinata all'acquisto di beni non essenziali.

Una famiglia ha registrato nell'ultimo anno un aumento di reddito pari al 10%, passando da 30 mila euro a 33 mila. La sua spesa per consumi alimentari è nel frattempo aumentata del 6%, passando da 10 mila euro a 10,6 mila. A livello microeconomico si verifica così la legge di Engel.

1.4 Il risparmio delle famiglie

Il **risparmio** è costituito dalla parte di reddito non spesa per i consumi: i soggetti rinunciano a consumare una parte del reddito per poter aumentare il loro benessere futuro.

Perciò il risparmio si può anche considerare come un consumo differito nel tempo: si risparmia oggi per avere un maggior benessere domani.

Una famiglia con un reddito annuale di 30 mila euro spende per consumi ogni anno 24 mila euro, risparmiando così 6 mila euro; questa somma viene depositata in banca nella prospettiva di accumulare un capitale utile per far fronte ai bisogni familiari che si presenteranno in futuro.

PER capire meglio

La famiglia come impresa

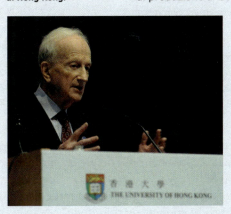

L'economista Gary Becker durante un intervento all'Università di Hong Kong.

Alcuni studiosi americani hanno elaborato la **teoria economica della famiglia**, che consiste nell'applicazione dei principi della microeconomia (*principio di razionalità*) alle scelte relative alla famiglia, compresi matrimoni e divorzi, procreazione, ripartizione dei compiti all'interno del nucleo familiare ecc.

Alla base di questa teoria sta la nozione di **famiglia come impresa**, cioè come unità di produzione di beni e servizi (che possono essere materiali, come cibo e alloggio, oppure immateriali, come amore, affetto, compagnia, sicurezza). Per produrli, la famiglia usa sia capitale fisico e finanziario (casa, mobili, denaro ecc.), sia capitale umano (le specifiche abilità dei suoi membri). La famiglia viene quindi studiata come se fosse una piccola impresa, a cui si possono applicare strumenti economici, come la nozione di utilità (che ciascun componente tende a massimizzare) e di specializzazione del lavoro (ogni componente si specializza in quei settori dove maggiore è la sua produttività).

Questa teoria fornisce spiegazioni di tipo economico a vari fenomeni, come, ad esempio:
– il **matrimonio**, considerato come contratto stipulato fra due persone intenzionate a massimizzare il proprio benessere economico (oltre che fisico, morale e spirituale);
– la **procreazione**, dato che diminuiscono le nascite nelle famiglie in cui la donna percepisce alti redditi dal lavoro: quando il costo sostenuto per "produrre" un bambino aumenta, le nascite diminuiscono;
– il **calo della natalità**: le spese sostenute dai genitori per il mantenimento e l'istruzione dei figli, nelle società tradizionali, sono "prestiti" da restituire più tardi con gli interessi quando i figli saranno diventati adulti; quando lo Stato garantisce pensioni agli anziani, i genitori non hanno più interesse a procreare;
– le **spese per l'istruzione dei figli**: sono considerate un investimento produttivo alla stessa stregua delle decisioni aziendali per gli investimenti in nuovi macchinari. Un titolo di studio, infatti, è una forma di investimento in "capitale umano" da offrire sul mercato del lavoro.

Gli strumenti elaborati da questi studiosi non si applicano solo alla famiglia, ma si estendono ai diversi comportamenti umani, compresa la **criminalità**: il ladro, ad esempio, cerca di massimizzare la sua utilità, data dalla differenza fra il valore del bottino e il rischio di essere condannato, se scoperto. Se la percentuale di delitti impuniti è elevata e il rischio di sanzione è basso l'illegalità diventa "conveniente".

Quando furono pubblicate le prime analisi economiche della famiglia, queste teorie furono accolte con molto scetticismo, suscitando anche scandalo in ambienti tradizionali. Ma l'atteggiamento è cambiato, dopo che l'autore della formulazione più completa di tale analisi, **Gary Becker** (*A Treatise on the Family*, 1981), è stato insignito nel 1992 del Premio Nobel per l'economia «per aver applicato in modo originale l'analisi microeconomica allo studio del comportamento umano».

Motivazioni del risparmio

Diverse sono le motivazioni del risparmio: le famiglie risparmiano per essere maggiormente attrezzate ad affrontare i rischi di un futuro incerto, per assicurarsi risorse per la vecchiaia, per costituire un patrimonio da lasciare ai figli.

Il ruolo del risparmio nel sistema economico può essere così schematizzato:

Ai fini dello sviluppo, il risparmio ha un'importanza strategica, dato che i risparmi, come già si è detto, finanziano gli investimenti.

La propensione al risparmio

In Italia i risparmi delle famiglie sono sempre stati molto elevati: dopo il Giappone il nostro è il Paese con la più alta propensione al risparmio familiare. Va però notato che, con l'aumento del benessere, il risparmio delle famiglie, pur restando molto elevato, manifesta una tendenza alla flessione, e che circa il 30-40% delle famiglie, per motivi diversi, non riesce a risparmiare.

La destinazione del risparmio

Le scelte delle famiglie Le famiglie, una volta stabilito l'ammontare del risparmio, devono decidere in quale forma investirlo. Esse si trovano di fronte a un problema di scelta, in quanto il risparmio può incanalarsi verso due diverse destinazioni, come vediamo in questo schema:

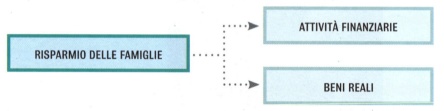

Le **attività finanziarie** sono costituite dalla moneta, dai conti correnti e altri depositi bancari o postali, dai titoli pubblici, dalle obbligazioni, dalle azioni, dai fondi comuni di investimento ecc.

Il risparmio in **beni reali** è costituito dalla proprietà diretta di aziende, case, metalli preziosi come oro e argento, monete da collezione ecc.

 Una famiglia ha risparmiato in un certo anno 10 mila euro, di cui 8 mila sono depositati in banca (investimento in attività finanziarie) e 2 mila impiegati per l'acquisto di monete da collezione (investimento in beni reali). *IN pratica*

Nei periodi di inflazione, se un bene è acquistato per il suo valore intrinseco perché ritenuto un valore sicuro contro la perdita di valore della moneta, è detto *bene rifugio* (è il caso di diamanti, quadri d'autore, mobili di antiquariato ecc.).

Dove va il risparmio finanziario? Nella scelta dei suoi investimenti finanziari il risparmiatore cerca di realizzare gli obiettivi di *liquidità*, *redditività*, *sicurezza*. **Nessuna attività finanziaria è in grado di assicurare contemporaneamente tutti questi obiettivi**, in quanto le attività più liquide sono anche quelle che rendono meno, mentre le attività meno liquide possono rendere molto ma sono anche più rischiose. Data la sua personale inclinazione al rischio, ciascun risparmiatore programmerà il suo portafoglio finanziario in modo da ottenere il mix desiderato fra le esigenze di liquidità e quelle di redditività. I risparmiatori con maggior propensione al rischio ridurranno gli acquisti di titoli a reddito fisso (come le obbligazioni o i Buoni del Tesoro) e acquisteranno attività finanziarie più rischiose (come le azioni di società), nella speranza di rendimenti più alti.

B Bene rifugio Bene caratterizzato da un valore intrinseco che dura nel tempo, non essendo soggetto a deprezzamento nel caso in cui la moneta perda valore. Ne sono esempi i metalli preziosi (e in particolare l'oro), i gioielli, le opere d'arte, alcuni oggetti di antiquariato. Si ricorre a tali beni anche quando si temono provvedimenti penalizzanti verso altri tipi di investimento.

L Liquidità Attitudine di un'attività patrimoniale a essere trasformata in denaro contante (o liquido) senza perdita di valore. Un investimento è liquido quando è facilmente convertibile in denaro (ad esempio un BOT); non è liquido, se tale facilità non esiste (ad esempio un macchinario industriale molto specializzato).

R Redditività Indica la capacità di un investimento finanziario di produrre reddito, e viene misurata dal rapporto tra il reddito ottenuto e il capitale impiegato. Dipende da vari elementi, in particolare dal livello del tasso di interesse sui capitali e dal regime fiscale a cui quel tipo di reddito è sottoposto nel sistema tributario preso in considerazione.

S Sicurezza Riguarda la possibilità che un titolo venga effettivamente rimborsato alla sua scadenza. Essa è alta nei titoli a elevata liquidità, come i titoli di Stato, bassa nei titoli a bassa liquidità, come le azioni. Naturalmente, maggiore è la liquidità di un investimento finanziario, minore è il rischio che corre l'investitore.

Variazioni del risparmio in Italia

Effetti della crisi

Le abitudini al risparmio delle diverse popolazioni variano nel tempo. Per quanto riguarda l'Italia, i cambiamenti sono stati notevoli: negli ultimi decenni il risparmio delle famiglie – pur rimanendo superiore alla media dei Paesi sviluppati – ha mostrato una **tendenza alla diminuzione**, passando dal 20% del reddito (negli anni '80) a circa il 6% attuale. Ciò è dovuto all'impoverimento delle famiglie, soggette ai gravi contraccolpi della crisi in corso, che ha spinto in recessione tutte le economie mondiali.

❯ Composizione del risparmio delle famiglie italiane (fonte ISTAT, dati 2016).

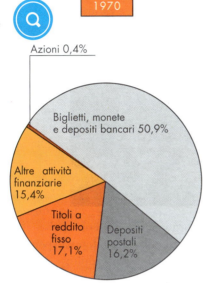
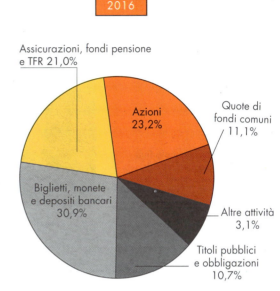

Minori risparmi in forma liquida

Come si vede da questi diagrammi a torta, oggi le famiglie detengono minori risorse in forma liquida (biglietti e monete, conti correnti bancari e postali, titoli pubblici a breve termine), mentre aumenta la quota detenuta in azioni e partecipazioni, cioè in titoli rappresentativi della proprietà di imprese (capitale di rischio); inoltre sono aumentati gli accantonamenti per assicurazioni e fondi previdenziali.

⬇ Possibili utilizzi del risparmio.

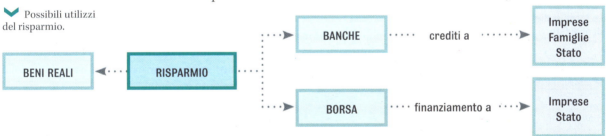

Dove si indirizza il risparmio

Quanto alla destinazione del risparmio delle famiglie, si deve osservare che nelle moderne economie esso si indirizza prevalentemente verso le **banche**, operatore che svolge la funzione di intermediazione del credito, e verso la **Borsa**, per l'acquisto di titoli privati e pubblici.

Un fenomeno negativo

Nelle economie arretrate il risparmio non viene generalmente impiegato nell'acquisto di attività finanziarie, ma spesso detenuto in forma liquida o accumulato in beni reali improduttivi (come oro e gioielli). Questo fenomeno, negativo per l'economia, è chiamato **tesaurizzazione**.

Attività finanziarie
Financial assets

D Diagramma a torta Questo tipo di rappresentazione statistica, detto anche *aerogramma*, *grafico a torta* o *diagramma circolare*, viene usato quando si vuole "fotografare" il modo in cui si suddivide una certa grandezza, evitando di stabilire un ordine fra le diverse categorie, come avverrebbe invece utilizzando altri strumenti statistici. Viene costruito dividendo un cerchio, che rappresenta il 100% dei casi, in spicchi le cui ampiezze angolari sono in proporzione delle singole classi di frequenza.

modulo 2
Gli operatori economici

1.5 L'influenza delle variabili socio-economiche sui consumi

Il reddito è la variabile che esercita l'influenza più rilevante sul consumo, nel senso che, all'aumentare del reddito, aumentano anche i consumi (come vedremo nel Mod. 5, par. 3.3 e 3.4); non è tuttavia l'unica variabile: ve ne sono altre che possono spiegare le variazioni nei livelli dei consumi e dei risparmi. Ci limitiamo qui a passare in rassegna i fattori che risultano più importanti.

Caratteristiche sociali delle famiglie

Determinanti per comprendere le variazioni del livello dei consumi sono le **caratteristiche socio-economiche delle famiglie**. Spesso si osserva che famiglie diverse, fruenti di un livello di reddito quasi uguale, si comportano in modo differente quanto ad abitudini di spesa. Questa differenza dipende da cause diverse. Numerose ricerche hanno cercato di scoprire le **leggi di comportamento del consumatore**. Dall'esame dei molti studi apparsi sull'argomento, si riscontra che:

› Una famiglia con molti figli piccoli tende a consumare di più rispetto a una famiglia con lo stesso numero di componenti adulti.

- le **famiglie con molti figli giovani** tendono a spendere di più delle famiglie con lo stesso numero di componenti adulti;
- le **famiglie che abitano in zone rurali** spendono meno delle famiglie che abitano in zone urbane;
- i **proprietari di piccole imprese** tendono a risparmiare di più, a parità di reddito, dei lavoratori dipendenti;
- le **persone originarie del luogo** consumano di più, a parità di reddito, degli immigrati che appartengono ad altri gruppi etnici.

Negli studi di sociologia, come in quelli di psicologia e di **marketing** (disciplina che si occupa dell'analisi del comportamento del consumatore, al fine di accrescere i profitti degli imprenditori) ha ricevuto molta attenzione il problema della **formazione della volontà di acquisto** da parte del consumatore. È stato notato che tale processo ha durata maggiore nel caso dell'acquisto di beni di rilevante valore. Il processo di formazione della volontà è poi più lungo nel caso di acquisti che interessano un intero gruppo sociale, come la famiglia, e ciò è dovuto al controllo esercitato da tutti i membri del nucleo familiare.

La formazione della volontà di acquisto

› L'insieme dei consumatori costituisce un mondo vasto e complesso, con al suo interno innumerevoli differenze.

Si è anche rilevato che il processo formativo della volontà di acquisto è generalmente di lunga durata nei gruppi sociali a elevata istruzione, con reddito medio-superiore.

Aspettative del consumatore

La spesa globale è determinata non solo dal reddito presente, ma anche dalle previsioni del soggetto relativamente alle sue future variazioni, cioè dalle **aspettative del consumatore**: coloro che prevedono un aumento del reddito futuro tendono a spendere di più, contrariamente a quelli che prevedono una diminuzione di reddito.

Anche le aspettative sui prezzi futuri possono influenzare le decisioni di acquisto: se si prevede un forte aumento dei prezzi, molto probabilmente ci sarà un aumento della domanda attuale di beni di consumo.

unità **1** ■ L'operatore famiglie

INsintesi

1.1 La funzione delle famiglie
Le famiglie svolgono le seguenti **funzioni**:
- **forniscono i fattori produttivi alle imprese e allo Stato**, ottenendo in cambio un reddito;
- **consumano beni e servizi** impiegando parte del reddito per soddisfare i loro bisogni;
- **risparmiano** rinunciando a consumi presenti per conseguire maggiori consumi futuri;
- **pagano le imposte allo Stato** per ottenere servizi pubblici.

Le scelte di consumo e di risparmio delle famiglie esercitano un impatto decisivo sull'economia, in quanto **i consumi determinano il livello dell'attività di produzione**, mentre **i risparmi sono la fonte del finanziamento delle imprese**.

1.2 I consumi delle famiglie
La spesa delle famiglie in consumi riguarda l'acquisto di:
- **beni durevoli**;
- **beni semidurevoli**;
- **beni non durevoli**;
- **servizi**.

A fini statistici, i consumi delle famiglie sono raggruppati in **grandi capitoli di spesa**. Le spese per l'abitazione occupano il primo posto, seguite dalle spese per trasporti e comunicazioni e per alimentari. Nel corso del tempo i consumi sono molto aumentati; va tuttavia ricordato che anche nelle società ricche **una fascia relativamente ampia di cittadini vive in condizioni di povertà; il loro numero è ulteriormente aumentato a causa della crisi economica.**

1.3 La legge di Engel
La **legge di Engel** afferma che all'aumentare del reddito delle famiglie, la quota di spesa per l'acquisto di generi alimentari e di altri beni di prima necessità tende a diminuire, mentre tende ad aumentare la quota spesa per l'acquisto di beni non essenziali. Ciò vale anche nel confronto tra Paesi con diversi livelli di reddito: **i Paesi poveri spendono in consumi alimentari una quota più elevata del reddito nazionale rispetto ai Paesi ricchi.**

1.4 Il risparmio delle famiglie
Il **risparmio** delle famiglie è molto importante per lo sviluppo, perché finanzia gli investimenti. I risparmi delle famiglie italiane, tradizionalmente molto elevati, possono essere impiegati in **attività finanziarie** (depositi bancari e postali, titoli pubblici e privati) o in **beni reali** (oro, gioielli, case). In periodi di inflazione aumentano gli acquisti di **beni rifugio**, ritenuti una difesa contro la perdita di valore della moneta. Le famiglie italiane detengono oggi, rispetto al passato, una minore quota di risparmio.

1.5 L'influenza delle variabili socio-economiche
Le variabili socio-economiche influiscono in modo sensibile sul consumo e sul risparmio; essi non dipendono solo dal reddito, ma da altri fattori, come la composizione della famiglia, la professione dei suoi membri, il luogo di abitazione, il gruppo etnico di appartenenza, la mentalità dei singoli componenti.
Il livello dei consumi dipende anche dalle aspettative di variazioni future del reddito: **chi prevede un aumento di reddito tende a spendere di più.**

Laboratorio

Vero / Falso — Indica se le seguenti affermazioni sono vere o false.

1. L'operatore famiglie produce beni e servizi che vengono offerti sul mercato. [V] [F]
2. Il salario è la remunerazione che le famiglie ricevono per il lavoro prestato alle imprese e allo Stato. [V] [F]
3. L'autofinanziamento è il risparmio finalizzato all'acquisto di beni durevoli, come per esempio una nuova automobile. [V] [F]
4. All'aumentare del reddito la quota di spesa destinata all'acquisto di generi alimentari aumenta. [V] [F]
5. I beni durevoli sono utilizzati una sola volta, come per esempio i generi alimentari, i combustibili, i detersivi per la casa. [V] [F]
6. Il risparmio può essere considerato come consumo spostato nel tempo. [V] [F]
7. L'Italia è il Paese con i più bassi risparmi nell'Unione europea. [V] [F]
8. Gli obiettivi di redditività e sicurezza degli investimenti finanziari delle famiglie sono perfettamente compatibili tra di loro. [V] [F]
9. Il risparmio delle famiglie in beni reali è solo quello destinato all'acquisto di immobili. [V] [F]
10. Le famiglie con molti figli tendono a consumare meno delle famiglie con lo stesso numero di componenti adulti. [V] [F]
11. Negli Stati Uniti a parità di reddito e di composizione familiare la popolazione bianca risparmia più di quella nera. [V] [F]
12. Chi si aspetta un futuro aumento di reddito tende a risparmiare meno di chi invece si aspetta una diminuzione. [V] [F]

73

modulo 2
Gli operatori economici

Laboratorio

Scelta multipla
Completa l'affermazione scegliendo la frase corretta fra quelle proposte.

1. Non rientra nelle funzioni della famiglia
   a. il pagamento di dividendi
   b. il consumo
   c. il risparmio
   d. il pagamento di imposte

2. Non fanno parte dell'operatore famiglie
   a. le piccole imprese familiari
   b. i conventi maschili
   c. le persone singole
   d. le famiglie monoreddito

3. Non è un bene durevole
   a. un elettrodomestico
   b. un gioiello
   c. un abito
   d. un autoveicolo

4. Costituisce spesa per un servizio
   a. l'affitto di un appartamento
   b. l'acquisto di un gioiello
   c. l'acquisto di un abito
   d. l'acquisto di generi alimentari

5. Il risparmio familiare impiegato nell'acquisto di titoli del debito pubblico, di azioni e obbligazioni, di fondi comuni è un investimento in
   a. beni reali
   b. investimenti produttivi
   c. beni rifugio
   d. attività finanziarie

6. Negli investimenti finanziari che le famiglie possono effettuare gli obiettivi di liquidità, redditività e sicurezza sono
   a. sempre incompatibili
   b. sempre compatibili
   c. compatibili solo nelle economie chiuse
   d. compatibili solo nelle economie aperte

7. Il risparmio accumulato nell'acquisto di beni reali improduttivi invece che avviato all'acquisto di attività finanziarie dà luogo al fenomeno della
   a. tesaurizzazione
   b. intermediazione
   c. sottoccupazione
   d. sovraproduzione

Completamenti
Completa il brano inserendo i termini appropriati scelti tra quelli proposti.

Le ultime statistiche rilevano che il risparmio delle famiglie è ulteriormente _____. Gli italiani, un tempo, avevano la fama di diligenti formichine. Per anni la loro _____ superava di gran lunga quella delle famiglie degli altri maggiori Paesi industrializzati. Recentemente questa fama si è offuscata, con l'emergere di una forte _____ del risparmio delle nostre famiglie. La quota di risparmio sul reddito nazionale è scesa dal 25% del 1980 al 9% attuale, confermando una tendenza a lungo termine: il saggio di risparmio italiano si colloca ora tra i più _____ dei maggiori Paesi dell'area dell'euro. Un declino comune a molti Paesi avanzati, anche se altrove si è verificato con minore intensità. Purtroppo la necessità di abbattere il debito _____ comporterà per le famiglie italiane un aumento delle tasse e ciò fa pensare che il declino del risparmio proseguirà anche in futuro.

alti ▪ aumentato ▪ aumento ▪ bassi ▪ breve ▪ diminuito ▪ diminuzione ▪ parsimonia ▪ privato ▪ prodigalità ▪ pubblico

Trova l'errore
Individua l'espressione o il termine errati, e inserisci quelli corretti.

1. Secondo la legge di Engel quando aumenta il reddito, la quota di spesa destinata all'acquisto di generi alimentari aumenta, mentre diminuisce la quota di spesa destinata all'acquisto di beni non essenziali.

2. Gli investimenti sono la quota di reddito non consumata, ma accantonata allo scopo di aumentare il benessere futuro o di affrontare meglio eventuali imprevisti negativi.

unità **1** ■ L'operatore famiglie

Laboratorio

Collegamenti
Associa ogni termine della prima colonna con un solo termine della seconda.

1. Beni semidurevoli
2. Beni immateriali
3. Beni durevoli
4. Beni strumentali
5. Beni non durevoli
6. Beni rifugio
7. Servizi

a. Sono beni immateriali che si esauriscono nello stesso tempo in cui sono prestati, come una visita medica, un servizio di trasporto, una rappresentazione teatrale
b. Hanno una certa durata nel tempo, come ad esempio una camicia o un paio di calze
c. Sono utili per molto tempo, come ad esempio un'automobile o una collana di perle
d. Si possono usare una sola volta, come la benzina o il latte

Domande aperte
Rispondi alle seguenti domande.

1. Qual è la funzione delle famiglie? (1.1)
2. Che cosa ricevono le famiglie in cambio delle imposte pagate allo Stato? (1.1)
3. Quali decisioni devono prendere le famiglie per soddisfare i loro bisogni? (1.1)
4. Quali tipi di beni acquistano le famiglie? (1.2)
5. Perché la nostra viene chiamata "società dei consumi"? (1.2)
6. Quali sono le motivazioni del risparmio? (1.4)
7. Come può essere composto il portafoglio finanziario delle famiglie? (1.4)
8. La tesaurizzazione è un fenomeno positivo per lo sviluppo economico? (1.4)
9. Verso quali destinazioni si può incanalare il risparmio delle famiglie? (1.4)
10. Sono maggiori i consumi delle famiglie che abitano in zone rurali e periferiche o quelli delle famiglie che abitano in città? (1.5)

summary CLIL

1.1 Household functions
Households have several functions:
- they **provide factors of production** to firms and the State, for which they receive an income;
- they **consume goods and services** to satisfy their needs;
- they **save**;
- they **pay taxes**.

Decisions regarding consumption and savings have an important impact on the economy. **Consumption determines the level of production**, while **savings are the source of investment in the productive sector.**

1.2 Household consumption
Household purchases include:
- durable goods;
- non-durable goods;
- semi-durable goods;
- services.

The major items of expenditure for households are housing, transport and communications, and food. Although consumption has increased significantly over time, **the number of people living in poverty has also increased.**

1.3 Engel's law
Engel's law states that as income rises, the proportion spent on food falls, while that spent on luxury goods increases. This is also true when we compare countries with different levels of income: **poorer countries spend a higher percentage of their income on food than richer countries.**

1.4 Household savings
Households' savings are extremely important for the economic development of a country because they are the source of investments. In **Italy** household savings are, by tradition, relatively high and can be invested in **financial assets** such as bank or postal deposits, government or private securities, or in **real assets** such as gold, jewellery or property, which provide protection against the decreased value of a currency. Today, Italian households possess **fewer liquid assets** than in the past (bank deposits and short term securities), while the amount invested in shareholdings has increased.

1.5 Socio-economic variables on consumption
Socio-economic variables have a significant influence on consumption and savings. Household consumption and savings do not only depend on income but on other factors such as the size of the household, the profession of each of the members of the household, the place of residence, the ethnic background and the mentality of each member of the household. Consumption also depends on the **expectations** regarding future income: if the income is expected to rise, consumers tend to increase their spending.

modulo **2**
Gli operatori economici

unità **2**

L'operatore imprese

DI CHE COSA PARLEREMO	In questa unità studiamo il RUOLO DELL'IMPRESA, soffermandoci sulle interpretazioni più recenti delle sue funzioni. Approfondita la rilevanza strategica delle INNOVAZIONI TECNICHE, analizziamo i rapporti fra l'impresa e i mercati. Esaminiamo poi alcuni aspetti particolari (imprese multinazionali, cooperative) per arrivare alla realtà della PICCOLA E MEDIA IMPRESA (PMI), assai importante in Italia. Concludiamo con l'esame di due delicati problemi: i RAPPORTI FRA IMPRESA E AMBIENTE e LA RESPONSABILITÀ SOCIALE DELL'IMPRESA nei confronti dei soggetti con cui viene a contatto.
CHE COSA DEVI CONOSCERE	■ Il significato di operatore economico ■ La nozione di circuito economico ■ Quale ruolo riveste la famiglia in economia ■ Che cosa indica il concetto di economia capitalistica ■ Quali sono le domande fondamentali dell'economia
CHE COSA IMPARERAI	■ La teoria tradizionale e la teoria moderna dell'impresa ■ Le funzioni dell'impresa ■ La politica industriale ■ La particolare fisionomia dell'impresa cooperativa ■ Le caratteristiche dell'impresa multinazionale
CHE COSA SAPRAI FARE	■ Distinguere i vari tipi di impresa, da quella famigliare alla multinazionale ■ Illustrare le diverse funzioni dell'impresa e i centri operativi che le svolgono ■ Spiegare gli scopi e gli obiettivi della politica industriale ■ Delineare le particolari caratteristiche delle piccole e medie imprese (PMI) ■ Spiegare il concetto di "responsabilità sociale" dell'impresa

2.1 L'imprenditore e l'impresa

L'**operatore imprese** è costituito da tutte le unità economiche che producono e offrono sul mercato beni e servizi.

Vari tipi d'impresa

La categoria comprende soggetti molto diversi: ne fanno parte non soltanto i grandi complessi industriali (FCA, ENI, Pirelli, Telecom, Barilla ecc.), ma anche le microunità di produzione (un albergatore, un coltivatore diretto, un produttore di serramenti e così via).

L'impresa esercita la sua attività attraverso l'organizzazione di persone e di cose, e crea valore accrescendo l'utilità dei beni che utilizza: infatti, essa trasforma i fattori produttivi in un prodotto finito dotato di un'utilità più elevata di quella che avevano i fattori impiegati nel processo produttivo.

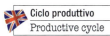

Le decisioni dell'impresa

L'insieme delle operazioni necessarie a trasformare i fattori produttivi in prodotto finito prende il nome di **ciclo produttivo**.

L'organo decisionale dell'impresa è l'**imprenditore**, alla cui capacità sono affidati i compiti organizzativi, oggi di particolare rilievo per la soluzione dei problemi dell'occupazione e dello sviluppo.

Compito dell'impresa è decidere che **cosa produrre**, **quanto produrre** e **con quali metodi produrre**: nel corso di questa unità ci renderemo conto che l'imprenditore deve prendere delle decisioni, cioè risolvere il problema economico della produzione, consistente nel **coordinamento dei fattori produttivi** (risorse naturali, lavoro e capitale), nell'**organizzazione delle loro prestazioni** e nell'**assunzione del rischio d'impresa**.

Gli obiettivi dell'impresa Lo scopo dell'attività imprenditoriale è il **conseguimento del massimo profitto**. Le teorie più recenti hanno individuato altri obiettivi, come l'aumento del fatturato o l'aumento delle dimensioni dell'impresa. Ma non ci sono dubbi sul fatto che, specialmente nei periodi di crisi economica, la massimizzazione del profitto sia l'obiettivo più importante. Sempre, naturalmente, nel rispetto dell'ambiente e dei diritti fondamentali delle persone, come vedremo parlando della responsabilità sociale dell'impresa.

Complessità dell'impresa moderna

L'impresa moderna è una realtà molto complessa e in continua evoluzione: deve affrontare e risolvere una serie di problemi, che spaziano dalla progettazione di prodotti e tecnologie efficienti all'organizzazione anche amministrativa del processo produttivo, dalla commercializzazione del prodotto ottenuto al reperimento delle fonti di finanziamento e dei fattori della produzione, dai rapporti con il personale a quelli con la clientela, con i fornitori e gli organi della Pubblica amministrazione.

Essa inoltre **interagisce con tutti i diversi mercati e operatori dell'economia**, sia a livello nazionale che internazionale, come è evidenziato dal seguente schema:

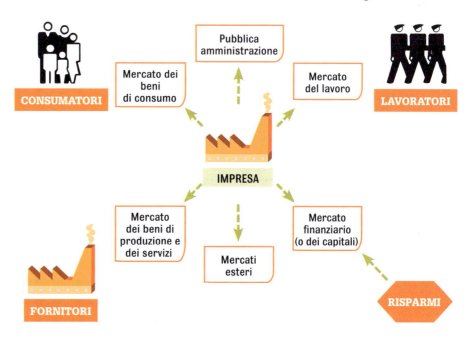

› L'impresa moderna deve rispondere con efficienza alle sfide di una realtà sempre più complessa e di un mercato aperto alla concorrenza internazionale.

I Impresa Combinazione di persone e di beni con finalità produttive. È una nozione più ampia di quella di azienda prevista dall'articolo 2555 del Codice civile, che la considera esclusivamente come un'organizzazione di beni finalizzata all'esercizio di impresa.

R Rischio d'impresa Insieme dei rischi che l'imprenditore affronta quando si organizza per produrre beni e servizi. Si distingue il **rischio tecnico** (un macchinario difettoso interrompe la produzione) dal **rischio economico** (i prodotti non trovano compratori sul mercato).

modulo 2
Gli operatori economici

2.2 Le funzioni dell'impresa

I centri operativi dell'impresa

L'impresa è costituita da un insieme di **centri operativi**, operanti in modo diverso a seconda delle funzioni svolte. Esse sono:
- **funzione produttiva**, che riguarda la produzione dei beni e dei servizi offerti sul mercato;
- **funzione commerciale**, che consiste nell'acquisto dei fattori produttivi, nell'analisi dei mercati di sbocco (ricerche di marketing) e nella vendita sul mercato dei prodotti;
- **funzione di ricerca e sviluppo (R&S)**, che riguarda lo studio delle innovazioni nei processi produttivi e nei prodotti;
- **funzione amministrativa**, che gestisce l'intero sistema economico-finanziario;
- **funzione logistica**, che si occupa della gestione dei movimenti dei prodotti, al fine di ottimizzare il flusso dei materiali, riducendo i costi sostenuti nelle fasi di stoccaggio, lavorazione e trasporto;
- **funzione del personale**, che riguarda l'aspetto della gestione delle risorse umane di cui l'impresa dispone.

La movimentazione dei prodotti (funzione logistica) è di grande importanza nell'impresa moderna. Sulle grandi distanze avviene in genere con l'utilizzo di container standardizzati.

L'insieme dei centri operativi aziendali deve operare in armonia, per raggiungere i fini comuni dell'impresa. Il management deve realizzare un gioco di squadra che, valorizzando le capacità dei singoli, abbia come obiettivo lo sviluppo globale dell'impresa.

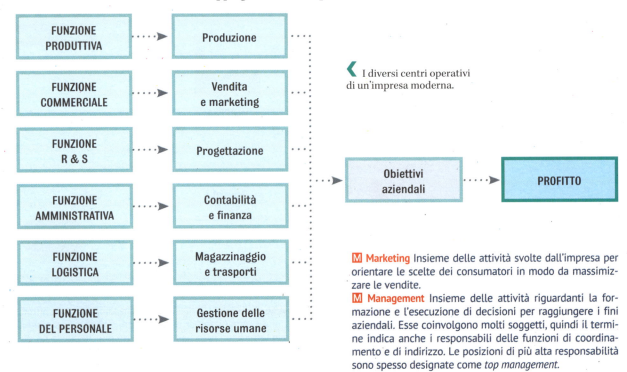

I diversi centri operativi di un'impresa moderna.

M Marketing Insieme delle attività svolte dall'impresa per orientare le scelte dei consumatori in modo da massimizzare le vendite.

M Management Insieme delle attività riguardanti la formazione e l'esecuzione di decisioni per raggiungere i fini aziendali. Esse coinvolgono molti soggetti, quindi il termine indica anche i responsabili delle funzioni di coordinamento e di indirizzo. Le posizioni di più alta responsabilità sono spesso designate come *top management*.

Le innovazioni tecnologiche

La funzione ricerca e sviluppo (R&S) Dal punto di vista dell'intero sistema economico, le innovazioni tecniche giocano un ruolo fondamentale nel processo di sviluppo, con effetti in tutti i settori dell'economia.

L'impresa è competitiva sul mercato se è capace di ottenere risultati di eccellenza su tre fronti oggi considerati essenziali:

- **qualità**, intesa come pronto adeguamento alle esigenze del cliente;
- **produttività**, cioè riduzione dei costi aziendali;
- **innovazione**, nei due aspetti di innovazione di processo e innovazione di prodotto.

Infatti le innovazioni possono essere:

- **innovazioni di processo**, se riguardano le fasi del ciclo produttivo, ossia una diversa organizzazione del lavoro, degli impianti ecc.;
- **innovazioni di prodotto**, se invece riguardano la creazione o la modificazione di un prodotto, risolvendosi quindi in un ampliamento della gamma produttiva dell'azienda.

▲ La funzione di ricerca e sviluppo gioca un ruolo fondamentale per rendere l'impresa competitiva sul mercato, oggi fortemente concorrenziale.

Nella moderna attività industriale, la gran parte delle innovazioni sono contemporaneamente di processo e di prodotto.

L'impegno in R&S è oggi imponente: basti pensare a ciò che in termini di ricerca sta dietro ai nuovi prodotti (telefoni cellulari, videocamere, computer, nuovi materiali, biotecnologie, telematica, microelettronica, robotica, nuove fonti di energia ecc.) per rendersi conto dell'importanza di questa funzione aziendale.

Il ritardo dell'Italia

In Italia la spesa per la ricerca e l'innovazione è ancora molto bassa: raggiunge solo l'1,2% del PIL, contro il 2% in Francia e Gran Bretagna, il 2,3% in Germania, il 2,8% in USA e il 3,1% in Giappone. Secondo alcuni studiosi, l'Italia avrebbe nei confronti dei principali Paesi competitori un ritardo di un decennio sul terreno dell'innovazione di prodotti a tecnologia avanzata. Occorre un rinnovato impegno, soprattutto sul fronte della formazione, perché l'innovazione si basa sulla ricerca e questa sul migliore utilizzo delle risorse umane.

▶ Le ricadute positive degli investimenti in R&S.

La funzione amministrativa Nella sua attività di coordinamento delle risorse umane e materiali in vista della produzione, l'impresa deve costantemente tenere sotto controllo la situazione economica e patrimoniale, in modo da rendersi conto dei risultati conseguiti.

Alla funzione amministrativa compete la gestione del sistema informativo dell'impresa, tramite la tenuta di una rigorosa **contabilità**, basata sulle scritture contabili previste a norma di legge, strumento indispensabile per la stesura del **bilancio aziendale**.

Contabilità di impresa

modulo 2
Gli operatori economici

Dato che l'imprenditore realizza le entrate solo dopo la vendita del prodotto, mentre deve anticipare i costi per l'acquisizione dei fattori produttivi (costi delle materie prime, del lavoro, degli immobili e dei macchinari ecc.), per svolgere la sua attività ha bisogno di **anticipazioni di denaro**, cioè di capitale finanziario.

Fonti di finanziamento

Le fonti di finanziamento dell'impresa possono essere di due tipi: interne ed esterne.

- Le **fonti di finanziamento interne** comprendono il **capitale proprio**, detto anche **capitale di rischio**, in quanto sottoposto alle incertezze connesse al rischio d'impresa e l'**autofinanziamento**, costituito dagli utili prodotti dall'impresa e reinvestiti nella stessa.
- Le **fonti di finanziamento esterne** sono costituite dai capitali ottenuti a credito (principalmente dalle banche), a breve o a lungo termine.

Il **credito a breve termine** fornisce le risorse per far fronte alle spese correnti (dette anche spese di esercizio), come l'acquisto delle materie prime e il pagamento degli stipendi (aperture di credito in conto corrente, sconto di cambiali, anticipazioni bancarie).

Il **credito a medio-lungo termine** finanzia invece le strutture produttive, cioè gli impianti e le attrezzature costituenti il capitale fisso. Questo tipo di finanziamento è fornito, oltre che dagli istituti di credito, dall'emissione di obbligazioni e da prestiti garantiti con mutui ipotecari.

IN pratica

Una società per azioni con un capitale sociale di 20 milioni di euro ha emesso obbligazioni per un importo di 4 milioni, rimborsabili fra dieci anni. L'importo netto verrà utilizzato per l'acquisto di un nuovo macchinario che consentirà di diminuire notevolmente i costi di produzione. Si tratta di un credito a lungo termine ottenuto da una fonte di finanziamento esterna.

2.3 La politica industriale

Politica industriale
Industrial policy

Nell'ambito della politica economica, che come sappiamo riguarda l'intervento pubblico nell'economia, assume una particolare rilevanza la **politica industriale**, costituita dall'insieme dei provvedimenti assunti dallo Stato per migliorare le condizioni in cui opera il sistema industriale.

Gli strumenti della politica industriale

Fra gli strumenti di cui si avvale la politica industriale ricordiamo:

- **introduzione di incentivi finanziari e fiscali** per promuovere iniziative industriali a favore di determinati settori o aree geografiche: si tratta di agevolazioni finanziarie (contributi a fondo perduto o in conto interessi) e fiscali (esenzione e riduzioni di imposte) accordate allo scopo di stimolare la nascita di iniziative considerate di particolare rilievo; molto importanti in Italia sono state le politiche localizzative a favore del Sud e delle aree depresse del Centro-Nord, al fine di promuovere gli insediamenti industriali nelle zone economicamente più deboli;

- **creazione di infrastrutture pubbliche a supporto del sistema industriale** (vie di comunicazione, telecomunicazioni, reti di trasporto dell'energia ecc.);
- **mantenimento di condizioni di concorrenza sui mercati**, mediante una efficace legislazione antitrust;

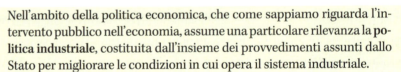

O Obbligazione Documento che rappresenta un debito della società emittente. È rimborsabile a una scadenza prestabilita e frutta un interesse periodico fisso o indicizzato (se tiene conto del tasso di inflazione). Gli obbligazionisti sono quindi creditori della società, e non partecipano al rischio d'impresa.

L Legislazione antitrust Complesso delle norme contro il predominio di mercato delle grandi imprese, per il potere che possono esercitare a danno dei consumatori. Deriva dal termine *trust* che negli Stati Uniti indica le grandi coalizioni fra imprese che di fatto monopolizzano il mercato.

unità **2** ■ L'operatore imprese

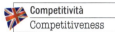

- **realizzazione di una politica a sostegno della ricerca e della formazione**, dato che dalla qualità del sistema educativo dipende la capacità di innovare e in definitiva il grado di competitività di un sistema.

La riqualificazione professionale

La ristrutturazione industriale Negli ultimi due decenni del secolo scorso è stata molto sentita la necessità di un ruolo attivo dello Stato in tema di **ristrutturazione industriale**, intesa come l'insieme degli interventi volti a facilitare la riorganizzazione delle imprese allo scopo di conseguire maggior efficienza produttiva (innovazione negli impianti, razionalizzazione dei mercati).

▲ Compito della politica industriale di uno Stato è anche la creazione di una rete di telecomunicazioni efficiente e capillare.

Per la gravità del problema del lavoro (soprattutto per i giovani) è oggi necessaria una razionale programmazione, a livello pubblico, della politica di riqualificazione professionale dei lavoratori, per facilitarne la riassunzione nelle imprese e per favorire, in generale, l'incontro della domanda di lavoro delle imprese con l'offerta di lavoro di larghe fasce di giovani disoccupati.

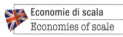

La concentrazione industriale Il raggiungimento di più ampie dimensioni aziendali consente la realizzazione di rilevanti economie di scala e quindi di maggior efficienza economica e competitività sui mercati internazionali: un'impresa di grandi dimensioni è avvantaggiata nell'acquisto delle materie prime, perché comprandone maggiori quantità può ottenere maggiori sconti; può ottenere più facilmente finanziamenti a tassi inferiori; può effettuare investimenti più innovativi ecc. Per questa ragione l'economia neocapitalista è caratterizzata dalle **concentrazioni industriali**, soprattutto nei settori che necessitano di elevati investimenti. Lo Stato generalmente concede facilitazioni fiscali nei casi di fusioni e incorporazioni. Un limite alla formazione di tali concentrazioni è però dato dalla costituzione di monopoli od oligopoli, che violerebbero le leggi antitrust.

Le concentrazioni industriali

Possibili forme di integrazione

Integrazione fra imprese L'espansione delle dimensioni aziendali può avvenire attraverso le seguenti forme di concentrazione.
- **Integrazione verticale**, quando un'impresa acquisisce il controllo di imprese che si occupano di altre fasi della lavorazione. Il vantaggio consiste nella riduzione dei costi, nella sicurezza degli approvvigionamenti, nel potenziamento dei canali di sbocco dei prodotti.

Un'impresa di raffinazione del petrolio assume il controllo di attività relative alla trivellazione dei pozzi e alla gestione dei distributori di benzina.

- **Integrazione orizzontale**, quando diverse imprese che svolgono una attività produttiva simile sono riunite sotto un solo controllo. Il vantaggio risiede nella razionalizzazione della produzione possibile attraverso le economie di scala.

Un'impresa di raffinazione del petrolio assume il controllo di un'altra impresa che svolge la stessa attività.

E Economie di scala Vantaggi connessi alla diminuzione del costo della singola unità di prodotto, ottenuta all'aumentare della dimensione degli impianti e del volume della produzione. Vengono realizzate più facilmente dalle grandi imprese e dalle multinazionali.

81

modulo 2
Gli operatori economici

Conglomerati

- **Conglomerati di imprese**, quando un'impresa acquisisce il controllo di un'altra impresa che svolge un'attività completamente diversa, allo scopo di diversificare la produzione e frazionare il rischio su molteplici attività.

in pratica

Una multinazionale produttrice di bibite acquista un'industria cinematografica, poiché si prevede una diminuzione del consumo di bevande gasate; oppure una grande marca di sigarette acquista una catena di alberghi, temendo un calo progressivo del numero dei fumatori.

2.4 Le imprese multinazionali

Le **imprese multinazionali** sono grandi aziende che svolgono la loro attività produttiva in diversi Stati del mondo, pur essendo unica la strategia di gestione.

La loro affermazione è stata resa possibile dall'enorme progresso tecnologico e dalla liberalizzazione del commercio internazionale, realizzatisi nel secondo dopoguerra.

Imprese oligopolistiche

Oligopolio
Oligopoly

Le multinazionali costituiscono in genere un mercato di oligopolio (v. Mod. 4, par. 3.7): dotate di ingenti capitali e di elevate capacità tecniche, producono la maggior parte dei beni di largo consumo e di conseguenza è molto alta la loro partecipazione al commercio mondiale (è stato calcolato che circa il 40% del commercio mondiale è costituito da scambi *intrafirm*, cioè fra filiali degli stessi gruppi multinazionali).

Il ruolo della casa-madre

Alla **casa-madre** sono riservate le decisioni più importanti (come ad esempio la suddivisione delle fasi di lavorazione fra i diversi centri produttivi, la scelta delle fonti di finanziamento), mentre la produzione viene in gran parte effettuata nelle filiali situate all'estero, in particolare in alcuni Paesi in via di sviluppo dove il costo del lavoro è più basso.

Investimenti all'estero

La costituzione di una **multinazionale** richiede il trasferimento di ingenti capitali in altri Paesi, e per questa ragione gli economisti sono soliti misurare il fenomeno con la quantità degli investimenti diretti all'estero effettuati da un singolo Paese.

Attualmente gli USA detengono oltre il 40% di tali investimenti. Circa i Paesi di destinazione, i 3/4 degli investimenti si indirizzano verso i Paesi sviluppati e il resto verso quelli in via di sviluppo.

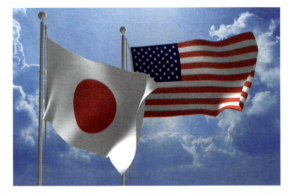

▲ La maggior parte delle imprese multinazionali è statunitense o giapponese. Nel contesto europeo, l'Italia è tra i Paesi con meno multinazionali.

Il nostro Paese

Per quanto ci riguarda, si deve osservare che gli investimenti delle multinazionali estere in Italia sono più consistenti degli investimenti delle (poche) multinazionali italiane all'estero.

Le multinazionali più importanti sono statunitensi, anche se numerose sono quelle europee e giapponesi.

◉ Oligopolio Forma di mercato in cui l'intera offerta è concentrata nelle mani di poche grandi imprese, che possono accordarsi per fissare il prezzo di mercato.

unità **2** ■ L'operatore imprese

PER capire meglio: Imprese multinazionali e imprese transnazionali

A seconda della nazionalità dei soggetti titolari del potere decisionale è opportuno distinguere fra:
– **imprese multinazionali in senso stretto**, se sono possedute e dirette da soggetti residenti nel Paese d'origine dell'impresa (è questo il caso più frequente);
– **imprese transnazionali**, se la proprietà e la direzione sono multinazionali e le imprese sono vere e proprie "cittadine del mondo", svincolate da interessi nazionali (Royal Dutch Shell, Unilever, Nestlé, Philips ecc.).

La sede centrale della Nestlè a Vevey, in Svizzera.

La forza delle multinazionali

Ragioni di un successo L'affermazione delle multinazionali è dovuta a diverse ragioni:
- **riduzione dei rischi**, dato che le imprese possono compensare le perdite registrate in Paesi in avversa congiuntura economica con i guadagni conseguiti in Paesi con congiuntura favorevole;
- **allargamento dei mercati di vendita**, poiché la produzione su larga scala consente l'utilizzazione di tecnologie avanzate, che comportano la diminuzione dei costi unitari;
- **impiego di lavoro a basso costo**, quando gli investimenti si dirigono verso i Paesi in via di sviluppo (PVS) a bassi salari, per la presenza di alta disoccupazione e per la debolezza delle organizzazioni sindacali (in media, nei PVS i salari sono pari a circa il 30% e gli orari di lavoro a 1,2 volte rispetto a quelli dei Paesi sviluppati);

la nuova economia

Outsourcing: rifornirsi all'estero

Molti giovani non hanno mai riflettuto sul fatto che le scarpe Nike o Reebok che calzano con orgoglio, pagate profumatamente in Italia, sono state prodotte per pochi dollari da una **fabbrica indonesiana, cinese** o **coreana** (una rivista economica calcola in meno di 2 euro il prezzo ricevuto dalla fabbrica orientale per ogni paio di scarpe). L'enorme differenza fra il costo di produzione e il prezzo di vendita spiega gli **altissimi profitti** conseguiti da molte multinazionali.
Le grandi imprese dei Paesi ricchi hanno convenienza ad affidare a imprese localizzate nei Paesi poveri l'intera produzione o ampie fasi della stessa. Il fenomeno, noto come **outsourcing**, è collegato alla grande disponibilità di lavoro qualificato nei Paesi sottosviluppati. Negli ultimi anni, ad esempio, la Swiss ha decentrato a Mumbai i propri servizi contabili, la Marzotto ha trasferito in Tunisia e Marocco una quota rilevante delle sue attività produttive, la Saab ha affidato all'estero la gestione dei propri servizi informatici. Intorno alle grandi imprese si forma così una costellazione di imprese medie e piccole che producono su commessa delle grandi, e che possono trovarsi in diverse parti del mondo.
L'**outsourcing** si è affermato negli USA nell'ultimo quarto del secolo scorso, durante la crisi che colpì molti settori, in particolare quello automobilistico. Per alleggerire i bilanci aziendali, appesantiti dall'esagerato sviluppo dei settori complementari al **core-business** (cioè l'attività

principale dell'impresa, dove la stessa ha conseguito i maggiori vantaggi competitivi), le imprese affidarono a terzi molte lavorazioni, con il risultato di ridurre notevolmente i costi e liberare risorse da investire nelle attività strategiche dell'impresa.
La grande impresa affida sempre più spesso a terzi la **produzione fisica** dei beni, mantenendo all'interno le funzioni considerate più importanti (ricerca e sviluppo, finanza, distribuzione, pubblicità). La parte centrale dell'attività dell'impresa riguarda l'innovazione, l'immagine, il design, il sistema informativo, i rapporti con la clientela. Dato che oggi hanno più importanza i fattori immateriali della produzione rispetto a quelli materiali, molti sostengono giustamente che la globalizzazione ha determinato un progressivo processo di **dematerializzazione dell'economia**.

modulo 2
Gli operatori economici

- **vantaggi fiscali**, che si possono realizzare quando i sistemi impositivi sono diversi nei vari Paesi: l'impresa multinazionale può fissare i prezzi dei trasferimenti intra-aziendali, in modo da ridurre il carico fiscale complessivo.

Vantaggi e svantaggi Gli Stati ospitanti possono trarre vantaggi dalla presenza delle imprese multinazionali: le tecnologie in uso nella grande impresa possono diffondersi gradualmente all'intero sistema economico, favorendone così la modernizzazione. Inoltre, la presenza di una multinazionale porta lavoro e dunque reddito. Ma per un Paese dalla debole struttura economica una multinazionale può anche comportare gravi **svantaggi**: gli obiettivi dell'impresa potrebbero contrastare con quelli del Paese dove opera e ciò sarebbe un pericolo, in quanto il potere di una grande impresa è tale da consentirle di eludere le norme giuridiche del Paese ospitante (i bilanci delle multinazionali possono anche superare quelli di uno Stato di media grandezza).

Problemi dei Paesi in via di sviluppo

D'altra parte i PVS presentano per le multinazionali anche notevoli svantaggi e rischi, che non sempre sono compensati dai vantaggi: i Paesi poveri sono spesso politicamente instabili, scarseggiano delle esternalità positive che riducono i costi generali, dispongono di forza lavoro poco costosa ma scarsamente qualificata, non dispongono di mercati in grado di assorbire la produzione ecc.

In sintesi, **le multinazionali potrebbero avvantaggiare un'economia in via di sviluppo**, anche se la storia insegna che non di rado si è verificato uno sfruttamento a danno dei Paesi più poveri.

2.5 L'impresa cooperativa No

La specificità delle cooperative

> L'**impresa cooperativa** è una particolare impresa dove più persone si associano allo scopo di ottenere, dalla gestione in comune di un'attività economica, beni di consumo, possibilità di lavoro o prestazioni di servizi a condizioni più vantaggiose di quelle offerte dal mercato.

A differenza dell'impresa capitalistica, che ha come scopo diretto il profitto, l'impresa cooperativa mira ad **assicurare un certo vantaggio ai soci**.

> **IN pratica**
> Una **cooperativa di consumo** ha lo scopo di far ottenere ai soci i beni (alimentari, abbigliamento ecc.) a un prezzo inferiore a quello di mercato; una **cooperativa edilizia** ha lo scopo di promuovere la costruzione di abitazioni che vengono assegnate ai soci a prezzi convenienti; una **cooperativa di credito** ha lo scopo di fornire ai soci servizi bancari a condizioni più favorevoli di quelle generalmente praticate dalle altre banche; una **cooperativa agricola** (si pensi a una cantina sociale) ha lo scopo di favorire la trasformazione e la commercializzazione di beni prodotti dai soci; una **cooperativa di produzione e lavoro**, costituita da lavoratori che prestano la loro attività nei più diversi campi (piccola pesca, pulizia di stabilimenti, manutenzione di impianti e altri servizi alle imprese o alle famiglie) ha lo scopo di favorire l'inserimento lavorativo degli associati.

Una presenza consistente

Il vantaggio che deriva ai soci non risiede nella percezione di utili, ma nel fruire, nell'ambito in cui opera la cooperativa, di condizioni migliori di quelle offerte dal mercato: questi vantaggi possono consistere in un risparmio di spesa (come nelle cooperative di consumo ed edilizie) oppure in un maggior guadagno (come nelle cooperative agricole o di lavoro).

T Trasferimenti intra-aziendali Flussi di prodotti finiti, di semilavorati o di materie prime fra unità della stessa multinazionale residenti in Paesi diversi. Si effettuano allo scopo di razionalizzare la produzione o di effettuare una pianificazione fiscale per minimizzare le imposte a carico dell'impresa.

E Esternalità positive Consistono nella presenza di infrastrutture (come vie di comunicazione stradali e ferroviarie, linee elettriche e telefoniche, acquedotti, porti o aeroporti ecc.) che facilitano la produzione e lo scambio di beni e servizi, con notevoli vantaggi economici e logistici per le imprese.

unità 2 ■ L'operatore imprese

la nuova economia

Cooperazione e banca etica

Il fenomeno cooperativo mira a sostituire alla gestione capitalistica dell'impresa, preordinata al conseguimento del profitto, una **gestione solidaristica** tesa al raggiungimento di **scopi mutualistici**. Operando tuttavia su un mercato competitivo, le cooperative devono necessariamente essere a loro volta competitive, e dunque efficienti come tutte le altre imprese. Per propria natura, le cooperative non appartengono né al settore pubblico, né al settore privato: da qui la denominazione di **terzo settore** (chiamato anche **non profit**).
Le più recenti indagini evidenziano la capacità del terzo settore di rispondere efficacemente ai bisogni di larghi strati della popolazione. E questo soprattutto oggi che si tende a ridimensionare lo Stato sociale, ossia lo Stato che assicura ai cittadini meno abbienti diversi servizi essenziali, quali l'assistenza medica e l'istruzione.
Interessanti sono le iniziative per fondare **banche etiche**, istituti di credito operanti sul mercato come le altre banche, ma che utilizzano le proprie risorse per sostenere il terzo settore. Per Statuto la banca etica avvierà i risparmi depositati dai suoi clienti per finanziare le iniziative non profit ritenute più meritevoli (agricoltura biologica, associazioni ambientaliste, cooperazione con il Terzo mondo, iniziative culturali e ricreative, volontariato in genere).

Le **prime banche etiche** nascono negli USA negli anni '30 del secolo scorso per iniziativa di gruppi religiosi che non vogliono che i loro soldi finanzino il gioco d'azzardo; negli anni '70 ecologisti e pacifisti propongono di togliere i risparmi dalle banche che finanziano l'industria nucleare e il traffico di armi. Nel 1985 l'associazione "Beati costruttori di pace" suggerisce lo stesso comportamento nei confronti delle banche che appoggiano il Sudafrica razzista. Nel 1980 nasce in Olanda la **Triodos Bank**, con l'obiettivo di sostenere imprese impegnate nella produzione agricola e industriale eco-compatibile. Poco dopo sorge in Germania la **Oekobank**, la banca ecologica che finanzia le attività di riciclaggio dei rifiuti, il commercio equo e solidale, le iniziative imprenditoriali promosse da donne. Più recentemente nasce con le stesse finalità la **Banca Alternativa Svizzera**, promossa da organizzazioni del mondo della solidarietà, della cooperazione e dell'ambientalismo.

Aiuti ai ceti deboli

La cooperazione nelle sue diverse forme si è sviluppata per iniziativa dei **ceti sociali più deboli**: verso la metà dell'Ottocento gli operai hanno fatto nascere le cooperative di consumo, i contadini hanno promosso quelle agricole, gli artigiani hanno sviluppato le cooperative di lavoro, i piccoli imprenditori hanno creato le banche popolari cooperative.

In tutti i Paesi industrializzati, e in particolare in Italia, **le imprese cooperative si sono gradualmente diffuse**, anche grazie ad agevolazioni fiscali, e ora hanno una presenza consistente soprattutto in settori specifici, quali la trasformazione e la commercializzazione dei prodotti agricoli, il credito e le assicurazioni, l'industria delle costruzioni.

2.6 Piccole e medie imprese

Nei vari settori produttivi operano imprese di dimensioni molto diverse: dalla piccola impresa dell'artigiano che svolge la sua attività da solo o con pochissimi collaboratori, alla grande impresa, come la Ferrero o la Pirelli, che occupa migliaia di lavoratori e realizza un **fatturato** di diversi miliardi di euro.

Settori in cui operano le grandi e le piccole imprese

In generale, le grandi imprese operano prevalentemente nei settori produttivi che richiedono investimenti a elevata tecnologia (meccanico, metallurgico, chimico, elettronico), mentre le piccole e medie imprese operano prevalentemente nei settori produttivi che richiedono minori investimenti (tessile, calzature, abbigliamento, edilizia, mobili, distribuzione commerciale).

F Fatturato Ammontare complessivo delle vendite realizzate in un anno da una impresa. Si calcola moltiplicando le unità vendute per il prezzo di listino, deducendo gli eventuali sconti accordati. Sinonimo di *volume di affari*, serve come indice per valutare la dimensione dell'impresa. Il termine deriva dal fatto che per ogni vendita l'azienda deve rilasciare una fattura.

modulo 2
Gli operatori economici

Svantaggi delle PMI

In Italia, accanto a poche grandi imprese, operano moltissime **piccole e medie imprese (PMI)**. Ciò non giova all'introduzione delle maggiori innovazioni tecnologiche, perché solo le imprese di grandi dimensioni sono in grado di svolgere costose attività di ricerca e sviluppo (R&S), che si traducono in miglioramenti produttivi tali da consentire all'impresa di affrontare la concorrenza delle multinazionali che dominano nel mercato internazionale.

Va osservato, tuttavia, che **le PMI italiane hanno dimostrato di sapersi adattare a un mercato in continua evoluzione, grazie alla loro maggiore flessibilità e capacità di adattamento.**

Unione europea e aiuti alle PMI   Per incentivare l'introduzione di tecnologie che aiutino le PMI ad affrontare la concorrenza internazionale, anche l'Unione europea ha elaborato diversi programmi di intervento.

Programmi di intervento dell'UE

Fra tutti, ricordiamo il **Programma CRAFT (Cooperation Research Action for Technology)**, che incentiva la cooperazione tra imprese per attività di ricerca e sviluppo. Il programma prevede la possibilità di finanziamento nei settori delle tecnologie industriali, delle politiche ambientali, dell'agricoltura e della pesca.

Collaborazione tra PMI

I progetti devono essere presentati da almeno tre PMI indipendenti fra loro, con sede in due Stati membri, e devono essere finalizzati a cercare la soluzione di problemi tecnologici comuni.

VANTAGGI DELLA GRANDE IMPRESA	VANTAGGI DELLA PICCOLA IMPRESA
■ Uso più razionale delle risorse grazie a una più efficiente divisione del lavoro	■ Controllo diretto del titolare sulla gestione
■ Maggiore possibilità di innovazioni tecnologiche	■ Rapido adattamento ai gusti dei consumatori
■ Ottenimento di maggiori sconti negli acquisti di materiali	■ Occupazione di "nicchie" di mercato trascurate dalla grande impresa
■ Condizioni di finanziamento più favorevoli	■ Minori dimensioni del capitale di rischio
■ Accesso più facile al mercato internazionale	■ Possibilità di utilizzare le "economie esterne" dei distretti

PER capire meglio

Identikit delle PMI

La **Commissione Europea**, con raccomandazione recepita dal nostro Ministero delle Attività produttive, ha definito **PMI** quelle con meno di 250 occupati e un fatturato annuo non superiore a 50 milioni di euro. Nell'ambito della categoria delle PMI sono **piccole imprese** quelle che hanno meno di 50 occupati e un fatturato annuo inferiore a 10 milioni di euro e **microimprese** quelle che hanno meno di 10 occupati e un fatturato annuo non superiore a 2 milioni di euro.

▲ Operai di una fabbrica metalmeccanica. L'Italia è caratterizzata da un fitto tessuto di PMI spesso attive in ambito meccanico, con produzioni di altissima qualità.

unità **2** ■ L'operatore imprese

L'ECONOMIA CHE NON TI ASPETTI — I PERICOLI DELLA CONTRAFFAZIONE

Sulle bancarelle, e ora sempre più frequentemente anche *on line*, ci imbattiamo spesso in offerte molto allettanti: occhiali Dolce e Gabbana, borse Prada e Gucci, scarpe Nike e tanto altro a prezzi stracciati. Siamo tentati di comprarli, senza pensare ai gravi danni che i prodotti contraffatti recano al nostro Paese, in termini di reddito nazionale, entrate fiscali e posti di lavoro. Ciò perché l'industria legale produce e vende meno di quanto farebbe in assenza di falsificazioni, impiegando così meno lavoratori. Senza contare l'impatto indiretto del commercio illegale, con gravi conseguenze tenendo conto dell'effetto domino sui fornitori. Le imprese illegali non pagano tasse sulle vendite e neppure i contributi previdenziali. In base ai dati UAMI (Ufficio europeo per l'armonizzazione del mercato interno), che si occupa della registrazione dei marchi e dei disegni industriali secondo la legge europea sulla proprietà intellettuale, in Europa solo nel campo dei vestiti e accessori si distruggono 26 miliardi di euro di ricchezza complessiva e oltre 360 mila posti di lavoro. L'Italia, leader nella produzione europea (vanta circa il 50% del totale), vede svaporare quasi 5 miliardi di PIL e 80 mila posti di lavoro, per non contare le tasse e i contributi evasi.

Lo stesso accade nel campo degli articoli sportivi contraffatti: palloni, racchette, skateboard, scarponi da sci, attrezzature da palestra, accessori per il fitness e il tempo libero. La perdita a livello di Unione europea è di mezzo miliardo di euro e 2.800 posti di lavoro, e per l'Italia 53 milioni di euro e 400 posti di lavoro in meno. Il nostro Paese è infatti il maggior produttore europeo di scarponi, racchette, bilancieri e altri articoli sportivi, con oltre il 20% della produzione totale. Il danno maggiore è subìto dalle piccole imprese, perché in Italia i dipendenti nella filiera verticale di abbigliamento e articoli sportivi (e in genere di tutti i settori produttivi) sono molto numerosi e lavorano in aziende di piccole dimensioni. Dobbiamo capire che il "falso" danneggia tutti. Per evitare danni, tutti dobbiamo fare scelte più responsabili.

Fonte: UAMI, Osservatorio europeo sulla violazione dei diritti di proprietà intellettuale

2.7 I distretti industriali

La concentrazione, in determinate aree, di numerose PMI con forte specializzazione produttiva ha dato origine ai **distretti industriali**, costituiti da un insieme di imprese, in genere di piccola e media dimensione, ubicate in un territorio circoscritto, specializzate in una o più fasi del processo produttivo e integrate mediante una rete complessa di interrelazioni di carattere economico e sociale.

Un fenomeno tipicamente italiano

I distretti industriali esistono in molti Paesi avanzati, ma in Italia si sono affermati più che altrove: una recente ricerca ha infatti individuato **oltre 200 distretti**, che sviluppano circa il 40% della produzione e dell'occupazione dell'intero settore industriale. Sono sorti spontaneamente per ragioni storiche o ambientali, generando gradualmente una "cultura distrettuale" che favorisce la rapida circolazione delle idee, la capacità di collaborare (ad esempio nell'affrontare i problemi dell'esportazione o quelli del rispetto dell'ambiente), ponendo le PMI che operano nel loro ambito in grado di competere con le grandi imprese multinazionali. I distretti industriali specializzati si sono rivelati molto dinamici, anche grazie a una politica degli enti locali che ha saputo creare una idonea rete di servizi (scuole professionali, formazione degli adulti, infrastrutture).

F Filiera Insieme delle attività che concorrono alla produzione, distribuzione e commercializzazione di un prodotto, dalla sua creazione iniziale alla sua utilizzazione finale.

modulo 2
Gli operatori economici

L'ECONOMIA CHE NON TI ASPETTI — UN MONDO DI PICCOLE IMPRESE

Tra le 500 imprese più grandi al mondo l'Italia ne ha solo 8. Per dare un'idea, la piccola Svizzera ne ha 11 e l'Olanda 13; Inghilterra, Francia e Germania, rispettivamente, 36, 35 e 34, per non parlare del Giappone con 81 e gli Stati Uniti con 186. Questo comporta che le imprese italiane non possono cogliere i benefici delle economie di scala nella produzione. Inoltre, con un tessuto industriale così frammentato, l'Italia è molto più a rischio di Francia, Germania e Inghilterra nella concorrenza con i Paesi emergenti più dinamici, in particolar modo con la Cina. In molti settori, l'impresa ideale di oggi è un vero gigante economico con punti di produzione e di vendita dislocati nei maggiori mercati mondiali, con il coordinamento centralizzato di tutte queste attività.

Ebbene, sono ben poche le imprese italiane che hanno la dimensione e lo spessore per poter svolgere questo ruolo nell'economia mondiale.

Lavorazione del vetro a Murano. Le dimensioni ridotte, spesso artigianali, delle imprese italiane costituisce un punto di debolezza del nostro sistema-paese.

Non solo. Quando le imprese italiane, per necessità competitive, spostano la loro produzione all'estero, specialmente in Cina, lo fanno come singole e relativamente piccole imprese. Questo quasi inevitabilmente comporta che i loro prodotti vengano di solito immediatamente copiati e svenduti sul mercato mondiale e nella stessa Italia. Al contrario, le grandi imprese degli altri Paesi, come per esempio quelle tedesche, delocalizzano in Cina interi sistemi integrati. La dimensione è immensa e non è solo la produzione a essere trasferita, ma anche i fornitori, le banche e tutta la gamma di servizi legata all'impresa stessa. Questo rende molto più difficile copiare il prodotto, duplicare l'impresa e sconfiggerla sul mercato mondiale e nazionale. Il problema di fondo è legato quindi alla necessità di rafforzare il sistema-paese. Questa è la questione cruciale, oggi.

Dominick Salvatore, *Rilanciare il sistema-paese*, «Il Sole 24 Ore»

Una rete di relazioni

E Efficienza La singola impresa è efficiente quando, a parità di quantità prodotta, minimizza i costi: si tratta dell'applicazione del principio di razionalità alla produzione.

La forza dei distretti si basa sulla **messa in comune delle conoscenze tecniche**, veicolata anche mediante specifici canali di formazione (importantissime sono in questo contesto le **scuole professionali**): nascono così nell'area distrettuale **rapporti di collaborazione** basati sulla reciproca fiducia, che favoriscono la ricerca di forme di coordinamento e ciò aumenta l'efficienza complessiva dell'area interessata. In definitiva, le singole unità produttive si riconoscono nei valori e negli interessi del distretto, che danno vita a una **rete di relazioni fra le imprese** operanti con prontezza e flessibilità in modo da rispondere spontaneamente alle richieste del mercato.

IN pratica Se una piccola impresa del distretto della rubinetteria non è in grado di procedere alla fase di cromatura (una delle fasi del processo produttivo), viene assicurata la possibilità di sostituirla con un'altra impresa in grado di svolgere la medesima attività nel tempo più breve possibile.

I settori maturi

Il punto di forza di tali distretti è di operare in settori, come l'abbigliamento, la pelletteria, l'oreficeria, l'occhialeria, i materiali per l'edilizia, la meccanica leggera, il mobilio, l'arredamento ecc., che dispongono di una manodopera molto qualificata in grado di soddisfare le richieste di un mercato, sia nazionale sia internazionale, sempre più interessato alle "novità", anche in questi settori tradizionali, che gli economisti, fino a pochi anni fa, definivano "maturi", in quanto privi di possibilità di innovazione e prospettive di sviluppo. Alcuni settori, in particolare, hanno registrato notevoli successi grazie all'introduzione di un **design** particolarmente ricercato, che ha contribuito a dare un sensibile "valore aggiunto" a prodotti tecnicamente ormai stabili: è il caso delle rubinetterie, dei mobili, degli articoli per la cucina ecc.

I distretti più noti

Fra i distretti più noti, si citano quelli lanieri (Biella, Prato), della rubinetteria (Cusio, Valsesia, Lumezzane), dell'oreficeria (Valenza, Arezzo, Vicenza), delle piastrelle (Sassuolo), del mobile (Brianza, Bassano del Grappa), della concia (Arzignano, Solofra), dell'occhialeria (Pieve di Cadore), del mobile imbottito (Bari), della maglieria (Carpi).

unità **2** ■ L'operatore imprese

\multicolumn{5}{c}{**I principali distretti industriali in Italia**}				
Distretto	**Settore**	**Distretto**	**Settore**
Alba - Cuneo	Alimentare	Langhirano	Prosciutto
Arezzo	Oreficeria	Lucca	Calzature
Arzignano	Concia	Lumezzane	Casalinghi, rubinetteria
Bari - Matera	Mobile imbottito	Massa Carrara	Marmo
Barletta	Calzature	Modena	Ceramica
Bassano del Grappa	Mobili	Montebelluna	Calzature sportive
Biella	Tessile	Murano	Vetro
Bologna	Macchine utensili	Novara - Oleggio	Tessile, abbigliamento
Brenta (macroarea)	Calzature	Pesaro e Urbino	Mobile, robot
Brescia	Produzione e lavorazione metalli	Prato	Tessile
Brianza	Mobile e arredo, meccanica	Recanati - Osimo - Loreto	Argenteria
Carpi	Tessile	Reggio Emilia	Meccanica agricola
Casarano - Tricase	Calzature	Rimini	Macchine utensili
Casale Monferrato	Industria del freddo	Sassari	Sughero
Castelfidardo	Articoli musicali	Sassuolo	Piastrelle
Castelgoffredo	Calze	Solofra	Concia
Como	Seta, tessile e abbigliamento	Treviso	Macchine utensili
Fermo - Macerata	Calzature	Valdagno - Thiene - Schio	Tessile, abbigliamento
Forlì - Cesena	Calzature	Valenza	Oro e gioielleria
Frosinone	Chimica	Vicenza	Gioielleria, oreficeria
Ivrea e Canavese	Meccanica elettronica	Vigevano	Meccanico, calzaturiero

2.8 La distribuzione commerciale

La **distribuzione commerciale** è costituita dall'insieme delle attività organizzate che consentono il passaggio dei prodotti finiti dal produttore al consumatore.

Infatti l'impresa, ottenuto il prodotto attraverso il processo produttivo, lo mette a disposizione del consumatore, che ne è l'utilizzatore finale.

Il caso italiano

Nel settore della distribuzione commerciale – molto importante, se si pensa che in Italia occupa oltre 3 milioni di persone – convivono realtà molto differenziate: il **settore moderno** (supermercati, ipermercati, punti vendita specializzati, hard discount) ha una quota di mercato che si aggira intorno al 40%, mentre la quota restante è coperta dai **negozi tradizionali**. La situazione italiana è molto diversa da quella dei principali Paesi europei, dove il settore moderno supera l'80%. Negli ultimi anni è aumentato il grado di concorrenza fra i diversi punti di vendita, e ciò ha determinato il risultato positivo di un aumento abbastanza contenuto dei prezzi al dettaglio.

Gli hard discount

Uno dei fenomeni più interessanti degli ultimi anni è la diffusione degli **hard discount**, i cui prezzi sono normalmente inferiori a quelli dei supermercati. I loro prezzi sono competitivi per la bassa qualità dei servizi prestati, che consente la massima riduzione dei costi (il cliente si serve direttamente dai cartoni esposti, il personale è ridotto al minimo, l'assortimento è limitato, la pubblicità poco presente).

La distribuzione on line

La moderna tecnologia informatica consente al consumatore di ordinare via Internet i più diversi prodotti. Questa **distribuzione** *on line*, che si va ora diffondendo specie fra le imprese, riduce le distanze fra produttore e cliente: essa comporta vantaggi per il consumatore, che può ottenere a domicilio ciò che gli serve, e a prezzi inferiori, perché si riducono i costi di intermediazione e di pubblicità.

89

modulo 2
Gli operatori economici

la nuova economia

Il business corre in rete

La **new economy**, pur partita con un certo ritardo in Italia, sembra oggi affermarsi con una relativa velocità in tutti i settori. A utilizzarne le tecniche innovative sono state prima le grandi imprese, seguite poi anche da quelle di minori dimensioni. Riportiamo due casi di portali Internet italiani, fra i più contattati da navigatori residenti all'estero.
La **Barilla** ha ideato un portale rivolto in particolare ai ristoranti italiani di tutto il mondo, ai quali viene offerto un pacchetto di prodotti della cucina made in Italy. Al portale possono accedere e fare acquisti i consumatori di qualsiasi Paese. Il servizio è integrato dalla creazione di un'azienda di logistica che si incarica della consegna dei prodotti ordinati ai consumatori finali.
La **Ferrari** ha ideato un portale con i seguenti obiettivi: 1) sviluppare la vendita di prodotti con il marchio del cavallino rampante (orologi, capi d'abbigliamento, giocattoli); 2) innalzare il livello dei servizi alla clientela; 3) creare un collegamento personalizzato con appassionati, giornalisti e collezionisti che cercano un contatto diretto con la Casa di Maranello. Non è per ora finalizzato alla vendita di vetture nuove, ma i clienti potranno informarsi circa la disponibilità di vetture usate o di particolari modelli.

2.9 L'impresa e l'ambiente

Impresa e realtà esterna

L'impresa è un sistema complesso, in costante interazione con l'ambiente esterno, in grado di influenzarlo e di esserne a sua volta influenzata. Gli organi decisionali dell'impresa, per poter compiere le scelte strategiche e operative, devono interpretare correttamente la realtà circostante e trarne tutte le necessarie informazioni. Il grafico che segue evidenzia i complessi rapporti fra l'impresa e l'ambiente esterno.

Al centro sono visualizzati i collegamenti dell'impresa con i **mercati di acquisizione** dei fattori produttivi (materie prime, semilavorati, lavoro, capitali, energie ecc.) e con i **mercati di sbocco**, dove sono venduti i prodotti o prestati i servizi.

Sono poi indicati i diversi ambienti in cui l'impresa è inserita e a cui deve sapersi adattare soprattutto quando questi sono in rapida evoluzione.

L'habitat dell'impresa

Si possono distinguere i seguenti **ambienti** che costituiscono quello che potremmo definire l'*habitat* dell'impresa:
- **ambiente tecnologico**, riguardante lo stato delle conoscenze tecnico-scientifiche esistenti, con grande influenza sulle innovazioni tecniche (*know-how*) che l'impresa può adottare;

unità **2** ■ L'operatore imprese

- **ambiente economico**, relativo al livello di sviluppo del sistema-paese (che può essere più o meno evoluto), alla disponibilità di risparmi delle famiglie e all'andamento congiunturale dell'intera economia (in espansione o in depressione), a seconda della fase ciclica attraversata;
- **ambiente socio-culturale**, costituito dall'insieme dei valori e delle competenze diffusi nella società, come ad esempio le credenze religiose, i conflitti sociali, i livelli di cultura, il sistema scolastico ecc., che influenzano i comportamenti dei soggetti coinvolti nella vita aziendale (come i dipendenti, i creditori, i fornitori, i clienti, la burocrazia, i funzionari del fisco ecc.);
- **ambiente politico-legislativo**, costituito dal quadro normativo istituzionale, dal grado di accettazione delle leggi democraticamente approvate, dalla funzionalità delle istituzioni politiche, dalla normativa fiscale sulle imprese, dalla flessibilità del lavoro, dall'efficienza della Pubblica amministrazione centrale e locale ecc.;
- **ambiente fisico-naturale**, che riguarda il contesto ecologico in cui opera l'impresa, la quale deve sapersi sviluppare senza alterare l'equilibrio naturale in cui viene a inserirsi.

Presupposti della localizzazione

La localizzazione industriale Se osserviamo la localizzazione industriale di un Paese, cioè i modi secondo cui le imprese si distribuiscono nelle sue diverse aree geografiche, ci accorgiamo che essa non è affatto casuale, ma risponde a logiche ben precise: ciò perché l'impresa, per vivere e prosperare, ha bisogno di un ambiente adatto, che le fornisca gli strumenti necessari alla sua attività.

Esternalità positive e negative Per operare, infatti, l'impresa ha bisogno di un ambiente esterno in cui esista o si possa sviluppare una cultura d'impresa, che presuppone uno spazio organizzato e umanizzato, e cioè:

- la **presenza di** infrastrutture, essenziali per creare una moderna economia, come ad esempio: reti di distribuzione dell'energia, strade, porti, ferrovie, telecomunicazioni, case, scuole, ospedali;
- la **disponibilità di risorse lavorative**, capaci di fornire alle imprese il necessario apporto fisico e intellettuale, fattore primario di ogni attività produttiva.

Le localizzazioni in passato

Se consideriamo il problema della localizzazione sotto il profilo storico, notiamo che le industrie si sono concentrate inizialmente – durante la prima fase della rivoluzione industriale in Inghilterra – vicino alle fonti di energia (corsi dei fiumi, miniere di carbone), e successivamente intorno alle aree urbane, ampliandosi gradualmente sulle aree circostanti.

▲ Tra le grandi infrastrutture, una moderna rete viaria riveste un ruolo di spicco per garantire la solidità del sistema economico.

In Italia, le imprese si sono dapprima concentrate nel "triangolo industriale" (Milano-Torino-Genova), estendodosi poi all'Emilia-Romagna e al Veneto, per interessare infine le aree del centro, in particolare la Toscana, le Marche e il Lazio.

S **Sistema-paese** Insieme degli elementi economici e sociali che caratterizzano un determinato contesto economico, come le vie di comunicazione e il sistema scolastico. Tali elementi, in rapporto di stretta interdipendenza, condizionano lo sviluppo del Paese.

I **Infrastrutture** Beni non utilizzati direttamente nel processo produttivo, ma senza i quali non è possibile la produzione (ponti, ferrovie, linee elettriche e telematiche, acquedotti ecc.). Il loro insieme si chiama anche *capitale fisso sociale*.

modulo **2**
Gli operatori economici

Le necessità delle imprese

È facile capire perché le imprese si concentrano in certe aree e non in altre. Infatti, per produrre, esse hanno bisogno di:

- **mercati di acquisizione**, cioè di altre imprese vicine, che le riforniscano di quanto serve alla produzione;
- **mercati di sbocco**, cioè di altre imprese e di consumatori finali che acquistino i loro prodotti;
- **mercati finanziari**, cioè di un sistema bancario e finanziario, capace di fornire i finanziamenti necessari alla produzione;
- **mercati del lavoro**, cioè di un sistema scolastico efficiente, che fornisca personale dotato delle necessarie capacità professionali.

A proposito di queste risorse gli economisti parlano di **esternalità**: in particolare, si hanno **esternalità positive** quando all'esterno dell'azienda esistono gli elementi che rendono possibile l'attività dell'impresa; **esternalità negative** quando tali elementi mancano o scarseggiano.

Un'impresa che produce cartone per imballaggi trae vantaggio da una rete di trasporti stradali e ferroviari ben organizzata, da una scuola professionale e da corsi di specializzazione che addestrino al meglio i lavoratori, da una Pubblica amministrazione solida ed efficiente che sia all'effettivo servizio del cittadino e delle imprese. Queste *esternalità positive* consentono rilevanti economie di gestione, e quindi un risparmio di costi che non nasce all'interno dell'impresa.
Per contro, un ambiente tanto inquinato da provocare malesseri che incidono negativamente sulla produttività del lavoro per l'alta incidenza delle assenze per malattia, oppure una serie di incidenti a causa della cattiva manutenzione delle strade svantaggiano l'impresa. Queste *esternalità negative* provocano aggravi di costo che possono ridurre anche notevolmente la capacità dell'impresa a restare sul mercato.

Verso la crisi ecologica?

Sistema produttivo-ambiente I rapporti reciproci fra il sistema produttivo e l'ambiente possono essere illustrati dallo schema qui sotto.

Esso evidenzia che il sistema produttivo riceve dall'ambiente naturale le risorse necessarie alla produzione e vi scarica i rifiuti. Come si vede facilmente, questo modello di sviluppo impone altissimi costi all'ambiente: quanto più aumentano la produzione e i consumi, tanto più l'ambiente naturale cede risorse e viene degradato dai rifiuti che riceve.

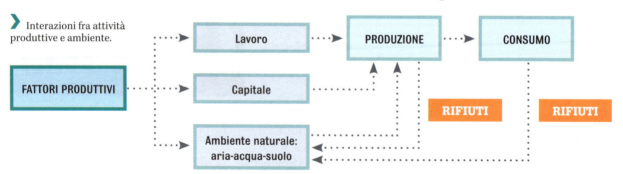

› Interazioni fra attività produttive e ambiente.

Costi sociali

Un'impresa che inquina esercita esternalità negative su altri soggetti (*diseconomie esterne*) e si ha una divergenza fra i costi di produzione dell'impresa e i costi sociali sopportati dalla collettività: si ha cioè un **mercato non efficiente**.

Eliminare queste inefficienze giustifica l'intervento pubblico (tassa su attività inquinanti, obbligo di adottare misure antinquinamento, installazione di depuratori, autorizzazioni e controlli).

la nuova economia

Il bilancio ambientale

Nell'ambito di una nuova organizzazione produttiva più rispettosa dell'ambiente le decisioni strategiche delle imprese devono tener conto non solo dei costi e dei ricavi inerenti all'attività produttiva, ma anche dei **costi sociali di tipo ambientale**. In termini economici, ciò equivale a dire che le esternalità negative relative all'impatto ambientale dell'attività produttiva devono essere internalizzate nel calcolo dei prezzi dei beni e servizi prodotti.
Allo scopo di internalizzare i costi del degrado ambientale, molte imprese d'avanguardia hanno volontariamente elaborato una speciale **contabilità ambientale**, che per ogni azienda analizza i flussi di energia e di materie prime in entrata e in uscita. Lo schema di tali flussi è il seguente:
INPUT: energia - risorse idriche - materie prime
OUTPUT: prodotti finali - emissioni liquide - emissioni in atmosfera, scarti, rifiuti
Il risultato finale della contabilità ambientale è il **bilancio ambientale**, che certifica lo "stato di salute ambientale" dell'impresa, offrendo una serie di informazioni sull'evoluzione eco-compatibile della sua attività. Il bilancio ambientale ha due specifiche funzioni:
– controllare il comportamento dell'impresa sotto il profilo del rispetto dell'ambiente;
– informare l'opinione pubblica sull'impatto ambientale dell'impresa, anche in relazione alla normativa in materia.
Questi bilanci tendono a diffondersi nei maggiori Paesi industrializzati.
Ad esempio, diverse grandi società francesi hanno dato vita all'associazione **Entreprise pour l'Environnement**, che ha lo scopo di introdurre nelle attività industriali i temi della gestione ambientale. A questo proposito il direttore qualità, sicurezza e ambiente della Rhône-Poulenc, una delle più grandi aziende chimiche del mondo, ha dichiarato a «Le Monde» che «le imprese più attente ai problemi ambientali sono quelle che ottengono i migliori risultati economici».
In Italia, dal 1991 la **Fiat** (ora FCA) utilizza un sistema di contabilità ambientale, che analizza la produzione e il consumo di energia, gli inquinanti emessi dalle diverse fonti energetiche, i consumi e gli scarichi d'acqua, la gestione dei rifiuti.
Inoltre, nella produzione dell'auto, si tiene conto non solo della qualità del prodotto in rapporto al mercato, ma anche del suo destino alla fine del ciclo d'uso, con la previsione del maggior riciclo possibile dei materiali impiegati nella produzione.

Un ritorno positivo

Incentivi e disincentivi Sino a pochi anni fa, in base al presupposto che le imprese fossero poco sensibili ai problemi ambientali, gli Stati difendevano l'ambiente limitandosi a emanare **leggi e regolamenti** che dovevano essere obbligatoriamente osservati dagli operatori economici; spettava agli organi amministrativi e giudiziari controllarne il rispetto, sanzionando gli eventuali trasgressori.

Attualmente in tutti i Paesi si tende a integrare questo approccio tradizionale con una strumentazione più ampia, basata su **incentivi** e **disincentivi**, come ad esempio ecotasse, diritti di discarica, concessione di marchi di qualità ecologica (eco-etichette) ecc. Questo nuovo atteggiamento è preferibile, in quanto molte imprese hanno oggi capito che il rispetto dell'ambiente è un investimento, in grado di assicurare ritorni positivi in termini di aumento di competitività.

Obiettivi ecologici dell'impresa

L'impresa moderna considera fra i suoi obiettivi una **corretta gestione dell'ambiente**; è infatti nel suo stesso interesse:
- minimizzare l'uso di risorse scarse come le materie prime e l'energia;
- ridurre gli scarti e i rifiuti;
- progettare i beni in funzione del loro possibile riciclo a fine uso.

Ciò riduce l'impatto ambientale dei processi produttivi e può contribuire a ridurre i costi. Inoltre l'adozione di tecnologie più pulite premia le imprese sul mercato, dove si conquistano una **immagine eco-compatibile**, molto importante agli occhi di consumatori oggi assai sensibili al problema ecologico.

E Ecotassa Tassa ecologica, introdotta con lo scopo di favorire tecnologie e prodotti puliti e disincentivare i consumi più inquinanti. Le ecotasse cercano di indirizzare le imprese verso uno sviluppo sostenibile, cioè attento agli interessi delle generazioni future.

L'ambiente come risorsa In passato prevaleva la convinzione che la politica ambientale comportasse costi elevati per le imprese, con grave danno per l'occupazione.

Concezione pessimista

La tesi tradizionale è illustrata dallo schema che segue. L'esperienza ha però dimostrato che dove è stata adottata una severa politica ambientale non è diminuita la competitività, che anzi si è accresciuta.

Concezione ottimista

L'orientamento degli studiosi è cambiato, perché **oggi si ritiene che la politica ambientale favorisca il commercio internazionale, produca profitti e rafforzi la competitività**.

La nuova posizione si può rappresentare mediante il seguente schema:

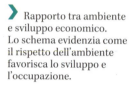

> Rapporto tra ambiente e sviluppo economico. Lo schema evidenzia come il rispetto dell'ambiente favorisca lo sviluppo e l'occupazione.

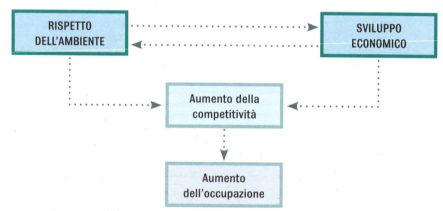

Verso uno sviluppo dematerializzato

I più recenti dati statistici dimostrano che nei Paesi industrializzati c'è un maggior rispetto per l'ambiente. L'economia va oggi verso uno **sviluppo dematerializzato**, che utilizza una minor quantità di materie prime e provoca minor inquinamento. Le imprese hanno interesse a introdurre tecnologie pulite (ecotecnologie), che risparmiano energia e risorse materiali, ma consumano più software, cioè conoscenze e intelligenza.

Su questa strada è all'avanguardia la **Germania** che, avendo per prima adottato tecnologie a difesa dell'ambiente, ora da sola soddisfa oltre il 20% della domanda di mercato delle tecnologie ambientali: per questo Paese il rispetto dell'ambiente è diventato un vero e proprio business.

Le stesse imprese hanno interesse a migliorare la loro performance ambientale. Dobbiamo prendere atto che **la difesa dell'ambiente è una risorsa, e non un vincolo, per l'economia**.

2.10 La responsabilità sociale dell'impresa

L'impresa, nel raggiungere i suoi obiettivi, interagisce con una numerosa serie di soggetti che sono, direttamente o indirettamente, coinvolti nella sua attività. Oggi l'impresa moderna tiene conto non solo dei problemi ambientali, ma anche dei rapporti con tutte le parti coinvolte nella sua attività, costituite da coloro che hanno interesse al corretto funzionamento dell'azienda (*stakeholder*): **dipendenti, fornitori, azionisti, clienti, collaboratori** e **consulenti**, **amministrazioni pubbliche** (Stato e altri enti locali, come il Comune), **banche** e **altri**

la nuova economia

Il bilancio sociale dell'impresa

Il bilancio sociale dell'impresa è il rendiconto della sua gestione, con la specifica indicazione dei vantaggi prodotti per tutte le categorie di interessati (i cosiddetti *stakeholder*). Ha lo scopo di **presentare l'impatto socio-ambientale** che l'attività dell'impresa produce nei confronti dei diversi portatori di interessi, rendendo consapevole l'impresa dei fenomeni (sociali, economici, politici) che avvengono nell'ambiente in cui opera.
Il bilancio sociale ha **funzione informativa** verso i soggetti interni ed esterni all'impresa. Viene presentato unitamente al **bilancio contabile**, e deve essere redatto in modo da consentire il confronto nel tempo per la stessa azienda e con quello di aziende del medesimo settore.
In Italia viene **redatto su base volontaria**; il numero delle imprese che in Italia lo usano è ancora piuttosto basso, ma negli ultimi tempi si sono registrati passi in avanti. In Francia è obbligatorio, in Germania e Inghilterra ha ampia diffusione, pur non essendo obbligatorio.
A livello internazionale è particolarmente diffuso fra le **banche**, impegnate a realizzare una politica di prestiti responsabile per la costruzione di dighe, oleodotti, centrali elettriche, interventi a protezione delle foreste (con un'attenzione particolare ai Paesi in via di sviluppo, dove i Governi trascurano le ricadute ambientali e sulle popolazioni delle iniziative finanziate dalle società straniere).
Fra gli **elementi** presi in considerazione nei bilanci sociali ricordiamo: la percentuale di dipendenti maschi e femmine, il rapporto fra le loro retribuzioni, la presenza di donne fra quadri e dirigenti, la disponibilità ad accettare stagisti, gli orari di lavoro, i sistemi di incentivazione, le agevolazioni per i dipendenti (per migliorare la loro qualità della vita con asili, consulenze fiscali, alloggi), la sicurezza e la salute sul luogo di lavoro, le liberalità verso le comunità locali, gli investimenti in iniziative sociali (cultura, ambiente, solidarietà), il trattamento dei rifiuti prodotti.
Il **bilancio contabile** - che dà conto dei risultati economici - non basta da solo a informarci sull'influenza che l'impresa esercita sull'economia; letto insieme al **bilancio sociale**, ci fa capire che i risultati economici, ambientali e sociali sono tra loro strettamente interdipendenti.

La buona reputazione

Lo sviluppo sostenibile è un valore fondamentale per il bene della collettività.

investitori di capitali, sino a comprendere l'intera cittadinanza.

Un buon rapporto con tutti questi soggetti aumenta la fiducia nell'impresa e fidelizza i consumatori, con **notevoli vantaggi per l'impresa stessa e per l'intera collettività**. Infatti, l'impresa può **accrescere il suo valore nel tempo**, migliorando in efficienza e in competitività: se opera in un contesto sociale favorevole, accresce la sua reputazione, riqualifica la sua identità, fa addirittura aumentare le quotazioni di borsa. In una parola, a lungo termine realizza una crescita di valore.

IN pratica

L'Università Bocconi di Milano ha analizzato i bilanci contabili delle imprese che compongono lo S&P 500 (l'indice borsistico Standard & Poor's, che riguarda le 500 aziende statunitensi a maggiore capitalizzazione), riscontrando che **le imprese più attente ai temi della sostenibilità ambientale e della responsabilità sociale sono premiate con una quotazione di borsa più alta**.

A livello dell'intera collettività, l'assunzione di una responsabilità sociale da parte dell'impresa assicura una maggiore coesione sociale, un elevato livello di tutela ambientale e il rispetto dei diritti fondamentali dei lavoratori e degli altri componenti della società civile.

Anche in Italia si diffonde sempre più la convinzione che la **creazione di valore** da parte dell'impresa debba avvenire nel rispetto dei **valori fondamentali**, fra cui assume particolare rilevanza quello dello **sviluppo sostenibile**, che soddisfa i bisogni del presente senza compromettere alle future generazioni la possibilità di soddisfare i propri.

La misura dell'impatto complessivo dell'attività aziendale sulla società civile è indicata nel **bilancio sociale dell'impresa**, che gradualmente si sta diffondendo anche in Italia.

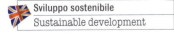

Sviluppo sostenibile
Sustainable development

modulo 2
Gli operatori economici

INsintesi

2.1 L'imprenditore e l'impresa

L'**operatore imprese** è costituito dalle unità economiche che producono e offrono sul mercato beni e servizi allo scopo di realizzare un **profitto**. L'imprenditore coordina i fattori produttivi, li organizza e assume il **rischio d'impresa**. L'impresa interagisce con diversi mercati, sia nazionali che internazionali.

2.2 Le funzioni dell'impresa

L'impresa moderna svolge numerose e complesse **funzioni**, svolte da **centri operativi specializzati**. I più importanti riguardano le seguenti funzioni:
- **funzione produttiva**: produzione dei beni e servizi da offrire sul mercato;
- **funzione commerciale**: acquisto dei fattori produttivi e vendita dei prodotti;
- **funzione R&S**: innovazioni di processo e di prodotto che aumentano l'efficienza;
- **funzione amministrativa**: controllo del sistema economico-finanziario;
- **funzione logistica**: gestione dei movimenti dei prodotti;
- **funzione del personale**: gestione delle risorse umane.

È oggi di particolare importanza la funzione R&S, per migliorare le capacità competitive dell'impresa sul mercato. I centri operativi devono operare in stretta coordinazione, per raggiungere gli obiettivi dell'impresa.

2.3 La politica industriale

La **politica industriale** è costituita dall'insieme dei provvedimenti assunti dallo Stato per promuovere lo sviluppo del sistema industriale. Fra tali provvedimenti ricordiamo:
- l'introduzione di incentivi finanziari e fiscali;
- il mantenimento di condizioni concorrenziali;
- la politica a sostegno della ricerca e della formazione;
- la creazione di infrastrutture.

Attualmente è in atto un processo di **concentrazione industriale**, che consente la realizzazione di **economie di scala**, in modo da migliorare l'efficienza e la competitività delle imprese sul mercato internazionale.

2.4 Le imprese multinazionali

L'**impresa multinazionale** è una grande impresa che, pur avendo un'unica strategia di gestione, svolge l'attività produttiva in Stati diversi. Normalmente ha filiali anche nei Paesi sottosviluppati, dove il costo del lavoro è molto basso. La presenza di multinazionali può giovare allo sviluppo del Paese sottosviluppato, ma può anche arrecare danni, quando il loro potere condiziona negativamente le politiche economiche degli Stati.

2.5 L'impresa cooperativa

L'**impresa cooperativa** è un'associazione di più persone, non allo scopo di realizzare profitti, ma per ottenere beni e servizi a condizioni migliori di quelle offerte dal mercato. Per questi fini sociali, le imprese cooperative godono di un **trattamento fiscale favorevole**. Questo tipo di impresa si è sviluppato verso la metà dell'Ottocento per iniziativa dei ceti sociali più deboli.

2.6 Piccole e medie imprese

Le **piccole e medie imprese** (**PMI**) sono un elemento caratteristico del panorama imprenditoriale italiano. Questo è molto variegato, perché accanto a pochi colossi industriali coesistono moltissime PMI. L'Unione europea ha previsto diversi **programmi di aiuto** alle PMI per renderle più efficienti, in grado di affrontare la concorrenza internazionale.

2.7 I distretti industriali

La concentrazione di molte attività in un'area a vocazione specialistica crea il **distretto industriale**, costituito da un insieme di imprese, in genere di piccola e media dimensione, specializzate in una o più fasi del processo produttivo e integrate mediante **una rete complessa di interrelazioni di carattere economico e sociale**. La capacità di collaborare alla soluzione dei problemi le rendono capaci di competere con le imprese di maggiori dimensioni.

2.8 La distribuzione commerciale

La **distribuzione commerciale** consiste nell'insieme delle attività che consentono il passaggio dei beni e servizi dall'impresa produttrice ai consumatori finali. Negli ultimi anni i prezzi al consumo sono aumentati meno dei prezzi all'ingrosso, e ciò è dovuto alla concorrenza fra i diversi punti di vendita. Recentemente si è poi assistito allo sviluppo dei cosiddetti hard discount, con prezzi al dettaglio ancora più interessanti, e della **distribuzione on line**, che riduce il numero degli intermediari tra produttore e consumatore finale.

2.9 L'impresa e l'ambiente

L'**impresa è in costante interazione con l'ambiente**, che costituisce una risorsa importante, capace di favorire lo sviluppo economico; in passato si riteneva invece che l'attenzione ai problemi ambientali rallentasse lo sviluppo economico. **Le imprese hanno interesse a rispettare l'ambiente**: la Germania è un esempio di come la tutela ambientale giovi all'economia nazionale e ai singoli cittadini. Oggi tutti siamo consapevoli del fatto che il **rispetto dell'ambiente** costituisce una grande risorsa e non un vincolo per l'economia.

2.10 La responsabilità sociale dell'impresa

L'impresa moderna tiene conto dei rapporti con le parti che hanno interesse al suo corretto funzionamento (*stakeholder*): dipendenti, fornitori, azionisti, clienti, collaboratori e consulenti, amministrazioni pubbliche, banche e altri investitori di capitali, sino a comprendere l'**intera cittadinanza**. È importante il rispetto dei **valori fondamentali**, fra cui assume particolare rilevanza quello dello **sviluppo sostenibile**, che soddisfa i bisogni del presente senza compromettere il benessere delle future generazioni.

unità 2 ■ L'operatore imprese

Vero / Falso
Indica se le seguenti affermazioni sono vere o false.

1. Le innovazioni di prodotto riguardano modifiche nella fase del ciclo produttivo, come ad esempio una migliore organizzazione del lavoro. V [F]
2. Le innovazioni di processo riguardano la creazione di un prodotto nuovo o la modificazione di un prodotto già esistente. V [F]
3. Il capitale proprio è detto anche capitale di rischio in quanto è soggetto alle incertezze connesse alla gestione aziendale. [V] F
4. Si ha integrazione verticale quando un'impresa acquisisce il controllo di un'altra impresa che si occupa di una diversa fase della lavorazione. [V] F
5. Le imprese multinazionali sono imprese oligopolistiche, dotate di grandi capitali. [V] F
6. I distretti industriali sono caratterizzati dalla presenza di diverse imprese multinazionali. V [F]
7. La presenza di infrastrutture (capitale fisso sociale) è fondamentale per lo sviluppo di una moderna economia. [V] F
8. In Italia la diffusione dei supermercati e degli ipermercati è molto più alta di quella che si riscontra in altri Paesi europei. V [F]
9. Una legge economica incontrovertibile afferma che una seria politica ambientale diminuisce la competitività internazionale di un Paese. V [F]
10. L'impresa moderna tiene conto non solo dei problemi ambientali, ma anche dei rapporti con tutte le parti coinvolte nella sua attività. [V] F

Scelta multipla
Completa l'affermazione scegliendo la frase corretta fra quelle proposte.

1. Non rientra fra i compiti dell'operatore impresa
   a il conseguimento del profitto
   b l'organizzazione dei fattori produttivi
   c l'assunzione del rischio d'impresa
   d la promozione di attività sociali

2. Se la Toyota acquisisce il controllo di un'altra impresa che produce automobili, realizza
   a un'integrazione verticale
   b un'integrazione orizzontale
   c un'integrazione produttiva
   d un conglomerato di imprese

3. È una forma di finanziamento interno all'impresa
   a l'autofinanziamento
   b l'emissione di obbligazioni
   c l'anticipazione bancaria
   d lo sconto di cambiali

4. Per un albergo situato davanti a una bella spiaggia non costituisce esternalità positiva:
   a un'apprezzata scuola alberghiera
   b la facilità delle vie di accesso
   c una raffineria che inquina con l'acqua di scarico
   d l'offerta di concerti della banda musicale cittadina

5. È esternalità positiva per un'impresa che produce apparecchi televisivi
   a un'apprezzata scuola di elettrotecnici
   b la difficoltà delle vie di accesso
   c la mancanza di ingegneri specializzati
   d una legislazione complessa e inefficiente

6. Secondo la teoria tradizionale, l'obiettivo fondamentale dell'imprenditore è massimizzare
   a le vendite
   b il profitto
   c il capitale sociale
   d il numero delle filiali

7. L'introduzione di un nuovo modello di telefono cellulare costituisce una innovazione
   a di processo
   b di prodotto
   c esclusivamente tecnica
   d esclusivamente economica

8. Una fonte di finanziamento dell'impresa è l'autofinanziamento, che consiste in
   a utili non distribuiti e reinvestiti
   b emissione di obbligazioni
   c emissione di azioni
   d ricorso al credito bancario

9. Un tour operator acquista un albergo, realizzando in tal modo
   a un'integrazione orizzontale
   b un'integrazione verticale
   c un conglomerato di imprese
   d un'impresa multinazionale

10. Non fa parte degli obiettivi primari di un'impresa multinazionale
    a il conseguimento di vantaggi fiscali
    b la riduzione dei rischi
    c l'impiego di lavoro a basso costo
    d lo sviluppo del Paese ospitante

97

modulo 2
Gli operatori economici

Laboratorio

Completamenti
Completa il brano inserendo i termini appropriati scelti tra quelli proposti.

Anche se il modello di _sviluppo_ industriale basato sui distretti non sia un'esclusiva italiana, esso ha trovato nel nostro Paese le condizioni ideali per la sua affermazione sin dagli anni Settanta, contemporaneamente alle prime avvisaglie di _crisi_ della grande impresa: essendo venute meno le condizioni di crescita della domanda di mercato, abbondanza di risorse e stabilità monetaria sulle quali si era basato lo sviluppo industriale degli anni Sessanta, le grandi imprese riscontrarono notevoli difficoltà nel mantenere le proprie strategie di crescita. Molte di

esse intrapresero una profonda _riorgan._ sia avviando azioni di decentramento produttivo sia sfruttando le potenzialità della specializzazione e della _divisione_ del lavoro tra imprese di uno stesso settore. Contemporaneamente, si registrò un processo di crescita di un tessuto di _piccole_ imprese di origine artigiana, fortemente radicate con la produzione tradizionale di aree geografiche ristrette, che raggiunse gradualmente rilevanti quote di mercato in _produzione_ di nicchia.

Da Wikipedia

consumi ▪ crisi ▪ divisione ▪ grandi ▪ moltiplicazione ▪ piccole ▪ produzioni ▪ recessione ▪ riorganizzazione ▪ sviluppo

Trova l'errore
Individua l'espressione o il termine errati, e inserisci quelli corretti.

1. La politica industriale è costituita dall'insieme dei provvedimenti assunti dai privati per migliorare le condizioni in cui opera il sistema industriale.

2. La funzione amministrativa comprende tutto l'insieme delle attività che consentono il passaggio dei prodotti finiti dal produttore al consumatore.
commerciale

Collegamenti
Associa ogni termine della prima colonna con un solo termine della seconda.

1. Funzione produttiva — D
2. Funzione distributiva —
3. Funzione commerciale — B
4. Funzione R&S — E
5. Funzione fiscale —
6. Funzione amministrativa — F
7. Funzione logistica — C
8. Funzione del personale — A

a. Gestisce le risorse umane, con particolare riguardo all'impiego ottimale del lavoro
b. Si occupa dell'acquisto dei fattori produttivi e della vendita dei prodotti
c. Gestisce i movimenti dei prodotti allo scopo di minimizzare i costi di stoccaggio e di trasporto
d. Gestisce la produzione allo scopo di ridurre i rischi tecnici
e. Studia le innovazioni da introdurre nel processo produttivo per migliorare la qualità del prodotto
f. Gestisce il sistema economico-finanziario dell'impresa, cura la contabilità, reperisce i finanziamenti

Domande aperte
Rispondi alle seguenti domande.

1. È corretta la tesi secondo cui l'impresa persegue solo l'obiettivo del massimo profitto? (2.1)
2. In che cosa consiste la funzione produttiva? (2.2)
3. Di che cosa si occupa la funzione logistica? (2.2)
4. In che cosa consiste la politica industriale? (2.3)
5. Che cos'è l'impresa multinazionale? (2.4)
6. Quali sono i vantaggi e gli svantaggi di un Paese sottosviluppato che ospita una multinazionale? (2.4)
7. Quali sono i tipi di cooperative più diffuse? (2.5)
8. Quali sono i vantaggi e gli svantaggi delle piccole e medie imprese? (2.6)
9. Che cosa sono i distretti industriali? (2.7)
10. Quali sono le principali funzioni della distribuzione commerciale? (2.8)
11. Come si presenta in Italia il settore della distribuzione commerciale? (2.8)
12. Quali sono i rapporti che si instaurano fra il sistema produttivo e l'ambiente? (2.9)
13. Esiste un conflitto fra sviluppo economico e tutela dell'ambiente? (2.9)
14. Cos'è la responsabilità sociale dell'impresa? (2.10)
15. Che cos'è il bilancio sociale dell'impresa? (2.10)

2.1 The entrepreneur and the firm

A **business operator** is composed of economic units which produce and offer goods and services with the aim of making a **profit**. The **entrepreneur** coordinates and organises the factors of production, and accepts a high level of **financial risk**. The business interacts with different markets on a national and international scale.

2.2 Business functions

Business functions are carried out by **specialised operations centres**. The most important business functions are:
- **production**: which manages the production process;
- **buying/purchasing**: which deals with the purchase of factors of production and the sale of the product;
- **research and development**: which develops products and keeps up-to-date with new developments;
- **finance**: which provides the information required for financial protection and planning of companies;
- **logistics**: which coordinates supply, distribution and storage of goods;
- **human resources (HR) /personnel**: which recruits and selects new staff.

Research and development are particularly important in modern-day economies in order to remain competitive. Operative centres must collaborate closely in order to reach company objectives.

2.3 The industrial policy

An **industrial policy** is a government plan designed to encourage the development of the industrial system. The State takes measures to
- introduce financial support and tax incentives;
- maintain competitiveness;
- support research and vocational training;
- develop new infrastructures.

Modern economics is characterised by **industrial concentration**, which has led to the creation of **economies of scale**. This results in higher efficiency and more competition on an international level.

2.4 Multinational corporations (MNC)

A **multinational corporation (MNC)** owns or controls the production of goods or services in one or more countries other than their home country. They often have branches in countries where labour is cheap. While it is true that MNCs may create employment in third world countries, their market dominance can have a negative impact on local economic development.

2.5 The cooperative society

A **cooperative society** is a jointly owned, non-profit enterprise which engages in the production or distribution of goods, at prices which are lower than those offered by the market. Cooperatives generally pay **lower taxes**. They date back to the middle of the 19th century, and they were designed to cater to the poorer classes.

2.6 Small and medium-sized enterprises (SMEs)

Small and medium-sized enterprises (SMEs) are an important part of the Italian economy. They work alongside large companies and are responsible for driving innovation and competition in many economic sectors. The European Union provides **support** to SMEs to help them access international markets.

2.7 Industrial districts

An **industrial district** is an area especially planned to promote a particular industrial development. The majority of enterprises are small or medium and specialise in one or more phases of the production process, working within a **complex web of economic and social inter-relationships**. The ability of these SMEs to collaborate enables them to compete with larger companies.

2.8 Commercial distribution

Commercial distribution is the process of making a product or a service available for use or consumption. In recent years consumer prices have increased less than wholesale prices: this is due to competition between different points of sale. Today there are many **hard discount stores**, which sell products at prices lower than their typical market value. There is also the phenomenon of **online shopping**, which reduces the number of intermediaries between the producer and the consumer.

2.9 Production and environment

Companies have an impact on the environment, an important resource which can favour economic development. In the past, it was widely believed that concern with environmental problems hindered economic development. However, today we realise **how important it is for companies to respect the environment**. Germany is an example of how respecting the environment can benefit both national economics and individual citizens.

2.10 The social responsability of enterprises

Stakeholders are individuals, groups or businesses that have an interest or concern in an organisation or firm. They include employees, suppliers, shareholders, customers, collaborators, consultants, banks and other investors and the community as a whole. Respect for fundamental values is essential, in particular for **sustainable development**, which satisfies the needs of the present without compromising the well-being of future generations.

modulo 2

Gli operatori economici

unità 3

L'operatore Stato

DI CHE COSA PARLEREMO	In questa unità si esamina il **RUOLO DELLO STATO**, le fonti di finanziamento della sua attività (imposte e contributi), le voci principali della spesa pubblica. Studieremo poi in modo sintetico le diverse articolazioni della **POLITICA ECONOMICA** (**POLITICA INDUSTRIALE**, **FISCALE**, **MONETARIA**) per giungere infine all'esame dei compiti dello Stato nei sistemi economici storicamente realizzati: **SISTEMA LIBERISTA**, **SISTEMA COLLETTIVISTA**, **SISTEMA DI ECONOMIA MISTA**.

CHE COSA DEVI CONOSCERE	■ Il significato di operatore economico e la nozione di circuito economico ■ Quali ruoli rivestono le famiglie e le imprese in economia ■ La nozione di bilancio dello Stato ■ Quali sono i bisogni e servizi avvertiti dalla collettività ■ Quali interazioni si sviluppano fra gli operatori economici

CHE COSA IMPARERAI	■ Qual è in economia il ruolo dello Stato ■ Quali sono le entrate e le spese dello Stato ■ Che cos'è il debito pubblico ■ Che cosa si intende con "Stato sociale" ■ Che cos'è la politica economica

CHE COSA SAPRAI FARE	■ Delineare le funzioni economiche dello Stato moderno ■ Distinguere i vari tipi di entrata e di spesa dello Stato ■ Ripercorrere le principali tappe del processo evolutivo dello Stato ■ Riconoscere le funzioni della politica economica e le sue articolazioni ■ Descrivere il sistema del Welfare State e la sua evoluzione

3.1 Soggetti e funzioni dello Stato

I soggetti pubblici

L'operatore Stato comprende i seguenti soggetti:

■ lo **Stato propriamente detto**, costituito dalle autorità di governo, a cui sono affidate le più importanti decisioni di politica economica;

■ gli **enti territoriali**, e cioè Regioni, Province e Comuni;

■ gli **altri enti centrali e locali** a cui sono affidati compiti di interesse generale, soprattutto in campo sanitario, previdenziale e assistenziale.

I compiti dello Stato

I **compiti istituzionali** dello Stato riguardano:

■ la produzione dei servizi pubblici;

■ la garanzia di una crescita stabile dell'economia;

■ la redistribuzione del reddito.

Servizi non destinabili alla vendita

Produzione dei servizi pubblici I servizi pubblici soddisfano i bisogni pubblici (difesa, ordine pubblico, giustizia, istruzione, salute ecc.).

Trattandosi di beni e servizi che non passano per il mercato, sono definiti come "non destinabili alla vendita". Non hanno un prezzo, essendo forniti gratuitamente a tutti i cittadini (in alcuni casi i beneficiari possono essere chiamati a contribuire in parte alle spese sostenute per la loro produzione, come avviene per le tasse scolastiche, i ticket sanitari ecc.).

▲ L'amministrazione della giustizia è uno dei servizi pubblici fondamentali forniti dallo Stato.

> In tutti i sistemi economici **lo Stato fornisce beni e servizi che il mercato non è in grado di fornire**, in quanto avvantaggiano l'intera collettività e non possono essere limitati a coloro che possono pagarli.

Regolazione dell'economia

Garanzia di una crescita stabile dell'economia Il mercato è instabile, perché in economia a fasi di espansione seguono fasi di depressione (*ciclo economico*). Ciò ha conseguenze negative sullo sviluppo e sull'occupazione.

Lo Stato ha un ruolo importante nel creare le condizioni di una crescita equilibrata: deve fissare le regole, valide per tutti, entro cui si svolge la competizione economica; garantire la qualità dei beni e servizi consumati; tutelare la sicurezza dei lavoratori; impedire l'inquinamento ambientale; combattere monopoli e trust per assicurare condizioni di concorrenza e trasparenza nei mercati; favorire la ripresa nella fase bassa del ciclo economico con adeguati interventi.

Redistribuzione del reddito Il mercato può provocare disuguaglianze intollerabili in una moderna società, perché i soggetti più disagiati, spesso privi di lavoro, non dispongono di redditi sufficienti a soddisfare i loro bisogni; lo Stato deve garantire a tutti uno standard minimo di vita e perciò redistribuisce la ricchezza fra i cittadini, tassando i redditi più alti e trasferendone una parte ai soggetti titolari di bassi redditi (inabili, disoccupati, pensionati ecc.).

▲ La Camera dei Deputati riunita. Tra i compiti dello Stato vi è quello di stabilire le regole entro cui si svolge l'attività economica, una funzione a cui provvede il Parlamento.

Correzione delle sperequazioni sociali

Il mercato, lasciato a se stesso, può incoraggiare comportamenti di esasperata competitività, pericolosi per la coesione sociale. **Lo Stato interviene quindi per correggere le più gravi sperequazioni fra i cittadini, che attentano ai diritti umani e alle libertà fondamentali.**

Negli ultimi anni si è molto discusso sul peso che l'intervento statale deve avere nell'economia. Oggi molti economisti concordano sull'opportunità di ridurlo, e lasciare maggior spazio al mercato. D'altra parte, già **Keynes** aveva scritto che «lo Stato non deve fare le cose che i privati sanno fare altrettanto

---

B Bisogni pubblici Sono avvertiti dai singoli in quanto membri di una collettività (perciò sono detti anche *bisogni collettivi*) e sono soddisfatti dallo Stato e dagli altri enti pubblici.

modulo 2
Gli operatori economici

bene (o anche meglio), ma concentrarsi sulle cose che i privati farebbero male o non possono fare per niente».

È perciò giusto salvaguardare l'intervento dello Stato a scopo di solidarietà, per proteggere le fasce più deboli della popolazione. **Naturalmente l'intervento dello Stato deve essere efficiente, rivolto a utilizzare le scarse risorse disponibili per aiutare solo chi ha veramente bisogno.**

IN pratica

In Italia negli ultimi due decenni del secolo scorso una serie di interventi sociali a pioggia, nel senso che erano rivolti indistintamente a molte categorie di beneficiari (comprese quelle che non ne avevano effettiva necessità) determinarono crescenti disavanzi di bilancio, che portarono il debito pubblico italiano dal 58% del PIL (1980) al 121% (1996). La situazione divenne insostenibile, creando così le premesse della crisi che si verificherà negli anni successivi.

3.2 Entrate e spese dello Stato

Per svolgere le sue numerose e complesse funzioni, lo Stato deve disporre di risorse, che ottiene dalle famiglie e dalle imprese attraverso il **prelievo fiscale** (imposte dirette e indirette) e **parafiscale** (contributi sociali).

Il circuito che collega famiglie, imprese e Stato si può così rappresentare:

Il circuito famiglie-imprese-Stato

P Prelievo fiscale Imposte e contributi versati allo Stato e agli altri enti territoriali (Regioni, Province e Comuni) per la copertura finanziaria delle spese pubbliche.

P Prelievo parafiscale Prelevamenti a carico dei datori di lavoro e dei lavoratori versati a enti previdenziali (INPS e INAIL) per finanziare la loro attività a favore dei lavoratori.

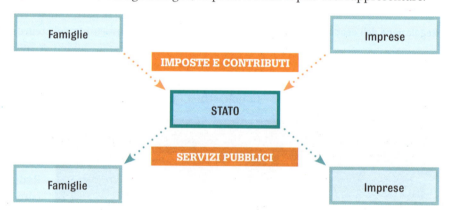

Le entrate dello Stato

Le entrate dello Stato sono costituite da:
- **imposte dirette**, che vengono versate dalle famiglie e dalle imprese in relazione al loro reddito (IRPEF, IRES);
- **imposte indirette**, che vengono riscosse dallo Stato nel momento in cui si effettuano scambi sul mercato (IVA, Imposte di fabbricazione sugli oli minerali, Imposte sugli affari);
- **contributi sociali**, costituiti da quote pagate dai lavoratori e dalle imprese per fini previdenziali e assicurativi;
- **entrate diverse**, costituite da redditi di capitali e da vendite di beni e servizi forniti dalla Pubblica amministrazione.

🇬🇧 Imposta diretta
Direct tax

🇬🇧 Imposta indiretta
Indirect tax

I IRPEF (Imposta sul reddito delle persone fisiche) Imposta diretta sul reddito delle persone fisiche e assimilate, *globale* (colpisce l'insieme dei redditi), *personale* (si riferisce alla persona), *progressiva* (aumenta più che proporzionalmente al reddito).

I IRES (Imposta sul reddito delle società) Imposta diretta proporzionale che si applica, con differenti modalità di determinazione, ai redditi delle società di capitali residenti, delle società cooperative, degli enti pubblici e privati residenti e delle società di ogni tipo non residenti.

I IVA (Imposta sul valore aggiunto) Imposta indiretta generale sugli scambi, *plurifase* (si applica a ogni fase del ciclo produttivo), *proporzionale con aliquote differenziate*, *neutra* (cioè indipendente dal numero di trasferimenti che si verificano nel processo produttivo) e *trasparente* (cioè facilmente determinabile).

Imposte dirette e indirette

Le imposte del nostro sistema tributario e la loro importanza relativa sono evidenziate dal seguente diagramma:

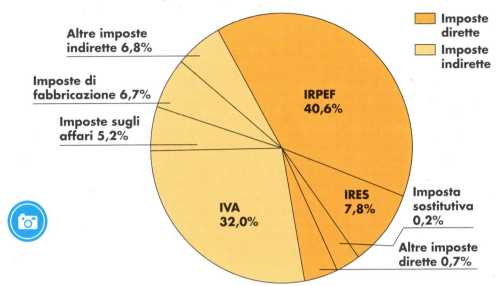

Le entrate dello Stato

Attualmente, in rapporto al Prodotto interno lordo (PIL), le entrate dello Stato hanno la seguente composizione:

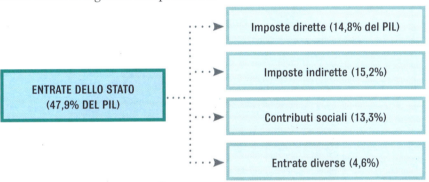

Le spese dello Stato

Le spese dello Stato presentano la seguente consistenza:

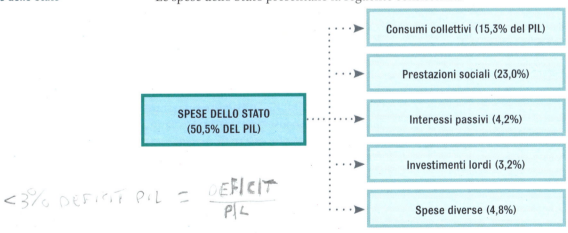

Come si vede, una quota elevata della spesa pubblica italiana è destinata alle spese correnti, mentre scarse sono le risorse destinate alle spese per investimenti.

S Spese correnti Riguardano la produzione e l'erogazione di servizi pubblici: prestazioni sociali (sanità, previdenza e assistenza), spese per i dipendenti pubblici in servizio e in pensione, pagamento degli interessi sui titoli del debito pubblico.

S Spese per investimenti Dette anche spese in conto capitale, riguardano la produzione di beni e servizi; si distinguono in investimenti diretti (opere pubbliche, come strade, ponti ecc.) e indiretti (ad esempio, sovvenzioni a imprese private).

modulo 2
Gli operatori economici

PER capire meglio — I grafici: istruzioni per l'uso

I grafici sono **rappresentazioni simboliche** di grandezze per renderle più facilmente comprensibili, elaborati secondo convenzioni stabilite. Si differenziano in base al metodo di rappresentazione e allo scopo specifico che si intende raggiungere. In un grafico si distingue l'asse orizzontale (o delle **ascisse**) e l'asse verticale (o delle **ordinate**). Sull'asse delle ascisse si indica normalmente lo scorrere del tempo, su quello delle ordinate l'andamento del fenomeno che si vuole rappresentare, nel caso riportato in questa pagina le entrate e le spese dello Stato. Ogni grafico si basa sul concetto di **piano cartesiano**, così chiamato perché ideato dal filosofo e matematico francese **René Descartes** (1596 - 1650), comunemente noto come Cartesio.
Un grafico deve indicare chiaramente ciò che raffigura, riportando l'indicazione della fonte dei dati (nel nostro caso la fonte è la "Relazione generale sulla situazione economica del Paese", documento informativo in materia economica e finanziaria che il Governo presenta al Parlamento ogni anno entro il mese di aprile). È buona norma che le linee continue, o spezzate, abbiano colori o tratti diversi in modo da distinguere meglio i fenomeni che si vuole rappresentare.

Crescita della spesa pubblica

Il peso dello Stato nei moderni sistemi economici è aumentato fino agli anni '80 del secolo scorso per diminuire notevolmente negli anni seguenti. Per quanto riguarda l'Italia, si nota dal grafico qui sotto che le spese pubbliche sono aumentate, rispetto al PIL, fino al 1993, per diminuire negli anni successivi, con graduale riequilibrio fra entrate e spese. Dopo il 2008 il divario (*gap*) fra entrate e spese ha avuto un andamento altalenante anche a causa dei vincoli di bilancio imposti dall'Unione europea.

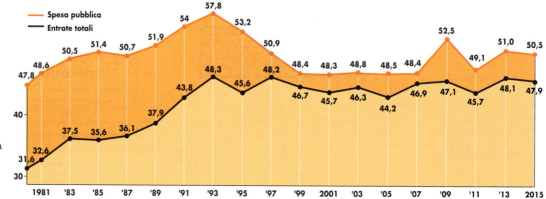

Fonte: Relazione generale sulla situazione economica del Paese, vari anni.

Perché si forma il disavanzo

In Italia, come in tutti i Paesi avanzati, il rapporto spesa pubblica/PIL è elevato. Si è cercato di far fronte all'aumento della spesa pubblica con un aumento delle entrate tributarie, ma queste sono state ogni anno notevolmente inferiori alla spesa, con la conseguenza di un costante aumento del disavanzo dello Stato.

Come finanziare il disavanzo

Tale disavanzo può essere fronteggiato o mediante emissione di nuova moneta (possibilità teorica, ora venuta meno dato che nell'Unione europea l'emissione di moneta è affidata alla BCE), oppure mediante ricorso al debito pubblico, come evidenziato dal seguente schema:

D Disavanzo dello Stato Chiamato anche *deficit di bilancio*, misura la differenza fra le spese e le entrate dello Stato. Un saldo negativo di bilancio comporta l'indebitamento dello Stato nei confronti dei sottoscrittori dei titoli del debito pubblico.

Un debito pubblico crescente

Dato che l'eccesso di emissioni monetarie provoca inflazione (v. Mod. 7, par. 2.3), disponendo le famiglie italiane di molti risparmi liquidi, si è fatto ampio ricorso al **debito pubblico** che, in conseguenza dei deficit annuali dello Stato, ha finito per raggiungere un livello superiore all'ammontare del PIL.

Nella sua globalità, il debito pubblico rappresenta la quantità di risorse che le famiglie italiane hanno prestato allo Stato. Lo Stato paga periodicamente gli interessi ai portatori dei titoli e alla scadenza rimborsa i prestiti. L'elevato debito pubblico italiano determina quindi un ingente flusso di ricchezza a favore dei sottoscrittori dei titoli pubblici (BOT, CCT ecc.).

Il patto di stabilità

Nel 1992, con il **Trattato di Maastricht** (v. Mod. 8, par. 3.5), i Paesi aderenti all'UE, e quindi anche l'Italia, si sono impegnati a contenere il deficit annuale di bilancio sotto il 3% del PIL. Successivamente, con l'adozione della moneta unica, i Paesi della zona euro si sono impegnati a tendere al pareggio (**patto di stabilità**): questo impegno, che ha contribuito ad assicurare per un lungo periodo la stabilità dell'euro, non ha potuto essere mantenuto dopo lo scoppio della grave crisi iniziata nel 2008.

3.3 Dallo "Stato gendarme" al Welfare State

Il ruolo dello Stato secondo gli economisti classici

Per gli economisti classici lo Stato non doveva intervenire nell'attività economica, ma soltanto garantire:
- **la protezione delle persone e dei beni** (difesa, ordine pubblico, giustizia);
- **l'offerta di beni pubblici indispensabili alla collettività** (come strade, ponti, canali ecc.).

Essendo preminente l'attività connessa alla difesa delle persone e dei beni, questa concezione è stata definita dello Stato gendarme e ha caratterizzato la politica dei governi liberali dell'800.

Successivamente i governi hanno notevolmente accresciuto il loro ruolo nell'economia e dal secondo dopoguerra, anche sotto l'influenza del pensiero keynesiano, oltre alle funzioni riconosciute dagli economisti classici si ritengono di competenza dello Stato:
- l'attuazione di una politica di regolamentazione economica per stimolare la crescita;
- l'**assicurazione dei diritti della persona** (istruzione, formazione professionale, servizio sanitario gratuito o semi-gratuito);
- l'intervento per correggere gli squilibri nella distribuzione del reddito (pensioni sociali, assegni di disoccupazione, invalidità ecc.);
- la **protezione dell'ambiente**, con interventi nell'interesse delle generazioni future (**sviluppo sostenibile**).

Con riferimento all'ampio spazio accordato agli interventi a favore dei cittadini più deboli è stata coniata in Inghilterra l'espressione *Welfare State*, da noi tradotta con **Stato del benessere** o più frequentemente **Stato sociale**.

Lo Stato sociale cura il benessere dei suoi cittadini anche tramite un servizio sanitario aperto a tutti, adulti e bambini.

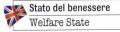

Stato del benessere
Welfare State

La crisi fiscale del Welfare State Lo Stato del benessere ha bisogno di ingenti risorse per finanziare il suo intervento in campo economico e sociale. La spesa pubblica aumenta sempre di più, mentre le entrate dello Stato non sono sufficienti a garantirne il finanziamento.

S Stato gendarme È così chiamato uno Stato che limita i suoi compiti alla difesa contro i nemici esterni e alla sicurezza nazionale, con preclusione a ogni intervento di tipo sociale. Ha avuto realizzazione nel tardo '700, per esempio nella Prussia di Federico II.

R Regolamentazione economica Insieme di leggi in campo economico promulgate a sostegno di una crescita del sistema; ne sono esempi gli interventi pubblici per aumentare l'occupazione e per assicurare la stabilità monetaria.

modulo 2
Gli operatori economici

Difficoltà ad aumentare le imposte

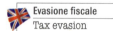
Evasione fiscale
Tax evasion

Le imposte sono già notevolmente elevate e risulta difficile aumentarle ulteriormente. In Italia è inoltre problematico colpire l'evasione fiscale, purtroppo molto diffusa in larghi strati della società.

La crisi fiscale dello Stato impone scelte molto drastiche, in particolare un aumento dell'efficienza dei servizi resi dallo Stato e l'eliminazione di ogni forma di spreco. La sfida delle società industrializzate oggi è di **aiutare in modo efficiente chi ha effettivamente bisogno, salvaguardando lo spazio del mercato di concorrenza**.

Incentivi fiscali

▲ Il settore non profit opera spesso nell'ambito del volontariato, dei servizi sociali e della tutela delle categorie più deboli della società.

Il ricorso al settore non profit   Recentemente, anche per alleggerire la spesa pubblica nel settore della solidarietà e del sociale, si cerca di favorire con incentivi fiscali e un'adatta normativa tutte quelle iniziative di volontariato, sempre più numerose anche in Italia, che possono raggiungere gli stessi scopi dello Stato sociale, ma a costi molto più bassi, dato che vengono svolte non dalla costosa macchina della burocrazia statale, ma dallo spontaneo operare di libere associazioni di cittadini.

Le agevolazioni fiscali sono accordate sia in relazione alla particolare funzione sociale svolta dal **settore non profit**, soprattutto nei confronti delle categorie più deboli, sia per il risparmio nella spesa pubblica che esso consente di realizzare.

Questo settore, caratterizzato da motivazioni etiche e culturali, e che si occupa di attività assai varie – dall'assistenza agli anziani e ai tossicodipendenti alla cooperazione con i Paesi poveri, dall'ecologia al recupero di edifici storici – è chiamato anche **terzo settore**, perché si colloca a un livello intermedio tra settore pubblico e settore privato, cioè tra Stato e mercato.

L'intervento pubblico nell'economia italiana

Ragioni storiche dell'intervento dello Stato   In Italia l'intervento pubblico nell'economia è stato molto più esteso che negli altri Paesi. Le ragioni di tale estensione sono le seguenti.

- **Salvataggio delle grandi imprese in crisi**: la crisi economica del 1929-32 aveva causato il fallimento di numerose imprese, provocando un enorme aumento della disoccupazione. Per arrestare questo processo, lo Stato nel 1933 istituì l'IRI, dotandolo di risorse pubbliche, con il compito di salvare le grandi imprese industriali e le grandi banche in difficoltà. Imprese e banche sono così entrate nell'ambito pubblico, e soltanto da qualche decennio sono state riportate nell'ambito privato.
- Ritardo nello sviluppo capitalistico: in Italia lo sviluppo si è realizzato in ritardo rispetto agli altri Paesi europei, e ciò ha richiesto interventi massicci dello Stato a sostegno dell'industria: in molti settori il processo di industrializzazione si è avviato solo grazie al capitale pubblico (ciò per la scarsità del capitale privato e la bassa propensione al rischio di molti imprenditori).
- **Predominanza di idee non favorevoli al libero mercato**: l'allargamento dell'intervento pubblico è stato stimolato dalla presenza di correnti di pensiero (come la dottrina sociale cristiana, il corporativismo, il keynesismo, il marxismo), i cui principi sono stati non di rado strumentalizzati dai partiti per allargare il loro potere sulle imprese, allo scopo di ottenere vantaggi economici e politici.

E Evasione fiscale Occultamento doloso del reddito per pagare un'imposta inferiore a quella dovuta; sono casi tipici l'omessa dichiarazione, la diminuzione del reddito dichiarato, la simulazione di passività fittizie.

P Propensione al rischio Attitudine dell'imprenditore ad affrontare il rischio d'impresa, che può portare anche alla perdita dell'intero capitale investito. Proprio tale rischio legittima il profitto, che premia l'imprenditore quando soddisfa la domanda del mercato: il profitto diventa così un importante indice dell'efficienza dell'impresa.

C Corporativismo Sistema economico con l'obiettivo di superare gli antagonismi fra lavoratori e datori di lavoro, subordinandoli agli interessi nazionali. I diversi settori dell'economia sono governati da corporazioni, formate da rappresentanti dei lavoratori e degli imprenditori, cui sono affidati poteri decisionali in materia di costi e prezzi.

3.4 La politica economica

Gli obiettivi della politica economica

Politica economica
Economic policy

Politica fiscale
Fiscal policy

Politica monetaria
Monetary policy

Per raggiungere i suoi obiettivi di politica economica (sviluppo del reddito, stabilità monetaria, piena occupazione, equilibrio dei conti con l'estero) lo Stato dispone delle seguenti leve, la cui conoscenza verrà approfondita successivamente.

- **Politica industriale.** Consiste, come già sappiamo (v. par. 2.3), nell'insieme di interventi pubblici attuati allo scopo di creare le condizioni necessarie allo sviluppo delle imprese.
- **Politica fiscale** (detta anche **politica di bilancio**). Consiste nella manovra delle entrate e delle spese pubbliche per fini di politica economica (crescita del reddito, stabilizzazione dell'attività economica, redistribuzione del reddito).

In fase di contrazione dell'attività economica, ad esempio, una politica fiscale espansiva (riduzione delle imposte e aumento della spesa pubblica) può stimolare l'economia.

In fase di espansione, invece, una politica fiscale restrittiva (aumento delle imposte e riduzione della spesa pubblica) riduce il "surriscaldamento" dell'economia e contribuisce a combattere l'inflazione.

- **Politica monetaria.** Consiste nel controllare le variabili monetarie (come il livello del saggio di interesse, l'offerta di moneta, la quantità del credito) utilizzando particolari strumenti, come la manovra del tasso di riferimento e le operazioni di mercato aperto della Banca centrale europea (v. Mod. 6, par. 2.5); lo scopo di questi interventi è controllare la massa monetaria per assicurare la stabilità dei prezzi e difendere il cambio. La politica monetaria può essere *espansiva* o *restrittiva*, a seconda che si proponga di aumentare o diminuire l'offerta di moneta.

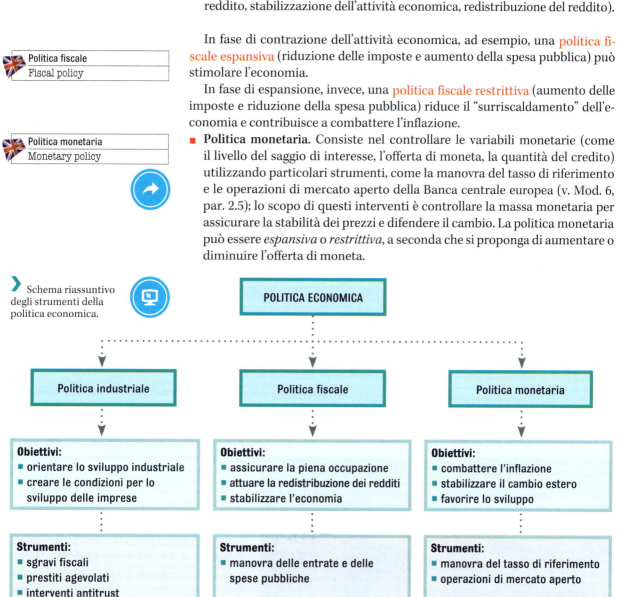

› Schema riassuntivo degli strumenti della politica economica.

P Politica fiscale espansiva Consiste nell'aumento della spesa pubblica o in una riduzione del prelievo fiscale per stimolare l'attività produttiva in un periodo di economia stagnante.

P Politica fiscale restrittiva Consiste in una diminuzione della spesa pubblica o in un aumento del prelievo fiscale per raffreddare l'economia o combattere l'inflazione.

modulo **2**
Gli operatori economici

3.5 Il ruolo dello Stato nel sistema liberista

Intervento dello Stato

Nella storia i sistemi economici reali hanno sperimentato **diverse forme di partecipazione** dello Stato alle attività di produzione e distribuzione della ricchezza, dal minimo di partecipazione negli Stati liberali dell'Ottocento al massimo di intervento nei Paesi socialisti del Novecento, e alle forme intermedie delle economie miste dei Paesi industrializzati occidentali.

L'allocazione delle risorse In tutti i sistemi economici le risorse scarse devono essere distribuite in modo efficiente fra i diversi impieghi alternativi.

Tre domande fondamentali

Come già sappiamo (v. Mod. 1, par. 2.4) ogni sistema economico deve rispondere alle tre domande fondamentali (**quali beni, come, per chi produrre**). Vediamo ora come a queste domande si è risposto nei sistemi economici liberisti, nei sistemi collettivisti e, infine, nei sistemi di economia mista.

Il sistema liberista Questo sistema si basa su una serie di principi, elaborati dagli esponenti della scuola classica, a cominciare dall'economista scozzese Adam Smith (v. Mod. 1, par. 3.5).

Libertà di iniziativa

Fondamentale è il principio della **libertà di iniziativa privata**, secondo cui ciascun soggetto è libero di intraprendere ogni iniziativa ammessa dalla legge e di decidere in modo autonomo quale risposta dare alle tre domande sopra poste. Figura centrale del sistema è l'**imprenditore**, che persegue il massimo profitto assumendosi il rischio della produzione. I consumatori, d'altra parte, sono liberi di scegliere i prodotti offerti dagli imprenditori, i quali devono produrre i beni richiesti dal mercato.

Proprietà privata

La libertà di iniziativa presuppone la **proprietà privata dei mezzi di produzione** (impianti industriali, capitali, attrezzature agricole ecc.) e dei beni di consumo finalizzati a soddisfare direttamente i bisogni.

Non intervento dello Stato

Il liberismo sostiene l'**astensione dello Stato** da ogni intervento nell'economia (*laissez faire*), riducendo al minimo l'attività economica pubblica. Lo Stato deve solo preoccuparsi di salvaguardare il quadro istituzionale, cioè di assicurare l'ordine pubblico, difendere le frontiere e amministrare la giustizia, consentendo la realizzazione automatica dell'ordine economico per effetto dell'azione spontanea delle forze del mercato.

Libera concorrenza

In particolare, lo Stato non deve cercare di modificare la distribuzione del reddito che si realizza nel mercato, perché ogni suo intervento sarebbe dannoso. Inoltre non deve modificare d'autorità i prezzi che si formano in seguito alla libera concorrenza fra le imprese perché questi sono i più convenienti per il consumatore. Infatti se lo Stato fissasse dei prezzi inferiori a quelli di mercato, le imprese non riuscirebbero a coprire i costi e cesserebbero la produzione; oppure alimenterebbero un "mercato nero" a prezzi più elevati dei precedenti, perché illegale. Infine lo Stato non deve sovvenzionare con denaro pubblico le imprese in difficoltà perché, se lo facesse, sottrarrebbe risorse ai settori più efficienti, distruggendo posti di lavoro.

◄ Un mercato ortofrutticolo, ambiente in cui i prezzi si fissano automaticamente in funzione della domanda e dell'offerta. Nella visione liberista lo Stato non deve intervenire in alcun modo nell'attività economica, tanto meno nel cercare di modificare i prezzi.

Equilibrio di mercato

In questo sistema le decisioni sono decentrate: ciascun soggetto (le imprese e le famiglie) partecipa al mercato attraverso decisioni che riflettono le singole domande e offerte di beni e servizi. Poiché i prezzi di mercato esprimono i punti di equilibrio fra domanda e offerta, essi agiscono come segnali per gli imprenditori, che non devono produrre né più, né meno di quanto i consumatori richiedono. **I prezzi sono quindi gli strumenti per l'ottima allocazione delle risorse nel sistema.**

Lo schema di funzionamento del sistema liberista è il seguente:

> Schema di funzionamento del sistema liberista.

Nel sistema liberista, dunque, **i problemi economici fondamentali sono risolti dal mercato**, che coordina le azioni di tutti i soggetti, indipendenti fra loro, creando un equilibrio spontaneo tra i diversi operatori.

I limiti del liberismo

Limiti del sistema Il sistema liberista non ha mai avuto realizzazione integrale, anche se i Paesi occidentali si sono largamente ispirati ai suoi principi. Si è osservato che il sistema in esame non difende le categorie più deboli, quelle dei lavoratori. Nel corso del XIX secolo, il lavoro in generale, e in particolare quello femminile e minorile, è stato sfruttato dagli imprenditori tesi al conseguimento del massimo profitto; la concorrenza li spingeva a utilizzare la loro forza economica, imponendo ai lavoratori orari estenuanti e condizioni di lavoro al limite della sopportabilità. Solo il formarsi di una diversa coscienza sociale e l'affermarsi dei sindacati hanno consentito una efficace difesa dei lavoratori e una tutela della loro dignità. Del resto la distribuzione di un maggior reddito alle classi lavoratrici, avvenuta specialmente nel corso

▲ Manifesto ottocentesco delle Trade unions, le prime forme di rappresentanza sindacale.

🇬🇧 Sindacato
Trade union

del XX secolo, non ha penalizzato gli imprenditori, che hanno visto allargarsi la possibilità di assorbimento dei loro prodotti.

Rischi del non intervento statale

Come avremo occasione di vedere successivamente, l'astensione dello Stato nell'economia può determinare situazioni di gravi crisi del sistema: famosa è la Grande crisi del 1929-32, originatasi negli Stati Uniti e poi propagatasi nei Paesi europei.

Il neoliberismo

Negli ultimi anni, come si è visto (v. Mod. 1, par. 3.10), si è affermato in Italia e in altri Paesi il **neoliberismo**, che sostiene la necessità di una drastica riduzione dell'intervento dello Stato nell'economia, lasciando al mercato il compito di principale regolatore del sistema.

S Sindacato Associazione di lavoratori nata con lo scopo di tutelare gli interessi economici e professionali delle varie categorie. Esistono anche i sindacati dei datori di lavoro, che nella contrattazione collettiva costituiscono la controparte dei lavoratori.

3.6 Il sistema collettivista

Le teorie collettiviste, ispirate specialmente all'elaborazione scientifica di **Karl Marx** (v. Mod. 1, par. 3.6), sorsero come reazione al liberismo economico, responsabile di aver determinato nei Paesi, che per primi si erano ispirati ai suoi principi, una intollerabile situazione di sfruttamento di una massa di lavoratori che possedeva solo la propria capacità di lavoro (**proletariato**) da parte di una minoranza che disponeva del capitale (**capitalisti**).

Proprietà pubblica dei mezzi di produzione

Secondo le teorie collettiviste, la soddisfazione dei bisogni dell'intera collettività deve prevalere sugli interessi individuali. È necessario, quindi, che le decisioni di politica economica siano assunte dallo Stato: ciò si realizza **abolendo la proprietà privata dei mezzi di produzione**, che devono diventare di proprietà pubblica. Inoltre è lo Stato, quale rappresentante della collettività, che deve rispondere alle tre domande fondamentali dell'economia; il meccanismo dei prezzi, che consente l'accumulazione di ingenti profitti nel sistema liberista, deve subire importanti limitazioni, intese a favorire le classi più povere. Nelle formulazioni estreme l'interesse privato viene totalmente subordinato a quello pubblico, e ciascuno lavora alle dipendenze dello Stato. La figura dell'imprenditore, che si assume i rischi dell'impresa, viene sostituita da quella del funzionario dello Stato, dominato a sua volta dal partito unico.

Interesse pubblico e interesse privato

La scomparsa del profitto dovrebbe portare, secondo il pensiero dei propugnatori di questo sistema, a una **società senza classi**, in cui a ciascuno va distribuito il prodotto secondo i rispettivi bisogni. **Le scelte fondamentali della politica economica vengono effettuate dal governo centrale**, a opera dei detentori del potere politico e, in vista del conseguimento dell'interesse collettivo, la libertà di scelta dei soggetti subisce serie limitazioni.

▲ Manifesto sovietico di propaganda dei piani quinquennali (1925 circa).

La pianificazione economica Nel sistema collettivista le risposte alle tre domande fondamentali sono date attraverso la **pianificazione**, ossia la programmazione centralistica dei consumi, della produzione e degli investimenti; essa detta regole che le famiglie e le imprese devono obbligatoriamente osservare. La pianificazione – già impiegata massicciamente in Unione Sovietica – ha in passato consentito di raggiungere alcuni obiettivi giudicati prioritari, attraverso i famosi "piani quinquennali". Ciò avveniva comprimendo i consumi, ma i sacrifici dovevano essere accettati, secondo i sostenitori di tale sistema, in vista della costruzione di una società più giusta.

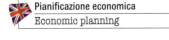
Pianificazione economica
Economic planning

Il sistema collettivista funziona secondo questo schema:

▸ Schema di funzionamento del sistema collettivista.

unità **3** ■ L'operatore Stato

I gravi difetti del collettivismo

Il risultato è stato la burocratizzazione dell'economia, la mancanza di incentivi ai miglioramenti tecnologici, il ristagno della produttività e in generale una modesta qualità dei prodotti.

Il sistema collettivista ha dimostrato di non saper realizzare gli obiettivi che i suoi teorici avevano previsto; le libertà fondamentali dell'uomo sono state sacrificate con l'instaurazione di un **totalitarismo politico** teso a regolare tutte le manifestazioni della vita umana. Accanto a un mercato ufficiale, con offerta di beni a prezzo politico (ma in quantità spesso molto inferiore alla domanda), si è formato un mercato parallelo a prezzi assai più elevati di quelli fissati dalle autorità. Sono così venuti meno gli obiettivi di giustizia sociale che erano la principale ragione d'essere delle economie pianificate.

Nanjing Road, la più famosa via commerciale di Shanghai. La Cina, nonostante sia ancora legata al sistema collettivista, ha introdotto molti elementi dell'economia di mercato.

Il fallimento dell'esperienza storica

Il sistema collettivista – che prima del 1989 era diffuso nei Paesi dell'Europa dell'Est, oltre che in Cina, Corea del Nord, Vietnam e Cuba – è stato abbandonato in Europa. Le pressioni interne per una maggior democrazia e il peggioramento delle condizioni di vita, conseguenze di una pianificazione rigidamente centralizzata, hanno determinato il **collasso dell'Unione Sovietica** e la sua sostituzione con una serie di repubbliche indipendenti. Anche nei Paesi ex satelliti dell'Unione Sovietica sono stati rapidamente abbandonati i principi del collettivismo. Nella stessa Cina, che si presenta come l'ultima grande economia collettivistica, sono stati introdotti elementi significativi di economia di mercato.

3.7 Il sistema di economia mista

Sia il sistema liberista che quello collettivista presentano gravi inconvenienti, soprattutto sotto il profilo del rispetto della personalità umana dei diversi soggetti dell'economia. La presa di coscienza di tali difetti ha spinto molti pensatori e uomini politici ad apprestare i correttivi capaci di eliminare le distorsioni tipiche di queste due forme estreme di economia.

Economia d'intervento

Le crisi cui è soggetta un'economia non regolata da interventi statali hanno diffuso l'opinione che **uno sviluppo regolare e continuo del sistema economico può essere garantito solo da una serie di interventi dello Stato**. Il sistema di economia mista prende perciò anche il nome di **economia di intervento**.

Elevata spesa pubblica

Caratteristica di un sistema ad economia mista è l'elevato livello della spesa pubblica, che generalmente si colloca intorno al 50% del PIL. Ai livelli più bassi si collocano gli USA e il Giappone, ai più alti i Paesi scandinavi, che hanno anche i più alti livelli di protezione sociale (sanità, pensioni, assegni di disoccupazione ecc.).

P Prezzo politico Prezzo inferiore al costo di produzione. Lo Stato pratica il prezzo politico nei casi in cui ritiene utile favorire la produzione di determinati beni e servizi, da offrire sottocosto in vista di un interesse collettivo.

G Giustizia sociale Sistema in cui ciascun soggetto riceve quanto è necessario a soddisfare i suoi bisogni e quelli della sua famiglia, al fine ultimo di attenuare le disuguaglianze che si formano sul libero mercato.

111

modulo 2
Gli operatori economici

> Una veduta di Stoccolma. La Svezia è spesso portata come esempio di uno Stato ben amministrato, capace di garantire ai suoi cittadini una qualità di vita e un livello dei servizi pubblici di prim'ordine.

Programmazione delle spese

Economia sociale di mercato

| Mercato |
| Market |

Nelle economie miste i rapporti fra imprenditori e forze lavoratrici sono disciplinati da una **normativa intesa a tutelare i lavoratori**, che sono la forza contrattuale più debole. Le organizzazioni sindacali partecipano alla determinazione degli obiettivi della politica economica, insieme alle altre forze rappresentative del Paese.

In questo sistema assumono notevole rilievo, insieme al capitale privato, le forze politiche e i gruppi sociali; l'intervento dello Stato è importante, a livello macroeconomico, nella soluzione dei problemi della produzione e del consumo.

Questo intervento avviene oggi prevalentemente con la **programmazione pluriennale della spesa pubblica** e con una **politica fiscale** diretta non solo ad assicurare entrate allo Stato, ma anche a condizionare positivamente l'attività produttiva e la redistribuzione del reddito.

Per quanto riguarda l'Italia, si deve osservare che la presenza dello Stato nell'economia è stata caratterizzata, specialmente in passato, da una grande espansione delle **imprese pubbliche** e da un **eccesso di assistenzialismo**, consistente nella protezione accordata anche a soggetti non realmente bisognosi, spesso determinata da motivi di consenso elettorale.

Oggi è largamente condivisa l'idea che lo Stato deve lasciare ai privati la gestione delle imprese, limitandosi a regolare il mercato e mirare i suoi interventi assistenziali solo a favore di chi ha realmente bisogno (malati, disoccupati, invalidi). Ciò comporta la **riduzione del ruolo dello Stato**, che deve operare all'insegna di una **economia sociale di mercato**, in grado di garantire equità ed efficienza al sistema. In questo quadro **convivono Stato e mercato**, ciascuno con propri compiti e al servizio di un'organizzazione che ha al centro le famiglie (ossia i cittadini).

Il sistema di economia mista, pertanto, può essere rappresentato dallo schema seguente:

112

unità **3** ■ L'operatore Stato

INsintesi

3.1 Soggetti e funzioni dello Stato
L'**operatore Stato** - costituito dallo Stato propriamente detto, dagli enti territoriali e da altri enti centrali e locali - svolge le funzioni di **produzione di servizi pubblici**, **redistribuzione del reddito** e **interventi per lo sviluppo**.

3.2 Entrate e spese dello Stato
La **spesa pubblica** è finanziata attraverso le entrate ottenute dalle imposte dirette e indirette e dai contributi sociali. Negli ultimi decenni la spesa pubblica italiana è aumentata costantemente più delle entrate, e questo ha determinato un ingente **debito pubblico**.

3.3 Dallo "Stato gendarme" al Welfare State
Secondo gli economisti classici i compiti dello Stato sono molto limitati, e riguardano soprattutto la difesa delle persone e dei beni (**Stato gendarme**). Dal secondo dopoguerra i compiti dello Stato sono molto aumentati, soprattutto in campo economico (**Stato sociale** o **Welfare State**). In particolare, lo Stato deve **regolamentare l'economia** per stimolare lo sviluppo e **correggere gli squilibri nella distribuzione del reddito**.

3.4 La politica economica
La **politica economica** persegue i suoi obiettivi (**sviluppo del reddito**, **stabilità monetaria**, **piena occupazione**, **equilibrio del cambio**) attraverso diverse leve, tra cui la **politica industriale**, **fiscale** e **monetaria**.

3.5 Il ruolo dello Stato nel sistema liberista
Il **sistema liberista** è caratterizzato da **libertà di iniziativa**, **proprietà privata dei mezzi di produzione**, **non intervento dello Stato** e **decisioni decentrate**. I problemi fondamentali (quali beni, come, per chi produrre?) sono risolti **automaticamente** dal mercato.

3.6 Il sistema collettivista
Nel **sistema collettivista** è **abolita la proprietà privata dei mezzi di produzione**, che diventano di proprietà statale. Le decisioni fondamentali sono assunte da un organo centrale, che pianifica l'intera attività economica. Dati i pessimi risultati conseguiti, è stato per lo più abbandonato.

3.7 Il sistema di economia mista
Dati i limiti dei sistemi liberista e collettivista, e in seguito all'evoluzione dell'economia occidentale, è stato elaborato un modello di **economia mista** che prevede l'**intervento pubblico a tutela di un mercato efficiente e di equi rapporti sociali**.

Laboratorio

Vero / Falso
Indica se le seguenti affermazioni sono vere o false.

1. Le imposte dirette, le imposte indirette e i contributi sociali costituiscono le entrate dello Stato. V F
2. Le imposte indirette sono costituite da tributi pagati dai lavoratori e dalle imprese per fini previdenziali e assicurativi. V F
3. Il debito pubblico è costituito dalla somma dei deficit annuali di bilancio. V F
4. La crisi dello Stato sociale deriva dalla sua incapacità di finanziare l'enorme spesa destinata alla tutela dei più deboli. V F
5. La politica fiscale consiste nell'intervento pubblico allo scopo di creare le condizioni necessarie allo sviluppo delle imprese. V F
6. La politica monetaria consiste nella manovra delle entrate e delle spese pubbliche per realizzare fini di politica economica. V F
7. Nel sistema collettivista sono garantite la libertà di iniziativa privata e la proprietà privata dei mezzi di produzione. V F
8. Nel sistema liberista le risposte alle domande fondamentali (quali beni, come, per chi produrre) vengono date dallo Stato attraverso lo strumento della pianificazione. V F
9. Per i neoliberisti lo sviluppo dell'economia è favorito da interventi dello Stato a sostegno della domanda globale. V F
10. Nel sistema di economia mista la politica fiscale è usata non solo per assicurare entrate, ma anche per stimolare l'attività produttiva e la redistribuzione del reddito. V F
11. Nel sistema di economia mista Stato e mercato convivono, ciascuno con i propri compiti, al servizio dei bisogni della comunità. V F

Scelta multipla
Completa l'affermazione scegliendo la frase corretta fra quelle proposte.

1. Non fa parte dell'operatore Stato
   - a la Regione Sicilia
   - b il Ministero del tesoro
   - c il Comune di Rovereto
   - d la Telecom Italia

2. Non sono entrate dello Stato
   - a i contributi sociali
   - b le imposte dirette
   - c gli investimenti netti
   - d le imposte indirette

113

modulo 2
Gli operatori economici

Laboratorio

3. La difesa e l'ordine pubblico sono servizi pubblici che soddisfano bisogni
   - a primari
   - b collettivi
   - c individuali
   - d di una parte della popolazione

4. Non fanno parte delle spese dello Stato
   - a le prestazioni sociali
   - b le spese per interessi
   - c gli incassi tributari
   - d le spese per il personale

5. La somma totale dei titoli pubblici che vengono emessi dallo Stato per far fronte ai disavanzi annuali di bilancio costituisce il
   - a deficit di bilancio
   - b debito pubblico
   - c disavanzo pubblico
   - d avanzo pubblico

6. L'idea secondo cui lo Stato deve garantire solo la protezione delle persone e dei beni (difesa, ordine pubblico) e predisporre le infrastrutture indispensabili alla collettività (strade, ponti) è uno dei cardini del sistema
   - a liberista
   - b collettivista

   - c di economia mista
   - d di economia di intervento

7. L'insieme degli interventi pubblici volti a favorire lo sviluppo delle imprese si chiama
   - a politica fiscale
   - b politica di bilancio
   - c politica industriale
   - d politica monetaria

8. Nel sistema collettivista le decisioni rilevanti per l'economia sono assunte
   - a da organismi internazionali come l'ONU
   - b dai privati
   - c dai privati e dallo Stato, di comune accordo
   - d dallo Stato

9. La fissazione da parte dello Stato del livello dei consumi, della produzione e degli investimenti si chiama
   - a pianificazione
   - b regolamentazione
   - c concentrazione
   - d integrazione

10. Il sistema economico in cui lo Stato fissa le regole del mercato e i privati gestiscono le imprese si chiama
    - a liberista
    - b di economia mista
    - c collettivista
    - d neoliberista

Completamenti
Completa il brano inserendo i termini appropriati scelti tra quelli proposti.

Dopo l'esplosione nel 2008 della _____ immobiliare e finanziaria che ha provocato la grave crisi economica che ancora ci troviamo ad affrontare, si è dissolta la _____ che dagli anni Ottanta si continuava a nutrire nelle capacità _____ e autoregolatrici del mercato. E se non si è tornati per questo a rimettere sul piedistallo il _____, tal quale era prevalso nel secondo dopoguerra, ci si è chiesti tuttavia se non occorra far assegnamento ancora una volta, come negli anni Trenta del Novecento, sull'intervento _____ per rilanciare un'economia altrimenti acciaccata da più parti. La conclusione a cui approdano oggi gli studiosi appare tanto più condivisibile alla luce degli ultimi eventi: Stato e _____ non sono due polarità antitetiche e incompatibili da escludersi a vicenda, ma possono costituire di fatto delle valide _____ di un reale processo di sviluppo. Purché i loro rispettivi paradigmi vengano declinati in base a un rapporto equilibrato, alla pari, senza indebite reciproche prevaricazioni.

Valerio Castronovo, «Il Sole 24 Ore»

bolla ▪ depressive ▪ fiducia ▪ leve ▪ mercato ▪ privato ▪ propulsive ▪ pubblico ▪ keynesismo ▪ sfiducia ▪ simili

Trova l'errore
Individua l'espressione o il termine errati, e inserisci quelli corretti.

1. La politica industriale consiste nella manovra delle entrate e delle spese pubbliche per fini di politica economica, come ad esempio crescita del reddito, stabilizzazione dell'attività economica, redistribuzione del reddito.

_____

_____

_____

2. Caratteri del sistema collettivista sono la libera iniziativa economica, la proprietà privata, il non intervento dello Stato. I problemi fondamentali dell'economia (quali beni, come, per chi produrre) sono risolti automaticamente dal mercato.

_____

_____

_____

114

Laboratorio

Collegamenti
Associa ogni termine della prima colonna con un solo termine della seconda.

1. Famiglie
2. Imprese
3. Banche
4. Stato
5. Resto del mondo

a. Fornisce i servizi pubblici finanziandosi attraverso le imposte; crea le condizioni dello sviluppo economico; ridistribuisce il reddito
b. Coordinano e organizzano i fattori produttivi, assumendo il rischio d'impresa con l'obiettivo di realizzare un profitto
c. Lavorano per le imprese e lo Stato, consumano beni e servizi, pagano le imposte e risparmiano una parte del reddito

Domande aperte
Rispondi alle seguenti domande.

1. Quali sono le funzioni dello Stato? (3.1)
2. Perché normalmente lo Stato interviene nel processo distributivo? (3.1)
3. Su quali entrate conta il bilancio dello Stato? (3.2)
4. In quali modi può essere finanziato il disavanzo dello Stato? (3.2)
5. Come si forma il debito pubblico? (3.2)
6. Che cosa si intende con l'espressione "crisi fiscale dello Stato"? (3.3)
7. Come opera la politica fiscale? (3.3)
8. Su quale leva opera la politica economica? (3.3)
9. Per quali ragioni il volontariato può essere d'aiuto allo Stato sociale? (3.3)
10. Qual è il ruolo riconosciuto allo Stato nel sistema liberista? (3.5)
11. Quale funzione rivestono i prezzi in un sistema di mercato? (3.5)
12. Quali sono i caratteri del sistema collettivista? (3.6)
13. Per quali motivi i sistemi collettivisti non hanno retto alla loro applicazione pratica? (3.6)
14. Che cosa si intende per economia sociale di mercato? (3.7)
15. Quali sono i compiti dello Stato e del mercato in un sistema di economia mista? (3.7)
16. Con quali strumenti si realizza oggi l'intervento pubblico? (3.7)

summary CLIL

3.1 Subjects and functions of the State
The **public operator** includes the central State and local and regional authorities. It is responsible for **public services**, **redistribution of revenue** and **development**.

3.2 Revenue and expenses of the State
Public expenditure is funded by revenue from direct and indirect taxation and social security contributions. In recent years public expenditure in Italy exceeds the revenue, which has resulted in a **budget deficit**.

3.3 From the "policeman" to the Welfare State
According to **classical economists** the State's responsibilities are limited. They are primarily concerned with protecting the citizens and goods (a "policeman" State). The responsibilities of the State have grown significantly since the end of the Second World War, especially in the field of economy (**Welfare State**). The State has **the task of regulating the economy** in order to promote **development** and correct imbalances in the **distribution of revenue**.

3.4 The economic policy
The objectives of an **economic policy** (economic growth, monetary stability, full employment) can be reached through incentives such as **industrial**, **fiscal** and **monetary policies**.

3.5 The role of the State in the market system
The **liberal system** is characterised by free enterprise, private ownership of means of production, non-intervention by the State and decentralised decision-making. The fundamental problems (which goods, how and who to sell to) are automatically solved by the market.

3.6 The collectivist system
In the **collectivist system**, private ownership of means of production is abolished. They become property of the State. Fundamental decisions are taken by a central body, which plans all economic activity. This system was mostly abandoned after it collapsed in the countries where it was implemented.

3.7 The mixed economy system
Today most of the western world's economies are **mixed economies**. They allow the government to have a command role that safeguards both the people and the market.

modulo 2
Gli operatori economici

Lettura
di fine modulo

Lo sviluppo economico richiede una buona istruzione

È qui riportata una parte della prolusione del Rettore all'inaugurazione dell'ultimo Anno Accademico dell'Università Bocconi di Milano. Vi si sostiene che la crescita economica è anche un problema di cultura: l'affermazione di valori quali il rispetto per il prossimo, la diffusione del senso di appartenenza e di identificazione con l'intera collettività nazionale, il buon funzionamento delle istituzioni sono fondamentali per lo sviluppo economico. Lo strumento più importante per incidere in modo duraturo sugli atteggiamenti culturali dei cittadini è l'istruzione.

▲ L'istruzione è uno strumento fondamentale per formare le nuove generazioni e rafforzare il capitale sociale, elementi che concorrono a promuovere lo sviluppo economico.

Oggi la sfida principale per l'Italia è lo sviluppo economico. Negli ultimi cinquant'anni la crescita italiana è diminuita costantemente. Negli anni del boom economico, in un decennio il reddito dell'italiano medio è cresciuto del 55%. Negli anni '80, la crescita si è più che dimezzata, e nell'ultimo decennio la crescita cumulata è addirittura negativa.

È opinione comune che per rilanciare lo sviluppo del nostro Paese servano innanzitutto riforme economiche. Tutto ciò è sicuramente vero. Ma credo che oggi i problemi economici dell'Italia riflettano anche un problema più generale, di tipo culturale. E cioè la diffusione di valori, atteggiamenti, credenze, che ostacolano il buon funzionamento di un'economia di mercato in uno Stato di diritto, e il buon funzionamento delle istituzioni pubbliche in una democrazia liberale.

Il punto di partenza è l'osservazione che le regole tipiche di uno Stato di diritto e il buon funzionamento delle istituzioni sono fondamentali per lo sviluppo economico. La tutela dei diritti di proprietà, l'uguaglianza dei cittadini di fronte alla legge, la protezione dall'abuso dei governi, spiegano la differenza fra Paesi ricchi e quelli poveri più di qualunque altra variabile economica, sociale o geografica.

Le istituzioni sono rilevanti non solo per raggiungere e mantenere elevati livelli di sviluppo economico. I Paesi dove le istituzioni tipiche di uno Stato di diritto e in particolare la giustizia funzionano meglio tendono a specializzarsi in settori produttivi più sofisticati, dove i rapporti contrattuali sottostanti l'attività produttiva sono più complessi, e dove c'è una maggiore esigenza di buone istituzioni che sostengano e regolino gli scambi.

I risultati di queste ricerche sono centrali per comprendere e affrontare i problemi economici dell'Italia. Il buon funzionamento della pubblica amministrazione e l'efficacia dell'azione di governo non sono certo un vantaggio comparato del nostro Paese. Ma il buon funzionamento delle istituzioni riflette anche gli atteggiamenti culturali dei cittadini. Molti studi sottolineano il ruolo del capitale sociale, inteso come diffusione di valori e atteggiamenti culturali quali la fiducia generalizzata, il senso civico, il rispetto per le istituzioni, la moralità generalizzata (in contrapposizione con la lealtà nei confronti di un clan o di una cerchia ristretta di amici e parenti). Il capitale sociale inteso in questo senso facilita la convivenza sociale, agevola le transazioni in un'economia di mercato e induce a una partecipazione politica attiva e indirizzata al benessere collettivo anziché agli interessi di parte.

Anche da questo punto di vista l'Italia non è messa bene. Alcune regioni italiane sono particolarmente ricche di capitale sociale, grazie a una tradizione di partecipazione alla vita cittadina che risale ai tempi dell'Italia dei Comuni. Tuttavia la fiducia e il rispetto nei confronti delle istituzioni tipiche dello Stato di diritto sono assai meno diffusi rispetto ad altri Paesi che hanno raggiunto un livello comparabile di benessere economico.

Queste carenze nel funzionamento delle istituzioni pubbliche e la scarsa fiducia nello Stato alimentano fenomeni di illegalità diffusa. L'economia sommersa in Italia è stimata intorno a un quarto del Prodotto interno lordo, quasi il triplo rispetto alla Svizzera e agli Stati Uniti. Infine, il capitale sociale ha effetti rilevanti sul funzionamento delle istituzioni democratiche.

Ma una situazione migliore è possibile: quella in cui al singolo conviene rispettare le regole perché tutti gli altri lo fanno. Per raggiungerla, deve esservi una trasformazione collettiva, che induca un numero sufficientemente ampio di individui a cambiare il loro comportamento. Tipicamente questa trasformazione si accompagna a mutamenti negli atteggiamenti culturali, nelle norme sociali, a lungo anche nei valori.

L'istruzione è forse lo strumento più importante per incidere in modo duraturo sugli atteggiamenti culturali e, in particolare, per facilitare la diffusione di sentimenti quali il rispetto per il prossimo, la fiducia generalizzata nelle istituzioni, il senso di appartenenza e di identificazione con l'intera collettività nazionale.

Guido Tabellini, Università Bocconi, Milano

Verifica
di fine modulo

1. Quali sono le funzioni fondamentali dell'operatore famiglie?
2. Per quali ragioni le famiglie cercano di non consumare totalmente il loro reddito?
3. Quali sono le funzioni dell'impresa moderna?
4. Che funzioni hanno le imprese cooperative?
5. Quali sono le funzioni dello Stato in un'economia moderna?
6. Quali strumenti utilizza la politica economica per raggiungere i suoi

Attività
di fine modulo

1 Esamina insieme ai tuoi compagni la struttura economica della tua provincia e indica quali sono i settori di attività predominanti. Una volta individuato il profilo economico dell'area in cui vivete, prova a rispondere alle domande seguenti.

- Quali sono i punti di forza dell'economia locale?
- Quali sono i suoi punti di debolezza?
- Verso quali mercati di sbocco si dirige la produzione delle aziende che operano nella tua zona?
- Lo sviluppo produttivo nell'area in cui vivi è sempre stato rispettoso della tutela ambientale?

2 Cerca di ricordare qualche episodio in cui si è discusso pubblicamente del rispetto dell'ambiente.

Rispondi alle domande

- **Qual è la sfida principale che oggi l'Italia deve affrontare?**
- **Quali interventi sono necessari per il rilancio dello sviluppo economico dell'Italia?**
- **Perché il buon funzionamento della Pubblica amministrazione favorisce la crescita?**
- **In Italia è diffuso il rispetto per le istituzioni?**
- **Una situazione di illegalità diffusa quali conseguenze può avere sul funzionamento delle istituzioni democratiche?**
- **L'economia sommersa riveste un peso importante nella formazione del Prodotto interno lordo dell'Italia?**
- **Gli atteggiamenti culturali sono importanti ai fini dello sviluppo?**
- **Esistono in Italia delle aree ricche di un capitale sociale non pienamente utilizzato?**
- **Che ruolo gioca l'istruzione nel promuovere lo sviluppo?**

modulo 2
Gli operatori economici

The sharing economy has attracted a great attention in recent times. The progress in information technology makes it easy for people and organizations to transact directly. While many of the most visible platforms in this field began in the USA, the sharing economy has become a global phenomenon. Platforms such as Google, Facebook, Amazon, eBay and Uber are experiencing explosive growth, which, in turn, has led to regulatory and political battles.

The sharing economy, a new form of collaborative consumption

What is the sharing economy?

The term "sharing economy" began to appear in the mid-2000s, as new business structures emerged, inspired by advanced social technologies and an increasing sense of urgency around resource depletion connected to global population growth. One inspiration was the idea that when we all act solely in our self-interest, we deplete resources we need for our own quality of life. This **new type of economy in which participants share access to products or services**, rather than having individual ownership, can take a variety of forms, using information technology to provide individuals, corporations, non-profits and Governments with information that enables the distribution, sharing and reuse of excess capacity in goods and services. A common premise is that when information about goods is shared (typically via an online **market**), **the value of the goods increases for individuals and for the community**. Collaborative consumption is now used in emerging sectors such as car sharing, travel advising, social lending and peer-to-peer task assignments.

▼ In a sharing economy participants share their access to products and services.

Collaborative lifestyles

A system of **collaborative consumption** is based on goods and services being passed on from someone who does not want them to someone who does want them. This system is based on **people with similar needs** who share and exchange assets such as time, skills and money. The UK Government in its 2016 budget set out objectives to improve **economic growth**, to make Britain the "best place in the world to invest in and grow a business, including a package of measures to help the potential of the sharing economy".

Unused value is wasted value

Unused value refers to the time that products, services and talents lay idle. The classic example is that the average car is unused 92% of the time. This wasted value created a significant opportunity for car-sharing solutions. There is also significant unused value in "wasted time". Many of us have unused capacity in the course of our day. With social media and information technology, we can easily donate small slivers of time to take care of other simple tasks that need doing.
By sharing transportation **the benefits** include the following:
- access to goods for people who can't afford to buy them;
- reduction of negative impact on the **environment**;
- positive impact on economic growth and welfare by stimulating new consumption, by raising productivity and by catalyzing individual innovation and entrepreneurship.

Types of sharing economy

Sharing economy activities fall into **three broad categories**: recirculation of goods, increased utilization of durable assets and exchange of services.
1. **Recirculation of goods**. The origins

date back to 1995 with the founding of eBay, a market online that is now firmly part of the mainstream consumer experience. Sophisticated software reduced the traditionally high transaction costs of secondary markets. Online exchange now includes markets in apparel, books, toys, sporting equipment, furniture and home goods.

2. **Increased utilization of durable assets**. After the 2008 recession, the reuse of goods and services became more economically attractive; many similar initiatives proliferated, in particular in transportation (car rental sites, ride services, bicycle sharing). These efforts are typically neighborhood-based in order to minimize transportation costs.
3. **Exchange of services**. Its origins lie in time banking, which, in the United States, began in the 1980s to provide opportunities for the unemployed. Time banks are community-based, non-profit multilateral barter sites in which services are traded on the basis of time spent, according to the principle that every member's time is valued equally.

Motives for sharing economy Motives for participating in this new type of economy differ, not surprisingly, given the diversity of platforms and activities. Participants tend to be motivated by **economic, environmental and social factors**. Sharing economy sites are generally lower in cost than market alternatives. The platforms' fees are also lower than what established businesses extract in profits. Service and labor exchange platforms extract far less value than traditional agencies that arrange child care, concierge services or home health care. Many sites advertise themselves as green and present sharing as a way to reduce carbon footprints; the **desire to increase social connections** is also a common motivation.

> Bike sharing is a simple example of a sharing economy.

bibliographical sources

J. B. Schor, "Debating the Sharing Economy", http://www.greattransition.org.

E. Dubois, J. B. Schor, L. Carfagna, "New Cultures of Connection in a Boston Time Bank", in *Practicing Plenitude*, eds. Juliet B. Schor and Craig J. Thompson, Yale University Press.

A. R. Sorkin, "Why Uber Might Well be Worth $18 Billion," *New York Times*.

questions exercises

1. "Sharing economy allows people to take idle capital and turn them into revenue sources" (C. Koopman, George Mason University). Comment this statement.
2. Consider the advantages of the sharing economy for people and institutions.
3. What are the broad categories of sharing economy?
4. Give examples of sharing economy in your experience.
5. Describe and assess the advantages of car sharing.
6. Explain the benefits of the sharing economy.
7. Explain carefully the terms "secondary market", "transaction costs" and "wasted value".
8. "When information about goods is shared, the value of goods increases". Comment this statement.
9. Explain why an unused value is a wasted value.
10. State whether the following sentences are true or false.
    a) The progress in information technology makes it easy for people and organizations to transact directly. T F
    b) The sharing economy has no positive impact on economic growth and welfare. T F
    c) Sharing economy sites are generally low in cost. T F
    d) The average car is unused 2% of the time. T F

glossary

•**Market**• Any structure that allows buyers and sellers to exchange any type of goods and services. It was originally a physical location and still is for some goods (for example fish market); in other cases it is a network of dealers linked by computer or telephone, observing common trading rules and conventions: the markets are worldwide, as in the case of the global diamond trade.

•**Economic growth**• Persistent increase in the value of the goods and services produced by an economic system over time. It is conventionally measured as the percentage of increase in per capita aggregate output. Among its consequences, it has the potential to alleviate poverty as a result of an increase in employment opportunities.

•**Environment**•The external conditions, social and cultural forces and resources which influence human life and development. In ecology, the air, water, minerals and all other external factors surrounding and affecting a given organism at any time.

modulo 3

Domanda e offerta

Questo modulo è dedicato all'esame delle principali attività economiche: il consumo di beni e servizi da parte delle famiglie, che impiegano il reddito per la soddisfazione dei loro bisogni e la produzione di beni e servizi da parte delle imprese, che impiegano le risorse disponibili per ottenerli e offrirli sul mercato. Vengono quindi approfondite le determinanti della domanda, con particolare riferimento ai prezzi di mercato e al reddito dei consumatori, e poi quelle dell'offerta, che a sua volta dipende dai prezzi dei fattori produttivi e dallo stato della tecnologia in un dato contesto storico, giungendo così alla formulazione delle leggi della domanda e dell'offerta. L'analisi si conclude con la costruzione delle curve di domanda e di offerta, fondamentali per la determinazione del prezzo di equilibrio.

PREREQUISITI DI MODULO
- Sapere come si costruisce un grafico cartesiano
- Saper leggere una semplice tabella statistica
- Aver assimilato i principi della scuola neoclassica
- Ricordare la funzione dell'operatore famiglie
- Ricordare la funzione dell'operatore imprese

unità 1
La sfera della domanda

unità 2
La sfera dell'offerta

OBIETTIVI DI MODULO
- Essere in grado di definire il concetto di bene economico
- Saper distinguere la differenza fra ricchezza, patrimonio e reddito
- Saper costruire le curve di domanda e offerta
- Rendersi conto del ruolo del progresso tecnico
- Conoscere il concetto di produttività
- Individuare la differenza fra costi fissi e costi variabili
- Saper rappresentare graficamente l'equilibrio del consumatore e dell'imprenditore

modulo **3**
Domanda e offerta

unità 1
La sfera della domanda

DI CHE COSA PARLEREMO	Questa unità studia il **RUOLO DELL'OPERATORE FAMIGLIE** nell'attività quotidiana volta all'acquisizione di beni e servizi utili al soddisfacimento dei propri bisogni. Partendo dall'esame delle varie nozioni di **UTILITÀ** (totale e marginale) giungeremo allo studio dell'**EQUILIBRIO DEL CONSUMATORE**. Infine, attraverso l'esame delle variazioni della quantità domandata al variare del prezzo del bene, arriveremo alla formulazione della **CURVA DI DOMANDA DEL MERCATO**.
CHE COSA DEVI CONOSCERE	▪ Il significato del concetto di consumo ▪ Il concetto di operatore economico ▪ Che cos'è il problema della scarsità ▪ La distinzione tra metodo deduttivo ▪ Quali sono i fondamenti della teoria e metodo induttivo marginalista ▪ Le modalità di costruzione di ▪ Che cos'è il comportamento razionale semplici diagrammi cartesiani
CHE COSA IMPARERAI	▪ Che cos'è un bisogno economico ▪ Come si raggiunge l'equilibrio del ▪ Che cosa si intende con bene consumatore economico ▪ Che cosa rappresenta la curva di ▪ La differenza tra patrimonio e reddito domanda ▪ I concetti di scarsità e di utilità ▪ Che cos'è l'elasticità della domanda
CHE COSA SAPRAI FARE	▪ Individuare i principali bisogni economici e le loro caratteristiche ▪ Distinguere i concetti di ricchezza, patrimonio e reddito ▪ Spiegare la nozione di utilità, distinguendo tra utilità marginale e totale ▪ Spiegare l'equilibrio del consumatore tramite la funzione di utilità ▪ Disegnare la curva della domanda

1.1 I bisogni economici

Ciascuno, in ogni momento della vita, desidera disporre di mezzi che gli consentono di soddisfare i suoi bisogni: se, ad esempio, in questo momento ho fame, so che posso saziare il mio appetito disponendo di un'adeguata quantità di cibo. Possiamo quindi introdurre la seguente definizione:

Definizione di bisogno

Il **bisogno economico** è il desiderio di disporre di un mezzo ritenuto idoneo al raggiungimento di determinati fini.

L'uomo avverte una serie numerosa di bisogni; ma sa che i beni con cui può soddisfarli sono limitati. L'attività economica è una lotta incessante contro la scarsità delle risorse a fronte di una molteplicità di bisogni da soddisfare.

> La necessità di nutrirsi è un bisogno primario, perché riguarda aspetti basilari della vita; è inoltre un bisogno risorgente, perché una volta saziato si ripresenta dopo qualche tempo.

Nella grande varietà di bisogni che avvertiamo, ci rendiamo conto che una parte di essi ha natura spirituale (bisogno di essere amato, stimato, approvato dagli altri ecc.). Queste necessità, benché vitali per ogni persona, non sono suscettibili di valutazione economica. Altri bisogni hanno invece implicazioni economiche (bisogno di mangiare, vestirsi, avere una casa, fare una vacanza ecc.). L'economia si occupa di questi ultimi.

Affinché esista un bisogno economico, è necessario che l'uomo:
a) **avverta l'esistenza di un fine da raggiungere**;
b) **conosca un mezzo capace di raggiungere il fine**;
c) **ottenga questo mezzo con sacrificio personale.**

Caratteristiche dei bisogni

I bisogni presentano le seguenti caratteristiche:

- **illimitatezza**: non si può porre un limite certo ai bisogni umani, anzi essi con il tempo tendono a moltiplicarsi al migliorare del tenore di vita. Non sempre però rispondono a esigenze razionali dell'uomo, e la loro diffusione è spesso indotta con tecniche pubblicitarie che fanno nascere esigenze altrimenti non avvertite;
- **saziabilità**: a mano a mano che il bisogno viene soddisfatto, la sua intensità decresce finché il bisogno è completamente soddisfatto. È questa la **legge di decrescenza dell'intensità dei bisogni**, nota come **legge di Gossen**;
- **soggettività**: i bisogni variano da persona a persona e, per la stessa persona, a seconda del tempo e del luogo. Si osservi tuttavia che la pubblicità e l'imitazione dei comportamenti altrui riducono notevolmente la variabilità dei bisogni fra i diversi soggetti;
- **risorgenza**: il bisogno, una volta saziato, risorge a distanza più o meno breve di tempo;
- **complementarietà**: i bisogni umani si presentano secondo diverse combinazioni, e quindi non possono essere soddisfatti singolarmente. Così, la soddisfazione di un bisogno (ad esempio mangiare) comporta il sorgere di altri bisogni (bere, disporre di stoviglie ecc.).

▲ Il desiderio di rilassarsi ascoltando musica fa parte dei bisogni secondari, chiamati anche "bisogni di civiltà".

Classificazione dei bisogni

I bisogni possono essere classificati in diversi modi. In relazione alla loro importanza, si distinguono in:

- **primari e secondari**. I bisogni primari riguardano le necessità fondamentali della vita (mangiare, bere, vestirsi) e devono essere soddisfatti con carattere di assoluta priorità; i bisogni secondari riguardano il soddisfacimento di esigenze superiori, e sono collegati allo sviluppo della società. Per questo sono anche chiamati **bisogni di civiltà**, e vengono soddisfatti dopo i bisogni primari (lettura di libri e giornali, ascolto di musica, divertimenti ecc.).

S Soggettività I bisogni variano da persona a persona e, per la stessa persona, in rapporto al tempo e al luogo. Un non fumatore non prova del tutto il bisogno di fumare, ma anche un fumatore in certi momenti non ne avverte il bisogno.

C Complementarietà Il soddisfacimento di un bisogno ne fa nascere subito altri collegati. Se sono invitato a una festa, devo presentarmi con un abito adatto; se gusto un piatto prelibato, devo abbinarlo a un vino pregiato.

123

A seconda dei soggetti che li avvertono, i bisogni si distinguono poi in:
- **individuali e collettivi**. I primi sono sentiti dai soggetti in quanto singoli, indipendentemente dalla loro appartenenza alla società; i secondi sono avvertiti dai soggetti in quanto membri di un aggregato sociale. Dei bisogni collettivi fanno parte i **bisogni pubblici**, soddisfatti dallo Stato (difesa nazionale, pubblica istruzione, comunicazioni stradali e ferroviarie, giustizia, ordine pubblico). Bisogni individuali e bisogni collettivi sono avvertiti contemporaneamente dai singoli, in una combinazione che varia a seconda dei periodi storici e dei contesti sociali in cui sono inseriti.

Se sento il bisogno di mangiare perché ho fame, oppure avverto la necessità di comprarmi una giacca nuova perché quella che già possiedo è logorata, avverto dei bisogni come persona singola, e quindi questi bisogni sono **individuali**. Se invece sento il bisogno di muovermi in sicurezza sulle strade, oppure avverto l'esigenza di un sistema giudiziario giusto ed efficiente a tutela dei miei diritti, avverto dei bisogni **collettivi**, non come singolo ma come membro della società.

1.2 I beni economici

Il concetto di bene economico si presenta strettamente collegato a quello di bisogno: si definisce **bene** qualsiasi mezzo ritenuto idoneo a soddisfare un bisogno economico.

La scarsità

Per diventare beni economici, le cose utili al soddisfacimento di un bisogno devono presentare il requisito della **scarsità**, cioè essere limitati rispetto al fabbisogno. Non sono pertanto beni economici le cose disponibili in quantità praticamente illimitata, come l'aria o la luce del sole: questi si dicono **beni liberi**.

Beni materiali e servizi I beni economici vengono distinti in beni materiali e servizi. I servizi sono costituiti da prestazioni personali: rientrano quindi in questa categoria non solo i servizi professionali prestati singolarmente dai privati (quelli del commerciante, dell'assicuratore, del parrucchiere, del tassista e così via), ma anche quelli prestati alla collettività dallo Stato (servizi pubblici).

I beni economici si possono classificare secondo diversi punti di vista.

Classificazione dei beni in base alla funzione...
- Riguardo alla loro **funzione**, i beni possono essere:
  – **di consumo**, se producono una utilità diretta per il consumatore. In questa categoria rientrano i generi alimentari, il vestiario, gli elettrodomestici, e così via. Per questo vengono anche denominati **beni finali**;
  – **strumentali** (detti anche **beni intermedi**, o **fattori produttivi**): comprendono i beni che non vengono direttamente consumati, ma bensì utilizzati per la produzione di altri beni. All'interno di questa categoria si può avanzare un'ulteriore distinzione fra i beni che costituiscono il **capitale circolante**, come le materie prime, i combustibili e così via, e quelli che formano il **capitale fisso**, come i macchinari e gli impianti, gli edifici industriali ecc.

È un **bene di consumo** un bicchiere d'acqua fresca quando ho sete, o un panino quando sono affamato.
È un **bene strumentale** un nuovo pullman acquistato da una società di trasporti da impiegare per collegare il centro di una grande città con la periferia.

B Beni liberi Vengono chiamati *beni liberi* i beni molto abbondanti in natura, disponibili in quantità tale da soddisfare completamente i bisogni corrispondenti. Non hanno valore di mercato essendo disponibili in quantità pressoché illimitata.

unità **1** ■ La sfera della domanda

... alla modalità di soddisfacimento dei bisogni...

■ A seconda delle **modalità di soddisfacimento dei bisogni**, i beni si distinguono in:
– **durevoli**, se nel corso del tempo prestano una serie di servizi al soggetto (abiti, automobili, elettrodomestici, impianti industriali ecc.). Se impiegati nel processo produttivo, come nel caso di un macchinario industriale, questi beni, detti beni strumentali, costituiscono il *capitale fisso* dell'impresa;
– **non durevoli**, se la loro utilità si esaurisce al momento dell'impiego (alimenti, materie prime, combustibili ecc.). Se impiegati nel processo produttivo, come nel caso delle materie prime e dei combustibili, questi beni costituiscono il *capitale circolante* dell'impresa.

IN pratica
È un **bene durevole** un frigorifero o una lavatrice che acquistiamo per la nostra casa.
È un **bene non durevole** il cibo che consumiamo per il nostro nutrimento.

... alla disponibilità nel tempo...

■ Per quanto riguarda la loro **disponibilità nel tempo**, i beni si possono classificare in:
– **presenti**, se possono essere usati immediatamente per il soddisfacimento dei bisogni;
– **futuri**, se invece saranno disponibili, con un ragionevole grado di certezza, soltanto in un periodo successivo.

IN pratica
È un **bene presente** un PC o un televisore che utilizziamo ogni giorno per le nostre necessità di lavoro o di svago.
È un **bene futuro** l'affitto che percepiremo alle scadenze contrattuali su un immobile dato in locazione.

■ A seconda dei **soggetti che li utilizzano**, i beni possono essere:
– **individuali**, se soddisfano bisogni privati, cioè avvertiti singolarmente dagli individui (bisogno di nutrimento, vestiario, abitazione ecc.);
– **collettivi**, se soddisfano bisogni avvertiti dall'intera società (bisogno della difesa, dell'ordine pubblico, della giustizia).

IN pratica
Sono **beni individuali** l'auto di mia proprietà o la casa che abito.
Sono **beni collettivi** la scuola elementare o la biblioteca civica costruite da un Comune, oppure un tribunale costruito dallo Stato.

... ai loro rapporti reciproci

■ Per quanto riguarda **i loro rapporti reciproci**, i beni si distinguono in:
– **complementari**, se due o più beni si devono usare insieme per soddisfare un bisogno. Si pensi all'automobile che non funziona senza benzina, o a un elettrodomestico che necessita della corrente elettrica;
– **concorrenti**, se per il soddisfacimento di un bisogno il soggetto può scegliere fra diversi beni. Vino e birra, burro e margarina, automobile e treno, possono essere fra di loro sostituibili in vista del soddisfacimento di un particolare bisogno.

IN pratica
Sono **beni complementari** il computer e la tastiera, il lettore di CD e il compact disc.
Sono **beni concorrenti** il tè e il caffè, l'olio di semi e l'olio d'oliva.

Queste classificazioni sono contemporaneamente applicabili a tutti i beni; in altre parole, ogni bene rientra in ciascuna classificazione sopra richiamata. Un computer in funzione presso un'impresa è nel contempo un bene strumentale, durevole, presente, individuale e complementare (nei confronti dell'energia che consuma).

B Bisogni privati Sono i bisogni avvertiti a livello individuale; vengono soddisfatti direttamente dai singoli cittadini o da organizzazioni private.

modulo 3
Domanda e offerta

1.3 Ricchezza, patrimonio e reddito

Ricchezza
Wealth

> Per **ricchezza** si intende l'insieme dei beni economici a disposizione di un soggetto o dell'intera collettività, cioè l'insieme delle risorse, dei beni e dei servizi atti a soddisfare i bisogni.

> Fra le risorse liquide, grande importanza ha la moneta, utilizzata per i nostri acquisti quotidiani.

A seconda che si riferisca a una persona fisica o giuridica privata oppure a soggetti di diritto pubblico, la ricchezza si distingue in **privata** o **pubblica**. Quando poi venga riferita all'intera collettività nazionale si definisce **ricchezza nazionale**.

La ricchezza può essere analizzata secondo due aspetti distinti.

Distinzione tra patrimonio e reddito

- In primo luogo è possibile considerare la ricchezza in un determinato momento nel tempo, cioè sotto l'aspetto statico (per esempio, al 31 dicembre 2017). In questo caso, siamo di fronte al concetto di **patrimonio**.
- Se invece si fa riferimento a un arco di tempo (di solito un anno), la ricchezza è l'insieme di beni resi disponibili in tale periodo come risultato dell'attività economica svolta dai soggetti: si tratta cioè di un flusso di beni che prende il nome di **reddito**.

Reddito
Income

> Pertanto, la **ricchezza** sotto l'aspetto statico si considera come un *fondo*, mentre sotto l'aspetto dinamico si considera come un *flusso*.

Il reddito prodotto e non consumato (**risparmio**) si accumula nel tempo e si trasforma in patrimonio.

Se sono proprietario di una seconda casa in una località di villeggiatura o di un terreno agricolo in una pianura fertile, questi beni fanno parte del mio **patrimonio**. Se decido di dare in locazione la seconda casa, oppure di affittare il terreno agricolo, questi beni mi forniscono un **reddito**. Mentre i due beni immobili costituiscono un *fondo*, il reddito che mi deriva dalla loro titolarità è un *flusso*.

IN **pratica**

> Sia il reddito che il patrimonio possono definirsi a livello individuale e a livello nazionale. Di particolare interesse è la nozione di **reddito nazionale**, definito come il flusso netto di beni e servizi prodotto da una determinata collettività nazionale nel corso di un dato periodo di tempo (generalmente un anno).

1.4 L'utilità economica

Il concetto di utilità in economia

> Nel linguaggio degli economisti, l'**utilità** è l'attitudine, vera o presunta, di un bene a soddisfare un bisogno.

Si vede subito che questa nozione di utilità non coincide con il significato corrente del termine, perché nel linguaggio ordinario un bene è utile quando è vantaggioso per l'uomo, sia in senso morale che fisico. In economia un bene è utile quando è considerato idoneo a soddisfare un bisogno: quindi, in senso economico, è "utile" anche una sigaretta (malgrado i danni alla salute che provoca), se si avverte il desiderio di fumare.

F Fondo / Flusso Mentre il **fondo** (o *stock*) è un insieme di valori calcolati in un dato momento, il **flusso** è un insieme di valori che si muovono in una certa direzione lungo un arco di tempo, e si traduce necessariamente in aumento o diminuzione di un fondo.

unità **1** ■ La sfera della domanda

L'ECONOMIA **CHE NON TI ASPETTI** — I SOLDI DANNO LA FELICITÀ?

Il premio Nobel per l'economia 2015 è stato assegnato allo scozzese Angus Deaton (1945), che attualmente insegna economia all'Università di Princeton, nel New Jersey. Deaton è autore di significativi studi sulle ricadute del comportamento dei consumatori nell'intero sistema economico, e ha svolto importanti ricerche sui problemi dello sviluppo nei Paesi poveri.
Da lui prende nome il Paradosso di Deaton, che esamina il comportamento dei consumatori di fronte a variazioni inattese del reddito.
Angus Deaton costituisce una figura di economista un po' particolare, perché ha saputo analizzare con grande attenzione, a livello microeconomico, i consumi dei nuclei familiari, ma ha anche spaziato in ambiti molto più vasti occupandosi dei meccanismi generali dello sviluppo economico, dell'economia della salute e soprattutto della povertà, sviluppando tra l'altro studi innovativi per la sua misurazione.

L'economista scozzese Angus Deaton.

Al grande pubblico Deaton era però già noto per una sua precedente indagine – realizzata in collaborazione con Daniel Kahneman, Nobel per l'economia 2002 – basata su una serie di sondaggi condotti su 450.000 americani nel periodo 2008-2009. Questa ricerca si proponeva di rispondere a una delle domande più antiche dell'uomo, e cioè: i soldi possono davvero dare la felicità? I risultati sono stati sorprendenti, ma forse non troppo: dai sondaggi si è giunti alla conclusione che la felicità cresce di pari passo con il reddito fino a una soglia di 75.000 dollari, oltre la quale la qualità della vita non viene percepita come migliore. Chi ha redditi più alti ha certo la sensazione di aver avuto un buon successo nelle sue attività, ma non vive comunque più serenamente di chi ha un po' meno ricchezza. Ciò perché oltre la "soglia della felicità" la soddisfazione delle persone non aumenta, in quanto diminuiscono gradualmente i desideri da appagare.

❯ Un gelato soddisfa il bisogno di una pausa corroborante, quindi in economia è considerato "utile".

L'utilità ha carattere eminentemente soggettivo: il che significa che dipende dal rapporto che ogni singolo instaura fra bene economico e bisogno. Se un bisogno non sorge, non si è di fronte al concetto di utilità. Si può fare l'esempio dei metalli, che non avevano alcuna utilità prima che l'uomo imparasse a usarli in vista del soddisfacimento dei suoi bisogni.

Per lo studio dell'utilità, è necessario introdurre l'ipotesi che ciascun bene sia divisibile in dosi uguali. Chiameremo **utilità iniziale** l'utilità della prima dose di bene, e **utilità marginale** quella dell'ultima dose.

Utilità marginale

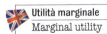

| Utilità marginale |
| Marginal utility |

✎ L'**utilità marginale** è la variazione di utilità ottenuta da un soggetto dal consumo di una unità aggiuntiva di un bene.

L'intera teoria dell'utilità poggia su una nozione di natura psicologica, così enunciata da un autorevole esponente della scuola marginalista:

Legge di Gossen

«La grandezza dell'intensità di un piacere decresce progressivamente sino alla sazietà, se soddisfiamo detto piacere in modo continuo e ininterrotto» (**legge di Gossen**). Ciò significa che la prima dose di bene ha utilità elevata, che decresce successivamente mano a mano che le singole dosi di bene fronteggiano il bisogno via via decrescente.

✎ Pertanto, l'**utilità marginale** decresce all'aumentare della disponibilità del bene. È questa la **legge della decrescenza dell'utilità marginale**.

D Dose Quantità elementare in cui può essere suddiviso un determinato bene economico. Secondo gli studiosi della scuola marginalista a ciascuna dose può essere attribuita un'utilità misurabile, e ciò consente di effettuare confronti fra i diversi beni.

127

modulo 3
Domanda e offerta

Utilità totale

Introduciamo ora un'altra importante definizione:

L'**utilità totale** è la somma dell'utilità delle singole dosi.

Tale definizione ci fornisce un'idea dell'andamento dell'utilità totale stessa:

al crescere delle dosi disponibili di bene, anche l'utilità totale cresce, ma per incrementi via via decrescenti.

Un semplice esempio numerico, riportato nella tabella qui sotto, illustra la dinamica dell'utilità.

> Utilità marginale e utilità totale in funzione del variare delle dosi disponibili.

DOSI	UTILITÀ MARGINALE	UTILITÀ TOTALE
I	100	100
II	90	190
III	80	270
IV	75	345
V	70	415
VI	65	480
VII	50	530

IN pratica

Se nel corso di una gita in bicicletta mi viene molta sete, il primo bicchiere d'acqua che bevo a una fontana ha per me un'utilità molto alta, il secondo ha un'utilità minore, e così di seguito. A un certo punto un altro bicchiere d'acqua non avrà nessuna utilità, perché la mia sete è completamente soddisfatta. Un ulteriore bicchiere mi darebbe solo fastidio, avendo per me una *utilità negativa*.

La curva di utilità marginale

Quanto sopra esposto ci consente di rappresentare con due curve l'andamento dell'utilità marginale e totale. Se segniamo sull'asse delle ordinate l'utilità marginale e sull'asse delle ascisse le successive dosi di bene, nell'ipotesi che le dosi siano piccolissime, avremo la rappresentazione dell'**utilità marginale** illustrata qui a fianco.

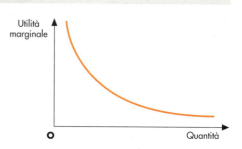

Se la quantità disponibile del bene è sufficiente a soddisfare completamente il bisogno, la curva di utilità marginale interseca l'asse delle ascisse nel punto in cui la quantità è pari al fabbisogno.

Curva di utilità totale

Analogamente, possiamo tracciare la curva di utilità totale. Riportando sull'asse delle ordinate l'**utilità totale**, e su quello delle ascisse la quantità, avremo l'andamento illustrato nella figura a lato.

La curva di utilità totale esce dall'origine degli assi, come è logico aspettarsi, in quanto alla disponibilità di una quantità nulla di bene si associa una utilità totale pari a zero; cresce dapprima molto rapidamente, per presentare poi incrementi via via decrescenti, sino a diventare parallela all'asse delle ascisse quando il bisogno è completamente soddisfatto.

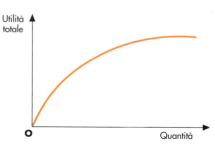

1.5 L'equilibrio del consumatore mediante la funzione di utilità

Il consumatore razionale

 Il **soggetto economico** si comporta razionalmente quando impiega i mezzi di cui dispone in modo tale da **massimizzare la sua soddisfazione**.

Pertanto, il consumatore acquisterà le quantità di beni necessarie al soddisfacimento dei suoi bisogni **in modo da ottenere la massima utilità possibile**. Quando raggiunge questa posizione, il consumatore si dice **in equilibrio**.

Vediamo di seguito alcuni esempi di come opera concretamente il consumatore.

 Per esaminare un modello di comportamento razionale del consumatore, supponiamo che una persona abbia a sua disposizione redditi crescenti (per es. € 300, 500, 800) da ripartire tra diversi bisogni; che il prezzo unitario delle dosi dei beni A, B, C, idonei a soddisfare quei bisogni, sia uguale (ogni dose € 100), e che l'utilità marginale di detti beni sia quella illustrata nella tabella qui sotto. Dato che il prezzo di ciascuna dose di bene è 100, questa persona agirà razionalmente se, disponendo di un reddito di 300, acquisterà due dosi di A e una di B; oppure, disponendo di un reddito di 500, tre dosi di A e due di B; oppure ancora, disponendo di un reddito di 800, acquisterà quattro dosi del bene A, tre del bene B e una del bene C. È facile dimostrare che, a ciascuno dei tre livelli di reddito considerati, qualsiasi combinazione diversa da quella indicata determinerebbe una riduzione dell'utilità totale del consumatore.

> Variazione dell'utilità marginale nell'ipotesi in cui i prezzi unitari delle dosi siano uguali.

DOSI	GRADI DI UTILITÀ MARGINALE		
	Bene A	Bene B	Bene C
I	100	90	75
II	90	80	70
III	80	75	65
IV	75	70	50
V	70	65	40
VI	65	50	30
VII	50	40	20

Quindi, nell'ipotesi in cui il prezzo delle singole dosi dei beni sia uguale, il soggetto economico ripartirà il reddito disponibile in modo da uguagliare le utilità marginali dei beni da acquistare. L'uguaglianza delle utilità marginali implica che l'ultima unità di reddito spesa in ogni bene dia al consumatore la medesima utilità.

Prezzi unitari diversi

Utilità marginali ponderate È però evidente che l'ipotesi di uguaglianza del prezzo di ciascuna dose dei diversi beni è assai lontana dalla realtà. Le varie dosi di bene hanno prezzi unitari diversi; pertanto, con un'unità di moneta, il consumatore compera una frazione di dose e quindi una frazione dell'utilità attribuita all'intera dose di bene. Il raffronto va quindi istituito fra le utilità marginali ponderate, che tengono conto del prezzo dei singoli beni.

 L'**utilità marginale ponderata** è data dal rapporto tra l'utilità marginale del bene e il prezzo dello stesso bene.

modulo 3
Domanda e offerta

Immaginiamo ora che i beni della tab. precedente abbiamo prezzi diversi. Per esempio la dose del bene A ha prezzo unitario 10; il bene B prezzo unitario 5, il bene C prezzo unitario 4.
Le utilità marginali ponderate saranno allora come segue:

> Variazione dell'utilità marginale ponderata nell'ipotesi in cui i prezzi unitari delle dosi siano diversi.

I valori delle colonne si ottengono dividendo i gradi di utilità marginale per i rispettivi prezzi; per esempio, la II dose del bene A ha una utilità marginale pari a 90, che diviso per 10 (prezzo della dose) dà una utilità marginale

DOSI	GRADI DI UTILITÀ MARGINALE PONDERATA*		
	Bene A	Bene B	Bene C
I	10	18	18,75
II	9	16	17,5
III	8	15	16,25
IV	7,5	14	12,5
V	7	13	10
VI	6,5	10	7,5
VII	5	8	5

Il soggetto economico è ora in equilibrio se, disponendo di un reddito di 60, acquista una dose del bene A, sei dosi del bene B e cinque dosi del bene C, perché in corrispondenza di tali quantità acquistate le utilità marginali ponderate sono uguali e massima l'utilità totale.

Si può allora enunciare la seguente **legge del comportamento del consumatore**:

La legge del comportamento del consumatore

> Per ottenere la **massima soddisfazione da un reddito limitato**, il consumatore deve ripartire il suo reddito fra i vari beni in modo da uguagliare le utilità marginali ponderate dei beni stessi (**legge del livellamento delle utilità marginali ponderate**).

L'equilibrio del consumatore può esprimersi in modo semplice e sintetico utilizzando il linguaggio matematico. Se chiamiamo: $u_1, u_2, u_3, ..., u_n$ le utilità marginali dei beni; $p_1, p_2, p_3, ..., p_n$ i prezzi di mercato dei beni stessi, il consumatore sarà in equilibrio se:

$$\frac{u_1}{p_1} = \frac{u_2}{p_2} = \frac{u_3}{p_3} = ... = \frac{u_n}{p_n}$$

Dall'ultima formulazione, si vede che nella posizione di equilibrio **le utilità marginali ponderate dei singoli beni risultano uguali**.

1.6 La curva di domanda

Astrattezza dell'analisi neoclassica

Abbiamo sinora analizzato il comportamento del consumatore seguendo l'analisi neoclassica. È facile osservare che essa presenta un elevato grado di astrattezza, dato che la scuola marginalista, basandosi sulla possibilità di misurare l'utilità, presenta una scarsa adesione alla realtà.

I più recenti metodi di analisi cercano quindi un maggior grado di concretezza. Ovviamente, i presupposti teorici rimangono all'origine della ricerca, an-

unità **1** ■ La sfera della domanda

PER capire meglio

Che cos'è l'econometria?

▲ Ragnar Frisch

L'espressione **econometria** (dal greco *métron* = misura) fu introdotta nel 1926 dall'economista norvegese **Ragnar Frisch** (1895-1974), sul modello del termine "biometria" in uso in campo biologico per designare le ricerche che si avvalevano di metodi statistici. Da allora si sono autonomamente sviluppate parti di ricerca sociale che si avvalgono di metodi quantitativi, come la sociometria, la psicometria, e così via. Per quanto riguarda il nostro campo di ricerca, possiamo dire che mentre l'economia studia le leggi relative al comportamento dell'uomo in campo economico, secondo quanto abbiamo già studiato in precedenza (v. Modulo 1, par. 1.1), l'econometria cerca di determinare il carattere quantitativo di tali leggi in condizioni specifiche.

Possiamo pertanto definire l'**econometria come la scienza che si occupa della determinazione, con metodi statistici, delle leggi quantitative concrete che si manifestano nella vita economica**.
Questo ramo dell'economia è oggi molto sviluppato, grazie all'uso di computer capaci di gestire il trattamento di grandi quantità di dati e vista l'utilità delle ricerche econometriche nei vari settori dell'economia reale (contabilità nazionale, programmazione economica, confronti internazionali, economia monetaria e finanziaria, studio della evoluzione dei mercati, previsioni congiunturali ecc.).
Da segnalare che Ragnar Frisch è stato il primo studioso a ricevere, nel 1969, il premio Nobel per l'economia, allora appena istituito.

▲ La domanda di un bene dipende da vari fattori: il suo prezzo, il reddito dei consumatori, il prezzo degli altri beni, le preferenze degli acquirenti, l'influsso della pubblicità.

🇬🇧 Pubblicità / Advertising

Le preferenze del consumatore

che se oggi essa si basa soprattutto sulla verifica empirica delle leggi economiche. Si parla a questo proposito di **analisi econometrica della domanda**.

Nella moderna analisi della domanda è stato riservato giustamente un ampio spazio allo studio dell'influenza dei prezzi e del reddito del consumatore sulla quantità domandata. Ci soffermiamo quindi ad esaminare in modo particolare il ruolo di tali fattori, anche se altri sono in grado di influenzare la domanda di un bene.

La funzione della domanda La domanda di un bene dipende principalmente dai prezzi vigenti sul mercato, dal reddito del consumatore, dai suoi gusti e dalla pubblicità.

In termini funzionali, detta D_1 la domanda del bene, p_1, p_2, p_3, ..., p_n i prezzi dei diversi beni, Y il reddito del consumatore, G i suoi gusti, P la pubblicità, si può scrivere:

$$D_1 = f(p_1, p_2, p_3, ..., p_n, Y, G, P)$$

cioè la domanda del bene dipende:
- dal suo prezzo [p_1];
- dal prezzo dei beni concorrenti e complementari [$p_2, p_3, ..., p_n$];
- dal reddito del consumatore [Y];
- dai gusti del consumatore [G];
- dalla pubblicità [P].

Per quanto riguarda la **pubblicità**, in considerazione della sua incidenza nella vita contemporanea, ne tratteremo in seguito sotto un profilo generale. Per quanto concerne invece i **gusti**, data l'estrema difficoltà che si incontra nel misurarli (per alcuni non sono neppure misurabili), si preferisce considerarli come residui non spiegati. D'altra parte, le indagini relative ai gusti e alle preferenze del consumatore non rientrano propriamente nel campo dell'economia, ma interessano specialmente gli studi di psicologia e sociologia.

▼ **Verifica empirica** Processo finalizzato ad accettare o respingere una teoria attraverso l'osservazione della realtà. In economia si tratta di convalidare le leggi economiche alla luce dei comportamenti reali dei diversi operatori di mercato.

131

modulo 3
Domanda e offerta

La domanda in funzione del prezzo del bene Esaminiamo in un primo tempo come varia la quantità domandata di un bene al variare del suo prezzo. È un fatto di comune osservazione che, all'aumentare del prezzo di un bene, la sua domanda diminuisce, e viceversa. Riportiamo nella tabella che segue le domande di tre soggetti ai diversi prezzi di mercato:

> Scheda di domanda individuale e scheda di domanda collettiva al variare del prezzo.

PREZZO UNITARIO	SCHEDE DI DOMANDA INDIVIDUALE			SCHEDA COLLETTIVA
	Soggetto A	Soggetto B	Soggetto C	A + B + C
1000	100	120	180	400
2000	90	100	160	350
3000	70	90	140	300
4000	50	70	130	250
5000	30	40	100	170
6000	10	20	50	80
7000	–	10	20	30

Si può esprimere quindi la seguente **legge della domanda**:

> **All'aumentare del prezzo di un bene**, ferme restando le altre grandezze che influiscono sulla domanda, **la quantità domandata diminuisce, e viceversa.**

La curva di domanda

Se misuriamo sull'asse delle ordinate il prezzo del bene e sull'asse delle ascisse la quantità domandata, la curva di domanda si presenta come illustrato nella figura qui a lato.

Al prezzo OP, la quantità domandata sarà OQ; se il prezzo aumenta ad OR, la quantità domandata scenderà a OS.

Tipica della curva di domanda è l'**istantaneità**, in quanto essa descrive la variazione immediata della quantità domandata al variare del prezzo del bene, fermi restando tutti i rimanenti fattori (reddito disponibile, gusti del consumatore ecc.). È questa un'applicazione tipica della clausola "ceteris paribus".

La domanda in relazione agli altri beni

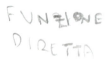

La domanda in funzione del prezzo degli altri beni La domanda di un bene è anche collegata ai prezzi dei beni concorrenti e complementari.

Caso dei beni concorrenti Se, fermo restando il prezzo del vino, aumenta il prezzo della birra, molto probabilmente la domanda di vino tende a crescere, perché il consumatore sostituisce il vino alla birra. Si può generalizzare questa osservazione come segue:

> nel caso dei beni concorrenti la domanda di un bene è funzione diretta del prezzo del bene concorrente.

▌ Istantaneità Le variazioni di prezzo sono riferite a un preciso momento, e le curve di domanda e di offerta si costruiscono in base alle reazioni delle quantità domandate e offerte ai diversi prezzi che in un certo istante si potrebbero formare sul mercato.

PER capire meglio

Eccezioni alla legge della domanda

Robert Giffen

Non sempre la domanda varia inversamente al prezzo; in alcuni casi si verificano delle eccezioni. I casi più importanti sono dati da beni che sono tipicamente consumati dai soggetti più poveri e dai soggetti più ricchi.

I beni dei poveri. Uno dei primi a rilevare una anomalia fu l'inglese Giffen, il quale osservò che «un aumento del prezzo del grano incide largamente sul reddito delle famiglie più povere, onde queste sono costrette a ridurre il consumo della carne e di altri farinacei più costosi e a consumare più grano, questo essendo il cibo che possono ottenere più a buon mercato». Il paradosso di Giffen opera nei gruppi sociali a basso reddito, caratterizzati da una forte spesa (in rapporto alle loro entrate) per l'acquisto di beni di prima necessità.

Robert Giffen (1837-1910) giunse alla conclusione che l'aumento del prezzo dei beni dei poveri porta a un maggior consumo di tali beni studiando le conseguenze della carestia irlandese del periodo 1846-48, sviluppatasi a causa di un fungo parassita della patata, allora cibo principale delle famiglie povere. La grande carestia costrinse le famiglie povere ad aumentare i consumi dei beni inferiori, patate e grano, il cui prezzo era aumentato e a ridurre ancora di più i già scarsi consumi di beni superiori, come la carne.

I beni dei ricchi. Un'altra importante anomalia è nota col nome di effetto di Veblen. Si verifica nei gruppi sociali più elevati, dove i consumatori possono trarre soddisfazione non solo dalle qualità intrinseche del bene, ma anche dall'elevato prezzo pagato per ottenere il bene stesso. In altre parole, il soggetto acquista pellicce, brillanti, orologi e profumi più costosi per ostentare la propria ricchezza. Quindi il consumatore aumenterà i propri acquisti al crescere del prezzo, mentre sposterà la sua domanda verso beni ritenuti più prestigiosi a ogni diminuzione del prezzo del bene.

Thorstein Veblen

Thorstein Veblen (1857-1929), statunitense, nel libro *La teoria della classe agiata* (1899) analizzò il comportamento delle famiglie ricche americane. Per esse l'acquisto di beni costosi è uno *status symbol* e quindi all'aumentare del prezzo dei beni da ostentare ne acquistano di più. Scrive Veblen: «Poiché il consumo dei beni eccellenti è un segno di ricchezza, esso diventa onorifico; al contrario, l'incapacità di consumare nella dovuta quantità e qualità diventa un segno di inferiorità e di demerito».

> **Caso dei beni complementari** Nel caso dei beni complementari, invece, la domanda di un bene è funzione inversa del prezzo dell'altro bene.

IN pratica

Se aumenta il prezzo della benzina, i consumatori tenderanno ad acquistare meno auto e a ricorrere a servizi alternativi, come il treno o l'autobus. Se invece il prezzo diminuisce si avrà la tendenza opposta.

La domanda in funzione del reddito Se il reddito del soggetto aumenta, anche i consumi del soggetto tendono ad aumentare:

> la quantità domandata del bene è quindi funzione diretta del reddito.

I beni di prima necessità

Questa regola generale subisce però delle eccezioni. Si supponga che un certo bisogno del consumatore sia già completamente soddisfatto a un certo livello di reddito; se quest'ultimo aumenta, difficilmente aumenterà il consumo del bene. Siamo in presenza di un **bene di prima necessità**: il sale da cucina e il pane comune sono tipici esempi al riguardo.

In altri casi l'aumento del reddito comporta la diminuzione della domanda del bene. Si immagini una famiglia tanto povera da consumare pane di cattiva qualità. Appena il reddito si eleva, la famiglia trova conveniente passare a un prodotto di qualità migliore, per le sue capacità nutritive. Da qui la denomi-

modulo 3
Domanda e offerta

La legge di Engel

nazione di **beni dei poveri** comunemente attribuita a quei beni la cui domanda diminuisce all'aumentare del reddito. Fu lo statistico tedesco **Ernst Engel** (1821-1896) a scoprire questa legge: all'aumentare del reddito, il consumatore passa dal consumo di beni inferiori a quello dei beni di prima necessità, la cui quota diminuisce al crescere del reddito, fino a passare ai beni di lusso, la cui quota aumenta al crescere del reddito (*legge di Engel*).

Nella figura a fianco le curve di Engel pongono in relazione la quantità domandata dei beni e il reddito del consumatore. La quantità è stata misurata sull'asse delle ordinate, mentre il reddito del consumatore è stato riportato sull'asse delle ascisse. Il **caso normale** è illustrato

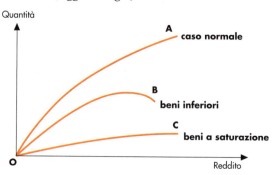

dalla curva A: all'aumentare del reddito, aumenta anche la quantità domandata. La curva B illustra il caso dei **beni inferiori**: quando il reddito ha raggiunto un certo livello, il consumo di tali beni diminuisce. La curva C è invece relativa al caso del **bisogno completamente soddisfatto a un certo livello di reddito**: ogni aumento di reddito lascia inalterata la quantità domandata, e la curva si appiattisce.

1.7 L'elasticità della domanda

Il concetto di elasticità

La misura della reazione della domanda alla variazione di uno dei fattori che la determinano rende necessario l'impiego di uno strumento idoneo a dare concretezza all'entità di tale reazione. Questo strumento si chiama **elasticità**.

Il concetto di elasticità è stato elaborato da **A. Marshall** per studiare la reazione della domanda alle variazioni di prezzo del bene.

L'elasticità della domanda può essere calcolata in riferimento al prezzo del bene, al prezzo dei beni concorrenti e complementari, al reddito del consumatore. Esaminiamo in dettaglio i diversi casi.

Elasticità e prezzo dei beni

Elasticità rispetto al prezzo La reazione del consumatore al variare del prezzo non è uguale per tutti i beni. Alcuni di essi, come quelli di prima necessità, continuano a essere richiesti pressoché in ugual misura anche dopo un aumento dei prezzi.

Il pane, la pasta, il riso, il sale da cucina continuano a essere richiesti nella stessa quantità dai consumatori anche quando il loro prezzo aumenta. Probabilmente la domanda di questi beni tende a diminuire solo quando il prezzo supera un certo livello.

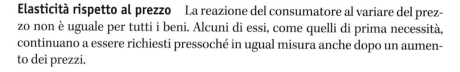

Altri beni invece si comportano in modo opposto: a una piccola variazione in aumento dei prezzi, corrisponde una caduta nella quantità domandata.

Se il biglietto di uno spettacolo cinematografico, teatrale o musicale aumenta, verosimilmente molti potenziali spettatori potrebbero rinunciare all'acquisto (naturalmente, ciò vale per uno spettatore normale: gli appassionati non rinunciano allo spettacolo, anche quando il prezzo aumenta notevolmente, come ben sanno i giovani che presenziano in massa alle esibizioni delle loro band preferite).

134

Elasticità della domanda

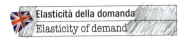

L'**elasticità della domanda** è il rapporto tra la variazione percentuale della quantità domandata del bene e la variazione percentuale del suo prezzo.

La misura dell'elasticità rispetto al prezzo (E_p) si ottiene quindi secondo la seguente formula:

$$E_p = \frac{\text{variazione \% della quantità domandata}}{\text{variazione \% del prezzo}}$$

A seconda del valore assunto dall'elasticità, la domanda può essere:

- **elastica**, se $E_p > 1$;   DIMINUISCE LA DOMANDA
- **rigida**, se $E_p < 1$;
- **neutrale** (o a **elasticità unitaria**), se $E_p = 1$.

Riportiamo nella tabella che segue alcuni esempi di calcolo di elasticità della domanda rispetto al prezzo:

> Calcolo dell'elasticità della domanda in funzione del variare del prezzo del bene.

VARIAZIONE % DEL PREZZO	VARIAZIONE % DELLA DOMANDA	COEFFICIENTE DI ELASTICITÀ	TIPO DI DOMANDA
10%	30%	3,0	elastica
10%	5%	0,5	rigida
10%	10%	1,0	neutrale

Domanda rigida o elastica

Un semplice metodo consente di accertare se la domanda è rigida o elastica. Esso consiste nel calcolare la spesa complessiva dopo la variazione intervenuta nel prezzo, e confrontarla con la spesa al prezzo precedente.

Nel caso di **domanda elastica**, ad un aumento di prezzo corrisponde una spesa complessiva più bassa (a sinistra nella figura). Infatti, dato il prezzo OP, la quantità domandata è OA; se il prezzo aumenta a OR, la quantità scende a OB; e la spesa totale diminuisce da OASP a OBTR. In caso di **domanda rigida**, invece, la spesa totale aumenta all'aumentare del prezzo del bene (al centro nella figura). Se, infine, la domanda presenta **elasticità neutrale**, la spesa totale rimane invariata (a destra nella figura).

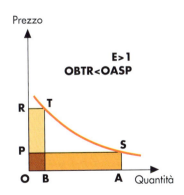
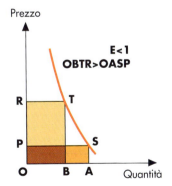
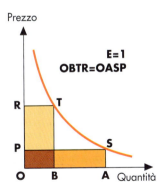

La domanda neutrale è anche detta a **elasticità unitaria**, in quanto il rapporto tra variazione percentuale del prezzo e variazione percentuale della quantità domandata dà sempre 1.

Rapporto tra elasticità e prezzo

Ma da che cosa dipende l'elasticità delle curve di domanda dei beni? L'**elasticità rispetto al prezzo** dipende da molti fattori, come la natura o l'utilizzo del bene domandato, il livello del reddito, la forza dell'abitudine del consumatore, la disponibilità di beni concorrenti e così via.

modulo 3
Domanda e offerta

Il caso dei beni alimentari

È evidente, per esempio, che se il bene domandato è il sale, il consumatore che lo acquista per uso alimentare non ne aumenterà il consumo se scende di prezzo, né lo ridurrà se il prezzo aumenta (la sua domanda è rigida). Se invece la domanda di sale proviene da un'impresa chimica che lo usa come materia prima industriale, o da una società autostradale che lo sparge sulla strada per impedire la formazione di ghiaccio nei periodi di gelo, la situazione è diversa (il sale potrebbe essere sostituito da un bene concorrente, ad esempio, sabbia).

A livelli di reddito molto elevati le variazioni di prezzo dei prodotti alimentari non fanno variare la domanda, mentre ai livelli di reddito meno elevati ciò può avvenire, specialmente ove esistano beni concorrenti (ad esempio un aumento di prezzo delle carni rosse potrebbe dirottare la domanda verso le carni bianche, come il pollame).

Prezzo dei beni concorrenti e complementari

Elasticità incrociata Questo coefficiente misura la variazione della domanda in relazione al variare del prezzo dei beni concorrenti e complementari.

Un notevole aumento del prezzo della benzina comporta, come sappiamo, una caduta nella domanda di automobili. Probabilmente, i consumatori si rivolgeranno ad altri servizi sostitutivi, come i servizi pubblici. Il calcolo dell'elasticità incrociata ha lo scopo di stabilire l'entità delle ripercussioni dell'aumento del prezzo della benzina sulla domanda di tali servizi.

L'elasticità incrociata, indicata con E_x, si calcola come segue:

$$E_x = \frac{\text{variazione \% della quantità domandata}}{\text{variazione \% del prezzo del bene concorrente (o complementare)}}$$

Effetti delle variazioni del reddito sulla domanda

Elasticità rispetto al reddito Al variare del reddito, in aumento o in diminuzione, il consumatore può aumentare o diminuire in modo diverso la domanda di singoli beni o di gruppi di beni, e ciò perché il coefficiente di elasticità rispetto al reddito varia in riferimento ai diversi beni.

Per il calcolo di questo coefficiente si pone a raffronto la variazione percentuale della quantità domandata e la variazione percentuale del reddito che ha originato l'aumento di domanda. Esso è quindi dato dal seguente rapporto:

$$E_r = \frac{\text{variazione \% della quantità domandata}}{\text{variazione \% del reddito}}$$

Se ad esempio un aumento del reddito del 5% ha determinato un aumento dei consumi di generi alimentari e bevande del 2%, il coefficiente di elasticità risulta pari a 0,4.

Tre possibili casi

Si possono ipotizzare tre situazioni:
- **la domanda è elastica rispetto al reddito**, quando la variazione percentuale della domanda è superiore alla variazione percentuale del reddito;
- **la domanda è rigida rispetto al reddito**, nel caso contrario;
- **l'elasticità della domanda è neutrale rispetto al reddito**, se la variazione percentuale della domanda è uguale alla variazione percentuale del reddito.

Si noti che la domanda di un bene di prima necessità aumenta sempre meno che proporzionalmente all'aumentare del reddito (domanda rigida), mentre la domanda di un bene "superiore" aumenta sempre più che proporzionalmente all'aumentare del reddito (domanda elastica), come afferma la legge di Engel.

unità 1 ■ La sfera della domanda

INsintesi

1.1 I bisogni economici
Il **bisogno economico** è il desiderio di disporre di un mezzo ritenuto idoneo al raggiungimento di un certo fine. Sono suoi caratteri l'**illimitatezza**, la **saziabilità**, la **risorgenza** e la **complementarietà**. I bisogni economici si distinguono in **primari** e **secondari**, **individuali** e **collettivi**.

1.2 I beni economici
I **beni economici** sono i beni ritenuti idonei a soddisfare un bisogno. Si distinguono:
- a seconda della funzione, in **beni di consumo** e **beni strumentali**;
- riguardo alla durata nel tempo, in **beni durevoli** e **beni non durevoli**;
- riguardo ai reciproci rapporti, in **beni concorrenti** e **beni complementari**;
- riguardo alla disponibilità nel tempo, in **beni presenti** e **beni futuri**;
- a seconda dei soggetti che li utilizzano, in **beni individuali** e **beni collettivi**.

1.3 Ricchezza, patrimonio e reddito
La **ricchezza** è il complesso dei beni e servizi atti a soddisfare i bisogni. Il **patrimonio** è la ricchezza accumulata in un dato momento. Il **reddito** è il flusso di ricchezza che affluisce a un soggetto in un arco di tempo, di solito un anno.

1.4 L'utilità economica
L'utilità economica è la capacità che hanno i beni e i servizi di soddisfare i bisogni dell'uomo. Determinante è l'**utilità marginale**, che decresce all'aumentare della quantità disponibile del bene. L'**utilità totale**, invece, è crescente sino a quando il bisogno è completamente soddisfatto.

1.5 L'equilibrio del consumatore mediante la funzione di utilità
Secondo l'analisi marginalista il consumatore è in equilibrio quando ripartisce il suo reddito nell'acquisto dei diversi beni in modo da **uguagliare le utilità marginali ponderate** (**legge di livellamento delle utilità marginali ponderate**).

1.6 La curva di domanda
La domanda varia in funzione di numerosi fattori: il prezzo del bene, i prezzi dei beni concorrenti e complementari, il reddito del consumatore, i gusti e la pubblicità.
Di particolare importanza è l'influenza sulla domanda del prezzo del bene: **al variare del prezzo, la quantità domandata varia in senso inverso**.

1.7 L'elasticità della domanda
L'**elasticità della domanda** misura la variazione della domanda al variare di uno dei fattori che la determinano. Si può quindi misurare l'elasticità rispetto al prezzo del bene, al prezzo dei beni concorrenti e complementari, e al reddito del consumatore. Si tratta di una misura largamente impiegata in economia.

Laboratorio

Vero / Falso
Indica se le seguenti affermazioni sono vere o false.

1. L'ordine pubblico, la difesa nazionale, l'amministrazione della giustizia sono bisogni collettivi, perché avvertiti dai singoli come membri di una società organizzata. [V] ~~F~~

2. I beni liberi, come l'aria e la luce, sono beni economici, dato che la loro scarsità rende impossibile la stessa vita. [V] ~~F~~

3. La ricchezza considerata come fondo costituisce il patrimonio, considerata come flusso costituisce il reddito. [V] [F]

4. La domanda di un bene è funzione inversa del prezzo del bene concorrente. [V] ~~F~~

5. La domanda di un bene è funzione diretta del prezzo del bene complementare. [V] ~~F~~

6. La quantità domandata di un bene tende a essere funzione diretta del reddito del consumatore. [V] [F]

7. La quantità domandata di un bene diminuisce quando il prezzo del bene aumenta. [V] ~~F~~

8. L'elasticità della domanda di un bene è il rapporto tra la variazione percentuale del suo prezzo e la variazione percentuale della quantità domandata del bene stesso. [V] ~~F~~

9. Il sale è il tipico bene a domanda elastica. [V] ~~F~~

10. I beni primari, come per esempio il pane, la pasta e il riso, sono tipici beni a domanda elastica. [V] ~~F~~

11. Qualunque sia il valore dell'elasticità, la spesa totale è sempre uguale, anche se i prezzi dei beni subiscono variazioni al rialzo. [V] [F]

12. L'elasticità rispetto al reddito è misurata dal rapporto fra la variazione percentuale della quantità domandata e la variazione percentuale del reddito del consumatore. [V] [F]

modulo 3
Domanda e offerta

Laboratorio

Scelta multipla
Completa l'affermazione scegliendo la frase corretta fra quelle proposte.

1. I bisogni relativi alle necessità fondamentali della vita, come il mangiare, il bere, il vestirsi, si dicono
   - a individuali
   - b collettivi
   - c primari ✓
   - d secondari

2. I bisogni variano da persona a persona e per la stessa persona a seconda del tempo e del luogo, presentano quindi il carattere della
   - a illimitatezza
   - b saziabilità
   - c soggettività ✓
   - d complementarietà

3. La domanda del sale da cucina è
   - a elastica
   - b molto elastica
   - c rigida ✓
   - d neutrale

4. Fa parte dei beni strumentali
   - a un capo di vestiario
   - b un pasto al ristorante
   - c una materia prima
   - d un macchinario ✗

5. Il consumatore è in equilibrio quando sono uguali
   - a le utilità marginali ponderate ✓
   - b le produttività medie
   - c le utilità medie ponderate
   - d le produttività marginali ponderate

6. Se l'utilità marginale di un bene è pari a 10 e il prezzo del bene è 2 euro, l'utilità marginale ponderata è uguale a
   - a 12
   - b 8
   - c 5 ✗
   - d 0,2

7. La domanda di un bene aumenta se
   - a diminuisce il prezzo del bene concorrente
   - b aumenta il prezzo del bene complementare
   - c diminuisce il suo prezzo ✗
   - d aumenta il suo prezzo

8. Se per soddisfare un bisogno si può scegliere fra due beni diversi, essi sono
   - a durevoli
   - b strumentali
   - c complementari
   - d concorrenti ✗

Completamenti
Completa il brano inserendo i termini appropriati scelti tra quelli proposti.

Quando parliamo di servizi ci riferiamo a prodotti _IMMATERIALI_, come per esempio le prestazioni _PROFESSIONALI_ di un medico, le operazioni bancarie, un servizio di trasporto, che hanno come caratteristica peculiare di venire consumati nello stesso momento in cui vengono prodotti.

I servizi si classificano in privati e pubblici. I primi sono venduti ai cittadini o alle imprese dietro corresponsione di un _PREZZO_. Possono essere offerti sia da aziende private, sia dallo Stato (come per esempio il _SERVIZIO_ ferroviario o postale). I servizi pubblici sono invece offerti gratuitamente dallo Stato o da altri enti pubblici a tutti i cittadini, indipendentemente dal fatto che vengano utilizzati o meno: appartengono a questa categoria la scuola _PUBBLICA_, la difesa, la giustizia, il servizio sanitario ecc. Questi ultimi non vengono pagati al momento dell'utilizzo, ma al loro finanziamento concorrono tutti i cittadini attraverso il versamento delle imposte. Il settore dei servizi è quello che ha registrato negli ultimi decenni la maggiore _ESPANSIONE_, sia come numero di addetti, sia come capacità di produrre reddito per il Paese.

contrazione ▪ espansione ▪ immateriali ▪ materiali ▪ prezzo ▪ privata ▪ professionali ▪ pubblica ▪ servizio ▪ venduti

Trova l'errore
Individua l'espressione o il termine errati, e inserisci quelli corretti.

1. La legge della domanda afferma che la domanda di un bene è funzione diretta del prezzo, mentre l'offerta di un bene è funzione inversa del prezzo.
   REDDITO   _DIRETTA_

2. L'elasticità della domanda è il rapporto tra la variazione percentuale del prezzo di un bene e la variazione percentuale della quantità domandata.
   DELLA QUANTITÀ DOMANDATA
   DEL PREZZO DI UN BENE

138

unità 1 ■ La sfera della domanda

Laboratorio

Collegamenti
Associa ogni termine della prima colonna con un solo termine della seconda.

1. Utilità marginale ____c____
2. Utilità iniziale _____
3. Utilità marginale ponderata __b__
4. Utilità totale ____a____
5. Utilità incrociata _____

a. Somma delle utilità delle singole dosi
b. Rapporto fra utilità marginale e prezzo del bene
c. Utilità dell'ultima dose di bene

Domande aperte
Rispondi alle seguenti domande.

1. In quali diversi modi è possibile classificare i beni economici? (1.1)
2. Come viene definito un bene secondo la particolare visione dell'economia? (1.2)
3. In che cosa si differenziano i concetti di patrimonio e di reddito? (1.3)
4. Che differenza c'è fra il concetto di utilità come viene inteso in economia e come invece è considerato nel linguaggio comune? (1.4)
5. Per quale motivo è importante il concetto di utilità marginale? (1.5)
6. Che cosa afferma la legge del livellamento delle utilità marginali ponderate? (1.5)
7. Come si rappresenta graficamente la legge della domanda? (1.6)
8. Quali sono le principali eccezioni alla legge della domanda? (1.6)
9. Come varia la domanda di un bene al variare del suo prezzo? (1.6)
10. Come varia la domanda di un determinato bene al variare del prezzo di un bene concorrente o complementare? (1.6)

summary CLIL

1.1 Economic needs
An **economic need** is the desire to possess a means in order to reach a certain goal. These needs may be **primary** or **secondary**, **individual** or **collective**.

1.2 Economic goods
Economic goods are goods which meet the demand of a consumer. They may be:
- **consumer** or **capital goods**;
- **durable** or **non-durable goods**;
- **competing** or **complementary goods**;
- **present** or **future goods**;
- **individual** or **collective goods**.

1.3 Wealth, patrimony and income
Wealth is a measure of all the goods and services which satisfy the needs of a person or of a community. **Patrimony** is the wealth accumulated at a certain point in time. **Income** is the flow of assets gained by an entity within a specific timeframe, generally a year.

1.4 Economic utility
Economic utility is the capacity of a good or a service to meet the demand of a consumer. As more of a single good or service is consumed, the **marginal utility** drops. The first unit of the consumed goods provides the highest marginal utility, the second unit has a lower marginal utility and so on. Therefore, **total utility** grows less rapidly with each additional unit of the same good or service.

1.5 The equilibrium of the consumer by the utility function
According to the school of marginal utility (Austrian school), the consumer is in equilibrium when he uses his income to purchase goods in order to **equalise weighted marginal utility (law of equalising weighted marginal utility)**.

1.6 The demand curve
Demand changes as other factors change: the price of the good, the price of competing and complementary goods, the consumer's income, personal tastes and advertising. The price of the good is most important: **as the price increases, the demand for the good decreases.**

1.7 Elasticity of demand
Elasticity of demand is an important economic concept that refers to how sensitive the demand for a good is to changes in other economic variables: the price of the goods, the price of competing and complementary goods, and the consumer's income.

139

modulo **3**
Domanda e offerta

unità 2 La sfera dell'offerta

DI CHE COSA PARLEREMO	In questa unità esaminiamo il RUOLO DELL'OPERATORE IMPRESE, prendendo in considerazione l'attività dell'IMPRENDITORE, dall'acquisizione dei FATTORI PRODUTTIVI (terra, lavoro, capitale) all'ottenimento del PRODOTTO FINITO (beni e servizi). Attraverso lo studio della funzione di produzione arriveremo a definire l'EQUILIBRIO DELL'IMPRENDITORE, da cui deriva la formazione della curva di offerta del mercato. Si esamina infine il ruolo del progresso tecnico, elemento essenziale per aumentare l'efficienza produttiva.
CHE COSA DEVI CONOSCERE	▪ Il significato della nozione di operatore economico ▪ Qual è la funzione dell'imprenditore ▪ Qual è il ruolo del profitto nell'economia di mercato ▪ Che cosa indica il concetto di produzione ▪ Qual è la nozione di equilibrio
CHE COSA IMPARERAI	▪ Che cos'è la produzione ▪ Quali sono i fattori produttivi ▪ Come funziona il ciclo produttivo ▪ Che cosa si intende per profitto ▪ Che cosa sono le economie di scala ▪ Come si calcola il costo di produzione ▪ Che cos'è la curva di offerta
CHE COSA SAPRAI FARE	▪ Definire il ruolo dell'imprenditore nella produzione ▪ Spiegare la funzione di produzione ▪ Esporre la legge dei rendimenti decrescenti ▪ Distinguere tra prodotto medio e prodotto marginale ▪ Esporre come si arriva all'equilibrio costi-ricavi

2.1 I fattori produttivi

Studiamo ora come operano i soggetti che offrono sul mercato i beni e i servizi prodotti.

 Nel linguaggio economico **produzione** è qualsiasi attività diretta a creare o ad accrescere l'utilità dei beni e dei servizi.

Trasformazioni materiali

In economia il concetto di produzione ha un contenuto più ampio di quello del linguaggio comune: l'attività produttiva non consiste solo nella **trasformazione della materia,** cioè nel fatto che il prodotto finito assume una forma diversa da quella dei materiali impiegati (come ad esempio la trasformazione del filato in tessuto, e del tessuto nell'abito; oppure la produzione di un'automobile utilizzando materiali diversi).

unità **2** ■ La sfera dell'offerta

Trasformazioni nello spazio e nel tempo

Rientra infatti nel concetto di produzione anche la commercializzazione e il trasporto del bene, in quanto la **trasformazione nello spazio** può accrescerne l'utilità; come è produzione la **trasformazione nel tempo**, quando ciò accresca l'utilità di un bene: ne sono esempi l'immagazzinamento del grano dopo il raccolto, o la conservazione di vino d'invecchiamento.

L'imprenditore L'attività produttiva richiede tempo per essere esercitata, e implica una serie di operazioni poste in essere dall'imprenditore.

Il ciclo produttivo

> L'insieme delle operazioni necessarie a produrre un bene prende il nome di **ciclo produttivo**: esso va dall'acquisto dei fattori produttivi al prodotto finito.

Il compito di organizzare la produzione è assunto dall'imprenditore, sul quale grava la responsabilità di scegliere il ramo di attività, decidere la dimensione dell'impresa, acquistare i fattori della produzione, stabilire quali e quanti beni produrre sulla base della situazione di mercato presente e di quella prevista per il futuro. A queste scelte è connesso un forte **margine di rischio**, sia di carattere **tecnico** (un impianto difettoso interrompe un processo produttivo), sia di carattere **economico** (il prodotto non viene venduto).

> Input e output del processo produttivo organizzato dall'imprenditore.

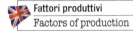

Fattori produttivi
Factors of production

La terra

I fattori produttivi L'imprenditore combina i fattori produttivi per ricavare un prodotto finito la cui utilità è più elevata di quella ottenuta sommando l'utilità dei singoli fattori. Tradizionalmente i fattori produttivi vengono raggruppati in tre categorie:

- **la terra** (detta anche **natura**), che comprende le risorse naturali di un territorio, e quindi non solo la superficie coltivabile, come potrebbe sembrare da una interpretazione restrittiva del termine. Essa fornisce alla produzione un insieme di materie (petrolio, acqua, altre fonti energetiche) e di condizioni ambientali (come i fattori climatici e meteorologici) che rendono possibile la produzione;

- **il lavoro**, che consiste nell'attività dell'uomo finalizzata alla realizzazione del ciclo produttivo. **Le risorse umane sono la prima e più importante ricchezza di un'impresa o di un Paese.** Sono costituite dall'accumulazione di abilità, capacità professionali, motivazioni delle persone. Le spese sostenute per migliorare le capacità produttive delle persone (per l'istruzione, l'addestramento professionale, la prevenzione delle malattie) sono chiamate **investimenti in capitale umano**. Le risorse umane disponibili in un certo momento sono il risultato degli sforzi sostenuti per aumentare le conoscenze (il cosiddetto know-how) e le motivazioni attraverso l'educazione e l'istruzione professionale;

↑ Un operaio specializzato controlla una fase di produzione. Le conoscenze e l'istruzione professionale aumentano il valore del capitale umano e migliorano la produttività.

C Commercializzazione Complesso delle attività che consentono il passaggio dei prodotti finiti dal produttore al consumatore. Comprende sia gli intermediari commerciali, sia i circuiti di confezionamento, trasporto e deposito.

K Know-how Insieme delle conoscenze tecniche (teoriche e pratiche) che in un certo momento sono patrimonio di un'azienda specifica, di un particolare settore produttivo o di un certo Paese e ne consentono il funzionamento ottimale.

modulo 3
Domanda e offerta

Il capitale

- il **capitale**, che comprende tutti i beni prodotti in passato e attualmente impiegati a scopi produttivi. Si distingue in **capitale fisso** (impianti, macchinari, attrezzi, infrastrutture) e **capitale circolante** (materie prime, semilavorati, prodotti intermedi).

La capacità imprenditoriale e lo Stato

A queste tre categorie, gli indirizzi teorici più recenti affiancano due altri tipi di fattori produttivi: la **capacità imprenditoriale**, che è esplicata dall'imprenditore nella promozione delle combinazioni produttive; e l'**attività statale**, che assicura il quadro istituzionale (difesa nazionale, ordine pubblico, giustizia ecc.); secondo un orientamento ormai largamente condiviso, lo Stato deve regolare la vita economica per promuoverne lo sviluppo.

L'impiego combinato dei fattori produttivi consente di ottenere il prodotto; pertanto, a ciascun fattore produttivo spetta un compenso per il contributo apportato all'accrescimento di utilità connesso alla produzione. Così, **alla terra compete la rendita, al lavoro il salario, al capitale l'interesse, alla capacità imprenditoriale il profitto, allo Stato le imposte**.

L'imprenditore si procura i fattori produttivi (terra, lavoro e capitale) per i quali dovrà sostenere dei costi, che diventano i compensi dei soggetti che forniscono i fattori, secondo lo schema che segue:

> I protagonisti dello scambio economico, i fattori produttivi e la loro remunerazione.

SOGGETTI	FATTORE PRESTATO	REMUNERAZIONE
Proprietari	terra	Rendita
Lavoratori	lavoro	Salario
Capitalisti	capitale	Interesse
Imprenditori	organizzazione	Profitto
Stato	servizi pubblici	Imposte

Input e output

Dalla combinazione dei fattori produttivi impiegati (input) l'imprenditore ottiene il prodotto finito (output), che vende sul mercato ottenendo un ricavo. Questo consente all'impresa di ricostituire i mezzi di produzione, per dare avvio a un nuovo ciclo produttivo. Così l'imprenditore potrà acquistare nuove materie prime, energia, lavoro, remunerando di nuovo i proprietari, i lavoratori, i capitalisti, pagare nuove imposte e tasse allo Stato.

> La differenza fra i ricavi ottenuti dalla vendita dei prodotti e i costi sostenuti per remunerare i fattori produttivi e pagare le imposte costituisce il **profitto**, riconosciuto all'imprenditore per la sua opera di coordinazione dei fattori produttivi, di organizzazione dell'impresa e di assunzione del rischio.

Le diverse funzioni del profitto

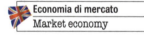
Economia di mercato
Market economy

Il ruolo del profitto In un'economia di mercato il profitto svolge un ruolo cruciale. Ce ne rendiamo conto se pensiamo alle sue funzioni:

- il **profitto è un incentivo,** in quanto senza la prospettiva del profitto, nessun imprenditore investirebbe i suoi capitali nel processo produttivo: non avrebbe cioè nessuna convenienza a sopportare rischi (magari perdendo in tutto o in parte il capitale investito) se non avesse la speranza di realizzare dei guadagni;

P Prodotto finito È il risultato finale del processo produttivo, che va dall'acquisto dei fattori produttivi all'ottenimento appunto del prodotto finito (ciclo produttivo), pronto per essere offerto sul mercato e venduto al consumatore.
I Input - Output Termini inglesi che significano rispettivamente la quantità di fattori immessi nel processo produttivo e il prodotto ottenuto dallo stesso processo. I sistemi Input-Output sono stati oggetto di studi approfonditi in economia.
E Economia di mercato Modello di economia in cui l'iniziativa privata degli imprenditori coesiste con l'intervento dello Stato nella vita economica, collaborando, ciascuno con i propri compiti, per garantire equità ed efficienza al sistema.

- **il profitto è un segnale**, in quanto comunica quali sono i beni e i servizi maggiormente desiderati dai consumatori;

Se i produttori di computer con particolari performance di connettività realizzano alti profitti perché nel mercato è alta la domanda di questi beni, altri imprenditori, anch'essi desiderosi di realizzare alti profitti, entrano in questo particolare mercato e offrono ai consumatori computer analoghi per soddisfarne la domanda.

- **il profitto è una remunerazione**, perché compensa gli imprenditori che soddisfano i bisogni dei consumatori in modo efficiente;
- **il profitto consente l'autofinanziamento**, per la parte di utili non distribuita, ma reimpiegata all'interno dell'impresa, in modo da effettuare così nuovi investimenti senza chiedere prestiti o nuovi apporti di capitale.

2.2 La funzione di produzione

 La **funzione** di produzione esprime il rapporto fra la quantità di fattori produttivi impiegati (**input**) e il prodotto ottenuto (**output**).

Rapporto tra produzione e dimensione dell'impresa

Come è facile intuire, all'aumento dei fattori impiegati, aumenta anche il prodotto ottenuto. Ma in quale misura o proporzione aumenta la produzione all'aumentare delle dimensioni dell'impresa?

Funzione di produzione
Production function

Immaginiamo, come esempio, di studiare la funzione di produzione del grano all'aumentare delle dimensioni di un'azienda agricola. Se aumentano tutti i fattori produttivi impiegati (terra, lavoro, concime, attrezzi agricoli), anche il prodotto aumenta.

È importante conoscere qual è l'aumento percentuale del grano quando tutti i fattori produttivi aumentano di una certa percentuale. Se raddoppiamo, o triplichiamo, le quantità dei fattori produttivi impiegati, possiamo ipotizzare tre casi:

- la produzione di grano raddoppia o triplica (**rapporti di scala costanti**);
- la produzione di il grano aumenta in misura più che proporzionale (**rapporti di scala crescenti**);
- la produzione di il grano aumenta in misura meno che proporzionale (**rapporti di scala decrescenti**).

I casi più interessanti sono il secondo e il terzo: nel secondo caso si hanno **economie di scala**, nel terzo **diseconomie di scala**.

Rapporto tra produzione e aumento di un fattore

I rendimenti decrescenti Vediamo ora cosa accade quando si aumenta la quantità di un solo fattore produttivo, mentre resta invariata la quantità dei rimanenti fattori. Possiamo logicamente aspettarci che la quantità prodotta aumenti a sua volta: vogliamo però sapere quali sono le modalità di tale aumento. In generale, quando si aumenta l'impiego di un solo fattore, dapprima il prodotto totale aumenta in misura rilevante; se però continuiamo ad aumentare la quantità di quel fattore, gli incrementi successivi di prodotto sono via via decrescenti.

Un esempio pratico

Per illustrare il fenomeno, riprendiamo l'esempio della produzione di grano. Se aumentiamo la quantità di concime, ferme restando le quantità dei rimanenti fattori, il grano ottenuto aumenta; ma a mano a mano che si procede

F Funzione Una variabile y è funzione di un'altra variabile x (o di più variabili x_1, x_2, ... x_n) quando esiste un legame che fa corrispondere a ogni valore di x ($x_1, x_2, ... x_n$) un solo valore di y. Si tratta di uno strumento molto usato in tutte le analisi scientifiche.

modulo 3
Domanda e offerta

PER capire meglio

Le economie di scala nell'industria

Nella produzione industriale sono possibili notevoli **economie di scala**. In generale, un aumento delle dimensioni dell'impresa comporta una riduzione dei costi per unità di prodotto, perché la capacità produttiva aumenta in misura più che proporzionale rispetto ai costi di impianto. Le economie di scala sono spiegate dai seguenti fenomeni che si verificano quando le imprese aumentano le proprie dimensioni:

- possibilità di realizzare una maggior divisione del lavoro;
- standardizzazione dei prodotti;
- integrazione dei processi produttivi, con riduzione delle spese di impianto e dei costi di gestione;
- impiego di risorse inutilizzate, che si manifesta quando l'impresa diversifica la produzione.

Il sintomo più evidente dell'operare delle economie di scala si riscontra nella tendenza alla **concentrazione delle attività industriali**, nella ricerca cioè di una dimensione ottima che assicuri l'efficienza produttiva, o che comunque migliori la produttività.

La diversificazione della produzione consente **sinergie** (collaborazione tra più settori produttivi in modo che il rendimento globale sia superiore alla somma delle singole attività), perché una nuova attività dell'impresa utilizza risorse per le quali si è già sostenuto e coperto un costo.

In particolare l'espansione in altri settori o attività consente l'utilizzo di **know-how** già esistente, oppure di acquisirlo per utilizzarlo nei settori in cui l'impresa è già operante.

nell'operazione, la quantità aumenta per incrementi sempre minori; finché, arrivati a un certo punto, l'impiego di ulteriori dosi di concime farà persino diminuire il grano ottenuto (per inquinamento del suolo). Se così non fosse, da un dato appezzamento di terreno si potrebbe ottenere tutto il grano necessario a sfamare il mondo intero, sol che si aumenti la quantità di concime.

È questa una legge che si verifica in tutti i settori, seppure in modo diverso. Tale regola è nota con il nome di **legge dei rendimenti decrescenti** (detta anche **legge dei costi crescenti**).

Legge dei rendimenti decrescenti

Legge dei rendimenti decrescenti
Law of diminishing returns

> Funzione della produzione, che esprime come cambia il prodotto totale in funzione del variare di un fattore produttivo.

Questa legge può esprimersi nel grafico della figura qui sotto, che rappresenta la variazione del prodotto totale al variare del fattore produttivo:

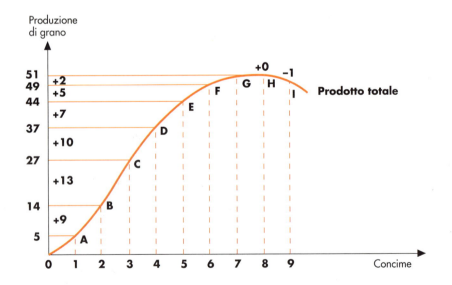

Interpretazione del grafico

Come si vede dal grafico, all'aumentare del fattore concime, nella fase iniziale la produzione del grano aumenta rapidamente. Successivamente l'incremento marginale della produzione rallenta fino a cessare; alla fine l'incremento di una unità di concime determina addirittura una riduzione del prodotto totale.

unità **2** ■ La sfera dell'offerta

2.3 Prodotto medio e prodotto marginale

Introduciamo ora due nuovi concetti, che si applicano quando varia la quantità impiegata di un fattore. A questo scopo, ci avvaliamo di un esempio numerico. Nella tabella più in basso abbiamo riportato nella prima colonna le quantità di fattore produttivo impiegato (supponiamo unità di lavoratori), e nelle colonne successive il prodotto totale, il prodotto medio e il prodotto marginale (espressi in quintali di grano). Le cifre della colonna del prodotto totale rispettano la legge dei rendimenti decrescenti illustrata nella figura 2.1. Vediamo ora come si perviene ai valori della terza e della quarta colonna.

Intanto, introduciamo il concetto di prodotto medio:

Il prodotto medio

> Si definisce **prodotto medio** (o produttività media) di un fattore il rapporto tra il prodotto totale ottenuto e la quantità di fattore utilizzato.

Quindi, i valori della terza colonna si ottengono dividendo il valore del prodotto totale (seconda colonna) per la quantità di fattore produttivo impiegato (prima colonna).

Il prodotto marginale

> Il **prodotto marginale** (o **produttività marginale**) è l'incremento registrato dal prodotto totale in corrispondenza dell'impiego di una unità aggiuntiva del fattore impiegato.

Così, nel nostro esempio, se passiamo da 1 a 2 unità di lavoro, l'incremento del prodotto totale è pari a 70; da 2 a 3, l'incremento è pari a 80, e così via.

❯ Andamento del prodotto totale, medio e marginale al variare di un fattore produttivo.

FATTORE PRODUTTIVO	PRODOTTO TOTALE	PRODOTTO MEDIO	PRODOTTO MARGINALE
1	60	60	–
2	130	65	70
3	210	70	80
4	340	85	130
5	450	90	110
6	510	85	60
7	560	80	50
8	600	75	40
9	540	60	– 60

Come si vede dalla tabella, tanto il **prodotto medio** che il **prodotto marginale** dapprima aumentano, per poi decrescere; però, mentre il prodotto medio cresce e decresce più lentamente, il prodotto marginale aumenta velocemente nella fase iniziale, per decrescere poi altrettanto rapidamente.

Generalizzando il risultato ottenuto, possiamo esprimere nella figura qui a fianco le **curve del prodotto medio e del prodotto marginale**. Nella prima fase il prodotto marginale cresce rapidamente, facendo crescere anche il prodotto medio. Il prodotto marginale raggiunge il massimo e poi decresce, fino ad intersecare la curva del prodotto medio nel suo punto di massimo: in questo intervallo, il prodotto medio continua a crescere, in quanto il prodotto delle ultime dosi è sempre superiore al prodotto medio. In seguito il prodotto marginale decresce rapidamente, facendo diminuire, anche se più lentamente, il prodotto medio. Il punto di incontro delle due curve coincide quindi con il massimo della curva del prodotto medio.

◥ Curve del prodotto medio e del prodotto marginale.

145

modulo 3
Domanda e offerta

2.4 L'equilibrio dell'imprenditore

Combinazione ottima dei fattori produttivi

L'imprenditore è in **equilibrio** quando massimizza il livello di prodotto ottenuto, avendo a disposizione una certa quantità di capitale da impiegare nell'acquisto dei fattori produttivi. Per ottenere la massima quantità di prodotto, l'imprenditore dovrà impiegare il suo capitale in modo che l'ultimo euro speso nell'acquisto di ciascun fattore dia il medesimo prodotto marginale.

Se, ad esempio, nell'impresa risultasse più elevata la produttività marginale di un fattore (supponiamo il lavoro), all'imprenditore converrà acquistare ulteriori unità di quel fattore, finché la sua produttività uguagli quella degli altri fattori produttivi. Infatti, aumentando l'impiego di quel fattore, la sua produttività, raggiunto un certo livello, comincerà a decrescere in virtù della legge dei rendimenti decrescenti, fino a eguagliare la produttività dei rimanenti fattori.

▲ Uno stretto lavoro di squadra tra l'imprenditore e il suo team è importante per massimizzare la produttività dell'impresa e raggiungere migliori risultati.

Uguaglianza delle produttività marginali ponderate

Indicando con $y_1, y_2, y_3, ..., y_n$ le produttività marginali dei diversi fattori produttivi, l'imprenditore è in equilibrio quando:

$$\frac{y_1}{p_1} = \frac{y_2}{p_2} = \frac{y_3}{p_3} = ... = \frac{y_n}{p_n}$$

dove $p_1, p_2, p_3, ..., p_n$ sono i prezzi dei fattori produttivi.

Infatti, dato che i fattori produttivi non hanno prezzo unitario uguale, l'imprenditore deve tenere conto delle rispettive differenze di prezzo "ponderando", ossia rapportando, le produttività marginali ai relativi costi.

 Si può quindi concludere che la **combinazione ottima dei fattori produttivi**, cioè quella che massimizza il prodotto, corrisponde al punto in cui vi è uguaglianza fra le produttività marginali dei diversi fattori, rapportate ai prezzi di acquisto dei fattori stessi (**legge delle produttività marginali ponderate**).

2.5 Il costo di produzione

Il costo totale

Per produrre i beni e i servizi l'imprenditore sopporta dei costi. Ci occupiamo ora di questo aspetto della produzione, per il suo ruolo importante nella determinazione della quantità di prodotto da offrire sul mercato.

 Il **costo totale** è l'insieme delle spese sopportate dall'imprenditore per attuare il processo produttivo. Il costo totale comprende i costi fissi e i costi variabili.

Costi fissi

Si definiscono **costi fissi** quelli che non variano al variare della quantità prodotta.

Ne sono esempi le quote di ammortamento degli impianti, gli interessi passivi sui mutui, le spese per affitti, e così via. Sino a un certo punto, cioè, tali costi non aumentano; quando è necessario introdurre un nuovo impianto, o prendere in affitto un nuovo magazzino ecc., aumentano di una quantità fissa, e così di seguito: presentano pertanto un tipico andamento a gradino, come si vede nella figura qui a fianco.

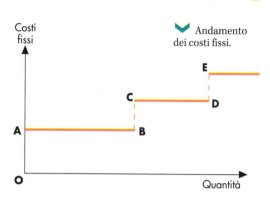

Andamento dei costi fissi.

Costi variabili

Si definiscono **costi variabili** quelli che variano in funzione della quantità prodotta.

Si pensi alle materie prime, alle spese per l'energia, combustibili, manodopera ecc. Sono nulli quando la produzione è pari a zero; quindi la curva dei costi variabili esce dall'origine. Aumentano all'aumentare della produzione, lentamente all'inizio e più rapidamente dopo un certo punto. Il loro andamento è rappresentato nella figura a lato.

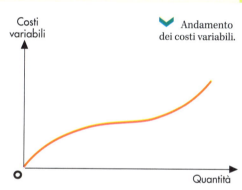

Andamento dei costi variabili.

Costi totali

Si definiscono **costi totali** quelli costituiti dalla somma dei costi fissi e dei costi variabili.

> Costo totale, ottenuto dalla somma dei costi fissi e dei costi variabili.

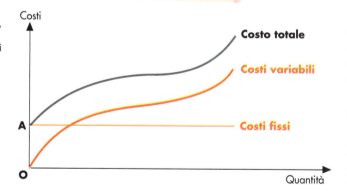

Per ottenere la curva dei costi totali quindi basta sommare le due curve dei costi fissi e dei costi variabili. Tale curva è rappresentata nella figura: parte dall'ordinata pari a OA e differisce dalla curva dei costi variabili sempre per lo stesso valore (supposto per semplicità di considerare solo la prima fase dei costi fissi, cioè il tratto AB della prima figura in alto).

IN pratica

Si immagini il caso di un'impresa manifatturiera che debba cessare momentaneamente la produzione perché un impianto si è guastato, oppure perché le maestranze entrano in sciopero per rivendicare migliori condizioni di lavoro (aumenti retributivi, miglioramento delle norme di igiene e di sicurezza ecc.). L'impresa, per tutto il periodo di interruzione della produzione, deve comunque sostenere i costi fissi, come per esempio gli interessi passivi sui mutui ottenuti dalle banche, i canoni di affitto e di locazione, i costi pluriennali da imputare all'esercizio (ammortamenti); non deve invece sostenere i costi variabili, legati alla quantità prodotta, come per esempio il costo delle materie prime e dei semilavorati, le spese per la forza motrice, di illuminazione e dei combustibili.

147

modulo 3
Domanda e offerta

Il concetto di costo totale di produzione permette l'introduzione di due importanti nozioni: quella di costo medio e di costo marginale.

Costo medio e costo marginale

> Il **costo medio** (detto anche **costo unitario**) è dato dal rapporto fra il costo totale e il numero delle unità prodotte. Il **costo marginale** è dato dal costo dell'ultima unità prodotta, ossia dalla variazione di costo totale connessa all'aumento di una unità di prodotto.

Dato che il costo totale è composto dai costi fissi e dai costi variabili, il costo medio risulta dall'incidenza media dei costi fissi e dei costi variabili:

$$\text{costo medio} = \frac{\text{costi fissi}}{\text{quantità prodotta}} + \frac{\text{costi variabili}}{\text{quantità prodotta}}$$

cioè:
costo medio = costo fisso medio + costo variabile medio

L'esempio numerico in tabella chiarisce i due concetti ora introdotti.

> Andamento del costo medio e del costo marginale al variare della quantità prodotta.

QUANTITÀ PRODOTTA	COSTI FISSI	COSTI VARIABILI	COSTI TOTALI	COSTO MEDIO	COSTO MARGINALE
2	500	226	726	363	–
3	500	301	801	267	75
4	500	360	860	215	59
5	500	430	930	186	70
6	500	532	1032	172	102
7	500	704	1204	172	172
8	500	940	1440	180	236
9	500	1300	1800	200	360

Come si nota, tanto i costi medi che i costi marginali hanno andamento dapprima decrescente, e successivamente crescente. Finché il costo marginale decresce, anche il costo medio decresce; quando il costo marginale aumenta, trascina con sé il costo medio, e lo fa aumentare.

Diverso andamento delle curve

Si notino i livelli del costo medio e del costo marginale nella fase iniziale di aumento del costo marginale (nel nostro esempio, a partire dalla produzione di 5 unità): il costo medio continua per un tratto a diminuire, per poi iniziare a crescere. Si osservi anche che il costo marginale raggiunge il minimo assai prima del costo medio: rispettivamente in corrispondenza a 4 unità prodotte per il costo marginale, e a 6 unità prodotte per il costo medio.

Dato che in tutti i punti in cui il costo marginale è inferiore a quello medio, quest'ultimo decresce e in tutti i punti in cui il costo marginale è superiore al costo medio, quest'ultimo cresce, **il costo medio è minimo quando i due costi sono uguali** (nel nostro caso in corrispondenza alla produzione di 7 unità). Le due curve si intersecano, come si vede nella figura qui a fianco, nel punto di minimo del costo medio.

> Curve del costo medio e del costo marginale, variabili in funzione della quantità prodotta.

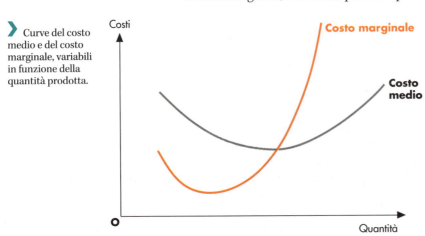

2.6 La curva di offerta

La quantità offerta viene determinata dall'imprenditore tenendo conto di due grandezze: il costo marginale e il prezzo di mercato. In particolare, l'imprenditore estende la produzione e quindi l'offerta fino al punto in cui il costo marginale, crescente, uguaglia il prezzo di mercato: più alto è il prezzo di mercato, maggiore è la quantità offerta.

Possiamo quindi esprimere la seguente **legge dell'offerta**:

Legge dell'offerta

> all'aumentare del prezzo di un bene, la quantità offerta aumenta, e viceversa. **L'offerta è quindi funzione diretta del prezzo.**

> Sviluppo della curva di offerta, che rappresenta l'andamento della quantità offerta al variare del prezzo.

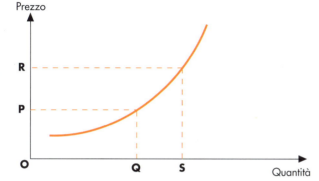

Quando il prezzo di mercato sale, l'imprenditore cerca di offrire una maggiore quantità di bene: si pensi a un coltivatore che, al crescere del prezzo delle patate, pone a coltura nuove terre, magari meno fertili di quelle già coltivate; o a un industriale che, quando aumenta il prezzo di mercato, continua a produrre il suo bene, anche se l'impresa si trova nella fase dei costi crescenti.

Se misuriamo sull'asse delle ascisse la quantità offerta del bene e sull'asse delle ordinate il suo prezzo, la curva di offerta può essere rappresentata come nella figura qui sopra. Al prezzo OP la quantità offerta sarà OQ; se il prezzo aumenta ad OR, la quantità offerta salirà a OS.

L'offerta di mercato di un bene è data naturalmente dalla somma delle quantità offerte da tutti i produttori ai singoli prezzi.

Elasticità dell'offerta La reazione dell'imprenditore al variare dei prezzi dei beni non è sempre uguale, ma dipende dalla capacità dell'impresa di adeguare prontamente la quantità prodotta alle variazioni dei prezzi. Si capisce infatti che non è facile in ogni circostanza reperire i fattori produttivi necessari ad aumentare la produzione.

L'adeguamento della produzione

> La reazione dell'imprenditore è misurata dall'**elasticità dell'offerta**, che indica di quanto varia la quantità offerta al variare del prezzo di mercato.

Essa si ottiene mettendo a rapporto la variazione percentuale della quantità offerta e la variazione percentuale del prezzo, cioè:

$$E = \frac{\text{variazione \% della quantità offerta}}{\text{variazione \% del prezzo}}$$

A seconda del valore assunto dall'elasticità, l'offerta può essere:
- **elastica**, se $E > 1$;
- **rigida**, se $E < 1$;
- **neutrale**, se $E = 1$.

Periodo breve e periodo lungo

I tempi di offerta Nell'adeguare la produzione, e quindi l'offerta, al variare della domanda è necessario distinguere il periodo breve dal periodo lungo. Nel periodo breve l'adeguamento avverrà intervenendo sul fattore lavoro (straordinario) e sul capitale circolante (materie prime, semilavorati, energia ecc.), cioè sui costi variabili. Nel periodo lungo l'adattamento riguarderà anche gli investimenti nel capitale fisso (edifici, impianti, macchine ecc.).

2.7 L'equilibrio costi-ricavi

Il **costo totale** risulta costituito da due distinte componenti:
- i **costi fissi**, così detti perché non variano al variare della produzione;
- i **costi variabili** che, invece, variano al variare della quantità prodotta.

> Area di perdita, punto di pareggio e area di profitto per l'impresa.

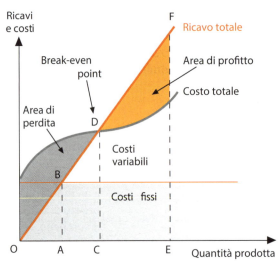

Il grafico consente di confrontare le funzioni di costo totale e di ricavo totale allo scopo di identificare il break-even point (**punto di pareggio**), che contrassegna la quantità prodotta che deve essere venduta affinché, a un determinato prezzo, il ricavo totale copra esattamente i costi. Oltre quel punto l'impresa potrà realizzare un profitto. Osserviamo che nel grafico ricompare la curva del costo totale che abbiamo illustrata nella figura a pagina 147 in basso. Essa risulta dalla somma dei costi fissi e dei costi variabili. Vendendo la quantità OA l'impresa ottiene un ricavo BA, sufficiente a coprire solo i costi fissi. Per coprire anche i costi variabili la quantità prodotta e venduta dovrà salire a OC che assicura un ricavo DC che copre il costo totale (in quanto la curva dei ricavi incrocia quella del costo totale). Prima di raggiungere questo punto di pareggio l'impresa produce in perdita. Ma aumentando la produzione da OC ad OE i ricavi salgono a FE in grado di coprire il costo totale assicurando anche un margine di profitto.

2.8 Il progresso tecnico

La scienza ha compiuto enormi progressi in tutti i settori. Per quanto riguarda in particolare l'economia, gli avanzamenti della tecnica hanno prodotto miglioramenti continui nei metodi produttivi, consentendo il raggiungimento di livelli di produttività superiori alle previsioni più ottimistiche.

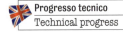

Progresso tecnico
Technical progress

Il concetto di **progresso tecnico** prende le mosse dalla nozione di **tecnologia**, che è l'insieme delle conoscenze relative alla produzione.

Il progresso tecnico consiste quindi in tutte le acquisizioni della tecnologia, che si concretizzano in nuovi metodi di produzione, nuovi prodotti, nuove tecniche organizzative, direzionali e di mercato.

È opportuno distinguere il progresso tecnico in **labour-saving**, **capital-saving** e **neutrale**. Il progresso tecnico è labour-saving se ha come effetto la riduzione del lavoro rispetto al capitale; nel caso contrario è capital-saving. Il progresso tecnico è neutrale quando la riduzione dei due fattori è uguale.

B Break-even point Indica la quantità di prodotto che deve essere venduta perché i ricavi totali siano uguali ai costi totali. A questo punto l'impresa è in pareggio, senza profitti né perdite. L'utilizzo di questo grafico è molto frequente, soprattutto nel caso di imprese che intendono lanciare nuovi prodotti sul mercato.

T Tecnologia In senso lato il termine indica l'insieme delle conoscenze relative alla produzione di cui dispone un certo sistema economico in un dato momento. In un senso più ristretto indica l'applicazione di una innovazione scientifica alla produzione di beni e servizi.

unità **2** ▪ La sfera dell'offerta

PER capire meglio

Il costo del lavoro per unità di prodotto

Il **costo del lavoro per unità di prodotto** (**CLUP**) è la componente più importante del costo unitario medio, essendo costituito dal rapporto fra il salario medio e la produttività media del lavoro. Se, per esempio, in un mese un lavoratore produce in media 30 unità di prodotto, e il suo salario mensile lordo è di 1.200 euro, il CLUP per ogni unità di prodotto ammonta a 40 euro (che diventano quasi il doppio se si tiene conto anche delle imposte e dei contributi, compresi gli oneri sociali versati dal datore di lavoro ai fini previdenziali e assistenziali).

Come si capisce facilmente, il CLUP dipende da **due variabili**: l'ammontare del **salario** e la **produttività** del lavoro. Aumenta all'aumentare del salario e diminuisce all'aumentare della produttività del lavoro, e viceversa. È possibile diminuire il CLUP migliorando l'organizzazione del lavoro e introducendo innovazioni tecniche.
A livello di sistema economico, l'andamento del CLUP è **un importante indicatore** per tenere sotto controllo l'inflazione, che può essere determinata da un aumento dei salari a cui non corrisponde un adeguato aumento della produttività.

L'attività creatrice dell'imprenditore

L'imprenditore innovatore Al primo affermarsi della rivoluzione industriale, il progresso tecnico è stato per lo più frutto dell'iniziativa individuale di inventori particolarmente capaci. **Joseph A. Schumpeter** (1883-1950), economista austriaco ma vissuto lungamente negli Stati Uniti, identificò il progresso tecnico con l'attività inventiva, "creatrice", e all'imprenditore innovatore fece risalire in gran parte il merito dello sviluppo economico: si ha progresso, secondo questo studioso, quando un soggetto di particolari capacità rompe gli equilibri preesistenti e rivoluziona l'ambiente in cui opera.

Il lavoro di équipe

Oggi il progresso tecnico è soprattutto frutto di ricerche di équipe, condotte da personale altamente specializzato. Il costo di tali ricerche è elevatissimo, e ciò spiega la concentrazione del progresso tecnologico nei Paesi ricchi. Tuttavia l'elemento creativo individuale è sempre importante, come prova, per esempio, il ruolo svolto da Bill Gates, fondatore della Microsoft, nella rivoluzione dei personal computer.

2.9 La produttività dell'impresa

Se il profitto è un indicatore sintetico dell'andamento dell'impresa, in quanto risulta dalla differenza fra tutti i ricavi e tutti i costi, la nozione di **produttività** riveste un carattere più propriamente tecnico, in quanto è legata all'efficienza del processo produttivo.

Produttività totale

Infatti la **produttività totale** è il rapporto fra il volume della produzione totale e la quantità dei fattori produttivi che hanno contribuito a realizzarla. L'impresa è tanto più efficiente quanto più alto è il volume della produzione e bassa la quantità dei fattori impiegati per ottenerla.

Produttività parziale

Se la produttività è calcolata in rapporto a un solo fattore, ad esempio il lavoro o il capitale, si ha la **produttività parziale.**

Produttività del lavoro

Se la produzione è rapportata al numero di lavoratori che hanno contribuito ad ottenerla, si ha la **produttività del lavoro**: essa aumenta se, aumentando le ore lavorate, il valore della produzione cresce in misura maggiore rispetto ai costi salariali aggiuntivi.

Produttività del capitale

Se, invece, la produzione è rapportata al capitale impiegato, si ha la **produttività del capitale**: essa aumenta se, aumentando il capitale investito nell'im-

E Équipe Gruppo di persone organizzate per svolgere un'attività comune, che collaborano al raggiungimento di un medesimo fine. Questa modalità di operare, chiamata anche *lavoro di squadra*, consegue risultati ottimali in molti campi. "Fare squadra" significa mettere in comune l'esperienza di tutti per raggiungere i migliori risultati possibili.

151

modulo 3
Domanda e offerta

presa, il valore della produzione cresce in misura maggiore rispetto al costo dell'investimento aggiuntivo.

La nozione di produttività, assai utile per l'impiego operativo, presenta non poche difficoltà di calcolo: esse derivano dal fatto che ciascun processo produttivo richiede l'uso contemporaneo dei diversi fattori, fra loro interdipendenti, e risulta difficile attribuire a ciascuno di essi una quota precisa dell'aumento della produttività globale.

Interdipendenza dei fattori produttivi

Nel calcolo, ad esempio, della produttività del lavoro è facile rendersi conto che l'accrescimento di produttività non dipende solo dal miglioramento delle capacità del lavoratore, ma è anche frutto delle innovazioni tecniche, che dipendono dalla quantità di capitale investito nel processo produttivo; mentre la produttività del capitale dipende a sua volta dal progresso tecnico e dalla professionalità del lavoro.

Combinazione ottima dei fattori produttivi

Come aumentare la produttività La produttività è il risultato di molte forze, la sintesi finale di un insieme di cause che interagiscono: si dice a questo proposito che essa deriva da **sinergie**, cioè forze diverse che si influenzano positivamente a vicenda.

Fra le cause che aumentano la produttività si segnalano:
- **miglioramenti nell'organizzazione del processo produttivo**, che consentono di utilizzare meglio le risorse;
- **nuovi investimenti** che consentono l'introduzione di innovazioni che incorporano il progresso tecnico;
- **maggior efficienza del lavoro**, che si ottiene mediante una più elevata formazione professionale;
- **incremento della** flessibilità del lavoro, che ne consenta un miglior utilizzo;
- **ampliamento dei mercati di vendita**, per realizzare economie di scala.

Lo schema che segue mette in evidenza gli effetti dell'aumento della produttività: tale aumento consente la riduzione dei costi di produzione, che a sua volta si traduce in una riduzione dei prezzi di vendita.

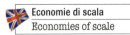

Economie di scala
Economies of scale

> L'aumento della produttività riduce i costi di produzione, con la conseguenza di una riduzione dei prezzi e di un maggior benessere per l'intera collettività.

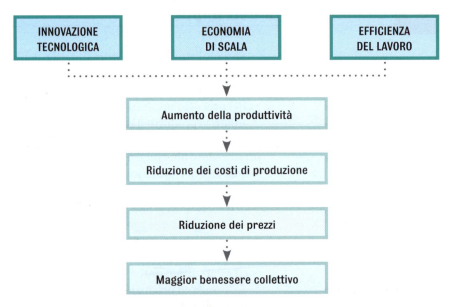

F Formazione professionale Addestramento che consente un più facile inserimento nel mondo del lavoro, che si tratti di primo impiego o di reinserimento nell'attività produttiva. Oggi, a causa dell'incessante innovazione tecnologica, la formazione professionale ha assunto un ruolo sempre più importante.

F Flessibilità del lavoro Adeguamento del lavoro alle necessità dell'impresa per ridurre i costi di produzione. Si realizza riducendo l'orario di lavoro, spostando il lavoratore nei vari settori dell'impresa, affidando ad altre imprese fasi del processo produttivo, assumendo dipendenti con contratti a termine.

unità **2** ■ La sfera dell'offerta

L'ECONOMIA CHE NON TI ASPETTI — LA "MALATTIA" DI BAUMOL

La caratteristica peculiare dell'economia contemporanea è quella della produttività crescente: essa spiega il benessere di cui oggi godono fasce sociali molto più estese che in passato.
Non tutti i settori, però, presentano produttività crescente: in alcuni, come ad esempio i servizi dell'istruzione, le manifestazioni artistiche, la sanità, i servizi urbani ecc., la produttività è decrescente. Questi settori sono colpiti dalla "malattia di Baumol", dal nome dell'economista statunitense William Jack Baumol (1922) che per primo l'ha individuata.
Ricorda Baumol che il costo di produzione di un orologio svizzero si è ridotto, dal 1700 ad oggi, di circa 100 volte; ma il costo di una lezione di un insegnante specializzato o quello di una esecuzione di un'orchestra classica è rimasto uguale.
Perché? La risposta è semplice: il settore dei servizi richiede una notevole quantità di lavoro rispetto al capitale (nel linguaggio degli economisti si dicono settori ad alta intensità di lavoro). I loro costi di produzione sono alti, perché non è possibile ridurre, attraverso gli investimenti di capitale, la forza di lavoro per unità di prodotto.
Ciò non significa, però, che non si debba operare per aumentare l'efficienza di questi settori. Ma bisogna sempre considerarne la specificità.
Attualmente gli ospedali vengono dotati di apparecchiature complesse e costose che richiedono personale specializzato per l'uso e la manutenzione. Ciò può contribuire a spiegare perché l'andamento dei costi ospedalieri sia costantemente in crescita anziché diminuire, contrariamente a quanto avvenuto, per esempio, per i costi di produzione delle automobili.

▲ William J. Baumol

2.10 "Mettersi in proprio": incentivi per giovani imprenditori

È noto che i giovani che iniziano nuove attività imprenditoriali devono affrontare un grave problema: **trovare i finanziamenti necessari a partire**. Gli incentivi sono attuati a diversi livelli territoriali, dall'Unione europea agli enti locali (Regioni e Camere di commercio).

Un sistema europeo di incentivi

Incentivi comunitari L'Unione europea finanzia la nascita, la crescita e lo sviluppo delle PMI attraverso l'**European Progress Microfinance Falicility (EPMF)**, rivolto sia alle persone che hanno perso il lavoro e vogliono avviare una piccola impresa, sia alle piccole imprese con al massimo dieci dipendenti e un fatturato annuo non superiore a 2 milioni di euro. Anche il **Fondo Europeo per gli Investimenti (FEI)** promuove lo sviluppo delle PMI, finanziando gli investimenti alle PMI più innovative.

▼ Gli incentivi statali e comunitari forniscono ai giovani imprenditori i finanziamenti necessari per dare vita a nuove attività economiche.

Incentivi statali Il Testo Unico n. 185/2000 prevede due tipi di agevolazioni, una rivolta all'**autoimprenditorialità** (nuove imprese di piccole dimensioni), e l'altra all'**autoimpiego** (lavoro autonomo e microimpresa); in entrambi i casi il Testo Unico indica in dettaglio i requisiti richiesti e l'iter da osservare da parte di chi chiede il finanziamento.

Gli **interventi di autoimprenditorialità** riguardano le nuove imprese di piccola dimensione costituite in forma societaria, composte in maggioranza sia numerica che di capitali da giovani tra i 18 e i 35 anni e localizzate nelle aree svantaggiate del Paese.

M Microimpresa È così definita un'impresa caratterizzata da un organico con meno di 10 dipendenti e da un fatturato annuo non superiore a 2 milioni di euro.

153

modulo 3
Domanda e offerta

la nuova economia

Gli "incubatori" creano giovani imprenditori

Anche in Italia si stanno diffondendo gli **incubatori**, nati inizialmente negli Usa a fianco delle grandi Università per sfruttarne l'enorme patrimonio di conoscenze tecnologiche. Sono organizzazioni che aiutano i giovani che vogliono creare nuove imprese, collaborando a tracciare il **business plan** (progetto che descrive le risorse disponibili, le tecniche produttive da adottare, gli obiettivi), a trovare adeguati finanziamenti e a entrare nel mercato. In cambio acquisiscono una quota del capitale della nuova impresa: se questa avrà successo, gli incubatori realizzano guadagni elevati, se l'impresa fallisce, gli incubatori perdono il valore della quota. Dall'esperienza si ricava che solo una parte delle imprese così lanciate sfonda il mercato; ma in tal caso il guadagno dell'incubatore è molto alto, perché le quote della società sono state acquisite a costo basso.

L'autoimpiego

La selezione per accedere a questi strumenti è rigorosa e i tempi per avere una risposta sono relativamente brevi: in media quattro mesi dalla presentazione dei documenti richiesti.

Gli **interventi di autoimpiego** consistono in misure a sostegno di piccole attività imprenditoriali, da parte di disoccupati o persone in cerca di prima occupazione, attraverso prestiti d'onore e bonus per avviare un'attività autonoma sotto forma di ditta individuale con investimenti entro un certo limite. Le risorse sono immesse attraverso tre canali: contributi a fondo perduto, mutui agevolati, servizi di assistenza tecnica. Un recente monitoraggio realizzato da Invitalia, Agenzia Nazionale per l'attrazione e lo sviluppo d'impresa, indica che tra i settori agevolati prevalgono le attività turistico-culturali (33% dei finanziamenti), seguite da attività manifatturiere artigianali, servizi alla persona, commercio e servizi alle PMI.

Incentivi regionali Rappresentano una quota rilevante del totale degli interventi (circa il 20%). Le modalità di concessione variano a seconda della Regione: contributi in conto capitale, finanziamenti agevolati, contributi in conto interessi, crediti d'imposta, acquisizioni temporanee di quote di minoranza.

Nuove forme di supporto

Altri incentivi Fondi sono predisposti anche da molte banche che hanno elaborato diverse proposte di finanziamento dedicate alle *start-up*. Da tener presente anche i progetti di microcredito lanciati dalle Camere di commercio, che hanno aumentato i loro fondi di garanzia a sostegno dei neoimprenditori attraverso prestiti a tasso agevolato.

Sul sito www.ilsole24ore.com/inproprio sono disponibili una serie di aiuti:
- un video di approfondimento che riassume gli aspetti principali del "mettersi in proprio" e i passi da fare per accedere agli aiuti;
- un test sull'attitudine imprenditoriale dei giovani per scoprire la propria vocazione imprenditoriale;
- le procedure di accesso agli incentivi, con il fac-simile della domanda di finanziamento e la guida alla redazione del business plan;
- una mappa delle agevolazioni regionali per la micro-impresa e il lavoro autonomo, con i bandi regionali.

C Contributo a fondo perduto Erogazione di somme di denaro che non vengono restituite, normalmente per finanziare le spese iniziali e quelle relative all'acquisto dei macchinari nel momento dell'avvio dell'attività.

M Mutuo agevolato È un mutuo concesso a condizioni di favore, specialmente per quanto riguarda il tasso di interesse. Viene offerto in genere a particolari categorie di soggetti, per esempio giovani e neo-imprenditori.

B Business plan Detto anche "piano d'impresa", è il documento in cui vengono quantificati gli obiettivi da raggiungere e la loro compatibilità con le risorse (finanziarie, tecnologiche, umane) di cui l'impresa dispone.

IN sintesi

2.1 I fattori produttivi
È **produzione** qualsiasi attività diretta a creare o ad accrescere l'utilità dei beni e dei servizi, quindi **non solo la trasformazione della materia**, ma anche **la trasformazione nello spazio e nel tempo**. L'insieme delle operazioni necessarie alla produzione prende il nome di **ciclo produttivo**.

2.2 La funzione di produzione
La funzione di produzione è il legame fra la quantità dei fattori produttivi impiegati (**input**) e il prodotto (**output**).

2.3 Prodotto medio e prodotto marginale
La **produttività media** di un fattore della produzione è data dal rapporto tra il prodotto totale ottenuto e la quantità di fattore utilizzato. La **produttività marginale** è l'incremento registrato dal prodotto totale in corrispondenza dell'impiego di un'unità aggiuntiva di fattore produttivo.

2.4 L'equilibrio dell'imprenditore
L'imprenditore raggiunge l'**equilibrio** quando massimizza il profitto, in corrispondenza della combinazione ottima dei fattori produttivi: in quel punto vi è uguaglianza fra le produttività marginali dei diversi fattori, rapportate al loro prezzo di mercato (**legge delle produttività marginali ponderate**).

2.5 Il costo di produzione
Per produrre beni e servizi, l'imprenditore affronta dei costi. Il **costo totale** è la somma dei costi fissi e dei costi variabili. Dal costo totale si calcola il **costo medio** (costo totale/quantità prodotta) e il **costo marginale** (costo di un'ulteriore unità di prodotto).

2.6 La curva di offerta
All'aumentare del prezzo del bene, la sua quantità offerta aumenta, e viceversa: **l'offerta è funzione diretta del prezzo**. A seconda della reazione dell'offerta al variare del prezzo, essa può essere **elastica**, **rigida**, **neutrale**.

2.7 L'equilibrio costi-ricavi
Il **punto di pareggio** (indicato in genere come *break-even point*) contrassegna la quantità di prodotto che deve essere venduta perché i ricavi siano uguali ai costi. Da questo punto in poi l'impresa ottiene un profitto.

2.8 Il progresso tecnico
Il **progresso tecnico** è l'insieme delle conquiste della tecnologia che consente di introdurre nuovi metodi produttivi, nuove tecniche organizzative e di mercato. Il progresso tecnico può essere **capital-saving**, **labour-saving** o **neutrale**.

2.9 La produttività dell'impresa
La **produttività** è un indice di efficienza dell'impresa. La **produttività totale** è il rapporto fra la produzione totale e l'insieme dei fattori produttivi impiegati. La **produttività parziale** è invece una produttività specifica riferita a un singolo fattore produttivo.

2.10 Gli incentivi per giovani imprenditori
Per incentivare i giovani a "mettersi in proprio", diversi enti territoriali (Unione europea, Stato, Regioni, Camere di commercio, banche) predispongono piani di finanziamento per i neoimprenditori, allo scopo di aiutarli nella difficile fase dell'inizio della loro attività. Particolarmente importante è il Testo Unico n. 185/2000, che prevede agevolazioni per l'**autoimprenditorialità** (nuove imprese di piccole dimensioni) e l'**autoimpiego** (lavoro autonomo e **microimpresa**).

Laboratorio

Vero / Falso
Indica se le seguenti affermazioni sono vere o false.

1. Non rientra nel concetto di produzione l'acquisto di grandi quantità di trattori per rivenderli nelle aree agricole. V F
2. Secondo la legge dei rendimenti crescenti al variare di una certa percentuale dei fattori produttivi, il prodotto varia di una percentuale inferiore. V F
3. All'aumentare del prezzo di un bene, per la legge delle produttività marginali ponderate, la quantità offerta diminuisce. V F
4. Nel caso in cui la quantità offerta di un bene aumenti del 10% quando il suo prezzo aumenta del 5%, l'offerta è rigida. V F
5. Per un'impresa l'acquisto di un nuovo macchinario costituisce un investimento fisso. V F
6. Nel periodo lungo l'impresa può aumentare l'offerta in quanto possono aumentare gli investimenti in capitale fisso. V F
7. La tecnologia è l'insieme delle conoscenze relative alla produzione riferite a un certo sistema in un dato momento storico. V F
8. Il rapporto fra il volume della produzione totale e la quantità di un fattore produttivo impiegato misura la produttività totale. V F
9. Nel moderno sistema produttivo le economie di scala non esercitano alcuna influenza rilevante sulla produttività totale dell'impresa. V F
10. All'aumentare della produttività del lavoro aumentano anche i prezzi dei beni prodotti. V F

modulo 3
Domanda e offerta

Laboratorio

Scelta multipla
Completa l'affermazione scegliendo la frase corretta fra quelle proposte.

1. Non è produzione
   - a. l'offerta sul mercato di PC importati dalla Cina
   - b. l'imbottigliamento di vino pregiato e la sua rivendita dopo l'invecchiamento
   - c. l'acquisto di quadri per l'ufficio del presidente
   - d. l'assemblaggio di un'auto con pezzi acquistati

2. Per l'imprenditore il blocco improvviso di un sistema computerizzato, con gravi danni alla produzione, rientra nel
   - a. rischio tecnico
   - b. rischio economico
   - c. capitale fisso
   - d. capitale circolante

3. Il rapporto fra la quantità di fattori produttivi impiegati e il prodotto ottenuto è espresso dalla funzione
   - a. del consumo
   - b. di preferenza dell'imprenditore
   - c. dell'equilibrio
   - d. di produzione

4. Il costo totale di produzione è dato dalla
   - a. differenza fra costi fissi e costi variabili
   - b. somma dei costi di capitale e lavoro
   - c. differenza fra il profitto dell'imprenditore e le imposte pagate allo Stato
   - d. somma dei costi fissi e dei costi variabili

5. Se la quantità di fattori produttivi impiegati aumenta del 5%, e il prodotto ottenuto aumenta pure del 5%, si hanno rapporti di scala
   - a. crescenti
   - b. costanti
   - c. decrescenti
   - d. esponenziali

6. L'incremento di prodotto totale dovuto a una dose aggiuntiva di fattore produttivo si chiama
   - a. prodotto medio
   - b. prodotto marginale
   - c. costo medio
   - d. costo marginale

7. Non variano al variare della quantità prodotta
   - a. i costi totali
   - b. i costi fissi
   - c. i costi variabili
   - d. i costi marginali

8. Il costo medio raggiunge il minimo quando
   - a. il costo medio e il costo marginale sono uguali
   - b. il costo marginale è al minimo
   - c. i costi fissi sono uguali ai costi variabili
   - d. i costi variabili sono decrescenti

Completamenti
Completa il brano inserendo i termini appropriati scelti tra quelli proposti.

Quando aumenta la dimensione l'impresa può utilizzare _____ più sofisticate, per esempio un investimento in macchinari può essere remunerativo solo se la produzione raggiunge determinati _____. Un'impresa più _____ ha la possibilità di conseguire significative _____ con riguardo soprattutto all'acquisto di materie _____ e al ricorso al mercato dei capitali. Comprando grandi quantità di materiali, ha maggiore facilità a ottenere sconti dai fornitori; e, analogamente, può ottenere finanziamenti dalle banche a tassi di interesse _____. Le economie di _____ servono anche a spiegare la dimensione delle imprese: in quelle in cui sono più elevate la dimensione è più _____: basti pensare al settore dell'auto: soltanto la produzione di molti esemplari garantisce l'efficienza, tanto più ora che le catene di montaggio sono state soppiantate da impianti automatizzati.

Virginio Schiavetti, *Le parole de "Il Sole 24 Ore"*

alta ▪ bassa ▪ diseconomie ▪ economie ▪ grande ▪ inferiori ▪ livelli ▪ piccola ▪ prime ▪ scala ▪ superiori ▪ tecnologie

Trova l'errore
Individua l'espressione o il termine errati, e inserisci quelli corretti.

1. La differenza fra i costi fissi e i ricavi totali ottenuti dalle vendite costituisce il profitto, che remunera l'imprenditore per la sua opera di coordinazione, di organizzazione e di assunzione del rischio.

2. Il prodotto marginale di un fattore produttivo è dato dal rapporto tra il prodotto totale ottenuto e la quantità di fattore produttivo impiegato per la sua realizzazione.

unità **2** ■ La sfera dell'offerta

Laboratorio

Collegamenti
Associa ogni termine della prima colonna con un solo termine della seconda.

1. Legge dei rendimenti decrescenti
2. Legge della domanda
3. Legge dell'offerta
4. Legge delle produttività marginali ponderate
5. Legge del minimo mezzo

a. All'aumentare del prezzo di un bene, la quantità domandata diminuisce
b. La combinazione ottima dei fattori produttivi coincide con l'uguaglianza fra le produttività marginali dei diversi fattori produttivi, rapportate al costo dei fattori stessi
c. Se si aumenta la quantità impiegata di un fattore produttivo, restando invariata la quantità degli altri fattori, gli incrementi successivi di prodotto sono via via decrescenti

Domande aperte
Rispondi alle seguenti domande.

1. Che cosa si intende per produzione? (2.1)
2. Quali sono i fattori produttivi? (2.1)
3. Cosa dice la legge dei rendimenti decrescenti? (2.2)
4. Qual è l'andamento delle curve del prodotto medio e marginale? (2.3)
5. Quando l'imprenditore è in equilibrio? (2.4)
6. Come si rappresentano i costi totali? (2.5)
7. Qual è la differenza fra costi fissi e variabili? (2.5)
8. Come si rappresentano graficamente il costo medio e il costo marginale? (2.5)
9. Qual è l'andamento della curva di offerta? (2.6)
10. Che cosa si intende per break-even point? (2.7)
11. Quando il progresso tecnico è labour saving? (2.8)
12. Che cos'è la produttività del lavoro? (2.9)

2.1 Production
Production is all the economic activity which creates something for consumption and contributes to the utility of individuals. Thus, **not only the transformation of materials, but also the transformation in time and space.**

2.2 The production function
The **production function** is the link between **input** and **output**. The aim of production is to turn inputs into outputs.

2.3 Average and marginal productivity
Average productivity of a factor of production is the total production involved in a process divided by the number of variable unit inputs employed. **Marginal productivity** is the increase in the rate of output created by adding one unit of the input while maintaining the same constant inputs.

2.4 The entrepreneur's equilibrium
A firm is in **equilibrium** when profit maximization is achieved. In this point a firm has no tendency to change its level of output (**law of equi-marginal utility**).

2.5 The cost of production
In order to produce goods and services, a firm has costs. The **total cost** is the sum of variable and fixed costs. **Marginal cost** is the change in total cost when another unit is produced, and **average cost** is the total cost divided by the number of goods produced.

2.6 The supply curve
As the price of a good increases, the quantity offered also increases, and vice-versa. **Price-elasticity of supply** measures the responsiveness of supply to changes in the price of a good. It can be **elastic**, **non-elastic** or **unit elastic**.

2.7 The break-even point
The **break-even point** is the point at which revenues equal costs. This is the first major step towards profitability.

2.8 Technological progress
Technological progress is a technological change that increases output for any given input. Technological progress can be **capital-saving**, **labour-saving** or **neutral**.

2.9 Productivity
Productivity is a measure of efficiency of an enterprise. **Total factor productivity** is the ratio of total product and total input. **Partial factor productivity** is the output (total product) divided by a single input factor.

2.10 Incentives for young entrepreneurs
To incentivize young people to set up their own businesses, several authorities have provided **funding for young entrepreneurs**. The Consolidation Law n. 185 of 2000 provides benefits for both **entrepreneurs** (new small businesses) and the **self-employed** (micro enterprises).

157

L'economia della conoscenza

Il brano tratta il tema della conoscenza, oggi di grande attualità in quanto permette di introdurre innovazioni nel processo produttivo, aumentando il benessere dei singoli soggetti e dell'intera comunità. Ciò perché il progresso tecnico aumenta la produttività dei fattori, alimenta la crescita economica e pone le condizioni per realizzare lo sviluppo.

Il possesso di una solida base di conoscenze è ormai una condizione indispensabile nel mondo produttivo attuale, in particolare nei settori tecnologicamente avanzati.

L'espressione "economia della conoscenza" (*knowledge economics*) indica una nuova disciplina che si occupa della conoscenza come bene economico e dei suoi effetti sia sul benessere individuale sia su quello collettivo, mentre con "economia fondata sulla conoscenza" (*knowledge economy*) si indica un nuovo periodo storico: un cambiamento epocale, come già accaduto in passato con l'avvento della grande industria, che genera l'esigenza di una nuova teoria economica. La nuova fase storica è caratterizzata da processi di innovazione permanente che richiedono più alti livelli di formazione, capacità di apprendimento continuo, competenze particolari che presuppongono adattabilità, mobilità, flessibilità e investimenti in sistemi di accesso all'informazione (tecnologica, commerciale, legale), nonché procedure di coordinamento complesse tanto per la ricerca e per lo sviluppo quanto per la progettazione, la fabbricazione e la commercializzazione dei prodotti. In altre parole vi è un massiccio ricorso al "capitale immateriale", a differenza del primo periodo della rivoluzione industriale, in cui la crescita economica poggiava piuttosto sull'accumulazione di "capitale materiale" come le macchine. Nuovi strumenti e modelli di analisi economica si impongono quindi per spiegare e gestire i mutamenti che sempre più radicalmente improntano la nostra realtà.

Cos'è la "conoscenza" Non è certo facile dare un'efficace definizione sintetica della conoscenza. Gli economisti Bengt-Åke Lundvall e Björn Johnson, nel 1994, ne evidenziarono quattro dimensioni:

– *know what* (sapere che cosa): riguarda il possesso delle informazioni ovvero la conoscenza dei "fatti"; è l'informazione che può essere trasmessa con i dati e diffusa con l'ausilio delle banche dati;

– *know why* (sapere perché): riguarda i principi e le leggi che governano la natura, la mente umana e la società. È la conoscenza teorica che è alla base della ricerca scientifica e tecnologica;

– *know how* (sapere come): è legato soprattutto all'esperienza operativa individuale e condivisa dei lavoratori, in particolare nei diversi gruppi accomunati da pratiche omogenee. Costituisce il capitale umano di una impresa e delle diverse reti sociali;

– *know who* (sapere chi): permette di individuare le persone che sanno fare talune cose e che sanno trovare soluzioni a problemi inediti e complessi. Richiede di avere abilità relazionale, di cooperazione, di comunicazione con soggetti diversi e con esperti di varie aree. Questo elemento della conoscenza permette di costruire reti e alimenta la formazione di capitale sociale.

Queste quattro forme di conoscenza possono essere apprese con modalità diverse: *know what* e *know why* si acquisiscono con la lettura di libri, frequentando corsi, lezioni, seminari, procurandosi l'accesso a banche dati; *know how* e *know who* si apprendono soprattutto con l'esperienza operativa e sono difficilmente trasferibili agli altri seguendo i tradizionali canali di diffusione della conoscenza.

Istruzione e nuovo mercato del lavoro Le economie largamente o quasi esclusivamente fondate sulla conoscenza pongono in termini stringenti il problema della condizione, nelle società e nei mercati del lavoro, delle persone prive di buona formazione di base e di capacità/opportunità di apprendere lungo l'intero percorso di vita (*lifelong learning*): si creano infatti le condizioni di nuove e diffuse forme di disuguaglianza ed esclusione sociale. Spetterà alle politiche pubbliche garantire a individui e comunità le reali opportunità di accesso alla conoscenza e alla sua produzione.

La capacità di convertire i beni in benessere, generando una continua capacità di apprendere, dipende dall'azione degli individui, dalle azioni delle istituzioni pubbliche volte a creare opportunità reali per i singoli individui e dalle caratteristiche del territorio.

L'economia della conoscenza implica che gli individui sappiano interagire e coordinare i propri sforzi in vista del benessere comune, pensando e vivendo in termini globali. Per creare questa situazione occorre coinvolgere attivamente i beneficiari del processo di sviluppo economico e le varie parti interessate, cioè gli *stakeholders*; possedere competenze professionali e relazionali; avere capacità di apprendimento nelle varie fasi della vita; vivere in contesti caratterizzati da elevato capitale sociale; valorizzare, responsabilizzare e rendere autonomi i giovani. Il processo di cambiamento deve innestarsi su una cultura condivisa e coinvolgere la comunità nel suo insieme. Gli individui devono essere intesi come una risorsa da valorizzare, mentre il ruolo delle istituzioni pubbliche è quello di aumentare le

opportunità, erogando risorse per facilitare il conseguimento degli obiettivi condivisi e migliorando la capacità di convertire le risorse disponibili in benessere radicato nel contesto territoriale. Decisive, in questa prospettiva, le relazioni che si instaurano tra le unità produttive e l'interscambio della conoscenza: ne dipendono la capacità di innovare e la crescita della produttività. Ciò si verifica più facilmente, infatti, in un'area territoriale o in una comunità, perché in esse operano più attori che condividono uno stesso obiettivo, in un contesto di marcata presenza di fattori immateriali come il senso e i tratti dell'identità, la fiducia, la cultura, l'ispirazione etica.

Questi fattori immateriali costituiscono il cosiddetto capitale sociale, grazie al quale la conoscenza diviene effettivamente risorsa condivisa.

Renata Livraghi, *Aggiornamenti Sociali*, Milano

Verifica
di fine modulo

1. Quali sono i caratteri dei beni economici?
2. Che cosa afferma la legge delle utilità marginali ponderate?
3. Come varia la domanda in funzione del prezzo del bene?
4. Come varia la domanda in funzione del reddito?
5. Che cosa si intende per ciclo produttivo?
6. Che cosa esprime la funzione di produzione?
7. Quando l'imprenditore è in equilibrio?

Attività
di fine modulo

1 Attraverso Internet ricerca i dati statistici relativi al numero di brevetti depositati ogni anno nei Paesi dell'Unione europea e negli Stati Uniti. Esamina con attenzione le informazioni raccolte, cercando di capire anche quali sono i settori che producono la maggiore quantità di brevetti.
- In generale, che differenza noti tra Europa e Stati Uniti?
- All'interno dell'Europa qual è la posizione dell'Italia?
- Negli ultimi anni i brevetti depositati in Italia sono aumentati o diminuiti?
- A questo punto, ricerca i dati relativi agli investimenti in R&S nei vari Paesi UE e negli USA: trovi una relazione con i dati precedenti?
- Come commenteresti i dati che hai raccolto? A tuo avviso cosa dovrebbe fare l'Italia per migliorare la propria posizione in classifica?

Rispondi alle domande
- Che cosa si intende per "economia della conoscenza"?
- È importante oggi il capitale immateriale?
- Quali tipi di conoscenza si acquisiscono con l'esperienza?
- Qual è il ruolo delle istituzioni pubbliche?

modulo 3
Domanda e offerta

The main problem of economics is to explain how prices are determined in the market. In general a market is a place where people come together to buy and sell goods. Some market places are near most homes; some markets are of national and even international importance. Some markets have no precise location (i.e. the housing market or the foreign exchange market).

Supply and demand

Supply and demand are fundamental factors of every economic market.

Supply and demand are fundamental factors in shaping the character of the market, as they are the principal determinant in establishing the prices of goods and services. The **supply** is a key consideration in determining the price at which goods or services can be obtained. But availability is only one-half of the equation that determines pricing structures in the marketplace. The other half is **demand**. A company may be able to produce huge quantities of a product at low cost, but if there is little or no demand for that product in the market, the company will be forced to sell units at a very low price. Supply and demand, then, are closely connected economic concepts; indeed, the **law of supply and demand** is often cited as the most fundamental in all of economics.

Factors determining supply and demand

Demand means not just how much we are spending for a given item, but **how much we are spending for that item at its price, and how much we would spend if its price changed**. **The demand for products and services is predicated on a number of factors**. The most important of these are the tastes, customs and preferences of the target market, the consumer's income level, the quality of the goods or services being offered and the availability of competitors' goods or services. All of the above elements are vital in determining the price that a business can command for its products or services. **The supply of goods and services in the market is predicated on several factors as well**, including production costs (wages, interest charges and raw materials costs), and the number of other businesses engaged in providing the goods or services in question.

The basic laws of supply and demand

When we are able to buy more, we say that demand rises, and everyone knows that **the effect of rising demand is to lift prices**. Of course the mechanism works in reverse. If incomes fall, so does demand and so do prices. **When supply decreases, prices rise; if supply increases, prices fall**. **Supply can also dwindle as a result of other business conditions**, such as a rise in production costs for the producer or changes of tax charges. Of course both supply and demand can change at the same time, and often do. The outcome can be higher or lower prices, or even unchanged prices, depending on how the new balance of market forces works out.
The **basic laws of supply and demand** are:
- if demand increases and supply remains unchanged, a shortage occurs, leading to a higher equilibrium price;
- if demand decreases and supply remains unchanged, a surplus occurs, leading to a lower equilibrium price;
- if demand remains unchanged and supply increases a surplus occurs, leading to a lower equilibrium price;
- if demand remains unchanged and supply decreases, a shortage occurs, leading to a higher equilibrium price.

The determinants of supply and demand

The **determinants of supply** are: 1) production costs (labor, capital, energy and materials), 2) firms' expectations about future prices, 3) types of market; the **determinants of demand** are: 1) consumers' income, 2) tastes and preferences, 3) prices of related goods and services, 4) consumers' expectations about future prices, 5) number of potential consumers.
Economists distinguish between the supply curve of an individual firm and the market supply curve. The **market supply curve** is obtained by summing the quantities supplied by all suppliers at each potential

160

modulo 3

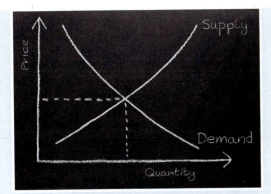

bibliographical sources

R. Heilbroner, L. Thurow, *Economics Explained. Everything You Need to Know About How the Economy Works and Where It's Going*, Touchstone, New York.

R. S. Pindyck, D. L. Rubinfeld, *Microeconomics*, Macmillan, London.

T. G. Buchholz, *From Here to Economy. A Shortcut to Economic Literacy*, Dutton, New York.

price. Economists distinguish also between the demand curve of an individual and the market demand curve. The **market demand curve** is obtained by summing the quantities demanded at each potential price.

Short-run and long-run Economists also distinguish the short-run market supply curve from the long-run market supply curve. In this context, two things are assumed constant by definition of the **short run**: the availability of fixed inputs (typically physical capital), and the number of firms in the industry. In the **long run**, firms have a chance to adjust their holdings of physical capital, enabling them to better adjust their quantity supplied at any given price.

Market equilibrium **Equilibrium** is defined to be the price-quantity pair where the quantity demanded is equal to the quantity supplied. It is represented by the intersection of the demand and supply curves. **There is market equilibrium when the price is such that the quantity demanded by consumers is correctly balanced by the quantity that firms wish to supply**. Practical uses of supply and demand analysis center on the different **variables that change equilibrium price and quantity**, represented as shifts in the respective curves.

questions exercises

1. What do we mean by the term "market"?
2. What are the main influences on the demand?
3. Explain how supply and demand operate to establish an equilibrium price.
4. Explain with the aid of diagrams the effect of a shortage of supply.
5. Examine briefly the basic laws of supply and demand.
6. What do you understand by the terms "market supply curve"?
7. What do you understand by short-run and long-run supply and demand?
8. "If supply decreases, prices rise; if supply increases, prices fall". Explain and illustrate this statement.
9. Define the concept of elasticity of supply and demand.
10. State whether the following sentences are true or false.
    a) If demand increases and supply remains unchanged, price increases. T F
    b) If demand decreases and supply remains unchanged, price lowers. T F
    c) If demand remains unchanged and supply increases, price increases. T F
    d) If demand remains unchanged and supply decreases, price lowers. T F

glossary

- **Supply** Fundamental economic concept that describes the total amount of a specific good or service offered for sale. It depends on many factors, including the price of the good or service, the type of market, the price of intermediate products employed.

- **Demand** Fundamental concept that describes the quantity of a good or service that economic agents are willing to buy at a given price. It depends on many factors, such as the price, the consumer's income, the changing tastes of the consumers.

- **Law of supply** This law states that, other factors being constant, price and quantity offered of a good or a service are directly related to each other: when the price of a good or service increases, its supply will increase, and vice versa.

- **Law of demand** This law states that, other factors being constant, price and quantity demanded of any good and service are inversely related to each other: when the price of a good or service increases, its demand will fall, and vice versa.

- **Equilibrium** Position of balance, so no economic agent has incentive to change his chosen strategy. A market is in equilibrium when the forces of supply are balanced by the forces of demand; this means stability until exogenous factors intervene.

modulo

4

I mercati e la distribuzione del reddito

Il modulo inizia con la definizione di mercato, soffermandosi sui concetti di equilibrio e di formazione del prezzo. Vengono poi illustrate le diverse forme di mercato, dalla concorrenza perfetta alle forme non concorrenziali (monopolio, duopolio, oligopolio e concorrenza monopolistica).
Di ciascuna si illustrano i caratteri essenziali, con particolare riguardo alla formazione del prezzo di equilibrio, riservando particolare attenzione alle forme di mercato oggi più diffuse, e cioè all'oligopolio e alla concorrenza monopolistica.
Si affronta infine il problema della distribuzione del reddito nelle sue varie accezioni (distribuzione funzionale, personale, territoriale e settoriale), che per i suoi aspetti è centrale nel dibattito contemporaneo.

PREREQUISITI DI MODULO
- Ricordare i fondamenti delle scuole classica e neoclassica
- Riconoscere il ruolo del mercato nella formazione dei prezzi
- Conoscere i principi che regolano la domanda e l'offerta
- Aver presente il concetto di distribuzione del reddito
- Ricordare il concetto di equilibrio dell'imprenditore

unità 1
Le forme di mercato

unità 2
La concorrenza perfetta

unità 3
I mercati non concorrenziali

unità 4
La sfera della distribuzione

unità 5
La distribuzione del reddito

OBIETTIVI DI MODULO
- Acquisire il concetto di prezzo di equilibrio
- Saper distinguere i diversi tipi di mercato
- Sapere come si forma il prezzo nei diversi tipi di mercato
- Conoscere le varie teorie sulla distribuzione del reddito
- Saper individuare i diversi tipi di reddito
- Saper distinguere i diversi concetti di distribuzione

modulo **4**

I mercati e la distribuzione del reddito

unità **1**

Le forme di mercato

DI CHE COSA PARLEREMO

In questa unità si definisce il concetto di **MERCATO**, inteso come luogo d'incontro fra la domanda e l'offerta, passando poi a studiare come si forma il **PREZZO DI EQUILIBRIO**, per azione delle forze spontanee che agiscono sul mercato. Esamineremo infine i caratteri principali delle diverse **FORME DI MERCATO**, sia concorrenziali (concorrenza perfetta) che non concorrenziali (monopolio, oligopolio, concorrenza monopolistica), che verranno approfondite in dettaglio nelle due unità seguenti.

CHE COSA DEVI CONOSCERE

- La nozione di domanda e offerta
- Il significato del concetto di equilibrio
- La funzione dei modelli economici
- La differenza tra microeconomia e macroeconomia
- La nozione di reddito
- La distinzione fra beni concorrenti e beni complementari
- Il significato del concetto di equilibrio

CHE COSA IMPARERAI

- Che cos'è il mercato
- Quando si raggiunge l'equilibrio del mercato
- Che cosa si intende per "funzione segnaletica del prezzo"
- Quali sono le differenze tra periodo breve e periodo lungo
- Quali sono le diverse forme di mercato

CHE COSA SAPRAI FARE

- Chiarire dettagliatamente il concetto di mercato
- Spiegare il meccanismo di formazione del prezzo di equilibrio
- Differenziare l'equilibrio di periodo breve dall'equilibrio di periodo lungo
- Illustrare i meccanismi che spostano la posizione di equilibrio
- Classificare le varie tipologie di mercato

1.1 Definizione di mercato

Necessità dello scambio

Nei moderni sistemi economici, dove si realizza la divisione del lavoro, i beni e i servizi necessari a soddisfare i bisogni sono ottenuti mediante lo **scambio** fra i diversi operatori: nessun soggetto è autosufficiente, dato che opera in un settore infinitamente piccolo del sistema produttivo e dipende dagli altri per la sua stessa sopravvivenza.

Il prezzo

L'attività di scambio avviene nel **mercato**, dove si intesse un'ampia rete di relazioni economiche che collega coloro che offrono e domandano i beni e i servizi. Dall'insieme di tali relazioni scaturiscono i **prezzi**, che – come vedremo – sono segnali assai importanti in quanto capaci di orientare la quantità e qualità della produzione.

unità **1** ■ Le forme di mercato

Che cos'è un mercato

Mentre nel linguaggio ordinario intendiamo come "mercato" un luogo definito, dove avvengono le contrattazioni di certi beni, in economia il significato del termine è molto più ampio:

> il **mercato** è l'insieme dei venditori e dei compratori che intendono acquistare e vendere determinati beni e servizi.

Dalla definizione si capisce che il mercato è costituito dall'offerta e dalla domanda collettive, che risultano dalla somma delle offerte e delle domande individuali. Il mercato non si identifica quindi in un particolare luogo geografico, ma si riferisce ad aree assai vaste, che possono estendersi a tutto il mondo (si pensi ai mercati del petrolio, dell'oro, del grano ecc., che comprendono operatori di diversi Paesi). Il mercato non implica la presenza fisica degli operatori, che possono risiedere anche in luoghi molto lontani e venire in contatto tramite telefono, computer, Internet ecc.

Per i servizi pubblici non c'è un mercato

È da notare che non tutte le transazioni che caratterizzano una moderna economia passano per il mercato. La Pubblica amministrazione, per esempio, non vende sul mercato i suoi servizi ma li finanzia attraverso le imposte, che sono pagate obbligatoriamente dai cittadini, poiché si tratta di servizi prestati all'intera collettività e goduti dai singoli individui in quanto membri di un aggregato sociale.

Rientrano in questa categoria la difesa nazionale contro eventuali nemici esterni, la tutela dell'ordine pubblico interno, l'amministrazione della giustizia.

I diversi tipi di mercato Si possono distinguere diversi tipi di mercato, a seconda delle caratteristiche prese di volta in volta in considerazione. Le classificazioni più importanti sono le seguenti.

Classificazione dei mercati

- In relazione al **tipo di beni e servizi trattati** si ha:
  - il **mercato dei beni di consumo**, che riguarda i beni direttamente utilizzati dal consumatore finale;
  - il **mercato dei beni di investimento**, che riguarda i beni intermedi e finali impiegati nel processo produttivo (materie prime, semilavorati, fonti di energia, macchinari, edifici industriali ecc.);
  - il mercato del lavoro, dove si confrontano la domanda di lavoro delle imprese e le offerte delle persone in cerca di occupazione;
  - il mercato dei capitali, dove si contrattano prestiti, finanziamenti, azioni, obbligazioni, titoli pubblici ecc.

Il mercato, riguardo al tipo di beni e servizi considerati, può così essere schematicamente rappresentato:

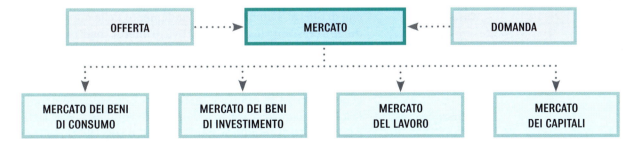

M Mercato del lavoro È l'insieme dei meccanismi con i quali la domanda e l'offerta di lavoro si incontrano per fissare il salario. Si tratta di un mercato con caratteristiche particolari, in quanto la contrattazione avviene attraverso i sindacati dei lavoratori da una parte e i sindacati dei datori di lavoro dall'altra.

M Mercato dei capitali È l'insieme delle negoziazioni di prestiti e dei finanziamenti alle imprese. Vi ricorrono non solo gli imprenditori che necessitano di finanziamenti per il capitale di rischio, ma anche gli acquirenti di beni di consumo durevole (come la casa) e lo Stato, che contrae prestiti per fronteggiare i deficit di bilancio.

modulo 4
I mercati e la distribuzione del reddito

Ulteriori distinzioni...

All'interno dei mercati considerati si possono operare ulteriori distinzioni. In realtà nelle analisi di mercato si isolano di frequente alcuni beni (per esempio di parla di mercato dell'oro, mercato del caffè, mercato dell'automobile o dei veicoli industriali ecc.) di cui si vogliono studiare variazioni nei prezzi, nelle quantità vendute, nei mercati di sbocco e così via.

... a seconda dei rapporti...

- A seconda dei **rapporti con il resto del mondo** si ha:
    - **mercato chiuso**, quando un certo mercato nazionale non ha rapporti con i mercati esteri;
    - **mercato aperto**, quando un mercato nazionale è in comunicazione con i mercati di altri Paesi.

... dell'ampiezza...

- In relazione all'**ampiezza** si distingue fra:
    - **mercato locale**, se abbraccia un'area limitata di un certo Stato (come alcuni prodotti agricoli e certi materiali da costruzione);
    - **mercato nazionale**, se è riferito all'ambito del territorio di uno Stato (per esempio libri in lingua italiana, cibi non destinati all'esportazione ecc.);
    - **mercato internazionale** (o **mondiale**), se in esso agiscono operatori di diversi Paesi (materie prime come il petrolio o i cereali, semilavorati come l'acciaio, prodotti finiti come automobili e computer ecc.).

... della quantità

- A seconda delle **quantità contrattate**, si ha:
    - **mercato all'ingrosso**, quando la merce viene trasferita in grosse partite dai produttori ai grossisti, che le rivendono ai dettaglianti;
    - **mercato al minuto** (o **al dettaglio**), quando la merce è venduta dai dettaglianti ai consumatori finali.

1.2 Come si forma il prezzo di equilibrio

Legge della domanda e dell'offerta

Per capire come si forma il **prezzo di equilibrio** sul mercato è opportuno richiamare le nozioni studiate nelle due precedenti unità, dedicate rispettivamente all'esame del comportamento del consumatore (**domanda**) e dell'imprenditore (**offerta**). Allora abbiamo appreso che:

> la **domanda individuale di un bene** è funzione inversa del prezzo, mentre l'**offerta individuale di un bene** è funzione diretta del prezzo.

Quando il prezzo sale, i consumatori domandano una minore quantità di bene, e l'opposto accade quando il prezzo diminuisce.

Per i produttori è vero il contrario: se il prezzo aumenta aumentano l'offerta, se il prezzo cala la diminuiscono.

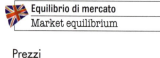

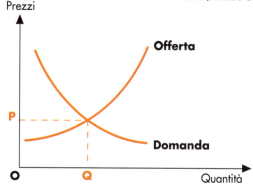

Equilibrio di mercato Le curve collettive, tanto di domanda che di offerta, hanno lo stesso andamento delle curve individuali: è crescente la curva collettiva di offerta, mentre la curva collettiva di domanda è decrescente: esse si incontreranno in un certo punto, le cui coordinate forniranno la quantità e il prezzo di equilibrio. Nella figura qui a fianco compaiono una generica curva di offerta e una generica curva di domanda. Dal loro incontro scaturisce il **prezzo di equilibrio**, pari a OP e la **quantità di equilibrio**, pari a OQ. Al prezzo OP, si realizza quindi l'**equilibrio di mercato**.

S Semilavorato Prodotto industriale già trasformato dallo stato originario di materia prima, ma destinato a ulteriori processi di lavorazione per ottenere il prodotto finito; ne è esempio un laminato plastico che sarà trasformato in un mobile, oppure uno stampato in alluminio che sarà trasformato in un serramento.

unità **1** ■ Le forme di mercato

Curve istantanee

Nella tabella abbiamo riportato un ipotetico esempio numerico di formazione del prezzo di equilibrio. Il prezzo di equilibrio è 1600, che uguaglia la quantità domandata e la quantità offerta.

Le curve collettive di domanda e di offerta (come quelle individuali) sono **istantanee**, perché descrivono il comportamento dei consumatori e dei produttori alle diverse alternative di prezzo che si possono formare sul mercato in un certo momento.

PREZZO DI MERCATO	QUANTITÀ OFFERTA	QUANTITÀ DOMANDATA
1000	200	900
1200	400	700
1400	500	650
1600	**600**	**600**
1800	800	500
2000	900	300

I prezzi, segnali del mercato Il meccanismo dei prezzi funziona in modo da rendere compatibili i comportamenti degli operatori (venditori e compratori), consentendo la miglior allocazione delle risorse scarse verso usi alternativi.

I prezzi agiscono cioè come dei **segnali di scarsità e di abbondanza**, e costituiscono un delicato sistema di comunicazione in cui le scelte indipendenti dei diversi soggetti tendono a equilibrarsi fra loro.

Un semaforo per il mercato

Ciò spiega l'abitudine degli economisti di paragonare i prezzi di mercato a dei **semafori**, che regolano i comportamenti degli operatori: quando in un settore i prezzi aumentano, il "semaforo" dà via libera agli investimenti; quando invece i prezzi diminuiscono, gli investimenti tendono a reagire come a un segnale di stop.

Se diminuisce la domanda di un certo bene, il suo prezzo tende a diminuire, e ciò segnala agli imprenditori la minor convenienza a offrire quel bene: gli investimenti produttivi diminuiscono in quel settore e si dirigono verso altri impieghi, determinando una diversa allocazione delle risorse disponibili. Se, viceversa, aumenta la domanda di un bene, si mette in moto il processo inverso, con la conseguenza di maggiori investimenti nel settore considerato.

Disequilibri di mercato e forze riequilibranti

L'azione degli automatismi di mercato Che cosa accade se, in un certo momento, il prezzo che si forma sul mercato è diverso dal prezzo di equilibrio?

Rispondiamo a questa domanda avvalendoci del grafico qui a fianco, che già conosciamo.

Supponiamo che il prezzo di mercato sia OR, superiore al prezzo di equilibrio. In questo caso, la quantità offerta è OM, mentre la quantità domandata è OH (**eccesso di offerta**). Allo scopo di vendere più prodotto, coloro che offrono il bene si fanno concorrenza spingendo il prezzo di mercato verso il basso, finché non raggiunga il livello di equilibrio. Se invece il prezzo di mercato è già in partenza inferiore al prezzo di equilibrio, cioè OS, la quantità offerta è OL e la quantità domandata ON (**eccesso di domanda**). In questo caso sono coloro che domandano il prodotto che si fanno concorrenza, finché di nuovo non si ristabilisce l'equilibrio.

A Allocazione delle risorse L'allocazione, cioè la distribuzione delle risorse, costituisce un problema centrale in ogni tipo di economia: riguarda l'efficiente ripartizione delle risorse scarse (fattori naturali, lavoro, capitale) tra i diversi usi alternativi.

modulo 4

I mercati e la distribuzione del reddito

> Le scelte dei consumatori sono influenzate, tra gli altri fattori, dal prezzo dei beni. Il prezzo a sua volta dipende nel periodo breve dall'intensità della domanda, nel periodo lungo dal costo di produzione.

Nel mercato agiscono delle **forze automatiche** che, in ogni momento, tendono ad **assicurare l'adeguamento del prezzo di mercato al prezzo di equilibrio**. Tuttavia, affinché queste forze riequilibranti possano raggiungere l'equilibrio, sarà necessario un certo lasso di tempo.

Diversa durata del ciclo produttivo

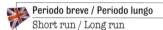

Periodo breve / Periodo lungo
Short run / Long run

Periodo breve e periodo lungo La nozione di equilibrio deve essere collegata a quella di tempo. Al riguardo, è necessario distinguere l'**equilibrio di periodo breve**, relativo a un lasso di tempo tanto limitato da non permettere di variare le attrezzature esistenti per adeguarle alla domanda, dall'**equilibrio di periodo lungo**, in cui tale adeguamento è invece possibile. Naturalmente, il tempo di adeguamento varia a seconda dei beni considerati: il ciclo produttivo di una nave o di un'automobile è ben più lungo del ciclo produttivo di una biro o di un abito.

Un coltivatore agricolo, che gestisce anche un banco di frutta, porta ogni giorno al mercato 100 kg di mele. Dopo qualche tempo, la loro qualità è così apprezzata che non riesce a soddisfare interamente la domanda dei compratori. Il venditore, non potendo aumentare la quantità offerta, può aumentare il prezzo di vendita, certo che – dato l'aumento della domanda – riuscirà ugualmente a vendere tutta la sua frutta. Come si vede, **nel *periodo breve* il prezzo dipende dall'intensità della domanda**.
Visto l'andamento positivo della domanda, il coltivatore decide di mettere a coltura nuovi terreni, per ottenere una maggiore quantità di mele; ciò gli consente di produrre e offrire sul mercato una maggiore quantità di mele. **Nel *periodo lungo*, quindi, il prezzo dipende dal costo di produzione** (costo del terreno, dei fertilizzanti e degli anticrittogamici, del lavoro ecc.).

IN pratica

Possiamo quindi dire che:

quanto più è **breve il periodo** considerato, tanto più **il prezzo dipende dall'intensità della domanda**; quanto più è **lungo il periodo**, tanto più il **prezzo dipende dal costo di produzione**.

1.3 Spostamenti delle posizioni di equilibrio

Dato che l'equilibrio di mercato scaturisce dall'incontro delle curve di domanda e di offerta, è evidente che ogni loro spostamento determina una nuova situazione di equilibrio.

Spostamenti della curva di domanda

In generale, la curva di domanda subisce spostamenti nei seguenti casi:
- **quando varia il reddito dei consumatori**, che richiedono una maggior quantità di beni se il loro reddito aumenta e una minor quantità di beni se il loro reddito diminuisce;
- **quando variano i prezzi dei beni concorrenti e complementari**: nel caso dei beni concorrenti la variazione nel prezzo di un bene provoca una variazione nello stesso senso della domanda dell'altro bene, mentre nel caso dei beni complementari la variazione nel prezzo di un bene provoca variazioni in senso inverso della domanda dell'altro bene;
- **quando cambiano i gusti dei consumatori**, che variano frequentemente nel tempo, soprattutto per i beni soggetti alla moda.

Beni concorrenti /
Beni complementari
Competing goods /
Complementary goods

unità **1** ■ Le forme di mercato

Rappresentazione grafica dell'equilibrio

> Quando **la domanda aumenta** la sua curva si sposta verso destra; quando invece **la domanda diminuisce**, la sua curva si sposta verso sinistra.

Si immagini, per esempio, che la moda faccia aumentare, a parità di altre condizioni, la domanda di un bene. Si ha allora la situazione raffigurata nel grafico in basso a sinistra: la nuova posizione di equilibrio comporta un prezzo e una quantità più elevati della precedente posizione di equilibrio.

Naturalmente, se la domanda di un bene diminuisce, la nuova posizione di equilibrio comporterà un prezzo e una quantità di equilibrio più bassi.

Anche l'offerta si sposta quando si verificano eventi che modificano i costi di produzione, come ad esempio l'introduzione di importanti innovazioni tecniche o concessioni di sgravi fiscali, che li diminuiscono, oppure inasprimenti nel costo del lavoro o nelle tasse, che invece li aumentano. Possiamo quindi dire che

> ogni volta che si verificano **riduzioni di costi, l'offerta aumenta** e quindi la sua curva si sposta verso destra; se invece si verificano **aumenti di costi, l'offerta si riduce**, e la curva si sposta verso sinistra.

Nuovo equilibrio per riduzione dei costi

Immaginiamo ora uno spostamento della curva di offerta in seguito a una riduzione di costi. A parità di altre condizioni, si avrà un nuovo punto di equilibrio, come indicato nel grafico qui sotto a destra. Come si vede chiaramente dal grafico, il nuovo punto di equilibrio comporta un prezzo minore e una maggiore quantità scambiata.

Nuovo equilibrio per aumento dei costi

Se, invece, la curva di offerta si sposta verso sinistra, in seguito a un aumento dei costi di produzione, al nuovo punto di equilibrio corrisponderà un prezzo maggiore e una minore quantità scambiata.

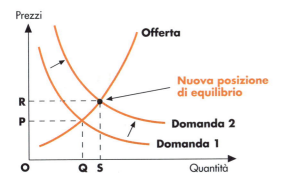

1.4 Vari tipi di mercato

Senza entrare nei dettagli, che verranno sviluppati nelle due prossime unità, presentiamo qui una classificazione sintetica dei mercati in base alle loro principali caratteristiche. La tipologia delle diverse forme di mercato è la seguente:

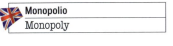

- **concorrenza perfetta**, che si ha quando i venditori e i compratori sono numerosi, talché nessuno di essi preso singolarmente può influenzare il prezzo di mercato; il prodotto offerto è omogeneo, e le imprese possono entrare liberamente sul mercato;
- **monopolio assoluto**, che si realizza quando un solo imprenditore offre un certo prodotto nella sua totalità, mentre i compratori sono numerosi;
- **monopsonio**, quando di fronte a una pluralità di venditori c'è un solo compratore (si pensi per esempio a una grande impresa automobilistica che acquista da diversi produttori componenti d'auto);

S Sgravio fiscale Agevolazione accordata a determinate categorie di contribuenti, sollevati in tutto o in parte dal pagamento di determinate imposte.

169

modulo 4
I mercati e la distribuzione del reddito

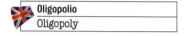
Oligopolio / Oligopoly

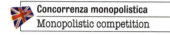
Concorrenza monopolistica / Monopolistic competition

- **oligopolio**, se poche grandi imprese produttrici offrono la totalità del prodotto e i compratori sono numerosi;
- **concorrenza monopolistica**, quando le imprese che offrono il prodotto sono in grado di differenziare il prodotto stesso, allo scopo di attirare la domanda dei consumatori.

Tutti i mercati dei beni e dei servizi rientrano in una di queste categorie, oppure sono costituiti da una combinazione dei tipi sopra elencati.

MERCATO / CARATTERI	CONCORRENZA PERFETTA	MONOPOLIO ASSOLUTO	MONOPSONIO	OLIGOPOLIO	CONCORRENZA MONOPOLISTICA
Numero venditori	molti	uno	molti	pochi	molti
Numero compratori	molti	molti	uno	molti	molti
Carattere del prodotto	omogeneo	unico	omogeneo	omogeneo o differente	differente
Chi determina il prezzo	mercato	venditore	incerto	venditori	venditori ma con limiti
Ingresso di nuove imprese	libero	impedito	impedito	difficile	libero
Frequenza	rara	rara per imprese private	rara	frequente	molto frequente

Potere di mercato dell'imprenditore

Il **potere di mercato dell'imprenditore** varia nei diversi casi esaminati: è assai elevato nel caso del monopolio assoluto; il monopolista può fissare il prezzo di vendita del prodotto, e addirittura impedire l'ingresso sul mercato ai potenziali concorrenti; è nullo nella concorrenza perfetta, in quanto l'imprenditore deve accettare come un dato immodificabile il prezzo che si forma sul mercato.

▲ In alcuni settori agricoli, come nella produzione di farina, molte imprese offrono un prodotto fondamentalmente omogeneo, e l'entrata sul mercato di nuovi operatori non è troppo complessa: si crea così una situazione vicina alla concorrenza perfetta.

Modelli teorici

La concorrenza perfetta e il monopolio assoluto sono situazioni di mercato **quasi impossibili nella realtà**, date le condizioni molto restrittive che le qualificano: si avvicinano alla concorrenza perfetta alcuni mercati di prodotti agricoli, di prodotti industriali molto semplici; come pure è rara nella realtà una situazione di monopolio assoluto.

Perché allora studiamo queste due forme di mercato, nonostante siano quasi irrealizzabili in pratica? Fondamentalmente perché costituiscono forme estreme di mercato, e i mercati reali possono presentare elementi concorrenziali ed elementi monopolistici a seconda delle diverse situazioni. In altre parole, si tratta di **modelli teorici utili per capire le situazioni concrete**.

unità 1 — Le forme di mercato

INsintesi

1.1 Definizione di mercato

Il mercato è costituito dall'insieme di venditori e compratori che intendono scambiare beni e servizi. In relazione al **tipo di beni e servizi scambiati** si hanno:
- mercato dei beni di consumo - mercato dei beni di investimento - mercato del lavoro - mercato dei capitali.

In relazione ai **rapporti con gli altri Paesi** si distingue:
- mercato chiuso - mercato aperto.

In relazione all'**ampiezza** si ha la classificazione:
- mercato internazionale / nazionale / locale.

In relazione alle **quantità scambiate** abbiamo:
- mercato all'ingrosso - mercato al minuto.

1.2 Come si forma il prezzo di equilibrio

L'incontro delle curve di domanda e di offerta determina il **prezzo e la quantità di equilibrio**. I prezzi, agendo come dei segnali di scarsità o abbondanza, assicurano l'ottima allocazione delle risorse disponibili. Nel **periodo breve** i prezzi sono influenzati prevalentemente dalla domanda, nel **periodo lungo** prevalentemente dai costi di produzione.

1.3 Spostamenti delle posizioni di equilibrio

Nel tempo le curve di domanda e di offerta possono spostarsi in seguito al variare delle condizioni dell'economia. In tal caso si avrà necessariamente **uno spostamento anche della posizione di equilibrio**.

1.4 Vari tipi di mercato

La teoria tradizionale riteneva possibili solo due forme di mercato: **concorrenza perfetta** e **monopolio assoluto**, piuttosto rare nella realtà, ormai dominata da poche grandi imprese. Oggi infatti le forme di mercato più diffuse sono la **concorrenza monopolistica** e l'**oligopolio**.

Laboratorio

Vero / Falso
Indica se le seguenti affermazioni sono vere o false.

1. Il mercato presuppone la presenza fisica dei compratori e dei venditori. V [F̶]
2. Sul prezzo nel periodo breve prevale l'influenza del costo di produzione, nel periodo lungo prevale l'influenza della domanda. V [F̶]
3. Nel punto di equilibrio, quantità offerta e quantità domandata sono uguali. [V̶] F
4. La domanda individuale di un bene è funzione inversa del prezzo. [V̶] F
5. Quando aumenta il reddito del consumatore la domanda si traspone verso l'alto. [V̶] F
6. Se aumenta il prezzo del vino diminuisce la domanda della birra. V [F̶]
7. Se aumenta il prezzo della benzina aumenta anche la domanda di automobili. V [F̶]
8. Nel monopsonio una pluralità di compratori fronteggia un solo venditore. V [F̶]
9. Il potere di mercato dell'imprenditore è molto alto nelle situazioni di monopolio e nullo in caso di concorrenza perfetta. [V̶] F
10. Nell'oligopolio molte imprese offrono il prodotto a pochi compratori. V [F̶]

Scelta multipla
Completa l'affermazione scegliendo la frase corretta fra quelle proposte.

1. Se le ciliegie costano € 3 al Kg, i consumatori ne domandano 100 quintali, mentre i produttori ne offrono 80, in futuro il prezzo delle ciliegie subirà
   - [ā] un aumento
   - b un andamento costante
   - c un andamento casuale
   - d una diminuzione

2. All'aumento della domanda, rimanendo costante l'offerta, la nuova posizione di equilibrio comporta
   - [ā] un prezzo e una quantità più alti
   - b un prezzo più alto e una quantità più bassa
   - c un prezzo più basso e una quantità più alta
   - d un prezzo e una quantità più bassi

3. Quando la domanda di un bene rimane costante e l'offerta aumenta, il nuovo equilibrio comporta
   - a un prezzo più basso e una quantità più alta
   - b un prezzo più alto e una quantità più bassa
   - c un prezzo e una quantità più alti
   - [d̄] un prezzo e una quantità più bassi

4. Numerosi venditori e compratori, l'omogeneità del prodotto e la possibilità di entrare liberamente nel mercato contrassegnano un mercato di
   - [ā] concorrenza perfetta
   - b monopolio assoluto
   - c oligopolio
   - d concorrenza monopolistica

modulo 4
I mercati e la distribuzione del reddito

Laboratorio

5. Poche imprese di grandi dimensioni, dotate di molto potere di mercato tanto da influire sul prezzo, e molti compratori sono i caratteri di un mercato di
- a concorrenza monopolistica
- b concorrenza perfetta
- c oligopolio
- d monopsonio

6. Concorrenza perfetta e monopolio assoluto sono
- a assai frequenti
- b molto rare, quasi impossibili
- c frequenti solo nei Paesi sviluppati
- d frequenti solo nel settore industriale

7. La scuola classica ha studiato i mercati di concorrenza perfetta e di monopolio, ritenendo che
- a il primo fosse da promuovere e il secondo da combattere
- b entrambi fossero da promuovere
- c entrambi fossero da combattere
- d il primo fosse da combattere e il secondo da promuovere

8. Indica quale delle seguenti situazioni costituisce un esempio di monopsonio:
- a la Fiat acquista tutti gli apparati elettronici che vengono prodotti da numerosi imprenditori
- b la Pirelli è l'unica produttrice di gomme speciali che vengono acquistati da tutti i go-kartisti
- c poche grandi imprese producono l'acqua minerale acquistata da tutti i consumatori italiani
- d numerosissimi fornai producono il pane che affluisce sulle mense degli italiani

9. Indica quale di queste situazioni rappresenta un caso di oligopolio:
- a molti coltivatori producono le patate acquistate dalle famiglie italiane
- b poche grandi imprese automobilistiche forniscono il mercato europeo dell'auto
- c un solo grande produttore di trattori fornisce l'intero mercato polacco
- d tutti i coltivatori di tabacco in foglie lo cedono al Monopolio di Stato italiano

---

Completamenti
Completa il brano inserendo i termini appropriati scelti tra quelli proposti.

Il mercato è il luogo fisico o ideale nell'ambito del quale si realizzano gli _SCAMBI_ di beni, servizi e informazioni. Nel quadro delle ipotesi della teoria della _CONCORRENZA_, il mercato permette l'accentramento dei dati concernenti la _DOMANDA_ e l'offerta, la fissazione di un prezzo di _EQUILIBRIO_ e l'allocazione ottimale delle _RISORSE_. È possibile distinguere diversi tipi di mercato, a seconda delle caratteristiche prese in considerazione. Secondo il tipo di beni e servizi che vengono domandati e offerti si ha questa importante classificazione:
– il *mercato del lavoro*, dove si confrontano le offerte di assunzione dei datori di lavoro e le richieste di lavoro formulate dalle persone in cerca di _OCCUPAZIONE_;
– il *mercato dei capitali*, dove avvengono le _NEGOZ._ fra soggetti che hanno _CAPITALI_ in esubero e soggetti che domandano capitali;
– il *mercato dei beni di consumo*, dove vengono trattati beni e servizi utilizzati _INDIRE TT._ dal consumatore finale;
– il *mercato dei beni di investimento*, dove si contrattano i beni impiegati nel _PROCESSO_ produttivo, come le materie prime, i semilavorati, i macchinari e le fonti di energia.

Frédéric Teulon, *Dictionnaire d'Histoire, Economie, Finance, Géographie*, Presses universitaires de France

capitali ▪ concorrenza ▪ direttamente ▪ domanda ▪ equilibrio ▪ indirettamente ▪ negoziazioni ▪ occupazione ▪ offerta ▪ processo ▪ risorse ▪ scambi ▪ servizi

---

Trova l'errore
Individua l'espressione o il termine errati, e inserisci quelli corretti.

1. Quanto più è lungo il periodo considerato, tanto più il prezzo dipende dall'intensità della domanda; quanto più è breve il periodo considerato, tanto più il prezzo dipende dal costo di produzione.
COSTO, INTENSITÀ

2. Se la domanda di un bene o di un servizio aumenta, la sua curva si sposta verso sinistra; se la domanda degli stessi diminuisce, la sua curva si sposta verso destra.
DESTRA, SINISTRA

unità **1** ■ Le forme di mercato

Laboratorio

Collegamenti
Associa ogni termine della prima colonna con un solo termine della seconda.

1. Utilità marginale — E
2. Oligopolio
3. Duopolio
4. Monopsonio — A
5. Monopolio assoluto — D
6. Concorrenza monopolistica — B
7. Concorrenza perfetta — C

a. Molti venditori, un solo compratore, incertezza nella determinazione del prezzo, prodotto omogeneo, difficoltà di ingresso per nuove imprese
b. Pochi venditori, molti compratori, potere dei venditori nella formazione del prezzo, difficile l'ingresso di nuove imprese, frequente nella realtà
c. Molti venditori e compratori, prodotto omogeneo, prezzo determinato dal mercato, libertà di entrare e uscire dal mercato, molto raro nella realtà
d. Un solo venditore, molti compratori, prodotto unico, potere del venditore nel determinare il prezzo, ingresso impedito a nuove imprese
e. Numerosi venditori e compratori, prodotto differenziato, potere dei venditori di fissare entro certi limiti il prezzo, possibilità per nuove imprese di entrare nel mercato, molto frequente nella realtà

Domande aperte
Rispondi alle seguenti domande.

1. Come si definisce il mercato? (1.1)
2. Che cosa si intende con le espressioni domanda e offerta collettive? (1.1)
3. Quando un mercato si dice aperto? (1.1)
4. Perché i prezzi sono i "semafori" del mercato? (1.2)
5. Come agiscono le forze automatiche che assicurano l'equilibrio? (1.2)
6. Quali sono le cause che fanno spostare la curva di domanda di un bene? (1.3)
7. Come si sposta l'offerta all'aumentare dei costi di produzione? (1.3)
8. Quali forme di mercato si è soliti evidenziare nello studio dell'economia? (1.4)
9. Perché concorrenza perfetta e monopolio assoluto sono forme di mercato assai rare nella realtà? (1.4)
10. Quali forme di mercato sono invece più frequenti nelle situazioni reali? (1.4)
11. Perché i modelli tradizionali della concorrenza perfetta e del monopolio non sono in grado di spiegare il moderno mercato capitalistico? (1.4)
12. Quali sono i caratteri fondamentali del mercato di monopsonio? (1.4)

summary CLIL

1.1 Market definition and classifications
In the market there are different **buyers** and **sellers** who exchange goods and services. Markets can be distinguished from one another using the following criteria:
- the **kind of goods and services** exchanged: consumer market; investment market; labour market; capital market;
- the **relationships with other countries**: closed market; open market;
- the **size of the market**: international market; national market; local market;
- the **quantity exchanged**: wholesale; retail.

1.2 How the equilibrium price is achieved
The **supply and demand curves** express relationships between price and quantity. **Equilibrium exists when supply equals demand. Prices indicate scarcity or abundance.** High prices denote scarcity and low prices denote abundance. In the **short term**, prices are influenced primarily by demand, in the **long term** they are determined by supply, that is, the cost of production.

1.3 Displacements of equilibrium positions
Changes in supply and demand curves can be affected by the **economic situation** and thus impact the market equilibrium over time.

1.4 Different kinds of market
Traditionally it was assumed that only two forms of market existed: **perfect competition** and **absolute monopoly**. They are very rare in the real world, since the markets are dominated by a few large companies. Today most firms are **monopolistically competitive** or **oligopolies**.

modulo **4**
I mercati e la distribuzione del reddito

unità **2**

La concorrenza perfetta

DI CHE COSA PARLEREMO

In questa unità si studia il MERCATO DI CONCORRENZA PERFETTA, partendo dai requisiti che lo qualificano, per passare poi alla determinazione dell'EQUILIBRIO DELL'IMPRESA nel breve e nel lungo periodo. Si esaminano quindi i vantaggi e gli svantaggi dei mercati di concorrenza perfetta, per sottolinearne infine l'importanza come MODELLO TEORICO, sia per meglio comprendere il funzionamento dei mercati reali, sia come strumento orientativo per le scelte di politica economica.

CHE COSA DEVI CONOSCERE

- Quali sono i fondamenti della scuola economica classica
- La nozione di domanda e offerta
- Il significato del concetto di equilibrio di mercato
- Quali sono gli obiettivi dell'imprenditore
- Qual è la differenza fra periodo breve e periodo lungo
- Quali sono le funzioni del profitto

CHE COSA IMPARERAI

- Che cos'è la "mano invisibile"
- Qual è la dimensione ottima dell'impresa
- Che differenza c'è tra periodo breve e periodo lungo
- Qual è la differenza tra profitto normale ed extraprofitto
- Che cos'è la sovranità del consumatore

CHE COSA SAPRAI FARE

- Definire i presupposti della concorrenza perfetta
- Spiegare gli aspetti positivi e negativi della concorrenza perfetta
- Illustrare la posizione di equilibrio in regime di concorrenza perfetta
- Differenziare le economie interne dalle economie esterne

2.1 Caratteri della concorrenza perfetta

▲ Adam Smith

Adam Smith, il "padre" dell'economia politica

Fino ai primi decenni del '900 la concorrenza perfetta era considerata dagli economisti la situazione di mercato prevalente, e la sola capace di assicurare il massimo vantaggio all'intera collettività. Già **Adam Smith**, fondatore della scuola classica, aveva sostenuto che quando un soggetto, in gara con tutti gli altri, persegue il suo interesse individuale, avvantaggia automaticamente tutta la collettività, come se fosse guidato da una benefica mano invisibile. Da qui la preferenza accordata a questa forma di mercato dagli economisti classici, che la studiarono precisandone con rigore i requisiti.

L'economista scozzese Adam Smith (1723-1790) pubblicò nel 1776 *La Ricchezza delle Nazioni* (*An Inquiry into the Nature and Causes of the Wealth of Nations*), che influenzò profondamente lo sviluppo della teoria economica, plasmando il pensiero sia degli studiosi successivi, sia degli uomini politici che

unità 2 ■ La concorrenza perfetta

applicarono le sue teorie nell'azione di governo. Considerò il **mercato** come un meccanismo capace di assicurare il massimo benessere per la collettività, in grado di correggere i propri errori. Individuò nella **divisione del lavoro** la chiave dello sviluppo economico, liberando l'economia dalle ristrette visioni del mercantilismo e della fisiocrazia. È chiamato "padre" dell'economia politica perché il suo libro più famoso è il primo trattato organico di economia che applica con rigore il **metodo scientifico** al ragionamento economico.

Nel periodo 1920-30, con l'affermarsi delle grandi imprese industriali, si cominciò a dubitare dei fondamenti della libera concorrenza, perché ci si rese conto che era un modello troppo distante dalla realtà; fu allora che le nuove analisi dell'oligopolio e della concorrenza monopolistica aprirono nuove vie per la comprensione delle reali situazioni di mercato.

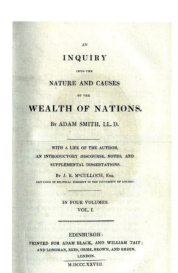

▲ Un'antica edizione de *La ricchezza delle nazioni*, il testo che ha fondato l'economia politica.

Presupposti teorici della concorrenza perfetta Perché un mercato possa definirsi di **concorrenza perfetta** è necessaria la presenza contemporanea dei seguenti requisiti:

- **atomizzazione del mercato**: consiste nella presenza, sul mercato, di un alto numero di operatori di piccole dimensioni, in modo che nessuno di essi possa influenzare il prezzo. Operano quindi molte imprese, ciascuna delle quali offre una piccola quantità di prodotto, in regime di costo crescente;
- **omogeneità del prodotto**: i beni offerti da tutte le imprese di un settore sono identici. Se infatti un produttore riesce a imprimere al suo prodotto caratteri differenziali (anche soltanto esterni, come colore, tipo di involucro ecc.), subentrano elementi incompatibili con il regime di concorrenza perfetta;

Requisiti del mercato di concorrenza perfetta

- **unicità di prezzo**: sul mercato vige un solo prezzo per ciascun tipo di prodotto (*legge di indifferenza dei prezzi*, detta anche *legge di Jevons*);
- **trasparenza del mercato**: ogni operatore è perfettamente informato sulle condizioni della domanda e dell'offerta. Infatti, se un compratore non conoscesse i prezzi vigenti sul mercato, potrebbe essere indotto ad acquistare un prodotto a un prezzo più elevato;
- **perfetta mobilità dei fattori produttivi**, liberi di muoversi in risposta alle diverse sollecitazioni del mercato. Ciò comporta:
  – la libertà di contrattare per ogni operatore, che può liberamente spostarsi sia dal punto di vista geografico che settoriale;
  – l'assenza di barriere di mercato, nel senso che le imprese possono entrare e uscire dal mercato, secondo la loro convenienza (*mercato contendibile*).

La concorrenza perfetta ha scarse possibilità di realizzarsi nei mercati reali, perché è molto difficile la contestuale presenza di tutti questi requisiti.

> **In pratica**
>
> Il mercato mondiale che più si avvicina alle condizioni di concorrenza perfetta è quello dei prodotti agricoli (mercato del riso, del frumento, del mais); tuttavia anche in questo settore tendono ad affermarsi produttori di grandi dimensioni capaci di influenzare i prezzi di mercato.
> Si può considerare vicino alla concorrenza perfetta anche un mercato rionale: molti venditori offrono la stessa qualità di verdura o frutta al medesimo prezzo, e ogni operatore è informato sulle condizioni del mercato. In questo caso possono essere presenti tutte le condizioni della concorrenza perfetta.

Nonostante ciò, lo **studio di questo tipo teorico di mercato è importante**, in quanto ci aiuta a capire i problemi fondamentali che l'impresa deve affrontare per vendere i suoi prodotti in competizione con le altre imprese.

M Mano invisibile Espressione usata da Adam Smith per indicare che la ricerca del vantaggio individuale si traduce automaticamente in vantaggi per l'intera collettività, come se l'agire del singolo fosse guidato da una benefica forza esterna. Proprio per questo è sconsigliato ogni intervento dello Stato nell'economia.

B Barriere di mercato Serie di difficoltà che l'impresa deve affrontare per entrare in un nuovo mercato a causa dei sistemi di protezione attuati dalle imprese già presenti (accordi per fissare i prezzi di vendita, brevetti protettivi ecc.). Quando non esistono barriere di mercato si ha il *mercato contendibile*.

modulo 4

I mercati e la distribuzione del reddito

2.2 Equilibrio dell'impresa in regime di concorrenza perfetta

In regime di **concorrenza perfetta** l'imprenditore non ha il potere di modificare il prezzo di mercato, ma può solo variare la quantità offerta.

Dimensione ottima dell'impresa

L'impresa è in equilibrio quando massimizza il profitto globale: l'imprenditore offre la quantità di prodotto che, dati il prezzo di mercato e i costi, rende più grande possibile il profitto, cioè la differenza fra ricavi e costi. È questo il problema della **dimensione ottima dell'impresa**: la soluzione è diversa a seconda della variabile tempo, cioè della lunghezza del periodo di tempo considerato.

Periodo breve e periodo lungo

Il **periodo breve** è definito come l'intervallo di tempo durante il quale non è possibile modificare la dimensione dell'impresa, in quanto non si può cambiare la sua struttura produttiva (ad esempio costruendo nuovi impianti), ma solo utilizzare nel modo migliore gli impianti esistenti. Nel **periodo lungo**, invece, l'impresa può modificare la sua struttura produttiva, introducendo nuovi impianti.

L'equilibrio dell'impresa nel periodo breve Per la soluzione di tale problema, bisogna partire dall'osservazione che il profitto totale aumenta finché il ricavo marginale (R_{ma}), cioè il ricavo ottenuto dalla vendita dell'ultima unità di prodotto, è uguale al costo marginale (C_{ma}). Poiché in regime di concorrenza perfetta il ricavo marginale, per la legge di Jevons, è uguale al prezzo (P), si avrà:

$$C_{ma} = R_{ma} = P$$

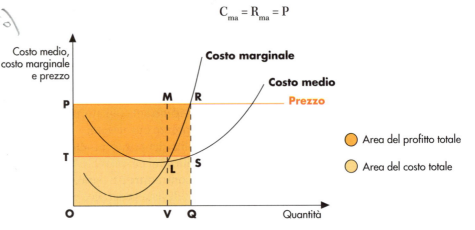

> Nel periodo breve l'impresa in regime di concorrenza perfetta è in equilibrio quando il costo marginale è uguale al prezzo di mercato.

Massimizzazione del profitto

Il profitto unitario relativo a ogni singola unità aggiuntiva decresce a partire dal punto in cui il costo marginale è minimo; ma finché il costo unitario è inferiore al prezzo, il profitto globale aumenta.

Possiamo quindi dire che **l'impresa espande la sua produzione finché il costo marginale è uguale al ricavo marginale (che a sua volta è uguale al prezzo). In tal modo si ottiene la massimazione del profitto.**

Rappresentazione grafica

A questo problema è possibile dare una soluzione grafica. Nella figura qui sopra abbiamo riportato le curve dei costi medi e dei costi marginali, che hanno il significato già illustrato (v. Mod. 3, par. 2.5).

Abbiamo aggiunto la linea del prezzo (o del ricavo marginale) che ha andamento rettilineo, in quanto nel mercato di libera concorrenza il prezzo è un dato costante, non modificabile dalla singola impresa, e pari a OP.

La dimensione ottima dell'impresa corrisponde alla produzione OQ: infatti, solo producendo tale quantità il costo marginale è uguale al prezzo. Se l'impresa si fermasse al punto V, realizzerebbe il massimo profitto unitario (pari a LM, essendo i costi pari a VL e il prezzo di vendita pari a VM). Ma, come sappiamo, all'imprenditore in realtà interessa realizzare il massimo profitto globale, e non quello unitario.

unità 2 ■ La concorrenza perfetta

Costo totale e profitto totale

In corrispondenza della produzione OQ, il costo unitario medio è pari a SQ; ciò significa che il **costo totale** è OQST. Per ottenere il profitto globale, basta togliere dal ricavo totale (OQRP) i costi totali. Come si vede, l'**area dei profitti** è rappresentata da TSRP.

Il prezzo di mercato determina, unitamente al costo marginale, la quantità di prodotto offerta dall'impresa.

L'uscita dal mercato Se l'impresa ha costi medi inferiori al prezzo di mercato, realizza un **profitto**. Se invece i suoi costi sono superiori al prezzo di mercato, l'impresa produce in **perdita** ed è costretta ad abbandonare il mercato.

Il punto di fuga

Perciò il punto L del grafico (che corrisponde al punto di minimo della curva del costo medio) è detto **punto di fuga**:

> l'impresa il cui costo medio minimo uguaglia il prezzo di mercato è detta **impresa marginale**, perché se il prezzo scendesse ulteriormente, l'impresa a lungo andare sarebbe costretta a uscire dal mercato per non incorrere nel fallimento.

Extraprofitto e profitto normale

L'equilibrio dell'impresa nel periodo lungo Nel periodo lungo, dato che non esistono barriere all'entrata, nuove imprese potranno entrare nel mercato, attratte dagli alti profitti. Ciò provoca un aumento dell'offerta complessiva e la conseguente diminuzione del prezzo. Questo processo continua fino a quando il prezzo non scende al livello del costo medio minimo, eliminando così l'**extraprofitto** (l'impresa guadagna solo il **profitto normale** – per la distinzione tra questi due concetti vedi par. 4.4 – che rappresenta la remunerazione dell'imprenditore, già incorporata nella curva dei costi).

Nel periodo lungo, quindi, i margini di profitto tendono ad annullarsi. Dato che l'impresa è in equilibrio quando il costo marginale è uguale al ricavo marginale, tale situazione corrisponde al punto L del grafico, in cui:

$$C_{ma} = C_{me} = R_{ma} = P$$

Con la scomparsa dell'extraprofitto tutte le imprese presenti sul mercato diventano marginali, dato che le altre tendono a scomparire per effetto della diminuzione del prezzo sotto la curva del costo medio.

2.3 Economie interne ed economie esterne

La distinzione fra economie interne ed esterne fu introdotta da **Marshall** allo scopo di avvicinare alla realtà il modello di concorrenza perfetta. Le economie interne ed esterne consentono all'impresa di migliorare la produttività attraverso una più efficiente utilizzazione delle risorse disponibili.

Economie interne

> Le **economie interne** consistono nella riduzione di costi che l'impresa può realizzare all'aumentare della quantità prodotta (per questo sono anche dette **economie di scala**).

Normalmente, all'aumentare della dimensione, l'impresa riduce i costi fissi per unità di prodotto, riesce a organizzarsi meglio mediante una più razionale divisione del lavoro e l'introduzione di macchinari più perfezionati.

E Extraprofitto È costituito dalla differenza fra il prezzo di mercato e il costo medio di produzione (che già incorpora il profitto normale); si realizza quando la congiuntura generale e le favorevoli condizioni di mercato consentono di ottenerlo.

P Profitto normale Compenso che spetta all'imprenditore per la sua attività di organizzazione del processo produttivo. Se il prezzo di mercato scende sotto il costo medio di produzione, l'imprenditore lavora in perdita e deve rinunciare alla sua attività.

177

modulo 4

I mercati e la distribuzione
del reddito

Economie esterne

Le **economie esterne** consistono nella riduzione di costi resa possibile da situazioni o interventi nell'ambiente esterno che facilitano la produzione e la distribuzione del prodotto.

Particolarmente importanti sono gli investimenti pubblici in **infrastrutture**, cioè in quei manufatti che facilitano la produzione e la commercializzazione dei prodotti (autostrade, porti, ferrovie ecc.). Nell'economia moderna costituiscono importanti economie esterne (**esternalità**) la presenza di servizi bancari e commerciali, una rete efficiente di telecomunicazioni, la vicinanza di industrie complementari nella stessa area (come avviene nelle **zone industriali** e nei **distretti**), la presenza di valide scuole professionali ecc. La disponibilità di queste risorse comporta una diminuzione, talora notevole, dei costi di produzione.

Le esternalità

I costi sociali

Costi sociali Non poche di queste esternalità rappresentano tuttavia un costo sociale, come è evidente nel caso delle infrastrutture create a spese dello Stato; ma vi sono altri casi di esternalità in cui il costo sociale è meno evidente: se un'industria chimica si libera di rifiuti tossici scaricandoli in un fiume vicino, l'azienda ottiene un'economia esterna dalla presenza del fiume, ma la collettività sopporta il costo sociale dell'inquinamento delle sue acque.

2.4 | Vantaggi e svantaggi della concorrenza perfetta

Diversità di vedute

La discussione sulla bontà del regime di concorrenza ha diviso gli economisti; come linea di tendenza osserviamo che i giudizi positivi del passato hanno lasciato spazio a valutazioni critiche, stimolate dagli sviluppi dell'economia reale e dalle conseguenti analisi degli studiosi.

Vantaggi della concorrenza perfetta

I vantaggi Secondo i suoi sostenitori, i vantaggi della concorrenza perfetta sono i seguenti:

- **massimizza il volume della produzione**, con vantaggio dei consumatori, in quanto il prezzo di mercato tende al costo; inoltre i consumatori detengono la sovranità del mercato, perché è la domanda che crea i presupposti dell'attività produttiva;
- **consente la migliore allocazione delle risorse**, cioè porta alla più efficiente combinazione dei fattori produttivi. Ciò perché gli imprenditori meno capaci, non essendo in grado di combinare efficientemente i fattori produttivi, saranno espulsi dal mercato;
- **assicura l'indipendenza degli operatori economici**, soprattutto nei confronti dello Stato;
- **garantisce la libertà politica dei cittadini**, come prova la crisi delle economie pianificate dei Paesi dell'Est alla fine degli anni Ottanta, determinata non solo dall'insuccesso economico, ma anche dal regime oppressivo creato dalla burocrazia che aveva sostituito l'iniziativa economica privata.

Il contributo della globalizzazione

I sostenitori delle forme concorrenziali di mercato fanno riferimento anche ai successi della **globalizzazione** che riduce le barriere competitive, perché anche grazie alle tecnologie elettroniche in concorrenza:

- **diminuiscono le barriere all'entrata**, e quindi aumenta il numero di imprese che operano nel mercato;

C Costo sociale Parte di costo dell'attività produttiva di un'impresa privata non sopportata dal soggetto che la svolge, ma scaricata sulla società; il caso tipico è l'inquinamento di un'area a causa di una particolare produzione. Quando il comportamento di un soggetto svantaggia l'intera collettività si hanno *diseconomie esterne*, dette anche *esternalità negative*.

Ruolo dello Stato

- diminuiscono i costi delle transazioni;
- aumenta l'importanza del consumatore.

Pertanto, secondo i teorici del liberismo (v. Mod. 2, par. 3.4), le autorità devono esplicare ogni sforzo per mantenere nei mercati condizioni di libera concorrenza, rimuovendo le altre situazioni (soprattutto il monopolio), giudicate dannose allo sviluppo della società.

Svantaggi della concorrenza perfetta

Gli svantaggi   Le critiche si basano in particolare sulle seguenti osservazioni:
- **il prezzo di mercato non tende al costo di produzione**, perché buona parte dei costi sono a carico della collettività. Si pensi agli enormi danni provocati dalla concentrazione industriale, che gravano sull'intera popolazione: ricordiamo l'esempio citato dall'economista inglese **Pigou** del fumo delle ciminiere che fa aumentare le spese di bucato delle famiglie, e che inquina l'aria recando gravi costi alla comunità;
- **le preferenze individuali difficilmente coincidono con quelle della collettività.** Ammessa l'esistenza della sovranità del consumatore, può accadere che le sue scelte spingano le imprese a produrre beni superflui e dannosi (tipici della società dei consumi), trascurando i beni utili alla collettività (scuole, ospedali, centri culturali ecc.);

Sovranità del consumatore
Consumer sovereignty

- **la** sovranità del consumatore **è illusoria**: le imprese, con diverse tecniche promozionali (fra di esse la **pubblicità** ha un ruolo preminente), trasformano il consumatore in un soggetto passivo, giungendo addirittura a creare bisogni fittizi e talvolta dannosi, come il consumo di alcolici e sigarette;
- **le forze spontanee del mercato non portano automaticamente alla piena occupazione dei fattori produttivi.** La realtà ha smentito la **legge di Say (legge degli sbocchi)** secondo cui le crisi di disoccupazione sono impossibili;
- **la libera concorrenza non può assicurare la giustizia sociale**, in quanto consente ai soggetti economicamente più forti di agire secondo i propri personali interessi, accentuando le ingiustizie nella distribuzione della ricchezza.

2.5 Il mercato contendibile

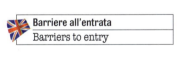

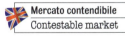

Si ha un mercato contendibile quando non esistono barriere all'entrata e all'uscita, e quindi le imprese hanno **pieno accesso al mercato**. Perché vi siano tali caratteristiche occorre la contemporanea presenza di queste condizioni:
- **le imprese che vogliono entrare nel mercato non devono essere svantaggiate rispetto a quelle che già vi operano**: ciò significa che i nuovi entranti devono aver accesso alle stesse tecnologie, alle medesime informazioni e agli stessi prezzi degli input produttivi (materie prime, componenti, forza lavoro, energia, risorse finanziarie ecc.) disponibili per le aziende già sul mercato.
- **non vi devono essere** *sunk costs* (costi che affondano), cioè costi non recuperabili quando l'impresa decide di uscire dal mercato, per cui non viene penalizzata da oneri eccessivi e può realizzare in larga misura il valore degli investimenti;

Piena libertà di entrata e uscita
- **all'impresa sia possibile anche una breve presenza sul mercato**, effettuando scorrerie competitive, del tipo *hit-and-run* (mordi e fuggi).

C Costi delle transazioni Sono costi che riguardano il trasferimento dei beni, e raggiungono livelli molto alti, a volte anche superiori ai costi di produzione. Ne sono esempi i costi sostenuti dall'impresa per l'attività legale di intermediazione e contrattazione.

S Sovranità del consumatore Capacità del consumatore di orientare, con le sue scelte di spesa, le scelte di investimento delle imprese. Secondo il pensiero degli economisti classici e neoclas-sici tale situazione si realizza unicamente nel mercato di libera concorrenza.

M Mercato contendibile Capacità del consumatore di orientare, con le sue scelte di spesa, le scelte di investimento delle imprese. Secondo il pensiero degli economisti classici e neoclassici tale situazione si realizza unicamente nel mercato di libera concorrenza.

modulo 4
I mercati e la distribuzione del reddito

Situazione tipica

In presenza di queste condizioni, le imprese di grandi dimensioni che già operano nel mercato non possono imporre prezzi troppo alti, nel timore che entrino nel mercato altri concorrenti; **il prezzo tenderà quindi ad avvicinarsi a quello della concorrenza perfetta**. Infatti, se le grandi imprese fissassero prezzi superiori a quelli di concorrenza perfetta, nuovi concorrenti entrerebbero nel mercato approfittando della situazione, e potrebbero facilmente sottrarre alle imprese già operanti consistenti quote di mercato. Inoltre, non essendoci costi all'uscita dal mercato, le nuove imprese potrebbero ritirarsi non appena le condizioni del mercato lo rendessero opportuno, per esempio quando le grandi imprese già presenti abbassano a loro volta i prezzi (strategie di *hit and run*). Quindi, soltanto comportandosi secondo le condizioni della concorrenza perfetta le imprese già sul mercato possono escludere l'ingresso di nuove imprese.

Comportamento dei competitori

La situazione raffigurata incentiva le nuove imprese a correre i rischi di un'entrata nel mercato, perché è evidente che, male che vada, sarà sempre possibile uscire da quel mercato recuperando il capitale investito, così da destinarlo ad altri impieghi. Si comprende tuttavia che la sola minaccia di una evenienza di questo tipo indurrà le imprese operanti sul mercato a **mantenere bassi i prezzi** e a **produrre nel modo più efficiente possibile**, per mantenere bassi i costi, sfruttando tutte le economie di scala e ogni nuova tecnologia a sua disposizione.

▲ W. J. Baumol

In generale, **quanto minori sono i costi di uscita, tanto più *contendibile* sarà il mercato**. Quanto più contendibile è il mercato, **tanto più le imprese che vi operano saranno costrette a operare in condizioni simili a quelle della concorrenza perfetta**.

> **IN pratica**
> Se per entrare in un mercato un'impresa deve investire 20 milioni di euro, e quando ne esce può recuperarne 8, i *sunk costs* sono di 12 milioni di euro.

Teoria dei mercati contendibili

La teoria dei mercati contendibili, sviluppata tra gli altri da **William Jack Baumol** già dal 1980, ha avuto una posizione centrale nel dibattito sul ruolo delle **autorità antitrust**, perché ha permesso di affiancare ai criteri basati sulla concentrazione del mercato anche il concetto di concorrenza potenziale.

Una società di capitali, nella maggioranza dei casi quotata in borsa, si dice infine **contendibile** quando è possibile acquistare sul mercato una quota del capitale che ne garantisca il controllo.

Le situazioni reali

Nella realtà solo **pochi mercati** soddisfano pienamente le condizioni del mercato contendibile. In molti settori, infatti, le imprese già presenti sul mercato hanno accessi privilegiati alle risorse, e i costi di uscita sono spesso ingenti. Inoltre, nella maggioranza dei casi, le imprese già operanti sul mercato hanno la possibilità di variare i propri prezzi più rapidamente di quanto sia necessario a una nuova impresa per entrare nel mercato, impedendo di fatto le strategie di *hit and run*.

> **IN pratica**
> Un'impresa di pullman intende avviare un nuovo servizio di trasporto passeggeri su una linea già servita da un'altra grande impresa, convinta che in caso di insuccesso potrà uscire da quel mercato e utilizzare i suoi mezzi di trasporto su un'altra linea, recuperando così in gran parte il costo dell'investimento. Se l'impresa già operante sul mercato in condizioni di monopolio decide di abbassare i prezzi delle corse perché teme l'entrata sul mercato della nuova potenziale concorrente, il mercato è contendibile. Come si vede, in tale situazione il prezzo si abbassa, sino ad avvicinarsi al prezzo di libera concorrenza.

unità 2 ■ La concorrenza perfetta

INsintesi

2.1 Caratteri della concorrenza perfetta

Il mercato di **concorrenza perfetta** è caratterizzato da:
- presenza di **molte imprese**, ciascuna delle quali offre una piccola quantità di prodotto;
- **omogeneità** dei beni e servizi offerti dalle singole imprese;
- **unicità di prezzo** per ciascun tipo di bene e di servizio;
- **trasparenza**, ossia completa informazione sulle condizioni di domanda e di offerta;
- **perfetta mobilità** dei fattori produttivi, ossia libertà di contrattare degli operatori e assenza di barriere all'entrata.

2.2 Equilibrio dell'impresa nella concorrenza perfetta

Nel **periodo breve** l'impresa è in **equilibrio** quando massimizza il profitto totale. Ciò avviene quando il costo marginale uguaglia il ricavo marginale, che è uguale al prezzo. Nel **periodo lungo**, dato che possono entrare nel mercato nuove imprese attratte dagli extraprofitti, il mercato costringe le imprese al solo profitto normale, che coincide con la copertura dei costi. Quando il prezzo di mercato scende al di sotto del costo medio minimo (*punto di fuga*), l'impresa deve uscire dal mercato, altrimenti fallisce.

2.3 Economie interne ed economie esterne

Le **economie interne** ed **esterne** sono riduzioni dei costi di produzione che derivano da fenomeni interni o esterni all'impresa. Nel caso delle **economie interne** (o **economie di scala**) la riduzione di costi deriva dall'aumento delle dimensioni dell'impresa, che consente una più razionale organizzazione produttiva. Nel caso delle **economie esterne** l'impresa si avvantaggia della presenza di infrastrutture (autostrade, porti ecc.) e di servizi efficienti che riducono i costi di produzione.

2.4 Vantaggi e svantaggi della concorrenza perfetta

Secondo i suoi sostenitori la concorrenza perfetta presenta i seguenti **vantaggi**:
1) massimizza la produzione, riducendo i prezzi;
2) consente l'allocazione efficiente delle risorse;
3) assicura l'indipendenza dei soggetti economici;
4) garantisce le libertà politiche dei cittadini.

Secondo i suoi critici la concorrenza perfetta presenta i seguenti **svantaggi**:
1) scarica sulla collettività costi che dovrebbero essere sostenuti dall'impresa;
2) spinge a produrre beni superflui o addirittura dannosi, trascurando le necessità delle categorie sociali più deboli;
3) crea bisogni fittizi;
4) porta a ricorrenti crisi di disoccupazione;
5) non assicura la giustizia sociale.

2.5 Il mercato contendibile

Si ha un mercato contendibile quando **non esistono barriere in entrata e in uscita**, quindi le nuove imprese non sono svantaggiate rispetto a quelle già presenti, non vi sono costi non recuperabili all'uscita e per le imprese è possibile anche una breve presenza sul mercato.
Nella realtà questa particolare situazione non è frequente, ma il suo studio è importante per la definizione del ruolo dell'**autorità antitrust** nel garantire la concorrenza.

Laboratorio

Vero / Falso

Indica se le seguenti affermazioni sono vere o false.

1. Per gli economisti classici il monopolio è la situazione di mercato prevalente, la sola considerata in grado di assicurare il massimo vantaggio all'intera collettività. V [F]
2. In concorrenza perfetta l'impresa è in equilibrio quando massimizza il ricavo totale. V [F]
3. Il punto di fuga per l'impresa in concorrenza perfetta è situato all'incrocio fra la curva del costo medio e la curva del costo marginale. V [F]
4. Nel periodo breve l'impresa in condizioni di concorrenza perfetta è in equilibrio quando il costo marginale è uguale al prezzo. [V] F
5. Il profitto normale è un elemento del costo medio di produzione. [V] F
6. Le infrastrutture finanziate dall'intervento pubblico sono tipiche economie interne. V [F]
7. Per i liberisti lo Stato non deve intervenire in economia, ma solo assicurare la libera concorrenza e combattere i monopoli. [V] F
8. Per i critici del modello di concorrenza perfetta il consumatore non è il "sovrano" del mercato, perché le imprese sono in grado di creare bisogni fittizi. [V] F
9. I fautori della concorrenza perfetta sostengono che le forze spontanee del mercato garantiscono la piena occupazione dei fattori produttivi. [V] F
10. La concorrenza perfetta è il modello oggi più diffuso nei mercati reali. V [F]
11. Si ha un mercato contendibile quando esistono barriere di mercato che non consentono l'ingresso di nuove imprese. V [F]

modulo 4
I mercati e la distribuzione del reddito

Laboratorio

Scelta multipla — Completa l'affermazione scegliendo la frase corretta fra quelle proposte.

1. Non è un elemento della concorrenza perfetta
   a. la differenziazione del prodotto
   b. il mercato atomizzato
   c. l'unicità di prezzo
   d. la trasparenza di mercato

2. Perfetta mobilità dei capitali significa
   a. libertà dei lavoratori di cambiare impresa
   b. assenza di barriere all'entrata di nuove imprese
   c. conoscenza dei prezzi da parte di ogni operatore
   d. possibilità di ogni investitore di impiegare liberamente i suoi capitali

3. Il periodo lungo è l'intervallo di tempo durante il quale l'impresa
   a. non realizza alcun profitto dalla vendita dei prodotti
   b. può acquisire solo un numero limitato di clienti
   c. non è in grado di contattare i suoi fornitori
   d. può modificare la sua dimensione

4. Nel periodo breve l'impresa è in equilibrio quando
   a. è massimo il profitto unitario
   b. il ricavo medio è uguale al costo medio
   c. il costo medio è uguale al prezzo
   d. il costo marginale è uguale al ricavo marginale

5. L'impresa il cui costo medio minimo uguaglia il prezzo di mercato è detta impresa
   a. pubblica
   b. cooperativa
   c. normale
   d. marginale

6. In concorrenza perfetta l'impresa con costo marginale superiore al prezzo deve
   a. aumentare il prezzo di vendita
   b. aumentare la produzione
   c. ridurre la produzione
   d. ridurre il ricavo marginale

7. Per un'azienda metalmeccanica non costituisce un'economia esterna
   a. una rete efficiente di comunicazioni
   b. un sistema integrato di istruzione professionale
   c. una scuola di ballo sudamericano
   d. un sistema autostradale di facile accesso

8. Secondo i suoi sostenitori la concorrenza perfetta non garantisce
   a. la sovranità del consumatore
   b. la garanzia delle libertà economiche e politiche
   c. l'aumento del potere di mercato dell'imprenditore
   d. la migliore allocazione delle risorse

Completamenti — Completa il brano inserendo i termini appropriati scelti tra quelli proposti.

Con la locuzione "barriere all' ECONOMIA " gli economisti fanno riferimento agli ostacoli che possono impedire l'entrata su un determinato mercato di una nuova impresa. Quattro sono le principali fonti delle barriere all'entrata. In primo luogo, i più _____ costi di produzione per le imprese già operanti sul mercato, derivanti per esempio dal possesso di una notevole quota di mercato ovvero dal conseguimento di importanti ECONOMIE di scala. In secondo luogo, barriere all'entrata possono derivare dalla fedeltà dei consumatori a prodotti e _____ già noti. In terzo luogo, barriere all'entrata possono derivare dalla TITOLARITÀ di diritti sulle materie prime, sulla tecnologia di produzione oppure sui punti vendita da parte di imprese già esistenti. Infine, una barriera che talora può essere insormontabile è la disponibilità di ingenti capitali. Per alcune produzioni la quantità di risorse da investire per impiantare una nuova impresa sono elevatissime, riducendo così drasticamente il numero dei _____ entranti soltanto a poche imprese di grandi dimensioni.

Virginio Schiavetti, *Le parole de "Il Sole 24 Ore"*

alti • bassi • economie • entrata • finali • iniziali • marchi • potenziali • titolarità • uscita

Trova l'errore — Individua l'espressione o il termine errati, e inserisci quelli corretti.

1. In concorrenza perfetta viene chiamato "punto di fuga" quello in cui il costo marginale uguaglia il prezzo di mercato.
   SUPERA

2. Le economie esterne (o economie di scala) consistono nella riduzione di costi che l'impresa realizza all'aumentare della quantità prodotta.
   INTERNE

182

unità 2 ■ La concorrenza perfetta

Laboratorio

Collegamenti
Associa ogni termine della prima colonna con un solo termine della seconda.

1. Utilità marginale
2. Barriere all'entrata
3. Omogeneità del prodotto ___C___
4. Potere di mercato dell'imprenditore
5. Perfetta mobilità dei fattori produttivi ___B___
6. Unicità di prezzo ___D___
7. Trasparenza del mercato ___A___
8. Atomizzazione del mercato ___E___

a. Ciascun operatore è perfettamente informato sui prezzi vigenti sul mercato
b. I fattori produttivi sono liberi di muoversi in risposta agli stimoli del mercato
c. I beni e i servizi offerti da tutte le imprese sono uguali
d. Sul mercato opera la legge di indifferenza dei prezzi (legge di Jevons)
e. Sul mercato agiscono molti operatori di piccole dimensioni

Domande aperte
Rispondi alle seguenti domande.

1. Quali sono i requisiti di un mercato di concorrenza perfetta? (2.1)
2. Perché i mercati reali sono raramente di concorrenza perfetta? (2.1)
3. Quando è in equilibrio l'impresa in regime di concorrenza perfetta? (2.2)
4. Che cos'è il punto di fuga? (2.2)
5. Qual è la differenza fra il periodo breve e il periodo lungo? (2.3)
6. Che cosa sono le economie interne? (2.3)
7. Sai fare esempi di economie esterne che recano grandi vantaggi all'impresa? (2.3)
8. Quali sono i vantaggi della concorrenza perfetta secondo i suoi sostenitori? (2.4)
9. La concorrenza garantisce la sovranità del consumatore? (2.4)
10. La libera concorrenza è in grado di assicurare la giustizia sociale? (2.4)
11. Perché il regime di concorrenza perfetta riduce il prezzo al livello del costo di produzione? (2.4)

summary CLIL

2.1 Characteristics of perfect competition
The specific characteristics of a **perfect competition market** include the following: • the presence of **many firms**, each offering a small amount of product; • all firms present a homogenous product; • all firms are price-takers; • they cannot control the market price of their product; • buyers have complete information about the product; • the industry is characterised by freedom of entry and exit.

2.2 Company equilibrium in perfect competition
In the short run, more efficient firms may earn super-normal profits. This is because marginal cost equals marginal revenue (which is the price of the product).
In the long run, the presence of super-normal profits will attract new firms. As new firms enter the market, extra profits will be competed away. When the market prices drop and a firm operates at a loss, it must shutdown from the market to avoid bankruptcy.

2.3 Internal and external economies
Internal and external economies occur when there is a decrease in costs for a firm. When a company reduces costs and increases production, **internal economies** (or **economies of scale**) have been achieved. **External economies** occur outside an industry. Thus, when an industry has an advantage due to, for example, the creation of better transportation (new roads, a new harbour, a new airport), resulting in a subsequent decrease in costs for a company, external economies have been achieved.

2.4 Advantages and disadvantages of perfect competition
The **advantages of perfect competition** are:
• production is maximised, resulting in lower prices;
• allocation of resources is optimal; • independence of economic entities is ensured; • maximum choice for consumers.
The **disadvantages of perfect competition** are:
• firms offload costs to the community; • production of superfluous or even dangerous goods is encouraged, neglecting the needs of the poorer social classes; • fictitious needs are created; • social justice is not guaranteed.

2.5 The contestable market
There is a contestable market when there are **no entry or exit barriers**, so new firms are not disadvantaged compared to those already present; in particular, there are no sunk costs upon exiting the market, and a brief presence is also possible. In reality contestable markets are not common, but it is important to study them in order to be able to define the role of **antitrust authorities**.

modulo 4

I mercati e la distribuzione
del reddito

unità

3

I mercati
non concorrenziali

DI CHE COSA PARLEREMO

In questa unità si studiano i **MERCATI NON CONCORRENZIALI**, a partire dal **MONOPOLIO**, criticato da economisti e politici per i notevoli danni che arreca al tessuto sociale dell'intera collettività. Dopo una breve analisi di due forme particolari di mercato, il **MONOPOLIO BILATERALE** e il **DUOPOLIO**, vengono presi in esame l'**OLIGOPOLIO** e la **CONCORRENZA MONOPOLISTICA**, le due forme di mercato attualmente più diffuse nella realtà.

CHE COSA DEVI CONOSCERE

- Quali sono i fondamenti della teoria marginalista
- La nozione di costo marginale e ricavo marginale
- La distinzione fra costo, ricavo e profitto
- Il significato dei concetti di prezzo e quantità di equilibrio
- Quali sono le nuove forme di mercato

CHE COSA IMPARERAI

- In cosa consiste la politica dei prezzi multipli
- Che cos'è la rendita del consumatore
- In che modo agiscono le leggi antimonopolistiche
- Che cos'è l'"abuso di posizione dominante"
- Che ruolo riveste oggi la pubblicità

CHE COSA SAPRAI FARE

- Definire il monopolio, il monopolio bilaterale, il duopolio e l'oligopolio
- Illustrare il meccanismo della formazione del prezzo nel monopolio
- Spiegare la politica dei prezzi multipli
- Chiarire il concetto di rendita del consumatore
- Illustrare i vantaggi e gli svantaggi del monopolio
- Spiegare la teoria della concorrenza monopolistica

3.1 Il monopolio

Eccezionalità del monopolio

Il mercato di monopolio presenta **caratteristiche diametralmente opposte a quelle di concorrenza perfetta**. Però, al pari di questa, ha poche probabilità di verificarsi in pratica, e viene studiato soprattutto perché consente di approfondire alcuni concetti indispensabili alla conoscenza del funzionamento di altre forme di mercato (come l'oligopolio e la concorrenza monopolistica), assai frequenti nella realtà.

> Nel **monopolio** l'offerta di un certo prodotto è concentrata interamente in una sola impresa, mentre la domanda è frazionata fra numerosi compratori.

I caratteri del monopolio sono i seguenti:
- **una sola grande impresa** controlla la produzione e la vendita di un certo prodotto;
- la domanda è suddivisa fra un **elevato numero di compratori**, indipendenti fra loro e in competizione per il prodotto;
- **non esistono prodotti concorrenti**, in quanto il prodotto è considerato insostituibile dal consumatore;
- **è esclusa anche la concorrenza potenziale**, ossia quella derivante da eventuali nuove imprese che, attratte dagli elevati profitti del monopolista, possono entrare nel mercato.

Una forma di mercato rara

Queste condizioni sono talmente restrittive da rendere oggi molto rara la presenza di questo regime nei mercati reali. In passato, quando i trasporti e le comunicazioni erano più difficili, si poteva verificare in alcuni mercati la contemporanea presenza di tutte queste condizioni.

Si pensi al caso della produzione e della vendita di un bene che sia il risultato di un'importante innovazione tecnologica, come per esempio il primo tablet; si è trattato comunque di un monopolio temporaneo, in quanto destinato a essere riassorbito in breve tempo dalla concorrenza degli altri imprenditori: è infatti così avvenuto con la presentazione, in meno di un anno, di molti altri tablet.

Oggi sono più frequenti i **monopoli legali**, istituiti in forza di legge: i mercati reali possono solo presentare forme intrise di elementi monopolistici, come vedremo in seguito (oligopolio, concorrenza monopolistica), ma quasi mai casi di monopolio assoluto.

In molti Paesi sono ancora gestiti in regime di monopolio legale la produzione e la distribuzione di energia elettrica, il trasporto ferroviario, l'erogazione del gas naturale, il monopolio dei tabacchi ecc., anche se negli ultimi anni molte di queste attività sono state cedute ai privati.

Il monopsonio

Oltre al caso del monopolio dell'offerta può verificarsi anche quello del **monopolio della domanda**, cioè il **monopsonio**, che si realizza quando una sola grande impresa richiede la totalità di un prodotto e l'offerta proviene da numerose imprese di piccole dimensioni. Questa forma di mercato non riveste tuttavia grande interesse teorico, ed è molto rara nella realtà.

Si pensi al caso di una grande impresa industriale, che acquista semilavorati o parti finite del prodotto da molte piccole e medie imprese specializzate, che non troverebbero altra domanda sul mercato; oppure al caso di una grande impresa che, per le sue caratteristiche, impieghi una manodopera molto specializzata. Nelle due situazioni la grande impresa concentra l'intera domanda, mentre l'offerta è distribuita su una molteplicità di soggetti.

Vari tipi di monopolio Si possono avere tre tipi di monopolio:

Monopoli naturali
- **monopoli naturali**, derivanti dal possesso esclusivo di particolari risorse, come ad esempio il caso dell'impresa proprietaria di una sorgente termale dotata di specifiche proprietà terapeutiche;

Monopoli legali
- **monopoli legali**, creati da una legge che riserva in esclusiva la produzione e l'offerta di un bene allo Stato o a un altro ente pubblico o privato. Possono essere pubblici, come era il caso del monopolio dei tabacchi, o privati, come nel caso dello sfruttamento dei brevetti industriali. Un caso relativamente

M Monopsonio Mercato in cui un bene prodotto da molte imprese (di solito piccole) è acquistato da una sola grande impresa. In tali condizioni il compratore può influenzare il prezzo, che risulta più basso di quello che si formerebbe in concorrenza perfetta. Ne è esempio una grande multinazionale che acquista caffè o banane da molti piccoli produttori.

B Brevetto industriale Diritto riconosciuto all'inventore di godere e sfruttare economicamente un'invenzione idonea a un'applicazione industriale, come per esempio un nuovo metodo o un nuovo processo di lavorazione, un macchinario, un utensile, un dispositivo meccanico, come pure l'applicazione tecnica di un principio scientifico atto a produrre risultati industriali.

modulo 4
I mercati e la distribuzione del reddito

frequente di monopolio è infatti quello che si forma in seguito al conseguimento di un **brevetto**, che consente all'impresa di offrire sul mercato un prodotto esclusivo, privo di concorrenza: si pensi all'invenzione di software per il computer che ha consentito alla Microsoft di diventare una tra le maggiori aziende del mondo;

Monopoli di fatto

- **monopoli di fatto**, quando tutta l'offerta è concentrata nelle mani di un'unica impresa, che si è imposta sul mercato dopo aver eliminato le imprese rivali grazie alla sua capacità di innovazione tecnologica. Nei sistemi economici chiusi questi monopoli potevano facilmente formarsi; non così nei sistemi economici aperti, esposti alla concorrenza internazionale.

3.2 La formazione del prezzo nel monopolio

Ricavi e prezzi nel monopolio

Mentre per quanto riguarda i **costi** dell'impresa monopolistica non vi sono differenze sostanziali rispetto a quelli sostenuti dall'impresa concorrenziale, dal lato dei **ricavi** le differenze fra le due situazioni sono rilevanti. Infatti, in regime di concorrenza perfetta le imprese considerano il prezzo come un dato immodificabile: esso resta costante anche quando la singola impresa accresce la propria offerta. Non così, invece, per l'impresa monopolistica: dato che, in questo caso, l'imprenditore controlla l'intera offerta del bene, egli si rende conto che un aumento della quantità venduta è possibile solo se riduce il prezzo di vendita.

Al monopolista si aprono perciò **due alternative**:

▲ Antoine A. Cournot

- **determinare il prezzo di vendita del prodotto**; però in questo caso sono i compratori che stabiliscono la quantità acquistata, in relazione alla legge di domanda;
- **determinare la quantità venduta**; però in questo caso il prezzo viene fissato dal mercato, cioè dai compratori.

Nella concorrenza perfetta, infatti, l'impresa è *price taker* (ossia "prende il prezzo", nel senso che assume come un dato immodificabile il prezzo di mercato); nel monopolio, al contrario, l'impresa è *price maker* (ossia "fa il prezzo", nel senso che impone il prezzo al mercato) e sceglie la combinazione prezzo-quantità in grado di massimizzare il profitto.

Punto di Cournot

In altre parole, **il monopolista non può controllare entrambe le variabili: prezzo e quantità venduta**. Egli, in relazione all'elasticità della domanda di mercato (v. Mod. 3, par. 1.7), si comporta in modo da massimizzare il suo profitto globale: la dimensione ottima dell'impresa monopolistica corrisponde alla quantità prodotta che assicura il più elevato profitto possibile.

È questo il **punto di Cournot**, dal nome dell'economista francese che diede formulazione matematica al problema del monopolista.

> Secondo Cournot l'**equilibrio del monopolista** coincide con il volume di produzione che comporta un ricavo marginale uguale al costo marginale

Cioè quando:

$$C_{ma} = R_{ma}$$

P Price maker - Price taker La prima espressione indica il soggetto che con le sue decisioni può determinare una variazione del prezzo di mercato (cioè, di fatto, impone il prezzo); la seconda il soggetto che non è in grado di influenzare il prezzo e quindi è costretto a subire l'influenza di chi ha il potere di decidere cioè, di fatto, accetta il prezzo esistente.

C Costo marginale Costo dell'ultima unità prodotta, uguale alla variazione del costo totale connessa all'aumento di un'unità di prodotto. Alla determinazione del costo marginale concorrono solo i costi variabili, in quanto i costi fissi non aumentano all'aumentare della quantità prodotta.

R Ricavo marginale Variazione del ricavo totale in corrispondenza dell'aumento di un'unità di prodotto venduta. In regime di concorrenza perfetta, dato che il prezzo di vendita non varia al variare della quantità venduta, il ricavo marginale è sempre uguale al prezzo.

186

unità 3 ■ I mercati non concorrenziali

Ricavo marginale e ricavo medio

Come si ricorderà, anche nel regime di concorrenza perfetta l'impresa è in equilibrio quando il *costo marginale* è uguale al *ricavo marginale*.

Tuttavia, mentre nella concorrenza perfetta il ricavo marginale è costante e coincide con il prezzo in quanto quest'ultimo è unico sul mercato qualunque sia la quantità venduta (*legge di Jevons*), nel monopolio, invece, il ricavo marginale è decrescente, dato che l'imprenditore può aumentare la quantità venduta solo se diminuisce gradualmente il prezzo di vendita. Il **ricavo marginale** – costituito dalla variazione del ricavo totale prodotta dalla vendita di un'unità addizionale di prodotto – è quindi sempre inferiore al **ricavo medio**.

Rappresentazione grafica

Nella figura è rappresentata la formazione del prezzo in regime di monopolio: per semplicità la curva di domanda di mercato e quella del ricavo marginale sono state rappresentate come rette. La curva di domanda di mercato coincide con la curva del ricavo medio, cioè con il rapporto fra ricavo totale e quantità venduta. Per quanto sopra detto, il ricavo marginale presenta costantemente valori meno elevati del ricavo unitario.

Prezzo di equilibrio

Le curve dei costi sono analoghe a quelle già studiate (v. Mod. 3, par. 2.5). Le vediamo nel grafico qui sotto: la posizione di equilibrio dell'impresa è individuata dal *punto di Cournot*, ossia dal punto A, in corrispondenza dell'intersezione della curva del costo marginale e del ricavo marginale: la **quantità prodotta e venduta** sarà OQ e il prezzo OP, uguale a QT (T infatti si trova sulla linea del ricavo unitario medio). Dato che il costo è QS (S si trova sulla curva del costo unitario medio), il **profitto unitario** è TS.

Costi totali, ricavo totale, profitto totale

I **costi totali** sono dati dall'area OQSV (quantità prodotta OQ × costo unitario QS); il **ricavo totale** dall'area OQTP (quantità prodotta OQ × prezzo unitario OP); il **profitto totale**, pari alla differenza fra l'area del ricavo totale e quella del costo totale, dall'area VSTP (quantità prodotta OQ × profitto unitario TS).

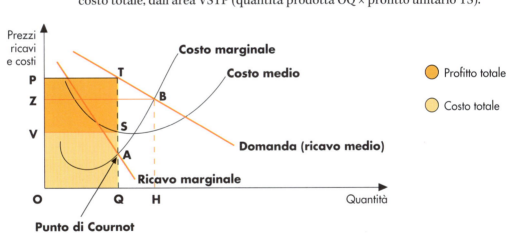

▶ Rappresentazione grafica della curva dei costi.

Confronto con la concorrenza perfetta

È interessante raffrontare la situazione ora esaminata con quella che si sarebbe determinata in regime di concorrenza perfetta. In quest'ultimo caso, l'equilibrio coincide con l'incontro fra la curva del costo marginale e quella del ricavo unitario (prezzo): cioè nel punto B del grafico. Questo punto determina la quantità di equilibrio (OH) e il prezzo di equilibrio (OZ).

Come è facile constatare, in regime di monopolio la quantità venduta è inferiore, e il prezzo di vendita è superiore a quelli che si sarebbero verificati in regime di concorrenza perfetta.

Svantaggi per i consumatori

La presenza di posizioni monopolistiche origina una situazione di svantaggio per i consumatori e per l'intera collettività: infatti i consumatori si trovano di fronte a una quantità di beni inferiore a quella che si avrebbe in regime di concorrenza perfetta, e per questi beni devono pagare un prezzo maggiore.

modulo 4
I mercati e la distribuzione del reddito

3.3 La discriminazione dei prezzi

Prezzi multipli

Il monopolista, per aumentare il suo profitto globale, può adottare uno stratagemma: la **discriminazione dei prezzi**, che consiste nel suddividere i consumatori in gruppi a seconda della loro capacità di acquisto, praticando per ciascuno di essi un prezzo diverso (**politica dei prezzi multipli**). Il prodotto viene differenziato esternamente e venduto alle diverse categorie di consumatori a prezzi diversi.

Si pensi a un libro stampato contemporaneamente in edizione di lusso, venduto a un prezzo elevato, in edizione normale venduto a prezzo più basso e in edizione popolare a un prezzo ancora più basso; a uno spettacolo teatrale oppure a una partita di calcio in cui i prezzi di ingresso sono differenziati a seconda del posto occupato dallo spettatore.

> **La rendita del consumatore** La politica dei prezzi multipli si collega al concetto di **rendita del consumatore**, data dalla differenza fra il prezzo che i consumatori sono disposti a pagare per ottenere un certo bene e il prezzo effettivo del bene.

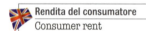

Rendita del consumatore
Consumer rent

Rappresentazione grafica

Graficamente, la rendita del consumatore si può rappresentare come mostra la figura in basso a sinistra. Se il prezzo di mercato è OP, l'area OQRP rappresenta la spesa del consumatore; l'area soprastante indica la somma che i consumatori sarebbero stati disposti a spendere per acquistare la quantità OQ di bene. L'area in colore più scuro rappresenta appunto la rendita del consumatore.

Se il monopolista presenta sul mercato il prodotto con caratteristiche differenziate, riesce ad aumentare ricavi e profitti catturando diversi tipi di consumatori: i più ricchi, disposti a pagare prezzi elevati, e i meno ricchi che non acquisterebbero il prodotto se non a basso prezzo.

Rendita del consumatore

Nella figura qui sotto a destra abbiamo supposto l'esistenza di tre diversi prezzi per un prodotto in sostanza simile: l'area tratteggiata rappresenta il maggior ricavo del monopolista, ottenuto a spese della rendita del consumatore.

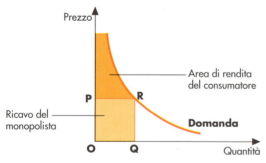
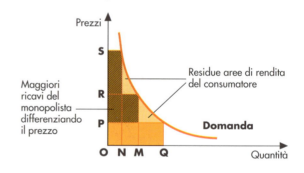

Si immagini un famoso direttore d'orchestra chiamato a dirigere concerti di musica classica in ogni parte del mondo. Verosimilmente sarebbe disposto a pagare una cifra più elevata di quella richiesta dalla compagnia aerea per un posto di prima classe, dove ha maggiore possibilità di sedersi comodo e ottenere servizi più confortevoli, che lo mettono in grado di arrivare a destinazione più riposato.

Usi sociali della discriminazione dei prezzi Non sempre la politica dei prezzi multipli ha lo scopo di aumentare il profitto del monopolista. A volte può essere attuata da chi offre un bene o un servizio per consentire anche ai meno abbienti di ottenere gli stessi beni o servizi, nonostante i loro bassi livelli di reddito: si pensi a un chirurgo specializzato che pratica prezzi alti a coloro che sono dotati di reddito elevato, per poi offrire i propri servizi a un prezzo più basso ai poveri.

unità 3 ■ I mercati non concorrenziali

3.4 Critiche al monopolio

Il regime di monopolio è stato generalmente considerato con sfavore per i gravi danni che provoca al sistema economico.

Svantaggi del monopolio

I principali **svantaggi** sono i seguenti:
- **riduce l'offerta del prodotto**, compromettendo lo sviluppo dell'occupazione e del reddito;
- **provoca l'aumento dei prezzi**, danneggiando soprattutto i consumatori più poveri;
- **consente elevati profitti ai monopolisti**, causando gravi sperequazioni nella distribuzione della ricchezza;
- **può creare gravi problemi alle autorità politiche**, impotenti a controllare i grandi gruppi tesi al raggiungimento dei propri interessi;
- **diminuisce l'efficienza del sistema**, in quanto l'imprenditore opera in un mercato non concorrenziale, senza alcuno stimolo a migliorare l'organizzazione produttiva.

Le leggi antimonopolio

Per questi inconvenienti le leggi dei diversi Paesi combattono la diffusione dei monopoli. La prima legge antimonopolio risale al 1890 (*Sherman Act* negli Stati Uniti); per la Comunità Europea norme antimonopolistiche sono già contenute nei Trattati istitutivi della CECA e della Comunità Europea (artt. 65-66 e 85-86).

L'Italia si è dotata, seppure con un certo ritardo, di una **disciplina antimonopolistica** con la legge 10 ottobre 1990 n. 287 (Norme per la tutela della concorrenza e del mercato), dove vengono recepiti i principi del Trattato CEE che vieta intese restrittive della libertà di concorrenza (art. 2), l'abuso di posizione dominante (art. 3) e le concentrazioni di imprese restrittive della libertà di concorrenza (art. 6). Questi principi valgono anche per le imprese pubbliche e a prevalente partecipazione statale (art. 8).

A garanzia della libertà di concorrenza, e con ampi compiti di vigilanza sul rispetto della normativa antitrust, è stata istituita un'**Autorità garante della concorrenza e del mercato**, con sede a Roma e composta da un Presidente e quattro membri che durano in carica sette anni.

3.5 Il monopolio bilaterale

Monopolio bilaterale
Bilateral monopoly

Il **monopolio bilaterale** è una forma di mercato contrassegnata dalla presenza di monopolio dal lato dell'offerta e di monopsonio dal lato della domanda.

Per l'esistenza di questo mercato è necessario che il bene scambiato non sia né offerto né richiesto da altri contraenti.

Un rapporto di forza

A differenza di quanto accade nel monopolio, non si può tracciare in questo caso né una curva di domanda né una curva di offerta: ciascun contraente cerca di imporre all'altro le proprie condizioni; prevarrà il contraente maggiormente dotato di abilità, resistenza, capacità di persuasione ecc.

Il caso più importante di monopolio bilaterale si presenta sul **mercato del lavoro**, quando l'offerta e la domanda sono concentrate in due opposte orga-

---

A **Abuso di posizione dominante** Comportamento anticoncorrenziale delle imprese, per acquisire posizioni di predominio sul mercato a danno dei consumatori, come accordi tra le imprese per imporre prezzi minimi o limitare la produzione.

C **Concentrazioni di imprese** Accordi tra le imprese per cercare di dominare il mercato limitando la concorrenza; possono preludere a fusioni fra imprese dello stesso settore produttivo, fino a giungere a forme monopolistiche di mercato.

modulo **4**

I mercati e la distribuzione del reddito

la nuova economia

Il monopolio al tempo di Internet

Negli Stati Uniti si discute molto sul futuro delle leggi antimonopolistiche su cui poggia l'economia di mercato. Ci si domanda se, nella dimensione della nuova economia, sia giusto continuare ad avere come riferimento leggi approvate a fine '800, in un'epoca caratterizzata da economie nazionali che poggiavano su una concorrenza interna e su tariffe protezionistiche, che rendevano più difficile la penetrazione di un mercato. Oggi le più efficienti dinamiche di crescita economica poggiano su tecnologia, economia dell'informazione e sfruttamento del moltiplicatore offerto dalla rete che rivoluziona il concetto stesso di concorrenza. Valgono sempre più le leggi di dominio del mercato, con una nota a piè pagina: **dominio temporaneo**. Operando su scala globale e su mercati virtuali fuori dai confini nazionali, un nuovo prodotto su un nuovo mercato diventa dominante nel momento in cui è funzionale alla rete. È da questo punto di vista che si cominciano a spiegare crescite esponenziali di aziende fondate da appena pochi mesi.

L'unico modo di avere davvero successo nel mercato virtuale dominato da Internet è quello di essere ai vertici, e per essere ai vertici occorre una posizione dominante. E, nel contesto di rapidità con cui avvengono i mutamenti tecnologici, questa posizione sarà temporanea, perché sarà superata da nuove innovazioni e da nuove posizioni dominanti.

Il flusso economico moderno in sostanza non punta su una posizione dominante per ridurre l'offerta e aumentare il prezzo, ma piuttosto lo fa per aumentare l'offerta, accettando potenziali diminuzioni di prezzo in cambio di un volume di consumatori enorme, che contribuisce a massimizzare i ritorni sugli investimenti come mai era stato possibile in passato. L'incentivo a produrre nell'economia dell'informazione è quello del monopolio temporaneo, altrimenti il rischio è di una spinta al ribasso del prezzo, che impedisce il recupero del forte investimento iniziale. Al punto che il perseguimento del potere del monopolista nella nuova economia diventa la spinta centrale per la crescita economica: senza la possibilità di acquisire una posizione dominante seppur temporanea, in sostanza, non ci sarebbero gli ingenti investimenti che, in un regime concorrenziale, alimentano l'economia.

Mario Platero, «Il Sole 24 Ore»

Un mercato perticolare

nizzazioni sindacali. I **sindacati** dei datori di lavoro e dei lavoratori si pongono come monopolisti, e la soluzione che verrà data al conflitto dipende dai rapporti di forza esistenti. Un ruolo notevole verrà esercitato dal grado di organizzazione sindacale, dalle capacità dei **leader**, dal grado di coesione dei suoi membri, dalla capacità di resistere alla controparte negli **scioperi** e nelle **serrate**.

Un altro esempio di monopolio bilaterale si può trarre dal **mercato dell'antiquariato**: un collezionista che si specializza in certi oggetti di una determinata epoca (per esempio un appassionato d'arte che raccolga dipinti di un paesaggista del '700) può presentarsi in un mercato come richiedente esclusivo di tali opere. D'altra parte, chi possiede un oggetto unico nel suo genere (un paesaggio del '700 di quel dato pittore) si configura come unico offerente. Ciò che è importante rilevare è che **nel monopolio bilaterale non si può dare soluzione determinata al problema della formazione del prezzo di mercato** (che nel caso del mercato del lavoro è il salario), contrariamente a quanto avviene in regime di concorrenza perfetta e di monopolio. **Vale invece la soluzione caso per caso, in relazione ai rapporti di forza dei due contraenti.**

Sfruttamento del lavoro nell'Ottocento

Riguardo al mercato del lavoro bisogna ricordare che, nella prima metà dell'800, quando le organizzazioni sindacali dei lavoratori erano proibite dalla

---

S Sindacato Associazione di lavoratori e datori di lavoro nata per tutelare gli interessi di categoria, con lo scopo di acquisire una maggior forza contrattuale rispetto alla controparte. I primi sindacati di lavoratori sorsero in Inghilterra nel corso del XIX secolo.

L Leader Capo riconosciuto di un'organizzazione (partito politico, sindacato, impresa, movimento culturale) capace di esercitare una *leadership*, cioè una funzione di guida o di comando, tale da influenzare il comportamento di altre persone.

S Sciopero Astensione dal lavoro per esercitare una pressione sul datore di lavoro allo scopo di conseguire un miglioramento economico o normativo. È un diritto costituzionalmente riconosciuto al singolo lavoratore.

S Serrata Chiusura degli stabilimenti decisa dall'impresa, con conseguente rifiuto di corrispondere la retribuzione ai lavoratori. Costituisce una misura di ritorsione padronale contro le astensioni prolungate dal lavoro create dagli scioperi.

legge, la domanda e l'offerta di lavoro erano regolate dalla "libera" concorrenza con conseguenze sociali gravissime, dato che la considerazione del lavoro alla stregua di una merce induceva al brutale sfruttamento di donne e bambini, come si può rilevare dalla tabella sottostante.

OPERAI OCCUPATI NELL'INDUSTRIA COTONIERA INGLESE (1833)				
Uomini	Donne	Ragazzi	Bambini	Totale
67.824	65.486	58.053	28.771	220.134

Atomizzazione del mercato del lavoro

Donne, ragazzi e bambini erano particolarmente richiesti perché accettavano salari sensibilmente più bassi di quelli riconosciuti agli uomini. Questa situazione di debolezza dei lavoratori di fronte alle imprese – ogni lavoratore si trovava solo e senza protezioni davanti al datore di lavoro – era una diretta conseguenza dell'**atomizzazione dell'offerta sul mercato del lavoro**, che fu combattuta dal movimento operaio con la costituzione delle organizzazioni sindacali.

3.6 Il duopolio

Duopolio
Duopoly

La situazione di **duopolio** si realizza quando due sole grandi imprese offrono la totalità di un bene o di un servizio, e la domanda di questo bene o servizio è frazionata fra un alto numero di compratori.

Anche in questo caso la soluzione da darsi al problema della formazione del prezzo di mercato è indeterminata. Di fatto si possono presentare due diverse situazioni che esaminiamo di seguito.

▲ Arthur L. Bowley

Scontro fra duopolisti Ciascun imprenditore vuole diventare il leader del mercato, e pertanto attua politiche intese ad allontanare dal mercato l'altro concorrente. Questa situazione, studiata particolarmente dall'economista inglese **Arthur Lyon Bowley** (1869-1957), è fondamentalmente instabile, e sfocia in una forma di monopolio. Ogni duopolista attuerà politiche concorrenziali, basate sulla politica dei prezzi (*price competition*) o su politiche non basate sui prezzi (*non-price competition*) – fra di esse è importante la pubblicità – allo scopo di eliminare l'avversario. Il duopolista più debole uscirà dal mercato, e da quel momento il vincitore può alzare i prezzi di vendita. Può accadere che l'oligopolista sconfitto, o un altro gruppo concorrente, ritornino sul mercato attirati dagli alti margini di profitto del vincitore. Si inizia così una nuova fase, che porterà o a una nuova situazione di concorrenza fra i duopolisti, o a una forma di mercato in cui un duopolista è satellite dell'altro.

Accordo fra duopolisti Un duopolista è satellite dell'altro, che è il leader del mercato. Questa situazione, già studiata da **Cournot**, è fondamentalmente stabile: il prezzo di mercato sarà tale da assicurare a ciascun duopolista un profitto giudicato adeguato.

Possibili scelte dei duopolisti

In generale si può dire allora che in regime di duopolio, le due imprese possono scegliere di farsi la guerra, finché una delle due esce sconfitta dal mercato e l'altra diventa monopolista, oppure possono raggiungere un accordo (espresso o tacito) per spartirsi i mercati di vendita. In quest'ultimo caso l'impresa leader domina di fatto il mercato.

P Politica dei prezzi Un duopolista può adottare la tattica di abbassare temporaneamente i prezzi di vendita, anche al di sotto del costo di produzione, se ritiene di poter sopportare le perdite conseguenti, per eliminare dal mercato l'altro duopolista.

modulo 4
I mercati e la distribuzione del reddito

3.7 L'oligopolio

L'**oligopolio** è una forma di mercato caratterizzata dalla presenza di poche grandi imprese che offrono un prodotto non molto dissimile, in un mercato contrassegnato dall'interdipendenza fra il comportamento delle diverse imprese. La domanda è invece frazionata fra una molteplicità di consumatori.

A seconda del grado di omogeneità del prodotto, si ha:

Oligopolio differenziato

- **oligopolio differenziato**, quando i beni, anche se sostituibili fra loro, presentano caratteristiche diverse a seconda dei produttori;

Si pensi al caso dell'automobile: i modelli delle stesse "fasce" soddisfano gli stessi bisogni, ma sono diversi per dimensione, linea, colore, accessori. Soprattutto in questi mercati gli imprenditori differenziano i loro prodotti attraverso il ricorso alla pubblicità. È una forma di mercato assai frequente, che si ritrova per esempio nel settore del trasporto aereo, degli elettrodomestici, dei detersivi, dei televisori, degli alimenti industriali ecc.

Oligopolio indifferenziato

- **oligopolio indifferenziato**, quando il prodotto offerto è sostanzialmente identico, e per i consumatori è indifferente preferire il prodotto di un oligopolista rispetto a quello dell'altro.

Sono esempi di oligopolio indifferenziato il mercato del cemento, dell'acciaio, della benzina, dello zucchero, così come quello dei cereali.

Grandi imprese oligopolistiche

L'oligopolio è una forma di mercato molto diffusa: si incontra frequentemente nei settori manifatturieri in cui il progresso tecnico rende possibili rilevanti **economie di scala**, che si possono realizzare solo in imprese di grandi dimensioni. Esempi di oligopolio sono costituiti dai mercati dell'auto e dei pneumatici.

In oligopolio, contrariamente a quanto si verifica in concorrenza perfetta, le imprese sono in grado di:

- **influenzare con il loro comportamento il prezzo di mercato,** che non è più un dato immodificabile, ma una delle variabili strategiche dell'oligopolista;
- **escludere dal mercato potenziali concorrenti,** per l'elevatezza delle spese iniziali necessarie ad allestire impianti di grandi dimensioni;
- **prevedere i comportamenti delle imprese concorrenti,** e regolarsi di conseguenza secondo la strategia adottata.

Vari tipi di oligopolio

A seconda dei rapporti che si instaurano fra le diverse imprese operanti sul mercato si possono avere:

- **oligopoli collusivi:** in questo caso, tipico delle situazioni di oligopolio indifferenziato, le imprese – allo scopo di conseguire profitti più alti – concordano in modo espresso o tacito di non farsi concorrenza, essendo più conveniente un accordo che una lotta aperta che può ridurre i profitti e addirittura portare all'esclusione di imprese dal mercato. In tal caso il prezzo di mercato si avvicina a quello che si forma in regime di monopolio;
- **oligopoli non collusivi:** in questa situazione, tipica dell'oligopolio differenziato, le imprese adottano strategie di lotta (in genere basate sulla riduzione dei prezzi) per ampliare la propria quota di mercato. Il prezzo di equilibrio si avvicina allora a quello che si forma nel mercato di libera concorrenza;
- **oligopoli misti:** sul mercato opera un'impresa leader di grandi dimensioni e altre imprese di minor dimensione. La grande impresa fissa il prezzo in modo da massimizzare il profitto, lasciando alle altre imprese la quota residuale di mercato. Il prezzo di mercato sarà vicino a quello che si forma in

Il mercato del trasporto aereo costituisce un caso tipico di oligopolio differenziato.

unità 3 ■ I mercati non concorrenziali

PER capire meglio — La curva di domanda ad angolo

Supponiamo che, in un certo momento, l'oligopolista che produce la quantità OQ, venduta al prezzo QK, immagini di aumentare il prezzo di vendita. Poiché teme che i suoi concorrenti non lo seguano, e lascino inalterato il loro prezzo, tale aumento del prezzo comporterebbe per lui una forte riduzione della domanda: ciò significa che a sinistra dell'attuale prezzo QK egli prevede una domanda elastica, in quanto pensa che i compratori si rivolgerebbero alla concorrenza.

Se l'oligopolista immagina, invece, di diminuire il prezzo, temerà che gli altri concorrenti facciano altrettanto, spinti dal timore di perdere quote di mercato. Quindi, secondo l'oligopolista, anche un rilevante calo di prezzo non provocherebbe un adeguato aumento di domanda: a destra dell'attuale prezzo la domanda sarebbe quindi più rigida.

La curva di domanda dell'oligopolista nasce dunque dalla combinazione di due curve di domanda, di differente inclinazione, come si vede nella figura. Se l'oligopolista si trova nel punto K, come ipotizzato, la domanda è rappresentata dalla spezzata LKM: da qui la denominazione di **curva di domanda ad angolo (o a gomito)**. Dal grafico si vede chiaramente che la domanda "fa angolo" sul prezzo attuale, perché le altre imprese reagirebbero in modo diverso qualora l'oligopolista aumentasse il prezzo oppure lo diminuisse. Gli economisti qualificano questa curva di domanda come **congetturale**, in quanto non fondata su effettive reazioni del mercato, ma sulle reazioni che l'impresa pensa si realizzerebbero se decidesse di variare il prezzo del bene offerto: congetture probabilmente molto vicine alla realtà. Fino a quando le previsioni dell'oligopolista sulle reazioni delle imprese concorrenti non cambiano, egli non modificherà quindi il suo prezzo. Ciò spiega perché, anche nell'oligopolio, i prezzi tendono a stabilizzarsi.

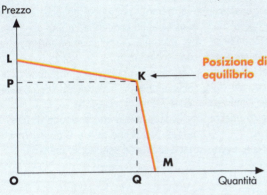

Varietà e complessità

regime di monopolio quando le imprese minori hanno una piccola quota di mercato; sarà invece più vicino a quello di concorrenza, se le imprese minori controllano una quota di mercato rilevante.

Da quanto si è detto è evidente come non sia facile stabilire una regola generale per fissare l'equilibrio dell'impresa nel mercato oligopolistico. Molto dipende dalla struttura del mercato, dalla concentrazione dell'industria, dalle quote di controllo, dagli accordi espliciti o taciti fra imprese. I prezzi, comunque, sono relativamente stabili; per spiegarlo, si è fatto ricorso tra l'altro alla curva di domanda "ad angolo" (vedi box qui sopra).

3.8 Strategie di vendita nell'oligopolio

In regime di oligopolio gli imprenditori usano diverse strategie per migliorare il loro "posizionamento" nel mercato. Esse possono basarsi su due politiche.

Politica dei prezzi

■ **Politica dei prezzi** (*price competition*): questa strategia consiste nel ridurre i prezzi, allo scopo di eliminare gli avversari: si possono praticare **prezzi predatori**, cioè inferiori ai costi dei concorrenti, per costringerli a uscire dal mercato. A volte addirittura i prezzi possono essere inferiori ai costi sopportati dall'impresa: in tal caso l'impresa può subire delle perdite temporanee, ma in tal modo rafforza il suo potere di mercato, con il risultato di un aumento dei profitti nel lungo periodo. Un caso particolare di questa politica è il **dumping**, che un'impresa esportatrice applica sui mercati esteri, vendendo a prezzi più bassi che sul mercato interno. Quando questa impresa gode di agevolazioni fiscali o sovvenzioni alle esportazioni da parte dello Stato, il dumping è, di fatto, incoraggiato dalle stesse autorità.

Dumping

193

modulo 4
I mercati e la distribuzione del reddito

PER capire meglio

Come la teoria dei giochi spiega l'oligopolio

John von Neumann

Oskar Morgenstern

L'interdipendenza fra le imprese che operano nel mercato oligopolistico ha spinto gli economisti a elaborare dei modelli particolarmente divertenti, anche se complessi, per spiegare il comportamento dell'oligopolista. Come già sappiamo, la strategia attuata da ciascuna impresa dipende strettamente dalle opinioni che i suoi dirigenti si fanno sulle reazioni delle altre imprese alle loro mosse.

Interessanti in questo senso sono i contributi degli economisti che hanno applicato all'oligopolio la **teoria dei giochi**, elaborata dal matematico **John von Neumann** e dall'economista **Oskar Morgenstern**. Come indica il titolo della loro opera fondamentale *Teoria dei giochi e comportamento economico*, l'oligopolio è studiato con riferimento alle possibilità di lotte, collusioni, tentativi di corruzione, e così via. In generale, possiamo dire che l'impresa oligopolistica può scegliere una di queste due strategie:

– **fare la guerra alle altre imprese**, avvalendosi di ribassi dei prezzi, campagne pubblicitarie aggressive ecc., allo scopo di sottrarre clienti ai rivali;
– **fare accordi con le altre imprese**, allo scopo di concordare prezzi remunerativi, dividersi i mercati ecc.

L'analogia fra le strategie degli oligopolisti e i giochi è evidente, soprattutto con quelli che richiedono particolari abilità tattiche (scacchi, pocker), in parte simili alle strategie militari e diplomatiche.

La teoria dei giochi offre modelli matematici che rappresentano le strategie dei singoli oligopolisti, ciascuno dei quali deve tener conto delle reazioni delle altre imprese operanti sul mercato.

Illustriamo qui il famoso **dilemma del prigioniero**, modello applicato ai mercati oligopolistici per illustrare l'interdipendenza fra le imprese. Due complici, A e B, sono arrestati per un crimine commesso insieme e messi in due celle separate (questo particolare è importante, perché non possono comunicare tra loro). Il giudice che li interroga offre loro tre possibilità:

– un prigioniero confessa il reato e collabora col giudice, mentre l'altro nega: in questo caso chi collabora è messo in libertà, mentre chi nega dovrà scontare 5 anni di reclusione;
– entrambi i prigionieri negano: in questo caso saranno condannati a una pena lieve, per esempio 2 anni, perché le prove non sono schiaccianti;
– entrambi i prigionieri ammettono la loro colpevolezza: in questo caso sono condannati a 3 anni di reclusione.

A seconda di ciò che scelgono di fare, gli anni di reclusione di A e B possono schematizzarsi nella seguente tabella:

	Prigioniero B	
Prigioniero A	confessa	non confessa
confessa	3 anni per A 3 anni per B	0 anni per A 5 anni per B
non confessa	5 anni per A 0 anni per B	2 anni per A 2 anni per B

Si dimostra che la strategia migliore è che entrambi confessino, perché in tal caso nessuno dei due rischia 5 anni di carcere; ciò perché ogni giocatore ha paura di essere tradito dal complice. Solo l'accordo di non confessare può evitare pene più elevate, ma, data l'impossibilità di farlo non potendo i prigionieri comunicare tra loro, ciascuno dei due ha interesse a confessare per evitare una condanna a 5 anni di carcere.

Strategie promozionali

■ **Politiche non basate sui prezzi** (*non price competition*): fra esse la più importante è la **pubblicità**, anche se è frequente il ricorso ad altre strategie promozionali, come la creazione di reti di assistenza al cliente, la concessione di premi ai consumatori più fedeli (per esempio attraverso la raccolta di punti o prove di acquisto), la dilazione dei termini di pagamento ecc. Un altro esempio è costituito da gadget offerti insieme al prodotto per aumentare le vendite.

Effetti della pubblicità

Il ruolo della pubblicità nell'oligopolio La pubblicità gioca un ruolo essenziale nei mercati oligopolistici, essendo lo strumento principale utilizzato dalle imprese per differenziare prodotti in gran parte simili e aumentare la rigidità della domanda. La pubblicità non ha infatti ragion d'essere nella cosncorrenza perfetta, in quanto il prodotto è omogeneo; come pure nel monopolio, in quanto l'impresa è l'unica fornitrice del prodotto.

G Gadget Piccoli omaggi donati a scopo pubblicitario insieme al prodotto, spesso con l'indicazione del marchio dell'azienda.

Caratteri della pubblicità

La pubblicità può far leva sulle caratteristiche effettive del prodotto, oppure solo su aspetti esteriori, o ancora creando bisogni che si basano su fattori emotivi. Nelle moderne economie gli investimenti pubblicitari sono parecchio elevati: in Italia si aggirano intorno all'1% del PIL, ma negli USA tale quota è molto più elevata. I settori che spendono di più in pubblicità sono l'automobilistico, l'alimentare, l'abbigliamento, gli alcolici, i prodotti di bellezza.

Diverse forme di pubblicità

Pro e contro la pubblicità È opportuno distinguere una **pubblicità informativa** da una **pubblicità aggressiva**. La prima svolge un ruolo positivo perché facilita le scelte del consumatore facendogli conoscere le caratteristiche dei prodotti, soprattutto nel caso di nuovi beni. Secondo i suoi sostenitori, la pubblicità consente di realizzare due benefici: una **maggiore informazione** ai consumatori e un **aumento delle vendite**. Secondo i suoi detrattori, la pubblicità limita la sovranità del consumatore, spingendolo ad acquistare beni non necessari dando così avvio al consumismo, cioè l'eccesso di consumi indotti dalla pubblicità.

L'atteggiamento consumistico

Per proteggere i consumatori, sono state introdotte leggi che proibiscono la pubblicità aggressiva. Imprese e organizzazioni professionali dei pubblicitari (i cosiddetti "creativi") si impongono inoltre codici di comportamento, allo scopo di limitare i danni derivanti dalla pubblicità non veritiera.

3.9 La concorrenza monopolistica

La teoria della concorrenza monopolistica fu sviluppata negli anni 1925-1933 – sulla base degli studi dell'economista italiano **Piero Sraffa** (1898-1983) – nel tentativo di rendere gli studi sui mercati più aderenti alla realtà.

Infatti la **concorrenza monopolistica** (detta anche **imperfetta**) è la forma di mercato, oggi molto frequente, in cui molte imprese di non grandi dimensioni producono beni che, pur differendo nella qualità, sono fra loro facilmente sostituibili.

La domanda di questi beni è frazionata fra molti consumatori, i quali non hanno una conoscenza perfetta del mercato (manca cioè il requisito della trasparenza, tipico della concorrenza perfetta).

Prodotti differenziati

I beni offerti dalle imprese presentano agli occhi dei consumatori qualità diverse, tanto che ogni imprenditore dispone di una clientela legata al suo prodotto. Viene meno l'unicità di prezzo di mercato, in quanto il **cliente è disposto a pagare di più un bene, se lo ritiene superiore agli altri**.

La superiorità del bene può essere solo presunta: il consumatore è disposto a pagare un prezzo più elevato se viene persuaso, magari da una massiccia campagna pubblicitaria, che esso ha particolari caratteristiche, che in realtà potrebbero anche mancare. In generale, le differenze non riguardano tanto la qualità intrinseca del bene, quanto l'aspetto esteriore e le caratteristiche dell'offerta, come la presentazione dei prodotti, l'ubicazione dell'azienda, l'assistenza post-vendita, le agevolazioni di pagamento e così via.

Concorrenza o monopolio

La presenza di elementi tipici della concorrenza perfetta e del monopolio dà ragione dell'accostamento di due termini antitetici ("concorrenza" e "monopolio") nella denominazione che è stata data a questa diffusa forma di mercato: oggi **la stragrande maggioranza dei mercati, soprattutto dei beni di consumo, è di concorrenza monopolistica**.

> **C Consumismo** Acquisto di quantità crescenti di beni di consumo, spesso a scapito di esigenze fondamentali dell'uomo, come l'istruzione e la salute. Fenomeno tipico indotto dalla pubblicità e da modelli di consumo di massa associati al prestigio e al successo.

modulo 4
I mercati e la distribuzione del reddito

Dove opera la concorrenza monopolistica Questa forma di mercato è assai diffusa nelle piccole e medie aziende commerciali: ogni venditore al dettaglio ha una cerchia di clienti che, per motivi di abitudine, vicinanza, simpatia o altro acquista determinati prodotti anche quando il loro prezzo è superiore a quello di altri punti di vendita, come supermercati e simili. I casi tipici sono costituiti dai negozi che esercitano il commercio al minuto (drogherie, macellerie, boutiques ecc.) e dai pubblici esercizi (bar, ristoranti, alberghi), come ci rendiamo conto dalla nostra esperienza quotidiana.

> **IN pratica**
> Questa forma di mercato è molto diffusa fra le piccole imprese, anche se negli ultimi decenni l'affermazione dei supermercati ne ha progressivamente ridotto il numero: si pensi ai negozi di generi alimentari, ciascuno dei quali normalmente gode di caratteristiche che lo differenziano rispetto agli altri negozi della stessa zona: per la localizzazione, l'estetica dei locali, la capacità di attrazione dell'insegna, la simpatia e l'abilità dei venditori, la razionalità dell'esposizione dei prodotti. Tutti questi elementi consentono al venditore di alzare i prezzi, pur nei limiti della concorrenza degli altri negozi della zona.

Diffusione della concorrenza monopolistica

Questa forma di mercato è molto diffusa anche nel settore industriale, soprattutto nei comparti soggetti alla moda (abbigliamento, calzature, mobili) in cui è facile diversificare il prodotto e non esistono barriere all'entrata, per le limitate dimensioni delle imprese. È una forma di mercato che si riscontra pure nel settore dei servizi professionali (ad esempio tra i dentisti, gli avvocati, i commercialisti, gli ingegneri ecc.).

La formazione del prezzo

Prezzo di equilibrio La concorrenza monopolistica è una forma di mercato più complessa e multiforme della concorrenza perfetta. L'esistenza di diversi prezzi per lo stesso bene fa venir meno la regola dell'uguaglianza fra prezzo e costo marginale, che vale per la concorrenza perfetta. Anzi, il fatto che i prezzi siano diversi da impresa a impresa, pur entro una fascia ristretta (grosse differenze determinerebbero spostamenti di domanda), fa sì che la posizione di equilibrio dell'imprenditore sia piuttosto simile a quella del monopolista: anche in regime di concorrenza monopolistica, il massimo profitto per l'imprenditore si realizza quando il costo marginale è uguale al ricavo marginale.

Times Square a Manhattan, famosa per le sue vivaci insegne pubblicitarie.

Valutazioni critiche La concorrenza monopolistica presenta, seppure attenuati, gli stessi inconvenienti del monopolio: il consumatore è spinto ad acquistare i beni a prezzo superiore a quello di libera concorrenza, persuaso a ciò dall'impiego di tecniche promozionali, in particolare della pubblicità, che può creare bisogni inesistenti. In molti Paesi, e anche in Italia, sono sorte numerose Unioni di Consumatori per aiutare a distinguere i caratteri essenziali del prodotto, senza lasciarsi ingannare da una pubblicità ingannevole, diretta a condizionare in modo emotivo le scelte dei consumatori.

Pubblicità ingannevole

Un'Autorità garante In Italia la legge 287 del 1990 ha affidato all'Autorità garante della concorrenza (detta Antitrust) il compito di vietare la pubblicità ingannevole: a essa possono rivolgersi le associazioni di consumatori, le imprese concorrenti e i consumatori stessi perché ne sia vietata la continuazione e ne vengano eliminati gli effetti. La legge definisce "ingannevole" la pubblicità che "in qualunque modo, compresa la sua presentazione, induce in errore e, a causa del suo carattere ingannevole, può pregiudicare il comportamento economico delle persone, ovvero ledere un concorrente". La stessa legge inoltre fa assoluto divieto di utilizzare la pubblicità subliminale, cioè che opera sotto la soglia della coscienza (quando per esempio il messaggio, incluso nel singolo fotogramma di un film, per la velocità di scorrimento della pellicola non è avvertito coscientemente dal soggetto, ma registrato dalla sua memoria). Si tratta di una subdola manipolazione della coscienza, gravemente lesiva delle libertà del cittadino.

INsintesi

3.1 Il monopolio
In **regime di monopolio** un solo venditore offre tutto il prodotto, mentre la domanda è frazionata fra numerosi compratori; è una forma di mercato rara. A seconda della loro natura si hanno **monopoli naturali**, **legali** e **di fatto**.

3.2 La formazione del prezzo nel monopolio
Il monopolista, in relazione alla domanda di mercato, stabilirà la quantità da produrre che gli assicura il **massimo profitto totale** (punto di Cournot). L'impresa è in equilibrio quando il ricavo marginale è uguale al costo marginale.

3.3 La discriminazione dei prezzi
Per aumentare il profitto, il monopolista può attuare la **politica dei prezzi multipli**, che consiste nel differenziare esternamente il prodotto e praticare prezzi diversi a seconda dei diversi gruppi di consumatori.

3.4 Critiche al monopolio
Il **monopolio** può provocare **gravi danni all'economia**, e per questa ragione le leggi dei diversi Stati cercano di combatterlo. **Norme antimonopolistiche** (o **antitrust**) sono contenute nei Trattati istitutivi della Comunità Europea.

3.5 Il monopolio bilaterale
Il **monopolio bilaterale** è caratterizzato dalla presenza di un solo venditore e di un solo compratore. Ne è esempio il **mercato del lavoro**, dove domanda e offerta sono concentrate nelle contrapposte organizzazioni sindacali.

3.6 Il duopolio
Nel **duopolio** due imprese offrono tutto il prodotto, mentre la domanda è frazionata fra numerosi compratori. In questo caso le due imprese **possono farsi guerra** (e allora una di esse uscirà e l'altra diventerà monopolista) o **possono trovare un accordo** (e allora un'impresa diventerà leader, mentre l'altra si comporterà da satellite).

3.7 L'oligopolio
Nell'**oligopolio**, forma di mercato molto diffusa, poche grandi imprese offrono un prodotto abbastanza simile, e la domanda è frazionata fra molti consumatori.
A seconda del **grado di omogeneità del prodotto** si ha:
- oligopolio differenziato;
- oligopolio indifferenziato.

A seconda dei **rapporti fra le imprese** si ha:
- oligopolio collusivo;
- oligopolio non collusivo;
- oligopolio misto.

3.8 Strategie di vendita nell'oligopolio
Le strategie di vendita nell'oligopolio possono basarsi sulla **politica dei prezzi** per sconfiggere la concorrenza, oppure su **politiche non basate sui prezzi** (rafforzamento delle reti di assistenza al cliente, premi ai consumatori, campagne pubblicitarie). La **pubblicità** è uno degli strumenti principali usati dalle imprese per differenziare prodotti sostanzialmente simili. Si distingue una **pubblicità informativa** da una **pubblicità aggressiva**.

3.9 La concorrenza monopolistica
La **concorrenza monopolistica** è una situazione intermedia fra concorrenza perfetta e monopolio. In questa forma di mercato molte imprese piccole e medio-piccole producono beni di qualità diversa ma facilmente sostituibili. È una **forma di mercato oggi molto diffusa**, soprattutto nel commercio al minuto, nell'artigianato, nei servizi professionali.

Laboratorio

Vero / Falso
Indica se le seguenti affermazioni sono vere o false.

1. Nel monopsonio una sola grande impresa offre un certo prodotto. V F
2. Nel monopolio legale la legge riserva allo Stato la produzione di un certo bene. V F
3. Nel monopolio il ricavo marginale è decrescente, perché l'imprenditore può aumentare le vendite solo se diminuisce il prezzo. V F
4. La rendita del consumatore è differenza fra il prezzo che i consumatori sono disposti a pagare per un bene e il suo prezzo effettivo. V F
5. Nel monopolio bilaterale il prezzo è determinato in relazione ai rapporti di forza e all'abilità delle due parti. V F
6. Nell'oligopolio l'impresa non può influenzare il prezzo di mercato, che è un dato immodificabile come nella concorrenza perfetta. V F
7. La pubblicità trova impiego soprattutto in concorrenza perfetta, perché le imprese possono aumentare le vendite fidelizzando la clientela. V F
8. L'importanza della pubblicità negli attuali mercati internazionali è sempre più limitata. V F
9. Il *dumping* è una tecnica per aumentare i profitti attuata dalle imprese che vendono sui mercati esteri a prezzi più alti che sul mercato interno. V F

modulo 4
I mercati e la distribuzione del reddito

Laboratorio

Scelta multipla
Completa l'affermazione scegliendo la frase corretta fra quelle proposte.

1. In regime di monopolio, rispetto al modello di concorrenza perfetta,
   a. la quantità venduta e il prezzo sono superiori
   b. la quantità venduta è inferiore e il prezzo superiore
   c. la quantità venduta e il prezzo sono inferiori
   d. la quantità venduta è superiore e il prezzo inferiore

2. Nel modello di monopolio il *punto di Cournot* assicura all'impresa
   a. il profitto più alto
   b. il costo medio più basso
   c. il costo totale più basso
   d. il ricavo più alto

3. La presenza di monopolio dal lato dell'offerta e di monopsonio dal lato della domanda si chiama
   a. oligopolio collusivo
   b. duopolio
   c. oligopolio non collusivo
   d. monopolio bilaterale

4. Si ha rendita del consumatore quando il prezzo è
   a. superiore al reddito del consumatore
   b. inferiore al prezzo che il consumatore è disposto a pagare
   c. inferiore al costo di produzione
   d. superiore al prezzo che il consumatore è disposto a pagare

5. Se poche grandi imprese che offrono un prodotto omogeneo si accordano, si ha un
   a. monopolio legale
   b. oligopolio collusivo
   c. oligopolio non collusivo
   d. duopolio

6. Quando due sole imprese offrono la totalità del prodotto, e la domanda è frazionata fra numerosi compratori, si ha
   a. duopolio
   b. oligopolio
   c. concorrenza monopolistica
   d. monopolio bilaterale

Completamenti
Completa il brano inserendo i termini appropriati scelti tra quelli proposti.

L'*abuso di posizione dominante* è vietato dal diritto _____ e dalla legge italiana. Ma quando _____ d'impresa si possono qualificare come abusivi? Secondo una famosa definizione, si ha abuso quando un'impresa in posizione dominante pone in essere comportamenti non coerenti con i principi della _____ . In particolare la legge vieta quattro comportamenti: 1. la pratica di prezzi di _____ o di vendita o altre condizioni contrattuali ingiustificatamente gravose; 2. limitare la produzione, gli sbocchi al mercato ovvero lo sviluppo tecnologico a danno dei _____ ; 3. discriminare fra clienti per prestazioni sostanzialmente equivalenti; 4. subordinare la conclusione di contratti all'accettazione da parte dei contraenti di _____ supplementari prive di nesso commerciale con l'operazione principale.

acquisto ▪ attività ▪ concorrenza ▪ consumatori ▪ comportamenti ▪ comunitario ▪ monopolio ▪ prestazioni ▪ produttori

Collegamenti
Associa ogni termine della prima colonna con un solo termine della seconda.

1. Concorrenza perfetta _____
2. Monopolio _____
3. Monopsonio _____
4. Duopolio _____
5. Oligopolio _____
6. Concorrenza monopolistica _____

a. Due imprese offrono tutto il prodotto, la domanda è frazionata fra molti compratori, le imprese possono combattersi o accordarsi
b. Sono presenti molte imprese di non grandi dimensioni, dotate di un certo potere di mercato in quanto possono aumentare i prezzi
c. Molti compratori e molti venditori, mercato trasparente, prezzo unico, beni omogenei, perfetta mobilità dei fattori produttivi
d. Poche grandi imprese dotate di notevole potere di mercato offrono tutto il prodotto, la domanda è frazionata, la pubblicità ha un ruolo importante
e. Una sola grande impresa offre la totalità del prodotto, mentre la domanda è frazionata fra numerosi compratori

unità 3 ■ I mercati non concorrenziali

Laboratorio

Trova l'errore
Individua l'espressione o il termine errati, e inserisci quelli corretti.

1. Il monopolista è in equilibrio quando la sua produzione è tale che il ricavo marginale uguaglia il costo medio.

2. Nel monopolio bilaterale due sole imprese offrono la totalità di un prodotto, e la domanda è frazionata fra un alto numero di compratori.

Domande aperte
Rispondi alle seguenti domande.

1. Quali elementi caratteristici presenta il regime di monopolio? (3.1)
2. Quando il monopolista è in equilibrio? (3.2)
3. Come si forma il prezzo in regime di monopolio assoluto? (3.2)
4. In che cosa consiste la discriminazione dei prezzi in regime di monopolio? (3.3)
5. Perché il monopolio è generalmente considerato con sfavore? (3.4)
6. Che cosa si intende per monopolio bilaterale? (3.5)
7. Quando si ha il duopolio? (3.6)
8. Che si intende per oligopolio? (3.7)
9. In quali regimi di mercato si fa frequente ricorso alla pubblicità? (3.8)
10. Quali sono i vantaggi e gli svantaggi della pubblicità per i consumatori? (3.8)
11. Sai indicare gli elementi distintivi della concorrenza monopolistica? (3.9)

summary CLIL

3.1 Monopoly
A **monopoly** exists when one firm controls the supply of a good for many consumers. In reality, complete monopolies do not exist since all the requisites are very rarely met. There are different types of monopolies: **natural**, **legal** and **de facto**.

3.2 Price formation in monopoly
The monopolist can control the price or the quantity but not both; thus, the firm will produce a quantity that will ensure **maximum profits** (*Cournot point*). **A firm is in equilibrium when the marginal revenue equals the marginal cost.**

3.3 Price discrimination
To increase the profits, the monopolist may enact **multiple price policies**. The products are differentiated externally and different prices are applied according to the different groups of consumers. Public monopolies sometimes enact these policies in order to favour the poorer social classes.

3.4 Criticism of monopoly
Monopolies can have a **harmful effect on the economy** and many countries have enacted laws aimed at reducing these adverse effects. **European Antitrust laws** have been introduced to protect fair competition and the market.

3.5 Bilateral monopoly
A **bilateral monopoly** is a market structure with a single seller and a single buyer. An example is the **labour market** functioning through the interaction of workers and employers.

3.6 Duopoly
A **duopoly** is a market where only two producers exist. In this case, they may **compete** against one another to a point where one is forced to abandon the market and the other becomes a monopolist, or they can **come to an agreement** (in this case, one will become the leader and the other, a follower).

3.7 Oligopoly
An **oligopoly** is a very common market form in which a sector is dominated by a small number of sellers. There are many types of oligopoly: • **differentiated**; • **homogeneous**; • **collusive**; • **non-collusive**; • **mixed**.

3.8 Sales strategies in oligopoly
Sales strategies of oligopoly can be based on a pricing policy in order to beat the competition, or on policies which are not based on prices (improved customer assistance, bonuses, advertising campaigns). **Advertising** is extremely important for companies who want to develop brand loyalty. **Informative advertising** differs from **aggressive advertising**.

3.9 Monopolistic competition
Monopolistic competition is a market structure which combines elements of monopolistic and competitive markets. A monopolistic competitive market is one in which many small and medium-sized firms produce goods which are different in quality but are easily substituted. This form of market is **very common**, particularly in the retail trade, craft industries and professional services.

modulo **4**

I mercati e la distribuzione
del reddito

unità

4

La sfera
della distribuzione

**DI CHE COSA
PARLEREMO**

In questa unità passiamo in rassegna i VARI TIPI DI REDDITO: il SALARIO che remunera il lavoro, il PROFITTO che è il reddito percepito dall'imprenditore per l'attività di organizzazione dei fattori produttivi, l'INTERESSE che è il compenso riconosciuto a chi ha prestato capitali, la RENDITA che è il reddito che affluisce ai proprietari di beni strumentali non riproducibili. Un'equa distribuzione del reddito tra i vari soggetti operanti nel sistema economico è importante per l'equilibrio della società.

**CHE COSA
DEVI CONOSCERE**

- Il significato del concetto di distribuzione
- I fondamenti della teoria classica e neoclassica
- I fondamenti della teoria keynesiana

- La definizione di livello di sussistenza
- La nozione di profitto come indicatore di efficienza
- I concetti di risparmio e di investimento

**CHE COSA
IMPARERAI**

- Qual è la differenza tra salario nominale e salario reale
- Che cos'è il mercato del lavoro
- Come si calcola il costo del lavoro
- Che cos'è il salario di sussistenza
- Perché il profitto è un indice di efficienza

**CHE COSA
SAPRAI FARE**

- Illustrare le varie teorie esistenti sulla distribuzione dl reddito
- Definire il salario nominale, il salario reale e il costo del lavoro
- Spiegare la concezione del salario nelle varie teorie economiche
- Definire il profitto e distinguerne le varie tipologie
- Illustrare la concezione del profitto nelle varie teorie economiche

4.1 Teorie alternative sulla distribuzione del reddito

Un tema complesso

Il problema della distribuzione del reddito è sempre stato al centro di un notevole dibattito: per gli aspetti politici e sociali a esso connessi, si può anzi dire che è il **tema più importante e più controverso dell'economia**. Studiamo qui i diversi tipi di reddito, ossia le diverse forme che la nuova ricchezza assume nel momento in cui viene distribuita. Ciò consente di porre le basi per indagare nella prossima unità su come il reddito prodotto in Italia sia distribuito fra i soggetti che hanno partecipato alla sua produzione.

In generale diciamo che per **distribuzione del reddito** si intende il modo in cui il flusso di ricchezza prodotto in un sistema economico viene ripartito fra i soggetti che hanno collaborato a produrlo.

unità **4** ■ La sfera della distribuzione

Per spiegare la distribuzione del reddito si sono succedute, nella storia del pensiero economico, **diverse teorie**.

Il profitto come residuo

Teoria classica Fu elaborata da **Adam Smith** e **David Ricardo**: secondo questa teoria il salario è fissato al livello di sussistenza e il profitto è il residuo che resta all'imprenditore dopo che ha pagato tutti gli altri fattori produttivi.

I redditi come remunerazione dei singoli fattori

Teoria neoclassica Elaborata dai **marginalisti**, afferma che il salario, l'interesse, la rendita e il profitto dipendono dal contributo specifico che ciascun fattore (lavoro, capitale, terra, organizzazione) dà al processo produttivo.

Il salario come residuo

Teoria neokeynesiana Elaborata dai seguaci di **Keynes**, sostiene che, una volta determinato il livello degli investimenti e il relativo tasso di sviluppo del sistema economico, il salario (e non il profitto) è un residuo: infatti il profitto serve a finanziare gli investimenti, e ciò che resta andrà ai salari.

Classificazione Le teorie sopra ricordate si possono distinguere in due scuole fondamentali:

Teorie sociali

- **teorie sociali**, che comprendono la **teoria classica** e la **teoria neokeynesiana**. Entrambe si basano sul **concetto di** *sovrappiù* o *prodotto netto* (costituito dalla maggior quantità di prodotto ottenuto rispetto ai mezzi di produzione impiegati per ottenerlo). Queste teorie sono dette "sociali" in quanto tengono conto di elementi storici e istituzionali e studiano come il reddito si distribuisce fra le classi sociali (capitalisti, lavoratori, proprietari terrieri), in base al principio che una di esse ottenga il prodotto netto residuo, una volta pagate tutte le altre;

Teoria funzionale

- **teoria funzionale**, elaborata dai **neoclassici**. Secondo questa teoria non esiste il sovrappiù: l'attenzione si sposta dalle classi sociali ai fattori della produzione. Tutto ciò che è prodotto viene imputato ai contributi forniti dai fattori della produzione. La distribuzione del prodotto fra i fattori produttivi è governata da **rigide leggi di mercato**: la domanda di ogni fattore è data dalla sua produttività marginale, cioè dall'incremento della produzione dovuto a una unità aggiuntiva di fattore. In un mercato concorrenziale tutti i fattori produttivi (e in particolare il lavoro) sono pienamente occupati, purché il loro costo non ecceda la loro produttività marginale.

4.2 Il salario

Il **salario** è la remunerazione che il lavoratore riceve per il lavoro prestato alle imprese o allo Stato.

Nel linguaggio ordinario viene chiamato salario la retribuzione dell'operaio, e stipendio quella degli impiegati; in economia, invece, il termine salario comprende le retribuzioni di tutti i lavoratori dipendenti, e quindi anche gli stipendi di impiegati e dirigenti, seguendo una tradizione che risale ai classici inglesi.

> Gli impiegati di un ufficio ricevono uno stipendio come retribuzione per il lavoro svolto. In economia questa remunerazione è più correttamente chiamata "salario".

201

modulo 4
I mercati e la distribuzione del reddito

Salari reali e nominali

È opportuno introdurre una distinzione relativa al potere di acquisto dei salari. A questo proposito si distinguono:
- i **salari nominali** (o **monetari**), costituiti dalla quantità di moneta che il lavoratore riceve in una unità di tempo;
- i **salari reali**, commisurati alla quantità di beni e servizi che il lavoratore può acquistare sul mercato.

I salari nominali coincidono con i salari reali quando il livello dei prezzi non varia nel tempo, cioè quando il sistema è caratterizzato da stabilità monetaria. Se invece il potere di acquisto della moneta subisce una diminuzione nel tempo, viene meno la coincidenza fra i valori del salario nominale e del salario reale.

Il salario reale si ottiene dividendo i salari nominali per l'indice dei prezzi al consumo:

$$\text{salario reale} = \frac{\text{salario nominale}}{\text{indice dei prezzi al consumo}}$$

Il salario reale, quindi, dipende dal livello del salario nominale e dall'indice dei prezzi dei beni al consumo.

IN pratica
Se in un anno il salario nominale di un lavoratore dipendente è aumentato del 10%, passando da 1.500 a 1.650 euro mensili, ma nello stesso periodo i prezzi dei beni di consumo sono aumentati del 2%, il salario reale del lavoratore è aumentato solo dell'8%.

Il costo del lavoro Il salario netto del lavoratore si ottiene sottraendo dal salario lordo le seguenti voci:
- **trattenute fiscali**, costituite dalle imposte che sono versate al fisco direttamente dall'imprenditore (che funge da sostituto d'imposta);
- **oneri sociali**, a favore degli enti previdenziali e assistenziali (INPS, INAIL) per pensioni, malattie, invalidità, disoccupazione, versati direttamente dall'imprenditore, anche per conto del lavoratore.

Le componenti del salario

Per l'impresa il costo del lavoro risulta quindi molto più alto del salario netto percepito dal lavoratore (circa il doppio), essendo costituito dalla somma delle seguenti componenti:

> salario netto (al lavoratore)
> + trattenute fiscali (allo Stato)
> + oneri sociali a carico del lavoratore (allo Stato)
> —————————————————
> = salario lordo
> + oneri sociali a carico dell'imprenditore (allo Stato)
> —————————————————
> = costo del lavoro

Il mercato del lavoro Nel mercato del lavoro si incontrano la domanda di lavoro, effettuata dalle imprese e dallo Stato, e l'offerta di lavoro, effettuata dai lavoratori.

In tale mercato la contrattazione avviene su base collettiva, tra i sindacati che rappresentano i lavoratori e i sindacati che rappresentano le imprese. I **sindacati dei lavoratori** in Italia si distinguono in **confederali** (CGIL, CISL, UIL, UGL) e **autonomi**; le più importanti associazioni dei datori di lavoro sono la Confindustria, la Confcommercio e la Confagricoltura.

I sindacati

S Sostituto d'imposta È il soggetto che paga l'imposta direttamente allo Stato, sostituendosi al contribuente e operando poi la ritenuta alla fonte sul compenso corrisposto. Il caso più importante è la ritenuta d'acconto IRPEF operata dal datore di lavoro sui compensi corrisposti ai dipendenti, e versata allo Stato alla scadenza prevista.

unità **4** ■ La sfera della distribuzione

> Nel mercato del lavoro operano lavoratori e imprenditori, rappresentati dai rispettivi sindacati. Dal punto di vista della teoria economica si tratta di un caso tipico di monopolio bilaterale.

Lo sciopero

La **contrattazione collettiva** determina la quota di reddito nazionale destinata ai salari e ai profitti. In mancanza di accordo, il contrasto fra lavoratori e imprenditori può sfociare in uno **sciopero**, indetto dai sindacati a sostegno delle loro richieste. Esso è dannoso sia all'economia nazionale, perché porta a una diminuzione della produzione, sia ai lavoratori, che perdono il salario per la durata dell'astensione dal lavoro. La decisione di ricorrere allo sciopero deve perciò essere presa dopo un'attenta valutazione dei vantaggi e degli svantaggi, soprattutto con riferimento alle sue ricadute sociali.

 I **contratti** stipulati dai sindacati dei lavoratori e dalle associazioni imprenditoriali hanno **validità per tutti i lavoratori**, anche se non iscritti al sindacato (art. 41 Cost.).

SERRATA: IMPRESA CHE CHIUDE (SCIOPERO)

4.3 Il salario nella teoria economica

Un problema importante

SOMMA REDDITI

Il problema della ripartizione del reddito nazionale fra salari e profitti – che ha sempre costituito un tema centrale del dibattito politico – ha ricevuto **particolare attenzione** da parte degli economisti. Esaminiamo ora le più importanti teorie sul salario, per l'influenza che hanno esercitato sia sull'evoluzione del pensiero economico, sia sulle concrete decisioni di politica economica.

Teoria del salario di sussistenza Formulata nel primo decennio dell'800 da **David Ricardo** (esponente della scuola classica inglese), risente fortemente della **teoria della popolazione** di Malthus.

La tesi di Ricardo

Secondo Ricardo, se il salario è inferiore al livello di sussistenza – definito come il livello minimo dei consumi, al di sotto del quale i lavoratori non possono sopravvivere – peggiora il livello di vita dei lavoratori, con la conseguenza di un aumento della mortalità e una diminuzione della natalità dei lavoratori. Il risultato è la diminuzione dell'offerta di lavoro, che provoca un aumento del salario fino al livello di sussistenza. Quando invece il salario è superiore al livello di sussistenza, le migliorate condizioni di vita dei lavoratori fanno diminuire la mortalità e aumentare la natalità e quindi l'offerta di lavoro, finché il livello dei salari scende al livello di sussistenza.

Secondo Ricardo il **valore normale dei salari** tende a collocarsi al livello di sussistenza dei lavoratori.

L Livello di sussistenza Livello al di sotto del quale non è possibile sopravvivere. Non si tratta di un concetto assoluto, ma relativo all'epoca storica e al contesto sociale: nelle moderne società industriali i bisogni sono enormemente aumentati, e quindi tale livello tende a innalzarsi rispetto alle epoche precedenti e alle economie più semplici.

modulo 4
I mercati e la distribuzione del reddito

> Un'incisione del 1858 che raffigura bambini al lavoro in una cartiera tedesca. Lo sfruttamento del lavoro, in particolare di quello minorile, emerse come questione morale nel corso dell'Ottocento grazie all'azione di alcuni importanti pensatori socialisti, che si ribellarono a questa consuetudine dell'epoca.

Teoria dell'esercito industriale di riserva Nel corso dell'Ottocento, contro lo sfruttamento dei lavoratori emerse una ribellione morale, che si concretò negli scritti e nell'azione di una serie di pensatori socialisti (**Sismondi, Owen, Fourier, Blanc** ecc.). Pur non giungendo a un'approfondita analisi scientifica dei rapporti sociali, questi autori denunciarono gli inconvenienti del *laissez-faire* che caratterizzava il pensiero classico. Essi sostennero **la necessità dell'associazione e della solidarietà dei lavoratori**, come possibili argini allo strapotere economico della classe imprenditoriale. Inoltre, dato che la libera iniziativa creava forti sperequazioni nella distribuzione della ricchezza, secondo questi autori lo Stato doveva intervenire attivamente per correggere il libero gioco del mercato.

L'analisi marxiana

Con **Karl Marx** l'analisi dei rapporti sociali acquista precisi connotati scientifici. Secondo Marx, la nascita del capitalismo comporta la divisione degli uomini in due classi sociali: i **capitalisti** e i **proletari**. Come già Ricardo, Marx sostiene che **il lavoro è l'unico fattore della produzione**, dato che il capitale impiegato nella produzione è solo lavoro cristallizzato (le macchine sono prodotte da lavoro e da altre macchine, le quali a loro volta sono ancora prodotte da lavoro e altre macchine, e così via, finché si arriva all'unico fattore produttivo originario, cioè al lavoro).

Sfruttamento del lavoro

Dato dunque che l'unico fattore produttivo è il lavoro, i capitalisti si appropriano di quote di prodotto che spettano ai lavoratori, i quali vengono in tal modo sfruttati (v. Mod. 1, par. 3.6).

Caratteristica del capitalismo è l'introduzione sistematica di macchine, con il conseguente enorme aumento degli investimenti in capitale; e ciò determina la diminuzione del tempo di lavoro necessario a produrre le merci.

L'esercito industriale di riserva

L'impiego sempre più largo di capitali elimina progressivamente i piccoli capitalisti, che producono a costi più elevati e non riescono a tenere il passo con le innovazioni tecnologiche. Le grandi imprese si concentrano nelle mani di pochi grandi capitalisti, mentre sul mercato preme l'**esercito industriale di riserva**, formato dai lavoratori disoccupati, che offrono lavoro, indebolendo così il potere contrattuale dei lavoratori occupati; alla fine la **rivoluzione del proletariato** crea un nuovo ordine sociale ("regno della libertà", secondo la dizione di Marx), in cui sia la proprietà privata dei mezzi di produzione, sia le classi sociali non esistono più.

La teoria marxista è stata ripresa da alcuni studiosi del '900 (**Hilferding, Rosa Luxemburg, Gramsci**), che l'hanno adattata alle mutate condizioni politico-sociali della prima metà del secolo XX.

L'analisi marginalista

Teoria della produttività marginale del lavoro I marginalisti (**Jevons, Marshall, Menger, Walras**) hanno sostenuto che **il livello del salario è determinato dal prodotto marginale del lavoro**. Come già sappiamo, per i marginalisti ogni fattore produttivo è remunerato a seconda della sua produttività marginale: a questa legge non si sottrae il salario del lavoratore, come del resto non si sottrae il profitto dell'imprenditore.

Dalla posizione marginalista discendono due importanti corollari:
- un aumento della produttività del lavoro fa aumentare anche il livello del salario;
- un aumento dei salari superiore a quello della produttività del lavoro è causa di disoccupazione.

4.4 Il profitto

> Il **profitto** è il reddito percepito dall'imprenditore per la sua attività di organizzazione e gestione dell'impresa. È costituito dalla differenza tra i ricavi e i costi di produzione.

Dato che il profitto è ciò che rimane all'imprenditore dopo che ha pagato i salari, gli interessi e le rendite, esso ha **natura residuale**.

Profitto normale ed extraprofitto

Seguendo una classificazione introdotta da Marshall, si può distinguere tra:
- **profitto normale**, che è la parte del costo di produzione che spetta all'imprenditore per la sua attività di organizzazione: è perciò il livello di reddito al di sotto del quale egli rinuncia a svolgere la sua attività;
- **extraprofitto**, che è l'eccedenza fra il ricavo realizzato dalle vendite e il costo di produzione (comprensivo del profitto normale): esso è percepito dall'imprenditore in situazioni di mercato particolarmente favorevoli.

Composizione del profitto

Il profitto normale si può teoricamente distinguere nei seguenti elementi costitutivi:
- **profitto come salario di direzione**, che remunera l'attività organizzativa dell'imprenditore;
- **profitto come interesse sui capitali investiti**, che remunera i capitali investiti nel processo produttivo;
- **profitto come premio per il rischio**, che remunera l'imprenditore per il rischio affrontato.

> IN pratica
>
> Un imprenditore ha investito un capitale di 2 milioni di euro in un'attività nel settore automotive, realizzando in un certo anno un'eccedenza fra i ricavi e i costi di 300 mila euro. Se valuta il suo compenso per l'attività di direzione in 60 mila euro l'anno, gli interessi sul capitale investito in 80 mila euro e il premio per il rischio in 100 mila euro, il profitto normale è di 240 mila euro, l'extraprofitto è di 60 mila euro.

Obiettivi dell'impresa moderna

La moderna impresa a forma societaria non punta a realizzare il massimo profitto, ma a massimizzare il fatturato, pianificando nel tempo la distribuzione dei dividendi in modo da soddisfare gli azionisti (**potere senza proprietà**, v. Mod. 2, par. 2.1). Quindi, il profitto tende a divenire la sola retribuzione per il rischio affrontato dagli azionisti finanziatori, dato che l'attività direzionale è affidata a un *management* stipendiato.

Prende il nome di saggio di profitto il rapporto percentuale fra il profitto e l'ammontare del capitale investito nell'impresa.

Se, per esempio, il capitale impiegato in un'impresa è di 10 milioni di euro e il profitto è stato di un milione, il saggio di profitto sarà:

$$p = \frac{1}{10} = 10\%$$

Il profitto come indicatore di efficienza

Il suo calcolo assume rilevante importanza in molti problemi di confronto nel tempo e nello spazio.

Come già sappiamo, **il profitto è un importante indicatore economico di efficienza**. Rappresenta quindi un incentivo, che spinge gli imprenditori a esplorare nuove possibilità, migliorare l'efficienza dell'impresa, introdurre migliori tecnologie (v. Mod. 2, par. 2.1).

> Il profitto è il risultato della differenza tra i ricavi e i costi e della produzione.

modulo 4
I mercati e la distribuzione del reddito

4.5 Le principali teorie sul profitto

Anche sul profitto vi è stato un **ampio dibattito**, per i risvolti sociali e politici connessi al problema della sua legittimazione: come del resto era giusto aspettarsi, dopo quanto abbiamo detto a proposito del salario. Passiamo ora in rassegna le teorie sul profitto avanzate dalle diverse scuole di pensiero.

Scuola classica

Teoria del profitto come residuo Questa posizione, legata ai nomi di **Smith** e di **Ricardo**, è stata sostanzialmente condivisa da tutti gli esponenti della scuola classica. Secondo questa tesi, il profitto nasce dalla proprietà del capitale e ha natura di un **residuo**, dato che è ciò che resta al capitalista dopo che sono stati pagati i salari dei lavoratori (regolati dal livello di sussistenza) e sono stati reintegrati i mezzi di produzione impiegati. È facile rendersi conto che **secondo questa teoria i profitti sono tanto più alti, quanto più basso è il livello del salario**.

L'appropriazione del plusvalore

Teoria marxiana del profitto Secondo **Marx** il profitto nasce perché nel regime capitalistico, che si basa sulla proprietà privata dei mezzi di produzione, il capitalista si appropria del **plusvalore**, cioè della differenza fra il valore dei beni prodotti e il salario corrisposto ai lavoratori.

Marx e la legge di caduta del saggio di profitto

Poiché, a causa della concorrenza fra imprenditori, ciascuno di essi è costretto ad aumentare il numero di macchinari a disposizione, il saggio di profitto è per Marx tendenzialmente in calo a mano a mano che procede l'accumulazione capitalistica (**legge di caduta tendenziale del saggio di profitto**).

Scuola neoclassica

Teoria neoclassica Abbiamo già visto che secondo la scuola neoclassica, in condizioni di concorrenza perfetta, ogni fattore è pagato in relazione al contributo che dà alla produzione: quindi, **la produttività del capitale determina il saggio di profitto**, esattamente come la produttività del lavoro determina il livello del salario. L'imprenditore, per i neoclassici, può ottenere in via eccezionale un extraprofitto, il quale tuttavia, in un mercato di concorrenza perfetta, avrebbe carattere transitorio; la regola è il profitto normale, che rientra nei costi di produzione.

4.6 L'interesse

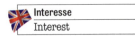

L'**interesse** è il compenso corrisposto da chi prende a prestito una somma di denaro a chi effettua il prestito. Può anche essere definito come il prezzo pagato per l'uso temporaneo del risparmio (prezzo d'uso del capitale).

Viene normalmente espresso in percentuale su base annua.

Il **tasso di interesse** è dato dal rapporto fra la somma pagata a titolo di interessi e la somma prestata.

Se per avere da una banca in prestito la somma di € 100.000 si devono pagare ogni anno per interessi alla banca stessa € 6.000, il tasso di interesse sarà:

$$i = \frac{6.000}{100.000} = 0,06 \quad \text{ossia } 6\%$$

Ciò significa che ogni 100 euro di capitale ricevuto a prestito comporta il pagamento di 6 euro all'anno, a titolo di interessi.

Interesse nominale e interesse reale

Solitamente, il tasso di interesse viene concordato in **termini monetari** (o **nominali**): pertanto, in presenza di inflazione, il mutuante riceve a titolo di interessi (e anche di rimborso del capitale, alla scadenza del prestito) una quantità di moneta che può aver subìto le conseguenze dell'inflazione. Da qui la necessità di distinguere l'**interesse nominale** dall'**interesse reale**, che tiene conto del diminuito potere di acquisto della moneta.

> **IN pratica** — Un risparmiatore ha depositato in banca la somma 200.000 euro al tasso nominale del 3%. Se nel corso di un anno il livello dei prezzi è aumentato del 2%, il tasso reale di interesse è uguale all'1%.

Per questo, in momenti di tensione inflazionistica i tassi di interesse aumentano, altrimenti i mutuanti incorrerebbero in perdite notevoli.

È opportuno distinguere i **due elementi ideali costitutivi del tasso di interesse**:

- l'**interesse netto**, o **puro**, che è la remunerazione che il mutuante riceve dal mutuatario per l'uso del risparmio, che tende ad essere uguale per i vari tipi di prestito;
- l'**assicurazione**, per il rischio del mutuante di non ricevere alla scadenza le somme prestate: questa parte è soggetta a variazioni in relazione alla solvibilità del mutuatario, alla durata del prestito, alle attese circa la stabilità del valore della moneta.

4.7 La rendita

Rendita / Rent

La **rendita** indica il reddito che affluisce ai proprietari di beni strumentali non riproducibili (come un terreno, una miniera, una sorgente ecc.), e quindi disponibili in quantità fissa, non suscettibile di aumento.

Il **prezzo** che si forma sul mercato non dipende per tali beni dal costo di produzione, ma è determinato esclusivamente dalle variazioni della domanda.

Beni a offerta perfettamente rigida

Nella figura qui sotto si è rappresentata la formazione del prezzo di un bene disponibile in quantità fissa, e quindi a offerta perfettamente rigida. Quando la domanda aumenta, la curva di domanda viene trasposta verso l'alto, e il prezzo di equilibrio passa da OB ad OC.

Il prezzo dipende dalla domanda

Come si vede facilmente, l'aumento di domanda determina un aumento del prezzo che passa da OB a OC, indipendentemente dal costo di produzione, mentre la quantità offerta rimane fissa ad OA.

Si noti che in caso di una diminuzione della domanda opera il meccanismo contrario: il prezzo di mercato diminuisce, ferma restando la quantità offerta. In questo caso si parla di **rendita negativa**.

Si osservi che un tipo di rendita abbastanza simile è connesso a beni strumentali che solo temporaneamente non sono riproducibili; si pensi ai beni capitali impiegati da un'impresa (ad esempio a un macchinario nuovo, disponibile sul mercato in pochi esemplari), che consentono all'impresa stessa di realizzare per un certo periodo di tempo dei profitti elevati, tuttavia temporanei in quanto anche le imprese concorrenti potranno

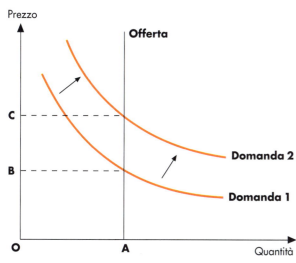

S Solvibilità Capacità del debitore di pagare il debito alla scadenza. È il principale elemento che va considerato per valutare il credito da concedere al potenziale debitore.

modulo 4

I mercati e la distribuzione del reddito

Quasi-rendita marshalliana

successivamente introdurre gli stessi macchinari. In questo caso, i profitti realizzati hanno la natura di una **rendita temporanea** (chiamata anche **quasi-rendita** o **rendita marshalliana**, perché Marshall per primo l'ha individuata).

La rendita si distingue in **differenziale** e **assoluta**. La rendita differenziale è stata studiata soprattutto da **Ricardo** (1817), e al suo nome è legato il concetto stesso di rendita, anche se non vanno trascurati gli scritti di **Malthus** sulla natura della rendita, in particolare di quella fondiaria.

> **La rendita differenziale** La rendita differenziale nasce a causa della diversa fertilità dei suoli coltivati, oppure della diversa distanza dei terreni dai punti di vendita, con conseguenti diversi costi di trasporto.

La posizione di Ricardo

Secondo Ricardo gli uomini all'inizio misero a coltura solo le terre migliori, da cui ricavavano prodotti agricoli che vendevano a un prezzo che rappresentava il solo rimborso del costo, e cioè il compenso per il capitale e il lavoro impiegati. Quindi, in questa prima fase la rendita non esisteva.

Con l'aumento della popolazione – dato che dalle terre già coltivate non si poteva ottenere un aumento del prodotto per l'operare della legge dei rendimenti decrescenti – fu necessario estendere la coltivazione alle terre meno buone, sia perché meno fertili, sia perché più lontane dai mercati di vendita: in queste terre il costo di produzione è naturalmente più elevato.

Se per fornire il mercato diventa necessario anche il prodotto delle terre meno fertili, è il suo costo di produzione che determina il prezzo di vendita dell'intero raccolto (perché in regime di libera concorrenza opera la **legge di Jevons**, o del **prezzo unico**).

I proprietari dei terreni meno fertili ricavano dalla vendita unicamente il rimborso delle spese, mentre gli altri proprietari conseguiranno un extra-guadagno, avendo ottenuto lo stesso prodotto a prezzi inferiori. **Questo extra-guadagno costituisce la rendita.**

Rendita differenziale

La rendita si chiama appunto "differenziale" perché nasce dalla differenza fra i costi di produzione: essa decresce a misura che si passa dal terreno più fertile al terreno meno fertile, oppure dal terreno più vicino alla città a quello più lontano. Nella terra meno fertile, o più lontana dal centro di consumo, l'imprenditore non gode di alcuna rendita, in quanto il prezzo di mercato è uguale al costo di produzione. Questa terra è detta **marginale**.

La rendita assoluta La **rendita assoluta** compete ai titolari di beni non riproducibili ogni volta che la domanda è superiore all'offerta. Così, i proprietari di terreni agricoli godono di questa rendita quando la domanda aumenta e tutte le terre coltivabili sono ormai state messe a coltura. In tal caso, come è ovvio, anche la terra marginale gode di una rendita assoluta. Tale rendita è cumulabile con la rendita differenziale: la rendita assoluta è uguale per tutte le terre; le più favorite, poi, assommano a questa anche la rendita differenziale.

208

INsintesi

4.1 Teorie alternative sulla distribuzione del reddito
La **distribuzione del reddito** è una questione centrale dell'economia. Le varie teorie che affrontano questo argomento si classificano in:
- **teorie sociali** (classica e neokeynesiana), che tengono conto di elementi storico-sociali;
- **teoria funzionale** (neoclassica), che vede la distribuzione del reddito governata da leggi di mercato.

4.2 Il salario
Il **salario** è ciò che riceve il lavoratore per la prestazione di lavoro. Il **salario nominale** è misurato in termini di moneta, il **salario reale** è invece misurato in termini di potere di acquisto. Domanda e offerta di lavoro si incontrano nel **mercato del lavoro**; la **contrattazione collettiva** avviene attraverso i **sindacati**, rappresentativi dei lavoratori e degli imprenditori.

4.3 Il salario nella teoria economica
Il livello del **salario** ha dato origine a varie teorie:
- **teoria del salario di sussistenza**;
- **teoria dell'esercito industriale di riserva**;
- **teoria della produttività marginale del lavoro**.

Le teorie più recenti tengono conto delle particolari condizioni attuali del mercato del lavoro.

4.4 Il profitto
Il **profitto** è il reddito che compete all'imprenditore per la sua attività di organizzazione e gestione dell'impresa. Il **saggio di profitto** è il rapporto percentuale fra il profitto e l'ammontare del capitale investito nell'impresa.

4.5 Le principali teorie sul profitto
Le principali teorie sul **profitto**, tutte elaborate tra '700 e '900, sono:
- **teoria classica del profitto come residuo**;
- **teoria marxiana del profitto**;
- **teoria neoclassica**.

4.6 L'interesse
L'**interesse** è il compenso che spetta a chi dà a prestito i propri capitali. Si distingue l'interesse **nominale** (o **monetario**) dall'**interesse reale**, che tiene conto delle variazioni del potere d'acquisto della moneta.

4.7 La rendita
La **rendita** è il reddito che affluisce ai proprietari di beni non riproducibili e quindi disponibili in quantità fissa. Il prezzo di mercato di tali beni dipende esclusivamente dalle variazioni della domanda. La rendita si distingue in **rendita differenziale** (o **ricardiana**) e **rendita assoluta**.

Laboratorio

Vero / Falso
Indica se le seguenti affermazioni sono vere o false.

1. La teoria del salario di sussistenza di Ricardo si basa sulla teoria della popolazione di Malthus. [V] F
2. Secondo la teoria ricardiana i salari superano sempre il livello di sussistenza dei lavoratori. V [F]
3. Per Marx il saggio di profitto tende ad aumentare al procedere dell'accumulazione capitalistica. V [F]
4. Secondo la teoria marxiana il lavoro è l'unico fattore produttivo. [V] F
5. Il profitto è un indicatore di efficienza, perché riflette la scarsità relativa delle risorse nei diversi settori produttivi. [V] F
6. Per i neoclassici il reddito è distribuito fra i fattori produttivi in relazione all'apporto di ciascuno alla produzione. [V] F
7. Secondo gli economisti neoclassici l'imprenditore svolge la sua attività solo se può assicurarsi un extraprofitto. V [F]
8. In tempi di inflazione interesse reale e interesse nominale coincidono sempre. V [F]
9. L'offerta di beni strumentali non riproducibili è perfettamente elastica. V [F]
10. La rendita marshalliana ha natura temporanea. [V] F

Trova l'errore
Individua l'espressione o il termine errati, e inserisci quelli corretti.

1. Il profitto, costituito dalla ~~somma~~ tra i ricavi e i costi di produzione, è il reddito percepito dall'imprenditore per la sua attività di organizzazione e gestione dell'impresa.

   DIFFERENZA

2. Il tasso di interesse (cioè il prezzo pagato per l'uso del risparmio) è dato dal rapporto fra la somma di denaro prestata e l'importo totale della somma pagata a titolo di interessi.

modulo 4
I mercati e la distribuzione del reddito

Laboratorio

Scelta multipla
Completa l'affermazione scegliendo la frase corretta fra quelle proposte.

1. Se al salario netto si sommano le trattenute fiscali e gli oneri sociali a carico del lavoratore si ottiene
   a. il costo del lavoro
   b. il salario lordo
   c. il salario nominale
   d. il salario reale

2. Il livello di sussistenza è dato da
   a. una produzione agricola molto scarsa
   b. ciò che è appena sufficiente a una famiglia per sopravvivere
   c. la quantità minima di materie prime necessaria all'industria
   d. i beni di cui dispone un'economia primitiva

3. Nella costruzione teorica di Marx l'esercito industriale di riserva è costituito dai lavoratori
   a. occupati, ma arruolati in tempo di guerra
   b. disoccupati che offrono lavoro
   c. disoccupati, in attesa di prestare servizio militare
   d. occupati, ma di riserva per l'esercito

4. Un risparmiatore deposita in banca la somma di 10.000 euro al tasso del 3%; dopo un anno ottiene un interesse di
   a. 150 euro
   b. 200 euro
   c. 250 euro
   d. 300 euro

5. Un risparmiatore ha depositato in banca 100.000 euro, ottenendo in un anno 2.500 euro di interessi. Se nello stesso anno i prezzi sono aumentati dello 0,5%, il tasso reale di interesse percepito è pari a
   a. 0,5%   c. 1,5%
   b. 1,0%   **d. 2,0%**

6. Il reddito che affluisce ai proprietari di beni strumentali non riproducibili si chiama
   a. salario
   b. profitto
   c. interesse
   d. rendita

7. La rendita che compete ai titolari di beni non riproducibili ogni volta che la domanda è superiore all'offerta si chiama rendita
   a. assoluta (No)
   b. differenziale
   c. edilizia
   d. marshalliana

8. La rendita che nasce dalla diversa fertilità dei suoli oppure dalla diversa distanza dei terreni coltivati dai mercati di vendita si chiama
   a. assoluta
   b. differenziale
   c. marshalliana
   d. agricola

Completamenti
Completa il brano inserendo i termini appropriati scelti tra quelli proposti.

L'imposizione fiscale e il sistema previdenziale sono i due principali meccanismi attraverso i quali il _REDDITO_ viene redistribuito. Il sistema previdenziale, in particolare, redistribuisce il reddito tra popolazione attiva e pensionati. Si parla propriamente di redistribuzione e non di distribuzione, poiché tali meccanismi modificano la distribuzione del reddito determinata dalle forze di _LAVORO_ nel momento della produzione. La struttura produttiva nonché il gioco della domanda e dell'offerta determinano il livello del reddito dei fattori produttivi. Quando si parla di distribuzione del reddito, quindi, si fa riferimento a questa seconda accezione e in particolare alla _RIPARTIZIONE_ del reddito tra i diversi _FATTORI_ determinata dai metodi di produzione e dalle forze di mercato. Tutti gli altri meccanismi che modificano tale ripartizione operano invece a livello redistributivo. Ciò significa che alcuni soggetti vedono il proprio reddito ridursi per effetto dell'azione di tali _MECCANISMI_, mentre altri soggetti, i più bisognosi, vedono il loro reddito aumentare. In questo modo il sistema economico tenta di migliorare il proprio grado di _____, riducendo, almeno in parte, i più gravi squilibri di reddito fra i soggetti che ne fanno parte.

Virginio Schiavetti, *Le parole de "Il Sole 24 Ore"*

equità ▪ fattori ▪ impiego ▪ lavoro ▪ meccanismi ▪ mercato ▪ reddito ▪ ricchezza ▪ ripartizione

unità **4** ■ La sfera della distribuzione

Laboratorio

Collegamenti
Associa ogni termine della prima colonna con un solo termine della seconda.

1. Salario — a
2. Reddito
3. Profitto — b
4. Extraprofitto
5. Interesse — c
6. Rendita — d
7. Risparmio

a. Remunerazione ricevuta dal lavoratore per il lavoro prestato
b. Reddito dell'imprenditore per la sua attività di organizzazione dell'impresa
c. Prezzo per l'uso del capitale
d. Reddito che affluisce ai proprietari dei beni strumentali non riproducibili

Domande aperte
Rispondi alle seguenti domande.

1. Che cosa si intende con l'espressione "distribuzione del reddito"? (4.1)
2. Quali teorie sono state formulate per spiegare la distribuzione? (4.1)
3. Che cos'è il salario? (4.2)
4. Come avviene la contrattazione sul mercato del lavoro? (4.2)
5. Che cosa sostiene la teoria ricardiana del salario di sussistenza? (4.3)
6. Da che cosa è determinato il salario secondo la teoria neoclassica? (4.3)
7. Quali sono, sotto il profilo teorico, gli elementi costitutivi del profitto? (4.4)
8. Che cosa afferma la teoria, sostenuta dalla scuola classica, del profitto come residuo? (4.5)
9. Da che cosa dipende il profitto secondo gli economisti neoclassici? (4.5)
10. In quale modo viene calcolato il tasso reale di interesse? (4.6)
11. A quali soggetti affluisce la rendita? (4.8)
12. Quali tipi di beni danno origine, per la loro stessa natura, alla rendita differenziale? (4.8)

summary CLIL

4.1 Alternative theories on income distribution
The **distribution of income** is extremely important in economy. The theories regarding the distribution of income can be classified as follows:
- **social theories** (classical and Neokeynesian), which take into account historical and social elements;
- **functional theories** (neoclassical), which see the distribution of income as governed by the market.

4.2 Salary (or wage)
A **salary** (or wage) is payment from an employer to an employee in return for work performed. **Nominal wages** are measured in terms of money, whereas **real wages** are measured in terms of purchasing power.
Labour markets function through a close interaction between employers and workers; **collective negotiation** takes place through **Trade unions**, which represent employers and employees.

4.3 The salary in economic theory
Theories regarding the **determination of salaries** of employees are:
- the **subsistence theory**;
- the **theory of salary as residual**;
- the **marginal productivity theory**.

More recent theories take into account the conditions of the labour market.

4.4 Profit
Profit is a financial benefit that is gained by the entrepreneur. The **profit rate** is the relative profitability of an investment project.

4.5 The main theories on profit
The main theories on **profit** (all elaborated between 1700 and 1900) are as follows:
- the **classical theory**, which regards profit as residual surplus;
- the **Marxian value theory**;
- the **neoclassical theory**.

4.6 Interest
Interest is the payment for the use of borrowed money. **Nominal interest** differs from **real interest**, which takes into account changes in the purchasing power of a currency.

4.7 Rent
Rent is income derived from goods which are not reproduced, thus they are available in fixed quantities. The market price depends solely on the variation in demand. Rent can be **differential** or **absolute**.

modulo 4
I mercati e la distribuzione del reddito

unità 5
La distribuzione del reddito

DI CHE COSA PARLEREMO

Nella precedente unità abbiamo considerato i VARI TIPI DI REDDITO e le principali TEORIE SULLA DISTRIBUZIONE del prodotto fra i fattori della produzione. Ora prenderemo in esame i diversi TIPI DI DISTRIBUZIONE (funzionale, personale, territoriale, settoriale), con particolare riferimento ad alcuni DATI QUANTITATIVI RELATIVI AL NOSTRO PAESE, dove le DISUGUAGLIANZE sono alte e un numero significativo di famiglie vive ancora sotto la SOGLIA DI POVERTÀ.

CHE COSA DEVI CONOSCERE

- I concetti di salario, profitto, interesse e rendita
- Le principali teorie sulla distribuzione del reddito
- L'importanza del problema della distribuzione
- I concetti di ricchezza e di reddito
- L'influenza del capitale umano sulla produttività

CHE COSA IMPARERAI

- Che cosa sono i contributi sociali
- Da cosa sono formati i redditi misti
- Qual è il rapporto tra reddito prodotto e reddito speso
- Che cos'è il valore aggiunto
- Che cosa dice la legge di Colin Clark

CHE COSA SAPRAI FARE

- Spiegare l'importanza del problema distributivo
- Distinguere i diversi tipi di distribuzione, e riconoscerne le caratteristiche
- Illustrare il peso dei vari settori produttivi nella distribuzione del reddito
- Individuare il ruolo dello Stato nella redistribuzione del reddito
- Riconoscere il peso della povertà nel mondo occidentale

5.1 I diversi tipi di distribuzione

Significati di "distribuzione"

L'espressione "**distribuzione del reddito**" ha diversi significati:

- **distribuzione funzionale**: riguarda la ripartizione del reddito fra i titolari dei fattori produttivi che hanno concorso a produrlo;
- **distribuzione personale**: riguarda la ripartizione del reddito fra i membri di una collettività;
- **distribuzione territoriale**: considera le differenze nei livelli di reddito fra diverse aree geografiche (le varie regioni di un Paese, i singoli Stati dell'Unione europea ecc.);
- **distribuzione settoriale**: si riferisce ai redditi che affluiscono agli occupati nei tre settori produttivi (agricoltura, industria, servizi).

unità **5** ■ La distribuzione del reddito

5.2 La distribuzione funzionale

Il prodotto nazionale viene distribuito ai fattori della produzione, e cioè ai **lavoratori dipendenti**, sotto forma di salari e di stipendi; ai **prestatori di capitale**, sotto forma di interessi e rendite; agli **imprenditori**, sotto forma di profitti.

La **distribuzione funzionale del reddito** riguarda dunque la ripartizione del reddito fra i fattori produttivi, in termini di salari, interessi, rendite e profitti.

Redditi misti

Teoricamente è possibile distinguere le categorie "pure" di reddito: **salari**, **interessi**, **rendite** e **profitti**. In pratica, però, gran parte dei soggetti gode di **redditi misti** e non è possibile distinguere l'apporto di ciascuna categoria di reddito all'entrata totale. Si pensi ai commercianti, agli artigiani, ai professionisti, ai coltivatori diretti, i cui redditi derivano insieme da lavoro, capitale, attività direttiva e organizzativa. Per tali soggetti non è quindi possibile distinguere la quota dell'entrata totale attribuibile alle singole categorie "pure".

Due categorie statistiche

Dal punto di vista statistico, proprio per questa difficoltà, il reddito nazionale viene suddiviso in due categorie:

■ **redditi da lavoro dipendente**;
■ **altri redditi**.

❯ Distribuzione funzionale del reddito, 2016.

REDDITI	MILIARDI DI EURO	PERCENTUALE
Redditi da lavoro dipendente	689,1	42,3
Altri redditi	690,8	42,4
Imposte indirette	249,3	15,3
Prodotto interno lordo	1.629,2	100,0

Redditi da lavoro dipendente

Il costo sostenuto dai datori di lavoro per i dipendenti comprende sia le **retribuzioni**, sia i **contributi sociali** (contributi obbligatori, accantonamenti per fondi di quiescenza, provvidenze aziendali varie). L'inclusione di tali voci nel costo del lavoro è giustificata dal fatto che i contributi vengono impiegati o per essere redistribuiti ai lavoratori immediatamente (come assegni familiari, assistenza malattia ecc.) o a scadenza differita (come pensioni).

Altri redditi

Nella voce "**Altri redditi**" sono compresi sia **i redditi di puro capitale** (rendite di proprietà immobiliari, interessi, dividendi), sia **gli utili non distribuiti delle società**, sia **i redditi di coloro che svolgono attività in cui viene congiuntamente impiegato lavoro, attività imprenditoriale e capitale proprio** (imprenditori agricoli, liberi professionisti, commercianti, artigiani ecc.) sia, infine, gli **ammortamenti**. Questi **redditi misti** possono essere ulteriormente scissi solo sulla base di valutazioni di stima.

Liberi professionisti

Un dibattito aperto

Rilevanza del problema distributivo La distribuzione del reddito all'interno della società è un tema centrale nel dibattito economico: già gli economisti classici (in particolare **Adam Smith** e **David Ricardo**) avevano insegnato che il problema della distribuzione non è meno importante di quello della produzione. Oggi si è generalmente consapevoli del fatto che **il mercato è un meccanismo efficiente di allocazione delle risorse, ma non è in grado di distribuirle in modo equo fra i soggetti che cooperano alla produzione**. L'intera storia dell'economia politica è attraversata dal **dibattito sulle modalità di distribuzione del reddito fra i salari e i profitti**: la disputa ha avuto importanti riflessi anche sulla vita economica e politica del nostro Paese, soprattutto nei momenti in cui il

213

modulo 4
I mercati e la distribuzione del reddito

conflitto fra capitale e lavoro si è manifestato con toni più aspri. Ciò perché alla scarsità delle risorse economiche si è sempre accompagnato uno scarso livello di istruzione e un basso profilo professionale, che danneggiano la formazione scolastica dei figli, con alta probabilità di esclusione dal mondo del lavoro e ridotte speranze di una vita migliore. Soprattutto oggi è di grande rilevanza il **capitale umano**, perché dalla formazione professionale dipende (come già abbiamo visto in Mod. 3, par. 2.9) il livello di produttività del nostro sistema.

5.3 La distribuzione personale

La ripartizione della ricchezza nazionale

Ciascuna persona può percepire diversi tipi di reddito (salario in quanto lavoratore, profitto in quanto imprenditore, interessi in quanto risparmiatore, rendite in quanto titolare di proprietà, come terre e immobili). È quindi importante sapere come la ricchezza nazionale viene suddivisa fra i singoli componenti la collettività.

La **distribuzione personale del reddito** indica la ripartizione del reddito fra le persone o le famiglie, qualunque sia la fonte da cui proviene.

In tutte le società la distribuzione del reddito presenta un grado di disuguaglianza più o meno marcato in funzione della diversità dei patrimoni posseduti, delle condizioni socioeconomiche e delle capacità professionali di ciascuno.

Lo Stato e la redistribuzione del reddito Per stimare la distribuzione personale del reddito e le sue variazioni nel tempo, l'Istat e la Banca d'Italia effettuano periodiche indagini campionarie. Da esse risulta che in Italia la distribuzione dei redditi è molto disuguale.

Le analisi della Banca d'Italia

Una spiegazione della disuguaglianza si trova nell'**alta concentrazione della ricchezza nel nostro Paese**: secondo una stima della Banca d'Italia, il 10% delle famiglie italiane possiede ben il 53% della ricchezza finanziaria complessiva.

L'analisi della distribuzione del reddito chiarisce che la disuguaglianza è molto più marcata nel Mezzogiorno rispetto al Centro-nord: ciò conferma una nota tendenza dell'economia, secondo cui **la concentrazione personale del reddito è più elevata nelle aree meno ricche**.

Disuguaglianze sociali negli altri Paesi

Recenti indagini confermano che la **forbice dei redditi** (ossia la distanza fra ricchi e poveri) è aumentata negli ultimi tre decenni in tutti i Paesi industrializzati, creando ovunque pericolose aree di povertà: ad esempio, nei Paesi dell'Unione europea il salario medio dei lavoratori con compiti esecutivi (circa l'80% dei lavoratori) è diminuito di oltre il 30% in termini reali, mentre sono notevolmente aumentati gli emolumenti di coloro che esercitano funzioni direttive.

Trasferimenti dello Stato

Si ritiene generalmente che **il benessere di una società dipende non solo dall'aumento del reddito nazionale, ma anche dalla sua equa distribuzione fra tutti i cittadini**. Poiché le forze del mercato non realizzano spontaneamente un'equa distribuzione della ricchezza, **lo Stato interviene a fini redistributivi**, per migliorare la distribuzione: ciò avviene attraverso **trasferimenti alle categorie sociali più svantaggiate** (pensioni sociali, non connesse al pagamento di contributi versati dai lavoratori durante la loro vita lavorativa; indennità di disoccupazione; indennità di accompagnamento per gli invalidi ecc.).

I Indagini campionarie Procedimento statistico che consiste nell'osservare una piccola parte dell'intera popolazione (*campione*) per ottenere informazioni che si possono estendere all'intera popolazione (*universo*). La validità delle informazioni ottenute dipende dalla *rappresentatività* del campione.

P Povertà Situazione in cui si trovano le persone che non dispongono dei mezzi materiali sufficienti a consentire una vita ritenuta accettabile nel Paese di appartenenza. Il livello di povertà varia a seconda del contesto sociale e della situazione economica dei vari Paesi; nel mondo occidentale è oggi in aumento.

unità 5 ■ La distribuzione del reddito

PER capire meglio

Come si misura la distribuzione del reddito

Per poter confrontare diverse distribuzioni del reddito nel **tempo** (per lo stesso Paese in due diversi anni) e nello **spazio** (fra diversi Paesi, nello stesso anno), risulta molto utile uno strumento statistico noto come **curva di Lorenz**.

Si costruisce graficamente indicando sull'asse delle ascisse la percentuale delle famiglie, e sull'asse delle ordinate la percentuale di reddito percepito. Se il reddito è distribuito in modo perfettamente ugualitario, il 10% delle famiglie riceve il 10% del reddito, il 20% delle famiglie riceve il 20% del reddito, e così via. Questo caso ipotetico è rappresentato dalla retta OZ (*retta di equidistribuzione*). Se invece tutto il reddito fosse concentrato in una sola famiglia, la distribuzione del reddito sarebbe rappresentata da OVZ. Anche questo, ovviamente, è un caso ipotetico, che non si può verificare nella realtà. Nei casi reali la curva di Lorenz (così si chiama la spezzata OABCDZ) assume una forma intermedia alle due situazioni estreme, come si vede nella figura. Il punto A indica che il 20% delle famiglie più povere ha il 5% del reddito; il punto B che il 40% delle famiglie ha il 15% del reddito; il punto C che il 60% delle famiglie ha il 30% del reddito; il punto D che l'80% delle famiglie ha il 55% del reddito.

Quanto più è ampia l'area della disuguaglianza evidenziata in figura, tanto maggiore è la concentrazione dei redditi in gruppi ristretti della popolazione.

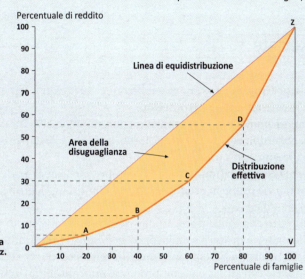

> Curva di Lorenz.

5.4 La distribuzione territoriale

> La **distribuzione territoriale del reddito** riguarda le differenze nel livello dei redditi fra le diverse regioni di un Paese (oppure, a scala internazionale, fra i diversi Paesi del mondo).

Reddito prodotto, percepito e speso

L'esame può essere svolto secondo distinte ottiche: quella del **reddito prodotto** e quella del **reddito percepito**. Ciò perché soltanto una parte del reddito prodotto viene percepito dai residenti, mentre questi ultimi possono ricevere redditi prodotti in altre regioni: si pensi al flusso di interessi, profitti, rimesse di emigranti ecc., che riguardano le diverse regioni di un Paese. A questi flussi si aggiungono i trasferimenti operati dalla finanza pubblica (Governo e Regioni), sotto forma di contributi alla produzione, pensioni, assegni familiari.

Accanto alle due nozioni precedenti vi è poi quella di **reddito speso**, costituito dalla somma dei consumi e degli investimenti di ogni regione. Nelle aree più povere, il reddito speso è superiore al reddito prodotto: in esse, parte della spesa viene infatti finanziata mediante l'indebitamento o con risparmi provenienti da altre regioni. Il contrario accade nelle aree più ricche.

Per quanto riguarda l'Italia, le ricerche evidenziano che **le regioni meridionali e insulari presentano un prodotto pro capite inferiore alla media nazionale, mentre le regioni settentrionali presentano un valore più elevato.**

Le distanze fra le diverse regioni italiane sono rilevanti, e non accennano a diminuire. Perciò **la riduzione del divario fra aree ricche ed aree povere resta un obiettivo prioritario della nostra politica economica.** Si osservi che, seppure le regioni meridionali abbiano gradualmente aumentato il loro reddito, il tasso di sviluppo resta comunque inferiore rispetto al Centro-nord.

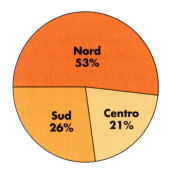

▼ Distribuzione territoriale del reddito in Italia per macroaree, dati 2016. *Fonte*: Istat

Le cause del divario fra i redditi delle diverse regioni sono sostanzialmente le seguenti:

- la **diversa struttura produttiva**: nelle regioni del Centro-nord sono più diffusi l'industria e il terziario avanzato, che presentano un maggior reddito per occupato rispetto all'agricoltura;
- la **diversa percentuale dei disoccupati** rispetto alla popolazione: nelle regioni settentrionali tale percentuale è più bassa, e ciò spiega in gran parte il più elevato reddito pro capite.

5.5 La distribuzione settoriale

Agricoltura

Industria

L'attività economica, come già abbiamo visto (v. Mod. 1, par. 2.5), viene tradizionalmente suddivisa in **tre settori**:
- **settore primario** (agricoltura), che comprende le attività connesse ai processi naturali (coltivazione dei fondi agricoli, allevamento, sfruttamento delle foreste, pesca e acquacoltura);
- **settore secondario** (industria), che comprende le attività di trasformazione delle materie prime in prodotti finiti, mediante l'impiego di lavoro e macchine. Si classifica in:
  - **comparto manifatturiero**, in cui rientrano le attività di trasformazione delle materie prime e semilavorati in prodotti finiti (industrie alimentari, tessili, meccaniche, chimiche, metallurgiche ecc.);

  - **comparto estrattivo**, che comprende le imprese che si occupano dell'estrazione di materie prime, come minerali, petrolio, gas metano ecc.;
  - **comparto delle costruzioni**, che realizza case, strade, scuole, ospedali, dighe ecc.;

Servizi

- **settore terziario** (servizi), che comprende attività come il commercio, il credito, le assicurazioni, i trasporti, i servizi dei liberi professionisti (medici, avvocati, commercialisti, ingegneri ecc.) e i servizi della Pubblica amministrazione.

> La **distribuzione settoriale del reddito** mette in evidenza la diversa partecipazione di ciascuno dei tre settori (primario, secondario e terziario) alla formazione del reddito nazionale.

Diminuisce il peso dell'agricoltura

In tutti i Paesi industrializzati il prodotto dell'agricoltura aumenta a un ritmo inferiore a quello dei settori extragricoli. Cioè in armonia con la **legge di Engel** (v. Mod. 2, par. 1.3), secondo cui all'aumentare del reddito tende a restringersi la quota destinata ai consumi alimentari.

Aumenta la quota dei servizi

Con il trascorrere del tempo **sia la quota di prodotto sia l'occupazione sono molto diminuite nel settore primario** (agricoltura), **a fronte di un rilevante aumento nel settore terziario** (servizi).

La quota di prodotto fornita dall'agricoltura, come pure la percentuale di addetti, sono **indici significativi del grado di sviluppo economico di un Paese**: nei Paesi industrializzati esse sono basse, e tendono a diminuire sempre più all'aumentare del prodotto pro capite.

Legge di Clark

Ciò perché aumenta sempre più la quota del settore terziario. Questa uniformità è nota come **legge di Clark**, dal nome dell'economista inglese **Colin Clark** (1905-1989), che per primo l'ha enunciata.

unità 5 ■ La distribuzione del reddito

INsintesi

5.1 I diversi tipi di distribuzione

L'espressione "distribuzione del reddito" assume significati diversi secondo il tipo di distribuzione considerata. Si distinguono infatti i seguenti tipi:
- distribuzione funzionale;
- distribuzione personale;
- distribuzione territoriale;
- distribuzione settoriale.

5.2 La distribuzione funzionale

La **distribuzione funzionale** riguarda la ripartizione del reddito fra i fattori produttivi, in termini di **salari** (per i lavoratori dipendenti), **interessi** e **rendite** (per i prestatori di capitali) e **profitti** (per gli imprenditori).
Dal punto di vista statistico, il reddito nazionale è diviso in **due categorie**:
- **redditi da lavoro dipendente**;
- **altri redditi**.

5.3 La distribuzione personale

La **distribuzione personale** riguarda la ripartizione del reddito fra i singoli soggetti, indipendentemente dalla sua fonte di provenienza. In Italia le **disuguaglianze** sono ancora molto alte, e perciò lo Stato interviene con **politiche redistributive** a favore dei cittadini meno fortunati.

5.4 La distribuzione settoriale

La **distribuzione territoriale** riguarda la ripartizione del reddito fra le diverse aree di un Paese, oppure fra i diversi Stati del mondo.

5.5 La distribuzione settoriale

La **distribuzione settoriale** riguarda la ripartizione del reddito fra i tre settori **primario**, **secondario** e **terziario**.
Nei Paesi sviluppati tende a diminuire la quota dell'agricoltura e ad aumentare quella dei servizi, come è affermato dalla **legge di Clark**.

Laboratorio

Vero / Falso — Indica se le seguenti affermazioni sono vere o false.

1. La distribuzione territoriale del reddito riguarda la sua ripartizione fra le persone e le famiglie. V F
2. Molti soggetti percepiscono redditi misti, in quanto ricevono diversi tipi di entrate, senza che sia possibile distinguere l'apporto di ciascuna. V F
3. I trasferimenti pubblici a favore dei cittadini più poveri rientrano nella politica di redistribuzione del reddito attuata dallo Stato per fini di equità. V F
4. In Italia il reddito è distribuito più equamente che negli altri Paesi dell'Unione europea. V F
5. La disuguaglianza nella distribuzione del reddito è molto più elevata nelle aree del Centro-nord rispetto a quelle del Mezzogiorno. V F
6. Nelle aree più ricche il settore industriale è più diffuso rispetto alle aree meno ricche. V F
7. La quota di prodotto fornita dall'agricoltura non costituisce un indice significativo del grado di sviluppo economico di un Paese. V F
8. I servizi prestati dalla Pubblica amministrazione non fanno parte del settore terziario. V F
9. Il settore primario comprende attività come il commercio, il credito, le libere professioni e i servizi pubblici. V F

Scelta multipla — Completa l'affermazione scegliendo la frase corretta fra quelle proposte.

1. La ripartizione del reddito fra i fattori produttivi in termini di salari, profitti, interessi e rendite costituisce la distribuzione
   a funzionale
   b personale
   c territoriale
   d settoriale

2. La distribuzione del reddito che riguarda le differenze fra le diverse aree di un Paese si chiama distribuzione
   a funzionale
   b personale
   c territoriale
   d settoriale

217

modulo 4

I mercati e la distribuzione del reddito

Laboratorio

3. La distribuzione del reddito fra i membri di una collettività (persone e famiglie), qualunque sia la sua fonte, si chiama distribuzione
   - a funzionale
   - b personale
   - c territoriale
   - d settoriale

4. Affermando che in un Paese il reddito si distribuisce per l'1,5% all'agricoltura, per il 28,5% all'industria e per il resto ai servizi ci si riferisce alla distribuzione
   - a funzionale
   - b personale
   - c territoriale
   - d settoriale

5. Se un avvocato con studio in una via centrale di Milano percepisce per la sua attività professionale un reddito annuo di 160 mila euro, il suo è un reddito
   - a da lavoro
   - b da capitale
   - c misto
   - d da attività imprenditoriale

6. La regola per cui all'aumentare del reddito tende a restringersi la quota destinata ai consumi alimentari è nota come legge di
   - a Jevons
   - b Gossen
   - c Clark
   - d Engel

7. L'uniformità per cui all'aumentare del reddito di un Paese aumenta sempre più la quota del settore terziario è nota come legge di
   - a Jevons
   - b Gossen
   - c Clark
   - d Engel

8. L'osservazione secondo cui il reddito pro capite della Lombardia è superiore del 60% a quello della Calabria rientra nella distribuzione
   - a territoriale
   - b settoriale
   - c funzionale
   - d personale

Completamenti
Completa il brano inserendo i termini appropriati scelti tra quelli proposti.

La crisi ha molto colpito le famiglie italiane. Oltre un italiano su 10 (ossia 8,272 milioni di persone) vive in condizioni di _____ . Lombardia ed Emilia-Romagna sono le regioni con i valori più bassi di incidenza della povertà, pari al 4 e al 4,5% rispettivamente. Su valori inferiori al 6% troviamo Umbria, Piemonte, Veneto, Toscana, Friuli-Venezia Giulia e Trentino. Ad eccezione di Abruzzo e Molise, dove il valore dell'incidenza di povertà è sulla media nazionale, in tutte le altre _____ del Sud la povertà è molto più diffusa rispetto al _____ del Paese. Le situazioni più gravi si osservano tra le famiglie residenti in Calabria, Sicilia e Basilicata. Secondo l'Istat "c'è un peggioramento delle tradizionali forme di povertà che sono quelle delle famiglie _____ in cui lavora un solo componente

e ci sono i figli da mantenere. Soffre poi soprattutto il Sud che, dal punto di vista dell'occupazione, è stato il più colpito". In Italia sono _____ le politiche di contrasto alla povertà, come sottolinea la Caritas, secondo cui "le scelte politiche hanno ulteriormente indebolito le famiglie, in particolare le famiglie con più _____". Pesanti i riflessi sulle condizioni di vita: almeno due famiglie su cinque sono costrette a tagliare la spesa alimentare e tre su dieci comprano soltanto prodotti in promozione. Secondo l'associazione di consumatori Codacons "i milioni di italiani in condizione di povertà sono incompatibili per un Paese che vuole definirsi civile".

Otto milioni di persone in condizioni di povertà,
«Il Sole 24 Ore»

compatibili ▪ componenti ▪ figli ▪ insufficienti ▪ operaie ▪ povertà ▪ regioni ▪ resto ▪ sufficienti

---

Trova l'errore
Individua l'espressione o il termine errati, e inserisci quelli corretti.

1. La distribuzione territoriale del reddito riguarda la ripartizione del reddito fra i fattori produttivi, in termini di salari, interessi, rendite e profitti.

2. La distribuzione settoriale del reddito riguarda la ripartizione del reddito tra le persone e le famiglie, qualunque sia la sua fonte di provenienza.

218

unità 5 ■ La distribuzione del reddito

Laboratorio

Collegamenti — Associa ogni termine della prima colonna con un solo termine della seconda.

1. Distribuzione funzionale
2. Distribuzione frizionale
3. Distribuzione personale
4. Distribuzione familiare
5. Distribuzione territoriale
6. Distribuzione settoriale

a. Considera il reddito affluito a ciascuno dei tre settori (agricoltura, industria, servizi)
b. Riguarda la ripartizione del reddito fra i fattori produttivi (salari, profitti, interessi, rendite)
c. Considera la ripartizione del reddito tra le persone di una certa comunità locale, nazionale e internazionale
d. Riguarda le differenze nei livelli di reddito fra diverse aree di un Paese o di un insieme di Stati

Domande aperte — Rispondi alle seguenti domande.

1. È importante il problema della distribuzione del reddito? (5.1)
2. Quali significati ha l'espressione "distribuzione del reddito"? (5.1)
3. Perché il problema della distribuzione del reddito è un problema "politico"? (5.2)
4. Che cos'è la distribuzione funzionale? (5.2)
5. Come si suddivide il reddito nazionale dal punto di vista statistico? (5.2)
6. È variata la quota dei redditi di lavoro dipendente negli ultimi anni? (5.2)
7. Come si definisce la distribuzione personale del reddito? (5.3)
8. A quale scopo lo Stato opera una redistribuzione del reddito? (5.3)
9. Che cosa riguarda la distribuzione territoriale del reddito? (5.4)
10. Che differenza c'è fra il reddito prodotto e il reddito percepito? (5.4)
11. In che cosa consiste la distribuzione settoriale del reddito? (5.5)
12. Quali attività economiche sono comprese nel settore secondario? (5.5)
13. Sono aumentati o diminuiti gli occupati nell'agricoltura negli ultimi decenni? (5.5)
14. Che cosa afferma la legge di Clark? (5.5)

---

summary CLIL

5.1 Different types of distribution

The expression **"income distribution"** has different meanings depending on the kind of distribution considered:
- **functional distribution**;
- **personal distribution**;
- **territorial distribution**;
- **sectorial distribution**.

5.2 Functional distribution

Functional distribution is concerned with the distribution of income between productive factors in terms of **salary** (for employees), **interest** and **revenue** (for capital providers) and **profits** (for entrepreneurs). From a statistical point of view the national income is divided into **two categories:**
- compensations of employees;
- other incomes.

5.3 Personal distribution

Personal distribution is concerned with the distribution of income among individuals, regardless of the source of the income. **Inequalities** still exist in Italy, and the State has introduced redistributive policies for less fortunate citizens.

5.4 Territorial distribution

Territorial distribution is concerned with the distribution of income between the different parts of a country, or the different countries of the world.

5.5 Sectorial distribution

Sectorial distribution is concerned with the distribution of income between the **primary**, **secondary** and **tertiary sectors**. In developed countries the amount spent on agriculture tends to decrease whereas the amount spent on services increases (**Clark's law**).

219

modulo 4
I mercati e la distribuzione del reddito

Lettura di fine modulo

Se cresce l'uguaglianza migliorano le possibilità di sviluppo

In Italia le disuguaglianze fra le classi sociali sono molto aumentate, soprattutto negli ultimi anni. La crescita della nostra economia è gravemente compromessa, se persiste questa situazione di grave ingiustizia, con larga parte della popolazione che non può permettersi la soddisfazione di bisogni essenziali: "perché manca non solo la domanda di beni di consumo, ma anche l'entusiasmo e la gioia di vivere dei giovani, senza i quali nessun Paese è mai cresciuto". È necessario stabilire "un nuovo patto sociale", senza il quale "nessuna riduzione della disuguaglianza né aumento della ricchezza nazionale saranno possibili".

Per lungo tempo, l'idea dominante riguardo la disuguaglianza fra le classi sociali è stata quella di un andamento ad U rovesciata: cresce nelle prime fasi dello sviluppo per poi decrescere nelle fasi più avanzate. Questa teoria portava a considerare legittima una certa disuguaglianza quando decolla lo sviluppo. L'economista Albert Hirschman esemplificava la cosa con la metafora dell'ingorgo: se sono bloccato in autostrada e a un certo punto vedo che le auto della corsia accanto iniziano a muoversi, anch'io sono felice, perché penso che in breve anche la mia corsia si muoverà. Si è anche a lungo pensato che esistesse un compromesso necessario tra eguaglianza (*equità*) e crescita (*efficienza*): essendo i talenti distribuiti in modo ineguale nella popolazione, occorre concedere ai pochi molto efficienti una crescita maggiore alla media. Gli effetti di questa maggiore crescita di pochi ricadranno anche sui più poveri, sotto forma di trasferimenti, tasse, e beni pubblici e meritori (scuola, sanità, welfare ecc.).
In realtà, stando all'ultimo Rapporto Istat sul sistema Paese, che afferma come il rischio povertà o esclusione sociale riguardi circa 15 milioni di italiani, queste teorie non sembrano avere raccontato la storia reale. Dopo una fase di diminuzione, la disuguaglianza ha infatti ricominciato ad aumentare di nuovo negli ultimi due decenni: il nostro è oggi uno dei Paesi europei con il più alto indice di disuguaglianza. Inoltre, dati provenienti da diversi Paesi mostrano che il rapporto tra crescita e disuguaglianza è più complesso, e spesso diventa conflittuale. In società semplici e statiche come era quella italiana fino a pochi decenni fa, Stato e famiglia svolgevano i principali ruoli nella creazione e redistribuzione della ricchezza. E il momento dell'aumento delle "dimensioni della torta" (*efficienza*) poteva essere più importante di quello della "divisione delle fette" (*equità*). Ciò che però sta dicendo la storia recente della società italiana è che in un contesto più dinamico, con meno famiglia e meno Stato, non è più vero che l'aumento della torta aumenti la dimensione

> Un gruppo di migranti appena sbarcati sulle nostre coste. Molti di loro rimarranno ai margini della vita sociale dell'UE, soffrendo una situazione di disuguaglianza che crea ingiustizie e rallenta lo sviluppo economico.

di tutte le fette. Infatti, da una parte, negli ultimi vent'anni la quota del reddito prodotto destinata al lavoro (salari) è diminuita molto rispetto alla quota andata alle rendite finanziarie e alle rendite in generale (anche per precise scelte fiscali). Dall'altra, se la povertà relativa aumenta soprattutto tra le famiglie giovani, è facile capire che i consumi ne risentono seriamente, e con essi la crescita del Paese. Che fare allora?

Negli anni Cinquanta e Sessanta del secolo scorso, l'Italia del miracolo economico ha saputo includere milioni di persone rimaste fino ad allora ai margini della vita economica, e quindi civile. La fabbrica, l'immigrazione, lo Stato sociale, hanno svolto assieme una funzione di riduzione della disuguaglianza sostanziale, della povertà e di aumento della ricchezza nazionale e individuale. Ma questo miracolo, assieme economico (crescita) ed etico (inclusione e uguaglianza), fu possibile anche e soprattutto perché furono garantiti a tutti servizi sanitari di base, educazione, pensioni e diritti umani. Oggi, in una società postmoderna e frammentata, questi servizi e diritti di base sono sempre meno garantiti a tutti, e invece occorre iniziare ad affermare con forza che debbono diventare presto diritti umani universali. Pensiamo ai nuovi poveri, agli immigrati, ai vecchi non autosufficienti senza rete familiare, alle famiglie giovani con bambini.

Senza questo aumento dell'uguaglianza sostanziale tra i cittadini la crescita non può riprendere, perché manca non solo la domanda di beni di consumo, ma anche l'entusiasmo e la gioia di vivere dei giovani, senza i quali nessun Paese è mai cresciuto. Poiché quando passa qualche tempo e la corsia del vicino continua a correre e la tua resta ferma, gli automobilisti iniziano a voler passare nell'altra corsia, il traffico si complica di nuovo, si creano nuovi ingorghi, e a qualcuno viene la tentazione di passare illegalmente nella corsia d'emergenza.

Verifica
di fine modulo

1. Quali sono le più importanti forme di mercato?
2. Quando è in equilibrio l'impresa in concorrenza perfetta?
3. Quali caratteri contrassegnano il regime di monopolio?
4. La concorrenza monopolistica è una forma di mercato attualmente molto diffusa?
5. Come si giustifica il profitto dell'imprenditore?
6. Perché nell'attuale sistema sociale è importante il problema della distribuzione del reddito?
7. Che cosa si intende per distribuzione personale del reddito?
8. Che cosa riguarda la distribuzione territoriale del reddito?

Attività
di fine modulo

1 Attraverso Internet ricerca i dati statistici relativi al numero di brevetti depositati ogni anno nei Paesi dell'Unione europea e negli Stati Uniti. Esamina con attenzione le informazioni raccolte, cercando di capire anche quali sono i settori che producono la maggiore quantità di brevetti.

2 L'Italia si è dotata solo nel 1990 di un'Autorità garante della concorrenza e del mercato (Antitrust). Si tratta di un'istituzione indipendente, che prende le sue decisioni sulla base della legge, senza ingerenze da parte del Governo o di altri organi politici. Essa garantisce il rispetto delle regole che vietano le intese anticoncorrenziali tra imprese, gli abusi di posizione dominante e le concentrazioni in grado di creare o rafforzare posizioni dominanti dannose per la concorrenza, con l'obiettivo di migliorare il benessere dei cittadini. Dal 2007 è stato affidato all'Antitrust il compito di tutelare i consumatori dalle pratiche commerciali scorrette delle imprese e dalla pubblicità ingannevole.
Per informarsi sui suoi interventi più recenti consulta il sito www.agcm.it. Seleziona poi quelli più significativi e discutine con i tuoi compagni.

E tutto ciò ci riporta al tema delle relazioni, dei rapporti, dei legami che tengono assieme una città e un Paese, che oggi in Italia sta diventando sempre più tenue; e senza ricreare un legame che si chiama nuovo patto sociale, nessuna riduzione della disuguaglianza né aumento della ricchezza nazionale saranno possibili.

Luigino Bruni,
«Il Sole 24 Ore»

Rispondi alle domande

- Negli ultimi due decenni è aumentata o diminuita la disuguaglianza in Italia?
- È possibile la crescita senza una più equa distribuzione del reddito?
- Che andamento ha avuto la quota di reddito destinata al lavoro in Italia?
- In Italia la disuguaglianza è più accentuata che in Europa?

modulo 4
I mercati e la distribuzione del reddito

If there are many buyers and sellers in the market we have competition, which allows prices to change in response to changes in supply and demand. In a market with many buyers and sellers, both the consumer and the supplier have equal ability to influence price. In other industries, there are no substitutes and there is no competition. In a market that has only one or few suppliers of a good or service, the producers can control price, meaning that a consumer does not have a choice.

Types of markets

We shall begin with an analysis of **perfect competition**, then we shall consider another extreme form of market, the **monopoly**. Successively, we shall look at situations of **oligopoly** and **monopolistic competition**. Since, in the real world, there are no cases of perfect competition, why should we devote time to its study? However, it is a standard against which other structures can be assessed and many problems may be more rationally discussed knowing this type of market, as the basic concepts of perfect competition may be used in different situations.

▼ The music sector – and more generally the artistic area – constitutes a particular form of monopoly, because every artist is unique and not replaceable by other artists.

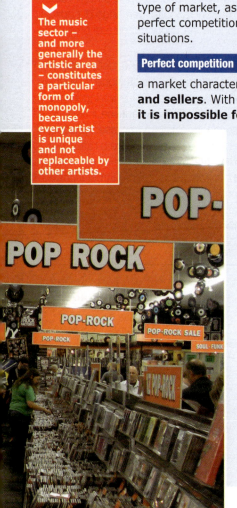

Perfect competition
Perfect competition is a market characterized by **many buyers and sellers**. With so many market players, **it is impossible for any one participant to be able to influence market prices**. All firms sell a homogenous product, and consumers know that they will receive the same product from any supplier. **New firms are free to enter the market** and there must be no obstacles to existing firms to leave the market; similar consideration applies to buyers. All consumers try to maximize their satisfaction and have no loyalty to particular suppliers. Thus, producers in a perfectly competitive market are subject to the prices determined by the market. All sellers and buyers have perfect knowledge of the prices being asked and offered by other firms and buyers. For example, in a perfectly competitive market, should a single firm decide to increase its selling price, the consumers can just turn to the nearest competitor for a better price, causing any firm that increases its prices to lose market share and profits.

Monopoly
At the opposite extreme to **perfect competition is the monopoly**, another idealized form of market: in practice there is no perfect monopolist, but most real-world situations do have monopolistic characteristics, so it is worth examining the monopolist's behavior before going on to examine more realistic situations. In a pure monopoly, **there is only one producer** of a particular good or service, and generally no substitute. In such a market system, **the monopolist is able to charge whatever price**, due to the absence of competition, but his overall revenue will be limited by the willingness of customers to pay the price. **Entry into such a market is restricted**, due to high costs or other impediments, which may be economic, social or political. A monopoly may form when a company has a copyright or patent that prevents others from entering the market (Monsanto, for instance, has a patent on certain kinds of seeds). Another reason for the **barriers against entry** into a monopolistic market is that often, one political entity has the exclusive right to a natural resource (for instance, a Government can create a monopoly over an industry that it wants to control, such as electricity or the railway system). For example, in Saudi Arabia the Government has exclusive control over the oil industry.

Oligopoly
There is a variety of situations between the two extremes of perfect competition and monopoly. In oligopoly **there are only a few firms that make up**

modulo 4

an industry; for instance, the motor car industry in various countries is dominated by few giant manufacturers. This select group of firms has **strict control over prices**, as **barriers to entry are high**. The products that the oligopolistic firms produce are often nearly identical and, therefore the companies, which are competing for market share, are interdependent as a result of market forces: the oligopolist must try to assess the reactions of its competitors. Thus, if he wants to increase his price, he must foresee the contractions in demand, which will depend largely upon the closeness of other substitutes and the brand loyalty that he has managed to establish among his customers. He must also make an assumption about the behavior of his rivals; will they increase their prices as well or will they deliberately hold them down hoping to gain new customers? Only on the basis of these assumptions can the firm plan its most profitable output.
Oligopoly is similar in many ways to monopoly. While oligopolists do not have the same pricing power as monopolists, it is possible that oligopolists will collude with one another to set prices in the same way a monopolist would. In this type of market not surprisingly, the outcome will be some form of **collusion** among firms. They may agree to inform one another in advance of price changes, or to limit **advertising** expenditure. The danger is that collusion may spread so that the firms form a rigid **cartel** perhaps fixing prices above a competitive level.

Monopolistic competition

This type of market, also called *imperfect competition*, combines **elements of perfect competition and monopoly**. Like perfect competition, there are **numerous competitors** in this market. The difference is that **each competitor is sufficiently differentiated** from the others: each firm will be producing basically the same product, but will seek to distinguish it from its rivals by **product differentiation**. The difference will often only be a matter of packaging, but the manufacturer sets out to establish his product as something different from the others. In this way, some firms can charge higher prices than a perfectly competitive firm, without reducing their sales.

bibliographical sources

P.A. Samuelson, W.D. Nordhaus, *Economics*, McGraw-Hill Education, New York.

E. Mansfield, *Microeconomics. Theory and Applications*, W. Norton, New York.

D. Lobley, *Success in Economics*, John Murray Publishers, London.

questions exercises

1. What types of markets do you know?
2. What do you understand by the term "perfect competition"?
3. Why should we study the market of perfect competition?
4. What are the main conditions of perfect competition?
5. Can a player in the perfect competition market influence the price?
6. Outline the main differences between the concepts of perfect competition and monopoly.
7. Can a player in the monopolistic competition market influence the price?
8. Give examples of oligopolistic markets in your experience.
9. Examine the possibility of collusions, the main weakness of an oligopolistic market.
10. State whether the following sentences are true or false.
    a) Perfect competition markets are widespread in our present systems. T F
    b) A player in an oligopolistic market can influence prices of goods and services. T F
    c) In oligopoly there are many firms operating in the market. T F
    d) The market of monopolistic competition combines elements of perfect competition and monopoly. T F

glossary

•**Collusion**• A non-formal agreement among rival firms attempting to disrupt the equilibrium of the market. By collaborating with each other, they aim to alter the prices of goods and services to their advantage.

•**Advertising**• A form of market communication that seeks to attract the attention of customers, informing them of the existence and attributes of a product and designing to persuade them to buy it (in latin *ad vertere* means "to turn toward"). The contents of many ads are not real.

•**Cartel**• Agreement among competing firms to restrict competition, by setting minimum prices, limits in production, division of markets, measures to restrict the entries of new competitors; the aim is to increase profits. In many countries they are considered illegal.

•**Product differentiation**• Process of distinguishing goods and services from others, making them more attractive to a particular segment of a market (*target*). In this form of non-price competition among firms the products offered are not necessarily identical, but fulfill the same needs.

223

modulo

5

Il reddito nazionale

Nel modulo vengono inizialmente introdotti gli importanti concetti di prodotto nazionale e di reddito nazionale, per passare successivamente a illustrare le contrapposte teorie – neoclassica e keynesiana – sul reddito e l'occupazione nel periodo breve e nel periodo lungo. Particolare attenzione è dedicata al problema dell'intervento dello Stato nell'economia, dato che ai compiti tradizionali dell'intervento pubblico si sono aggiunti negli ultimi decenni nuovi impegni, per offrire a tutti i servizi pubblici essenziali, come la sanità e l'istruzione, e per difendere l'ambiente. Nella parte finale sono descritti i principali aggregati dell'economia nazionale (consumi, risparmi, investimenti) sia sotto il profilo teorico, sia nella loro dimensione quantitativa.

PREREQUISITI DI MODULO
- Ricordare il significato di aggregato economico
- Conoscere i concetti di reddito, consumo, risparmio e investimenti
- Avere presente la funzione della contabilità aziendale
- Conoscere i fondamenti delle teorie neoclassica e keynesiana
- Ricordare le modalità dell'intervento dello Stato nell'economia

unità 1
Il prodotto e il reddito nazionale

unità 2
L'equilibrio del sistema economico

unità 3
Consumi, risparmi e investimenti

OBIETTIVI DI MODULO
- Acquisire i concetti di Prodotto nazionale e Reddito nazionale
- Saper individuare il significato del bilancio economico nazionale
- Conoscere la teoria keynesiana e i suoi successivi sviluppi
- Acquisire la conoscenza dei dati relativi a consumi, investimenti e risparmi in Italia
- Saper confrontare la teoria neoclassica e la teoria keynesiana

modulo 5
Il reddito nazionale

unità 1 — Il prodotto e il reddito nazionale

DI CHE COSA PARLEREMO

Vedremo ora la funzione della **CONTABILITÀ ECONOMICA NAZIONALE**, che consente di calcolare importanti aggregati, come il **PRODOTTO NAZIONALE** e il **REDDITO NAZIONALE**. Passeremo poi a illustrare il documento di sintesi, e cioè il **BILANCIO ECONOMICO NAZIONALE**, che evidenzia l'insieme delle risorse e degli **IMPIEGHI** dell'intero sistema economico; esso costituisce la fotografia di un Paese, dato che dal livello delle risorse deriva la possibilità di consumare e di investire, e quindi di far crescere il Paese stesso.

CHE COSA DEVI CONOSCERE

- I fondamenti del pensiero classico
- Le nozioni di fattore produttivo e di distribuzione del reddito
- Gli scopi della politica economica
- La legge di Engel
- Il significato di valore aggiunto
- La classificazione dei beni e servizi
- Il concetto di aggregato economico
- Le nozioni di consumo, investimento e risparmio

CHE COSA IMPARERAI

- Che cosa si intende con "produzione lorda vendibile"
- Quali sono i beni e servizi intermedi
- Quali sono i beni e servizi finali
- Che cos'è il prodotto nazionale lordo
- Che cos'è il prodotto interno lordo
- Come si calcola il PIL pro capite
- Che cos'è il moltiplicatore
- Qual è il valore del reddito nazionale
- Che cosa sono le risorse e gli impieghi

CHE COSA SAPRAI FARE

- Spiegare la nozione di contabilità economica nazionale
- Distinguere i concetti di Prodotto nazionale lordo (PNL) e netto (PNN)
- Definire la nozione di Prodotto interno lordo (PIL)
- Illustrare il significato di Reddito nazionale (RN) e il modo in cui si calcola
- Spiegare il prospetto e le componenti del Bilancio economico nazionale

1.1 La contabilità economica nazionale

Dalla micro alla macroeconomia

Finora abbiamo trattato prevalentemente i problemi della microeconomia, i cui equilibri riguardano i singoli soggetti e i singoli mercati; dobbiamo ora passare alla trattazione del sistema economico nel suo complesso.

Contabilità economica nazionale
National income accounting

Si può conoscere la situazione economica di un Paese attraverso la **contabilità economica nazionale**, costituita da un insieme di conti che descrivono in forma quantitativa l'attività di un sistema economico in un certo periodo di tempo (normalmente un anno).

Raccolta e registrazione dei dati

Essa si basa sulla raccolta e registrazione dei dati relativi al flusso di scambi fra gli operatori del sistema (famiglie, imprese, Stato, resto del mondo). Mediante la contabilità economica nazionale è possibile calcolare il valore dei di-

226

unità **1** ■ Il prodotto e il reddito nazionale

PER capire meglio

L'Istat e la contabilità nazionale

Per arrivare alla formulazione sintetica dei conti economici nazionali, l'**Istat** (Istituto Nazionale di Statistica) compie sistematicamente rilevazioni molto analitiche: il valore di ogni **aggregato** (consumi, risparmi, investimenti, produzione, esportazioni, importazioni) è ottenuto sommando tutti i consumi, i risparmi ecc. delle singole unità. Perciò, dai dati della contabilità nazionale è possibile conoscere, per esempio, come è distribuita la spesa fra i vari tipi di consumo (generi alimentari, vestiario, abitazione, trasporti, svago e cultura ecc.), oppure come sono distribuiti gli investimenti tra l'edilizia abitativa e le costruzioni industriali, e così via.

L'Istat, ente dotato di personalità giuridica alle dirette dipendenze del Governo, è attualmente regolato dalla legge n. 332/1989. La sua importante attività consiste nella continua **raccolta**, **elaborazione** e **pubblicazione** dei principali dati demografici, economici e sociali relativi al nostro Paese.

---

versi aggregati, allo scopo di:
- conoscere la struttura e l'evoluzione dell'attività economica nel tempo;
- confrontare i risultati di un sistema economico nel tempo e nello spazio.

Prerequisito della politica economica

Nessuna politica economica sarebbe possibile senza il supporto di una contabilità economica nazionale capace di fornire una sintesi quantitativa della struttura economica di un Paese.

▲ La politica economica deve basarsi su dati affidabili, come quelli forniti da un preciso sistema di contabilità economica nazionale.

L'affermazione della contabilità nazionale

L'affermazione della contabilità nazionale è dovuta principalmente a due fattori:
- gli economisti si sono resi conto che solo la conoscenza delle grandezze dell'economia consente di fare scelte efficaci di politica economica, considerate necessarie dopo che la crisi del 1929-32 aveva portato al riconoscimento della necessità dell'intervento pubblico nell'economia;
- il progresso della ricerca ha permesso di elaborare dati statistici sufficientemente attendibili sui diversi fenomeni economici. Specialmente negli ultimi decenni la documentazione disponibile è notevolmente migliorata.

▲ Wassily Leontief

Keynes e Leontief

I suoi principi fondamentali sono stati elaborati durante la seconda guerra mondiale, sotto la spinta degli studi di **John M. Keynes** e di **Wassily Leontief**. Negli anni immediatamente seguenti diversi Paesi introdussero sistemi di contabilità nazionale (in Italia essa è stata avviata nel 1947); ben presto, con l'accentuarsi delle relazioni economiche e politiche fra i diversi Stati, si è sentita la necessità di una **standardizzazione dei conti**.

> La **standardizzazione dei conti** consiste nell'unificazione delle classificazioni e dei metodi di calcolo usati nei diversi Paesi, al fine di consentire corretti confronti internazionali e il coordinamento delle politiche economiche nazionali dei vari Stati.

1.2 Il prodotto nazionale

Gli aggregati più importanti calcolati dalla contabilità nazionale sono due: il **prodotto nazionale**, che vediamo ora, e il **reddito nazionale**, di cui ci occuperemo nel prossimo paragrafo.

🇬🇧 Prodotto nazionale lordo (PNL)
Gross national product (GNP)

> Il **Prodotto nazionale lordo (PNL)** è costituito dalla somma dei valori monetari di tutti i beni e servizi finali prodotti in un anno sia all'interno che all'estero, dagli operatori residenti in un determinato Paese.

227

V.A. = VAL. AGGIUNTO = L'INCREMENTO DEI BENI
ACQ. E IMPIEGATI NELLA PROD.
RICAVI - COSTI

modulo 5
Il reddito nazionale

L'ECONOMIA CHE NON TI ASPETTI — IL PESO DELL'ECONOMIA CRIMINALE

Secondo il Sistema europeo dei conti nazionali (SEC 2010) il Prodotto interno lordo (PIL) deve comprendere l'intera attività economica di un Paese, tenendo conto sia dell'economia legale sia di quella illegale. In passato l'economia illegale (o criminale) era esclusa ma, a norma delle nuove regole di contabilità nazionale entrate in vigore nel 1999, anche questo settore deve essere compreso nel suo calcolo. Quindi nei nuovi calcoli, eseguiti dalla Banca d'Italia e dall'Istat, rientrano lo spaccio di droga, la prostituzione e il contrabbando, mentre ne sono esclusi i reati "violenti", come i furti, le estorsioni, le rapine e l'usura.

Voci critiche Molti economisti si sono chiesti se questa è una scelta corretta. Va in primo luogo notato che le stime dell'economia illegale sono molto approssimative, trattandosi di attività che sfuggono per loro natura a ogni controllo. Per misurare il valore del contrabbando, per esempio, si può solo prendere a riferimento la quantità di merce sequestrata dalle forze dell'ordine. È stato anche osservato che l'economia criminale viene combattuta ogni giorno con l'obiettivo di azzerarla, non di farla emergere, perché quelle attività sono dannose e distruggono capitale umano, sociale ed economico del Paese. Quindi in teoria sarebbe più logico conteggiarle come fattore che pesa in negativo piuttosto che in positivo sul PIL.

Economia sommersa ed economia criminale L'economia sommersa va distinta dall'economia criminale. Quest'ultima è frutto di attività illecite, mentre l'economia sommersa riguarda attività che non sono vietate dalla legge, ma che vengono svolte senza rispettare le regole. Il lavoro nero, come pure la mancata emissione di fatture o di scontrini fiscali, fanno parte dell'economia sommersa e non dell'economia criminale. L'economia sommersa è già da tempo inclusa nel calcolo del PIL italiano e ammonta nel complesso (secondo le stime dell'Istat) a circa 190 miliardi di euro all'anno. L'economia criminale (secondo le stime della Banca d'Italia) si aggira intorno all'11% del PIL, e quindi ammonta a circa 170 miliardi all'anno.

I danni dell'economia sommersa L'attività illegale produce una serie di danni molto ampia: priva l'economia legale di risorse, abbassa le prospettive di sviluppo del Paese, diminuisce la produttività del lavoro e fa aumentare i prezzi dei beni di consumo. Inoltre, dal momento che l'impresa illegale non paga le tasse, danneggia anche il sistema legale, violando le regole del mercato di concorrenza.

Il calcolo del PNL

Non rientrano nel PNL i beni e servizi prodotti nel Paese da operatori residenti all'estero.

Nel calcolo del PNL si considerano solo i beni e i servizi finali. I beni integralmente distrutti nel processo produttivo – come le materie prime e i combustibili – non possono entrare nel calcolo, altrimenti verrebbero conteggiati due volte, una volta come prodotto finale della prima lavorazione, e una seconda volta in quanto incorporati nel valore del prodotto che hanno contribuito a produrre (**duplicazioni**). Per questa stessa ragione occorre eliminare dal calcolo il valore dei beni e servizi intermedi.

Se, per esempio, una certa quantità di acciaio viene usata per fabbricare automobili, oppure una certa quantità di farina viene impiegata per ottenere il pane, nel computo del PNL entra solo il valore finale delle automobili e del pane.

Produzione lorda vendibile

Il PNL consiste, quindi, nel valore di tutti i beni prodotti durante l'anno dalle imprese, dalle famiglie, dallo Stato (**produzione lorda vendibile**), previa detrazione del valore dei beni intermedi impiegati nella produzione:

PNL = Produzione lorda vendibile – Beni intermedi

Beni e servizi pubblici

Per i beni e servizi prodotti dallo Stato sorge il problema della loro valutazione, dato che non hanno un prezzo di mercato (essendo offerti gratuitamente senza un corrispettivo diretto). Nella contabilità nazionale, **il loro valore è uguagliato** – in base a una convenzione necessaria, seppure non esente da ele-

B Beni e servizi intermedi e finali I beni e servizi intermedi vengono impiegati per ottenere i beni finali, mentre i beni e servizi finali sono utilizzati direttamente per soddisfare un bisogno: un filato è un bene intermedio, il tessuto che si ottiene è un bene finale; un rilievo tecnico è un servizio intermedio, la consulenza che lo comprende è un servizio finale.

228

unità **1** ■ Il prodotto e il reddito nazionale

menti di arbitrarietà – **alla somma degli stipendi pagati ai dipendenti pubblici impiegati nella loro produzione.**

Calcolo mediante la somma dei valori monetari

Dato che i beni e i servizi finali prodotti sono eterogenei fra loro (automobili, televisori, libri, pane, pomodori, servizi alberghieri, lezioni, visite mediche ecc.), per **calcolare il PNL** è necessario moltiplicare le quantità prodotte per i rispettivi prezzi, e sommare successivamente i valori monetari ottenuti.

Calcolo mediante la somma dei valori aggiunti

Ma il calcolo può basarsi anche sul valore aggiunto:

il **PNL si può infatti ottenere anche sommando, per ciascuna impresa, la differenza fra il valore dei beni che vende** (fatturato dell'impresa) **e quello dei beni che ha acquistato** dalle altre imprese (materie prime e altri beni intermedi).

Questa differenza, che prende il nome di **valore aggiunto**, misura l'incremento di valore che le imprese aggiungono al costo dei beni intermedi, cioè quei beni acquistati da altre imprese e impiegati nella produzione.

Due modi di calcolo

In sintesi, il PNL si può ottenere:
■ come somma dei valori dei beni e servizi finali;
■ come somma dei valori aggiunti.

Il Prodotto nazionale netto

Per tener conto del logorio dei beni durevoli (sia sotto il profilo tecnico, sia sotto quello economico), è necessario calcolare delle **quote di ammortamento**, atte a ricostituire il valore dei beni capitali quando questi siano giunti al termine della loro vita produttiva.

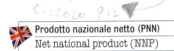

Se dal PNL si detraggono gli ammortamenti, si ha il **Prodotto nazionale netto (PNN)**:

PNN = PNL − ammortamenti

Se il Prodotto nazionale (lordo o netto) comprende le imposte indirette si ha il concetto di **Prodotto nazionale (lordo o netto) ai prezzi di mercato**.

Il Prodotto nazionale al costo dei fattori

Se dal Prodotto nazionale (lordo o netto) ai prezzi di mercato si detraggono le imposte indirette e si sommano i **contributi alla produzione** si ha il **Prodotto nazionale (lordo o netto) al costo dei fattori**.

Quest'ultima espressione deriva dal fatto che il suo valore si distribuisce ai fattori che hanno contribuito alla produzione, sotto forma di salari, profitti, interessi, rendite. Il Prodotto nazionale (lordo o netto) al costo dei fattori si ottiene quindi come segue:

PN ai prezzi di mercato − imposte indirette + contributi alla produzione = PN al costo dei fattori

Ammortamento
Depreciation

Dal Prodotto nazionale lordo va distinto il Prodotto interno lordo (PIL) oggi molto usato nella contabilità delle organizzazioni internazionali. Come si deduce dalla sua stessa denominazione, **il PIL non considera la nazionalità degli operatori ma il territorio entro cui avviene la produzione.**

Il Prodotto interno lordo (PIL)

Il **Prodotto interno lordo** (PIL) è il valore, ai prezzi di mercato, dei beni e servizi finali prodotti in un anno dalle unità economiche che operano nel territorio di un determinato Paese, sia che appartengano a residenti, sia che appartengano a stranieri.

A Ammortamento Processo economico-contabile con cui si ripartono su più anni i costi delle immobilizzazioni tecniche (macchinari, impianti), sostenuti in un certo anno ma produttivi per diversi anni (**costi pluriennali**). Sono quindi accantonamenti di risorse per l'acquisto di nuove immobilizzazioni da sostituire a quelle logorate. Può essere **ordinario**, se calcolato in base alla vita utile delle immobilizzazioni, oppure **anticipato**.

C Contributo alla produzione Trasferimento dallo Stato o da organismi internazionali (come l'Unione europea) a imprese operanti in particolari settori (ad esempio, nell'agricoltura), allo scopo di assicurare ai produttori attivi in tali settori un reddito sufficiente; può anche essere erogato a imprese che operano in aree particolarmente sfavorite da particolari congiunture economiche, allo scopo di promuovere gli investimenti industriali.

modulo 5
Il reddito nazionale

Questo aggregato esprime in termini monetari l'attività produttiva, la cui definizione avviene da noi secondo gli **schemi SEC**, in vigore dal 1995 e adottati in tutti i Paesi comunitari.

Il Prodotto interno netto

Naturalmente, se si detrae dal PIL l'ammortamento, ossia la perdita di valore dello stock di capitale esistente, si perviene al **Prodotto interno netto**.

Il PIL pro capite

> Nei confronti internazionali fra Paesi viene spesso utilizzato il **PIL pro capite**, che si calcola dividendo il PIL per il numero di abitanti di ciascun Paese.

L'unità di misura comunemente usata è il dollaro, considerato al cambio alla data del confronto.

Poiché il corso dei cambi raramente rispecchia le **parità dei poteri di acquisto** delle monete all'interno dei Paesi confrontati, i risultati ottenuti sono largamente approssimati. A parte questa distorsione di carattere monetario, resta il fatto che il PIL pro capite da solo non è sufficiente a indicare il livello di sviluppo di un Paese e ancor meno il benessere e la qualità della vita di cui godono i suoi abitanti.

> Nel 2016 il prodotto interno lordo (PIL) dell'Italia è stato pari a 1.638 miliardi di euro. Dato che la popolazione totale dell'Italia era di 60,44 milioni di persone, il PIL pro capite è di 27.100 euro.

1.3 Il reddito nazionale

Mentre il prodotto nazionale riguarda l'aspetto della produzione, il reddito nazionale è relativo a quello della distribuzione del prodotto fra i soggetti che hanno concorso a produrlo: è quindi formato da tutti i redditi che affluiscono ai portatori dei fattori produttivi, e cioè da **salari**, **profitti**, **interessi**, **rendite**.

> Immaginiamo che in un sistema economico il prodotto nazionale, costituito dal valore di tutti i beni e servizi finali prodotti in un anno, sia pari a 1.600 miliardi di euro (**offerta globale**). La ricchezza così prodotta viene distribuita agli operatori che hanno concorso alla produzione, in relazione all'apporto di ciascuno; essi possono così disporre di risorse (**domanda globale**), da impiegare in consumi, poniamo, per 1.300 miliardi e in investimenti per 300 miliardi.

Confronto tra il prodotto e il reddito nazionale

> Il **Reddito nazionale (RN)** è costituito dall'insieme di tutti i redditi guadagnati dai soggetti residenti in un certo Paese in un determinato anno.

Non rientrano nel calcolo del reddito nazionale le pensioni, i sussidi di disoccupazione, invalidità ecc. in quanto non costituiscono corrispettivi dei fattori produttivi, ma semplici trasferimenti di reddito da coloro che hanno pagato le imposte a coloro che li hanno percepiti; si evita, in tal modo, un doppio conteggio.

Reddito nazionale (RN)
National income (NI)

Come si vede, **il prodotto nazionale e il reddito nazionale riguardano la stessa grandezza, ma considerata da due diversi punti di vista**: il primo concetto si riferisce alla creazione della nuova ricchezza, il secondo alla sua ripartizione fra i fattori produttivi che hanno reso possibile tale creazione. I due valori non coincidono perfettamente nei sistemi economici aperti, cioè in rapporti di scambio con altri Paesi.

S Schema SEC Acronimo di Sistema Europeo di Conti Nazionali e Regionali. Si tratta di uno schema di contabilità nazionale predisposto dall'Ufficio statistico delle Comunità Europee, sulla base del sistema dei conti nazionali elaborati dall'ONU. Ha lo scopo di rendere omogenei e confrontabili i dati di contabilità nazionale dei diversi Paesi.

P Parità dei poteri di acquisto Teoria che spiega l'andamento dei cambi fra le monete di due diversi Paesi in base alle variazioni dei prezzi interni, con la conseguenza che la perdita di potere di acquisto all'interno di un Paese causata dall'inflazione deprezza il cambio. Il metodo che ne deriva è applicato per effettuare corretti confronti fra i Paesi di tutto il mondo.

unità **1** ■ Il prodotto e il reddito nazionale

Si pensi al caso di un dirigente italiano che lavora a Londra per una multinazionale inglese, i cui guadagni sono contabilizzati nel reddito nazionale, ma non nel prodotto nazionale.

Si noti tuttavia che normalmente le due espressioni sono usate con lo stesso significato di ricchezza prodotta ogni anno nel Paese, anche per il fatto che i valori dei due diversi aggregati tendono a coincidere.

Reddito disponibile

Sottraendo dal reddito nazionale quella parte di reddito che si deve versare allo Stato a titolo di imposte dirette, il risparmio delle imprese (profitti non distribuiti) e aggiungendo i trasferimenti alle famiglie (pensioni e sussidi) si ottiene

> il **reddito disponibile**, costituito dall'insieme delle risorse a disposizione delle famiglie per il consumo e il risparmio.

Reddito nazionale – imposte dirette – risparmio delle imprese + trasferimenti =
= Reddito disponibile

Reddito nazionale

> Il **reddito nazionale** è uguale alla somma dei seguenti aggregati:
> - **consumi** (privati e pubblici)
> - **investimenti** (privati e pubblici)
> - **saldo della bilancia commerciale** (esportazioni – importazioni).

Pertanto l'equazione del reddito nazionale è la seguente:

$$Y = C + I + (X - M)$$

dove:
Y = reddito nazionale   C = consumi (privati e pubblici)
I = investimenti (privati e pubblici)   X = esportazioni   M = importazioni

La composizione del reddito nazionale

Esaminiamo le singole voci.
- **Consumi.** Rappresentano la quota del reddito nazionale impiegata direttamente per il soddisfacimento dei bisogni. Si distinguono in **privati** (alimentari, vestiario, televisori, autoveicoli ecc.) e in **pubblici** (difesa, istruzione, amministrazione della giustizia, ordine pubblico, servizi sanitari ecc.).
- **Investimenti.** Sono costituiti dai beni che vengono impiegati per la produzione di altri beni, come gli impianti, i macchinari, le scorte. Queste ultime sono costituite dai beni prodotti, ma non utilizzati nel corso dell'anno. Accanto agli investimenti privati, vanno considerati quelli pubblici, effettuati cioè dallo Stato (strade, ponti, opere ferroviarie, ospedali, università, infrastrutture varie).
- **Saldo della bilancia commerciale.** Può essere attivo o passivo, come vedremo più avanti. Se è attivo il Paese ha accumulato riserve valutarie, se è passivo si è indebitato verso l'estero. Inoltre, nel primo caso il reddito nazionale è superiore al prodotto nazionale, nel secondo caso è inferiore. Se la bilancia commerciale è in pareggio il reddito nazionale coincide con il prodotto nazionale.

> Un moderno robot per lavorazioni metallurgiche. L'acquisto di questo genere di beni costituisce un investimento produttivo.

Reddito a prezzi correnti e a prezzi costanti   Il concetto di reddito nazionale è sovente impiegato per verificare se, nel corso di un periodo, i beni e i servizi a disposizione di un Paese sono aumentati o diminuiti. Ma se, nel periodo considerato, è variato il valore della moneta per effetto dell'inflazione, il confronto è possibile solo se è effettuato a prezzi costanti.

I **Imposta diretta** Colpisce direttamente il reddito del contribuente, e talvolta anche il patrimonio, considerati come indici della sua capacità di far fronte all'obbligo tributario. In Italia le principali imposte dirette sono l'IRPEF (Imposta sul reddito delle persone fisiche) e l'IRES (Imposta sul reddito delle società).
R **Riserva valutaria** Quantità di oro, di valute estere e di crediti internazionali a disposizione delle autorità monetarie di un Paese per garantire eventuali prestiti ottenuti all'estero o per far fronte a eccedenze delle importazioni sulle esportazioni.
P **Prezzi costanti** Dato che l'inflazione fa variare i prezzi, un corretto confronto fra anni diversi si deve basare su una misura omogenea, costituita da un unico sistema di prezzi riferito a un determinato anno (*anno base*), rendendo così possibile il calcolo delle variazioni reali del prodotto nazionale intervenute nel periodo considerato.

231

modulo **5**
Il reddito nazionale

la nuova economia

Livello del reddito e qualità della vita

Il livello di benessere di una collettività non dipende solo dalla quantità di beni materiali consumati, ma anche da una serie di **elementi che difficilmente possono essere valutati in moneta** pur influenzando il grado di soddisfazione dei bisogni: ambiente, tempo libero, stato di salute, istruzione ecc.
L'aumento del benessere non è il semplice risultato dell'aumento del reddito pro capite, anche se questo può costituire, almeno in prima approssimazione, una misura utile per confrontare economie fra loro non molto diverse.
Gli studiosi hanno elaborato altri **indici**, che tengono conto dei caratteri socio-culturali della popolazione, come per esempio:
– la speranza di vita alla nascita, che indica il numero di anni che, in media, può vivere un neonato;
– il grado di istruzione media dei cittadini, sovente misurato dal tasso di scolarizzazione (rapporto fra coloro che frequentano la scuola e il totale dei soggetti all'obbligo scolastico);
– il numero dei locali di abitazione per ogni persona;
– i consumi pro capite di proteine animali, quindi la qualità dell'alimentazione individuale;

– il numero dei medici per 1000 abitanti;
– il numero di apparecchi radio e televisivi, telefoni, giornali;
– la quantità di energia consumata;
– il livello dei servizi pubblici e delle infrastrutture;
– i livelli di inquinamento.
Le ricerche combinano quindi **indicatori quantitativi** e **indicatori socio-culturali e ambientali**, per elaborare attendibili scale di misurazione della qualità della vita.

Ciò che gli aggregati nascondono

Limiti degli aggregati Pur indispensabili per conoscere la realtà economica di un Paese, gli aggregati della contabilità nazionale presentano seri **limiti**. I principali sono:

- **non tengono conto delle attività che non passano per il mercato**: per esempio il lavoro di una casalinga non è contabilizzato (ma se la casalinga decide di assumere una collaboratrice domestica fa aumentare il reddito nazionale);
- **non tengono conto** – se non in modo convenzionale – **dell'economia sommersa** (principalmente il lavoro nero);
- **non consentono di valutare il benessere della collettività**, perché il PIL può aumentare, ma nel contempo la qualità della vita può diminuire (maggior degrado ambientale, maggior disuguaglianza nei redditi ecc.);
- **sono frutto di convenzioni**, soprattutto per quanto riguarda la valutazione dei servizi pubblici: dato che il calcolo del loro valore è commisurato alla retribuzione dei dipendenti pubblici, basta un aumento della retribuzione di questi ultimi, cui non corrisponda un aumento della produttività, per far crescere il prodotto nazionale, senza un corrispondente aumento di benessere per la collettività.

1.4 Il bilancio economico nazionale

Definizione

La contabilità nazionale trova la sua sintesi nel **bilancio economico nazionale**, prospetto che accoglie i dati relativi al reddito nazionale di un Paese, evidenziando l'insieme delle risorse e l'insieme degli impieghi del sistema economico.

L Lavoro nero Lavoro non dichiarato ai fini fiscali e contributivi, e perciò non rilevato nelle statistiche ufficiali sull'economia di un Paese. È in genere prestato da pensionati, casalinghe, studenti, stranieri, oppure da lavoratori che svolgono un secondo lavoro (*doppio lavoro*). Fa parte dell'economia sommersa e costituisce un illecito fiscale.

232

unità **1** ■ Il prodotto e il reddito nazionale

La Relazione generale

In Italia i valori sono contenuti nella **Relazione generale sulla situazione economica del Paese**, che il Governo presenta annualmente al Parlamento; essa riassume l'andamento dell'intero sistema economico: vi si trovano i dati relativi alla produzione dei singoli settori (agricoltura, industria e terziario); il modo in cui il valore della produzione è stato ripartito fra i portatori dei fattori produttivi (lavoratori, imprenditori, capitalisti, titolari di rendite); come il prodotto è stato impiegato per i consumi; qual è il valore delle importazioni, delle esportazioni e degli investimenti privati e pubblici.

Voci in entrata e in uscita

Il prospetto del bilancio Esso accoglie **in entrata le risorse disponibili**, costituite da quanto si è prodotto all'interno del Paese (PIL) e da quanto si è importato dall'estero; **in uscita gli impieghi**, ossia i consumi finali privati e pubblici, gli investimenti privati e pubblici e le esportazioni. Il bilancio economico nazionale (come si vede dallo schema in basso, che fornisce i rispettivi valori percentuali tratti dagli ultimi dati disponibili), riassume in poche cifre i caratteri più importanti dell'economia italiana. Lo schema evidenzia l'uguaglianza fondamentale relativa all'offerta e alla domanda di beni e servizi finali:

▼ Schema del conto economico delle risorse e degli impieghi (2016).

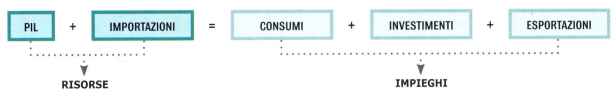

Formazione delle risorse

Vediamo come si formano le risorse. Per la maggior parte esse provengono dalla **produzione interna**, realizzata attraverso il lavoro e le capacità imprenditoriali degli Italiani. La parte restante proviene dalle importazioni, che in una certa quantità sono direttamente consumate dagli Italiani (si pensi alle banane, al caffè, alle auto straniere ecc.) ma in notevole quantità servono a fornire l'energia, le materie prime e i beni e servizi intermedi all'industria manifatturiera e all'agricoltura, che le utilizzano per ottenere i prodotti finali destinati sia ai consumi interni sia alle esportazioni.

▶ Il conto economico delle risorse e degli impieghi dell'economia italiana (2017).

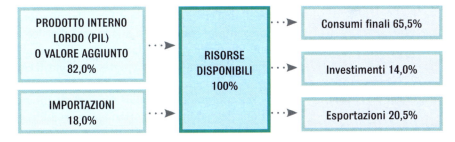

Le risorse vengono impiegate per quasi i 2/3 nei **consumi finali** (alimentari, vestiario, spese per la casa, per la salute, per i trasporti ecc.); una **parte è investita** (per migliorare strutture produttive e infrastrutture), **la parte rimanente viene esportata**.

Un quadro significativo dell'economia

> Il **bilancio economico nazionale** offre un quadro esauriente dell'economia di un Paese: da esso si vede che quanto maggiore sarà l'ammontare delle risorse, tanto più alta sarà la possibilità di consumare e di investire.

Nei Paesi più poveri, come vedremo, le risorse sono scarse e vengono quasi completamente impiegate nei consumi, mentre gli investimenti sono appena sufficienti a sostituire gli impianti e i macchinari logorati nel processo produttivo; nei Paesi più ricchi, invece, i consumi – pur elevati – assorbono solo una parte delle risorse, permettendo la formazione di cospicue quote di risparmio, che finanziano gli investimenti produttivi.

modulo 5
Il reddito nazionale

la nuova economia

La contabilità ambientale

Secondo quanto riferisce il WWF in un recente documento presentato in una Conferenza a Bruxelles, il 70% della crescita annuale del PIL deriva da attività dannose all'ambiente. In Gran Bretagna, per esempio, è stato calcolato che mentre il PIL è cresciuto nel periodo 1950-2015 del 300%, è sensibilmente diminuito il benessere sociale, a causa dell'aumento dell'inquinamento, del pendolarismo, della criminalità e del danno ambientale complessivo. È noto che l'attività produttiva, per sua stessa natura, comporta la dispersione di una grande quantità di rifiuti che gradualmente distruggono le risorse ambientali. Un comportamento responsabile deve evitare danni irreversibili, lasciando un pianeta ancora in grado di sostenere le generazioni future.

Da qui l'esigenza di studiare un nuovo sistema di contabilità nazionale che tenga conto anche degli aspetti relativi allo sfruttamento delle risorse naturali: la contabilità ambientale consiste appunto nella contabilizzazione degli effetti dell'attività economica sull'ambiente, allo scopo di elaborare indici in grado di misurare il benessere sociale.

❯ Conto economico delle risorse e degli impieghi.
(Fonte: Istat "Conti economici nazionali", vari anni).

I valori delle risorse e degli impieghi in Italia dal 1980 al 2017 in **miliardi** sono riportati nella tabella seguente:

AGGREGATI	1980 (lire)	2010 (euro)	2017 (euro)
Risorse			
Prodotto interno lordo	338.743	1.548,8	1.666,0
Importazioni	92.852	442,2	365,6
Totale	**431.595**	**1.991,0**	**2.031,6**
Impieghi			
Consumi nazionali			
– delle famiglie	212.488	928,6	1.014,1
– collettivi	57.307	335,0	316,0
Investimenti fissi lordi	84.664	312,7	284,4
Esportazioni	77.136	414,7	417,1
Totale	**431.595**	**1.991,0**	**2.031,6**

La conoscenza della consistenza e dell'evoluzione delle voci della contabilità nazionale consente la formulazione di critiche e di giudizi basati sui dati reali dell'economia. Non è facile familiarizzarsi con strumenti che a volte si presentano complessi e di non semplice lettura; tuttavia, **l'educazione di ogni cittadino alle cifre fondamentali della contabilità nazionale è condizione indispensabile per l'effettiva partecipazione di ciascuno alla vita pubblica.**

Ripartizione del reddito

La contabilità nazionale riassume in un prospetto, detto **Conto dell'utilizzazione del reddito**, la ripartizione del reddito nazionale in consumi e risparmio:

❯ Conto della utilizzazione del reddito nazionale (Fonte: Istat "Conti economici nazionali", vari anni).

CONSUMI E RISPARMI			
Reddito nazionale lordo	1.657,4	Consumi nazionali	1.330,1
		Risparmio nazionale lordo	327,3
Totale	**1.657,4**	**Totale**	**1.657,4**

La formazione del capitale Un quadro contabile, detto **Conto della formazione del capitale**, riassume le cifre relative alla formazione e all'impiego delle risorse destinate al risparmio e agli investimenti.

Rapporti con l'estero

Gli investimenti possono essere finanziati, oltre che dal risparmio interno, da trasferimenti dall'estero (acquisto di titoli italiani da parte di investitori esteri, contributi dell'Unione europea agli investimenti, prestiti della Banca Mondiale ecc.): ciò è quanto accade quando i risparmi nazionali sono inferiori agli investimenti; come pure può accadere l'inverso, e cioè che sia il risparmio nazionale a finanziare gli investimenti di altri Paesi.

unità 1 ■ Il prodotto e il reddito nazionale

INsintesi

1.1 La contabilità economica nazionale

La **contabilità economica nazionale** è stata introdotta in seguito al mutato atteggiamento circa l'intervento pubblico nell'economia. Scopo della contabilità nazionale è la **descrizione quantitativa dell'attività economica di un Paese**, per conoscerne la struttura e l'evoluzione.
Per favorire i confronti fra i diversi Paesi, e per coordinare le politiche economiche nazionali, è in corso un processo di **standardizzazione dei conti**, che consiste nell'unificazione dei metodi e delle procedure di calcolo.

1.2 Il prodotto nazionale

La contabilità nazionale viene impiegata per il calcolo di importanti grandezze che "fotografano" la situazione economica di un Paese. Tra queste grandezze, la principale è il **Prodotto nazionale lordo (PNL)**, costituito dalla somma dei valori di tutti i beni e servizi finali ovunque prodotti in un anno dagli operatori di un certo Paese. Esso si può anche calcolare come somma dei **valori aggiunti** delle imprese. Per passare dal Prodotto nazionale lordo al **Prodotto nazionale netto (PNN)** occorre detrarre gli **ammortamenti**. A seconda che il prodotto nazionale comprenda o meno le imposte indirette, si ha la nozione di **Prodotto nazionale ai prezzi di mercato** oppure di **Prodotto nazionale al costo dei fattori**. Il **Prodotto interno lordo (PIL)** è il valore della produzione annuale degli operatori nazionali ed esteri che operano all'interno del Paese. Il **PIL pro capite** si ottiene dividendo il PIL per il numero di abitanti di un dato Paese.

1.3 Il reddito nazionale

Il **Reddito nazionale** è costituito dall'insieme di tutti i redditi guadagnati dai soggetti residenti in un certo Paese in un certo anno. L'equazione del reddito nazionale è:

$$Y = C + I + (X - M)$$

dove Y è il reddito nazionale, C i consumi privati e pubblici, I gli investimenti privati e pubblici, X le esportazioni e M le importazioni.

1.4 Il bilancio economico nazionale

Il **Bilancio economico nazionale** esprime in modo sintetico le grandezze relative all'offerta e alla domanda di beni e servizi finali, mettendo in relazione i flussi macroeconomici della produzione e della spesa. Questi, in un'economia aperta, hanno origine sia all'interno sia all'esterno del Paese.
Il **Conto delle risorse e degli impieghi** definisce l'identità di base, secondo cui:

PIL + IMPORTAZIONI (totale delle risorse) =
CONSUMI + INVESTIMENTI + ESPORTAZIONI
(totale degli impieghi)

Laboratorio

Vero / Falso
Indica se le seguenti affermazioni sono vere o false.

1. La standardizzazione dei conti è un accordo a livello internazionale per uniformare i metodi statistici dei diversi Paesi allo scopo di consentire corretti confronti. [V̶] F
2. La "Relazione generale sulla situazione economica del Paese" espone i risultati che si prevedono di realizzare nel prossimo anno. V [F̶]
3. Nel Prodotto nazionale lordo (PNL) non rientrano i beni e servizi prodotti in Italia da un imprenditore residente in Francia. [V̶] F
4. Le duplicazioni sono costituite dal valore dei beni e servizi intermedi che vengono integralmente impiegati nel corso del processo produttivo. [V̶] F
5. Il valore del Prodotto nazionale lordo coincide sempre con quello della Produzione lorda vendibile. V [F̶]
6. Nel calcolo del prodotto nazionale si considerano sia i beni e servizi finali, sia i beni e servizi ~~intermedi~~ usati per produrli. V [F̶]
7. L'ammortamento può essere definito come perdita di valore dello stock esistente di capitale produttivo. [V̶] F
8. Se si divide il Prodotto interno lordo (PIL) per il numero delle ~~famiglie~~ residenti nel Paese si ottiene il PIL pro capite. ABITANTI V [F̶]
9. In periodi di inflazione gli aggregati economici possono essere correttamente confrontati solo nel caso in cui le diverse grandezze sono espresse a prezzi costanti. [V̶] F
10. Nel calcolo del reddito nazionale non rientrano le pensioni e i sussidi di disoccupazione in quanto non sono corrispettivi dei fattori produttivi. [V̶] F

Scelta multipla
Completa l'affermazione scegliendo la frase corretta fra quelle proposte.

1. L'insieme dei conti che riguardano l'attività economica di un Paese si chiama
   a annuario statistico italiano
   b contabilità dell'Azienda-Italia
   c bilancio annuale dello Stato
   [d̶] contabilità economica nazionale

235

modulo 5
Il reddito nazionale

Laboratorio

2. L'apporto al PNL dei beni e servizi prodotti dallo Stato è valutato in base
- a) ai loro prezzi valutati al costo dei fattori
- b) ✗ alla somma degli stipendi pagati ai dipendenti pubblici
- c) alla somma delle imposte dirette pagate dai cittadini
- d) ✗ ai loro prezzi di mercato

3. Per passare dal prodotto nazionale lordo (PNL) al prodotto nazionale netto (PNN) occorre
- a) aggiungere gli ammortamenti
- b) ✗ sottrarre gli ammortamenti
- c) aggiungere le imposte indirette
- d) sottrarre le imposte indirette

NO **4.** Per determinare il prodotto nazionale lordo (PNL) ai prezzi di mercato occorre aggiungere al PNL al costo dei fattori la differenza fra i contributi alla produzione e
- a) ✗ le imposte indirette
- c) il valore aggiunto
- b) le imposte dirette
- d) gli ammortamenti

5. Il reddito nazionale risulta dalla somma di
- a) consumi e investimenti
- b) consumi, investimenti, esportazioni
- c) consumi, investimenti, importazioni
- d) ✗ consumi, investimenti, saldo commerciale

6. Il prospetto che accoglie i dati relativi al reddito nazionale, evidenziando l'insieme delle risorse e degli impieghi del sistema economico, viene chiamato
- a) ✗ tavola delle interdipendenze settoriali
- b) ✗ bilancio economico nazionale
- c) saldo della bilancia dei pagamenti
- d) conto della produzione lorda vendibile

*N°***7.** Le risorse disponibili nel Paese, come figurano nel bilancio economico nazionale, vengono impiegate nelle seguenti voci
- a) consumi + investimenti + importazioni
- b) consumi + investimenti - importazioni
- c) ✗ consumi + investimenti + esportazioni
- d) consumi + investimenti - esportazioni

8. Se in un Paese gli aggregati, misurati in milioni di euro, hanno i seguenti valori: consumi = 60.000, investimenti = 15.000, importazioni = 25.000, esportazioni = 20.000, il reddito nazionale è pari a
- a) ✗ 70.000 euro
- c) 95.000 euro
- b) 75.000 euro
- d) 100.000 euro

9. Il totale delle risorse disponibili in un dato Paese risulta da
- a) PIL - importazioni
- c) PIL - esportazioni
- b) PIL + esportazioni
- d) PIL + importazioni

Completamenti
Completa il brano inserendo i termini appropriati scelti tra quelli proposti.

Il Bilancio economico *NAZIONALE*, detto anche Conto economico delle risorse e degli *IMPIEGHI*, è un prospetto sintetico che contiene da un lato le *RISORSE* di cui il Paese dispone in un determinato periodo (normalmente un anno), dall'altro l'impiego che delle stesse è stato fatto. Una parte delle risorse, cioè di beni e servizi, è stata prodotta all'interno (Prodotto interno lordo o PIL); un'altra parte è provenuta dall'esterno (*IMPORT.*). Gli impieghi sono in parte interni, in parte esterni al Paese. Gli impieghi interni comprendono i beni e i servizi acquistati dalle famiglie (consumi delle famiglie); i beni e i servizi acquistati dalla Pubblica amministrazione per produrre i *SERVIZI* pubblici (spesa pubblica); e i beni di produzione acquistati dalle *IMPRESE* (investimenti). Gli impieghi esterni riguardano gli acquisti di beni e servizi nazionali da parte dell'operatore resto del mondo (esportazioni). Il totale delle risorse è esattamente uguale al totale degli impieghi: un Paese, infatti, non può impiegare altro che le risorse effettivamente disponibili.

esportazioni ▪ famiglie ▪ importazioni ▪ impieghi ▪ imprese ▪ internazionale ▪ maggiore ▪ nazionale ▪ risorse ▪ servizi

---

Trova l'errore
Individua l'espressione o il termine errati, e inserisci quelli corretti.

1. ~~Gli ammortamenti~~ sono costituiti dalla somma dei valori monetari di tutti i beni e servizi finali prodotti in un anno in un determinato Paese.

PNL

2. Il PIL pro capite si ottiene dividendo il ~~totale delle esportazioni~~ per il numero degli abitanti di un certo Paese.

PIL

236

unità **1** ■ Il prodotto e il reddito nazionale

Laboratorio

Collegamenti
Associa ogni termine della prima colonna con un solo termine della seconda.

1. Prodotto nazionale lordo ___D___
2. Beni intermedi ___F___
3. Duplicazioni _____
4. Produzione lorda vendibile ___G___
5. Prodotto nazionale netto ___A___
6. Reddito nazionale ___B___
7. Reddito disponibile ___C___
8. Prodotto nazionale netto ai prezzi di mercato ___E___

a. Si ottiene dal prodotto nazionale lordo togliendo gli ammortamenti
b. Insieme dei redditi (salari, profitti, interessi, rendite) guadagnati dai residenti in un certo Paese in un certo anno
c. Risorse a disposizione delle famiglie che vengono destinate al consumo e al risparmio
d. Somma di tutti i beni e servizi finali prodotti in un anno dagli operatori residenti in un certo Paese
e. Prodotto nazionale netto comprensivo delle imposte indirette
f. Beni impiegati per ottenere il prodotto finale
g. Valore di tutti i beni prodotti in un anno dalle imprese, dalle famiglie e dallo Stato

Domande aperte
Rispondi alle seguenti domande.

1. Che cos'è la contabilità economica nazionale? (1.1)
2. Come si definisce il PNL? (1.2)
3. Che cosa si intende con l'espressione produzione lorda vendibile? (1.2)
4. Che cosa sono gli ammortamenti? (1.2)
5. Che cos'è il PIL? (1.2)
6. Come si calcola il PIL pro capite? (1.2)
7. Come si definisce il reddito nazionale? (1.3)
8. Da quali aggregati risulta composto il reddito nazionale? (1.3)
9. Da che cosa sono costituite le risorse disponibili nel bilancio economico nazionale? (1.4)
10. Come si impiegano le risorse disponibili? (1.4)
11. Come si forma il risparmio nazionale? (1.4)
12. Perché risparmio nazionale e investimenti nazionali non hanno valori coincidenti? (1.4)

1.1 National economic accounting
National account systems were introduced following a change of attitude regarding state intervention in the economy. The objective of these systems is to produce **data which can be used for analysis and evaluation of the performance of an economy**. In order to make accounting standards in different countries more transparent, accounting practices are being introduced which require governments to follow certain **accounting rules** when presenting financial statements.

1.2 National product
National accounts systems are the implementation of complete and consistent accounting techniques for measuring the economic activity of a nation. They measure, in particular, the **Gross national product**, defined as the market value of all the products and services produced in one year by labour and property supplied by the residents of a country. The **Net domestic product** is the Gross domestic product minus depreciation on a country's capital goods. **Net domestic income at factor cost** is defined as all the income earned by all the players and factors in the production process. **Net domestic product at market price** is defined as the total value of all goods and services that a country produces in one year.

Gross domestic product (GDP) is the monetary value of all the finished goods and services produced within a country's borders in a year. The **Gross domestic product per capita** is the GDP divided by the number of inhabitants in a country.

1.3 National income
The **National income** is the total domestic and foreign output claimed by residents of a country in a year. The **equation of National income** is as follows:
$$Y = C + I + (X - M)$$
where Y is the Gross national income, C is private and public consumption, I is private and public investment, X is exports and M is imports.

1.4 National economic budget
A **National economic budget** is a statement that summarises a State's total offer and demand of final goods and services at a given point in time; it gives a clear idea of the economic situation of a nation.
Resources and uses tables record how supplies of different kinds of goods and services originate from domestic industries and imports, according to the following formula:
GDP + imports = consumption + investment + exports

237

modulo **5**
Il reddito nazionale

unità 2 L'equilibrio del sistema economico

DI CHE COSA PARLEREMO — Vengono qui confrontate la TEORIA NEOCLASSICA DEL REDDITO E DELL'OCCUPAZIONE e la TEORIA KEYNESIANA, che ha criticato la tesi secondo cui il sistema si trova sempre in equilibrio di piena occupazione. Approfondiremo poi la prescrizione keynesiana che attribuisce alla spesa pubblica il compito di INTERVENIRE A SOSTEGNO DELLA DOMANDA AGGREGATA, per finire con le CRITICHE ATTUALI CONTRO GLI ECCESSIVI INTERVENTI DELLO STATO NELL'ECONOMIA, accusati di aver aumentato il debito pubblico e creato inflazione.

CHE COSA DEVI CONOSCERE
- Il concetto di reddito nazionale
- Le nozioni di periodo breve e di periodo lungo
- I fondamenti della teoria neoclassica
- I concetti basilari della teoria keynesiana
- I concetti di equilibrio e di equa distribuzione del reddito
- Il ruolo dello Stato nell'economia

CHE COSA IMPARERAI
- Che cosa distingue il reddito effettivo dal reddito potenziale
- Che cosa si intende per funzione della produzione
- Che cosa afferma la legge di Say
- Da che cosa è costituita la domanda aggregata
- L'equilibrio del reddito nazionale secondo Keynes
- L'intervento statale a sostegno della domanda globale

CHE COSA SAPRAI FARE
- Distinguere tra reddito di periodo breve e di periodo lungo
- Spiegare la funzione macroeconomica della produzione
- Illustrare la teoria neoclassica del reddito e dell'occupazione
- Definire il principio del moltiplicatore e illustrarne il funzionamento
- Illustrare il concetto di equilibrio del reddito nazionale
- Spiegare i vantaggi e gli svantaggi dell'intervento pubblico in economia

2.1 Il reddito nel periodo breve e nel periodo lungo

Due diversi punti di vista

Il livello di equilibrio del reddito nazionale, essenziale per il benessere della collettività, può essere studiato secondo due ottiche diverse: nel periodo breve e nel perido lungo.

Analisi di periodo breve Nel periodo breve la capacità produttiva del sistema è data e non può essere aumentata; il problema è quindi quello di **utilizzare nel modo migliore la capacità produttiva esistente**. Rientra in questa analisi, ad esempio, lo studio delle cause che determinano il livello ottimale di utilizzo degli impianti e delle forze di lavoro disponibili.

unità **2** ■ L'equilibrio del sistema economico

PER capire meglio

Prodotto effettivo e prodotto potenziale

Il **prodotto effettivo** è il valore di tutti i beni e servizi finali che i soggetti operanti all'interno di uno Stato sono riusciti a produrre in un determinato periodo, convenzionalmente un anno.

Il **prodotto potenziale** è invece il valore dei beni e dei servizi finali che i soggetti operanti all'interno del territorio nazionale potrebbero produrre se fosse realizzata la condizione del pieno impiego delle risorse produttive (capitale e lavoro) disponibili. Ma quando si verifica una tale circostanza? Forse quando la forza lavoro è interamente occupata? O quando tutti gli impianti sono attivi giorno e notte e la produzione segue un ciclo continuo di 365 giorni? No, perché nella realtà un tale caso non potrebbe mai verificarsi. Più che potenziale, un prodotto definito da questa ipotesi sarebbe irreale. Potenziale è invece quel prodotto che si ha quando viene realizzata la migliore delle ipotesi possibili, quando cioè i disoccupati sono senza lavoro perché lo vogliono, ossia quando la disoccupazione è **frizionale**. E quando tutti gli impianti sono utilizzati secondo la loro piena capacità, che non significa al loro limite di rottura.

Virginio Schiavetti, *Le parole de "Il Sole 24 Ore"*

Analisi di periodo lungo   Nel periodo lungo le capacità produttive possono essere aumentate, e quindi questa analisi studia **come il sistema economico si sviluppa nel tempo.** I problemi affrontati sotto questo profilo riguardano l'accumulazione del capitale, il ruolo del progresso tecnico, l'addestramento di manodopera qualificata ecc., essenziali per la crescita dell'economia.

Reddito nazionale effettivo e potenziale   Per un'analisi di periodo breve dobbiamo ricordare quanto abbiamo appreso studiando la funzione microeconomica di produzione: **la quantità prodotta di un bene (*output*) dipende dalla quantità di fattori produttivi impiegati (*input*).**

Utilizzo degli impianti

Se consideriamo, ad esempio, un'impresa siderurgica, possiamo distinguere due differenti concetti di prodotto: il **prodotto potenziale**, che è dato dalle tonnellate di acciaio ottenibili in un anno nel caso in cui l'impianto venisse utilizzato a pieno ritmo; e il **prodotto effettivo**, che invece è costituito dalle tonnellate di acciaio effettivamente prodotte dall'impianto. Si intuisce facilmente che il prodotto effettivo è al massimo uguale al prodotto potenziale: ma normalmente è inferiore, a causa di una serie di fattori che possono impedire la piena utilizzazione dell'impianto (caduta della domanda, insufficiente disponibilità di materie prime, scioperi ecc.).

Impiego dei fattori produttivi

Il medesimo schema di ragionamento può essere applicato a livello macroeconomico: **il reddito nazionale** – che corrisponde alla quantità di beni e servizi prodotti dall'intera economia – **dipende dalla quantità di fattori produttivi impiegati.** Analogamente a quanto avviene a livello microeconomico, il livello del reddito nazionale è funzione diretta della quantità dei fattori impiegati (cioè cresce al crescere della quantità di fattori produttivi).

Funzione aggregata della produzione

> La relazione funzionale fra il reddito nazionale e le quantità di fattori produttivi prende il nome di **funzione macroeconomica (o aggregata) della produzione.**

> Possiamo dire che il **reddito nazionale potenziale** (detto anche **reddito di piena occupazione**) è quello che la collettività produce quando tutti i fattori produttivi sono impiegati, mentre il **reddito nazionale effettivo** è quello realmente prodotto nel periodo considerato.

Anche a livello macroeconomico il reddito nazionale effettivo può, al massimo, raggiungere il valore del reddito nazionale potenziale.

L'analisi del reddito nazionale quindi:

- **nel periodo breve indaga le cause che determinano il livello del reddito effettivo,** nel presupposto che la capacità produttiva sia data e non possa essere aumentata;

239

modulo 5
Il reddito nazionale

- nel **periodo lungo** si occupa invece delle cause che determinano il livello del **reddito potenziale**, nel presupposto che la capacità produttiva possa essere aumentata.

Utilizzo dei fattori produttivi

La capacità produttiva utilizzata Nelle analisi economiche si fa largo impiego, soprattutto a livello di singoli settori, del rapporto fra il reddito effettivo e il reddito potenziale. Se chiamiamo con Y il reddito effettivo, e con Y_p il reddito potenziale, il rapporto

$$\frac{Y}{Y_p}$$

misurerà, in termini percentuali, il **grado di utilizzo dei fattori produttivi**.

Se nel settore dell'industria calzaturiera il reddito effettivo è pari 9 miliardi di euro, mentre il reddito potenziale è pari a 10 miliardi, il grado di utilizzo dei fattori produttivi è pari al 90%.

2.2 La teoria neoclassica del reddito e dell'occupazione

Equilibrio spontaneo di piena occupazione

Secondo la teoria neoclassica, **un sistema in regime di libera concorrenza raggiunge in modo automatico la piena occupazione dei fattori produttivi.** Tale situazione di equilibrio è assicurata dai **movimenti dei prezzi**, che realizzano l'uguaglianza fra la domanda e l'offerta dei beni in tutti i mercati, e conseguentemente l'uguaglianza fra la domanda globale e l'offerta globale. L'equilibrio, che si raggiunge spontaneamente in ogni momento, assicura l'**uguaglianza del reddito effettivo e del reddito potenziale**, cioè

$$Y = Y_p$$

con la piena occupazione di tutti i fattori produttivi, in particolare del lavoro.

La legge di Say La posizione dei classici e dei neoclassici è riassunta dalla **legge di Say**, dal nome dell'economista che la formulò all'inizio dell'Ottocento.

La legge di Say

> La **legge di Say**, detta anche **legge degli sbocchi**, sostiene che non sono possibili crisi di sovrapproduzione globale, anche se per singoli settori produttivi si possono verificare temporaneamente fenomeni di sovrapproduzione parziale (e corrispondenti fenomeni di sottoproduzione in altri settori).

Infatti, i movimenti dei prezzi relativi correggeranno automaticamente gli eventuali errori di previsione dei singoli imprenditori.

Da quanto sopra, si capisce che secondo la visione tradizionale il livello del reddito nazionale raggiunge sempre il valore più elevato consentito dalle risorse disponibili. **Questo reddito è di equilibrio, in quanto le forze di mercato tendono spontaneamente a realizzarlo.**

Finché il salario non supera la produttività marginale del lavoro, tutti i lavoratori sono interamente occupati. Se il salario fosse superiore alla produttività marginale del lavoro, la disoccupazione spingerebbe all'ingiù i salari, determinando con ciò un aumento dell'occupazione e conseguentemente della produzione.

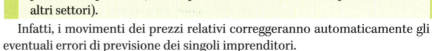

▲ Jean B. Say

Un eccessivo ottimismo

La critica di Keynes La Grande crisi del 1929-1932 doveva però scuotere dalle fondamenta l'ottimismo di questa posizione: la presenza di milioni di disoccupati bastò a smentire la legge degli sbocchi. **Allora si cominciò a pensare che la piena occupazione non era una caratteristica necessaria all'equilibrio del sistema economico:** sulla base di queste considerazioni, Keynes contestò vigorosamente le posizioni tradizionali.

2.3 La teoria keynesiana

La visione neoclassica

Secondo la teoria neoclassica, se i salari e i prezzi sono flessibili (cioè suscettibili di variare in risposta alle diverse situazioni di mercato) è assicurata la piena occupazione dei fattori produttivi, in particolare del lavoro: se ci sono lavoratori disoccupati il salario reale scende e gli imprenditori hanno convenienza ad assumere nuovi lavoratori, facendo così scendere il livello di disoccupazione.

Rigidità dei salari

Nella realtà, osserva Keynes, **i salari non sono flessibili, ma rigidi verso il basso**, in quanto i sindacati dei lavoratori non accettano una diminuzione dei salari al di sotto di un certo minimo. Ma anche supposto che i rappresentanti dei lavoratori accettino una diminuzione dei salari, ciò non basta a far raggiungere al sistema l'equilibrio di piena occupazione. Infatti la diminuzione dei salari determinerebbe un fenomeno di deflazione, ossia una diminuzione del livello generale dei prezzi (per la concorrenza fra imprenditori, particolarmente vivace nelle fasi di crisi), con la conseguenza che anche quando il salario monetario diminuisse, il salario reale resterebbe costante. Pertanto, **il salario reale non può diminuire fino al livello da assicurare la piena occupazione.**

Keynes osserva inoltre che una diminuzione dei salari non favorisce necessariamente nuove assunzioni, in quanto gli imprenditori possono essere indotti a ridurre comunque la produzione se hanno aspettative pessimistiche sul futuro dell'economia.

▲ John Maynard Keynes

Secondo Keynes, l'equilibrio di piena occupazione (che per la teoria tradizionale era la situazione normale) rappresentava solo un caso particolare, difficilmente realizzabile nella realtà, a meno di interventi a sostegno della domanda espressamente posti in essere dalle autorità preposte alla politica economica.

Equilibrio di sottoccupazione

È quindi possibile che il sistema raggiunga un equilibrio non di piena occupazione, cioè con un reddito effettivo inferiore al reddito potenziale.

Come si vede, la teoria keynesiana rovescia completamente la legge di Say.

Secondo Keynes, per assicurare il pieno impiego dei fattori produttivi, in particolare del lavoro, **occorre agire sulla domanda aggregata mediante opportuni interventi pubblici.** Se la domanda aggregata, costituita dall'insieme delle spese per consumi e per investimenti, è alta, le imprese aumentano la propria produzione, facendo così aumentare l'occupazione.

Reddito nazionale e domanda aggregata

> Si può in sintesi dire che, per Keynes, **il reddito nazionale dipende dal livello della domanda aggregata**: in un sistema economico si realizza la piena occupazione solo se tale domanda sarà tanto elevata da rendere conveniente l'impiego di tutti i fattori produttivi.

D Deflazione Diminuzione del livello generale dei prezzi (situazione diametralmente opposta all'*inflazione*). Si verifica nelle fasi di contrazione del sistema ed è quindi associata a una riduzione dell'attività economica, con produzione e reddito in calo.

modulo 5
Il reddito nazionale

Da quanto detto sopra si capisce che nell'analisi keynesiana il livello del reddito nazionale determina i livelli di occupazione, e non viceversa, come riteneva il pensiero tradizionale.

Si può così sintetizzare la sequenza causale che sta alla base dell'impostazione keynesiana:

DOMANDA AGGREGATA ┈┈▶ REDDITO NAZIONALE ┈┈▶ LIVELLI DI OCCUPAZIONE

Ciò significa che **solo sostenendo la domanda aggregata si può assicurare il pieno impiego dei fattori produttivi.**

2.4 Il livello del reddito nazionale

Il livello del reddito nazionale

Come si determina in un sistema il livello del reddito nazionale? Questa domanda è molto importante, perché il livello del reddito esprime il flusso di beni e servizi a disposizione dei componenti la collettività. Per rispondere dobbiamo in primo luogo capire due concetti strettamente interconnessi: quelli dell'offerta e della domanda aggregate.

Le imprese stabiliscono la quantità di prodotto da offrire in base alla stima che fanno della domanda.

Offerta aggregata

> L'**offerta aggregata** (o **globale**) è costituita dall'insieme dei beni e servizi prodotti dalle imprese e offerti sul mercato.

Le famiglie e lo Stato stabiliscono la quantità di beni e servizi da acquistare in base ai loro bisogni.

Domanda aggregata

> La **domanda aggregata** (o **globale**) è costituita dall'insieme dei beni e servizi richiesti dalle famiglie e dallo Stato sul mercato.

Quando l'offerta aggregata e la domanda aggregata sono uguali, **il reddito è di equilibrio.** Come già abbiamo visto, la situazione di equilibrio non comporta necessariamente, secondo Keynes, la piena occupazione dei fattori produttivi. Se la domanda di lavoro delle imprese è minore dell'offerta di lavoro, vi è disoccupazione. Nel linguaggio degli economisti, il sistema è in **equilibrio di sottoccupazione.**

In un sistema economico la quantità di beni e servizi prodotti in un certo anno, moltiplicata per i rispettivi prezzi, costituisce il Prodotto nazionale lordo, e ciò rappresenta l'**offerta globale**. Questo valore viene distribuito ai titolari dei fattori della produzione (lavoro, capitale, fattori naturali), come remunerazione per la loro partecipazione all'attività produttiva. Il totale di queste remunerazioni costituisce il Reddito nazionale lordo, che viene impiegato per la domanda di beni e servizi, e ciò rappresenta la **domanda globale**.

IN pratica

Componenti della domanda aggregata La domanda aggregata comprende i beni e i servizi di cui la collettività deve disporre per soddisfare i propri bisogni (generi alimentari, capi di abbigliamento, case, auto, macchinari, edifici scolastici, ospedali ecc.). La domanda aggregata è effettuata dagli **operatori**, che già conosciamo:

| FAMIGLIE | IMPRESE | STATO | RESTO DEL MONDO |

Tipi di spesa

Tali operatori effettuano i seguenti tipi di spesa:
- **spesa per consumi (C)**, costituita dai beni e servizi acquistati dalle famiglie per il soddisfacimento dei loro bisogni (*consumi privati*) e dai beni e servizi

acquistati dallo Stato per soddisfare i bisogni pubblici, come per esempio l'acquisto di materiali di consumo per la pubblica amministrazione, e la retribuzione dei dipendenti pubblici (*consumi pubblici*);

- **spesa per investimenti** (I), costituita dai beni acquistati dalle imprese per mantenere (*ammortamenti*) o accrescere le proprie attrezzature produttive (*investimenti netti*), dalle **scorte** (materie prime, semilavorati, prodotti finiti) che le imprese tengono a disposizione per utilizzarle nella produzione (*investimenti privati*), e dai beni acquistati dallo Stato per la formazione del capitale pubblico, come costruzione di strade, scuole, ospedali ecc. (*investimenti pubblici*);

> Esportazioni/importazioni
> Exports/imports

- **esportazioni** (X), costituite dai beni e dai servizi prodotti all'interno del Paese e richiesti dal Resto del mondo;
- **importazioni** (M), costituite dai beni e dai servizi prodotti nel resto del mondo e acquistati dal Paese.

Siamo ora in grado di sintetizzare la domanda e l'offerta aggregate nell'**equazione del reddito nazionale**:

$$Y = C + I + X - M$$

che costituisce, come già sappiamo, l'equazione fondamentale del **bilancio economico nazionale** (v. Mod. 5, par. 1.4).

2.5 Il principio del moltiplicatore

Per capire come, secondo la teoria keynesiana, si determina il livello di equilibrio del reddito nazionale, è necessario introdurre i concetti di propensione media e marginale al consumo.

Propensione media e marginale al consumo

> La **propensione media al consumo** è il rapporto fra i consumi globali e il reddito globale, cioè la quota di reddito che la collettività devolve al consumo. La **propensione marginale al consumo** è invece il rapporto fra l'incremento del consumo e l'incremento del reddito, sempre riferiti alla collettività.

Metodo di calcolo I valori della **propensione media al consumo** (c_{me}) si calcolano applicando la formula:

$$c_{me} = \frac{C}{Y}$$

mentre quelli della **propensione marginale al consumo** (c_{ma}) si ottengono con la formula seguente:

$$c_{ma} = \frac{\Delta C}{\Delta Y}$$

dove ΔC rappresenta l'incremento del consumo e ΔY l'incremento del reddito.

Nella tabella qui sotto sono stati riportati gli ipotetici valori dei consumi finali e del reddito nazionale relativi a una serie di anni:

> Consumi finali, reddito nazionale, propensione media e marginale al consumo.

ANNO	CONSUMI FINALI	REDDITO NAZIONALE	PROPENSIONE AL CONSUMO media	marginale
1	800	1.000	0,80	–
2	900	1.200	0,75	0,50
3	980	1.400	0,70	0,40
4	1.010	1.500	0,67	0,30
5	1.030	1.600	0,64	0,20

modulo 5
Il reddito nazionale

IN pratica

Se in un certo anno un Paese ha un reddito nazionale pari a 2.000 miliardi e consumi globali pari a 1.600 miliardi, la sua **propensione media al consumo** è pari a 0,80 (valore che si ottiene dividendo i consumi globali per il reddito nazionale, cioè 1.600 : 2.000).
Se il reddito nazionale aumentasse a 2.200 miliardi e i consumi globali a 1.700 miliardi, la sua **propensione marginale al consumo** è pari a 0,50 (valore che si ottiene dividendo l'incremento dei consumi globali per l'incremento del reddito nazionale, cioè 100 : 200).

Effetti positivi di una spesa autonoma

Il moltiplicatore in un sistema con risorse inutilizzate Si supponga ora di partire da una situazione di equilibrio di sottoccupazione, cioè con macchinari inutilizzati e forza lavoro disoccupata. Se si effettuano **investimenti aggiuntivi**, si ha un corrispondente aumento del reddito nazionale: ciò è possibile in quanto per ipotesi si era partiti da una situazione iniziale in cui i fattori produttivi non erano pienamente occupati.

Ma l'incremento di reddito determinato da una **spesa autonoma** (così chiamata perché aggiuntiva e indipendente dal consumo o dal reddito esistenti) si distribuisce fra i portatori dei fattori produttivi (imprenditori, capitalisti e lavoratori), i quali spenderanno in consumi una parte del reddito ricevuto. L'aumento della spesa in beni di consumo aumenterà a sua volta il reddito, secondo un processo di crescita che continuerà fino a quando vi saranno risorse inutilizzate.

Consumi e reddito

IN pratica

Immaginiamo che in un sistema economico con risorse inutilizzate si decidano investimenti aggiuntivi di 10 miliardi di euro. Questo incremento di spesa si concretizza in pagamenti di salari, profitti, rendite e interessi, che fanno aumentare il reddito di 10 miliardi. Una parte di questo nuovo reddito verrà risparmiata, mentre un'altra parte, che possiamo supporre pari al 75% (se la propensione media al consumo del sistema è pari a 0,75) sarà di nuovo spesa nell'acquisto di beni di consumo. Questa nuova spesa genererà ulteriore reddito, per l'ammontare di 7,5 miliardi. Il processo di accrescimento del reddito continua: ancora una volta, infatti, una parte di reddito (pari al 75% di 7,5 miliardi) verrà consumata, e così via. L'accrescimento finale del reddito nazionale è pari alla somma dell'investimento iniziale, più tutte le successive spese per consumi.

L'economista inglese **John Maynard Keynes** (1883-1946), formatosi a Cambridge alla scuola di Alfred Marshall, criticò le tesi della scuola classica, mettendo in dubbio la capacità del mercato di autoregolarsi assicurando il massimo benessere a tutti i soggetti. A seguito della crisi dei settori tessile e carbonifero, che portò a un considerevole aumento della disoccupazione in Gran Bretagna, scrisse nel 1926 *La fine del laissez-faire*, che respinge la tesi smithiana della "mano invisibile", secondo cui ognuno, agendo per il proprio vantaggio, aumenta il benessere dell'intera collettività: sono così messe in luce i limiti della libera concorrenza, incapace di assicurare la piena utilizzazione delle risorse. La Grande crisi del 1929-32, smentendo l'ottimismo della scuola classica, preparò il terreno per le riflessioni che portarono alla stesura della *Teoria generale dell'occupazione, interesse e moneta* (1936), che rivoluzionò la teoria sino ad allora dominante. L'influenza di questo libro fu tale in campo economico e politico che viene definita post-keynesiana tutta l'economia dei decenni successivi. Keynes attacca un caposaldo della teoria classica, la legge di Say, secondo cui il sistema economico si trova

La crisi del 1929-32

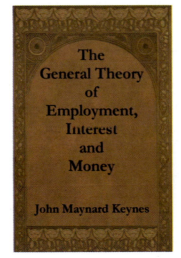

▸ Questo libro, pubblicato nel 1936, all'indomani della Grande crisi iniziata nel 1929, ha rivoluzionato il pensiero economico moderno.

unità 2 ■ L'equilibrio del sistema economico

La visione di Keynes

sempre in equilibrio di piena occupazione. La *Teoria generale* analizza invece la possibilità di equilibri con elevata disoccupazione, in assenza di forze spontanee capaci di rimediarvi. Solo l'intervento dello Stato per aumentare la domanda aggregata può far conseguire la piena occupazione. **Se gli investimenti privati sono carenti, deve intervenire lo Stato aumentando la spesa pubblica,** che fa aumentare il reddito nazionale di un multiplo rispetto agli investimenti, generando maggiore occupazione.

Il moltiplicatore

La formula del moltiplicatore   È possibile pervenire alla formula del moltiplicatore partendo dall'equazione fondamentale del reddito nazionale, cioè

$$Y = C + I \qquad (1)$$

dove i simboli hanno il significato già noto.

Ipotizziamo ora che i consumi siano una frazione costante del reddito, assumano cioè la forma

$$C = cY \qquad (2)$$

dove c è la propensione al consumo.

Ciò significa che ad ogni livello del reddito, i consumi sono pari a una frazione data del reddito, e che a ogni incremento dello stesso corrisponde un incremento proporzionale dei consumi.

Se ora sostituiamo la seconda equazione nella prima, avremo:

$$Y = cY + I \qquad (3)$$

che, mediante semplici passaggi algebrici, dà:

$$Y = \frac{1}{1-c} I \qquad (4)$$

La formula del moltiplicatore

La formula (4) dice che, in situazione di equilibrio, il reddito è pari al prodotto fra gli investimenti (I) e il fattore $\frac{1}{1-c}$, che prende il nome di moltiplicatore (K), per cui:

$$K = \frac{1}{1-c}$$

Supponiamo ora che in un sistema economico la propensione al consumo sia pari a 0,75 (come abbiamo sopra detto, ciò significa che il 75% del reddito viene impiegato in consumi). In tale sistema il moltiplicatore è uguale a 4. Infatti:

$$K = \frac{1}{1-c} = \frac{1}{1-0,75} = \frac{1}{0,25} = 4$$

Pertanto, un investimento pari a 10 miliardi di euro determinerà, in quel sistema, un incremento del reddito di 40 miliardi di euro.

Il moltiplicatore in termini di propensione al risparmio   È possibile esprimere il moltiplicatore anche in termini di **propensione al risparmio** (s), pari al rapporto fra i risparmi globali e il reddito globale. Poiché il reddito nazionale non può che essere consumato o risparmiato, **la propensione al consumo e la propensione al risparmio sono necessariamente complementari** (cioè c + s = 1 e quindi c = 1 − s). Sostituendo il valore di c così trovato nella formula del moltiplicatore vista in precedenza, otteniamo:

$$K = \frac{1}{s}$$

M Moltiplicatore Rapporto tra la variazione del reddito nazionale e la variazione della spesa autonoma che ne è la causa. In generale, il termine *moltiplicatore* si usa per indicare le conseguenze amplificate prodotte da una determinata causa.

245

modulo 5
Il reddito nazionale

Inoltre, poiché il moltiplicatore K aumenta all'aumentare della propensione al consumo, è vero il reciproco, cioè **K diminuisce all'aumentare della propensione al risparmio**.

> **IN pratica**
> Se in un sistema economico la propensione al consumo è uguale a 0,80, la propensione al risparmio non può che essere uguale a 0,20 (il moltiplicatore è pari a 5). Se la propensione al consumo sale a 0,90, la propensione al risparmio scende a 0,10 (il moltiplicatore è pari a 10). Come si vede dall'esempio, all'aumentare della propensione al consumo aumenta il moltiplicatore.

2.6 La politica keynesiana a sostegno della domanda

Dall'analisi del moltiplicatore si deduce facilmente che la crescita del reddito nazionale dipende da due elementi:
- la propensione al consumo;
- gli investimenti privati e pubblici.

Interventi per far crescere la domanda

Quindi, per ottenere un aumento del reddito nazionale è possibile agire sulle seguenti leve:
- **aumentare la propensione al consumo**; ciò si può conseguire attraverso redistribuzioni di reddito a favore delle classi meno abbienti, che presentano una elevata propensione al consumo; o mediante leggi che riducano le imposte sui consumi o che facilitino le vendite a rate o il credito al consumo;

▲ La costruzione di un grande ponte autostradale, un esempio di investimento in opere pubbliche.

- **accrescere il livello degli investimenti del settore privato**;
- **aumentare la spesa pubblica**, sia accrescendo gli investimenti (cioè attuando una politica di opere pubbliche, ossia investendo in strade, ponti, attrezzature portuali ecc.), sia accrescendo i consumi di servizi pubblici (istruzione, sanità ecc.).

Gli interventi del primo tipo hanno come risultato un aumento del moltiplicatore; quelli del secondo e del terzo tipo aumentano invece gli investimenti. Le autorità preposte alla politica economica hanno la possibilità di manovrare una di queste leve (la scelta dipende dagli obiettivi da conseguire e dal quadro economico generale) allo scopo di accrescere la domanda aggregata, e di conseguenza il reddito nazionale.

La "ricetta" keynesiana

Una **prescrizione keynesiana** che è stata largamente accolta dai governi dei Paesi occidentali nel secondo dopoguerra afferma che:

> se i consumi e gli investimenti privati non bastano a creare una spesa sufficiente ad assicurare la piena occupazione, **è compito della spesa pubblica** colmare la differenza tra il reddito di piena occupazione e quello, inferiore, di sottoccupazione.

Keynes affida all'intervento pubblico un compito molto importante: a differenza dell'opinione dominante fino agli anni Trenta (secondo cui allo Stato competeva unicamente l'assicurazione del quadro istituzionale), **Keynes attribuisce ai poteri pubblici il compito attivo di intervenire per il raggiungimento dell'equilibrio di piena occupazione**.

C Credito al consumo Particolari concessioni di credito ai consumatori, dietro un rimborso rateale, per l'acquisto di beni di consumo durevole (come elettrodomestici o autoveicoli), o anche per finanziare l'acquisto di beni o servizi di altro genere, come viaggi, vacanze o cure odontoiatriche.

S Spesa pubblica Insieme di erogazioni monetarie effettuate dallo Stato e dagli altri enti pubblici per soddisfare bisogni collettivi; riguardano principalmente le spese per la sicurezza (polizia e difesa) e per assicurare le altre funzioni pubbliche (giustizia, sanità, istruzione, lavori pubblici).

unità **2** ■ L'equilibrio del sistema economico

Il deficit spending

Questo obiettivo è tanto importante che lo Stato, secondo Keynes, non deve temere di indebitarsi nei confronti dei privati: **le entrate dello Stato possono ben essere inferiori alle spese**, se ciò ha come risultato il conseguimento della piena occupazione. La politica economica keynesiana, anzi, suggerisce di **ricorrere al debito pubblico (*deficit spending*) nella fase di depressione**, al fine di sostenere la domanda globale insufficiente.

Un importante postulato dell'economia tradizionale, cioè il pareggio costante del bilancio statale, viene così meno. L'obiettivo dell'assorbimento della disoccupazione può esigere che il bilancio dello Stato, anche per lunghi periodi, sia in deficit, cioè con entrate inferiori alle uscite.

2.7 L'equilibrio del reddito nazionale

Rappresentazione grafica La posizione di equilibrio del reddito nazionale può essere illustrata graficamente. Nella figura qui sotto abbiamo riportato sull'asse delle ascisse il reddito nazionale, cioè l'offerta globale di beni e servizi, e sull'asse delle ordinate la domanda globale, cioè i consumi e gli investimenti.

La posizione di equilibrio

Come già sappiamo, si ha equilibrio quando l'offerta globale uguaglia la domanda globale, cioè quando Y = C + I (le posizioni di equilibrio si trovano sulla bisettrice dell'angolo retto formato dagli assi cartesiani: infatti tutti i punti che si trovano sulla semiretta, uscente dall'origine e inclinata di 45°, sono caratterizzati dai valori uguali dell'ascissa e dell'ordinata, e quindi sono punti di equilibrio).

▲ L'equilibrio del reddito nazionale: uguaglianza fra domanda e offerta aggregate.

Domanda di consumi e di investimenti

Tracciamo ora la **funzione del consumo**, rappresentata dalla semiretta C, e la **funzione della domanda globale**, rappresentata da un'altra semiretta (C + I) parallela a quella dei consumi. Infatti la domanda globale si compone di consumi e investimenti.

Per quanto detto prima, la posizione di equilibrio è indicata dal punto B, che corrisponde a un reddito nazionale uguale a OD, e a una domanda aggregata pari a BD. Tale domanda, come risulta dal grafico, si compone di consumi (FD) e investimenti (BF).

È tuttavia possibile che l'uguaglianza fra il reddito nazionale (offerta) e i consumi e gli investimenti (domanda) non si realizzi. Può cioè accadere che l'offerta sia superiore alla domanda aggregata, o viceversa.

Il primo caso è rappresentato nella figura qui a sinistra: il reddito nazionale è pari a OG = GM. La domanda per consumi è HG e la domanda di investimenti è LH. Dal grafico si vede che l'offerta è superiore alla domanda, e la differenza è rappresentata dal segmento ML. In questo caso si verificano spinte al ribasso dei prezzi (*deflazione*): ML è chiamato **vuoto deflazionistico**.

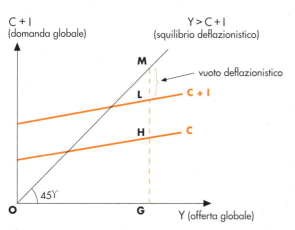

▲ Vuoto deflazionistico: l'offerta è superiore alla domanda.

247

modulo 5
Il reddito nazionale

Il vuoto inflazionistico

La figura a destra rappresenta invece il caso di domanda aggregata superiore al reddito nazionale. Il reddito nazionale è pari a ON = NR, mentre la domanda di consumi è PN e la domanda di investimenti è QP. Si vede chiaramente dal grafico che la domanda è superiore all'offerta, e la differenza è rappresentata da QR.

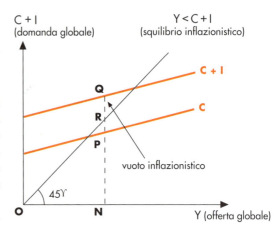

▲ Vuoto inflazionistico: l'offerta è inferiore alla domanda.

In questo caso, nel sistema si verificheranno spinte inflazionistiche, che si traducono in aumenti dei prezzi. QR è detto infatti **vuoto inflazionistico**. Su questi problemi torneremo ampiamente nell'UD dedicata all'inflazione (Mod. 7, UD 2).

2.8 L'intervento dello Stato nell'economia

Per gli economisti classici l'intervento pubblico nell'economia doveva essere ridotto al minimo, dato che per questi studiosi allo Stato competeva solo lo svolgimento di quelle attività che non potevano essere svolte dai privati (difesa nazionale, ordine pubblico, giustizia, costruzione di opere pubbliche). Con la Grande crisi (1929-32) si afferma una **nuova concezione del ruolo dello Stato** (v. Mod. 2, par. 3.3), avviato dalle critiche alle teorie tradizionali per opera di Keynes.

Oggi anche i seguaci del neoliberismo riconoscono che lo Stato deve garantire il quadro generale di ordine giuridico-sociale entro il quale si svolge la libera iniziativa economica dei privati.

In tutti i Paesi a economia di mercato lo Stato è un protagonista della vita economica, insieme alle famiglie e alle imprese.

È oggi accettato da tutti che uno Stato moderno debba:
- **offrire ai cittadini i servizi sociali essenziali**, come la sanità e l'istruzione.
- **tutelare l'ambiente**, non sempre rispettato dall'attività economica dei privati;
- **adottare leggi antimonopolio**, per ristabilire condizioni concorrenziali;

La politica economica

Gli strumenti dell'intervento pubblico Le modalità e i fini dell'intervento pubblico nell'economia sono studiati dalla politica economica:

> la **politica economica** consiste nell'insieme degli interventi dello Stato per supplire alle inefficienze del libero mercato, allo scopo di raggiungere determinati obiettivi di interesse generale.

Oltre alla **politica industriale**, già studiata nel Modulo 2, gli strumenti della politica economica sono quelli che vediamo di seguito.

La politica fiscale

> La **politica fiscale** (o **politica di bilancio**) consiste nella manovra del bilancio dello Stato, attraverso le sue componenti (entrate e spese pubbliche), per fini di politica economica.

N Neoliberismo Dottrina economica contemporanea che si ispira ai principi del *liberismo*, rivalutando il ruolo del mercato e della libera concorrenza, e sostenendo un limitato intervento dello Stato nell'economia. Per i suoi sostenitori lo Stato deve solo assicurare condizioni concorrenziali, combattendo le formazioni monopolistiche.

unità 2 ■ L'equilibrio del sistema economico

Come abbiamo visto nel paragrafo 2.6, se si aumenta la spesa pubblica si sostiene la domanda aggregata e quindi aumenta il reddito nazionale (attraverso l'azione del **moltiplicatore**). Se invece si aumentano le imposte, diminuisce il reddito disponibile e quindi la domanda di beni di consumo (quest'ultima manovra è utile per combattere l'inflazione, come vedremo più avanti).

La politica monetaria

> La **politica monetaria** consiste nel controllare le variabili monetarie mediante l'uso di particolari strumenti, come la quantità di moneta in circolazione, il livello del tasso di interesse, l'offerta di moneta, la quantità di credito.

La politica monetaria nel nostro Paese è attuata dalla Banca d'Italia, in stretta coordinazione con la Banca centrale europea.

La politica dei redditi

> La **politica dei redditi** consiste nella promozione di accordi fra le parti sociali (sindacati dei lavoratori e sindacati degli imprenditori) per frenare la crescita dei salari e dei prezzi al fine di combattere l'inflazione.

È questo uno strumento di politica economica in cui lo Stato non è il soggetto principale, ma svolge un ruolo di promozione e di sostegno.

Lo Stato a sua volta si impegna a controllare i prezzi dei servizi pubblici destinabili alla vendita (tariffe elettriche, ferroviarie, autostradali ecc.) e a contenere le aliquote delle imposte sui consumi.

Scopi dell'intervento pubblico

Gli obiettivi dell'intervento pubblico La politica economica persegue i seguenti **fini di interesse generale**:
- **piena occupazione**, dato che la disoccupazione causa gravi danni alla società, poiché riduce l'utilizzazione delle risorse e quindi la produzione di ricchezza;
- **stabilità monetaria e valutaria**, dato che l'inflazione provoca gravi danni all'economia;
- **sviluppo ed equa distribuzione del reddito**, per assicurare anche alle classi sociali meno favorite la soddisfazione dei bisogni essenziali.

L'ampia gamma di servizi pubblici prestati dallo Stato ha portato sotto il controllo pubblico una quantità crescente di risorse (nel nostro Paese, le amministrazioni pubbliche spendono circa la metà del reddito nazionale).

Le scelte di politica economica competono agli organi che rappresentano la volontà popolare (Parlamento e Governo), nel rispetto degli obblighi che il nostro Paese ha verso gli altri Paesi dell'Unione europea, in particolare nel campo della politica monetaria.

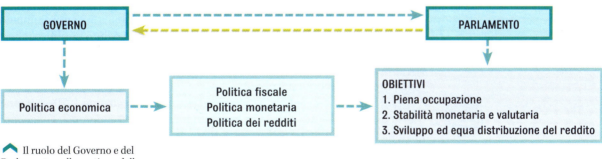

▲ Il ruolo del Governo e del Parlamento nella gestione della politica economica.

Lo schema sopra visualizza il modo di operare della **politica economica** per il conseguimento degli obiettivi. Esso evidenzia che:
- **gli obiettivi sono decisi dal Parlamento**, quale organo rappresentativo della collettività;
- **la scelta degli strumenti di politica economica compete al Governo**.

■ **Imposta sui consumi** Colpisce determinati prodotti nel momento della loro immissione sul mercato. Le più importanti sono l'IVA e le *imposte di fabbricazione* (o *accise*), che colpiscono gli oli minerali, le bevande alcoliche e altri beni, come l'energia elettrica.

249

modulo 5
Il reddito nazionale

la nuova economia

Il Welfare State

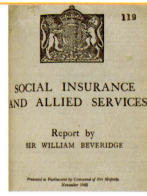

Con l'espressione **Welfare State** (**Stato sociale** o **Stato del benessere**) si intende un sistema sociale in cui lo Stato garantisce a tutti i cittadini un livello minimo di reddito e l'accesso a servizi (come l'abitazione, la salute, l'istruzione ecc.) ritenuti socialmente irrinunciabili. La sua data di nascita si fa risalire all'approvazione da parte del Parlamento inglese del **Piano Beveridge**, dal nome dell'economista che nel 1942 stilò un famoso rapporto contenente la proposta di una serie di interventi per proteggere l'individuo dalla miseria e dai rischi delle moderne condizioni di vita. L'episodio più rilevante fu il varo in Inghilterra (1948) del **servizio sanitario gratuito**, poi adottato da tutti i Paesi capitalistici.

Lo strumento principale del Welfare State è il sistema della **sicurezza sociale**, finanziato mediante una imposizione fiscale progressiva, tale da attuare una radicale redistribuzione del reddito fra le classi sociali. Si tratta, in sostanza, di una diversa concezione del ruolo dello Stato, che deve impegnarsi per realizzare un'uguaglianza sempre più sostanziale.

La crisi economica degli anni '70 del secolo scorso ha riaperto drammaticamente il dibattito sullo Stato sociale, che ha causato una crescita enorme della spesa pubblica, senza che a loro volta le entrate pubbliche potessero essere ulteriormente aumentate. Il risultato è una **crescita incontrollata dei deficit pubblici**, che mette in crisi le basi del sistema (crisi fiscale dello Stato). Secondo la spiegazione neo-liberista, la crisi dello Stato sociale è dovuta al crescere delle aspettative dei cittadini, che ha favorito una cultura del diritto all'assistenza. Poiché tutti domandano protezione allo Stato, con enormi sprechi di risorse pubbliche, la spesa pubblica aumenta a dismisura, mentre il prelievo fiscale non può più essere aumentato, in quanto è già fonte di insofferenza da parte dei contribuenti.

La soluzione consiste nel trovare un giusto equilibrio fra Stato e mercato: il peso dell'intervento statale va ridotto, ampliando il ruolo del mercato. Ma va rafforzata l'efficienza dell'intervento pubblico e l'impegno solidaristico nei confronti di chi ha veramente bisogno.

2.9 Pro e contro l'intervento pubblico

Limite di validità delle ricette keynesiane

Fin verso il 1970 le politiche economiche keynesiane, attuate dai governi di tutti i Paesi sviluppati, hanno assicurato uno straordinario processo di crescita, riuscendo a stabilizzare il ciclo economico e a garantire elevati livelli occupazionali. Va però osservato che **le ricette keynesiane hanno valore soltanto quando vi è sottoutilizzo degli impianti e delle forze di lavoro**, cioè durante le fasi di depressione dell'economia; se vengono protratte nel tempo, impiegandole anche quando tutta la capacità produttiva è impegnata (cioè durante la fase di espansione), **fanno aumentare il debito pubblico e creano inflazione**.

Debito pubblico e inflazione

Dato che le politiche keynesiane in Italia sono state applicate per stimolare la domanda aggregata anche durante le fasi di espansione, nel corso degli anni '80 i prezzi sono notevolmente aumentati e la spesa pubblica si è enormemente dilatata. Per finanziarla si è fatto **ricorso sistematico al debito pubblico**, che è costantemente cresciuto: intorno al 1990 l'indebitamento dello Stato italiano era pari al valore dell'intero Prodotto interno lordo, e negli anni successivi ha raggiunto livelli ancora più elevati.

L'**alta inflazione** e i **deficit di bilancio** accumulatisi negli anni 1970-90 hanno messo in crisi la legittimità dell'intervento pubblico nell'economia. Gli economisti hanno individuato nell'**enorme dilatazione della spesa pubblica** la causa principale dell'inflazione; essa inoltre ha fatto perdere competitività al nostro sistema economico, perché lo Stato ha gestito in modo inefficiente le ingenti risorse sottratte all'economia privata.

Critiche a Keynes

L'intervento pubblico è stato criticato soprattutto dai sostenitori dell'**economia dell'offerta** (*supply side economics*), che ha i suoi principali esponenti in **Arthur Laffer** e **Lester Thurow** (v. Mod. 1, par. 3.10). Essi ripropongono la legge di Say, chiedono sgravi fiscali e incentivi per stimolare l'offerta, e respingono l'eccessiva regolamentazione del mercato del lavoro, che impedisce il funzionamento dei meccanismi concorrenziali (*deregulation*).

unità 2 ■ L'equilibrio del sistema economico

INsintesi

2.1 Il reddito nel periodo breve e nel periodo lungo
Nel **periodo breve** il problema economico consiste nell'utilizzare in modo ottimale le risorse disponibili; nel **periodo lungo**, invece, dato che le risorse produttive possono essere aumentate, si studiano le modalità di sviluppo del sistema. Il **reddito potenziale** è quello che si ottiene quando tutti i fattori produttivi sono occupati, il **reddito effettivo** è quello realmente ottenuto nel periodo considerato.

2.2 La teoria neoclassica del reddito e dell'occupazione
Secondo gli economisti classici in regime di libera concorrenza il sistema raggiunge automaticamente la **piena occupazione dei fattori produttivi**. La teoria classica è sintetizzata dalla **legge di Say** (o **legge degli sbocchi**), secondo cui **l'offerta crea la propria domanda**, e **i movimenti dei prezzi assicurano l'equilibrio del mercato**. La Grande crisi del 1929-32 ha però fatto crollare l'ottimismo di questa posizione.

2.3 La teoria keynesiana
La **teoria keynesiana** sostiene che il sistema economico può raggiungere un **equilibrio non di piena occupazione**: è questa, anzi, la situazione normale. Per assicurare la piena occupazione dei fattori produttivi è necessario **l'intervento dello Stato a sostegno della domanda aggregata**.

2.4 Il livello del reddito nazionale
L'**offerta aggregata** è costituita dall'insieme dei beni e dei servizi offerti dalle imprese. La **domanda aggregata** è costituita dall'insieme dei beni e dei servizi richiesti dalle famiglie e dallo Stato. L'**equazione del reddito nazionale** è:

$$Y = C + I + X - M$$

dove Y è il reddito nazionale, C la spesa per consumi, I la spesa per investimenti, X le esportazioni e M le importazioni.

2.5 Il principio del moltiplicatore
Il **moltiplicatore** è un coefficiente di crescita del reddito, cioè un numero che indica quante volte aumenta il reddito in conseguenza di una spesa autonoma. Il valore del moltiplicatore è tanto più alto quanto più alta è la **propensione al consumo** della collettività.

2.6 La politica keynesiana a sostegno della domanda
Secondo la visione keynesiana, **lo Stato deve intervenire a sostegno della domanda aggregata**, quando i consumi e gli investimenti privati non bastano ad assicurare la piena occupazione dei fattori produttivi. La spesa pubblica ha il compito di colmare la differenza fra il reddito di piena occupazione e quello, inferiore, di sottoccupazione.

2.7 L'equilibrio del reddito nazionale
L'**equilibrio del reddito nazionale** si ottiene quando l'offerta globale (Y) uguaglia la domanda globale (C+I). Se l'offerta globale è superiore alla domanda globale [Y > C + I] si ha un **vuoto deflazionistico**. Se l'offerta globale è inferiore alla domanda globale [Y < C + I] si ha un **vuoto inflazionistico**.

2.8 L'intervento dello Stato nell'economia
In economia lo Stato deve svolgere alcuni compiti essenziali. Prende il nome di **politica economica** l'insieme di interventi pubblici nell'economia per raggiungere fini di interesse generale.

2.9 Pro e contro l'intervento pubblico
L'intervento dello Stato ha tuttavia dei limiti. L'eccessivo intervento pubblico ha dilatato i **deficit di bilancio** dello Stato. Ciò ha determinato un notevole aumento del **debito pubblico** e provocato **inflazione**. I teorici dell'**economia dell'offerta** hanno criticato le politiche keynesiane perché alterano il meccanismo del mercato concorrenziale, limitano la libertà delle imprese e riducono la produzione.

Laboratorio

Vero / Falso — Indica se le seguenti affermazioni sono vere o false.

1. Il reddito effettivo coincide sempre con il reddito potenziale. [V] [F]
2. Nel periodo lungo le capacità produttive del sistema non possono essere aumentate e quindi l'analisi si occupa dell'utilizzazione ottimale delle potenzialità esistenti. [V] [F]
3. Per Keynes la redistribuzione di reddito a favore delle classi più povere ha l'effetto di diminuire la propensione al consumo. [V] [F]
4. Secondo Keynes l'equilibrio di piena occupazione è un caso particolare, con poche probabilità di realizzarsi in concreto. [V] [F]
5. La domanda aggregata è costituita dall'insieme di beni e servizi prodotti dalle imprese e offerti sul mercato. [V] [F]
6. La legge di Say sostiene che sono possibili le crisi di sovrapproduzione globale, mentre non sono ipotizzabili crisi di sovrapproduzione che riguardano singoli settori. [V] [F]
7. Il moltiplicatore keynesiano è indipendente dal valore della propensione al consumo. [V] [F]
8. Il reddito è di equilibrio quando la domanda aggregata uguaglia l'offerta aggregata. [V] [F]
9. Secondo Keynes lo Stato non deve intervenire nell'economia per assicurare la piena occupazione, in quanto il sistema è sempre in equilibrio. [V] [F]
10. Quando l'offerta globale è superiore alla domanda globale si ha vuoto deflazionistico, con spinta al ribasso dei prezzi. [V] [F]

modulo 5
Il reddito nazionale

Laboratorio

Scelta multipla — Completa l'affermazione scegliendo la frase corretta fra quelle proposte.

1. Se un Paese ha un reddito effettivo di 10 miliardi di euro, a fronte di un reddito potenziale di 12,5 miliardi, il suo grado di utilizzo dei fattori produttivi è pari a
   - a) 80%
   - b) 90%
   - c) 100%
   - d) 125%

2. Il raggiungimento automatico della piena occupazione dei fattori produttivi è una delle tesi della teoria
   - a) neoclassica
   - b) keynesiana
   - c) marxista
   - d) fisiocratica

3. Secondo Keynes per assicurare il pieno impiego dei fattori produttivi occorre
   - a) diminuire l'imposizione fiscale
   - b) aumentare le esportazioni
   - c) diminuire l'intervento dello Stato nell'economia
   - d) sostenere la domanda aggregata

4. Se in un anno i consumi di un Paese sono pari a 1.200 miliardi e il reddito nazionale è pari a 1.500 miliardi, la propensione media al consumo è pari a
   - a) 0,80
   - b) 1,25
   - c) 0,45
   - d) 1,70

5. Se all'aumentare del reddito da 1.500 a 1.700 miliardi, i consumi aumentano da 1.200 a 1.350 miliardi, la propensione marginale al consumo è pari a
   - a) 0,50
   - b) 0,75
   - c) 0,80
   - d) 0,90

6. Un vuoto inflazionistico provoca
   - a) un aumento dei prezzi
   - b) una diminuzione dei prezzi
   - c) un aumento degli investimenti
   - d) una diminuzione dei risparmi

7. Se la propensione media al consumo è pari a 0,75 la propensione media al risparmio sarà
   - a) 0,25
   - b) 0,50
   - c) 0,85
   - d) 1,00

8. È estraneo alla politica di sostegno della domanda globale
   - a) aumentare la propensione al consumo
   - b) aumentare la propensione al risparmio
   - c) aumentare gli investimenti pubblici
   - d) aumentare gli investimenti privati

9. La manovra del bilancio dello Stato per raggiungere obiettivi di politica economica si chiama
   - a) politica dei redditi
   - b) politica economica
   - c) politica monetaria
   - d) politica fiscale

Completamenti — Completa il brano inserendo i termini appropriati scelti tra quelli proposti.

La __domanda__ aggregata è un concetto economico di estrema importanza, perché secondo la teoria keynesiana essa determina il livello della produzione nazionale e quindi del __reddito__. Gli economisti hanno inoltre individuato una domanda di beni di investimento da parte delle imprese e dell'Amministrazione pubblica e una proveniente dall'__estero__, che dà luogo alle esportazioni; d'altro canto si sono resi conto che non tutti i beni domandati sono prodotti all'interno di un'economia, per cui dal valore totale della domanda, individuata nelle singole componenti sopra menzionate, si devono detrarre le __importazioni__, ossia il valore totale dei beni domandati all'interno e prodotti all'estero. Gli economisti definiscono quindi la domanda aggregata come la somma algebrica di consumi, __investimenti__ ed esportazioni nette, pari queste ultime alla differenza, positiva o negativa, fra esportazioni e importazioni.

Virginio Schiavetti, *Le parole de "Il Sole 24 Ore"*

domanda • estero • famiglie • importazioni • imprese • interno • investimenti • offerta • reddito

Trova l'errore — Individua l'espressione o il termine errati, e inserisci quelli corretti.

1. Il reddito nazionale potenziale è quello realmente prodotto in un certo anno, mentre il reddito nazionale effettivo è quello che viene prodotto quando tutti i fattori produttivi sono impiegati.

2. La legge degli sbocchi, detta anche legge di Say, sostiene che sono possibili crisi di sovrapproduzione, dato che la domanda di beni e servizi può essere inferiore alla quantità dei beni prodotti.

Laboratorio

Collegamenti
Associa ogni termine della prima colonna con un solo termine della seconda.

1. Politica fiscale ___B___
2. Politica monetaria ___C___
3. Politica industriale _____
4. Politica dei redditi ___A___
5. Politica commerciale _____

a. Consiste in accordi tra rappresentanti di lavoratori e di imprenditori per controllare l'aumento dei salari e dei prezzi allo scopo di combattere l'inflazione
b. Consiste nella manovra del bilancio dello Stato, agendo sulle entrate e sulle spese pubbliche, per conseguire fini di politica economica
c. Consiste nel controllo di variabili come la quantità di moneta in circolazione, i tassi di interesse e la quantità del credito per assicurare la stabilità monetaria

Domande aperte
Rispondi alle seguenti domande.

1. Che cosa si intende per capacità produttiva inutilizzata? (2.1)
2. Che cosa esprime la legge di Say? (2.2)
3. È possibile secondo Keynes un equilibrio non di piena occupazione? (2.3)
4. Da che cosa dipende il reddito nazionale secondo John M. Keynes? (2.3)
5. Quali sono le componenti fondamentali della domanda aggregata? (2.4)
6. Come si spiega il principio del moltiplicatore? (2.5)
7. Da quali fattori dipende il valore del moltiplicatore keynesiano? (2.5)
8. In che cosa consiste la politica keynesiana della spesa pubblica? (2.6)
9. Quali sono gli strumenti utilizzati dalla politica economica per raggiungere i suoi obiettivi? (2.8)
10. Quale conseguenza negativa può avere l'aumento del debito pubblico? (2.9)

summary CLIL

2.1 Income in the short run and in the long run
Income can be examined from different perspectives: in the **short term** the economic problem consists of making optimal use of available resources; in the **long term**, since productive resources may have increased, ways in which the system may be developed are studied.

2.2 The neoclassical theory of income and employment
According to **classical economists**, in free competition **full employment of productive factors is automatic**. The classical theory states that **aggregate production necessarily creates an equal quantity of aggregate demand (Say's Law)**. Say argued that an excess of supply over demand cannot occur.

2.3 The Keynesian theory
The **Keynesian theory** advocates that within an economic system **a situation of equilibrium without a full employment of productive factors may be reached**; indeed, this is the norm. For a full employment to be reached, **the State must intervene** to support the aggregate demand.

2.4 The level of national income
The **aggregate supply** is the total supply of goods or services that companies plan on selling during a specific time period. **Aggregate demand** is the total demand for final goods and services in an economy at a given time. The **equation of national income** is as follows:

$$Y = C + I + X - M$$

2.5 The principle of the economic multiplier
The **economic multiplier** is the ratio of a change in the national income to the change in government spending that causes it. The **propensity to consume** determines the value of the multiplier: the higher the propensity to consume, the higher the multiplier.

2.6 The Keynesian policy to support demand
Since, according to Keynesian economists, there is an absence of mechanisms which ensure full employment, **State intervention is necessary to support the aggregate demand**.

2.7 The equilibrium level of national income
The **equilibrium level of national income** is reached when the global supply (Y) equals the global demand (C+I). **Deflation** occurs when the global supply is higher than the global demand (Y>C+I), and **inflation** occurs when the global demand is higher than the global supply (Y< C+I).

2.8 The economic role of the State
The government plays an important role in the economy of a country. An **economic policy** refers to the actions that governments take in an economic field, to ensure a general welfare.

2.9 For and against government intervention
State intervention has, however, its limits. Excessive intervention can result in a **budget deficit**, which in turn leads to an increase in **public debt** and causes **inflation**.

modulo 5
Il reddito nazionale

unità 3

Consumi, risparmi e investimenti

DI CHE COSA PARLEREMO
Questa unità approfondisce i concetti di CONSUMO, RISPARMIO e INVESTIMENTO, che abbiamo già imparato a riconoscere come attività fondamentali dell'economia, il cui scopo ultimo è la PRODUZIONE DI BENI E SERVIZI PER IL SODDISFACIMENTO DEI BISOGNI DELLA SOCIETÀ.
Nella parte finale dell'Unità vengono illustrati i valori degli aggregati in Italia, con particolare riguardo al RUOLO DEL RISPARMIO E DEGLI INVESTIMENTI ai fini della crescita economica.

CHE COSA DEVI CONOSCERE
- Le nozioni di consumo e di risparmio
- I fondamenti della teoria classica
- I presupposti della rivoluzione keynesiana
- Il moltiplicatore keynesiano
- La distinzione tra propensione media e propensione marginale al consumo e al risparmio
- La funzione degli investimenti
- Gli obiettivi dell'imprenditore

CHE COSA IMPARERAI
- Che cos'è la propensione al consumo e al risparmio
- La differenza tra attività finanziarie e attività reali
- Cosa si intende con "propensione media" e "marginale" al consumo e al risparmio
- Che cosa indica l'efficienza marginale del capitale
- Qual è la differenza tra investimenti lordi e netti
- Che cosa contraddistingue l'imprenditore innovatore

CHE COSA SAPRAI FARE
- Esporre la concezione del consumo nella teoria tradizionale
- Spiegare la nuova visione dei consumi introdotta da Keynes
- Definire le funzioni del risparmio e degli investimenti
- Individuare la dimensione ottima degli investimenti
- Illustrare i valori dei consumi, dei risparmi e degli investimenti in Italia

3.1 Uno sguardo d'insieme

La domanda aggregata

La spesa per consumi e la spesa per investimenti sono le componenti che formano la **domanda aggregata**. Esse dipendono, rispettivamente, dalle decisioni dei diversi operatori del sistema economico.

Consumi e risparmio Le famiglie, dalla partecipazione al processo produttivo, ottengono un reddito che viene utilizzato in parte per l'acquisto dei beni e servizi necessari al soddisfacimento dei bisogni, in parte accantonata a scopo prudenziale per esser usata in futuro. Come già abbiamo visto (v. Mod. 2,

unità 3 ■ Consumi, risparmi e investimenti

par. 1.4) quest'ultima parte, che costituisce il **risparmio**, può essere destinata all'acquisizione di:

■ **attività finanziarie**, se serve al finanziamento diretto della produzione (attraverso l'acquisto di azioni e obbligazioni in Borsa), oppure viene depositato in banca e da questa incanalato al finanziamento delle imprese;

■ **attività reali**, se serve all'acquisto di beni durevoli, come case, metalli preziosi, gioielli.

▲ L'acquisto di un gioiello può costituire anche una forma di investimento per il futuro.

Diversa propensione al consumo

Le spese di consumo sono influenzate sia dal livello del reddito, sia dalla sua distribuzione tra salari e profitti. La propensione al consumo è infatti più alta per i lavoratori (la cui spesa per consumi assorbe una frazione più elevata del reddito) che per i titolari dei redditi di capitale-impresa (che hanno maggiori possibilità di risparmiare).

Risparmio e investimenti

Il risparmio serve a finanziare gli investimenti in nuovi macchinari e in nuovi stabilimenti industriali: le imprese, infatti, si finanziano ottenendo dalle banche (o da altri intermediari finanziari) i capitali necessari per acquistare i beni strumentali desiderati, oppure offrendo azioni e obbligazioni in Borsa.

Le imprese effettuano gli investimenti per ottenere un aumento dei profitti. **Gli investimenti dipendono, quindi, dalle previsioni degli imprenditori sui profitti attesi.** Tali previsioni sono legate, a loro volta, alle aspettative sulla domanda futura. Nel decidere gli investimenti gli imprenditori tengono conto del grado di utilizzo della capacità produttiva esistente: se infatti prevedono un aumento della domanda, ma gli impianti sono solo parzialmente utilizzati, non investiranno in capitale fisso ma in capitale circolante per utilizzare al meglio la capacità produttiva disponibile. Si tenga tuttavia presente che le decisioni di investimento dipendono non solo dalle prospettive di profitti futuri, ma anche dalla propensione al rischio degli imprenditori.

Gli interventi nel breve e nel lungo periodo

In generale, nel **breve periodo**, gli investimenti non sono diretti ad aumentare la capacità produttiva; nel **lungo periodo**, invece, se si prevede che il mercato possa assorbire una produzione superiore a quella consentita dagli impianti, si cercherà di aumentare anche il capitale fisso.

Gli investimenti in nuovi impianti hanno un ruolo propulsivo sull'intero sistema economico, in quanto aumentano la capacità produttiva e in definitiva determinano lo sviluppo di un Paese.

La teoria neoclassica

Teoria neoclassica e teoria keynesiana Secondo i neoclassici le famiglie decidono prioritariamente il risparmio, che è tanto più alto quanto maggiore è il tasso di interesse. Anche le decisioni di investimento degli imprenditori dipendono dal tasso di interesse: quanto più è basso, tanto maggiore è l'investimento. Pertanto, se il tasso di interesse è alto, i risparmiatori sono indotti a risparmiare, mentre gli imprenditori sono scoraggiati dall'investire, e viceversa. Secondo i neoclassici, **il tasso d'interesse è il prezzo dei capitali**, e ne assicura l'equilibrio, cioè l'uguaglianza:

$$\boxed{\text{RISPARMIO}} = \boxed{\text{INVESTIMENTI}}$$

P Propensione al rischio Dato che il profitto dipende da eventi incerti, l'imprenditore può anche incorrere in perdite; la sua capacità di "scommettere sul futuro" varia quindi in funzione della sua psicologia, della sua valutazione sulle prospettive future della sua attività, in particolare sul livello del profitto atteso.

modulo 5
Il reddito nazionale

La teoria keynesiana

Per Keynes, invece, il risparmio e l'investimento dipendono da variabili diverse: il risparmio dipende dal livello del reddito, l'investimento dalle aspettative di profitto degli imprenditori e dal tasso di interesse. Appunto per questo, secondo i keynesiani, il sistema presenta un intrinseco carattere di instabilità.

3.2 I consumi secondo la teoria tradizionale

Dato che i consumi (e di conseguenza i risparmi) di una collettività dipendono dalle scelte dei singoli soggetti, influenzate da innumerevoli fattori, è evidente che per capire come variano nel tempo dobbiamo far ricorso alle scienze che studiano le motivazioni del comportamento umano, come la psicologia e la sociologia. Non stupisce, quindi, che questa parte dell'economia sia caratterizzata da una forte interdisciplinarità.

Lo studio del comportamento del consumatore ha attraversato due distinte fasi, che si possono sintetizzare come segue:

| ANALISI TRADIZIONALE | ANALISI KEYNESIANA |

Secondo l'analisi tradizionale (scuola classica), **la spesa per l'acquisto di beni di consumo varia in funzione inversa al tasso di interesse**: quando il tasso di interesse è alto, le famiglie risparmiano di più e consumano di meno; quando invece è basso, le famiglie risparmiano di meno e consumano di più.

3.3 La funzione keynesiana del consumo

Secondo Keynes il consumo non dipende dal tasso di interesse, come ritenevano i neoclassici, ma dal livello del reddito. Le posizioni dei neoclassici e di Keynes si possono così sintetizzare:

| FUNZIONE DEL CONSUMO SECONDO I NEOCLASSICI | FUNZIONE DEL CONSUMO SECONDO KEYNES |
| $C = C(i)$ | $C = C(Y)$ |

Due teorie contrapposte

Le due diverse formulazioni consentono di evidenziare a prima vista i diversi fattori esplicativi dei consumi: **secondo la teoria tradizionale è il tasso di interesse che determina il livello dei consumi; secondo Keynes è invece il livello del reddito.**

Osserva Keynes che «di norma e in media gli uomini sono disposti ad accrescere il loro consumo con l'aumentare del reddito, ma non tanto quanto è l'aumento del loro reddito». Ciò significa che:
- il consumo è una funzione crescente del reddito, cioè cresce all'aumentare del reddito;
- il consumo cresce in modo meno che proporzionale all'aumentare del reddito, cioè a un dato aumento del reddito corrisponde un aumento dei consumi più moderato.

L'acquisto di un bene di lusso, come un'auto sportiva, è indice di un elevato livello di reddito.

Interdisciplinarità Riguarda gli argomenti che coinvolgono più discipline. L'analisi del comportamento del consumatore è un tipico campo di ricerca interdisciplinare: si basa infatti su diversi saperi, dato che le sue scelte sono motivate non solo da variabili economiche, ma anche da quelle comportamentali, cioè psicologiche e sociologiche.

256

unità 3 ■ Consumi, risparmi e investimenti

La **teoria keynesiana del consumo** afferma che al crescere del reddito aumentano anche i consumi, ma in misura meno che proporzionale rispetto al reddito.

Per capire la funzione keynesiana del consumo occorre introdurre i concetti di propensione marginale al consumo e di propensione marginale al risparmio.

Propensione marginale al consumo

La **propensione marginale al consumo** è il rapporto fra l'incremento del consumo e l'incremento del reddito.

Essa si calcola applicando la formula:

$$c_{ma} = \frac{\Delta C}{\Delta Y}$$

dove ΔC rappresenta l'incremento del consumo e ΔY l'incremento del reddito.

Propensione marginale al risparmio

La **propensione marginale al risparmio** è il rapporto fra l'incremento del risparmio e l'incremento del reddito.

Essa si calcola applicando la formula:

$$s_{ma} = \frac{\Delta S}{\Delta Y}$$

dove ΔS rappresenta l'incremento del risparmio e ΔY l'incremento del reddito.

La dinamica della **propensione marginale al consumo**, e conseguentemente di quella al risparmio, all'aumentare del reddito, può evidenziarsi con un semplice esempio numerico. Nella tabella che vediamo qui sotto sono stati riportati nelle prime tre colonne valori ipotetici del reddito, del consumo e del risparmio, mentre nelle ultime due colonne sono stati calcolati i valori della propensione marginale al consumo (c_{ma}) e al risparmio (s_{ma}).

Y	C	S	c_{ma}	s_{ma}
1.000	900	100	–	–
1.200	1.050	150	0,750	0,250
1.400	1.190	210	0,700	0,300
1.600	1.320	280	0,650	0,350
1.800	1.440	360	0,600	0,400

Consumi e risparmio

Come si nota, le serie dei consumi, del risparmio e del reddito aumentano contemporaneamente; ma mentre i consumi aumentano meno che proporzionalmente all'aumentare del reddito, i risparmi aumentano in misura più che proporzionale all'aumentare del reddito. Quindi, la propensione marginale al consumo diminuisce e quella al risparmio aumenta all'aumentare del reddito.

Pertanto, a ogni incremento di reddito la collettività spende in beni di consumo una frazione di reddito gradualmente minore, come indicato nel grafico qui a destra. La retta a 45° che esce dall'origine degli assi indica tutti i punti in cui il consumo è esattamente uguale al reddito (perché ogni punto sulla retta ha la stessa distanza dagli assi cartesiani che riportano i livelli dei consumi e del reddito).

Il grafico esprime la **funzione keynesiana del consumo**, secondo cui il consumo (C) aumenta

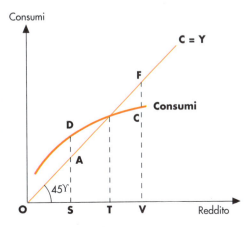

modulo 5
Il reddito nazionale

all'aumentare del reddito (Y), ma in misura meno che proporzionale rispetto all'aumento del reddito in quanto **la propensione marginale al consumo è decrescente.**

Tre ipotesi

A seconda del livello del reddito si possono avere tre distinte situazioni:
- **i consumi sono maggiori del reddito (C > Y):** in questo caso le famiglie si indebitano per finanziare i propri consumi. Nel grafico, se il reddito è OS = OA, il segmento AD rappresenta il risparmio negativo;
- **i consumi sono uguali al reddito (C = Y):** in questo caso non si ha formazione di risparmio. Nel grafico, si ha tale situazione quando il reddito è OT;
- **i consumi sono inferiori al reddito (C < Y):** in questo caso si ha formazione di risparmio. Se il reddito è OV, il segmento VC rappresenta i consumi e il segmento CF il risparmio.

Se a una famiglia affluisce un reddito annuo di 30.000 euro, si possono verificare tre diverse situazioni:
a) i suoi consumi annuali sono pari a 32.000 euro: la famiglia si deve indebitare per 2.000 euro all'anno;
b) i suoi consumi annuali sono pari a 30.000 euro: la famiglia non fa debiti e non risparmia;
c) i suoi consumi annuali sono pari a 26.000 euro: la famiglia risparmia 4.000 euro all'anno.

IN pratica

3.4 Il risparmio

Risparmio come reddito non consumato

Dato che il risparmio è reddito non consumato, è facile capire che **le variabili che determinano i consumi sono le stesse che determinano i risparmi.** Quindi, ricordando quello che è stato detto nei precedenti par. 3.2 e 3.3, si ha:
- **secondo i classici e i neoclassici il risparmio è funzione crescente del tasso di interesse:** all'aumentare di tale tasso aumentano i risparmi, attratti dalla maggiore remunerazione;
- **secondo Keynes il risparmio è funzione crescente del reddito:** infatti, al crescere del reddito, i risparmi aumentano in misura più che proporzionale rispetto al reddito.

Le due posizioni si possono così sintetizzare:

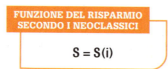 

dove S è il risparmio, i il tasso di interesse, Y il reddito. Quindi **secondo la teoria tradizionale è il tasso di interesse che determina il livello del risparmio; secondo Keynes, invece, i risparmi dipendono dal livello del reddito.**

Teoricamente il risparmio totale è la somma del risparmio delle famiglie, delle imprese e dello Stato, secondo il seguente schema:

Risparmio privato

Attualmente nella realtà italiana, **il risparmio proviene quasi esclusivamente dalle famiglie;** il risparmio delle imprese si è attestato a livelli piuttosto bassi a causa degli scarsi profitti, e ora tende a diminuire ulteriormente per effetto della crisi economica.

unità **3** ■ Consumi, risparmi e investimenti

Risparmio pubblico

Il risparmio pubblico È dato dalla differenza fra le entrate correnti dello Stato (costituite essenzialmente dai tributi pagati da famiglie e imprese) e le spese correnti (costituite dalle spese sostenute dallo Stato per offrire i servizi pubblici). Come vedremo nel par. 3.7, nel nostro Paese non si ha formazione di risparmio pubblico, in quanto le spese correnti superano sistematicamente le entrate correnti, creando uno dei maggiori debiti pubblici dei Paesi industrializzati.

3.5 Gli investimenti

▲ Alcuni settori per rimanere competitivi richiedono ingenti investimenti in ricerca e sviluppo.

La seconda componente della domanda aggregata – oltre alla spesa per consumi già esaminata – è costituita dalla spesa per investimenti.

> Gli **investimenti** sono costituiti dalle somme impiegate per aumentare i beni capitali durevoli (come macchinari, impianti, opere pubbliche ecc.), utilizzati nel processo produttivo allo scopo di ottenere una quantità di beni e servizi maggiore di quella impiegata.

Gli investimenti si possono classificare come segue:
- **investimenti fissi**, costituiti dal capitale impiegato per l'acquisto di attività immobilizzate che servono per più cicli produttivi (macchinari, impianti ecc.);
- **investimenti in scorte**, costituiti dal capitale destinato all'acquisto dei beni che non formano il capitale fisso, ma sono impiegati nel processo produttivo (materie prime, semilavorati, prodotti intermedi);
- **investimenti immateriali**, costituiti da acquisti di brevetti, diritti d'autore, spese per ricerca e sviluppo (R & S), pubblicità ecc.

Investimenti nel capitale umano

Rientrano negli investimenti immateriali anche le **spese per il capitale umano** (istruzione, formazione professionale), che aumentano notevolmente la produttività del lavoro.

Gli investimenti possono essere privati o pubblici: i primi sono realizzati dalle imprese private per conseguire un profitto, i secondi sono realizzati dallo Stato per produrre i servizi pubblici.

Il movente degli investimenti Gli investimenti privati sono il frutto delle autonome scelte dell'imprenditore. Gli investimenti delle imprese dipendono dalle previsioni effettuate dagli imprenditori sul futuro andamento delle vendite: essi sono in funzione dei ricavi attesi, e quindi in definitiva **sono i profitti a costituire il movente degli investimenti**.

Il rischio d'impresa

L'**elemento rischio** è connesso a qualsiasi atto di investimento, in quanto non è possibile calcolare a priori l'andamento delle vendite, e quindi ciò che rende un investimento. L'imprenditore deve perciò stimare una serie di eventi futuri, in base a elementi scarsamente noti e suscettibili di cambiamento. Da qui la prevalenza di elementi soggettivi su quelli oggettivi nelle decisioni di investimento: per questo Keynes ha chiamato gli stimoli all'investimento **spiriti animali**, intendendo con ciò affermare che le motivazioni all'investimento sono un insieme di elementi razionali e irrazionali (vedi lettura a fine modulo).

E Entrate correnti - Spese correnti Le *entrate correnti* si realizzano regolarmente ogni anno e sono costituite dai tributi pagati allo Stato dalle famiglie e dalle imprese (si differenziano dalle *entrate straordinarie*, che ricorrono saltuariamente, in relazione a nuove e impreviste esigenze di spesa). Le *spese correnti* riguardano la produzione dei servizi pubblici: prestazioni sociali (sanità, previdenza e assistenza), salari e stipendi dei dipendenti pubblici, pagamento degli interessi sui titoli del debito pubblico.

R R & S - Ricerca e sviluppo Settore dell'impresa (uomini, impianti e risorse finanziarie) dedicato allo studio delle innovazioni tecnologiche. Nei Paesi avanzati gli investimenti in ricerca e sviluppo sono molto alti (ad esempio negli USA le imprese *hi-tech* investono in questa attività fino al 7% del fatturato, per raggiungere il 40% nelle aziende più aggressive). Le innovazioni possono riguardare sia le tecniche usate per ottenere un prodotto (*innovazioni di processo*), sia il prodotto stesso (*innovazioni di prodotto*).

259

modulo 5
Il reddito nazionale

PER capire meglio

Gli investimenti nel capitale umano

Le spese sostenute per aumentare la capacità professionale dei lavoratori hanno ricadute benefiche, in quanto aumentano la produttività del lavoro. Come il capitale fisico, **anche il capitale umano è soggetto a spese iniziali e ad obsolescenza**; a esso si possono quindi applicare i concetti di investimenti iniziali e per manutenzione (**formazione permanente degli adulti, riqualificazione professionale**).

Formazione di base. Nelle moderne società, dove le risorse umane giocano un ruolo strategico, **l'istruzione è la più importante forma di investimento**, perché arricchisce il capitale umano, costituito dall'insieme di capacità professionali derivante dalle conoscenze, esperienze e cultura acquisite a scuola o sul lavoro. Per accedere al mondo del lavoro occorre una **maggior formazione di base**. Una recente indagine della Federazione degli Industriali del Veneto ha evidenziato che su 66 gruppi di figure professionali, solo 3 necessitano di una formazione che si ferma all'attuale obbligo scolastico. La maggior parte delle figure professionali richiede un diploma di scuola secondaria superiore e molte figure necessitano di una formazione post-secondaria. Questo dato è particolarmente significativo se si pensa che in Italia oltre il 10% della forza lavoro è ancora privo del diploma di terza media. Nel nostro Paese la formazione è ancora molto carente: vanno urgentemente rilanciati l'orientamento scolastico e la formazione continua.

Labour mismatch. In Italia la disoccupazione è elevata, ma le imprese incontrano spesso difficoltà a reperire le figure professionali adatte. È questo il fenomeno detto del *labour mismatch*, che aggrava notevolmente il problema della disoccupazione. Le aziende tedesche (BMW, Bayer, Opel, grandi banche) hanno sperimentato con successo una nuova strada della formazione, impiegando studenti universitari (soprattutto di economia e ingegneria), pagandoli e consentendo loro di completare gli studi. La strategia è di sviluppare capacità di lavoro in grado di evolversi in vista di un impiego più flessibile. È infatti una forma di investimento anche l'apprendimento sul posto di lavoro, soprattutto nei sistemi industriali complessi, dove la professionalità si acquisisce dopo lunga esperienza.

3.6 La dimensione ottima degli investimenti

> **Il livello degli investimenti** dipende da un confronto fra i profitti attesi, che l'investimento consente, e i costi che si devono sostenere per poterlo effettuare.

Profitti attesi Consideriamo ora come l'imprenditore può determinare i profitti attesi dall'investimento (per esempio un impianto industriale).

L'investimento permette ogni anno di realizzare dei ricavi, i quali – depurati dei costi di esercizio dell'impianto – costituiscono un **flusso di rendimenti futuri attesi dall'imprenditore**. Chiamiamo questi rendimenti annuali $R_1, R_2 ... R_n$ (con n indichiamo la durata presumibile in anni dell'impianto).

Efficienza marginale del capitale

Introduciamo ora il concetto di *efficienza marginale del capitale*, elaborato da Keynes e oggi di uso corrente.

> Per **efficienza marginale del capitale** (o dell'investimento) si intende il tasso di sconto da applicarsi al flusso futuro dei rendimenti attesi da un certo investimento, in maniera che il valore attuale di tale flusso uguagli il costo iniziale dell'investimento.

Quindi, se indichiamo con I il costo iniziale dell'investimento, si avrà:

$$I = \frac{R_1}{1+e} + \frac{R_2}{(1+e)^2} + ... + \frac{R_n}{(1+e)^n}$$

dove e indica l'*efficienza marginale del capitale*, cioè il **tasso di profitto atteso**.

unità **3** ■ Consumi, risparmi e investimenti

Dinamica dell'efficienza marginale

L'imprenditore avrà convenienza a investire solo se l'efficienza marginale del capitale sarà superiore o pari al tasso d'interesse.

L'efficienza marginale del capitale è decrescente, cioè diminuisce all'aumentare dei capitali investiti. Ciò sia perché, dopo un certo punto, l'impresa entra nella fase dei costi crescenti (*legge dei rendimenti decrescenti*), sia perché l'investimento determina un aumento del volume di prodotti, che si possono vendere solo riducendone il prezzo. Si osservi che, dal punto di vista macroeconomico, la decrescenza dell'efficienza marginale del capitale deriva anche dal lato dell'offerta, in quanto un aumento di domanda di questi beni di investimento determina un aumento del prezzo che l'imprenditore deve pagare per effettuare gli investimenti stessi.

L'intermediazione bancaria

Costo dell'investimento Dato che nelle economie evolute i centri di decisione dell'investimento non coincidono con i centri che risparmiano (i risparmi sono in prevalenza effettuati dalle famiglie, mentre le decisioni relative all'investimento competono alle imprese), sono gli **intermediari finanziari, cioè le banche**, che provvedono a raccogliere i risparmi dalle famiglie e a finanziare con prestiti il sistema imprenditoriale: le imprese prendono a prestito il capitale dalle banche, pagando alle stesse un certo interesse.

Equilibrio dell'imprenditore

Posizione di equilibrio Il problema dell'imprenditore è quello di massimizzare la differenza fra il rendimento e il costo dell'investimento.

> Applicando il ragionamento marginale l'**investimento ottimo** sarà quello che rende uguali il ricavo marginale dell'investimento, cioè l'efficienza marginale del capitale, e il costo marginale del capitale, cioè il tasso corrente di interesse.

Nella figura in basso a sinistra abbiamo riportato sull'asse delle ordinate il tasso di interesse (i); sull'asse delle ascisse la quantità di capitale investito (I), mentre la curva (e) rappresenta l'efficienza marginale del capitale, che ha andamento decrescente, secondo quanto già abbiamo detto. Il tasso di interesse (i) è per semplicità supposto costante, come avviene in regime di concorrenza perfetta (se il mercato non è in regime di concorrenza perfetta, il tasso di interesse sarà crescente all'aumentare dei capitali presi a prestito, per i maggiori rischi che il creditore deve affrontare in relazione alla concentrazione di crediti concessi a un solo imprenditore).

Dimensione ottima dell'investimento

La dimensione ottima dell'investimento corrisponde a OK, cioè all'intersezione della curva dell'efficienza marginale del capitale con la linea dell'interesse.

> La **quantità ottima dell'investimento** è in funzione dell'efficienza marginale del capitale e del tasso di interesse.

❯ A sinistra, dimensione ottima dell'investimento. A destra, aumento della linea dell'interesse.

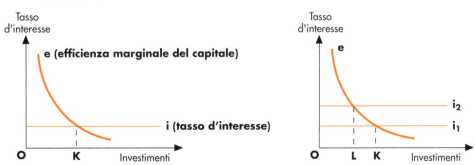

Variazioni del livello di questi due fattori determinano spostamenti nella quantità ottima di capitale investito. Nella figura qui sopra a destra abbiamo ipotizzato una trasposizione verso l'alto della linea dell'interesse che passa da i_1 a i_2: in questo caso si vede che gli investimenti scendono da OK a OL.

modulo 5
Il reddito nazionale

Quindi, un più alto tasso di interesse riduce la quantità di capitale investito nella produzione.

IN pratica

Un imprenditore ha calcolato che l'efficienza marginale del capitale relativa a un certo investimento è pari al 5%. Se il tasso di interesse che la banca gli chiede per concedergli un prestito è, poniamo, del 4,5%, l'investimento è per lui conveniente.

3.7 Consumi, risparmi e investimenti in Italia

Nel 2016 l'82,7% del reddito nazionale lordo del nostro Paese è stato speso per i consumi, il resto è stato risparmiato e investito.

Consumi

I **consumi** comprendono i **consumi delle famiglie** e i **consumi collettivi**. I primi sono costituiti dalle spese sostenute dalle famiglie per l'acquisizione di beni e servizi per il soddisfacimento dei loro bisogni. I secondi, invece, sono rappresentati dalle spese sostenute dallo Stato per soddisfare i bisogni fondamentali della collettività, quali l'istruzione, la sanità, la difesa, la giustizia.

▲ I consumi delle famiglie costituiscono una voce importante dell'economia nazionale.

Risparmi

I **risparmi** comprendono il **risparmio privato** e il **risparmio pubblico**. Mentre il risparmio delle famiglie è rimasto ancora elevato, lo Stato ha registrato risparmi negativi (*disavanzi di bilancio*), indebitandosi verso i privati: infatti le spese non coperte dalle entrate devono essere finanziate aumentando il debito pubblico.

Ammortamento

Il risparmio è destinato in parte agli **investimenti netti**, cioè all'accrescimento della dotazione nazionale di macchine, attrezzature, costruzioni, mezzi di trasporto e scorte. Un'altra parte è destinata agli **ammortamenti**, che sono gli accantonamenti per sostituzione di impianti, attrezzature e fabbricati consumati nel processo produttivo, o comunque superati sotto l'aspetto tecnico o della convenienza economica (obsolescenza).

La situazione italiana è rappresentata dal diagramma qui a fianco.

Gli investimenti per lo sviluppo

È evidente l'importanza degli investimenti ai fini della crescita e dello sviluppo economico, perché grazie ad essi è possibile aumentare lo stock di capitale e quindi la capacità produttiva del Paese. Se confrontiamo gli investimenti del nostro Paese rispetto a quelli dei Paesi nostri concorrenti, notiamo che in Italia i valori sono mediamente più bassi: ciò significa che non si investe a sufficienza sia per la manutenzione delle strutture esistenti, sia per le nuove attrezzature.

La distribuzione del reddito nazionale (2016)
- Consumi collettivi 19,6%
- Consumi delle famiglie 63,1%
- Investimenti lordi 17,3%

○ Obsolescenza Invecchiamento di macchine e impianti che, pur risultando ancora funzionanti, sono meno efficienti rispetto ai nuovi modelli tecnologicamente più avanzati. Gli impianti obsoleti devono essere sostituiti perché l'impresa non venga a trovarsi in svantaggio rispetto alla concorrenza, in quanto le macchine in uso sono dotate di una minore capacità produttiva o non sono in grado di effettuare particolari lavorazioni.

INsintesi

3.1 Uno sguardo d'insieme
Le componenti più importanti della domanda aggregata sono la **spesa per consumi** e la **spesa per investimenti**. Il **risparmio** è il reddito non consumato. Esso finanzia gli investimenti, che dipendono essenzialmente dal profitto atteso. Per la teoria tradizionale il **tasso di interesse** è il prezzo che assicura l'equilibrio fra risparmi e investimenti. Per Keynes, invece, risparmi e investimenti dipendono da variabili diverse, e perciò il sistema è intrinsecamente instabile.

3.2 I consumi secondo la teoria tradizionale
Secondo le scuole classica e neoclassica **la spesa per l'acquisto di beni di consumo varia in funzione inversa al tasso di interesse**.

3.3 La funzione keynesiana del consumo
Secondo Keynes **i consumi non dipendono dal tasso di interesse, ma dal livello del reddito**. I consumi aumentano all'aumentare del reddito, ma in misura meno che proporzionale all'aumentare del reddito stesso.

3.4 Il risparmio
Secondo la teoria tradizionale **il risparmio dipende dal tasso di interesse**, mentre secondo Keynes **il risparmio dipende dal livello del reddito**, e cresce in misura più che proporzionale rispetto al reddito stesso. In Italia è elevato il risparmio delle famiglie, mentre il risparmio pubblico è negativo.

3.5 Gli investimenti
Gli **investimenti** sono le risorse impiegate nei beni capitali (macchinari, impianti, brevetti, scorte), utilizzati nel processo produttivo.
Gli investimenti dipendono dalle previsioni degli imprenditori sui profitti futuri. A qualsiasi atto di investimento è connesso un **rischio**, perché non è possibile prevedere l'andamento delle vendite, e quindi dei profitti futuri.

3.6 La dimensione ottima degli investimenti
L'imprenditore estenderà gli investimenti finché il tasso di profitto atteso dall'investimento (e cioè l'**efficienza marginale del capitale**) sarà uguale al tasso di interesse (costo marginale del capitale). Si arriva così alla **dimensione ottima dell'investimento**.

3.7 Consumi, risparmi e investimenti in Italia
In Italia i **consumi** raggiungono quasi l'83% del reddito; la parte restante costituisce i **risparmi** ed è destinata agli investimenti. Nel nostro Paese gli **investimenti** sono mediamente più bassi rispetto agli altri Paesi industrializzati; questa caratteristica del nostro sistema economico rappresenta **un serio limite** che deve essere superato.

Vero / Falso
Indica se le seguenti affermazioni sono vere o false.

1. La propensione al risparmio è più alta per i lavoratori che per i titolari dei redditi di capitale. [V] [F̶]
2. Secondo i classici il risparmio è funzione ~~inversa~~ *CRESCENTE* del tasso di interesse. [V] [F̶]
3. La propensione marginale al risparmio è il rapporto fra gli incrementi del reddito e del risparmio. [V̶] [F]
4. Quando i consumi sono ~~uguali~~ *MAGGIORI* al reddito si ha risparmio negativo. [V] [F̶]
5. Il risparmio dello Stato è dato dalla differenza fra entrate correnti e spese correnti. [V̶] [F]
6. Il debito pubblico di un Paese risulta dalla somma totale dei deficit di bilancio, originati ogni anno dalla differenza fra le spese e le entrate dello Stato. [V̶] [F]
7. L'efficienza marginale del capitale è il tasso di sconto che si deve applicare al flusso futuro dei rendimenti attesi da un certo investimento, il modo che il suo valore attuale sia uguale al costo iniziale dell'investimento. [V̶] [F]
8. Gli investimenti fissi sono quelli diretti ad acquistare i beni utilizzati nel processo produttivo, come le materie prime e i semilavorati. [V̶] [F]
9. Gli investimenti immateriali riguardano gli acquisti di brevetti, diritti di autore e in generale le spese in R & S. [V̶] [F]
10. Un investimento è conveniente per l'impresa se il tasso di interesse è ~~maggiore~~ *INFERIORE* dell'efficienza marginale del capitale. [V] [F̶]

Scelta multipla
Completa l'affermazione scegliendo la frase corretta fra quelle proposte.

1. Secondo gli economisti classici sia il risparmio che gli investimenti dipendono dal
   - [a] livello del reddito
   - [b̶] tasso di interesse
   - [c] profitto atteso
   - [d] moltiplicatore

2. Secondo la teoria economica di Keynes il risparmio dipende dal
   - [a̶] livello del reddito
   - [b] tasso di interesse
   - [c] profitto atteso
   - [d] livello del debito pubblico

modulo 5
Il reddito nazionale

Laboratorio

3. La teoria keynesiana del consumo afferma che, al crescere del reddito, i consumi rispetto al reddito
   - a aumentano in misura più che proporzionale
   - b diminuiscono in misura meno che proporzionale
   - c diminuiscono in misura più che proporzionale
   - d aumentano in misura meno che proporzionale ✗

4. La dimensione ottima degli investimenti si ha in corrispondenza dell'uguaglianza fra
   - a l'efficienza marginale del capitale e il tasso di interesse ✗
   - b il ricavo medio dell'investimento e il costo medio del capitale
   - c ricavi totali e costi fissi totali
   - d ricavi totali e costi variabili totali

5. All'aumentare dei capitali investiti l'efficienza marginale del capitale
   - a aumenta
   - b diminuisce ✗

6. Gli investimenti effettuati dagli imprenditori aumentano quando
   - a aumenta la domanda ✗
   - b aumentano i tassi di interesse
   - c aumenta il costo del lavoro
   - d aumentano le imposte

7. Oggi in Italia il risparmio proviene principalmente dall'operatore
   - a Stato
   - b imprese
   - c banche
   - d famiglie ✗

8. Il capitale impiegato per acquistare immobilizzazioni che servono per più cicli produttivi costituisce un investimento
   - a in scorte
   - b immateriale
   - c in capitale umano
   - d fisso ✗

Completamenti — Completa il brano inserendo i termini appropriati scelti tra quelli proposti.

Il volume degli investimenti di un'impresa è legato all'efficienza MARGINALE del capitale. Cosa vuol dire questo? Supponiamo che un certo progetto di investimento dia nel tempo, mettiamo nei prossimi 15 anni, certi frutti; e supponiamo che questo progetto abbia oggi certi costi. Vale la pena di lanciarsi in questa avventura? Per saperlo dobbiamo confrontare i frutti futuri con i COSTI presenti. Allora, elenchiamo sulla carta i frutti futuri (sono calcoli da fare a tavolino, perché naturalmente i frutti futuri possono essere solo previsti), facciamo la somma e confrontiamola con i costi PRESENTI Per fare questo calcolo dobbiamo tenere presente l'elemento tempo.

I costi sono sopportati oggi, mentre i frutti ci saranno solo nel futuro. E il tempo è denaro: il tempo ha un prezzo, e questo prezzo è il tasso di INTERESSI E allora i frutti futuri devono essere riportati al presente, con un'operazione di "sconto" perfettamente analoga a quella che fa la banca quando sconta delle CAMBIALI Ebbene, quel particolare tasso di interesse che rende uguali i frutti futuri e i costi presenti si chiama "efficienza marginale del CAPITALE". Essa va raffrontata con il tasso di interesse di mercato, quello che l'imprenditore paga per procurarsi i capitali necessari. L'investimento CONVIENE solo se il primo è superiore al secondo.

cambiali ▪ capitale ▪ conviene ▪ costi ▪ futuri ▪ interesse ▪ marginale ▪ media ▪ presenti ▪ ricavi

---

Trova l'errore — Individua l'espressione o il termine errati, e inserisci quelli corretti.

1. Il risparmio è costituito dalle somme impiegate per aumentare i beni capitali durevoli, utilizzati nel processo produttivo allo scopo di ottenere una quantità di beni e servizi maggiore di quella impiegata.

2. Secondo la teoria sostenuta dalla Scuola neoclassica i risparmi dipendono dal livello del reddito, secondo Keynes dipendono invece dal tasso di interesse vigente sul mercato.

unità 3 ■ Consumi, risparmi e investimenti

Laboratorio

Collegamenti — Associa ogni termine della prima colonna con un solo termine della seconda.

1. Investimenti fissi _____
2. Propensione marginale al consumo _____
3. Propensione marginale al risparmio _____
4. Teoria keynesiana del consumo _____
5. Efficienza marginale del capitale _____

a. Rapporto fra l'incremento del reddito e l'incremento del risparmio
b. Risorse impiegate per aumentare i beni capitali durevoli (come macchinari o impianti), utilizzate nel processo produttivo per ottenere una quantità di beni e servizi maggiore di quella impiegata
c. Rapporto fra l'incremento del consumo e l'incremento del reddito
d. All'aumentare del reddito il consumo aumenta, ma in misura meno che proporzionale rispetto al reddito
e. Rapporto fra l'incremento del reddito e l'incremento del consumo
f. All'aumentare del reddito il consumo aumenta, ma in misura più che proporzionale rispetto al reddito
g. Rapporto fra l'incremento del risparmio e l'incremento del reddito

Domande aperte — Rispondi alle seguenti domande.

1. Quali sono le componenti fondamentali della domanda aggregata? (3.1)
2. Perché secondo Keynes il sistema è instabile? (3.1)
3. Da che cosa dipendono i consumi globali secondo Keynes? (3.3)
4. Come viene calcolata la propensione marginale al consumo? (3.3)
5. Come si può definire il risparmio? (3.4)
6. Da che cosa dipendono gli investimenti? (3.5)
7. Come si classificano gli investimenti? (3.5)
8. Se aumenta il tasso di interesse, gli investimenti aumentano o diminuiscono? (3.6)
9. Sono importanti gli investimenti per lo sviluppo economico? (3.7)
10. Gli investimenti netti in Italia sono più alti rispetto a quelli degli altri Paesi? (3.7)

summary — CLIL

3.1 An overview
The most important components of aggregate demand are **consumption** and **investment**. **Savings** are income not spent: they fund investments, which depend on expected profits. The **interest rate** is a price which guarantees equilibrium between savings and investment. According to **Keynes**, however, savings and investments depend on different variables, thus **the system is intrinsically unstable**.

3.2 Consumption by traditional theory
According to the **classical** and neo-classical schools, **expenditure on consumer goods varies depending on the interest rate.**

3.3 The Keynesian consumption function
According to **Keynes, consumption does not depend on the interest rate, but on the level of income**. Consumption increases as the income increases, albeit not at the same rate.

3.4 Savings
According to **traditional theory, savings depend on the rate of interest**, while according to **Keynes**, savings depends on income. In Italy, household savings are high, while public savings are negative.

3.5 Investments
Investments are assets or items purchased for profit on capital goods (machinery, equipment, patents, stock) used in the process of production. Investment depends on expected profit. No investment is without **risk**, as it is not possible to predict sales and expected profits.

3.6 Optimal investment size
The entrepreneur will invest provided that the profit rate (the **marginal efficiency of capital**) is equal to the interest rate (**marginal cost of capital**). In this way **optimal investment dimension** is obtained.

3.7 Consumption, savings and investment in Italy
In **Italy** consumption is about 83% of the total income; the remainder is saved and invested. **In Italy less money is invested than in other industrialised countries**. This creates a major problem for the economy, which must be overcome to reach economic growth.

265

modulo 5
Il reddito nazionale

Lettura di fine modulo
Le motivazioni dell'investimento secondo Keynes

Riportiamo una pagina molto nota del più famoso economista del secolo scorso, dove vengono esaminate le ragioni che spingono gli imprenditori ad effettuare gli investimenti. Si noti il grande rilievo che viene dato ai moventi soggettivi delle decisioni di investimento, cioè agli "spiriti animali", che contano spesso di più del ragionamento razionale, fondato sul puro calcolo matematico. Le decisioni di investimento dell'imprenditore, come del resto tutte le altre scelte della nostra vita, siano esse affettive, politiche o economiche, dipendono anche da altre motivazioni, basandosi "o sul capriccio o sul sentimento o sul caso".

Le considerazioni sulle quali si basano le aspettative di rendimenti futuri sono in parte fatti esistenti, che possiamo supporre più o meno certi, e in parte eventi futuri, che possono essere solo previsti con maggiore o minore sicurezza.

Nella formulazione delle nostre aspettative, sarebbe sciocco attribuire grande peso a fatti molto incerti. È perciò ragionevole lasciarsi guidare in misura rilevante dai fatti verso i quali nutriamo una certa fiducia, che non da altri fatti che conosciamo solo vagamente. Per questa ragione i fatti della situazione esistente entrano, in un certo senso, in modo sproporzionato nella formazione delle nostre aspettative di lungo periodo; questo perché siamo abituati a prendere la situazione attuale e a proiettarla nel futuro, variandola solo nei limiti in cui abbiamo ragioni più o meno definite di attenderci un cambiamento.

Il fatto più importante è l'estrema precarietà della base di conoscenza su cui devono basarsi le nostre stime dei rendimenti futuri. La nostra conoscenza dei fattori che regolano il rendimento di un investimento fra alcuni anni è normalmente molto scarsa e spesso trascurabile. Se parliamo francamente, dobbiamo ammettere che la nostra base di conoscenza per stimare il rendimento, fra dieci anni (o anche fra cinque anni), di una ferrovia, di una miniera di rame, di uno stabilimento tessile, di una specialità medicinale, di un transatlantico, di un edificio della City di Londra, è molto piccola o addirittura nulla.

Gli uomini di affari giocano una partita mista di abilità e di fortuna, i cui risultati medi non sono noti a coloro che non partecipano al gioco.

Se la natura umana non sentisse alcuna attrattiva nel tentare la sorte, nessuna soddisfazione (a parte il profitto) nel costruire una fabbrica, una ferrovia, una miniera o un'azienda agricola, non ci sarebbe sufficiente investimento come risultato del freddo calcolo.

Una larga parte delle nostre azioni dipende da uno spontaneo ottimismo, piuttosto che da aspettative calcolate. Probabilmente, la maggior parte delle nostre decisioni di fare qualcosa di positivo, le cui conseguenze si potranno valutare appieno solo dopo molti giorni, possono essere considerate come il risultato di *spiriti animali* – di uno stimolo spontaneo all'azione piuttosto che all'inazione, e non come il risultato di una media ponderata di vantaggi quantitativi moltiplicati per probabilità quantitative.

Nello stimare le prospettive dell'investimento, noi dobbiamo perciò avere riguardo ai nervi e agli isterismi e persino alle digestioni e alle reazioni al variare del tempo di coloro dalla cui spontanea attività in larga parte esso dipende.

Non dovremmo da ciò concludere che tutto dipenda da ondate di psicologia irrazionale. Al contrario, le aspettative a lungo termine sono spesso costanti, e anche quando ciò non accade, gli altri fattori esercitano i loro effetti compensatori.

Vogliamo solo ricordare che le decisioni umane che influenzano il futuro, siano esse personali, o politiche, o economiche, non possono dipendere da rigorose aspettative matematiche, dato che non esistono basi per compiere un tale calcolo; e che è il nostro innato stimolo all'attività che mantiene in azione il meccanismo, mentre la nostra ragione sceglie al meglio fra le alternative, mediante il calcolo dove è possibile, ma spesso ricadendo per trovare una motivazione alla nostra azione, o sul capriccio o sul sentimento o sul caso.

John Maynard Keynes,
*The General Theory of Employment,
Interest and Money*,
MacMillan, Londra, 1936

Rispondi alle domande

- È facile stimare il rendimento futuro di un investimento?
- Nel determinare gli investimenti sono importanti "le attrattive nel tentare la sorte" e "la soddisfazione nel costruire una fabbrica"?
- Secondo Keynes gli investimenti sono sempre il frutto di decisioni razionali dell'imprenditore?
- Che cosa intende Keynes per "spiriti animali"?
- Perché sono così importanti gli elementi soggettivi nel determinare le aspettative di un investimento?
- Nelle decisioni di investimento giocano un ruolo significativo i sentimenti e il caso?

Verifica
di fine modulo

1. Che cosa si intende per Prodotto nazionale lordo?
2. Che cos'è il Prodotto interno lordo?
3. Qual è l'utilità del bilancio economico nazionale?
4. In che cosa consiste il principio del moltiplicatore?
5. Qual è il ruolo della spesa pubblica secondo la visione di Keynes?
6. Quali sono le principali conseguenze negative dell'eccesso di spesa pubblica verificatosi in Italia negli ultimi decenni?
7. Da che cosa è assicurato l'equilibrio fra risparmi e investimenti secondo la teoria tradizionale?
8. Perché gli investimenti sono importanti per lo sviluppo dell'economia?

Attività
di fine modulo

1 Avvalendoti di Internet e di giornali o periodici economici fai una ricerca in cui sia evidenziato l'andamento dei risparmi e dei consumi in Italia negli ultimi 10 anni, al confronto con gli altri Paesi europei. Ti possono essere utili i seguenti siti:

- www.finanze.it (Ministero dell'economia e delle Finanze);
- www.europa.eu.index_it.htm (portale dell'Unione europea);
- www.ilsole24ore.com (quotidiano economico);
- www.lavoce.info (quotidiano d'informazione on line);
- www.corriere.it/economia (periodico d'informazione economica).

2 Rispondi ora alle seguenti domande.
- Nel periodo sopra considerato quale tipo di dinamica ha avuto la propensione al risparmio in Italia?
– Nello stesso periodo, come sono variati i consumi degli italiani?
– In particolare, i dati che hai raccolto confermano la legge di Engel?
– Confrontando i dati relativi all'Italia con quelli degli altri Paesi europei, cosa rilevi?
– Noi italiani continuiamo a essere "un popolo di risparmiatori"?.

modulo 5
Il reddito nazionale

National accounting is the implementation of techniques for measuring the economic activity of a country. National accounts present output, expenditure and income of the economic actors (households, corporations, government), including their relations with other countries' economies. Data from national accounts are very important for analysis of economic growth and development, containing a main source of information of strong interest to economic policymakers.

The measurement of Gross National Product (GNP)

National income accounting is a set of principles and methods used to measure the income and production of a country. The most commonly used indicator of national output is the **Gross National Product (GNP)**, which is a measure of the total market value of currently produced finished goods and the value of services rendered. Because national output includes goods and services that are highly diverse in nature (and some that are not, in fact, placed on the market), the determination of market value is difficult and somewhat imprecise. Nonetheless, **the use of a common basis of valuation makes it possible to obtain a total that fairly represents the level of output of a country**.

> ✓ The measure of GNP takes into account several economic indicators.

The rule that **only finished or final goods must be counted** is necessary to avoid **double counting** of raw materials, intermediate products and final products. For example, the value of automobiles already includes the value of the steel, glass, rubber and other components that have been used to make them. In order to avoid this, we must add on only the **value added** at each stage, that is the value of output minus the cost of raw materials or intermediate consumption. In particular: because of the complication of the multiple stages in the production of a good or service, **only the final value of a good or service may be included**. In the example of meat production, the value of the good from the farm may be $10, then $30 from the butchers, and then $60 from the supermarket. The value that should be included in final national output should be $60, not the sum of all those numbers ($10 + $30 + $60 = $100). The values added at each stage of production over the previous stage are respectively $10, $20, and $30. Their sum gives an alternative way of calculating the value of final output.

The difficulty of computing the National Product and National Income

The National Income can be derived from the Gross National Product by making allowances for certain non-income costs included in the GNP, mainly the costs of **indirect taxes**, subsidies and the consumption of fixed capital. National Income thus calculated represents **the aggregate income of the owners of the factors of production**; it is the sum of wages, salaries, profits, interest, dividends, rent, and so on.
The data accumulated for calculating the Gross National Product (GNP) and National Income may be manipulated in a number of ways to show various relationships in the economy as a whole. Common uses of the data include: breakdowns of the GNP according to types of product or according to functional stages in its generation; breakdowns of National Income by type of income; analyses of the sources of financing (consumptions and savings by individuals, corporations or institutions and national deficits).
**In practice, statisticians face a number

modulo 5

of difficulties and complications in computing the National Product and National Income. Although there is a wealth of information available from regular production returns made by companies, from value-added tax figures, from income and corporation tax returns, and from other reports relating to incomes or expenditures, they are all incomplete, subject to errors and based on different definitions and valuation methods. Statisticians have developed **various techniques** for estimating and adjusting so as to improve the quality of the figures. Much indirect evidence is used to close gaps in data. Thus, simple comparisons of one Country's National Product and National Income with another's may be misleading. Nevertheless, **national accounting remains an inexact science, but it constitutes an invaluable tool for economic planners and government budget makers**.

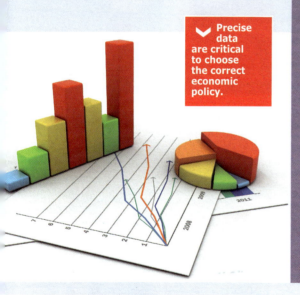

▼ Precise data are critical to choose the correct economic policy.

bibliographical sources

W. Beckerman, *Introduction to National Income Analysis*, Weidenfeld & Nicolson, London.

P. A. Samuelson, W. D. Nordhaus, *Economics*, McGraw-Hill Education, New York.

R. G. Lipsey, *Positive Economics*, Weidenfeld & Nicolson, London.

questions exercises

1. What is the Gross National Product (GNP)?
2. What is the difference between National Income and Gross National Product (GNP)?
3. Why must double counting be avoided when determining the Gross National Product (GNP)?
4. What do you understand by the term "value added"?
5. Compare the Value added method with the Income method in the measure of Gross National Product (GNP).
6. What are the main aims of the measurement of GNP?
7. Examine the role of the National Product's measures in planning the action of governments' public policy.
8. Define the use of the measures of Gross National Product (GNP) in comparisons among countries.
9. "National accounting remains an inexact science, but it constitutes an invaluable tool for economic planners and government budget makers". Comment.
10. State whether the following sentences are true or false.
    a) The total value of goods and services must be included in the national output. T F
    b) National accounting is an exact science, every obtained information is fully reliable. T F
    c) The Gross National Product may be obtained by addition of the value added. T F
    d) Using the data of national accounting governments can assess the effects of the previous economic policy and plan a future policy. T F

glossary

• **Gross National Product (GNP)**• The main measure of the economic activity of a country, defined as the total market value of all final goods and services produced by the resident in a given period of time (usually a year). "Gross" means that it is measured without any allowance for capital consumption, "National" that it includes the incomes of residents located abroad as well as at home, excluding incomes produced at home but belonging to non-residents.

• **Value added**• Total amount of the production of a firm, less the purchases of raw materials employed in the production itself. What is left is available for the wages of the employees, the profits for the owners, the interests for the capitalists, the rents for the owners of the natural resources. The idea is that value is created when the return on the firm's economic capital employed is greater than the cost of that capital.

• **National Income**• Term used in national income accounting and defined as the total amount of income received by the residents in a country, measured at factor cost after deducting capital consumption (income of households, businesses and government).

• **Indirect tax**• Tax levied by an intermediary on goods and services from a consumer, who bears the final burden of the tax; the intermediary later returns the tax to the government. An indirect tax increases the price of a good so that consumers are actually paying the tax by paying more for the products. The term is the opposite of *direct tax*, which is collected directly by the government from the subject on which it is imposed.

269

modulo 6

La moneta e il credito

In questo modulo sono spiegate le origini e le funzioni della moneta, e presentati i caratteri dei diversi sistemi monetari. Sono poi approfonditi i concetti di domanda e di offerta di moneta, che determinano l'equilibrio del mercato monetario. Esamineremo successivamente del mercato creditizio, con specifico riferimento al sistema bancario italiano: particolare attenzione è dedicata alla politica monetaria e all'attuale controversia fra monetaristi e neokeynesiani. Nell'ultima parte, relativa al mercato finanziario, è approfondito il ruolo della Borsa, essenziale al funzionamento dell'economia, con una presentazione dei nuovi strumenti finanziari (fondi comuni di investimento, futures, options, warrants) e degli istituti di assicurazione, che hanno assunto oggi una particolare importanza nel mercato finanziario.

PREREQUISITI DI MODULO
- Aver assimilato la nozione di mercato
- Aver presente il concetto di equilibrio in economia
- Ricordare come si costruiscono le curve di domanda e offerta
- Conoscere il concetto di politica monetaria
- Essere consapevoli delle diverse posizioni dei keynesiani e dei monetaristi

unità 1
La moneta
e le teorie monetarie

unità 2
Le banche
e il mercato monetario

unità 3
La Borsa
e il mercato finanziario

OBIETTIVI DI MODULO
- Conoscere il ruolo della moneta nell'economia
- Aver consapevolezza delle funzioni del sistema bancario
- Conoscere il ruolo della borsa nel sistema economico
- Saper distinguere il mercato monetario dal mercato finanziario
- Avere nozione dei nuovi strumenti finanziari

modulo 6
La moneta e il credito

unità 1
La moneta e le teorie monetarie

DI CHE COSA PARLEREMO

Dopo aver spiegato la nozione di **MONETA**, con cenni sulle sue origini storiche e sulle sue funzioni, si delineano i **TIPI DI MONETA** presenti nei **DIVERSI SISTEMI MONETARI** del passato fino ai nostri giorni, e cioè i sistemi monetari metallici (monometallismo e bimetallismo), a cambio aureo e a carta moneta inconvertibile. Si illustrano poi i concetti di **DOMANDA** e di **OFFERTA DI MONETA**, soffermandosi sulla formazione dell'**EQUILIBRIO NEL MERCATO MONETARIO**.

CHE COSA DEVI CONOSCERE
- La formazione delle curve di domanda e offerta
- Il ruolo dell'operatore Stato
- Il concetto di mercato di equilibrio
- I fondamenti della teoria keynesiana
- La nozione di moltiplicatore
- Il concetto di reddito nazionale

CHE COSA IMPARERAI
- Che cos'è il sistema monetario
- Che cosa si intende con l'espressione velocità di circolazione
- Le funzioni della Banca centrale europea
- Qual è il ruolo della Banca di emissione
- Che cosa sono la domanda e l'offerta di moneta
- In cosa divergono le opinioni dei monetaristi e dei neokeynesiani

CHE COSA SAPRAI FARE
- Illustrare le diverse funzioni della moneta
- Distinguere tra moneta bancaria, commerciale ed elettronica
- Riconoscere i vari sistemi monetari e le loro caratteristiche
- Spiegare la teoria quantitativa della moneta
- Interpretare il funzionamento del mercato dei capitali
- Chiarire il concetto di equilibrio del mercato monetario

1.1 Origini e funzioni della moneta

Sistema del baratto

Nei moderni sistemi economici i beni vengono prodotti per il mercato e destinati al consumo, che costituisce il fine di ogni attività economica. Nelle economie primitive la situazione era diversa, perché i singoli nuclei familiari erano caratterizzati da una spiccata autosufficienza produttiva, e gli scambi venivano effettuati con il **sistema del baratto**: ogni bene veniva cioè scambiato con altri beni, e quindi ciascun bene aveva un prezzo in termini di ogni altro bene. Le economie industriali sono oggi altamente specializzate, nel senso che ogni unità si dedica solo alla produzione di un dato bene. È naturale che con il procedere della divisione del lavoro si renda necessario un intermediario, costituito dalla moneta, in grado di facilitare gli scambi.

unità **1** ■ La moneta e le teorie monetarie

Le due situazioni possono essere schematizzate come segue:

Economia primitiva

> Schemi dei sistemi di scambio basati sul baratto e sulla moneta. Nel primo, relativo alle economie primitive, i beni sono scambiati con altri beni; nel secondo, relativo alle economie moderne, i beni sono scambiati contro moneta.

Economia basata sulla divisione del lavoro

Svantaggi del baratto

Inconvenienti del baratto Il baratto è fonte di gravi inconvenienti, in quanto:
- **richiede la coincidenza fra i bisogni dei compratori e dei venditori**: chi vuol scambiare, ad esempio, cavalli contro buoi, deve trovare chi sia disposto a cedere buoi per ottenere cavalli;
- **rende difficili gli scambi a causa dell'indivisibilità dei beni**: se sul mercato si scambiano due cavalli per un bue, diventa impossibile cedere un solo cavallo al soggetto che dispone di buoi;
- **implica la conoscenza di una serie innumerevole di ragioni di scambio**, cioè il prezzo di ciascun bene in termini di tutti gli altri beni. Se n sono i beni presenti nel mercato, le ragioni di scambio si calcolano secondo la seguente formula matematica:

$$\frac{n(n-1)}{2}$$

Esse sono molto elevate: se i beni sul mercato fossero 1.000, le ragioni di scambio sarebbero 499.500, che salgono addirittura a 49.995.000 se i beni sul mercato fossero 10.000.

Presso i popoli dell'antichità vennero usati diversi beni come intermediari degli scambi, a seconda delle abitudini e delle necessità dei popoli stessi: il bestiame (il termine *pecunia* viene da *pecus*, cioè bestiame), le pelli, il sale, il grano, il bronzo, e così via.

Vantaggi di alcuni metalli

In teoria ogni bene può fungere da moneta; in realtà, però, solo i metalli possono assolvere pienamente alle funzioni monetarie, grazie alle seguenti particolari caratteristiche:
- **si conservano nel tempo**;
- **sono facilmente trasportabili**;
- **presentano un valore stabile**;
- **sono divisibili**, cioè possono essere suddivisi, senza perdere valore.

Queste caratteristiche sono presenti contemporaneamente solo in alcuni metalli (oro, argento, rame, bronzo): perciò, fin dai tempi antichi, furono questi i metalli usati come moneta (moneta-merce).

In tempi a noi più vicini alla moneta-merce si è sostituita la moneta cartacea, cui lo Stato conferisce potere liberatorio illimitato.

M Moneta Bene impiegato come mezzo di scambio per acquistare beni e servizi. Il termine deriva dalla dea Giunone Moneta (dal lat. **monēre** = ammonire), che aveva il suo tempio sul Campidoglio accanto alla Zecca che coniò i primi denari romani; perciò la dea fu posta a protezione della Zecca e il suo nome iniziò a indicare il prodotto della Zecca.

M Moneta-merce Moneta il cui valore intrinseco è pari a quello fissato per legge, come per esempio una moneta d'oro il cui valore legale è uguale al valore dell'oro contenuto. Dopo la prima guerra mondiale la **moneta-merce** è stata sostituita dalla **moneta cartacea inconvertibile**, priva di valore intrinseco, ma garantita dalla stabilità di valore nel tempo.

P Potere liberatorio Capacità della moneta cartacea di estinguere tutti i tipi di debiti, dato che per legge non può essere rifiutata dal creditore. L'attuale moneta metallica (**moneta divisionaria**) ha invece un potere liberatorio limitato, perché può essere usata solo per pagamenti di importi limitati, in pratica solo quelli modesti di uso quotidiano.

Breve storia della moneta

▲ **Aureo di Cesare**

Sembra che i Babilonesi conoscessero già la moneta d'oro e d'argento intorno al 2000 a.C., anche se lo storico greco Erodoto ne attribuisce l'invenzione agli abitanti della Lidia (regione dell'odierna Turchia) nel VII secolo a.C.

All'inizio del VI secolo a.C. appaiono le prime monete di Atene. La più bella è il tetradracma (il nome deriva dal fatto che in precedenza i Greci usavano come unità di misura dei frammenti di rame e ferro, che potevano stare in una mano; quindi un tetradracma equivaleva a "quattro manciate" della vecchia unità di misura). Nel tetradracma era rappresentata da una parte (*recto*) la dea Atena, e dall'altra (*verso*) la civetta, simbolo della dea, e un ramo d'ulivo, donato dalla dea alla città e sua principale ricchezza.

▲ **Statere di elettro della Lidia**

▲ **Tetradracma di Atene**

Verso la metà del VI secolo a.C. le principali città-stato della Grecia (Atene, Sparta, Tebe, Corinto) coniano proprie monete, che raggiungono un alto livello di raffinatezza artistica. Nelle città dell'Asia minore viene introdotta una circolazione basata su monete d'oro e d'argento (*bimetallismo*), che si estende su vaste aree dopo la conquista della Lidia da parte dell'imperatore persiano Ciro il Grande.

Verso la metà del IV secolo a.C. le città-stato della Grecia sono conquistate da Alessandro Magno, e i suoi tetradracmi diventano la moneta internazionale dell'epoca.

La prima moneta dei Romani è l'asse di rame, che reca solitamente l'effigie di una divinità e la prua di una nave. Solo verso la fine del III secolo a.C. i Romani coniano il denario d'argento, che diventa la loro moneta più importante. Il denario accompagnerà l'esercito romano alla conquista di tutto il mondo allora conosciuto.

Nel 44 a.C. appare per la prima volta su una moneta romana l'effigie di una persona vivente, Cesare, eletto dittatore per la quarta volta. Solo nel I secolo a.C., al tempo di Cesare, viene coniato l'aureo, che per quattro secoli diventerà la moneta di riferimento dell'Impero romano.

▲ **Denario romano**

Accanto al denario circolano monete di minor potere di acquisto, come ad esempio il sesterzio, coniate dietro autorizzazione del Senato romano: per questa ragione recano, come sigillo del Senato, le lettere "SC", *Senatus Consulto*, a garanzia dell'ufficialità della coniazione. Augusto impone un sistema monetario accettato in tutto l'Impero e fa dello *ius cudendi* (diritto di coniazione) una prerogativa imperiale. Ciò rafforza il sistema monetario, assicura la stabilità dei prezzi e stimola il commercio nell'area del Mediterraneo.

Le monete romane recano sempre nel verso il ritratto dell'imperatore – per ricordare chi detiene effettivamente il potere in un certo momento – e nel recto una illustrazione propagandistica (una vittoria militare, un edificio, un evento memorabile); gli storici hanno osservato che in quei tempi le monete svolgevano anche un ruolo di propaganda politica.

Nel III secolo d.C. comincia a declinare la fiducia nella moneta, e le stesse qualità artistiche della coniazione peggiorano progressivamente. Il contenuto aureo e argenteo delle monete (*titolo*) declina a seguito di violenti fenomeni inflazionistici. Perdura, tuttavia, il fascino della monetazione romana: anche dopo la caduta dell'Impero (476 d.C.) i re barbari conservano la monetazione imperiale con l'effigie dell'imperatore, che si affianca al monogramma del re barbaro.

Dopo la caduta dell'Impero si ha un progressivo ritorno al baratto, e le condizioni di vita si riducono proprio come mille anni prima. Con Carlo Magno si ritorna a una circolazione europea e si mettono le fondazioni dei sistemi monetari che entreranno a far parte del nostro patrimonio giuridico-economico.

Oggi la moneta è di carta, e il metallo è utilizzato solo per la moneta di piccolo taglio, impiegata per gli scambi minuti. Ma ancora oggi nella moneta si trovano gli elementi simbolici che erano presenti nella fase più antica della sua storia.

unità **1** ■ La moneta e le teorie monetarie

L'ECONOMIA **CHE NON TI ASPETTI** — IL NO CASH DAY

Ogni anno si celebra in Europa il *No cash day*, per sensibilizzare i cittadini a limitare l'uso del denaro contante nelle transazioni commerciali, a favore dei sistemi di pagamento elettronico: la consegna è di non usare contanti nei pagamenti effettuati durante la giornata. Molti Paesi promuovono l'iniziativa di sostenere l'*e-payment*, anche per i piccoli pagamenti. In Italia il pagamento elettronico stenta ancora ad affermarsi: un recente sondaggio indica che nel nostro Paese la preferenza per i pagamenti *cash* è motivata dalla convinzione di controllare meglio le spese (39%), dalla semplicità d'uso (29%) e dalla velocità dei pagamenti (12%).
I sostenitori del *No cash day* sottolineano i seguenti aspetti negativi dell'uso del contante:

– alti costi di gestione della moneta: ogni anno nell'area euro vengono sostituite quasi 10 milioni di banconote logorate;

▲ Il logo dell'iniziativa No cash day.

– facilità di pagamenti in nero: l'uso del contante diminuisce la tracciabilità dei pagamenti e ciò favorisce l'evasione;
– pericoli per la salute e l'igiene: le banconote sono veicolo di batteri potenzialmente pericolosi (negli USA il 90% delle banconote presentano presenza superficiale di cocaina);
– rischio sicurezza: ogni anno in Europa si registrano quasi 2mila rapine in banca, che potrebbero diminuire con meno contante in circolazione;
– incentivo a comportamenti criminali: ogni anno si riconoscono oltre 72 mila banconote false (il biglietto più contraffatto è il taglio da 20 euro, con il 54% del totale dei falsi individuati in circolazione).
Nei Paesi sviluppati la percentuale di biglietti e monete sul totale della liquidità tende a diminuire nel tempo: ciò per effetto del continuo diffondersi della moneta bancaria (assegni) e della moneta commerciale (cambiali) per i pagamenti di una certa entità e della moneta elettronica per i piccoli acquisti.

A che cosa serve la moneta

Le funzioni della moneta La moneta svolge le seguenti funzioni:

- **è mezzo di scambio**: essendo accettata con fiducia, supera gli inconvenienti del baratto;
- **è misura del valore**: dato che permette di valutare oggettivamente la ragione di scambio dei singoli beni, esprime il loro prezzo;
- **è riserva di valore**: dato che consente di trasferire nel tempo la ricchezza, è un ponte tra il presente e il futuro;
- **è mezzo di pagamento**: ciò perché estingue obbligazioni anche al di fuori dello scambio (pagamento di tributi, risarcimento di un danno ecc.).

La liquidità

Affinché la moneta assolva a queste funzioni, occorre che sia accettata da tutti, sia cioè facilmente convertibile in altri beni: questa caratteristica della moneta prende il nome di **liquidità**.

1.2 Vari tipi di moneta

I diversi mezzi di pagamento

Nei moderni sistemi economici, il mezzo di pagamento con il più elevato grado di liquidità sono le banconote stampate dalla Banca di emissione, in quanto tale moneta deve essere accettata per legge. Non è questo l'unico tipo di moneta esistente: ve ne sono altri, dotati di un minor grado di liquidità.

I mezzi di pagamento, oltre alla carta-moneta, sono:

- la **moneta bancaria**, che è originata dalle banche, a fronte di un deposito in denaro o un'apertura di credito. Come meglio vedremo in seguito, chi ha disponibilità presso una banca può emettere **assegni bancari**, che circolano

T **Tracciabilità** Possibilità di ricostruire la storia dell'oggetto di cui si parla. Riferito a un prodotto indica l'origine dei materiali usati, la storia della sua realizzazione e le modalità della sua distribuzione; riferito a uno strumento finanziario indica la possibilità di individuare la relazione fra il mezzo di pagamento usato e il rapporto economico intercorso tra i soggetti coinvolti nella transazione, che giustifica il pagamento.

275

modulo 6
La moneta e il credito

la nuova economia

I moderni mezzi di pagamento

Carte prepagate Sono molto usate dai giovani per la loro facilità d'impiego. Si caricano versando in anticipo alla banca una certa somma di denaro e sono rilasciate anche se non si è titolari di un conto corrente. Si rivelano particolarmente utili in caso di furto o smarrimento, in quanto consentono di limitare la perdita all'importo non utilizzato. Dato che il loro importo è versato in anticipo, non si paga alcun interesse alla banca.

Carte revolving Permettono di rateizzare i pagamenti secondo questo schema: la banca mette a disposizione una certa somma di denaro e il cliente decide quando e come attingervi per i suoi acquisti pagando l'importo totale nel tempo attraverso rate mensili. È in pratica un prestito che comporta il pagamento di un tasso di interesse sulla somma da restituire.

Conto corrente (c/c) È un servizio prestato dalle banche, che si impegnano ad accreditare le entrate del cliente (stipendi, pensioni, cedole su titoli) e a eseguire i pagamenti (bollette delle utenze, pagamento Telepass, bonifici, movimentazione con le carte), secondo le istruzioni impartite dal cliente. Il cliente può prelevare in qualsiasi momento attraverso gli sportelli bancari, il bancomat, le carte di credito, senza aver bisogno di tenere con sé un'eccessiva quantità di contante. Se il cliente usa il **bancomat**, che permette di ritirare denaro contante e di pagare gli acquisti nei negozi, l'addebito in c/c è immediato; nel caso della **carta di credito**, usata per gli acquisti in negozi convenzionati, l'addebito in c/c avviene una volta al mese, in genere alla metà o alla fine del mese successivo agli acquisti. Le comunicazioni periodiche della banca devono indicare le entrate e le uscite, unitamente agli interessi passivi e attivi maturati. Il cliente ha diritto in ogni momento di avere un elenco dettagliato delle ultime operazioni. Il denaro può essere ritirato all'istante, e negli ultimi tempi è diventato più facile chiudere un c/c e trasferire i pagamenti periodici sul c/c di un'altra banca.

La cambiale

con grande facilità, soprattutto per pagamenti oltre un certo livello. I pagamenti mediante assegni bancari sono molto diffusi, e costituiscono una parte sempre più rilevante della quantità di moneta in circolazione;
- la **moneta commerciale**, costituita dalle **cambiali** emesse dai privati. La cambiale è un titolo di credito dotato di una particolare tutela giuridica: chi acquista dei beni può pagare mediante una cambiale, che consiste in una promessa di pagare la somma dovuta entro un certo termine. Il prenditore della cambiale può a sua volta girarla ad altri, oppure scontarla presso una banca. Quest'ultima operazione gli consentirà di ricevere il **valore attuale** del suo credito, cioè la somma scritta sulla cambiale diminuita di una percentuale (*sconto*), che la banca trattiene a titolo di interessi e spese;
- la **moneta elettronica**, che consiste nel trasferimento di potere di acquisto mediante la registrazione elettronica di istruzioni nella memoria di un calcolatore, in cui sono inseriti i numeri dei conti correnti da addebitare o accreditare. Questa forma di pagamento – che può essere usata anche dalle famiglie per i piccoli acquisti – presuppone la diffusione di **carte di credito** individuali e di apparecchiature elettroniche per la lettura delle carte e la trasmissione dei dati. Questa nuova "moneta" sta diventando oggi sempre più importante.

V Valore attuale Valore al momento presente di una somma che sarà disponibile solo a una data futura certa. Si ottiene applicando lo **sconto**, che è l'operazione inversa all'interesse composto. Il valore attuale sarà quindi tanto minore quanto più lontana è la scadenza della somma e quanto maggiore il tasso di sconto.

C Carta di credito Strumento che abilita il titolare, in base a un rapporto contrattuale con la banca, a fare prelievi in contanti o acquisti presso esercizi convenzionati con pagamento differito. L'addebito in c/c avviene normalmente a scadenza mensile, dietro preautorizzazione del titolare.

1.3 I sistemi monetari

> Il **sistema monetario** è costituito dall'insieme delle monete che circolano in un Paese, unitamente alle norme giuridiche che ne regolano la circolazione.

Tre diversi sistemi monetari

Dal punto di vista storico si sono succeduti tre diversi sistemi:
- **sistemi monetari metallici**, in cui circola moneta metallica; se la base monetaria è costituita da un solo metallo (oro o argento), il sistema è **monometallico**; se invece l'unità monetaria si basa contemporaneamente su un dato peso d'oro e un dato peso d'argento, il sistema è **bimetallico**;
- **sistemi monetari a cambio aureo**, in cui circolano biglietti convertibili in oro;
- **sistemi a carta moneta inconvertibile**, in cui i biglietti non sono convertibili in oro, in quanto la quantità di moneta in circolazione viene stabilita dallo Stato, indipendentemente dalle riserve di oro possedute.

Esaminiamoli brevemente.

Il gold standard È il sistema monometallico basato sulla sola circolazione dell'oro (il monometallismo argenteo ha avuto rarissime applicazioni nei sistemi monetari moderni).

L'epoca del gold standard

Il sistema monometallico a base aurea, chiamato **gold standard**, è stato adottato per la prima volta dalla Gran Bretagna nel 1816 e si è gradualmente esteso ad altri Paesi (Germania, 1871; Russia, 1896; U.S.A., 1900), finché fu abbandonato allo scoppio della prima guerra mondiale: il grave cataclisma economico e monetario costrinse tutti i Paesi ad adottare il sistema monetario cartaceo a moneta inconvertibile.

Il bimetallismo Si basa sulla circolazione di due metalli, oro e argento: l'unità monetaria viene definita contemporaneamente sia in termini di un dato peso d'oro, sia d'argento. Pertanto, i due metalli si scambiano ufficialmente secondo un rapporto fisso, determinato dall'autorità monetaria sulla base dei valori di mercato dei due metalli.

Il sistema bimetallico

Il **sistema bimetallico** venne adottato in Francia nel 1803, a causa soprattutto della scarsità di oro che ne rendeva difficile l'impiego come base monetaria esclusiva. Ha avuto una certa fortuna dopo la metà del XIX secolo: i Paesi che l'hanno allora adottato (Francia, Svizzera, Grecia, Belgio, Italia) costituirono la cosiddetta "lega monetaria latina".

Inconvenienti del bimetallismo

Anche nel **bimetallismo** vige piena libertà di coniazione, fusione, importazione ed esportazione dei due metalli. Ora, può accadere però che le condizioni di mercato cambino tanto da far divergere il rapporto commerciale da quello legale: in questo caso sorge la convenienza a far coniare il metallo che sul mercato si è deprezzato, e a far fondere le monete del metallo che sul mercato ha maggior valore. La moneta buona diventa sempre più rara nel mercato, mentre la moneta svalutata si diffonde per l'azione degli speculatori, finché resterà sola sul mercato monetario, in quanto la moneta buona viene fusa o tesaurizzata.

▲ Sir Thomas Gresham

La storia è ricca di esempi di questo fenomeno espresso dalla **legge di Gresham** (dal nome del finanziere inglese del XVI secolo che l'ha scoperta), che può esprimersi con la massima: **la moneta cattiva scaccia la moneta buona**.

modulo 6
La moneta e il credito

Il bimetallismo zoppo

Gradualmente, il sistema bimetallico si trasforma perciò in monometallismo, a meno che le autorità monetarie sospendano la libertà di coniazione del metallo deprezzato: in tal caso si ha il **bimetallismo zoppo**, in quanto solo la moneta d'oro è *perfetta* (cioè il valore legale della moneta è pari al suo valore di mercato), mentre la moneta d'argento è accettata solo per comando della legge.

L'oro moneta di riferimento

Sistemi monetari a cambio aureo In questi sistemi l'oro scompare dalla circolazione effettiva, anche se le monete che circolano sono ancorate all'oro, che diventa così una moneta ideale di riferimento. Il sistema si è realizzato, nel corso degli anni '20 del secolo scorso, in tre diverse forme:

Per lungo tempo l'oro è stato al centro dei vari sistemi monetari, con funzioni diverse: moneta circolante, metallo di riferimento, bene convertibile, riserva di valore delle banche centrali.

- **sistema del cambio in lingotti d'oro** (**gold bullion standard**), se circolano biglietti aventi potere liberatorio illimitato, convertibili in oro a un prezzo fissato dalla legge. Questo sistema venne adottato dai Paesi che più avevano risentito delle perturbazioni originate dalla guerra, e che desideravano ricostituire normali condizioni di convertibilità, pur disponendo di scarse quantità di oro (Germania, Inghilterra e Francia, rispettivamente nel 1924, 1925 e 1928);
- **sistema del cambio in divise estere** (**gold exchange standard**), se i biglietti non sono convertibili in oro, ma in divise estere di Paesi la cui moneta è convertibile in oro. Le ragioni della sua adozione sono analoghe a quelle viste per il sistema del cambio in lingotti; presenta l'inconveniente di legare la circolazione di un Paese alle vicende degli altri di cui si possiedono le divise a loro volta convertibili in oro;
- **sistema misto**, che risulta dalla combinazione dei due sistemi precedenti: le riserve sono formate sia da lingotti d'oro, sia da divise estere, e i biglietti in circolazione sono convertibili negli uni o nelle altre a scelta della banca centrale. Questo sistema venne adottato in Italia nel 1927: la banca di emissione a sua scelta poteva convertire le lire in circolazione in lingotti d'oro (del peso minimo di kg. 5, in ragione di gr. 0,07919 fino al 1936, successivamente in ragione di gr. 0,04677 per lira), oppure in divise di Paesi in cui si era mantenuta la convertibilità in oro.

Sistema a carta moneta inconvertibile Questo sistema è caratterizzato dal fatto che la quantità di moneta in circolazione è stabilita dalle autorità monetarie in relazione alle esigenze dell'economia: **la moneta non ha alcun valore intrinseco, e il suo potere liberatorio dipende dal comando di chi esercita il potere politico.**

I biglietti a corso legale

I biglietti hanno quindi **corso legale**, e la loro accettazione in pagamento è obbligatoria all'interno dello Stato (**biglietti a corso forzoso**). In effetti, non è più necessario un rapporto tra la moneta cartacea e l'oro, ma tra la quantità di moneta circolante e la quantità di beni e servizi che si scambiano nel sistema economico. Infatti, oggi la moneta vale per ciò che permette di acquistare; se una moneta è capace di mantenere nel tempo il suo potere di acquisto, gli operatori economici l'accettano con fiducia anche se non è più convertibile in oro.

D Divise estere Mezzi di pagamento (titoli di credito, come cambiali e assegni) espressi in un'unità monetaria straniera. Si distingue dalla *valuta estera*, costituita da biglietti e da moneta metallica emessi da uno Stato straniero. Sia la valuta che le divise estere sono scambiate nel mercato dei cambi, e determinano la quotazione giornaliera dei cambi.

V Valore intrinseco Valore che un bene possiede in sé, indipendentemente da quello che si forma sul mercato per effetto dell'incontro tra domanda e offerta. Nel caso specifico della moneta, esso è dato dalle spese necessarie alla creazione della stessa moneta o banconota, quindi il valore del metallo o della carta impiegati e i relativi costi di produzione.

1.4 Il valore della moneta

Valore della moneta e prezzi

È facile rendersi conto che più elevati sono i prezzi, minore è la quantità di beni e servizi che possiamo comprare con una certa quantità di denaro.

> Definiamo **valore della moneta** (chiamato anche **potere di acquisto della moneta**) la quantità di beni e servizi che con la moneta si possono acquistare.

> Il valore della moneta, cioè il suo potere di acquisto, è una variabile di grande importanza nel sistema economico.

Dal momento che tutti i beni e servizi sono espressi in termini di prezzi, anche il valore della moneta si deve esprimere in termini di prezzi. Se i prezzi dei beni aumentano, il valore della moneta diminuisce, e viceversa.

Pertanto, il valore della moneta uguaglia il reciproco del livello generale dei prezzi:

$$V_m = \frac{1}{P}$$

dove V_m è il valore della moneta, e P è l'indice generale dei prezzi.

Se nel corso di un anno l'indice generale dei prezzi passa da 1,00 a 1,04, cioè la moneta perde il 4% del suo valore, il suo valore (o potere di acquisto) diminuisce approssimativamente del 4%.

1.5 La teoria quantitativa della moneta

Origini della teoria

La teoria quantitativa della moneta venne formulata nel 1911 da **Irving Fisher**, anche se è in parte riscontrabile in opere assai più antiche: le prime tracce di essa si trovano nell'opera di **Bernardo Davanzati** (XVI secolo), ma il merito principale della scoperta risale a **Jean Bodin** (1569), che ricercò le cause del notevole aumento dei prezzi verificatosi in Europa dopo la scoperta dell'America.

▲ Irving Fisher

> Secondo questa teoria un **aumento della quantità di moneta** in circolazione produce un **aumento proporzionale del livello generale dei prezzi**, e quindi una **diminuzione del valore della moneta**, se restano invariate le altre grandezze economiche.

La teoria quantitativa della moneta può esprimersi attraverso l'**equazione di Fisher**, detta anche **equazione degli scambi**. Essa si basa su di una *identità contabile*, in sé semplice ed evidente, secondo cui in ogni periodo deve realizzarsi sul mercato la seguente uguaglianza:

| QUANTITÀ TOTALE DI MONETA | = | VALORE DELLE MERCI SCAMBIATE |

Quantità di moneta e velocità di circolazione

Se indichiamo con M la **quantità di moneta** esistente e con V la **velocità di circolazione** della moneta, cioè il numero di volte che nell'unità di tempo la moneta in media svolge la sua funzione (cioè i suoi passaggi di mano), la quantità totale di moneta disponibile è MV.

L'equazione di Fisher

Il valore delle merci scambiate può ottenersi moltiplicando la quantità di beni e servizi scambiati nell'unità di tempo per il livello generale dei prezzi: se con Q indichiamo la **quantità scambiata** e con P il **livello generale dei prezzi**, il valore delle merci scambiate (valore complessivo delle transazioni nell'unità di tempo) sarà PQ.

Pertanto, l'equazione di Fisher può scriversi:

$$MV = PQ$$

Dalla formula si ottiene:

$$P = \frac{MV}{Q}$$

Si vede chiaramente che il livello generale dei prezzi dipende da tre grandezze: M, V e Q. Esso è direttamente proporzionale alla quantità di moneta disponibile (MV) e inversamente proporzionale alla quantità di beni e servizi scambiati (Q).

Se si vuole tener conto non solo dei biglietti emessi dalla banca di emissione, ma anche della moneta bancaria e della moneta commerciale in circolazione, la formula deve considerare anche queste masse monetarie e le rispettive velocità di circolazione.

Il valore della moneta

Data la relazione esistente fra indice dei prezzi e valore della moneta, è possibile esprimere quest'ultimo come segue:

$$V_m = \frac{Q}{MV}$$

Si ricava dalla formula che all'**aumentare della quantità di moneta** in circolazione o della sua **velocità**, il **valore della moneta diminuisce**, e viceversa.

Quantità di moneta e prezzi

Significato della teoria quantitativa Secondo Fisher, l'equazione dello scambio non si deve interpretare solo come un'identità contabile (che si verifica necessariamente e immediatamente): essa ha anche un importante significato causale, per cui la relazione proporzionale fra quantità di moneta e livello dei prezzi tende a verificarsi compiutamente nel lungo periodo; nel breve periodo V e Q non variano, ma **aumentando la quantità di moneta in circolazione (M) si verifica sempre un aumento nel livello generale dei prezzi (P)**. Vedremo che proprio su questo punto si eserciterà la critica di Keynes.

Velocità di circolazione della moneta

La **velocità di circolazione della moneta** è data dal numero di volte che la moneta, in media, è scambiata in un'unità di tempo.

Se in un sistema economico si compiono ogni giorno scambi per 100 miliardi, le transazioni possono avvenire o con l'impiego di 100 miliardi in moneta, oppure con solo 50 miliardi se ogni unità monetaria svolge la sua funzione di intermediaria negli scambi in media due volte, oppure ancora con 10 miliardi se ogni unità monetaria svolge la sua funzione 10 volte al giorno.

La **quantità totale di moneta disponibile dipende quindi non solo dalla moneta emessa, ma dalla sua velocità di circolazione.** Come vedremo più avanti nel par. 1.7, la costanza nel tempo della velocità di circolazione è stata messa in dubbio dalla teoria keynesiana; anzi, la sua dinamica è proprio uno dei punti più controversi dell'attuale disputa fra neokeynesiani e monetaristi (v. par. 1.10).

1.6 Il mercato dei capitali

Le famiglie, le imprese e lo Stato, per poter effettuare gli scambi sul mercato, devono disporre di moneta. La domanda e l'offerta di moneta avvengono nel **mercato dei capitali**, che comprende due settori distinti, anche se interdipendenti: il **mercato monetario** e il **mercato finanziario** (di ciascuno di essi ci occuperemo dettagliatamente nelle prossime due unità).

Mercato monetario

> Il **mercato monetario riguarda la domanda e l'offerta di moneta nel breve termine** (v. unità 2 di questo modulo), mentre **il mercato finanziario riguarda invece le operazioni a medio e lungo termine** (v. unità 3 di questo modulo).

Nel **mercato monetario** la **domanda di moneta** proviene sia da privati, come gli imprenditori che hanno bisogno di capitale circolante per l'impresa, sia dallo Stato, che emette BOT per finanziare i ricorrenti deficit di cassa. L'**offerta** proviene invece dalla banca di emissione e dal sistema bancario, che raccoglie il risparmio delle famiglie e delle imprese.

Mercato finanziario

Nel **mercato finanziario** la **domanda di moneta** proviene sia da privati, come le imprese per finanziare gli investimenti, sia dallo Stato per finanziare i deficit di bilancio, sia dalle famiglie per finanziare l'acquisto di beni durevoli, come la casa. L'**offerta** invece proviene dai risparmiatori che acquistano in Borsa azioni, obbligazioni e titoli pubblici, e dalle banche e dagli altri intermediari finanziari che gestiscono i risparmi loro affidati dalla clientela.

Come avviene in tutti gli altri mercati dei beni e dei servizi, anche nel mercato dei capitali l'**incontro della domanda e dell'offerta di moneta determina il prezzo di equilibrio**, cioè il tasso di interesse, che è il prezzo per l'uso dei capitali.

1.7 La domanda di moneta

Per effettuare gli scambi i soggetti devono disporre di una certa quantità di moneta, direttamente spendibile sul mercato.

> La **domanda di moneta** è la quantità di reddito che il singolo o l'intera collettività detengono in forma liquida.

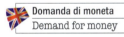
Domanda di moneta
Demand for money

L'analisi di Keynes Punto di partenza dell'analisi di Keynes è la critica alla teoria quantitativa della moneta: i suoi limiti principali sono individuati nella debolezza delle due ipotesi su cui si basa, e cioè la costanza sia della velocità di circolazione della moneta (V), sia della quantità di beni scambiata (Q).

Critica alla teoria quantitativa della moneta

Secondo Keynes:
- **V non è costante**, perché la quota di reddito detenuta in forma liquida varia in relazione al tasso di interesse e alla "preferenza per la liquidità";
- **neppure Q è costante**, perché le quantità prodotte e scambiate, e quindi il reddito nazionale, dipendono dagli investimenti e dalla propensione al consumo della collettività, che variano nel tempo.

Le conclusioni di Keynes

Venendo meno la costanza di V e di Q, viene a cadere anche il vincolo di proporzionalità postulato da Fisher fra M (quantità di moneta in circolazione) e P (livello generale dei prezzi). Da qui l'analisi keynesiana dei **moventi** (o motivi) che spingono i soggetti a domandare moneta, cioè a detenere una parte del loro reddito in forma liquida. **Secondo Keynes la quantità di moneta detenuta in forma liquida è in relazione diretta al reddito e in relazione inversa al tasso di interesse di mercato.**

modulo 6
La moneta e il credito

1.8 L'offerta di moneta

CIRCOLANTE E I CONTI COR...

Soggetti che offrono moneta

In ogni momento i diversi operatori economici dispongono di moneta che offrono per l'acquisto di beni e di servizi.

> L'**offerta di moneta** è data dalla quantità totale di moneta esistente in un certo momento a disposizione degli operatori del sistema economico.

Offerta di moneta
Money supply

La moneta proviene agli operatori dai seguenti soggetti:
- Stato;
- banca di emissione;
- sistema bancario;
- settore estero.

Moneta divisionale

Stato La Zecca dello Stato è la struttura che produce **monete divisionali** in metallo (nichel, acciaio), di piccolo taglio e quindi adatte agli scambi minuti.

Nella **UEM** (**Unione economica e monetaria**, o **zona euro**) sono divisionali le monete metalliche fino a 2 euro (ci si rende subito conto che sono emesse dalle zecche degli Stati membri, dato che, a differenza delle banconote, ogni Paese ha potuto differenziarle con propri simboli su una delle due facce). Le monete divisionali hanno corso legale, ma limitatamente a piccole somme (per grandi pagamenti possono essere rifiutate).

Il contributo della moneta divisionale all'offerta di moneta è molto modesto.

Moneta legale

Banca di emissione In ogni Paese l'Istituto di emissione, chiamato anche banca centrale, immette moneta legale nel sistema, sempre in condizioni di monopolio. L'immissione di moneta avviene attraverso il sistema bancario.

Nei vari Paesi esistono precise norme giuridiche che disciplinano i rapporti fra banca centrale e banche ordinarie. Queste norme sono finalizzate a regolare l'offerta di moneta attraverso il sistema bancario, e in definitiva a controllare la circolazione monetaria.

Nell'UEM le banche centrali dei Paesi membri sono vincolate alle decisioni della **Banca centrale europea** (BCE, v. Approfondimento nella prossima unità).

Esistono due diversi modi in cui le banche ordinarie possono ottenere moneta dalla banca centrale:
- attraverso le **anticipazioni di cassa**, che consistono in accrediti in conto corrente effettuati dalla banca centrale a favore delle banche stesse su cui queste ultime pagano un interesse;
- oppure attraverso il **risconto**, che consiste nella cessione alla banca centrale di cambiali, che le banche hanno ottenuto dalla clientela mediante sconto cambiario.

Il tasso di interesse praticato dalla banca centrale nell'operazione di risconto delle cambiali è collegato al **tasso di riferimento**, determinato dalla BCE, naturalmente inferiore al tasso praticato dalle banche alla clientela: ciò perché alle banche deve essere garantita la copertura delle spese di gestione dell'operazione e il conseguimento di un certo utile.

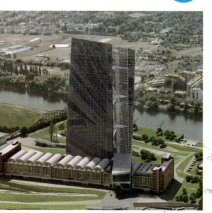
▲ La nuova sede della BCE, costruita nell'area dei vecchi mercati generali di Francoforte. Operativa dal novembre 2014, è alta 185 metri e presenta caratteristiche ingegneristiche ed ecologiche d'avanguardia.

Moneta bancaria

Sistema bancario Le banche assolvono all'importante funzione dell'**intermediazione creditizia**, che consiste nel raccogliere depositi dalle famiglie e nel fare prestiti alle imprese.

Riserva libera

I depositanti hanno la facoltà di prelevare le somme versate, anche per intero e senza preavviso se si tratta di depositi non vincolati (**depositi a vista**).

> **S Sconto cambiario** Contratto con il quale una banca anticipa l'ammontare di un credito non ancora scaduto, mediante la trattenuta di una percentuale (**tasso di sconto**) e di altre provvigioni dietro la cessione del credito stesso.

unità **1** ■ La moneta e le teorie monetarie

Pertanto la banca deve trattenere una certa scorta di moneta (**riserva libera**), allo scopo di far fronte alle richieste di rimborso della clientela.

Riserva obbligatoria

Le banche ordinarie devono versare alla banca centrale una parte dei depositi sulla base di un **coefficiente di riserva obbligatoria**, fissato dalla stessa banca centrale: esso rappresenta un efficace strumento che la banca centrale può utilizzare per regolare il volume della moneta in circolazione. La quota di depositi non destinata alle riserve (riserva libera e riserva obbligatoria) viene utilizzata dalla banca ordinaria per concedere prestiti alla clientela.

Creazione di moneta bancaria

La banca, infatti, sa per esperienza che i depositanti richiedono il rimborso solo di una piccola quota dei depositi, dato che per i propri pagamenti la clientela utilizza moneta bancaria (assegni). **La banca può perciò impiegare una quota dei depositi in operazioni attive (prestiti alla clientela), da cui può conseguire profitti.**

Per la banca, in generale, più ampi sono i prestiti concessi, più elevati sono i profitti; ma deve essere in ogni momento **in grado di far fronte alle richieste di rimborsi da parte della clientela**: se amplia eccessivamente i prestiti, può cadere in crisi di liquidità; ma se mantiene riserve libere troppo alte, riduce la sua possibilità di fare profitti.

Il processo di creazione della moneta

Vediamo ora come si svolge il **processo di creazione della moneta** da parte del sistema bancario. Supponiamo che la riserva totale (riserva libera più riserva obbligatoria) sia pari al 10% dei depositi. Se una banca ha ricevuto dai clienti depositi pari a 100 milioni di euro, deve trattenerne 10 e può utilizzare i rimanenti 90 per effettuare prestiti. La moneta ritornata in circolazione viene impiegata per effettuare pagamenti di uguale importo. Gli operatori economici che hanno ricevuto questi pagamenti, dopo un certo periodo di tempo, possono depositarli presso la stessa o un'altra banca. Questa, dopo aver accantonato il 10% come riserva, pari a 9 milioni di euro, può prestarne i rimanenti 81.

Esempio numerico

Ricomincia un nuovo giro:

deposito → accantonamento della riserva → prestito.

Il ciclo si può ripetere, in teoria, all'infinito; un deposito iniziale di 100 milioni di euro può generare, teoricamente, la seguente sequenza:

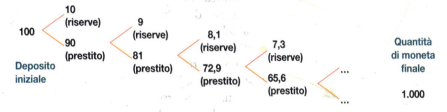

cioè un deposito iniziale di 100 milioni di euro crea in teoria moneta bancaria per altri 900 milioni: la quantità finale di moneta, 1.000 milioni di euro, risulta dalla somma del deposito iniziale e dei depositi derivati, secondo la formula del **moltiplicatore dei depositi**.

Il moltiplicatore dei depositi

Da un punto di vista matematico, la sequenza è analoga a quella che abbiamo studiato a proposito del moltiplicatore keynesiano (v. Mod. 5, par. 2.5). Utilizzando il medesimo procedimento allora descritto, si perviene alla seguente formula:

$$A = \frac{1}{r} D \qquad \text{nel nostro caso} \qquad \frac{1}{0,1} \times 100 = 1.000$$

dove A è la quantità totale di moneta creata dal deposito iniziale D, r la percentuale di riserva e 1/r è il moltiplicatore dei depositi.

L'intero processo di creazione di moneta bancaria dipende dalla disponibilità di moneta legale e dai rapporti che intercorrono tra la banca centrale, che emette tale moneta, e le banche ordinarie. La banca centrale è chiamata anche "banca delle banche" poiché non ha rapporti diretti con le famiglie e le imprese, ma solo con le banche ordinarie. Queste a loro volta, con i rapporti che intrattengono con famiglie e imprese, contribuiscono alla determinazione della quantità di moneta in circolazione.

Come si vede dalla formula, più basso è il livello del coefficiente di riserva obbligatoria, più elevato è il moltiplicatore dei depositi, e quindi maggiore è la capacità del sistema bancario di creare moneta.

> **Le banche**, attraverso le operazioni di prestito, **possono creare moneta bancaria per un valore multiplo** rispetto alla moneta che è stata depositata.

IN pratica

Si supponga che la banca centrale aumenti il coefficiente di riserva obbligatoria dal 10 al 20%, allo scopo di ottenere una riduzione della circolazione monetaria. Il moltiplicatore del credito, che originariamente era pari al 10% (cioè 1 : 0,10), ora si riduce al 5% (cioè 1 : 0,20), e ciò dimezza la capacità del sistema di creare moneta.

L'opposto accade naturalmente se la banca centrale diminuisce la percentuale di riserva obbligatoria per promuovere un aumento della circolazione monetaria. Se per esempio il coefficiente di riserva obbligatoria diminuisce dal 10 al 5%, il moltiplicatore del credito, che originariamente era pari al 10%, ora aumenta al 20% (cioè 1 : 0,05) e ciò raddoppia la capacità del sistema di creare moneta.

Massimo valore teorico del moltiplicatore

Si osservi però che il valore del moltiplicatore dei depositi, così come sopra schematizzato, rappresenta **il valore massimo che si può ottenere in teoria**: in realtà, i privati sono soliti trattenere presso di sé una certa quantità di moneta in contanti. Come conseguenza di ciò il valore del moltiplicatore si riduce, e pertanto l'espansione dei depositi sarà sempre inferiore a quella che si può ottenere applicando la formula.

Base monetaria La base monetaria è costituita dalla **moneta legale** (biglietti e monete metalliche, o *circolante*). Su questa base si crea la moneta bancaria attraverso il **moltiplicatore dei depositi**. Il suo controllo è uno degli strumenti fondamentali utilizzati dalla banca centrale per controllare la quantità complessiva di moneta in circolazione.

Settore estero Il **settore estero** è costituito dall'insieme dei rapporti che si allacciano fra gli operatori nazionali e il Resto del mondo. Come meglio approfondiremo più avanti, i rapporti con l'estero influenzano l'offerta di moneta. Questo assunto può essere chiarito con alcuni esempi.

IN pratica

Quando un esportatore italiano viene pagato in valuta straniera, supponiamo in dollari, può detenere il corrispettivo in valuta o scambiarlo contro euro; in entrambi i casi aumenta la quantità di moneta in circolazione all'interno. Così pure se uno straniero acquista dei Buoni del Tesoro pagandoli in valuta estera, immette nuova moneta nel nostro sistema economico: anche in questo caso si determina un aumento di offerta di moneta.

Si ha invece una diminuzione dell'offerta di moneta nel caso dell'importazione di beni dall'estero, in quanto il corrispettivo in moneta è sottratto alla circolazione interna e andrà ad aumentare la circolazione del sistema economico che ha esportato nel nostro Paese.

Quando si attiva il settore estero

In un'unione monetaria, come quella creata dai Paesi della **zona euro**, se le importazioni e le esportazioni avvengono all'interno della zona stessa, l'offerta di moneta in aumento per le esportazioni in un Paese è compensata dalla corrispondente diminuzione dell'offerta di moneta nel Paese importatore: quindi la quantità di euro in circolazione nel sistema rimane tendenzialmente stabile. **Il canale estero di creazione di moneta si attiva invece nei rapporti tra i Paesi UEM e i Paesi esterni all'Unione.**

1.9 L'equilibrio del mercato monetario

L'equilibrio che si forma sul mercato della moneta non è dissimile da quello che si forma in tutti gli altri mercati, in cui le variazioni di prezzo garantiscono l'equilibrio fra domanda e offerta.

Mercato monetario
Monetary market

> Nel mercato monetario la **funzione equilibratrice** è svolta dal tasso di interesse, che è il prezzo per l'uso del capitale.

Per capire come si forma l'equilibrio del mercato monetario, dobbiamo rifarci a quanto abbiamo già illustrato nei due paragrafi precedenti dedicati rispettivamente allo studio delle funzioni di domanda e di offerta di moneta.

Domanda di moneta

Secondo Keynes, **la domanda di moneta per il motivo delle transazioni e per il motivo precauzionale dipende dal livello del reddito, mentre la domanda di moneta per il motivo speculativo è in funzione del tasso di interesse**. Tutto questo può essere sintetizzato dalla formula:

$$M_d = M(Y, i)$$

che appunto indica che la domanda di moneta è in funzione di tali variabili.

Rappresentazione grafica

Se supponiamo dato un certo livello di reddito, **la domanda di moneta dipende solo dal tasso di interesse**: essa aumenta al diminuire del tasso di interesse, e viceversa. Pertanto, la domanda di moneta può essere rappresentata da una curva decrescente, come quella mostrata nella figura a destra.

Offerta di moneta

L'offerta di moneta, invece, è determinata dalle autorità monetarie, che dispongono di efficaci mezzi di controllo diretto e indiretto della quantità di moneta in circolazione. Pertanto, l'offerta di moneta viene assunta come un dato, indipendente dai meccanismi di mercato.

L'offerta di moneta viene quindi rappresentata mediante una retta perpendicolare, come si vede nella figura a sinistra.

Se ora riuniamo in un solo grafico le funzioni di domanda e di offerta di moneta, troviamo che domanda e offerta si uguagliano in corrispondenza del **tasso di interesse di equilibrio** (rappresentato dal segmento OB della figura a destra).

> Nel grafico a fianco vediamo riunite le curve di domanda e di offerta di moneta; l'ordinata del punto P, in cui le due curve si intersecano, costituisce il tasso di interesse di equilibrio.

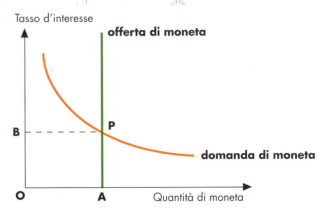

Offerta di moneta eccedente la domanda di moneta

Sentiero verso l'equilibrio Vediamo ora che cosa accade quando il tasso d'interesse sul mercato monetario è superiore a quello di equilibrio (figura qui sotto). Se in un certo momento il tasso di interesse (OC) è superiore al tasso di equilibrio (OB), la moneta domandata è inferiore alla moneta offerta (OD < OA). In questo caso, i detentori di liquidità in eccesso cercheranno di liberarsene, acquistando beni reali o obbligazioni; l'aumento della domanda di beni reali determina o un aumento della produzione e quindi del reddito, oppure un aumento dei prezzi dei beni (ci occuperemo di questi effetti quando parleremo dell'inflazione, nel Mod. 7, unità 2). L'aumento della domanda di obbligazioni determina un aumento nelle quotazioni dei titoli stessi, e pertanto una diminuzione del loro rendimento, cioè del tasso di interesse. Il risultato di questo meccanismo è che **il tasso di interesse di mercato tende all'equilibrio, con domanda e offerta di moneta ritornati al medesimo livello**.

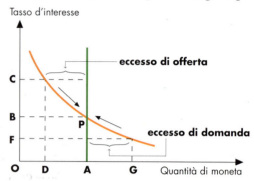

Domanda di moneta eccedente l'offerta di moneta

Il contrario si verifica quando il tasso di interesse di mercato è inferiore a quello di equilibrio. Se il tasso vigente sul mercato fosse OF, la moneta domandata sarebbe superiore a quella offerta (OG > OA). In tal caso, gli operatori cercheranno di accrescere la propria liquidità, diminuendo gli acquisti di beni e di titoli obbligazionari. Si verificherà una diminuzione della domanda di beni e di titoli, con conseguenze opposte a quelle sopra ricordate.

Per azione di queste forze il **tasso di interesse di mercato tende all'equilibrio**, che corrisponde al punto di intersezione (P) fra la curva di domanda e la curva di offerta di moneta.

1.10 La disputa monetaristi-neokeynesiani

Due vedute contrapposte

Fra gli studiosi di economia è tuttora in corso un vivace dibattito, che vede contrapposte le due scuole dei **monetaristi** e dei **neokeynesiani**. Tale vivacità si spiega sia per la presenza di elementi politici e ideologici, che sovente prendono il sopravvento sugli aspetti puramente tecnici, sia per la difficoltà di stabilire le cause dei fenomeni inflazionistici (e dei metodi per combatterli), che sono ovviamente collegati al controllo della circolazione monetaria.

▲ M. Friedman

Posizione dei monetaristi

La teoria neoquantitativa Il monetarismo ha preso avvio dagli studi di **Milton Friedman** (economista dell'Università di Chicago, premio Nobel per l'economia 1976), che si collegano alla teoria quantitativa della moneta formulata da Fisher. Per questa ragione è nota anche come **teoria neoquantitativa**, pur non mancando alcune differenze rispetto alla formulazione di Fisher.

I monetaristi infatti ammettono che la velocità di circolazione della moneta non è costante nel **periodo breve**, come sosteneva Fisher, ma è variabile: in particolare essa subisce un'accelerazione nelle fasi di espansione del ciclo economico e decresce nelle fasi di depressione. Nella fase espansiva aumenta la domanda di beni di consumo e di investimento: quindi, diminuisce la quota di reddito detenuta sotto forma di moneta e aumenta la velocità di circolazione della moneta (V); viceversa nelle fasi depressive. Nel **periodo lungo**, invece, V è abbastanza stabile. In ogni caso, la velocità di circolazione della moneta varia entro limiti piuttosto ristretti, tanto da potersi considerare costante.

Costanza della velocità di circolazione della moneta

L'influenza della moneta in circolazione

Poiché V è relativamente stabile, diventa determinante l'influenza della quantità di moneta in circolazione (M) sul reddito (PQ), ossia sul valore della produzione complessiva. **Secondo la teoria neoquantitativa l'offerta di moneta è la principale determinante della crescita del reddito nominale**: un aumento di M determinerà sempre, in un intervallo di tempo più o meno lungo, un aumento del reddito nominale. Ma dato che Q non può ulteriormente espandersi (perché secondo la tesi neoclassica il sistema economico si trova sempre in equilibrio di piena occupazione), il risultato inevitabile sarà un aumento del livello generale dei prezzi.

Domanda di moneta e tassi di interesse

Le ricerche statistiche effettuate dai sostenitori di questa teoria hanno cercato di dimostrare il peso prevalente della relazione fra la quantità di moneta in circolazione (M) e il reddito (Y); come pure che i tassi di interesse non influenzano la quantità di moneta domandata, contrariamente alla tesi keynesiana.

La ricetta monetarista

Dall'impostazione teorica dei monetaristi discendono numerose **prescrizioni di politica monetaria**. Le variazioni della quantità di moneta in circolazione esercitano un'influenza diretta sul reddito prodotto: moneta in circolazione e reddito nazionale sono infatti collegati da relazioni sufficientemente stabili: un aumento della produzione esige un aumento della quantità di moneta in circolazione, come un aumento della quantità di moneta offerta senza una corrispondente crescita della produzione determina un aumento puramente nominale del reddito nazionale. Dati questi rapporti, sostengono i monetaristi, **la quantità di moneta in circolazione ha un'importanza strategica come strumento di sostegno dell'economia e di controllo del livello generale dei prezzi**. In sintesi, secondo questa scuola di pensiero, la quantità di moneta in circolazione non deve superare un tasso fissato dalla banca centrale in relazione al tasso previsto di crescita economica.

Ruolo strategico della moneta

Comportamento delle banche centrali

Le banche centrali devono sottrarsi alle richieste del potere politico di emissioni monetarie contrastanti con questo principio. **Le manovre di politica monetaria per stimolare l'economia sono inutili e anzi dannose**. Le emissioni di moneta devono essere prefissate in anticipo e comunicate agli operatori. Ciò previene l'inflazione, smorza l'alternarsi delle fasi di espansione e depressione e consente ai soggetti di operare con fiducia, perché così risulta attenuato il potere discrezionale delle autorità monetarie.

Il monetarismo ha profondamente influenzato la politica economica degli anni '80 del secolo scorso: i governi di Margaret Thatcher in Gran Bretagna e di Ronald Reagan negli Stati Uniti ne hanno applicato rigidamente i principi.

James Tobin

Teoria delle scelte di portafoglio Il neokeynesiano **James Tobin** (Premio Nobel per l'economia, 1981) ha affrontato il problema della domanda di moneta, analizzando il motivo speculativo come causa della propensione alla liquidità, che secondo Keynes è determinato dall'alternativa fra il detenere moneta in forma liquida o investirla in obbligazioni.

Alternative di investimento

Questo filone di analisi è noto come **teoria delle scelte di portafoglio**, in quanto il soggetto ha la possibilità di scelta fra diverse alternative: così, può conservare la ricchezza in forma liquida, oppure investirla in azioni, obbligazioni, titoli pubblici, fondi comuni di investimento, fondi immobiliari, e così via. In questo modello, la moneta liquida entra in competizione con tutte le possibili attività finanziarie; e **il soggetto sceglierà la composizione del suo portafoglio che massimizzi l'utilità attesa dalla sua ricchezza**. Risulta allora evidente che, secondo questa teoria, la domanda di moneta dipende non solo dal tasso di rendimento delle obbligazioni (e quindi dal tasso d'interesse), come aveva ipotizzato Keynes, ma dalle **aspettative di rendimento** di tutte le diverse forme di investimento finanziario, in particolare dei titoli azionari, legati all'andamento reale dell'economia.

P Portafoglio Insieme di titoli detenuti da un investitore in un certo momento, la cui composizione e volume variano in relazione agli scopi perseguiti dall'investitore stesso. Per ridurre il rischio e massimizzare il rendimento è necessario diversificare gli investimenti.

modulo 6
La moneta e il credito

INsintesi

1.1 Origini e funzioni della moneta
Nelle economie primitive gli scambi si fondavano sul **baratto**. Nelle economie ove vige la **divisione del lavoro** lo scambio si basa sulla moneta, che svolge funzioni essenziali per l'economia: **mezzo di scambio**, **misura del valore**, **riserva di valore** e **mezzo di pagamento**.

1.2 Vari tipi di moneta
Oltre alla carta-moneta, oggi esistono altri **mezzi di pagamento**: la **moneta bancaria**, costituita dagli assegni bancari, e la **moneta commerciale**, costituita dalle cambiali.

1.3 I sistemi monetari
Il **sistema monetario** è costituito dall'insieme della moneta che circola in un Paese e dalle norme giuridiche che ne regolano la circolazione. I sistemi monetari si distinguono in:
- **sistemi monetari metallici**;
- **sistemi monetari a cambio aureo**;
- **sistemi a carta moneta inconvertibile**.

1.4 Il valore della moneta
Il **valore della moneta** è dato dalla quantità di beni e servizi che con la moneta si possono comprare. Se i prezzi aumentano il valore della moneta diminuisce, e viceversa.

1.5 La teoria quantitativa della moneta
La **teoria quantitativa della moneta** afferma che un aumento della quantità di moneta in circolazione produce un aumento dei prezzi, e quindi una diminuzione del suo valore.

1.6 Il mercato dei capitali
Il **mercato monetario** riguarda la domanda e l'offerta di moneta nel periodo breve, mentre il **mercato finanziario** riguarda la domanda e l'offerta di moneta nel periodo lungo.

1.7 La domanda di moneta
La **domanda di moneta** è la parte di reddito detenuta in forma liquida. Per Keynes è in funzione diretta del reddito e inversa del tasso di interesse.

1.8 L'offerta di moneta
L'**offerta di moneta** è la quantità totale di moneta a disposizione del sistema economico. Proviene soprattutto dalla banca di emissione e dal sistema bancario. È un dato, in quanto dipende dalle decisioni delle autorità di politica economica.

1.9 L'equilibrio del mercato monetario
Si ha **equilibrio del mercato monetario** quando domanda e offerta di moneta sono uguali in corrispondenza del tasso di interesse di equilibrio.

1.10 La disputa monetaristi-neokeynesiani
I **monetaristi** ritengono che la moneta offerta sia la determinante fondamentale del reddito nazionale. Secondo la teoria neoquantitativa la moneta non deve essere né scarsa né sovrabbondante, ma adeguata allo sviluppo reale del sistema economico. Il neokeynesiano **James Tobin** ha enunciato la teoria delle scelte di portafoglio, secondo cui la domanda di moneta dipende non solo dal rendimento delle obbligazioni, ma da quello di tutte le attività finanziarie.

Laboratorio

Vero / Falso
Indica se le seguenti affermazioni sono vere o false.

1. Il circolante è costituito dall'insieme degli assegni bancari e circolari. ☐V ☐F
2. La moneta è misura del valore perché consente di valutare la ragione di scambio dei beni. ☐V ☐F
3. L'euro è una moneta forte perché è convertibile in oro in qualsiasi momento. ☐V ☐F
4. La legge di Gresham afferma che quando una moneta si svaluta non viene più usata nelle transazioni commerciali. ☐V ☐F
5. Secondo la teoria quantitativa della moneta un aumento della moneta in circolazione non influenza il livello generale dei prezzi. ☐V ☐F
6. La velocità di circolazione della moneta è data dal numero di volte che la moneta in media è scambiata nell'unità di tempo. ☐V ☐F
7. Le banche possono creare moneta bancaria per un valore multiplo rispetto all'ammontare dei depositi iniziali. ☐V ☐F
8. Più alto è il livello del coefficiente di riserva obbligatoria, minore è la capacità delle banche di creare moneta bancaria. ☐V ☐F

Scelta multipla
Completa l'affermazione scegliendo la frase corretta fra quelle proposte.

1. La moneta non svolge la funzione di:
   - a mezzo di scambio
   - b misura di valore
   - c riserva di valore
   - d consumo improduttivo

2. La moneta commerciale è costituita dall'insieme
   - a delle cambiali
   - b degli assegni bancari
   - c degli assegni circolari
   - d dei prelievi bancomat

288

3. La moneta bancaria è costituita dal complesso
   a delle obbligazioni emesse da società
   b degli assegni bancari circolanti
   c delle banconote
   d delle cambiali commerciali

4. Nel sistema del cambio in divise estere i biglietti sono convertibili in
   a oro a un prezzo fissato dalla legge
   b oro e divise estere, a scelta della banca centrale
   c divise di Paesi con moneta convertibile in oro
   d divise di Paesi con moneta inconvertibile

5. La legge di Gresham afferma che
   a la moneta cattiva scaccia la moneta buona
   b la moneta buona scaccia la moneta cattiva
   c la moneta buona circola insieme alla cattiva
   d la moneta cattiva si usa per pagare le importazioni

6. La teoria quantitativa della moneta sostiene che il livello generale dei prezzi dipende dalla
   a quota di moneta detenuta in forma liquida
   b velocità di circolazione della moneta
   c quantità dei beni scambiati
   d quantità di moneta in circolazione

7. Secondo i monetaristi la velocità di circolazione della moneta è
   a costante
   b variabile
   c funzione crescente del reddito
   d funzione decrescente del reddito

8. Le monete metalliche sono emesse dalla
   a Banca d'Italia
   b Zecca dello Stato
   c Banca centrale europea
   d Tesoreria del Ministero del tesoro

9. Non è un soggetto che offre moneta
   a lo Stato   c il sistema delle imprese
   b la Banca di emissione   d il sistema bancario

10. Nel mercato monetario l'equilibrio fra domanda e offerta è assicurato dal
    a tasso di interesse   c reddito nominale
    b reddito reale   d moltiplicatore

Completamenti
Completa il brano inserendo i termini appropriati scelti tra quelli proposti.

La tracciabilità dei _____ attraverso l'uso di strumenti diversi dal contante è considerata cruciale per avviare un'efficace lotta all'economia _____, che va dall'evasione alla criminalità organizzata. L'utilizzo di pagamenti tracciabili, cioè l'impiego della moneta elettronica, è considerata un termometro della _____ economica di un Paese, che ci indica quando in quel Paese ci sono le condizioni per uno _____ economico moderno. L'idea è semplice: lo sviluppo è il risultato della miscela tra buone regole – tra cui quelle che garantiscono e sviluppano la trasparenza – e la fiducia. Nei Paesi in cui si hanno buone regole e fiducia i pagamenti _____ sono diffusi; al contrario nei Paesi in cui l'osservanza delle regole e l'educazione _____ sono basse si preferisce il _____.
L'Italia è un Paese che presenta tutte e tre le caratteristiche negative: scarsa osservanza delle regole, bassa _____ civica, largo uso del contante. Il termometro indica una cattiva salute.

Donato Masciandaro, «Il Sole 24 Ore»

cambiale ▪ civica ▪ civile ▪ civiltà ▪ contante ▪ economico ▪ educazione ▪ elettronica ▪ elettronici ▪ pagamenti ▪ sommersa ▪ sviluppo

Trova l'errore
Individua l'espressione o il termine errati, e inserisci quelli corretti.

1. La moneta bancaria è costituita dalle cambiali emesse dai privati, che possono essere girate dal prenditore o scontate presso una banca, mentre la moneta commerciale è costituita dagli assegni bancari, tratti dai clienti sulla banca a fronte di un deposito di denaro o di una apertura di credito.

2. Secondo i sostenitori della teoria quantitativa della moneta, all'aumentare della quantità di moneta in circolazione si verifica sempre una diminuzione del livello generale dei prezzi; questo avviene come conseguenza dell'aumento del potere di acquisto della moneta.

modulo 6
La moneta e il credito

Laboratorio

Collegamenti
Associa ogni termine della prima colonna con un solo termine della seconda.

1. Bimetallismo
2. Bimetallismo zoppo
3. Carta moneta inconvertibile
4. Sistema della riserva federale
5. Gold bullion standard
6. Gold exchange standard
7. Gold standard
8. Silver exchange standard

a. Sistema basato sulla circolazione di oro e argento, in cui l'unità monetaria è definita in termini di entrambi i metalli, che si scambiano secondo un rapporto fisso determinato dai valori di mercato dei due metalli
b. Sistema in cui circolano oro e argento, ma solo la moneta d'oro è perfetta, mentre la moneta d'argento è accettata solo per imposizione di legge
c. Sistema in cui i biglietti non sono convertibili in oro, ma in divise di Paesi la cui moneta è convertibile in oro
d. Sistema in cui la moneta non è convertibile in oro, ma viene accettata per i beni e i servizi che permette di acquistare sul mercato
e. Sistema monometallico basato sulla sola circolazione dell'oro, in cui lo Stato fissa l'unità monetaria determinandone il contenuto in oro

Domande aperte
Rispondi alle seguenti domande.

1. Quali sono le funzioni della moneta? (1.1)
2. Che cos'è la moneta elettronica, e per quale motivo se ne consiglia la diffusione? (1.2)
3. In che cosa consiste il bimetallismo? (1.3)
4. Da che cosa dipende il valore della moneta? (1.4)
5. Quali sono le relazioni fondamentali evidenziate dalla teoria quantitativa della moneta? (1.5)
6. Che cosa si intende per velocità di circolazione della moneta? (1.5)
7. Che differenza passa fra il mercato monetario e il mercato finanziario? (1.6)
8. Che cosa si intende per domanda di moneta? (1.7)
9. In che modo le banche "creano" moneta? (1.8)
10. Quando il mercato monetario è in equilibrio? (1.9)

summary — CLIL

1.1 Origins and functions of money
Primitive economies developed through the **bartering of goods**, which had many limitations. In economies where there is a **division of labour**, money is exchanged. **Money** is essential for the economy: it is a **medium of exchange**, a **measure of value**, a **reserve of value** and a **means of payment**.

1.2 Various types of currency
In modern-day economies, other means of payment are used: **bank money** (cheques) and **commercial money** (bills of exchange).

1.3 Monetary systems
The **monetary system** is a set of mechanisms by which a government provides money in a country. Monetary systems are: **metallic; gold standard; non-convertible legal tender**.

1.4 The value of currency
The **value of a currency** is determined by the strength of its economy. If prices rise, then the value of the currency depreciates, and vice versa.

1.5 The quantitative theory of money
The **quantitative theory** states that the money supply has a direct proportional relationship with the price level. If the amount of currency in circulation increases, then the price of goods increases in proportion, and the currency loses value.

1.6 The monetary market
The **monetary market** is concerned with supply and demand of currency over a short period of time; the **capital market** is concerned with supply and demand over a longer period.

1.7 Demand for money
Demand for money is income held in liquid form. According to Keynes, as interest rates go up (or down) people will be less (or more) willing to hold money.

1.8 Supply of money
Supply of money is the entire stock of currency and other liquid instruments in a country's economy. This is supplied by the issuing bank and the banking system, and depends on the decisions taken by the economic policy authorities.

1.9 Equilibrium in the money market
Equilibrium in the money market takes place when the money supply and the money demand balance each other.

1.10 The Monetarists-Keynesians dispute
Monetarists advocate that variations in the money supply have major influences on national output. According to the **neo-quantitative theory**, there should be an adequate stock of money in circulation (neither too much nor too little, but sufficient to keep up with the economic development of the country). **James Tobin**, a neokeynesian, explained that individuals should keep a portfolio of assets; he describes how investors mitigate risk in their portfolios by selecting some combination of high and low risk investments.

modulo 6

La moneta e il credito

unità

2

Le banche e il mercato monetario

DI CHE COSA PARLEREMO	Questa unità introduce la distinzione fra **MERCATO MONETARIO** e **MERCATO FINANZIARIO** e delinea i profili degli **OPERATORI** di tali mercati. Esamina poi la fisionomia del **SISTEMA BANCARIO ITALIANO**, con particolare riguardo al nuovo ruolo della **BANCA D'ITALIA** dopo la creazione del **SISTEMA EUROPEO DI BANCHE CENTRALI** (SEBC). La parte finale tratta i contenuti della **POLITICA MONETARIA**, oggetto di molti contrasti fra **MONETARISTI** e **NEOKEYNESIANI**.

CHE COSA DEVI CONOSCERE	■ La nozione di sistema economico ■ La funzione intermediaria delle banche ■ La nozione e gli scopi della politica economica
	■ Il concetto di privatizzazione ■ I fondamenti della scuola keynesiana ■ I fondamenti della scuola monetarista ■ La teoria quantitativa della moneta

CHE COSA IMPARERAI	■ Che cosa significa "istituto di emissione" ■ Qual è il ruolo attuale della Banca d'Italia ■ Qual è il ruolo della Banca centrale europea (BCE) ■ Che cos'è il Sistema europeo di banche centrali (SEBC) ■ Come funziona il sistema bancario italiano nell'ambito dell'UE

CHE COSA SAPRAI FARE	■ Distinguere tra mercato monetario e mercato finanziario ■ Riconoscere il ruolo, l'organizzazione e le funzioni della Banca d'Italia ■ Ripercorrere l'evoluzione del sistema bancario italiano ■ Illustrare la struttura del sistema bancario nazionale ■ Esporre i fini e gli strumenti della politica monetaria ■ Spiegare le diverse posizioni teoriche sulla politica monetaria

2.1 Mercato monetario e mercato finanziario

Il ruolo della moneta è assai importante per il finanziamento dell'attività produttiva: le banche e gli altri intermediari finanziari indirizzano il credito verso le imprese, contribuendo a determinare il livello di attività e quindi il reddito dell'intero sistema.

Il ruolo determinante della moneta

Da ciò si capisce che **il settore reale e il settore monetario sono strettamente connessi**, contrariamente alla tesi neoclassica secondo cui la moneta era "neutrale", cioè non esercitava una sostanziale influenza sulle grandezze reali.

Nel mercato della moneta agiscono **soggetti diversi, con funzioni differenti** anche se strettamente interdipendenti. Il loro operare è regolato da precise

modulo 6
La moneta e il credito

norme giuridiche, necessarie per la delicatezza dei meccanismi connessi alla gestione della moneta, che ha ripercussioni di estrema importanza nell'economia di un Paese.

Si distinguono due diversi mercati: il **mercato monetario** e il **mercato finanziario**.

Il mercato monetario

> Il **mercato monetario** (o **creditizio**) è costituito dagli organi istituzionali e dagli strumenti che consentono l'erogazione della moneta dai settori che ne dispongono in quantità esuberante rispetto al fabbisogno (cioè sono in avanzo, in quanto le entrate superano le spese per beni e servizi), ai settori che hanno necessità di moneta (e quindi sono in disavanzo).

Carattere distintivo di questo mercato è il **breve termine**, ossia la breve durata temporale (scadenza) delle singole operazioni.

Il mercato monetario (a cui è dedicato questa unità) è essenzialmente costituito dai **depositi a vista e a breve termine**, e dall'**erogazione di crediti a breve termine**; suoi titoli tipici sono l'**assegno**, la **cambiale** e i **titoli di Stato a breve termine (BOT)**.

Il mercato finanziario

> Il **mercato finanziario**, invece, riguarda le operazioni a medio e a lungo termine, ed è soprattutto relativo al finanziamento dei programmi di investimento delle imprese e dello Stato.

Il mercato finanziario (a cui dedicheremo la prossima unità) comprende dunque le **erogazioni di crediti a lungo termine**, le **azioni**, le **obbligazioni**, i titoli a lunga scadenza del debito pubblico (**BTP, CCT**).

I soggetti del mercato monetario e finanziario

Gli operatori del mercato Nei due mercati sono attivi i seguenti operatori:
- le **famiglie**, che realizzano la quasi totalità del risparmio e lo impiegano in depositi bancari o postali, oppure lo investono in azioni, obbligazioni e altre attività finanziarie;
- le **imprese**, che finanziano gli investimenti sia attraverso il credito a breve termine (fornito dalle banche), sia attraverso il credito a lungo termine (fornito dalle banche e da altri intermediari finanziari), oltre che con l'emissione di azioni e obbligazioni;
- lo **Stato**, inteso in senso lato, costituito sia dall'amministrazione centrale (Stato, enti autarchici nazionali) che dall'amministrazione periferica (Regioni, Province, Comuni). L'amministrazione centrale si finanzia attraverso l'emissione dei titoli del debito pubblico (sottoscritti dalle banche o dai privati); gli enti periferici territoriali si finanziano o attraverso speciali istituti di credito (Cassa Depositi e Prestiti), oppure attraverso le banche;
- le **banche**, che svolgono la funzione di intermediazione creditizia, sotto il controllo della banca centrale o altra autorità di sorveglianza. Questo operatore comprende anche altre istituzioni finanziarie (Fondi comuni di investimento, società finanziarie), che raccolgono risparmio da chi ne ha in eccesso e lo prestano a chi ne ha bisogno;
- il **Resto del mondo**, operatore a cui si riferisce l'insieme delle transazioni economiche fra residenti e non residenti nel nostro Paese. Parleremo dell'attività posta in essere da questo operatore nella prima unità del Modulo 8, nel paragrafo 1.10 dedicato alla bilancia dei pagamenti.

▲ La moneta svolge un ruolo centrale sia sul mercato finanziario che su quello monetario, due realtà estremamente importanti nell'economia di un Paese.

Crediti a breve e a lungo termine

Il finanziamento delle imprese In generale, **le imprese utilizzano crediti a breve termine per effettuare investimenti nel capitale circolante, crediti a lungo termine per gli investimenti in capitale fisso**. Questa distinzione è valida soprattutto per le imprese di grandi dimensioni, che con maggior facilità possono ottenere prestiti a lungo termine e finanziarsi attraverso l'emissione di azioni e obbligazioni. **Le imprese di piccola dimensione attingono invece**

unità **2** ■ Le banche e il mercato monetario

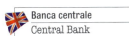
Banca centrale
Central Bank

prevalentemente al credito bancario a breve termine, poiché è a loro preclusa la possibilità di emettere sia azioni sia obbligazioni, in quanto per legge solo le società di capitali (società per azioni e società in accomandita per azioni) hanno questa facoltà, e risulta perciò più difficile per loro il ricorso al credito a lungo termine.

2.2 La Banca d'Italia

L'emissione di moneta

Nel secolo scorso in Italia la funzione di emettere moneta era affidata nei singoli Stati pre-unitari a diversi istituti di emissione, che associavano a questo compito le operazioni oggi svolte dalle banche ordinarie. Gradualmente si è però fatta strada l'opinione che l'emissione della moneta dovesse concentrarsi in un unico istituto, sotto il controllo pubblico, per consentire l'attuazione di direttive unitarie di politica economica: data infatti l'influenza che la quantità di moneta in circolazione esercita sul livello dei prezzi e sui tassi di interesse (e, come abbiamo detto, sulle variabili reali), è necessario che un'unica autorità svolga un'azione diretta di controllo sulla quantità di moneta in circolazione. Proprio questa esigenza ha portato alla costituzione della **Banca d'Italia**, la nostra banca centrale.

▲ L'incontro annuale in cui il Governatore della Banca d'Italia, di solito il 31 di maggio, illustra la situazione economica italiana e internazionale e gli sviluppi previsti.

Origini della Banca d'Italia All'epoca dell'Unificazione (1861) esistevano in Italia sei banche di emissione (Banca Nazionale, Banca Nazionale Toscana, Banca Toscana di Credito, Banca Romana, Banco di Napoli e Banco di Sicilia), che svolgevano anche la normale attività bancaria. La crisi del 1889-1893, che coinvolse la Banca Romana, impose un riordinamento del sistema bancario italiano: nel 1893 le funzioni di emissione vennero concentrate nella **Banca d'Italia** (che nacque dalla fusione degli istituti di emissione dell'Italia Centro-settentrionale), mentre si limitò il ruolo del Banco di Napoli e del Banco di Sicilia; solo nel 1926 si arrivò al completo **monopolio dell'emissione**, affidata esclusivamente alla Banca d'Italia. A essa vennero altresì affidate funzioni di vigilanza sull'attività delle altre aziende di credito, con divieto di svolgere la normale attività bancaria. Nel 1936 la Banca d'Italia fu dichiarata **istituto di diritto pubblico**, e il suo capitale suddiviso fra numerosi partecipanti (casse di risparmio, istituti di credito di diritto pubblico, istituti di previdenza e di assicurazione).

La riforma del 1936

Gli organi decisionali

Organi della Banca d'Italia L'**Assemblea dei partecipanti** nomina il **Consiglio superiore**, presieduto dal **Governatore**, che è il massimo organo esecutivo dell'istituto. Il Governatore è nominato, con decreto del Presidente della Repubblica, su proposta del Presidente del Consiglio, previa deliberazione del Consiglio dei ministri, sentito il parere del Consiglio superiore della Banca d'Italia. Questa procedura rivela la ricerca di un equilibrio fra il Governo, organo politico, e il Consiglio superiore della Banca d'Italia, dato che rende necessario un accordo, nel rispetto delle competenze e dell'autonomia di ciascuno.

▶ Obbligazione della Banca Romana, uno dei sei istituti di emissione italiani attivi nell'800. A partire dal 1893 le funzioni di emissione vennero affidate alla Banca d'Italia, costituita lo stesso anno.

293

modulo 6
La moneta e il credito

PER capire meglio

Il Sistema della Riserva Federale (FED) in USA

Ci soffermiamo ora sulla struttura della Banca di emissione degli Stati Uniti, sia per l'importante ruolo che il dollaro svolge nell'economia mondiale, sia perché rappresenta un precedente che può essere confrontato con il **Sistema europeo di banche centrali** (**SEBC**) che, nell'Unione europea, ha il compito di gestire l'euro, la moneta comune.

sentano gli interessi, rispettivamente, delle istituzioni bancarie, dei commercianti e industriali, degli agricoltori.

A differenza delle banche di emissione degli altri Paesi, che sono istituti singoli, il **Sistema della Riserva Federale** (*Federal Reserve System*, FED) è costituito da una rete nazionale di 12 Banche Distrettuali, che fanno capo al Consiglio dei governatori (che si riunisce a Washington). Il Consiglio è formato da sette governatori, nominati dal Presidente degli Stati Uniti, che restano in carica 14 anni.

Le 12 **Banche distrettuali** hanno sede a Boston, New York, Philadelphia, Cleveland, Richmond, Atlanta, Chicago, St. Louis, Minneapolis, Kansas City, Dallas e San Francisco. Ciascuna è contrassegnata da un numero d'ordine progressivo che distingue i 12 distretti, qui evidenziati nella cartina.

La FED gode di completa indipendenza dal Governo: sin dalla sua fondazione, avvenuta nel 1913, si è affermato il principio della netta separazione fra l'organo che assume le decisioni di spesa (cioè il Governo) e l'organo che controlla l'offerta di moneta (la FED).

Le più importanti decisioni di politica monetaria sono assunte da una commissione federale di 12 membri, il **Federal Open Market Committee** (**FOMC**), costituito dai 7 membri del Consiglio dei governatori (*Board of Governors*), dal presidente della *Federal Reserve Bank of New York*, e, a rotazione, dai presidenti di 4 banche distrettuali.

La struttura della FED è quindi la seguente:

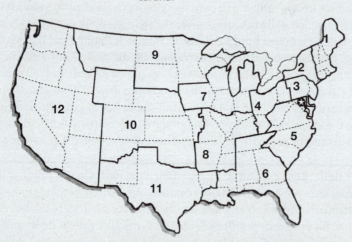

Ciascuna banconota americana riporta una lettera (dalla A alla L), collegata al nome della città, capitale del distretto della FED. Per esempio, la A corrisponde al distretto di Boston, la B a quello di New York, la C a quello di Philadelphia, e così via.

Il Presidente di ciascun distretto ha a sua disposizione uno staff di economisti specializzati nello studio dell'economia locale, e tre categorie di consiglieri, che rappre-

Negli Stati Uniti opera un numero altissimo di banche commerciali, ben 11.200; di esse solo il 40% fa parte della FED, dato che l'ammissione richiede la presenza di particolari requisiti dimensionali. Le azioni di ciascuna Banca Distrettuale sono detenute dalle banche commerciali che operano nel distretto.

294

unità **2** ■ Le banche e il mercato monetario

PER capire meglio

Il Sistema europeo di banche centrali (SEBC)

Dal 1° gennaio 1999, con l'entrata in vigore dell'**Unione economica e monetaria** (**UEM**), è profondamente cambiato il ruolo delle banche centrali dei singoli Paesi aderenti. La politica monetaria dell'UEM è ora affidata al **Sistema europeo delle banche centrali** (**SEBC**), composto dalla **Banca centrale europea** (**BCE**) e dalle **banche centrali nazionali** dei Paesi membri, secondo lo schema raffigurato in basso.

La BCE si compone di due organi decisionali (Consiglio direttivo e Comitato esecutivo) ed è assistita da un organo consultivo (Consiglio generale dei governatori).

Il **Consiglio direttivo**, presieduto dal Presidente della BCE, assume le più importanti decisioni di governo della Banca. È formato dai governatori delle banche centrali nazionali dell'UEM e dai membri del Comitato esecutivo, e ha il compito di decidere la politica monetaria dell'Unione.

Il **Comitato esecutivo** è formato dal presidente, dal vice presidente della BCE e da quattro membri nominati dai Governi degli Stati membri. Attua la politica monetaria come definita dal Consiglio direttivo, fornendo le opportune istruzioni alle banche centrali nazionali.

Il **Consiglio generale** è formato dal presidente, dal vice presidente e dai governatori delle banche centrali nazionali di tutti i Paesi che fanno parte della Comunità europea; ha pertanto la stessa composizione del Consiglio direttivo, più i governatori delle Banche d'Inghilterra, di Danimarca e di Svezia che sono rimaste fuori dalla UEM. Ha funzioni di consulenza, raccolta di informazioni statistiche, definizione delle procedure per la fissazione dei tassi di cambio fra euro e monete nazionali dei nuovi Paesi comunitari.

La BCE è responsabile della gestione della politica monetaria, uniforme in tutti i Paesi appartenenti alla zona euro; essa viene attuata dalle singole Banche centrali. I compiti di vigilanza sul sistema creditizio e finanziario all'interno dei singoli Stati sono assegnati alle istituzioni nazionali designate a questo compito (in Italia, la Banca d'Italia).

L'emissione di moneta legale compete alle banche centrali, nell'ambito dei quantitativi fissati dalla BCE, mentre il conio della moneta divisionale è affidato alle varie zecche nazionali.

La banconota euro è uguale in tutti i Paesi partecipanti, salvo una piccola zona riservata all'identificazione del Paese emittente. I tagli sono da 5, 10, 20, 50, 100 e 200 euro. Le monete metalliche – che presentano un lato comune e uno diverso per ogni singolo Paese – sono otto, da un cent a due euro.

Funzioni

Compiti della Banca d'Italia   Prima dell'entrata in funzione dell'Unione monetaria europea (UEM) la Banca d'Italia aveva il compito principale di regolare la circolazione monetaria della lira nel modo seguente:
- **emissione dei biglietti a corso legale**, senza vincolo di copertura in oro o in divise estere;

modulo 6
La moneta e il credito

- **difesa del cambio della lira**, intervenendo sul mercato delle divise estere per stabilizzare il corso della nostra moneta;
- **assunzione di decisioni di politica monetaria**, per il controllo della circolazione della moneta (manovra del tasso ufficiale di sconto, variazioni del coefficiente di riserva obbligatoria ecc.).

Coordinamento con la BCE

Con l'istituzione del **Sistema europeo di banche centrali** (SEBC) queste funzioni sono passate alla **Banca centrale europea (BCE)**, che gestisce in modo autonomo e uniforme la politica monetaria in tutti i Paesi dell'area euro (v. box precedente). **La moneta legale viene emessa dalle singole banche centrali nazionali (in Italia, la Banca d'Italia), che devono però osservare le disposizioni impartite dalla BCE, alla quale spetta il compito di fissare i quantitativi da mettere in circolazione (controllo della base monetaria).**

Alla Banca d'Italia restano tuttora le seguenti funzioni:

- **svolgimento dell'attività di vigilanza sul sistema bancario e sugli altri intermediari del mercato dei capitali**, attraverso l'esercizio dei poteri di sorveglianza e controllo: le direttive della Banca d'Italia sono vincolanti in materia di credito (ad esempio per quanto riguarda la concessione di prestiti superiori a un certo ammontare);
- **svolgimento delle funzioni di Tesoreria dello Stato**, in quanto incassa le entrate dello Stato e paga le sue spese.

La Relazione del Governatore

La Banca d'Italia offre, attraverso la **Relazione annuale del Governatore** (letta il 31 maggio di ogni anno all'Assemblea generale dei partecipanti) e il Bollettino economico trimestrale, una ricca fonte di informazioni sui fenomeni monetari e creditizi in Italia e nel mondo.

Gli obiettivi di Maastricht

Secondo quanto stabilito dal **Trattato di Maastricht**, gli obiettivi della politica monetaria sono, in primo luogo, il **mantenimento della stabilità dei prezzi** e, in subordine, **il sostegno alle politiche economiche generali nell'area dell'euro**.

▲ La Banca centrale europea (BCE) dispone di una vasta gamma di strumenti di intervento per controllare la circolazione monetaria e difendere la stabilità dell'euro.

Nel perseguimento di questi obiettivi, la BCE e le Banche centrali nazionali devono restare indipendenti dalle istituzioni e dagli organi comunitari, dalle autorità nazionali e da qualsiasi altro organismo economico e politico.

Le decisioni riguardanti la politica monetaria dell'**Eurosistema** vengono attuate dalle Banche centrali nazionali, secondo il principio del decentramento operativo, attraverso **una vasta gamma di strumenti**. Tra questi figurano le **operazioni di rifinanziamento** (a cui viene applicato il tasso di rifinanziamento), quelle **a più lungo termine**, le **operazioni attivabili su iniziativa delle controparti** (istituzioni finanziarie), quelle di **fine tuning**, la **riserva obbligatoria**.

S SEBC Sistema europeo di banche centrali, composto dalla BCE e dalle banche centrali degli Stati membri dell'Unione europea: comprende quindi non solo i membri dell'Eurosistema, ma anche le Banche centrali degli Stati appartenenti all'UE che non hanno però introdotto l'euro.

P Paesi dell'area euro Fanno parte dell'area euro i seguenti Paesi: Austria, Belgio, Cipro, Estonia, Finlandia, Francia, Germania, Grecia, Irlanda, Italia, Lettonia, Lussemburgo, Malta, Paesi Bassi, Portogallo, Spagna, Slovacchia, Slovenia.

E Eurosistema Detto anche SEBC (Sistema europeo di banche centrali), comprende la BCE e le banche centrali nazionali dei Paesi membri che hanno introdotto l'euro. Vi partecipano quindi le banche centrali nazionali dei Paesi dell'area euro. È governato dal Consiglio direttivo e dal Comitato esecutivo della BCE.

T Tasso di rifinanziamento Tasso di interesse pagato dalle banche sul denaro preso a prestito dalla BCE quando devono affrontare momenti di carenza di liquidità. Tale tasso, fissato periodicamente dal Consiglio direttivo della Banca centrale europea e applicato alle operazioni di rifinanziamento principali dell'Eurosistema, è un importante strumento di politica economica per variare i tassi di mercato.

F Fine tuning Politica monetaria di ispirazione keynesiana, basata sul costante adattamento del circolante alle necessità dell'economia, in modo da riuscire a far fronte all'instabilità del sistema. Per essere efficace questo tipo di politica monetaria necessita di corrette previsioni economiche. È criticata dai monetaristi in quanto altera le condizioni naturali del sistema (dall'inglese = sintonia accurata).

unità **2** ■ Le banche e il mercato monetario

2.3 Il sistema bancario italiano

Il sistema bancario italiano comprende tutti gli organismi che operano nel settore della raccolta del risparmio e dell'erogazione del credito, secondo il seguente organigramma:

```
                  · MINISTRO DELL'ECONOMIA  ......►  BANCA D'ITALIA  ◄......  SEBC (Sistema europeo
                  · CICR                                                      di banche centrali)
AUTORITÀ
MONETARIE                                              │
E                                                      ▼
CREDITIZIE        ┌──────────────────────────────────────────────────────────────────────┐
                  │                    BANCHE ORDINARIE                                     │
                  │  imprese che esercitano il credito autorizzate dalla Banca d'Italia     │
                  │  e sottoposte alla sua vigilanza                                         │
                  └──────────────────────────────────────────────────────────────────────┘
                       │              │                │                    │
                       ▼              ▼                ▼                    ▼
                  Società per     Banche        Banche di credito     Filiali di banche
                  azioni          popolari      cooperativo           estere
```

Al vertice vi sono le **autorità monetarie e creditizie**, a cui compete il governo della moneta e del credito, alla base le **aziende operative**, ossia le **banche**.

Importanza del controllo della moneta

Autorità creditizie In tutti i sistemi economici contemporanei il controllo della moneta è un'espressione della sovranità dello Stato, e quindi esiste sempre un rapporto tra l'autorità di governo e la banca di emissione. Anche negli Stati Uniti, dove la **Federal Reserve** gode di una piena autonomia dall'esecutivo, il vertice della banca (il Consiglio dei governatori) è di nomina presidenziale. In Italia le autorità creditizie sono: il **Ministro dell'economia**, il **Comitato interministeriale per il credito e il risparmio (CICR)** e la **Banca d'Italia**.

■ Il **ministro dell'Economia** è l'organo politico-amministrativo che presiede alla gestione delle entrate e delle spese pubbliche, emette i titoli del debito pubblico e gestisce la raccolta postale. È presidente di diritto del CICR.

■ Il **CICR** è un organo collegiale che fissa l'indirizzo politico nel settore del credito e a cui la nuova legge bancaria affida "la tutela del risparmio". È composto dal Ministro dell'economia, dai ministri con competenza in settori rilevanti per l'economia e dal Governatore della Banca d'Italia.

■ La **Banca d'Italia** è l'organo tecnico di attuazione della politica creditizia e monetaria gestita in modo uniforme dalla Banca centrale europea (BCE) per tutti i Paesi aderenti all'Unione monetaria; stampa le banconote secondo le disposizioni e le quote stabilite dalla stessa BCE. Inoltre la Banca centrale è l'organo di vigilanza sulle banche ordinarie: essa le autorizza, ricorrendone le condizioni, all'esercizio del credito, le iscrive in un apposito albo, ne disciplina l'attività con regolamenti, le sottopone a ispezioni.

La funzione delle banche

Le banche ordinarie Le banche ordinarie raccolgono il risparmio e concedono prestiti alle imprese (credito alla produzione) e alle famiglie (credito al consumo). Se il loro statuto lo prevede, possono esercitare ogni altra attività finanziaria (**banche universali**), ed emettere obbligazioni.

C Credito alla produzione e al consumo Il *credito alla produzione* è concesso all'impresa per finanziare l'acquisto di impianti, attrezzature, materie prime ecc. Il *credito al consumo*, concesso sotto forma di dilazione di paga-mento a persone fisiche, è invece concesso ai consumatori per l'acquisto di beni durevoli (come l'auto, gli elettrodomestici, l'arredamento della casa) o anche per finanziare viaggi e vacanze.

297

modulo 6
La moneta e il credito

L'ECONOMIA CHE NON TI ASPETTI — CORRENTISTI PIÙ TECNOLOGICI IN BANCA

Sempre più bancomat e POS per i correntisti italiani. Il processo di riorganizzazione del credito mostra segnali significativi del mutamento del costume e del modo di spendere degli italiani. In netta ascesa la distribuzione sul territorio di bancomat. La fotografia del sistema di pagamenti in Italia è stata scattata da una recente rilevazione di Bankitalia: dai dati emerge che è schizzato il numero dei negozi dove poter utilizzare il bancomat per i pagamenti. È cresciuto anche l'utilizzo di Internet: il numero di clienti bancari che utilizza servizi di *home banking* è salito del 62%, superando gli 11 milioni.

Banca d'Italia, *Bollettino economico*, vari numeri

Per ottenere l'autorizzazione dalla Banca d'Italia, secondo la nuova legge bancaria, le aziende di credito devono essere costituite in forma di SpA, o di società cooperativa per azioni a responsabilità limitata (è questo il caso delle banche popolari e delle banche di credito cooperativo).

La diffusione dell'azionariato bancario

Il ritiro dello Stato dal settore bancario A partire dal 1993 si sono molto intensificate le privatizzazioni: molte imprese private hanno acquisito partecipazioni, e quote importanti di capitale sono state cedute ai risparmiatori e collocate sul mercato borsistico.

Le banche hanno allargato il loro ruolo nella diffusione di prodotti assicurativi presso la clientela (oltre il 50% dei premi nel ramo vita è stato raccolto attraverso sportelli bancari).

E-banking Dopo un'ampia diffusione del bancomat si è sviluppato anche in Italia l'e-banking, ossia l'esecuzione telematica di operazioni bancarie come i pagamenti di utenze (luce, gas, telefono), i bonifici, l'accreditamento di stipendi e pensioni, l'adempimento di obblighi tributari e previdenziali, l'accesso al trading on line.

Il processo di concentrazione bancaria

Da tempo è in atto in Italia la tendenza alla riduzione del numero delle banche, diretta conseguenza del **processo di concentrazione**, che consente di realizzare importanti economie di scala. Esso si realizza sia attraverso l'acquisizione di banche minori da parte delle banche maggiori, sia per effetto di fusione tra banche di dimensioni simili: ciò consente la creazione dei **gruppi polifunzionali** previsti dalla nuova legge bancaria.

Libertà operativa per le banche

Le direttive comunitarie hanno introdotto il principio della **libertà di insediamento delle banche in tutti i Paesi dell'UE**; sono perciò aumentati gli sportelli di banche comunitarie operanti in Italia: la quota di mercato delle filiali di banche estere dell'Unione europea sul totale degli impieghi delle banche con raccolta a breve termine si avvicina ora al 7%.

Le banche commerciali

Banche commerciali e banche d'investimento In base alla loro attività le banche si possono classificare in due tipologie: le **banche commerciali**, dette anche **banche retail**, sono gli istituti di credito privati che svolgono la tradizio-

B Bancomat Documento elettronico che consente di prelevare contante ed eseguire varie operazioni presso gli sportelli automatici, mediante digitazione di un codice personale. Gli sportelli bancomat sono molto diffusi in Italia e all'estero, con ampi orari di funzionamento.

E E-banking Sistema che attraverso particolari codici di identificazione permette al cliente di operare a distanza sui rapporti bancari di cui è intestatario, e di ottenere un'ampia gamma di informazioni sui suoi rapporti con la banca e sui mercati finanziari.

T Trading on line Sistema che, tramite il computer e senza recarsi allo sportello, permette di collegarsi al sito della banca e accedere a vari servizi, come la compravendita di titoli, l'esecuzione di bonifici, l'accesso alla situazione del portafoglio o dei movimenti di conto corrente.

unità **2** ■ Le banche e il mercato monetario

la nuova economia

Il gruppo bancario

Il **gruppo bancario** (detto anche **gruppo polifunzionale**) è formato da una capogruppo, costituita da una banca italiana o da una società finanziaria con sede legale in Italia, che dispone del pacchetto azionario di società bancarie e finanziarie controllate (UniCredit, Gruppo Intesa-San Paolo ecc.).
La nuova tipologia bancaria consente una miglior conoscenza delle esigenze delle imprese, a cui la banca – diversificando l'offerta dei servizi – può offrire un sostegno finanziario più adeguato.
Il nuovo ordinamento, che ha autorizzato la partecipazione delle banche al capitale azionario delle imprese, ha gli scopi di:
- **adeguare** le banche italiane al modello prevalente in Europa;
- **allargare** gli ambiti operativi delle banche;
- **sostenere** finanziariamente lo sviluppo delle imprese.

Si è così realizzato un sostanziale avvicinamento al modello della **merchant bank** inglese (che ha il suo corrispondente nell'*investment bank* americana e nella *hausbank* tedesca), il cui compito è di fornire non solo capitale, ma anche un'ampia gamma di servizi alle imprese, come per esempio prestare consulenze sulla situazione dei mercati esteri, sulla gestione del portafoglio, sui rapporti col fisco ecc.

Le banche di investimento

nale funzione di raccogliere le risorse finanziarie presso la clientela (famiglie e imprese) per erogarle alla stessa a titolo di credito. Le **banche di investimento**, dette anche **banche d'affari**, non raccolgono risparmio, ma offrono servizi di consulenza alle imprese, per esempio accompagnandole a finanziarsi in Borsa o sul mercato delle obbligazioni; queste banche possono anche fare trading sui mercati finanziari o gestire grandi patrimoni privati.

Fondazioni bancarie Il processo di privatizzazione del sistema creditizio è iniziato con la trasformazione delle banche pubbliche in società per azioni. Le banche strutturate in fondazioni hanno dovuto scorporare l'azienda bancaria conferendola a società per azioni appositamente create. Ciò ha consentito la sopravvivenza dell'originaria finalità sociale e della titolarità, in capo alle fondazioni bancarie, delle azioni emesse.

Campi di attività

Le **fondazioni bancarie**, tra cui numerose casse di risparmio, sono controllate prevalentemente da enti pubblici territoriali e svolgono un importante ruolo di sostegno alle economie locali, operando nei settori: istruzione e formazione professionale, arte, conservazione e valorizzazione dei beni culturali e ambientali, sanità, ricerca scientifica, assistenza alle categorie sociali deboli, promozione del volontariato.

Il rafforzamento patrimoniale delle banche Le ricorrenti crisi finanziarie – e in particolare quella iniziata nel 2007, originata dalle insolvenze legate ai mutui subprime, che ha comportato prima il default di alcune grandi banche e poi la crisi dei debiti sovrani dovuta in gran parte all'impegno degli Stati per salvare dal fallimento altre grandi banche – hanno diffuso a livello mondiale il

Garanzia di stabilità

M Mutui subprime Prestiti concessi a un soggetto che non può accedere ai tassi di interesse di mercato, in quanto ha avuto in precedenza problemi di insolvenza nella sua storia di debitore. Sono rischiosi sia per i debitori, per gli alti interessi da pagare, sia per le banche creditrici, per i cattivi precedenti del debitore.

D Default Insolvenza di un'istituzione o di un intero Paese per il mancato rimborso di una quota di capitale o il mancato pagamento di una rata di interesse. In generale, è l'incapacità di un'emittente di rispettare le clausole previste nel contratto che ha regolato il finanziamento. Ha conseguenze molto negative per il Paese e per tutta l'economia globale.

D Debito sovrano Debito pubblico degli Stati, con particolare riferimento ai cosiddetti Paesi PIGS (Portogallo, Irlanda, Grecia e Spagna). Si tratta di un acronimo con connotazione spregiativa (*pigs* = maiali), dato che raggruppa i Paesi che presentano una precaria condizione dei conti pubblici che, unita a una scarsa competitività dell'economia nazionale, rendono incerta la capacità di ripagare il debito pubblico accumulato.

299

modulo 6
La moneta e il credito

la nuova economia

Too big to fail

Dopo il caso clamoroso della **Lehman Brothers**, la banca d'affari statunitense che con il suo fallimento nel settembre 2008 aggravò pesantemente la crisi finanziaria mondiale, il **Comitato di Basilea** ha compilato una lista delle **banche di interesse sistemico**, cioè delle banche il cui eventuale fallimento potrebbe destabilizzare l'intero sistema finanziario (*too big to fail* = troppo grandi per fallire). Sono raggruppate sotto la sigla **SIFI** (*Systemically Important Financial Institutions*), e sono soggette a rigorosi **parametri di capitalizzazione** per consentire loro di far fronte a crisi impreviste, in modo tale che nei momenti di difficoltà non danneggino il sistema finanziario, esponendo a nuove perdite il bilancio pubblico e danneggiando i risparmiatori.

timore delle conseguenze sistemiche della crisi di alcuni Stati con elevato debito pubblico e dei possibili effetti di contagio sugli altri Stati. Da qui la necessità di **introdurre regole per garantire la stabilità**, in particolare del sistema bancario, rendendo le banche sempre più capaci di controllare i rischi connessi ai crediti concessi alla clientela. Si è così diffusa la convinzione che **un aumento dei requisiti minimi di capitalizzazione delle banche serva a garantire la stabilità dei sistemi anche in situazioni di grave crisi**.

A tale scopo i governatori delle banche centrali dei dieci Paesi più industrializzati alla fine del 1974 hanno istituito il **Comitato di Basilea per la supervisione bancaria**, che ha definito l'obbligo delle banche (misurato da un particolare coefficiente: il **Core Tier**) di accantonare risorse per aumentarne la solidità.

Nuove procedure per la concessione dei crediti

Le banche, per non incorrere in perdite dovute all'insolvibilità dei loro clienti, possono concedere crediti solo dopo aver valutato la clientela in base alla rischiosità di ciascun richiedente, utilizzando particolari procedure. Viene cioè introdotta una **standardizzazione nella valutazione del credito**, nel senso che non sarà la filiale della banca a stabilire, attraverso contatti personali, i massimali dello scoperto di un'impresa che richiede credito, ma il credito verrà concesso in base a un **rating**, cioè a un giudizio sulla capacità dell'azienda di restituire il prestito, legato alla sua capacità di generare reddito nel futuro.

Possibili effetti sulle PMI

Sono diffusi i timori per i possibili effetti negativi sulle PMI, che potranno incontrare maggiori difficoltà nell'accesso al credito bancario (il problema è particolarmente grave per l'Italia, in cui il 95% delle imprese ha meno di 10 addetti). La nuova procedura può tuttavia avvantaggiarle, per lo stimolo a migliorare i loro sistemi di **pianificazione finanziaria**, con l'indicazione degli obiettivi da raggiungere, predisponendo sistemi gestionali più aggiornati.

C Core Tier Misura della solidità patrimoniale delle banche, data dal rapporto tra la somma del capitale versato e delle riserve (dedotte le azioni proprie possedute, l'avviamento, le immobilizzazioni immateriali e le perdite di esercizio) e il totale degli impieghi della banca. Si tratta di un dato importante perché rappresenta il capitale disponibile che permette di assorbire le perdite senza danni per i depositanti.

P Pianificazione finanziaria Previsione delle future esigenze di finanziamento di un'impresa e predisposizione delle operazioni finanziarie necessarie per la loro copertura.

unità 2 ■ Le banche e il mercato monetario

2.4 Gli strumenti della politica monetaria

Ci occupiamo ora della politica monetaria, che – governando la quantità di moneta in circolazione – riveste una grande importanza nell'economia.

Definizione

La **politica monetaria** è costituita dall'insieme delle decisioni assunte dalle autorità monetarie per regolare l'offerta di moneta in vista del raggiungimento degli obiettivi della politica economica.

Il ruolo della politica monetaria si può sintetizzare nello schema seguente:

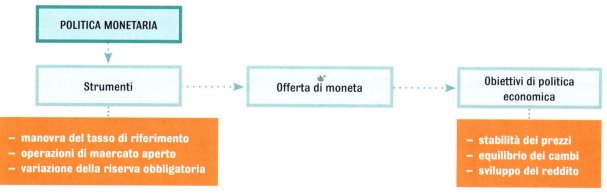

Lo schema indica che **la politica monetaria utilizza l'offerta di moneta per raggiungere importanti obiettivi di politica economica**.

La Banca di emissione ha a sua disposizione una serie di strumenti in grado di far variare l'offerta di moneta, adattandola al livello necessario per il raggiungimento di obiettivi considerati prioritari.

Controllo della base monetaria

Infatti essa ha il **monopolio dell'emissione legale**, e perciò può regolare direttamente la quantità di moneta in circolazione, attraverso il **controllo della base monetaria** (v. par. 1.8 di questo stesso modulo).

Politica monetaria espansiva e restrittiva

La **politica monetaria** può essere espansiva o restrittiva. È **espansiva**, se è finalizzata all'aumento della base monetaria e quindi dell'offerta di moneta; **restrittiva**, se ha lo scopo di diminuire l'offerta di moneta.

Se durante una recessione si intende stimolare l'economia, la banca centrale può adottare una politica monetaria espansiva che, mettendo a disposizione degli operatori una maggior quantità di moneta, fa aumentare la domanda aggregata e quindi l'occupazione. Se, invece, durante una fase di espansione si

PER capire meglio — Il quantitative easing, una ricetta contro la crisi

Il *quantitative easing* (in italiano "allentamento quantitativo") è una **politica monetaria espansiva** attuata dalla banca centrale per rilanciare l'economia di un Paese. Consiste nella creazione di moneta da parte della banca centrale e nella sua iniezione, mediante operazioni di mercato aperto, nel sistema finanziario ed economico.
Nella pratica il *quantitative easing* si realizza con l'**acquisto sul mercato, da parte della banca centrale, di atti-**vità finanziarie (soprattutto titoli di Stato) stampando moneta. L'iniezione di una grande liquidità sul mercato tiene **bassi i tassi di interesse** spingendo le famiglie ad **aumentare i consumi**, con la possibile conseguenza di far ripartire l'economia.
Questa politica è stata seguita dalla Federal Reserve americana nel 2009, e in seguito dalla Banca d'Inghilterra e dalla Banca del Giappone in momenti di gravi crisi. Interventi di *quantitative easing* sono stati avviati nel 2015 da Mario Draghi, Presidente della **Banca centrale europea** (BCE) per rilanciare l'economia dell'Eurozona, facendo scendere i tassi di interesse e il costo del debito dei diversi Paesi.

301

modulo 6
La moneta e il credito

adotta una politica monetaria restrittiva, diminuisce la quantità di moneta a disposizione, si riduce la domanda e di conseguenza diminuiscono gli investimenti e le tensioni inflazionistiche che si creano quando l'offerta aggregata ha difficoltà a soddisfare la domanda.

Effetti della politica monetaria espansiva

Effetti della politica monetaria restrittiva

Una **politica monetaria espansiva** avrà come effetto un aumento reale del reddito se l'aumento della domanda stimolerà un aumento della produzione di beni e servizi.

Una **politica monetaria restrittiva** è diretta a combattere l'inflazione, ossia a impedire la crescita puramente nominale del reddito nelle fasi di "surriscaldamento" dell'economia. Tuttavia, se praticata in modo eccessivo, determinerà una riduzione del reddito reale, ossia della produzione e dell'occupazione.

Gli strumenti della politica monetaria Esaminiamo singolarmente i diversi strumenti a disposizione delle autorità monetarie per espandere o restringere l'offerta di moneta. Essi sono utilizzati dalla Banca d'Italia in applicazione delle decisioni di politica monetaria adottate dalla Banca centrale europea (BCE).

▼ La politica monetaria produce effetti rilevanti nell'economia di un Paese, e viene quindi condotta con grande attenzione. Nella zona euro è il frutto della politica comune di tutti i Paesi che hanno introdotto la moneta unica.

Le operazioni di mercato aperto

■ **Operazioni di mercato aperto**, eseguite dalle singole Banche centrali nazionali, in base a decisioni (per quanto riguarda importi e tassi) prese a livello centralizzato dalla BCE. Tra esse la più importante è rappresentata dalle operazioni **pronti contro termine** (p/t), attraverso cui la BCE finanzia regolarmente i sistemi bancari nazionali. Esse consistono in un doppio contratto di compravendita di titoli o attività finanziarie entro un breve arco temporale: un acquisto di titoli a pronti, in contanti, allo scopo di impiegare liquidità, per essere venduti a termine, oppure una vendita di titoli a pronti, per raccogliere liquidità, per essere riacquistati a termine.

Con riferimento alle finalità perseguite, le operazioni di mercato aperto si distinguono in:

- **operazioni di rifinanziamento principali**, effettuate dalle banche centrali nazionali con cadenza settimanale e scadenza a una settimana, mediante aste standard: forniscono la maggior parte del rifinanziamento necessario al sistema finanziario;
- **operazioni di rifinanziamento a più lungo termine**, effettuate con frequenza mensile e scadenza a tre mesi, mediante aste standard, allo scopo di mettere a disposizione delle controparti finanziamenti a più lungo termine;
- **operazioni di fine tuning**, senza una frequenza prestabilita, allo scopo di mantenere sotto controllo l'evoluzione dei tassi di interesse; sono rese necessarie da fluttuazioni impreviste della liquidità.

Il credito overnight

■ **Operazioni di rifinanziamento marginali su iniziativa delle controparti**, utilizzate per ottenere, dietro prestazione di garanzie, credito overnight a un tasso di interesse prestabilito.

C Credito overnight Credito che deve essere estinto il primo giorno lavorativo successivo a quello in cui è stato costituito, per cui la sua durata è di una sola notte (dall'inglese *over* = sopra e *night* = notte). È uno dei principali tipi di depositi interbancari, fatti da una banca a un'altra o alla banca centrale per investire a brevissima scadenza le eccedenze di liquidità.

2.5 Politica monetaria e reddito nazionale

La politica monetaria costituisce oggi il terreno più controverso dell'economia, dove si scontrano le due scuole oggi più importanti: i **neokeynesiani** e i **monetaristi**. Esponiamo qui le tesi dei neokeynesiani, e riserviamo il prossimo paragrafo all'esame delle critiche dei monetaristi.

Manovre monetarie

> Secondo i neokeynesiani le **manovre monetarie** costituiscono uno strumento fondamentale per la regolazione dell'attività economica, perché la liquidità del sistema consente alle imprese di realizzare gli investimenti produttivi e aumentare così il reddito nazionale.

L'influenza delle manovre monetarie sul livello del reddito nazionale è indiretta, in quanto esse agiscono sulla domanda di investimenti (che come sappiamo è una componente della domanda globale), che a sua volta determina il livello del reddito. La sequenza si realizza così:

MANOVRA MONETARIA ········▶ VARIAZIONI DI LIQUIDITÀ ········▶ DOMANDA DI INVESTIMENTI ········▶ REDDITO NAZIONALE

Ecco gli effetti dei due tipi di manovra:
- una **manovra monetaria espansiva** aumenta la liquidità del sistema, la quale può indurre le imprese a effettuare maggiori investimenti. L'aumentata domanda di beni strumentali provoca a sua volta un aumento del reddito nazionale;
- una **manovra monetaria restrittiva** produce gli effetti opposti: la domanda di investimenti diminuisce, con la conseguente diminuzione della produzione e del reddito nazionale.

Manovra espansiva

Si noti però che la manovra espansiva non produce sempre un aumento della domanda di investimenti. Infatti, se le prospettive sono pessimistiche e il tasso di interesse è relativamente elevato, gli imprenditori non aumentano gli investimenti nonostante la manovra monetaria espansiva. Questa situazione si può verificare con una certa frequenza: le imprese non attingono al credito, in quanto non effettuano gli investimenti a causa delle pessimistiche previsioni per il futuro.

Manovra restrittiva

La politica monetaria restrittiva, viceversa, riesce a realizzare i suoi obiettivi **con rapidità ed efficacia**: se in un certo momento le autorità monetarie attuano una politica restrittiva allo scopo di combattere l'inflazione, i risultati si realizzano in breve tempo.

 — PERCHÉ IL CAVALLO SI RIFIUTA DI BERE?

"L'acqua c'è, ma il cavallo non beve". Con questa curiosa espressione si indica la situazione in cui, pur in presenza di ampie possibilità di accesso al credito e bassi tassi di interesse, le imprese (e cioè il cavallo) non ricorrono al credito per effettuare gli investimenti. Ciò si verifica perché le imprese effettuano gli investimenti tenendo conto non solo del costo del finanziamento (e cioè degli interessi da pagare alla banca), ma anche delle prospettive di rendimento dell'investimento (e cioè dall'*efficienza marginale del capitale*), prospettive che dipendono dall'andamento atteso della domanda.

La metafora "l'acqua c'è, ma il cavallo non beve" è stata usata da John M. Keynes per dire che come non si può obbligare un cavallo che non ha sete a bere, così non si può indurre le imprese ad investire se pensano che manchi la convenienza a farlo.

modulo 6
La moneta e il credito

Effetti asimmetrici

La manovra monetaria provoca dunque **effetti asimmetrici**: quando è espansiva, i suoi risultati possono essere modesti e realizzarsi in tempi lunghi; quando invece è restrittiva, i suoi effetti sono rapidi, ma possono esservi effetti collaterali negativi non voluti. In ogni caso si tratta di una manovra difficile, di cui non è possibile valutare tutte le conseguenze.

2.6 La controversia sulla politica monetaria

Fra gli economisti non c'è accordo sugli effetti della politica monetaria. Oggi un vivace dibattito contrappone i due principali indirizzi di pensiero: neokeynesiani e monetaristi.

La visione dei neokeynesiani

> Secondo la scuola neokeynesiana il sistema è fondamentalmente instabile, e quindi la politica monetaria è indispensabile per contrastare gli squilibri che insorgono nel settore reale.

Per i neokeynesiani la banca centrale deve adeguarsi continuamente al variare delle variabili reali, aumentando l'offerta di moneta quando diminuisce la domanda aggregata in modo da stimolare l'economia, e riducendo l'offerta di moneta quando aumenta la domanda aggregata per riuscire a combattere l'inflazione. Questa politica promuove la stabilità dei prezzi e favorisce lo sviluppo del sistema economico.

La visione dei monetaristi

Molto diversa è la posizione della scuola monetarista:

> secondo i monetaristi il sistema è invece stabile, in quanto i meccanismi automatici che vi operano assicurano l'equilibrio di piena occupazione, rendendo così inutile la politica monetaria per stimolare gli investimenti.

L'istituto di emissione deve ogni anno accrescere la quantità di moneta tenendo conto dell'aumento della produzione (questa regola viene approssimativamente esposta dicendo che la quantità di moneta deve aumentare del 2-3% all'anno, a seconda dell'aumento reale previsto del PIL).

> Un **aumento maggiore di moneta** avrà, come unica conseguenza durevole, una crescita dell'inflazione.

Sono inoltre dannose le variazioni frequenti nell'offerta di moneta, perché ciò crea instabilità nel sistema. L'annuncio anticipato del tasso di sviluppo della base monetaria assicura gli operatori che vi sarà stabilità nei prezzi, e crea le condizioni per una crescita regolare dell'economia.

Conclusione

È difficile trarre le conclusioni di questa controversia. Sembra però corretto osservare che i **monetaristi** hanno il merito di aver evidenziato le conseguenze di lungo periodo della politica monetaria espansiva (monete svalutate, debiti pubblici alle stelle), mentre i **neokeynesiani** sono nel giusto quando affermano che la politica monetaria è capace di stimolare gli investimenti nella fase bassa del ciclo, ricorrendo determinate condizioni. Inoltre non va dimenticato che secondo i neokeynesiani la politica monetaria, per raggiungere i suoi obiettivi, deve essere utilizzata insieme ad altri strumenti di politica economica, ossia la **politica dei redditi** e la **politica fiscale** (v. Modulo 7).

Il valore della stabilità

Stabilità monetaria Senza la stabilità monetaria, il conseguimento degli obiettivi della politica economica risulta gravemente compromesso. Giustamente gli accordi di Maastricht (su cui ci soffermeremo ampiamente nell'unità 3 del Modulo 8) hanno considerato **la stabilità monetaria dei Paesi comunitari come condizione irrinunciabile per la costituzione della moneta unica.**

unità 2 ■ Le banche e il mercato monetario

INsintesi

2.1 Mercato monetario e mercato finanziario
Il **mercato monetario** riguarda il credito a breve termine, mentre il **mercato finanziario** riguarda le operazioni a medio-lungo termine. Gli operatori del mercato dei capitali (ossia dei mercati monetario e finanziario) sono le **famiglie**, le **imprese**, lo **Stato**, le **banche**, il **Resto del mondo**.

2.2 La Banca d'Italia
La **Banca d'Italia** svolge le funzioni di vigilanza sul sistema creditizio e di tesoreria dello Stato. Altre funzioni (emissione dei biglietti a corso legale, difesa del cambio, decisioni di politica monetaria) sono ora svolte dalla Banca d'Italia nell'ambito del **SEBC**.

2.3 Il sistema bancario italiano
Le **autorità creditizie** al vertice del sistema bancario italiano sono il **Ministro dell'economia**, il **CICR (Comitato interministeriale per il credito e il risparmio)** e la **Banca d'Italia**, organo tecnico di attuazione della politica monetaria gestita dalla **BCE** e organo di vigilanza sulle banche. Nel sistema bancario italiano si è avuto un **processo di concentrazione**, reso indispensabile dalla necessità di conseguire economie di scala.

2.4 Gli strumenti della politica monetaria
La **politica monetaria** è costituita dalle decisioni assunte dalle autorità creditizie per modificare la quantità di moneta in circolazione. La banca di emissione, con una **politica espansiva**, aumenta l'offerta di moneta, mentre con una **politica restrittiva** diminuisce l'offerta di moneta, con conseguenze sul reddito e sull'occupazione. I principali strumenti della politica monetaria sono le **operazioni di mercato aperto** e le **operazioni di rifinanziamento**.

2.5 Politica monetaria e reddito nazionale
Secondo i **neokeynesiani** le manovre monetarie sono indispensabili per assicurare una crescita equilibrata del reddito e dell'occupazione. Per essi **il sistema è instabile**, e la politica monetaria, insieme agli altri strumenti di politica economica, è necessaria per assicurare il pieno impiego dei fattori produttivi nella fase bassa del ciclo.

2.6 La controversia sulla politica monetaria
Per i **monetaristi il sistema è invece stabile**, e le manovre di politica monetaria sono inutili quando non si rivelano addirittura dannose.

Laboratorio

Vero / Falso
Indica se le seguenti affermazioni sono vere o false.

1. Le operazioni sul mercato monetario sono di breve termine, quelle sul mercato finanziario sono di medio e lungo termine. V F
2. Le imprese utilizzano crediti a breve termine per finanziare investimenti in capitale fisso. V F
3. Lo Stato si finanzia attraverso l'emissione di titoli azionari sottoscritti dai cittadini. V F
4. Per il raggiungimento dell'obiettivo della stabilità dei prezzi la BCE deve seguire gli indirizzi dei governi nazionali. V F
5. La Banca d'Italia svolge anche le funzioni di Tesoreria dello Stato. V F
6. Il principio della despecializzazione degli intermediari creditizi è stato introdotto con la legge bancaria del 1993. V F
7. L'inflazione si combatte prevalentemente con una politica monetaria espansiva. V F
8. Una politica monetaria restrittiva fa diminuire la domanda aggregata. V F
9. Secondo i neokeynesiani le manovre monetarie non sono importanti ai fini della regolazione dell'attività economica. V F
10. Per i monetaristi il sistema è instabile, e necessita di interventi di politica monetaria. V F

Scelta multipla
Completa l'affermazione scegliendo la frase corretta fra quelle proposte.

1. Il carattere distintivo del mercato monetario è costituito dal
   a lungo termine delle operazioni
   b breve termine delle operazioni
   c finanziamento degli investimenti fissi
   d finanziamento delle piccole imprese

2. Il carattere distintivo del mercato finanziario è costituito dal
   a finanziamento del capitale circolante delle imprese
   b finanziamento del credito al consumo
   c breve termine delle operazioni
   d lungo termine delle operazioni

305

modulo 6
La moneta e il credito

Laboratorio

3. Le società per azioni possono finanziare gli investimenti a lungo termine ricorrendo
- a al credito bancario a breve termine
- b alla vendita delle scorte
- c all'emissione di obbligazioni
- d al mercato monetario

4. Nel nostro ordinamento non rientra tra le funzioni affidate alla Banca d'Italia
- a la fissazione degli obiettivi di politica economica
- b la vigilanza sul sistema bancario
- c le funzioni di Tesoreria dello Stato
- d l'emissione di moneta legale, secondo le disposizioni della BCE

5. Le decisioni delle autorità monetarie per regolare l'offerta di moneta allo scopo di raggiungere gli obiettivi di politica economica si chiama
- a politica monetaria
- b politica finanziaria
- c politica economica
- d politica fiscale

6. L'organo che attua in Italia la politica monetaria e creditizia gestita dalla BCE è
- a il Comitato interministeriale per il credito e il risparmio (CICR)
- b il Sistema europeo di banche centrali (SEBC)
- c la Banca d'Italia
- d il Ministero dell'economia

7. Il Trattato di Maastricht ha fissato, come obiettivo primario della politica monetaria
- a lo sviluppo delle esportazioni
- b la più equa distribuzione del reddito
- c la piena occupazione
- d la stabilità monetaria

8. Non fanno parte degli strumenti di politica monetaria a disposizione della Banca centrale europea (BCE) di Francoforte
- a le manovre fiscali
- b le operazioni di mercato aperto
- c le operazioni di rifinanziamento principali
- d le operazioni di rifinanziamento marginali

Completamenti
Completa il brano inserendo i termini appropriati scelti tra quelli proposti.

La Banca centrale europea (BCE), con sede a _____ , opera in collaborazione con le banche _____ dei Paesi dell'UE e insieme costituiscono il Sistema europeo delle banche centrali (SEBC). Ha l'obiettivo principale di assicurare la _____ dei prezzi nei Paesi dell'area euro, mantenendo sotto controllo l'inflazione. Per realizzare tale obiettivo può: a) fissare i tassi d'interesse di riferimento per l'area dell'euro; b) gestire le _____ in valuta estera dell'area dell'euro e comprare o vendere valute quando si presenta la necessità di mantenere in equilibrio i tassi di cambio; c) autorizzare le _____ centrali dei Paesi dell'area dell'euro a emettere banconote in euro; d) sorvegliare le tendenze dei prezzi valutando il rischio che ne deriva per la stabilità dei _____ nell'area dell'euro.

banche ▪ Berlino ▪ Bruxelles ▪ centrali ▪ Francoforte ▪ instabilità ▪ ordinarie ▪ prezzi ▪ riserve ▪ stabilità ▪ variabilità

Trova l'errore
Individua l'espressione o il termine errati, e inserisci quelli corretti.

1. Una politica monetaria restrittiva ha lo scopo di aumentare l'offerta di moneta, con l'effetto di un aumento della produzione di beni e servizi e quindi del reddito nazionale; una politica monetaria espansiva ha lo scopo di diminuire l'offerta di moneta, con l'effetto di ridurre gli investimenti e combattere l'inflazione.

2. Secondo i monetaristi il sistema è fondamentalmente instabile, e quindi la politica monetaria è indispensabile per contrastarne gli inevitabili squilibri. Secondo i neokeynesiani, invece, il sistema è stabile, vi operano meccanismi automatici che assicurano l'equilibrio di piena occupazione, rendendo così inutile la politica monetaria.

unità 2 ■ Le banche e il mercato monetario

Laboratorio

Collegamenti — Associa ogni termine della prima colonna con un solo termine della seconda.

1. Gruppo bancario ____
2. Banca mista ____
3. Banca universale ____
4. Salvataggi bancari ____
5. Legge bancaria del 1936 ____
6. Legge bancaria del 1993 ____

a. Introdusse il principio della separazione fra credito a breve e credito a medio-lungo termine, vietando alle banche commerciali di concedere il credito a lungo termine alle imprese
b. Diffusa prima della legge bancaria del 1936, erogava sia prestiti a breve, sia finanziamenti a lungo termine alle imprese mediante l'acquisto di partecipazioni azionarie delle stesse
c. Intervento dello Stato per salvare dal fallimento le grandi banche, che erano diventate le maggiori azioniste delle grandi imprese entrate in crisi nel periodo 1929-32
d. Ha introdotto il principio della despecializzazione degli intermediari creditizi, delineando le figure della banca universale e del gruppo bancario

Domande aperte — Rispondi alle seguenti domande.

1. Quali sono gli operatori che agiscono sul mercato dei capitali? (2.1)
2. Quali sono le funzioni della Banca d'Italia? (2.2)
3. Che cos'è la banca universale? (2.3)
4. Come si definisce un gruppo bancario? (2.3)
5. Quali sono le autorità creditizie italiane? (2.4)
6. Quali sono gli obiettivi fondamentali della politica monetaria? (2.4)
7. In che cosa consistono le operazioni di mercato aperto? (2.4)
8. I neokeynesiani sono favorevoli alle manovre di politica monetaria? (2.5)
9. Quali suggerimenti avanzano i neokeynesiani per il conseguimento della stabilità monetaria? (2.5)
10. Secondo i monetaristi sono utili le manovre di politica monetaria? (2.6)

2.1 Money market and financial market
The **money market** is concerned with short term credit, while the **financial market** is concerned with medium to long-term transactions. Operators in the capital market are **households**, **companies**, the **State**, **banks** and the **Rest of the world**.

2.2 The Bank of Italy
The **Bank of Italy** acts as the State Treasury and ensures monetary and financial stability. The other traditional functions (issue of banknotes as legal tender, defending the exchange rate, decisions regarding monetary policies) are now carried out by the Bank of Italy within the framework of the European Central Bank (ECB).

2.3 The Italian banking system
The **credit authorities** at the top of the Italian banking system are the **Ministry of Economic Affairs**, the **CICR** (Interministerial Committee for Credit and Savings) and the **Bank of Italy**, the supervisory body on banks and technical body of the implementation of monetary policy administered by the European Central Bank. In the Italian banking system there has been a **process of concentration** through mergers and amalgamations, which proved necessary in order to be able to achieve economies of scale.

2.4 The instruments of monetary policy
Monetary policies are made up of decisions taken by credit authorities in order to modify the amount of money in circulation. An **expansive policy** increases the supply of money, while a **restrictive policy** decreases the supply of money: this has repercussions on the income and on employment. **Open market operations** and **refinancing operations** are used to influence the liquidity of the system.

2.5 Monetary policy and national income
According to **neokeynesians**, changes in monetary policy are essential to ensure balanced growth of income and employment. They influence investments which in turn determine national income levels. For neokeynesians the **system is unstable** and monetary policies, together with other instruments of economic policies, are necessary in order to achieve full employment of factors of production. **The central bank has to adjust the supply of money** to the changes in the aggregate demand, increasing the supply of money when the aggregate demand decreases, and vice versa.

2.6 The controversy over monetary policy
For monetarists the system is stable, and changes in monetary policy are useless or even detrimental.

modulo **6**
La moneta e il credito

unità **3**

La Borsa e il mercato finanziario

DI CHE COSA PARLEREMO
Questa unità illustra le caratteristiche del MERCATO FINANZIARIO, precisando il ruolo degli OPERATORI di questo particolare mercato. Ampio spazio è dedicato alla funzione della BORSA come luogo di raccolta del risparmio per il finanziamento delle imprese. Sono poi presentati i nuovi strumenti finanziari (FONDI COMUNI DI INVESTIMENTO, OPTIONS, FUTURES, WARRANTS) e spiegata l'attività di particolari intermediari finanziari non bancari, gli ISTITUTI DI ASSICURAZIONE.

CHE COSA DEVI CONOSCERE
- La nozione di risparmio
- La nozione di investimento finanziario
- Gli operatori del sistema economico
- Il funzionamento del mercato monetario
- Il concetto di mercato di equilibrio
- La funzione di vigilanza svolta dalla Banca d'Italia
- La nozioine di tasso d'interesse
- Il ruolo regolatore dello Stato
- Il concetto di intermediazione finanziaria

CHE COSA IMPARERAI
- Che cosa sono la Borsa merci e la Borsa valori
- Che cos'è la CONSOB
- Di cosa si occupano gli operatori di Borsa
- Che cosa offrono i fondi comuni di investimento
- Quali sono le caratteristiche di futures, options e warrants

CHE COSA SAPRAI FARE
- Descrivere il mercato finanziario i soggetti che vi operano
- Ripercorrere l'evoluzione della Borsa, la riforma e il suo ruolo attuale
- Spiegare cosa sono e come funzionano i fondi comuni di investimento
- Illustrare le caratteristiche dei più recenti strumenti finanziari
- Esporre le funzioni e le attività degli istituti di assicurazione

3.1 | Il mercato finanziario

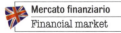
Mercato finanziario
Financial market

Il processo di innovazione finanziaria, particolarmente vivace negli ultimi anni, ha molto attenuato i confini fra il mercato monetario e il mercato finanziario. Fra i due mercati **non esiste oggi una netta distinzione**, tanto che molti economisti sostengono trattarsi di un unico mercato dei capitali, dove si domanda e si offre moneta.

I soggetti del mercato finanziario Il mercato finanziario è alimentato dai risparmi che le **famiglie** intendono investire durevolmente nel medio e nel lungo termine, acquistando azioni, obbligazioni, titoli pubblici a lunga scadenza.

la nuova economia

Come opera il mercato finanziario

Nel mercato finanziario vengono scambiati prodotti finanziari, come azioni, obbligazioni, valute, prestiti ipotecari, titoli assicurativi, derivati. Le contrattazioni avvengono attraverso terminali telematici: si tratta quindi di un mercato virtuale. Gli **Stati** emettono titoli pubblici per ottenere risorse atte a finanziare disavanzi di bilancio oppure opere pubbliche; le **banche** e le **imprese** emettono azioni per finanziare gli investimenti. I titoli sono scambiati tra privati, società e fondi e possono subire oscillazioni di prezzo in base alla situazione degli emittenti o dell'economia in generale. Le oscillazioni di valore dei titoli sono il risultato di una massa di operazioni tanto ampia da non poter essere dominata da nessun soggetto, anche se gli operatori possono essere influenzati dai "sentimenti" diffusi fra i grandi investitori, come ad esempio la situazione di stabilità di un governo o le voci di mercato (*rumors*) che possono scatenare il panico o alimentare speranze per il futuro.

La sala delle contrattazioni della Borsa di New York

Gli operatori del mercato

A questo mercato attingono, come già sappiamo, le **imprese** per il finanziamento degli investimenti, lo **Stato** per il finanziamento dei deficit di bilancio, le **famiglie**, per il finanziamento degli acquisti di beni durevoli (come la casa).

I soggetti che necessitano di capitali a medio-lungo termine possono ottenerli, oltre che direttamente dai singoli risparmiatori, anche attraverso i seguenti canali:

- **ricorso ai risparmiatori** tramite il mercato ufficiale della Borsa, come è il caso delle grandi imprese in forma societaria che emettono azioni e obbligazioni, e dello Stato che emette titoli pubblici. Questo sistema è conveniente quando i prestiti sono di entità considerevole, perché altrimenti i costi da sostenere per il finanziamento risulterebbero molto alti;
- **ricorso agli intermediari finanziari**, come è il caso delle piccole e medie imprese per il finanziamento delle loro iniziative produttive e delle famiglie che vogliono acquistare la casa d'abitazione.

Il credito a lungo termine

Il **credito a lungo termine** è solitamente incorporato in speciali titoli di credito (azioni, obbligazioni, titoli pubblici poliennali), facilmente trasferibili sul mercato dei capitali; ciò consente la loro rapida trasformazione in moneta, in caso di bisogno. L'incontro della domanda e dell'offerta sul mercato finanziario avviene attraverso l'intermediazione di particolari operatori, fra cui assume grande importanza la **Borsa**.

3.2 La Borsa

Le origini della Borsa

Nelle città del tardo medioevo le transazioni commerciali si svolgevano in luoghi determinati, come Rialto a Venezia o il Mercato Nuovo a Firenze. Questa consuetudine fu introdotta dai mercanti italiani anche nelle grandi piazze estere, come Londra (*Lombard Street*) e Bruges nelle Fiandre. Dal XVI secolo con il termine "Borsa" si designavano tali luoghi, dove convenivano i venditori e i compratori inizialmente di merci e successivamente di valori mobiliari (valute, cambiali, titoli di credito). Il nome si fa risalire alla famiglia Van der Beursen (grandi banchieri nel cui stemma figuravano tre borse), perché il loro palazzo sorgeva nella piazza principale di Bruges, dove i mercanti si riunivano per trattare gli affari.

modulo 6
La moneta e il credito

L'ECONOMIA **CHE NON TI ASPETTI**

Le Zero coupon, le irredimibili, le subordinate... e tutte le altre

Soffermiamoci un attimo sulle *obbligazioni*, uno strumento fondamentale dell'economia moderna. Note anche con in termine inglese di *bond*, le obbligazioni sono documenti che attestano il debito di una società o di un ente pubblico, in modo da attribuire ai loro possessori il diritto al rimborso del capitale prestato all'emittente, oltre a un interesse periodico sul capitale prestato.
Con l'emissione di obbligazioni

l'emittente raggiunge lo scopo di reperire *liquidità* a costi inferiori a quelli del ricorso a forme alternative di finanziamento, come per esempio il prestito bancario. Normalmente alla scadenza il *capitale* prestato viene rimborsato al portatore del titolo al valore nominale in un'unica soluzione, mentre gli *interessi* sono liquidati periodicamente (ogni trimestre, semestre o anno). L'interesse periodico è chiamato *cedola*, cioè "tagliando", e più avanti scopriremo il perché di questo nome.
Il *rendimento* di un'obbligazione è direttamente proporzionale alla rischiosità dell'investimento: un'emittente con *rating* basso (cioè a rischio maggiore) dovrà pagare cedole più alte per trovare investitori disposti a finanziarla rispetto a un'emittente con *rating* più alto, dove cioè i rischi sono minori. La differenza di rendimento rispetto a un emittente a basso rischio è detta *premio per il rischio*.
Esistono *molti tipi di obbligazioni*, e la loro varietà è ulteriormente aumentata negli ultimi anni, parallelamente all'introduzione sui mercati di nuovi strumenti finanziari. Vediamo rapidamente le principali.

• *Obbligazioni callable*: sono obbligazioni a tasso fisso, per le quali l'emittente si riserva la facoltà di rimborso prima della loro scadenza.
• *Obbligazioni irredimibili*: sono le obbligazioni che non sono mai rimborsate perché non hanno una scadenza. Non si possono "redimere" (cioè rimborsare) perché danno una rendita perpetua.
• *Obbligazioni convertibili*: sono obbligazioni i cui possessori possono decidere se, a una scadenza prefissata, vogliono convertirle in azioni secondo un rapporto di cambio predeterminato, oppure rimanere creditori della società per l'intera durata del prestito.
• *Obbligazioni convertendo*: in questa tipologia la conversione in azioni è obbligatoria, trattandosi di un prestito obbligazionario il cui rimborso è previsto con l'emissione di nuove azioni; si tratta quindi di uno strumento finanziario destinato a trasformarsi da debito della società (*obbligazione*) a capitale di rischio (*azione*).
• *Obbligazioni a tasso variabile*: queste obbligazioni remunerano l'investitore con un tasso di rendimento che varia in base a un parametro predefinito: questo può essere di natura monetaria, finanziaria o in base all'andamento del prezzo di materie prime; ne sono esempi i CCT oppure le *Inflation linked bonds*.
• *Obbligazioni Zero coupon*: le cosiddette *Zero Coupon Bonds* (ZCB) – in italiano "a interesse zero" – sono obbligazioni senza cedola (*coupon*), e quindi non liquidano periodicamente gli interessi, ma li corrispondono unitamente al capitale alla scadenza del titolo. Il loro rendimento è dato dalla differenza fra il prezzo di acquisto e il valore nominale rimborsato alla scadenza (per esempio l'obbligazione è emessa a 96 euro e alla scadenza ne vengono rimborsati 100). I BOT sono esempi di titoli a interesse zero. Una

curiosità sul loro nome: quando le obbligazioni avevano forma cartacea, il pagamento degli interessi avveniva dietro consegna di un tagliando numerato ("*coupon*", cioè "cedola") staccato dall'obbligazione stessa, cioè dal documento cartaceo che la rappresentava (ora le obbligazioni non sono più stampate, dato che esistono solo come scritture elettroniche). Nel caso di questo tipo di obbligazioni tale tagliando non esisteva: da qui il termine "zero-coupon".
• *Obbligazioni strutturate*: sono obbligazioni il cui rendimento dipende dall'andamento di un'attività sottostante.
• *Obbligazioni subordinate*: sono obbligazioni il cui rimborso, in caso di procedura fallimentare dell'emittente (liquidazione o fallimento), avviene solo dopo aver soddisfatto tutti i creditori non subordinati, comprese le normali obbligazioni (definite anche *obbligazioni senior*), ma prima del capitale sociale (azioni). Le obbligazioni subordinate si distinguono dalle altre per la tipologia del rischio: dato che presentano un rischio più elevato rispetto alle obbligazioni ordinarie, possono assicurare un maggior rendimento. Questi bond non sono considerati strumenti di debito tradizionali, ma vengono trattati alla stregua del capitale di rischio, rappresentando

spesso un'alternativa al più costoso collocamento di azioni. Nel caso delle banche esistono diverse tipologie di obbligazioni, a ognuna delle quali si accompagnano diverse caratteristiche finanziarie. Per questi investimenti il risparmiatore deve sempre ricordare che, anche se i rendimenti possono essere più elevati, si tratta di titoli più esposti ad assorbire le perdite in caso di crisi finanziaria dell'emittente.

unità 3 ■ La Borsa e il mercato finanziario

la nuova economia — Gli hedge fund

Gli **hedge fund** sono **fondi speculativi** che si caratterizzano per l'uso di tecniche e strumenti di gestione avanzati, basati su modelli matematici molto sofisticati. Sono contraddistinti dal numero ristretto dei soci partecipanti, dall'elevato investimento minimo richiesto e dall'investimento nel fondo di una quota rilevante di capitale da parte dei gestori. Gli **hedge fund** presentano alti rischi per l'investitore, ma danno anche la possibilità di realizzare guadagni molto elevati. Una tipica operazione effettuata dagli **hedge fund** è la **vendita allo scoperto**, che viene attuata a scopo ribassista. Nella storia economica si ricorda il fallimento del *Long-term capital management* (LTCM), fondato nel 1994 da **Myron Scholes** e **Robert Merton** (premi Nobel dell'economia, nel 1997). Grazie al meccanismo da loro elaborato, nei primi due anni di vita l'LTCM aveva aumentato dell'80% il suo capitale iniziale. Tuttavia nel 1998, con un andamento ribassista della Borsa americana, il fondo aveva praticamente azzerato la sua liquidità, con gravi perdite per i partecipanti.

Attualmente si parla di **Borsa merci**, se in essa si contrattano merci di largo mercato, e di **Borsa valori** o più semplicemente **Borsa** se in essa si contrattano titoli o valute.

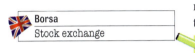
Borsa — Stock exchange

> La **Borsa valori** è il mercato in cui avvengono le contrattazioni relative ai titoli di credito a lungo termine, sia pubblici che privati.

Ruolo della Borsa

Funzioni della Borsa La Borsa è uno strumento indispensabile in un'economia moderna per trasferire liquidità dai soggetti che effettuano risparmi ai soggetti che hanno necessità di mezzi liquidi: le grandi imprese, ammesse alla quotazione di Borsa, possono emettere azioni e obbligazioni per finanziare investimenti produttivi, così come lo Stato può emettere titoli pubblici per far fronte ai deficit di bilancio. **Per le imprese, in particolare, la Borsa rappresenta un importante modo per procurarsi liquidità**, in aggiunta a quelli che abbiamo già esaminato, e cioè l'**autofinanziamento** (profitti non distribuiti e reimpiegati nel processo produttivo) e il **ricorso al credito a breve e a medio-lungo termine**, fornito dalle banche.

Titoli trattati in Borsa

Nella Borsa vengono trattati tre tipi di titoli:
- **azioni**, emesse da società commerciali;
- **obbligazioni**, emesse da società commerciali ed enti pubblici;
- **titoli del debito pubblico**, emessi dallo Stato (BOT, BTP, CCT, CTZ).

Le azioni rappresentano una quota del capitale sociale, mentre le obbligazioni sono rappresentative di un debito dell'emittente verso i sottoscrittori.

Azioni — Shares

> Le **azioni** sono titoli a reddito variabile, in quanto il loro rendimento, detto **dividendo**, non è fisso nel tempo, ma dipende dalle decisioni degli organi sociali (consiglio di amministrazione e assemblea degli azionisti) circa la quantità dei profitti da distribuire agli azionisti, e quella da reinvestire nell'impresa.

Obbligazioni — Bonds

> Le **obbligazioni** e i titoli del debito pubblico sono invece a reddito fisso, in quanto fruttano un rendimento fisso in termini nominali (per esempio, il 4% annuo).

B BOT Buoni Ordinari del Tesoro; sono titoli di Stato, emessi a scadenza inferiore all'anno (da 1 a 12 mesi); sono privi di cedole e sono emessi a un valore inferiore a quello di rimborso; il rendimento è generato dalla differenza tra il prezzo pagato all'acquisto e quello che si otterrà alla scadenza.

B BTP Buoni del Tesoro Poliennali; sono titoli di Stato a reddito fisso con cedola emessa a cadenza semestrale; hanno una durata compresa tra 3 e 30 anni.

C CTZ Certificati del Tesoro Zero-coupon; sono titoli di Stato con scadenza a 18 e a 24 mesi, privi di cedole ed emessi a un valore inferiore a quello di rimborso; il rendimento è generato dalla differenza tra il prezzo pagato all'acquisto e quello che si otterrà alla scadenza.

C CCT Certificati di Credito del Tesoro; sono titoli obbligazionari a medio e lungo termine, soggetti a indicizzazione delle cedole, legata al rendimento dei BOT a sei mesi.

modulo **6**

La moneta e il credito

la nuova economia — Le Blue chips

Questa espressione si usa nel gioco del poker, per indicare i gettoni blu (*blue fiches*) che rappresentano la posta di valore più alto. Nel gergo borsistico essa è usata per indicare le più importanti società quotate, le cui azioni vengono considerate particolarmente solide e affidabili. In tempi normali queste azioni hanno alte quotazioni e distribuiscono dividendi elevati e stabili.

Quotazioni in tempo reale alla Borsa di Londra.

Ma le vicende delle imprese, come è noto, subiscono inevitabili alti e bassi. La Rolls-Royce, ad esempio, era una *blue chip* fino a pochi mesi prima del fallimento avvenuto nel 1971; la stessa sorte è capitata alla Chrysler e alla Continental Illinois negli anni '80 del secolo scorso, e alla Parmalat nel 2003. Ciò dimostra che nell'investimento di Borsa è sempre inevitabile un certo margine di rischio.

Importanza della Borsa

Solo per una parte di questi titoli sono previsti rendimenti variabili (obbligazioni e titoli indicizzati per proteggere il rendimento dall'inflazione).

La **funzione della Borsa** è quella di favorire l'incontro della domanda e dell'offerta di capitali, consentendo l'afflusso del risparmio alle imprese e allo Stato, attraverso la vendita di titoli pubblici e privati.

La Borsa, in particolare, offre ai risparmiatori la possibilità di operare scelte fra i titoli quotati, per diversificare il risparmio finanziario secondo individuali "scelte di portafoglio". Data l'importanza di queste funzioni nel sistema economico, è necessaria una **Borsa efficiente** sia sotto l'aspetto qualitativo che quantitativo, e una **Borsa trasparente**, ossia un mercato del risparmio che non rappresenti un'insidia, in particolare per i piccoli risparmiatori.

La Borsa in Italia I titoli quotati nella Borsa italiana sono pochi, al confronto di quanto avviene nelle maggiori Borse del mondo (New York, Tokyo, Londra, Francoforte, Parigi, Zurigo, Hong Kong). La principale Borsa valori italiana ha sede a Milano (in Piazza degli Affari), dove si svolge circa il 90% degli scambi azionari italiani.

Nella Borsa italiana i titoli azionari delle imprese industriali sono minoritari rispetto a quelli delle imprese finanziarie (banche, società finanziarie, assicurazioni); per quanto riguarda i titoli a reddito fisso, sono prevalenti i titoli di Stato.

La Borsa barometro dell'economia Come per ogni altro bene presente sul mercato, il prezzo delle azioni (detto **quotazione**) è funzione della domanda e dall'offerta.

La quotazione delle azioni

La quotazione di Borsa dipende da una serie di fattori, difficilmente quantificabili, attinenti sia alla situazione dell'impresa emittente, sia alle condizioni economiche generali. Fra i primi segnaliamo: il **valore intrinseco dell'azione**, dipendente dal valore del patrimonio della società; la **capacità di profitto dell'impresa**, commisurata ai dividendi pagati negli anni precedenti; le **prospettive di profitto**, collegate soprattutto alla redditività prevista nel futuro. Anche il quadro economico generale in cui opera l'impresa esercita una notevole influenza sulle quotazioni: in particolare sono importanti la **stabilità economica e politica**, le **previsioni relative al futuro**, la **liquidità generale** del sistema e infine i **fattori emotivi**, che spesso prevalgono su quelli reali.

"Toro" e "orso"

L'andamento delle quotazioni borsistiche è un segnale dello stato di salute dell'economia, in quanto misura la fiducia degli operatori: è influenzato da un insieme di fattori, alcuni legati alla situazione economica, altri alla situazione

T Titolo indicizzato Titolo il cui valore è ancorato a un indice dei prezzi, in modo da tener costante nel tempo il valore reale. I casi tipici sono costituiti dai titoli di Stato e dalle obbligazioni, che ancorano il tasso di interesse e il valore di rimborso a un parametro, come l'indice dei prezzi al consumo o l'indice del costo della vita.

unità 3 ■ La Borsa e il mercato finanziario

Rischio nell'investimento azionario

politica. La Borsa reagisce ai contenuti della legge di stabilità, alle variazioni del cambio, alle tensioni sociali, alle indiscrezioni (anche se prive di fondamento), alle possibili crisi di governo. Per queste ragioni, spesso si dice che la Borsa è il barometro dell'economia e della politica di un Paese: quando prevale la fiducia le quotazioni salgono e, nel gergo borsistico, si dice che il mercato è dominato dal "toro"; quando invece prevale il pessimismo domina l'"orso"; in effetti i titoli azionari, anche indipendentemente dall'andamento dell'economia, sono soggetti a incrementi e perdite di valore piuttosto elevati; ciò rende **l'investimento azionario particolarmente rischioso** e i valori di Borsa, di conseguenza, soggetti a una maggiore o minore volatilità a seconda dei titoli o della congiuntura economica.

▲ La statua del Toro di Wall Street, a New York.

Normativa giuridica

Regolamentazione giuridica L'importante ruolo svolto dalla Borsa spiega l'esistenza di una serie di norme giuridiche che regolano il suo funzionamento. Fondamentale è la legge del 1913, cui nel 1974 e nel 1985 è stata affiancata una nuova normativa sulla sorveglianza dell'attività di Borsa e sull'operato delle società quotate, anche allo scopo di difendere i piccoli risparmiatori da possibili abusi. Con la legge n. 77/1983 sono stati introdotti anche in Italia i **fondi comuni d'investimento**, mentre nel 1991 sono state recepite diverse direttive comunitarie rivolte a disciplinare in modo omogeneo il mercato europeo dei capitali e a combattere l'**insider trading** (v. box più avanti).

Necessità di un'educazione finanziaria La complessità del mondo finanziario impone a ogni cittadino una **conoscenza minima** degli strumenti impiegati quotidianamente nelle operazioni di Borsa: un'educazione finanziaria non ci serve per diventare abili investitori (perché come sappiamo ogni investimento non è esente da rischi), ma per poterci comportare da **investitori consapevoli** in occasione delle scelte che dobbiamo fare per noi e per le nostre famiglie, da dove investire i nostri risparmi fino alla conoscenza delle prestazioni degli strumenti offerti dal mercato. Una conoscenza più ampia dei concetti di base ci aiuta a prendere le decisioni più importanti.

▼ La Consob è l'autorità amministrativa che vigila sulla correttezza, trasparenza ed efficienza del mercato mobiliare italiano. Ha sede a Roma e opera in piena autonomia.

Commissione nazionale per le società e la Borsa (CONSOB) Istituita nel 1974, la Consob ha il compito istituzionale di **controllare il mercato mobiliare italiano**, e in particolare di vigilare sul corretto andamento dell'attività della Borsa e di richiedere alle società quotate informazioni precise ed esaurienti sull'andamento della gestione. La sua attività è rivolta alla tutela degli investitori, all'efficienza e alla trasparenza del mercato.

L Legge di stabilità Approvata insieme al bilancio di previsione dello Stato, è il principale strumento di politica economica, con ricadute immediate sulla vita quotidiana dei cittadini: fissa le entrate e le spese pubbliche, le imposte, gli stipendi dei dipendenti pubblici, i finanziamenti per i lavori pubblici, le risorse per l'assistenza sanitaria.

T Toro - Orso Il "toro" (*bull*) indica una fase di rialzo delle quotazioni di Borsa, mentre l'"orso" (*bear*) indica un periodo di ribasso. I termini derivano dal modo di attaccare dei due animali: un'incornata verso l'alto del toro (quindi rialzo), una zampata verso il basso nel caso dell'orso (quindi ribasso). La statua del toro davanti a Wall Street ha dunque un significato beneaugurante.

V Volatilità Oscillazioni delle quotazioni di un titolo rispetto alla sua media; più è alta, maggiore è il grado di rischio che caratterizza l'investimento. Un'elevata volatilità rende difficili le previsioni sulle quotazioni future del titolo, perché il prezzo tende a manifestare forti oscillazioni nel tempo. L'investitore potrà così realizzare alti guadagni, ma anche subire forti perdite.

modulo 6
La moneta e il credito

Alla Consob spetta il compito di **valutare i requisiti** che la società deve presentare per l'ammissione alle quotazioni di Borsa; essi sono:
- capacità di generare ricavi, con reali prospettive di crescita della società;
- pubblicazione e deposito degli ultimi tre bilanci annuali;
- capitalizzazione di mercato prevedibile pari a una soglia minima;
- diffusione delle azioni fra numerosi azionisti;
- deposito del bilancio d'esercizio in corso e dei piani dei due successivi;
- trasparenza nella contabilità e nell'assetto societario.

La speculazione finanziaria internazionale

Vendite allo scoperto La speculazione finanziaria internazionale ha pesantemente contribuito ad aggravare la crisi dell'economia mondiale iniziata nel 2007, dopo lo scoppio della bolla dei mutui sub-prime. Nella fase di incertezza economica gli speculatori trovano il terreno ideale per realizzare ingenti guadagni scommettendo su un ribasso del corso dei titoli, attraverso vendite allo scoperto, cioè vendite di titoli presi a prestito, puntando sulle tendenze ribassiste del mercato. Quando queste vendite sono effettuate in dosi massicce da grandi investitori come gli hedge fund, si verificano ulteriori diminuzioni dei corsi, con il risultato di deprimere ancora di più la Borsa e l'intero sistema economico oggetto dell'attacco speculativo. Per questa ragione le autorità di Borsa, come la Consob, cercano di contrastare tali operazioni.

3.3 Gli operatori della Borsa

Gli attori del mercato borsistico

Nel mercato borsistico intervengono, attraverso le SIM (v. paragrafo successivo), degli **operatori** che possono essere suddivisi in tre gruppi:
- **venditori stabili**, costituiti dalle **imprese** e dal **Tesoro**, che vendono i titoli allo scopo di procurarsi finanziamenti;
- **compratori stabili**, formati dai soggetti che acquistano titoli per investire la propria liquidità, e cioè dalle **famiglie** (presso le quali si forma la quasi totalità del risparmio) e dagli investitori istituzionali (banche, compagnie di assicurazione, enti previdenziali, fondi comuni di investimento, fondi pensione);
- speculatori, cioè coloro che operano in Borsa con frequenti contrattazioni per realizzare guadagni speculativi, derivanti dalla differenza fra il prezzo di acquisto e quello di vendita. La speculazione può essere al rialzo o al ribasso: nella prima, lo speculatore che ha acquistato a termine le azioni, realizza un guadagno se il nuovo prezzo è superiore a quello stabilito alla stipulazione del contratto; nella speculazione al ribasso, il venditore vende titoli assumendo l'impegno di consegnarli alla scadenza del termine: se la quotazione dei titoli scende, egli guadagna la differenza fra i due prezzi.

B Bilancio d'esercizio Documento contabile che evidenzia il risultato di gestione e il capitale di una società, formato dallo *stato patrimoniale*, che accoglie gli elementi attivi e passivi del capitale, e dal *conto economico*, che riassume i costi e i ricavi. Dà utili informazioni sulla situazione patrimoniale, finanziaria ed economica della società.

V Vendita allo scoperto Operazione finanziaria (chiamata in inglese *short selling*) consistente nella vendita di azioni senza averne la proprietà, con l'obiettivo di riacquistarle a breve a un prezzo inferiore. Si tratta di un gioco speculativo che punta a trarre profitto dalle tendenze ribassiste dei titoli.

H Hedge fund Si differenziano dai Fondi comuni di investimento per l'uso di tecniche di gestione molto sofisticate, per l'alta consistenza del patrimonio necessario alla partecipazione e per la libertà nelle scelte strategiche; ricorrono in particolare alle vendite allo scoperto (cioè effettuate senza possedere i titoli trattati), allo scopo di conseguire profitti o garantirsi contro i ribassi del mercato.

I Investitore istituzionale Organizzazione che per legge o per disposizione statutaria investe sistematicamente nel mercato mobiliare; ne sono esempi le compagnie di assicurazione, gli istituti di previdenza, le società finanziarie, i fondi comuni di investimento, i fondi pensione, le mutue assicuratrici.

S Speculatore Soggetto che acquista titoli non per investimento, ma per rivenderli a breve sperando in rapidi profitti. Corre un rischio elevato ed è soggetto a perdite se non fa previsioni corrette sui prezzi futuri. Si differenzia dal *cassettista*, risparmiatore che acquista titoli in vista di un investimento duraturo.

unità **3** ■ La Borsa e il mercato finanziario

PER capire meglio

Gli indici di Borsa

Gli indici di Borsa sono dei parametri impiegati per sintetizzare le tendenze del mercato borsistico. Vengono calcolati confrontando i corsi di un gruppo di titoli in un certo periodo e i corsi degli stessi titoli in un altro periodo assunto come base: forniscono quindi un'indicazione immediata sull'andamento reale della Borsa.

Sono disponibili diversi indici, calcolati da enti, banche, giornali economici. Ciascuno di essi varia per il campione dei titoli considerati e per la diversa ponderazione.

I più importanti indici di Borsa sono giornalmente riportati sia dai quotidiani specializzati, sia dai quotidiani di informazione. Fra gli indici più noti, si ricordano gli indici MIB (Milano indice Borsa), forniti nelle seguenti versioni:
– **FTSE MIB**, indice di lungo periodo che ha come base il 31.12.1997;
– **FTSE- All Share**, indice momentaneo che esprime in ogni istante l'andamento delle quotazioni delle azioni negoziate in continua mediante il sistema telematico, con base il 31.12.2002;
– **FTSE Mid Cap**, con base 31.12.2002;
– **FTSE Star**, con base 28.12.2001.
Altri importanti indici di Borsa sono:
– **indice Comit globale**, indice che ha come base il 1972;
– **indice Mediobanca**, che ha come base il 2.01.2006.

Data l'alta mobilità internazionale che caratterizza oggi il mercato dei capitali, si fa frequente uso dei seguenti indici, che riguardano le Borse di New York (i primi tre), Francoforte e Tokio:
– **indice Dow-Jones**, che misura la quotazione alla Borsa di New York delle azioni delle 30 più importanti società industriali americane; sono disponibili indici Dow-Jones anche per speciali gruppi di società, come società di trasporti (20 titoli), di pubblici servizi (15 titoli), e per la quotazione delle obbligazioni;
– **indice Standard & Poor's**, che prende in esame l'andamento delle quotazioni di 500 titoli industriali (per la sua larga base, questo indice è ritenuto da molti analisti ancora più significativo dell'indice Dow-Jones);
– **indice NASDAQ** (National Association Security Dealers Automated Quotation, cioè Quotazione automatizzata dell'Associazione nazionale degli operatori in titoli azionari), riguardante le aziende operanti nei settori del software, della cibernetica e delle biotecnologie;
– **indice Dax** (Deutscher Aktien Index), composto dai 30 titoli tedeschi a maggiore capitalizzazione e liquidità quotati alla Borsa di Francoforte;
– **indice Nikkei**, costituito dalla media dei corsi delle principali 225 azioni quotate alla Borsa di Tokyo.

▲ Operatori finanziari alla Borsa di Tokyo.

La speculazione "pulita"

La speculazione "pulita" contribuisce alla funzionalità della Borsa, perché:
■ essendo esercitata da società di intermediazione che conoscono bene il mercato finanziario, si indirizza verso i titoli maggiormente affidabili, orientando i piccoli risparmiatori verso gli investimenti meno rischiosi;
■ facilita il collocamento dei titoli di nuova emissione, regolandone l'offerta nel tempo e impedendo che la massiccia offerta ne deprezzi il corso.

La recente riforma della Borsa, abolendo i vecchi contratti a termine allo scoperto e sostituendoli con i **futures** e le **options**, ha cercato di restituire alla speculazione la sua funzione, che è quella di livellare i prezzi nel tempo e di stabilizzare il mercato.

La speculazione "sporca"

Le leggi inoltre hanno sempre combattuto (non sempre con successo) la speculazione "sporca" (*aggiotaggio*), che consiste nella diffusione di notizie false allo scopo di determinare variazioni artificiose dei corsi. Oggi una nuova normativa, nota come "**market abuse**" o "**manipolazione del mercato**", ha introdotto pene ancora più severe per chi si rende colpevole di questo reato.

A Aggiotaggio Reato consistente nella diffusione di notizie false, errate e tendenziose allo scopo di provocare un rialzo o un ribasso nelle quotazioni dei titoli, e trarne indebito vantaggio. Viene punita dal nostro Codice penale (art. 501), anche se commesso all'estero, in quanto delitto contro l'economia pubblica.

315

modulo 6
La moneta e il credito

3.4 La riforma della Borsa

Negli ultimi anni la Borsa italiana è stata profondamente riformata, per favorire la sua apertura ai capitali stranieri e renderla competitiva con le più importanti Borse mondiali.

Adesione alle direttive comunitarie

Si sono in particolare recepite le direttive dell'Unione europea che tendono a rendere concorrenziali e omogenei fra loro i mercati borsistici dei Paesi aderenti, in attuazione del **principio della libera circolazione dei capitali**.

Le innovazioni più importanti riguardano:
- la riforma degli intermediari finanziari;
- la riforma delle modalità di contrattazione;
- la trasparenza nell'attività borsistica.

Riforma degli intermediari finanziari La legge n. 1/1991, che ha dato attuazione alla normativa comunitaria, comprende nell'attività di intermediazione le seguenti attività:
- la negoziazione, il collocamento e la distribuzione dei valori mobiliari;
- la gestione di patrimoni mobiliari e la consulenza finanziaria;
- la sollecitazione all'investimento del risparmio in titoli, mediante attività promozionali svolte anche in luogo diverso dalla sede principale.

Le SIM

La negoziazione in Borsa è riservata in via esclusiva alle **Società di intermediazione mobiliare** (**SIM**), **unici soggetti autorizzati dalla legge a effettuare operazioni di Borsa**. Esse, che hanno preso il posto degli agenti di cambio, hanno lo scopo di garantire la trasparenza delle operazioni di Borsa e rendere più efficiente il mercato mobiliare.

Le SIM devono essere costituite in forma di società per azioni o in accomandita per azioni.

I poteri organizzativi e di controllo spettano al Consiglio di Borsa di Milano. La vigilanza sulle SIM è esercitata dalla Consob (v. par 3.2) per quanto riguarda gli obblighi di informazione, trasparenza e regolarità delle negoziazioni, e dalla Banca d'Italia per quanto attiene i controlli sulla stabilità patrimoniale.

Le Borse locali

È stato inoltre avviato il collegamento di tutti i mercati locali in un circuito telematico unico e integrato, su cui vengono trattati i titoli non presenti sul mercato ufficiale (azioni di medie e piccole imprese, quote di fondi chiusi trattate sul METIM: Mercato telematico imprese minori).

Dalle "grida" al telematico

Riforma delle contrattazioni Il mercato è passato dal sistema della chiamata al sistema ad asta (o trattazione) continua.

Il primo sistema si basava su una contrattazione "alle grida": i titoli venivano "chiamati" in appositi recinti, detti *corbeilles*, intorno ai quali gli operatori manifestavano le loro intenzioni di acquisto e di vendita "gridando", o anche per mezzo di gesti convenzionali.

Asta continua

Il sistema ad "asta continua" si basa su collegamenti telematici che forniscono nel continuo i prezzi dei titoli, come risultano dall'incontro elettronico degli ordini di acquisto e di vendita.

Questo mercato telematico collega le varie Borse italiane e assicura unicità di prezzo nel mercato nazionale, garantendo pari opportunità di accesso a tutti gli operatori italiani e stranieri e l'immediata pubblicizzazione dei listini.

S SIM Società di intermediazione mobiliare, autorizzate a prestare servizi di investimento, cioè a svolgere negoziazioni per conto proprio o di terzi, collocamento, gestione di portafogli, mediazione, ricezione e trasmissione di ordini.

M Mercato mobiliare Insieme delle negoziazioni di *valori mobiliari* (azioni e obbligazioni) relative all'impiego di denaro in titoli che esprimono partecipazioni a medio e lungo termine nelle società emittenti azioni e obbligazioni, in genere grandi imprese.

unità **3** ■ La Borsa e il mercato finanziario

L'ECONOMIA **CHE NON TI ASPETTI** — CHE COS'È L'INSIDER TRADING?

In inglese *insider* significa "chi sta dentro", *trading* significa "attività commerciale": le due parole designano quindi colui che, essendo all'interno di un'organizzazione (un'azienda, un organismo di controllo, un'istituzione), dispone di importanti informazioni riservate, ottenute grazie alla propria posizione, e riesce perciò ad acquistare o vendere titoli prima che le notizie che solo lui conosce diventino di dominio pubblico.
L'insider trader trae cioè vantaggio in modo sleale, a danno di tutti coloro che non dispongono di tali informazioni riservate.
In ogni Paese queste pratiche sono punite: esemplare l'ammenda di 100 milioni di dollari inflitta nel 1986 a un agente di cambio di Wall Street, Ivan Boesky, che aveva speculato

approfittando di informazioni riservate.
Anche in Italia tali pratiche sono vietate dalle Legge n. 157/1991, che ha dato attuazione a una Direttiva europea. Alla Consob spetta il compito di accertare le violazioni, che riguardano sia l'uso illecito di informazioni riservate, sia la divulgazione di notizie false, esagerate o tendenziose.

Le ipotesi di violazione della legge vengono denunciate dalla Consob all'autorità giudiziaria, corredate dalla documentazione raccolta e da una relazione motivata.
Oltre al divieto di usare informazioni riservate per realizzare illeciti guadagni, la legge di riforma prevede precise norme per garantire una maggior trasparenza nell'attività borsistica, come l'obbligo di informativa aziendale: i progetti relativi a fusioni, scissioni, acquisizioni di altre imprese, le scalate al capitale e gli altri fatti rilevanti devono essere resi pubblici tempestivamente, per evitare che coloro che ne vengono a conoscenza in modo riservato (amministratori, dirigenti, azionisti di controllo ecc.) ne approfittino per effettuare vantaggiose operazioni sulle azioni.

L'offerta pubblica di acquisto

Trasparenza nell'attività borsistica   Per una crescita del ruolo della Borsa, nell'interesse dei risparmiatori e delle imprese, è necessario che tutte le operazioni siano corrette e trasparenti. In quest'ottica, la riforma più importante riguarda una particolare tecnica di acquisizione delle azioni, e cioè

> l'**Offerta pubblica di acquisto (OPA)**, lanciata attraverso gli organi di informazione, sotto il controllo della Consob, da soggetti che intendono acquistare il controllo dell'intero capitale oppure un pacchetto di azioni di una società.

L'informazione deve dichiarare preventivamente il prezzo che chi lancia l'OPA è disposto a pagare. Con l'OPA si rendono pubbliche le operazioni dirette ad acquisire il controllo di una società quotata, evitando le "scalate selvagge" che danneggiano soprattutto i piccoli azionisti non informati.

3.5 I fondi comuni di investimento

Nati negli Stati Uniti, i fondi comuni di investimento si sono rapidamente diffusi in tutti i Paesi industrializzati, e quindi anche in Italia.

> I **fondi comuni di investimento** sono portafogli di titoli gestiti da società di intermediazione finanziaria che raccolgono risparmi dai sottoscrittori per investirli in titoli azionari e obbligazionari nell'interesse e per conto dei sottoscrittori, ai quali viene riconosciuta la proprietà di un determinato numero di "parti" o "quote" del fondo stesso.

Scopi e vantaggi dei fondi comuni

I risparmiatori possono così affidare la loro liquidità a società di gestione specializzate, in grado di conoscere al meglio il mercato: data l'ampia disponibilità di capitali resa possibile dalla raccolta di risorse presso un gran numero di risparmiatori, queste società possono operare scelte di portafoglio, diversificando l'investimento su un'ampia gamma di titoli.

317

modulo 6
La moneta e il credito

I fondi presentano il vantaggio di favorire lo sviluppo del risparmio, consentendo anche ai piccoli risparmiatori un accesso meno rischioso al mercato borsistico. Inoltre assicurano una certa stabilità alla Borsa, perché gli investimenti dei fondi non sono finalizzati a trarre guadagni speculativi dalle oscillazioni delle quotazioni, ma a garantire un flusso di reddito nel tempo.

Società di gestione Le società di gestione dei fondi, costituite in forma di SpA, sono autorizzate dal Ministero dell'economia e delle finanze, sentita la Banca d'Italia, e sottoposte al controllo della Consob.

Fondi aperti I **fondi aperti** sono caratterizzati dalla libertà di entrata e di uscita, ossia di acquisto e di vendita delle quote del fondo; il valore di tali quote si ottiene dividendo il valore dell'intero portafoglio, calcolato ai prezzi di mercato, per il numero delle quote complessivamente sottoscritte.

Acquisto e vendita delle quote L'attività finanziaria detenuta dal risparmiatore risulta dal numero delle **parti o quote di fondo comune**, su cui il titolare percepisce un reddito variabile, in relazione al rendimento derivante dalla gestione. Le quote possono essere vendute in ogni momento: la legge prevede 15 giorni come tempo massimo entro il quale la società di gestione deve restituire il capitale al risparmiatore.

Tipi di fondi aperti In base alla legge n. 77/1983, che li ha disciplinati, i **fondi aperti** possono essere di tre tipi fondamentali:

- **azionari**, se investono prevalentemente in azioni, e quindi presentano un maggior grado di rischio;
- **obbligazionari**, se investono prevalentemente in obbligazioni e titoli pubblici, e solo una piccola quota in azioni;
- **bilanciati**, se investono sia in azioni che in obbligazioni.

All'interno di ciascuno di essi esistono poi ulteriori distinzioni.

Altri tipi di fondi

Fondi chiusi La legge n. 344/1993 ha introdotto i **fondi chiusi**, caratterizzati dalla invariabilità del capitale sociale (e perciò simili a società finanziarie) per finanziare le piccole e medie imprese, che hanno maggiori difficoltà di accesso al mercato finanziario. Gli investimenti nei fondi chiusi non possono essere liquidati prima di un certo periodo minimo (5-13 anni).

Fondi pensione I **fondi pensione** sono strumenti previdenziali collettivi che forniscono ai sottoscrittori (dipendenti di aziende o membri di intere categorie professionali) un capitale o una rendita vitalizia da liquidarsi all'atto del pensionamento. Possono investire in obbligazioni (in particolare titoli di Stato) e, a determinate condizioni, anche in azioni. Nei Paesi anglosassoni rappresentano una quota elevata della capitalizzazione di Borsa, dato che buona parte della popolazione vi ricorre per assicurarsi una pensione integrativa. In Italia questi fondi, autorizzati a operare sul mercato dei capitali con criteri privatistici, sono stati introdotti piuttosto recentemente.

SICAV **SICAV** è l'abbreviazione di **Società di investimento a capitale variabile**, istituite nel 1992 in attuazione di direttive comunitarie. Hanno lo scopo di raccogliere risparmio da investire durevolmente nei mercati finanziari. A differenza di quanto avviene nei fondi comuni, nelle SICAV il risparmiatore diventa azionista della società di investimento e può quindi esercitare il diritto di voto: ciò gli consente un controllo sulla società che è invece escluso negli altri fondi comuni.

▲ La gestione del reddito di cui si potrà disporre una volta usciti dal mercato del lavoro è qualcosa di delicato, da valutare con prudenza.

S SICAV Particolari società che, mediante l'emissione di azioni, raccolgono risparmio da investire poi in valori mobiliari. Sono società a *capitale variabile* perché quando le azioni vengono rimborsate il capitale diminuisce in modo proporzionale, mentre quando vengono sottoscritte il capitale aumenta. Anche il valore nominale delle azioni varia, essendo pari al rapporto tra il patrimonio netto e il loro numero.

3.6 I nuovi strumenti finanziari

Nuovi contratti a termine

Negli ultimi anni si sono rapidamente diffuse le **operazioni di copertura**, che hanno la funzione di garantire gli operatori dai rischi di tipo finanziario e valutario. Sono così nati nuovi contratti a termine, conosciuti con il nome di **strumenti derivati** o semplicemente **derivati**, essendo valori che "derivano" da valori mobiliari (azioni, obbligazioni, valute estere, tassi di interesse e altre attività finanziarie). Si tratta di **contratti speculativi differenziali**, perché alla scadenza si ricava un vantaggio dalla differenza tra il prezzo corrente e il prezzo a cui è stato stipulato il contratto. Questi strumenti comprendono i **futures**, le **options** e i **warrants**.

Futures Introdotti a Chicago all'inizio degli anni '70 del secolo scorso – per la necessità degli operatori di garantirsi contro la volatilità dei cambi dopo l'abbandono dei cambi fissi – si sono diffusi nelle altre piazze più importanti: Londra (*London International Financial Futures Exchange*, LIFFE) e Parigi (*Marché à Terme International de France*, MATIF).

> I **futures** sono contratti a termine di acquisto o di vendita per futura consegna a un prezzo stabilito dai contraenti nel momento in cui il contratto viene stipulato.

Caratteristiche dei futures

Consistono in una compravendita a termine con prezzo bloccato al momento della stipulazione. I *futures* hanno lo scopo di diminuire il rischio che grava sull'investimento azionario, oppure connesso alla variazione dei tassi di interesse o dei cambi.

IN pratica

Per capire l'utilità di questi contratti, si considerino questi due casi:
– un investitore istituzionale (il gestore di un fondo pensioni, una società di assicurazione ecc.) sa che, fra due mesi, avrà la disponibilità di 100 milioni di euro da investire e prevede che nello stesso termine i corsi delle azioni saliranno. Non avendo subito a disposizione la somma, non può approfittare dei corsi attualmente favorevoli. Può però concludere un contratto a termine, pagando una piccola percentuale (per esempio il 3%) del prezzo al momento della stipulazione, e il resto a due mesi, quando avrà i fondi disponibili. In tal modo egli ha reso certe, in anticipo, le condizioni del suo investimento, riducendone il rischio. Naturalmente, se i corsi delle azioni, dopo i due mesi, saranno scesi, l'investitore avrà una perdita, mentre guadagnerà se le azioni avranno un prezzo superiore, poniamo, del 10% rispetto al prezzo bloccato iniziale (il suo guadagno sarà in questo caso del 7%);
– una società finanziaria, che ha un portafoglio formato da ingenti quantità di azioni, si preoccupa di proteggersi contro un eventuale ribasso delle quotazioni. Può concludere un contratto di vendita a termine, con riferimento all'attuale indice di Borsa. Alla scadenza, se l'indice è inferiore, ritirerà la differenza, se l'indice è superiore la verserà.
Da questi esempi si vede chiaramente che la funzione di questi contratti è di hedging, ossia di "**copertura**" contro i rischi di un andamento sfavorevole delle quotazioni. Ciò non toglie che, in realtà, siano contratti rischiosi, perché se si sbagliano le previsioni si hanno perdite anziché vantaggi.

MIF, MTS, MTO

Il **Mercato Italiano dei *Futures*** (**MIF**) funziona su un circuito di terminali collegati in tempo reale. Lo stesso circuito è impiegato per il **Mercato Telematico dei Titoli di Stato** (**MTS**), comparto della Borsa su cui vengono scambiati titoli di Stato e titoli garantiti dallo Stato, e per il **Mercato Telematico delle Opzioni** (**MTO**), comparto in cui vengono negoziati titoli di Stato e obbligazioni diverse da quelle convertibili, emesse da società private.

C Copertura Operazione di garanzia attuata per cautelarsi contro possibili perdite derivanti dalle fluttuazioni dei prezzi di attività finanziarie, del cambio o dei tassi di interesse.

Il termine inglese "*hedging*" (*hedge* = siepe) rimanda a una funzione di protezione, e viene usato per indicare l'assicurazione contro i rischi connessi alle variazioni dei prezzi.

modulo 6
La moneta e il credito

Options Anche questo nuovo contratto si è rapidamente diffuso in tutte le principali piazze finanziarie.

> Con il **contratto di option** viene attribuito, previo pagamento di un premio, il diritto di acquistare (*call option*) o di vendere (*put option*) una data quantità di attività (titoli, valute estere, futures, tassi di interesse, merci) a un prezzo e a una scadenza prefissati nel contratto.

Caratteristiche delle options

Se il titolare del diritto avrà un guadagno, gli converrà esercitare l'opzione, altrimenti si asterrà dal farlo. In tal caso egli limiterà la perdita ai costi sostenuti per acquistare il diritto di opzione. È un contratto che ha caratteristiche simili ai vecchi contratti a premio, che sono stati assorbiti in questo nuovo strumento finanziario. Rispetto al *future*, il contratto di *option* è più elastico, in quanto garantisce la scelta di dar corso o meno all'operazione a termine, mentre nel caso del *future* entrambi i contraenti sono tenuti a dar esecuzione al contratto nel giorno di scadenza.

IN pratica

Supponiamo che il contraente di un contratto di *option* paghi all'emittente il premio di un euro per ciascun titolo a fronte della facoltà di acquistare o vendere 10.000 titoli al prezzo di 10 euro ciascuno. Se alla scadenza del contratto i titoli sono quotati a un prezzo più alto, per esempio 12 euro, il sottoscrittore avrà interesse a dichiararsi acquirente, esercitando l'opzione e guadagnando la differenza tra la quotazione (12 euro) e il prezzo contrattato aumentato del premio (cioè 10 euro + 1 euro), e cioè un euro per ciascun titolo. Il suo guadagno totale sarà di 10.000 euro.
Se invece il prezzo del titolo è sceso a 7 euro, al sottoscrittore conviene non esercitare il suo diritto di acquisto, limitando così la sua perdita al premio versato: in questo caso la sua perdita totale sarà di 10.000 euro.

Warrants

> I **warrants** sono opzioni speciali, emesse da una società, che danno diritto all'acquisto di una data quantità delle sue azioni, a un prezzo determinato in anticipo, a una scadenza di solito medio-lunga.

Caratteristiche dei warrants

Normalmente i *warrants* sono sottoscritti insieme a una emissione obbligazionaria (*emissione cum warrants*), e sono da questa staccabili per originare un titolo a sé stante, negoziabile separatamente sul mercato. Se il *warrant* viene esercitato, la società emette nuove azioni contro il pagamento, da parte del possessore dell'opzione, del prezzo pattuito all'atto di sottoscrizione del *warrant*. Ciò non avverrà, ovviamente, se il prezzo di Borsa delle azioni non sarà superiore al prezzo pattuito; in tal caso l'operatore limiterà la perdita ai costi da lui sostenuti per l'acquisto del *warrant*.

Debolezza della Borsa italiana

I problemi della Borsa La recente apertura della Borsa italiana al mercato internazionale dei capitali ha determinato un notevole aumento degli scambi medi giornalieri, che hanno avvicinato la Borsa di Milano alle grandi borse internazionali. Ciò che rende ancora gracile il nostro mercato azionario è lo scarso numero delle società quotate (meno di 300, di cui poche estere) contro le 3.500 di Londra (di cui un migliaio straniere) o le 700 della Borsa di Parigi. Queste differenze non sono giustificate dalla minor forza della nostra economia, ma dall'arretratezza del nostro mercato azionario, dominato da pochi gruppi che hanno in passato reso poco trasparente e poco affidabile il mercato dei capitali di rischio, tenendo lontani dalla Borsa i piccoli risparmiatori: questi, infatti, solo apparentemente possono scegliere fra i titoli azionari quotati, dato che non pochi di questi sono rappresentativi di "scatole cinesi", cioè società quotate che, a loro volta, sono pezzi di altre società quotate.

La strada da percorrere, dunque, per dotare il nostro Paese di un adeguato mercato azionario, certamente iniziata con la riforma della Borsa e con l'introduzione dei fondi comuni, resta ancora per diversi aspetti incompiuta.

S Scatola cinese Espressione gergale per indicare una società la cui attività principale consiste nella partecipazione azionaria ad altre società quotate in Borsa. Non produce beni e servizi per il mercato, ma trae i suoi profitti principalmente dalla compravendita di pacchetti azionari.

320

3.7 Gli istituti di assicurazione

Nel mercato finanziario operano anche organismi diversi da quelli tipici del mercato monetario. Tra gli **intermediari finanziari non bancari**, assumono un'importanza particolare gli **istituti di assicurazione**.

Definizione

> Mediante il **contratto di assicurazione** l'assicuratore, dietro pagamento di un **premio**, si obbliga a rivalere l'assicurato, entro i limiti convenuti, del danno prodotto da un sinistro, ovvero a pagare un capitale o ad assicurare una rendita al verificarsi di un evento attinente alla vita umana.

Copertura del rischio

L'assicurato sostituisce a un rischio futuro e incerto (ma rilevante, nel caso in cui il danno si verifichi) un costo certo di entità modesta. L'assicurazione si è potuta affermare perché molti rischi (incendio, grandine, naufragio, malattia, morte ecc.), **benché imprevedibili in singoli casi, si possono valutare in termini probabilistici, con gli strumenti della** matematica attuariale, quando venga preso in considerazione un numero sufficientemente grande di casi.

Raccolta dei premi e investimenti

Le imprese di assicurazione dispongono di **ingenti capitali liquidi**, dato che i premi sono pagati dagli assicurati a determinate scadenze, mentre l'impresa assicuratrice sostiene i costi relativi ai contratti solo se si verificano certe condizioni (la morte dell'assicurato, il sinistro ecc.). Le imprese sono quindi obbligate per legge a investire in attività fruttifere per fronteggiare i rischi futuri. I maggiori investimenti degli istituti di assicurazione sono costituiti da immobili, obbligazioni e titoli di Stato (o garantiti dallo Stato). Ciò perché questi ultimi sono sicuri e di facile realizzo: in genere le legislazioni dei diversi Paesi limitano gli investimenti in azioni, perché giudicati troppo rischiosi.

Perciò – dato che gli istituti assicurativi detengono rilevanti riserve tecniche e matematiche per far fronte ai loro obblighi futuri verso i titolari di polizze assicurative o pensioni integrative – si deve tener conto dei loro interventi, sovente massicci, nel mercato finanziario.

3.8 Connessioni tra mercato monetario e mercato finanziario

Esiste un **legame tra il tasso di interesse vigente sul mercato monetario e quello vigente sul mercato finanziario**: anche se in certi momenti fra i tassi di interesse sui due mercati, a breve e a lunga scadenza, esistono differenze (i tassi a lunga scadenza sono generalmente più elevati), **operano tuttavia meccanismi che spingono i due tassi ad allinearsi**. Vediamo come in pratica operano i meccanismi che portano all'allineamento.

Mercato delle obbligazioni

Dato che l'interesse fruttato da un'obbligazione è fisso, quando il suo prezzo (quotazione) diminuisce, il suo rendimento aumenta e viceversa.

Supponiamo che in un certo momento il tasso di rendimento delle obbligazioni e dei titoli di Stato a lunga scadenza sia più alto di quello dei titoli a breve

---

M **Matematica attuariale** Sezione della matematica che studia le operazioni finanziarie relative a eventi di natura probabilistica, con l'obiettivo di misurare la probabilità del loro verificarsi. Riguarda in particolare le assicurazioni sulla vita, perché è in grado di calcolare la probabilità che l'assicurato muoia o sopravviva entro un determinato intervallo di tempo dalla stipulazione del contratto.
R **Riserve tecniche / Riserve matematiche** Accantonamenti tipici delle società di assicurazione per coprire i rischi attinenti alla loro attività; si distinguono in *riserve tecniche*, se riguardano attività estranee al ramo vita, e in *riserve matematiche*, se riguardano il ramo vita (ciò perché questi ultimi rischi possono essere calcolati con la matematica attuariale).
P **Polizza assicurativa** Scrittura privata attestante la stipulazione del contratto di assicurazione e contenente le condizioni generali dell'accordo e i rapporti contrattuali tra le parti.
P **Pensione integrativa** Si costituisce mediante versamenti volontari effettuati per assicurare l'integrazione del trattamento pensionistico, sostenibile con sempre maggiore difficoltà dagli enti previdenziali a causa dell'invecchiamento della popolazione e del rallentamento della crescita economica.

modulo **6**
La moneta e il credito

la nuova economia

In Borsa con Internet

Gli utenti di Internet possono investire il loro risparmio nelle borse internazionali dalla propria casa. La maggior parte delle banche, come molte SIM, consentono infatti alla propria clientela di acquistare o vendere titoli con un semplice click, riducendo notevolmente il costo di intermediazione. Chi è correntista di un istituto di credito che ha attivato il *trading on line* può investire in tempo reale collegandosi con un sito web finanziario, tramite l'uso di codici e *password* riservati; una volta collegati con il sito, si può accedere al portale di compravendita ed effettuare direttamente le operazioni desiderate.
I risparmiatori che operano attraverso Internet la negoziazione di titoli azionari possono valersi dell'assistenza di siti che forniscono servizi differenziati: dalle quotazioni delle società alle informazioni su tutte le borse mondiali, dalle serie storiche delle quotazioni alle analisi tecniche.
Le banche che offrono il servizio di *trading on line* forniscono anche informazioni *on line*: i loro uffici studi compilano dei *reports* che si concludono con l'avviso *buy* o *sell*. È però necessaria una sicura preparazione da parte dell'utente, per utilizzare in modo critico le informazioni disponibili ed evitare di correre rischi superiori a quelli sempre insiti nelle operazioni di Borsa. Si può investire 24 ore al giorno, ogni giorno dell'anno, sia perché, date le differenze di orario nel mondo, ci sono quasi sempre Borse internazionali aperte, sia perché, in caso di ordini su Borsa chiusa, questi possono venire registrati per essere inviati al mercato al momento della riapertura. Si calcola che entro qualche anno il volume degli affari attraverso Internet supererà quello dei tradizionali sportelli bancari.

Interrelazioni tra diverse forme di finanziamento

scadenza. I risparmiatori hanno convenienza a comprare titoli a lunga scadenza e a vendere titoli a breve. Ma ciò comporta un aumento del prezzo dei primi, e una diminuzione del prezzo dei secondi. Data la relazione esistente fra corso dei titoli e rendimento, ne conseguirà una diminuzione del rendimento dei titoli a lunga scadenza e un aumento del rendimento dei titoli a breve.

Anche la circostanza che le imprese possano ottenere crediti da fonti diverse di finanziamento crea collegamenti fra il mercato monetario e il mercato finanziario. Se in un certo istante il credito bancario si può ottenere facilmente, e a basso tasso di interesse, le imprese hanno convenienza a ridurre l'offerta di obbligazioni: ciò fa aumentare il loro prezzo e contemporaneamente cadere il loro rendimento. Nel caso contrario, se a causa di restrizioni creditizie il credito si contrae, le imprese hanno interesse a ottenere liquidità collocando obbligazioni in Borsa: l'accresciuta offerta ne fa cadere il prezzo e aumentare il rendimento.

Inflazione e tassi di interesse

Tassi reali e tassi nominali In periodi di inflazione, per valutare correttamente il rendimento di un'obbligazione, è necessario distinguere tra tassi reali e tassi nominali. **Quanto più elevata è l'inflazione, tanto più elevati sono i tassi.** Se una moneta è soggetta a una perdita di potere d'acquisto del 2% l'anno, l'emissione di un'obbligazione al 5% assicura un rendimento reale del 3%; se l'inflazione sale al 3%, il rendimento reale scende a 2%. Nel mercato obbligazionario il valore dei corsi dei titoli è soggetto alle **aspettative degli operatori** sull'inflazione. Se i timori di inflazione aumentano, i titoli a lunga scadenza perdono valore, viceversa nel caso contrario.

L Libor Tasso guida del mercato internazionale dei capitali, applicato per le transazioni bancarie sulla piazza di Londra per prestiti da 3 a 6 mesi. Rilevato giornalmente, serve come base per la determinazione dei tassi di interesse variabili applicati alle più importanti operazioni creditizie internazionali.

E Euribor Tasso vigente nell'area euro, risultante dalla media delle quotazioni rilevate nel mercato interbancario da un campione dei maggiori istituti. Il suo valore indica il prezzo al quale le banche si scambiano denaro senza copertura di garanzie, e costituisce un indice significativo del costo del denaro.

Per ovviare o ridurre questi inconvenienti, e garantire i risparmiatori dal rischio inflazione, sono state previste forme di indicizzazione delle obbligazioni e di alcuni titoli del debito pubblico. I Certificati di credito del tesoro (CCT), che sono titoli a lunga scadenza, hanno un rendimento legato ai tassi dei Buoni ordinari del tesoro (BOT), titoli a breve il cui tasso risente immediatamente dell'andamento dell'inflazione. Le obbligazioni indicizzate, emesse da banche o imprese, sono legate al movimento dei tassi bancari: il loro tasso d'interesse perciò, non è fisso, ma variabile. Il Libor (*London interbank offered rate*, l'interbancario sulla piazza di Londra) e l'Euribor (l'interbancario dei Paesi dell'Eurozona) sono due indici di riferimento per i prestiti a tasso variabile.

unità **3** ■ La Borsa e il mercato finanziario

INsintesi

3.1 Il mercato finanziario
Mentre il **mercato monetario** riguarda il credito a breve termine, il **mercato finanziario** riguarda il credito a medio-lungo termine. Oggi tuttavia i confini tra i due mercati sono meno netti. Con la **legge bancaria del 1993**, che ha introdotto la **despecializzazione del credito**, anche le banche commerciali possono erogare crediti a medio-lungo termine.

3.2 La Borsa
La **Borsa** è il mercato in cui si contrattano i titoli di credito (azioni, obbligazioni, titoli pubblici). Ha la funzione di favorire l'incontro fra l'offerta e la domanda di capitali. Sul corretto funzionamento del mercato borsistico vigila la **CONSOB**.

3.3 Gli operatori della Borsa
Gli **operatori di Borsa** possono essere i **venditori stabili** (imprese e Stato), i **compratori stabili** (famiglie e investitori istituzionali), e gli **speculatori**. La recente riforma ha cercato di limitare gli effetti negativi delle speculazioni.

3.4 La riforma della Borsa
La Borsa italiana è stata profondamente riformata negli anni '90. Le innovazioni più importanti riguardano:

- gli intermediari finanziari;
- le contrattazioni;
- la trasparenza nell'attività borsistica.

3.5 I fondi comuni di investimento
I **fondi comuni di investimento** raccolgono i risparmi dai sottoscrittori investendoli in azioni e obbligazioni; gestiti da istituti specializzati, rappresentano una garanzia per i risparmiatori.

3.6 I nuovi strumenti finanziari
Si sono oggi diffusi **nuovi strumenti finanziari** o **derivati**, con minori rischi finanziari e valutari. I più importanti sono i **futures**, le **options** e i **warrants**.

3.7 Gli istituti di assicurazione
Gli **istituti di assicurazione** intervengono massicciamente nel mercato finanziario, dovendo investire le ingenti risorse di cui dispongono.

3.8 Connessioni tra mercato monetario e finanziario
I **tassi di interesse** vigenti sui **mercati monetari** e **finanziari** dovrebbero essere uguali. In realtà, l'allineamento non è automatico, perché nei due mercati si verificano distorsioni. Il rendimento delle obbligazioni è strettamente collegato ai tassi di interesse bancari.

Laboratorio

Vero / Falso
Indica se le seguenti affermazioni sono vere o false.

1. Le obbligazioni fruttano un interesse fisso, stabilito al momento dell'emissione. V F
2. Le azioni sono titoli a reddito variabile, perché il loro rendimento dipende dalle decisioni relative alla quantità di utili da distribuire. V F
3. Quando in Borsa prevale l'ottimismo si dice che predomina l'orso. V F
4. Le imprese e il Tesoro sono compratori stabili nel mercato borsistico. V F
5. Le famiglie e gli investitori istituzionali sono venditori stabili nel mercato borsistico. V F
6. I derivati si chiamano così perché la loro quotazione deriva da quella di attività finanziarie, valute estere e tassi di interesse. V F
7. Le SIM (Società per gli interventi monetari) sono enti che si occupano del finanziamento delle piccole e medie imprese. V F
8. I warrants sono delle opzioni emesse da una società che consentono l'acquisto di una certa quantità di azioni a un prezzo predeterminato a una scadenza di solito lunga. V F
9. Si dicono bilanciati i fondi comuni che investono sui mercati internazionali sia in azioni che in obbligazioni. V F
10. Gli istituti di assicurazione sono soggetti del mercato finanziario, dovendo investire a lungo termine la loro liquidità per far fronte ai loro obblighi futuri verso gli assicurati. V F

Scelta multipla
Completa l'affermazione scegliendo la frase corretta fra quelle proposte.

1. Non sono negoziati in Borsa i seguenti tipi di titoli:
   a azioni
   b obbligazioni
   c assegni bancari e circolari
   d titoli di Stato

2. La principale funzione della Borsa è di
   a far affluire il risparmio a imprese e Stato
   b concedere prestiti a breve termine alle imprese
   c dare consulenza finanziaria alle imprese
   d concorrere a combattere l'inflazione

323

modulo 6
La moneta e il credito

Laboratorio

3. Marco Bianchi ha acquistato obbligazioni della British Telecom; ha operato quindi sul
- a mercato finanziario
- b mercato monetario
- c mercato delle valute
- d mercato azionario

4. La vigilanza sull'attività della Borsa spetta
- a alla CONSOB
- b alla Banca d'Italia
- c al Ministero dell'economia
- d alla Banca centrale europea

5. Il dividendo è
- a la parte di profitto non distribuita agli azionisti
- b la quotazione di Borsa di un'obbligazione
- c la quotazione di Borsa di un'azione
- d il reddito percepito su ogni azione

6. Il valore di mercato di un'azione è dato
- a dal valore della quota al momento del rimborso
- b dal dividendo incassato nell'ultimo esercizio
- c dal valore nominale indicato sul titolo
- d dalla quotazione giornaliera del titolo

7. Chi intende acquisire il controllo di una società può lanciare attraverso gli organi di informazione una
- a offerta pubblica di vendita
- b offerta pubblica di acquisto
- c blue chip
- d option

8. Il grado di rischio si riduce se si investe la propria liquidità
- a in titoli che in passato hanno dato un alto rendimento
- b in un solo titolo a breve scadenza
- c diversificando il più possibile il portafoglio
- d in titoli di Stato a breve scadenza

9. Per il risparmiatore presentano un grado di rischio più elevato i fondi
- a azionari
- b bilanciati
- c obbligazionari
- d pensionistici

Completamenti
Completa il brano inserendo i termini appropriati scelti tra quelli proposti.

Futures e options sono i due più importanti componenti della grande famiglia degli strumenti _____. Essi traggono origine dalla necessità degli investitori di coprirsi contro impreviste variazioni dei prezzi. Loro principale caratteristica, infatti, è di consentire di fissare oggi il _____ di un'attività che verrà acquistata soltanto in futuro. Hanno una storia antica, e si usarono dapprima nelle transazioni di beni reali; narra la leggenda che Talete li usò per la prima volta per assicurarsi l'opzione su un raccolto di olive. Soltanto negli anni '70 del secolo scorso sorsero i financial futures, ossia i futures aventi ad oggetto lo scambio futuro di _____ finanziarie: valute, azioni, titoli di Stato, indici di Borsa e così via. Più vecchie dei financial futures sono le options, contratti sempre stipulati per consegna futura dell'attività sottostante, ma che differiscono dai futures per la possibilità lasciata all'_____ del contratto di non eseguire la compravendita futura. Darà seguito all'impegno se l'andamento dei prezzi sarà stato tale da rendergli conveniente l'operazione e viceversa.

Risparmio & Famiglia, «Il Sole 24 Ore»

acquirente ▪ alienante ▪ attività ▪ derivati ▪ future ▪ passate ▪ passività ▪ prezzo ▪ titoli azionari ▪ volume

Trova l'errore
Individua l'espressione o il termine errati, e inserisci quelli corretti.

1. Le obbligazioni sono titoli a reddito variabile, in quanto il loro rendimento non è fisso, ma dipende dalle decisioni degli organi della SpA (consiglio di amministrazione e assemblea degli azionisti) circa la quantità dei profitti da distribuire e quella da reinvestire nell'impresa. Le azioni sono titoli a reddito fisso, in quanto fruttano un rendimento stabile.

2. I fondi pensione sono portafogli di titoli gestiti da società di intermediazione finanziaria che raccolgono risparmio dai sottoscrittori per investirli in titoli azionari e obbligazionari nell'interesse e per conto dei sottoscrittori, ai quali viene riconosciuta la proprietà di un determinato numero di "parti" o "quote" del fondo stesso.

unità **3** ■ La Borsa e il mercato finanziario

Laboratorio

Collegamenti
Associa ogni termine della prima colonna con un solo termine della seconda.

1. Azioni _____
2. Obbligazioni _____
3. Titoli del debito pubblico _____
4. Titoli indicizzati _____
5. Fondi comuni di investimento _____
6. Futures _____
7. Options _____
8. Warrants _____

a. Titoli di credito emessi da società, fruttano al portatore un interesse fisso stabilito all'atto dell'emissione
b. Sono obbligazioni emesse dallo Stato per finanziare i deficit di bilancio; comprendono BOT, BTP, CCT
c. Rappresentano quote del capitale sociale di una società per azioni, conferiscono al titolare la qualità di socio con diritto di voto all'assemblea dei soci, danno diritto alla riscossione di un dividendo variabile
d. Sono particolari opzioni emesse da una società, danno il diritto ad acquistare una certa quantità delle sue azioni a un prezzo predeterminato
e. Contratti a termine di acquisto o vendita per futura consegna a un prezzo stabilito dai contraenti al momento del contratto
f. Il contratto dà diritto, dietro pagamento di un premio, di acquistare o vendere una certa quantità di attività a un prezzo e a una scadenza prefissati

Domande aperte
Rispondi alle seguenti domande.

1. Quali sono i soggetti del mercato finanziario? (3.1)
2. Attraverso quali canali si possono ottenere finanziamenti a medio-lungo termine? (3.2)
3. Quali sono i compiti della Consob? (3.2)
4. Quali tipi di titoli sono trattati in Borsa? (3.3)
5. Chi sono gli operatori di Borsa? (3.3)
6. Che cosa sono le SIM? (3.4)
7. Che cosa sono i fondi comuni di investimento? (3.5)
8. Che cosa sono i derivati e quale funzione hanno nel mercato finanziario? (3.6)
9. Perché gli istituti di assicurazione vengono inclusi fra gli intermediari finanziari? (3.7)
10. Esistono delle connessioni fra il mercato monetario e il mercato finanziario? (3.8)

summary CLIL

3.1 The financial market
While the **monetary market** is concerned with short-term credit, the **financial market** is concerned with medium to long-term credit. The process of financial innovation has, however, brought the two markets closer together. With the **1993 banking law**, which introduced the principle of **despecialisation of credit**, commercial banks can now grant medium to long-term credit.

3.2 The Stock Exchange
The **Stock Exchange** is a market where stock brokers and traders can buy and/or sell stocks (also called shares), bonds, and other securities. The law of supply and demand affects the stock market by determining prices of the individual stocks that make up the market. **CONSOB**, the Italian Securities and Exchange Commission, is the government authority responsible for regulating the Italian stock exchange.

3.3 The Stock Exchange operators (Stockbrokers)
Stockbrokers can be **regular sellers** (companies and the State), **regular buyers** (households, institutional investors) and **speculators**. A recent reform has rationalised speculation, with the aim of limiting its negative effects.

3.4 The Italian Stock Exchange reform
The **Italian Stock Exchange** was subject to an **in-depth reform** at the beginning of the 1990s. The most important innovations concern: • financial intermediaries; • trading/bargaining; • transparency in stock exchange activity.

3.5 Investment funds
Investment funds collect the savings of the shareholders and invest them in shares and bonds: they represent **a guarantee for the investor** as they are managed by specialised institutes.

3.6 New financial instruments
Nowadays, **new financial instruments and derivatives** are available, which carry less risk. The most important are **futures**, **options** and **warrants**.

3.7 Insurance institutions
Insurance institutions intervene en masse in the financial market, since they have to invest the vast resources at their disposal collected through premiums.

3.8 Connections between monetary and financial markets
In theory, the current **interest rates in monetary and financial markets** should be equal; in practice, however, this is not always the case, since distorsions occur in both markets. The return on bonds is closely linked to the bank interest rates.

325

modulo 6
La moneta e il credito

Lettura di fine modulo
La banca è un fenomeno moderno?

La banca è un'istituzione molto antica. Anche diverse operazioni bancarie, che sembrerebbero frutto della modernità, hanno origini remote: già nelle più antiche civiltà erano presenti – seppur in forma rudimentale – strumenti come l'assegno, il conto corrente, il mutuo e il cambio. Il brano sotto riportato è tratto da un libro di un famoso archeologo, che confronta i modi di vivere attuali con quelli dell'antichità.

Le banche sono una delle componenti essenziali della società odierna. Ma questa componente, v'è da chiedersi, è un'istituzione propria del tempo attuale, come tutto nella modernità delle sue strutture lascerebbe credere, oppure ha origini remote? Ebbene, le origini delle banche sono remotissime, sicché il ricostruirne le vicende costituisce una vera e propria rivelazione. L'antichità, infatti, ci mostra chiari esempi non solo di istituti bancari, ma anche di operazioni che sembrerebbero tipicamente moderne come il pagamento per assegno, il conto corrente, il mutuo, il cambio della valuta.

Origine del nome. Consideriamo anzitutto il nome, "banca" o "banco", che è in uso almeno da sei secoli per designare un istituto che compie operazioni monetarie e creditizie. La spiegazione è semplice: si tratta della panca o tavolo dietro cui stava chi aveva il compito di effettuare le operazioni (si può osservare che ancor oggi i funzionari ricevono il pubblico stando dietro un bancone). Ma v'è un'altra osservazione interessante, e cioè che oltre duemila anni fa i Greci usavano una denominazione del tutto analoga, *tràpeza*, che significa appunto "tavolo".

Crediti e debiti in Egitto. La storia della genesi dei procedimenti creditizi si può seguire bene nell'antico Egitto: una terra a coltura fondamentalmente agricola, dove l'andamento del raccolto determina con bruschi sbalzi ricchezza o povertà. Ecco, in un papiro egiziano, la descrizione di quel che accade a un contadino quando il raccolto va male: «Il contadino non vede una foglia verde. Ha coltivato il suo campo con una triplice semina, ricorrendo a grano preso in prestito: e ora sua moglie è caduta in schiavitù dei mercanti, perché egli non ha potuto pagare nulla. Lo scriba sbarca sulla riva per registrare la tassa sul raccolto, seguito da inservienti con randelli e da negri armati di bastoni. Ordina al contadino di consegnare il grano, ma egli risponde che non ne ha. Allora lo battono furiosamente».

Dinnanzi a tali situazioni, in cui il procedimento quasi obbligato è dal prestito alla non restituzione e da questa alla schiavitù, non mancano gli interventi dello Stato e dei suoi funzionari intesi ad annullare i debiti o a dilazionare la restituzione dei prestiti; ma sono iniziative per così dire gratuite, non regolate da norme e non prevedibili, si direbbe affidate al buon cuore.

Un altro punto basilare è la perdita della proprietà per il mancato pagamento degli interessi. Lo si vede a rovescio dalle dichiarazioni di chi impedisce che ciò si compia: «Ho continuato a prestare grano ai Tebani e a sovvenzionare i poveri della mia città. Non mi sono adirato contro un debitore. Non l'ho perseguitato per impadronirmi dei suoi averi. Non ho neppure permesso che cedesse i suoi beni ad altri per compensare quanto rimaneva di ciò che aveva ricevuto».

La banca come istituzione in Mesopotamia. Così, dunque, si determina l'attività creditizia. Ma venendo alla banca come istituzione concreta, le sue origini vanno cercate in Mesopotamia. Nel mondo dei Sumeri e degli Assiro-Babilonesi, essa è inizialmente il deposito degli oggetti preziosi e dei beni non deteriorabili presso i templi cittadini, in cui si accentra la vita economica e anche politica. Quindi, sviluppatisi i grandi Stati monarchici, i depositi passano nei palazzi reali. La banca di Stato, dunque, con la funzione di custodire il patrimonio pubblico e anche quello dei singoli cittadini (si pensi alle nostre cassette di sicurezza) precede la banca delle operazioni finanziarie.

Accade presto tuttavia che le banche, trovandosi a disporre di ingenti somme, comincino a utilizzarle e a trarne frutto, nell'interesse proprio e dei clienti, attraverso prestiti a interesse e investimenti in imprese agricole e commerciali. Delle operazioni relative, le genti mesopotamiche ci hanno lasciato i documenti, sulle loro tavolette d'argilla. Depositi, contratti, titoli di credito sono registrati con puntigliosa esattezza su migliaia di testi. Compare perfino la clausola del pagamento al portatore, sia pure in forma più semplice della nostra.

La banca del tempio, o anche del palazzo reale, è per sua natura un'impresa pubblica. Emerge tuttavia rapidamente, in questo settore, l'iniziativa privata: compaiono a un certo momento famiglie e persone che esercitano, in tutta la gamma delle attività relative, il mestiere di banchieri. Sempre in Mesopotamia ma in epoca a noi più vicina, intorno al 500 a.C., conosciamo una famiglia di nome Murashu che può definirsi una vera e propria "ditta" bancaria. Le fonti di denaro dei Murashu sono le terre a coltura agricola, che essi prendono in affitto e sfruttano in proprio ovvero subaffittano, insieme agli animali e agli attrezzi necessari per il lavoro.

Gli interessi, in media, dovevano essere molto alti. Si calcola che in Mesopotamia oscillassero tra il 20 e il 30%, in Egitto tra il 10 e il 50; ma in entrambi i paesi v'erano punte più elevate. Perciò, nei casi di forza maggiore, la legge interveniva a proteggere chi aveva contratto debiti e non era in grado di pagarli, ad esempio secondo le parole del codice di Hammurabi: «Se qualcuno ha un debito e un temporale inonda il suo campo o un'alluvione porta via il terreno, oppure se per mancanza d'acqua non v'è produzione di orzo nel suo campo, in quell'anno egli non restituirà l'orzo al suo creditore:

Verifica
di fine modulo

1. Quali sono i principali sistemi monetari?
2. Che cosa afferma la teoria quantitativa della moneta?
3. Da chi proviene l'offerta di moneta?
4. Quali sono le funzioni attuali della Banca d'Italia?
5. Che cosa si intende per politica monetaria?
6. Qual è la funzione della Borsa?
7. Che cosa sono i fondi comuni di investimento?
8. Perché gli istituti di assicurazione sono soggetti del mercato finanziario?

Attività
di fine modulo

1 Da solo o in gruppo ricerca su un quotidiano finanziario l'indice FTSE All Share, e segui le sue oscillazioni nel corso di una settimana o, se possibile, di un periodo maggiore. Commenta poi i risultati ottenuti in classe, sintetizzando l'andamento della Borsa nel periodo considerato. In particolare, evidenzia a quale settore appartengono i titoli più variabili, e indica se stai seguendo un periodo di "toro" o di "orso".

2 Puoi fare lo stesso anche con altri indici di Borsa, come il NYSE, il Dow-Jones o l'indice NASDAQ; sarà interessante confrontare tra loro le oscillazioni di questi indicatori, discutendo in gruppo i risultati ottenuti e portando poi le vostre valutazioni all'insegnante.

annullerà il contratto e non pagherà interessi per quell'anno».

Pegni e ipoteche in Grecia. Se passiamo alla Grecia, troviamo qui vari casi di attività che possono definirsi senz'altro bancarie. Intorno alla metà del I millennio a.C., un exschiavo arricchitosi fino a diventare uno degli uomini più facoltosi di Atene effettua operazioni sia ricevendo denaro in deposito sia offrendo prestiti su pegno e su ipoteca.

Accurate notizie ci ha lasciato il mondo greco specialmente sul prestito a interesse. La banca di Delo fornisce denaro al 10%, e questa è la media generale del tasso: le nostre banche hanno cambiato di poco!

Un caso a sé è il prestito marittimo, corrisposto per i viaggi delle merci sulle navi: il relativo tasso è molto elevato (circa il 30%), in quanto comprende anche una specie di assicurazione, perché il mare è infestato dai pirati. Quanto alle garanzie che le banche chiedono per i prestiti, troviamo i diretti antecedenti sia del pegno di oggetti preziosi sia dell'ipoteca sulla proprietà.

Sabatino Moscati, *Vita di ieri. Vita di oggi*, Mondadori, Milano

Rispondi alle domande

- Da dove viene il termine "banca"?
- Cosa capitava nell'antico Egitto se non si restituiva il debito o non si pagavano gli interessi?
- Dove è nata la banca come istituzione?
- Qual era il livello del tasso di interesse nell'antichità?

modulo 6
La moneta e il credito

When prices continuously rise, the stability of the economy is threatened, and other objectives of economic policy (full employment, adequate rate of economic growth, balance of payments equilibrium) must take second place. The objectives of our Central bank are designed to ensure monetary and financial stability, indispensable conditions for lasting economic growth.

The functions of the Bank of Italy

The Bank of Italy contributes to the decisions on the **monetary policy** of the euro area and performs the tasks entrusted to it as a **Central bank** in the Eurosystem. It is responsible for implementing these decisions within Italy through operations with credit institutions, **open market operations** and the management of required reserves. It may carry out foreign exchange operations in accordance with the rules laid down by the **Eurosystem**. It manages the Country's own foreign exchange reserves and a part of those of the European Central Bank (ECB) on the latter's behalf. It is responsible for producing the quantity of euro banknotes established by the Eurosystem, managing the currency in circulation and combating forgery.

Other main duties The Bank promotes **the smooth functioning of the payment** system through its management of the main circuits and by exercising **oversight powers of guidance, regulation and control**. This activity, coupled with market supervision, is intended to contribute to the stability of the financial system and foster the effectiveness of monetary policy.

The Bank performs **services for the State** by carrying out Treasury operations (public sector receipts and disbursements), acting as agent for the public debt and combating usury. In order to increase the effectiveness of its performance of monetary policy tasks and other functions, the Bank undertakes a large volume of research in the economic, financial and legal fields.

As the **supervisory authority**, the Bank seeks to ensure the **sound and prudent management of intermediaries**, the overall stability and efficiency of the financial system and compliance with the rules and regulations of those subject to supervision.

The Bank **contributes to banking and financial regulation**, by participating in international committees.

The Bank of Italy helps to draft monetary policy for the euro area through the governor's participation in the Governing Council of the **European Central Bank (ECB)**. The **economic analyses** carried out by the Bank of Italy's staff are an important contribution to the discussion and decision-making process in the Council and the Eurosystem's technical committees and working groups.

The importance of price stability The objective of monetary policy is to maintain price stability, defined as keeping the harmonized index of consumer prices of the euro area below but close to 2% over the medium term. The Eurosystem pursues price stability over a medium-term horizon by moving very-short-term money market interest rates. To keep them at the level

▼ In the framework of the European system, the Bank of Italy performs many functions of control, supervision and investigation into the national economic situation.

modulo **6**

deemed appropriate, the Council uses a variety of instruments, including changes in the official rates and regulation of the quantity of reserves on the interbank market by means of open-market operations.

Foreign exchange market and official reserve

The tasks and functions entrusted to the Bank of Italy within the European institutional framework include **foreign exchange market interventions** and **management of the foreign reserves**. Consistent with the rules governing the Eurosystem, the Bank of Italy contributes to interventions on the foreign exchange market. It may intervene on the market together with the other national Central banks and the European Central Bank (ECB).

Operations on behalf of the Ministry of Economy

The Bank of Italy performs some activities on behalf of the Ministry of Economy and Finance, including the **placement and service of public securities** on the domestic market and acting as **fiscal agent** for securities issued on international markets. The Bank organizes and carries out activities concerning the **placement and redemption of public securities and services the debt**. It cooperates with the Ministry in establishing issue policy and prepares alternative plans for financing the borrowing requirement through the issue of securities.

bibliographical sources

Banca d'Italia, *The role of the Bank of Italy*, Roma.

https://www.bancaditalia.it/chi-siamo/funzioni-governance/ruolo-bi/index.html?com.dotmarketing.htmlpage.language=1

questions exercises

1. Assess the role of the Bank of Italy in contributing to the decisions on the monetary policy of the euro area.

2. Why is the Bank of Italy responsible for producing the quantity of euro banknotes established by the Eurosystem?

3. "The Bank of Italy performs services for the State by carrying out treasury operations". Comment.

4. What is the primary objective of the Eurosystem?

5. What are the objectives of the European Union (EU)?

6. What do you understand by the term "price stability"?

7. What are the main activities performed by the Bank of Italy on behalf of the Ministry of Economy and Finance?

8. "The Bank of Italy organizes and carries out activities concerning the placement and redemption of public securities and services the debt". Comment.

9. State whether the following sentences are true or false.

   a) Price stability is the primary objective of the Eurosystem. T F

   b) Full employment is not an important objective of the European Union (EU). T F

   c) The Governor of the Bank of Italy does not operate with the Governing Council of the European Central Bank (ECB). T F

   d) The Governing Council's decisions (Eurosystem) about interest rates determine the conditions of credit institutions. T F

glossary

•**Monetary policy**• Use by the monetary authority of a Country (Government and Central bank) of the interest rate or other instruments – such as sales or purchases of securities, changes in the required reserve ratio of banks and other financial institutions – to control the money supply to ensure price stability and general trust in the currency. The goals of this policy are usually to contribute to a desired level of rate of economic growth, to lower

unemployment, to achieve a desired level of the exchange rates with an equilibrium of the balance of payments.

•**Open market operations**• One of the main instruments of monetary policy, it is the purchase or sale of securities and other financial instruments (principally Government bonds) by the Central bank as a means to regulate the supply of money and manipulate the interest rate, to reach some targets. When the Central bank buys securities, the money supply increases and interest rates fall; when the

Central bank sells securities, the money supply decreases and interest rates rise.

•**Eurosystem**• Monetary authority of the Eurozone, that is the Countries that have abolished their national currency and adopted the euro. It is composed of the European Central Bank (ECB) and the Central banks of the member States that have adopted the Euro. The principal objectives of the Eurosystem is price stability and financial integration of the European Union (EU).

•**European Central Bank (ECB)**• The central

institution of the European Monetary Union (EMU), with powers to control interest rates and issue euro banknotes. The basic task is to define and implement the monetary policy for the Eurozone, its primary objective being to maintain price stability in the Eurozone. Established in Frankfurt (Germany), it has an executive board of six members and a supervisory board of these, plus the central bankers of the EMU members. Member States can issue euro coins, but the amount must be previously authorised by the ECB.

329

modulo 7

La dinamica del sistema economico

Il modulo affronta i temi fondamentali dello sviluppo, iniziando con la descrizione dei caratteri salienti del ciclo economico e delle politiche anticicliche che si possono attuare per contrastare la depressione e favorire la crescita equilibrata dell'economia. Segue la trattazione delle cause e degli effetti dell'inflazione, approfondendo sia le sue conseguenze negative sul risparmio e sul tenore di vita delle famiglie, sia le politiche antinflazionistiche da attuare per combatterla, dato che la stabilità dei prezzi è condizione essenziale allo sviluppo. La parte finale è dedicata al problema della disoccupazione, il più grave delle società moderne, per la sua incidenza soprattutto sui giovani e sulle donne: categorie queste ultime che nell'attuale situazione di crisi sono maggiormente bisognose di tutela.

PREREQUISITI DI MODULO
- Ricordare il funzionamento della politica monetaria
- Aver presente il ruolo dello Stato nell'economia
- Sapersi orientare nella storia italiana dal secondo dopoguerra
- Ricordare le opposte tesi dei keynesiani e dei monetaristi
- Aver presente i diversi tipi di lavoro subordinato

unità 1
Il ciclo economico

unità 2
L'inflazione

unità 3
Il mercato del lavoro

OBIETTIVI DI MODULO
- Conoscere la dinamica dei cicli economici
- Capire il funzionamento della politica anticiclica
- Saper distinguere le diverse cause dell'inflazione
- Sapere come si misura la disoccupazione
- Conoscere le cause della disoccupazione e i modi per combatterla

modulo **7**
La dinamica del sistema economico

unità 1 Il ciclo economico

DI CHE COSA PARLEREMO	In questa unità si spiega la funzione della CONTABILITÀ ECONOMICA NAZIONALE, che consente di calcolare importanti aggregati, come il PRODOTTO NAZIONALE e il REDDITO NAZIONALE. Si passa poi a illustrare il documento di sintesi, e cioè il BILANCIO ECONOMICO NAZIONALE, che evidenzia l'insieme delle RISORSE e degli IMPIEGHI dell'intero sistema; esso è la fotografia di un Paese, dato che dal livello delle risorse deriva la possibilità di consumare e di investire, e quindi di far crescere il Paese stesso.
CHE COSA DEVI CONOSCERE	■ Le fasi storiche dell'evoluzione economica ■ I principi della scuola neoclassica ■ La nozione di progresso tecnico ■ La funzione dell'investimento ■ Il ruolo dello Stato nell'economia ■ Gli obiettivi e i contenuti della politica economica ■ I fondamenti della teoria keynesiana ■ Le basi della critica monetarista
CHE COSA IMPARERAI	■ Quali tipi di ciclo esistono ■ Cosa caratterizza la fase di espansione ■ Quali conseguenze porta la fase di depressione ■ Come agisce la politica della spesa pubblica ■ Come agisce la politica monetaria per attenuare le onde del ciclo ■ Che cos'è la politica fiscale
CHE COSA SAPRAI FARE	■ Definire il ciclo economico e riconoscerne i diversi tipi ■ Distinguere le fasi caratteristiche del ciclo economico ■ Illustrare le varie teorie che spiegano le fluttuazioni del ciclo ■ Spiegare che cos'è la politica anticiclica ■ Illustrare i principali strumenti della politica anticiclica

1.1 Definizione di ciclo economico

Prosperità e crisi

In tutte le epoche l'economia ha conosciuto l'alternarsi di fasi di prosperità e fasi di ristagno: in una società agricola, per esempio, cattivi raccolti o eventi come le guerre o le catastrofi naturali potevano determinare anche lunghi periodi di crisi; come, al contrario, un lungo periodo di prosperità poteva essere la conseguenza di buone annate agricole o di un prolungato periodo di pace.

Osserviamo in generale che **il prodotto nazionale non si sviluppa in modo uniforme e regolare nel tempo, ma aumenta in misura consistente in certi periodi, mentre in altri è stazionario o addirittura diminuisce.**

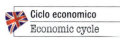
Ciclo economico
Economic cycle

L'espressione **ciclo economico** indica il susseguirsi di fasi alterne di espansione e di contrazione dell'attività economica di un Paese, quale appare da indici quantitativi globali, come il prodotto nazionale, o una variabile che lo rappresenta sinteticamente, come la produzione industriale o l'occupazione.

Il ciclo nelle economie industriali

Negli ultimi due secoli, tuttavia, il ciclo economico ha assunto caratteri peculiari, diversi da quelli del passato: la sua relativa regolarità e le sue manifestazioni (i cicli non sono mai uguali fra di loro, ma presentano caratteristiche simili) hanno persuaso gli economisti che **il ciclo economico è un fenomeno tipico del sistema capitalista**, nato dalla Rivoluzione industriale.

I limiti delle analisi più antiche

Dapprima, l'attenzione degli studiosi fu attratta dai ricorrenti fenomeni di crisi, cui seguivano periodi di depressione che duravano anche qualche decina di anni (si pensi, per esempio, alla depressione che in Europa fece seguito alle guerre napoleoniche, che durò fino alla metà del XIX secolo). Si cercò cioè di chiarire le cause del declino dell'attività economica, soprattutto in relazione alle conseguenze, a volte drammatiche per intere popolazioni, senza tuttavia collegare la fase depressiva alla fase di espansione. Soltanto quando ci si rese conto dello **stretto legame esistente fra le fasi di espansione e depressione** fu possibile affinare gli strumenti teorici per la comprensione dello svolgimento del ciclo e per l'individuazione delle cause che lo determinano.

Gli imponenti dati statistici accumulati per le varie economie (soprattutto USA) consentono di individuare **diversi tipi di ciclo**, che spesso si sovrappongono, complicando il lavoro di ricerca e diagnosi da parte degli economisti.

Diversità della durata

Diversi tipi di ciclo Anche se i cicli sono irregolari, nel senso che si ripetono con caratteri spesso diversi, si possono tuttavia distinguere a seconda della loro durata in:

- **cicli brevi**, detti anche **cicli di Kitchin** (dal nome dell'economista inglese che li ha individuati): durano dai 2 ai 4 anni e sono causati soprattutto dalle variazioni delle scorte presso le imprese;
- **cicli propriamente detti**, chiamati anche **cicli di Juglar** (dal nome dell'economista francese che per primo li ha studiati): hanno una durata variabile da 4 a 10 anni, e comprendono diverse fasi, che esamineremo nel corso di questa unità;
- **cicli lunghi**, detti anche **cicli di Kondratieff** (dal nome dell'economista russo che li ha scoperti): durano 50-60 anni, e condizionano i cicli più brevi che si verificano durante il loro periodo.

L'attività economica si sviluppa seguendo fasi successive di espansione e contrazione.

La concomitanza di più cicli di fasi espansive o depressive ne amplifica sensibilmente gli effetti.

D Depressione Fase caratterizzata da una brusca e prolungata diminuzione della produzione industriale, accompagnata da disoccupazione, inutilizzo degli impianti, diminuzione degli investimenti e fallimenti delle imprese.

S Scorte Materie prime, semilavorati e prodotti finiti conservati in magazzino per essere utilizzati in caso di bisogno. La loro quantità dipende dall'andamento del mercato e dai costi che l'impresa deve sostenere per il loro mantenimento.

modulo 7
La dinamica del sistema economico

Fattori di disturbo Lo studio della dinamica delle fluttuazioni cicliche richiede la rimozione preliminare dei fattori di disturbo che possono oscurare la reale meccanica del ciclo: questi fattori sono costituiti dai **fatti accidentali** (di natura del tutto casuale) e dai **movimenti stagionali** (che possono avere durata più breve, mensile o addirittura giornaliera).

> **IN pratica**
> Sono **fatti accidentali** sia **eventi naturali**, come un terremoto, un'inondazione, una frana ecc., sia **decisioni di natura politica**, come la chiusura di un mercato di esportazione a causa di una guerra o l'interruzione di un flusso turistico a causa della diffusione di un'epidemia.

Movimenti stagionali

Questi ultimi sono particolarmente importanti. Ogni anno, per esempio nel mese di dicembre, si verificano notevoli aumenti nelle vendite a causa delle feste natalizie, così come nel mese di agosto si affollano i luoghi di villeggiatura. È possibile eliminare con opportuni strumenti statistici l'incidenza stagionale, e ottenere il **dato destagionalizzato** che permette di conoscere l'andamento reale del fenomeno.

Le onde lunghe

Cicli di Kondratieff L'economista russo **Nikolai Kondratieff** (nato nel 1892, morto dopo il 1930 in un campo di concentramento sovietico) nel libro *The Long Waves in Economic Life* (1925), riconobbe al capitalismo una stabilità di lungo periodo, in contrasto con le tesi comuniste secondo cui il capitalismo era destinato a crollare sotto i colpi della rivoluzione proletaria (fu perciò arrestato e deportato in Siberia nel 1930, con l'accusa di "attività antistatali").

Kondratieff individuò i seguenti tre cicli (che chiamò "onde lunghe"):

▲ Nikolai Kondratieff

> Lo studio di Kondratieff si arresta al 1925.

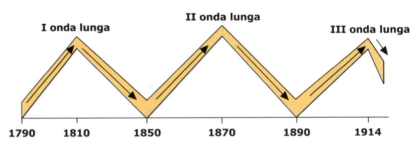

Attualità della teoria

La teoria di Kondratieff è stata ripresa all'inizio degli anni Ottanta del secolo scorso, in seguito alle crisi petrolifere che hanno colpito le economie industrializzate. Attualmente è in corso uno sforzo di approfondimento della sua teoria, anche perché alcuni studiosi mettono in dubbio la stessa esistenza dei cicli lunghi.

La teoria di Schumpeter Sulla base dell'analisi di Kondratieff, l'economista austriaco **Joseph A. Schumpeter** individuò nell'introduzione delle **innovazioni tecnologiche** nel processo produttivo la causa principale delle fluttuazioni di lungo periodo, in quanto le innovazioni forniscono il primo impulso al processo di sviluppo.

Innovazioni "a grappolo"

Secondo questa teoria le innovazioni non si distribuiscono in modo uniforme nel tempo, ma sono introdotte "a grappoli", dato che tendono a concentrarsi in determinati periodi. La loro introduzione nel processo produttivo ha ricadute che durano nel tempo, fino a quando i nuovi beni, prodotti grazie alle innovazioni, saturano il mercato; a questo punto le imprese dimi-

F Fatto accidentale Evento non prevedibile, che si verifica per effetto del caso, ma comunque in grado di influenzare l'andamento dell'economia. Ne sono esempi una prolungata siccità che compromette i raccolti agricoli, oppure la perdita di un importante mercato di esportazione a causa dell'introduzione di restrizioni doganali.

334

unità **1** ■ Il ciclo economico

Quattro cicli lunghi

nuiscono gli investimenti perché sono diminuite le prospettive di profitto. Inizia allora la fase recessiva del ciclo, che avrà termine solo con l'introduzione di altre innovazioni.

Schumpeter ha individuato quattro onde lunghe, la cui espansione è legata rispettivamente all'introduzione della macchina a vapore (**I ciclo**), allo sviluppo delle ferrovie (**II ciclo**), dell'elettricità e dell'industria chimica (**III ciclo**), e infine all'introduzione dell'automobile (**IV ciclo**).

1.2 Le fasi del ciclo economico

Rappresentazione grafica

Gli economisti suddividono il ciclo economico in **quattro fasi**. Per facilitarne la comprensione, nel grafico qui sotto è stato costruito un ciclo ideale. Sull'asse delle ascisse è segnato il tempo, mentre sull'asse delle ordinate è riportato il prodotto nazionale.

› Il grafico mostra l'andamento teorico di un ciclo economico, evidenziando le quattro fasi tipiche di espansione, crisi, depressione e ripresa.

Le fasi del ciclo sono le seguenti.

Espansione

La **fase di espansione** (nel grafico, dal punto A al punto B) è caratterizzata da un rilevante aumento degli investimenti. Attraverso l'azione del moltiplicatore (v. Mod 5, par. 2.5) i maggiori investimenti si traducono in una crescita più che proporzionale del reddito, che a sua volta, attraverso un processo che si autoalimenta, determina ulteriori aumenti degli investimenti. Le imprese aumentano le proprie scorte, soprattutto perché prevedono un incremento della domanda e perché pensano che il prezzo delle scorte aumenterà in futuro.

⌄ Le fasi di espansione e depressione sono ben visibili negli andamenti delle Borse di tutto il mondo.

L'aumento della domanda permette alle imprese di realizzare maggiori profitti; per soddisfarla le imprese assumono nuovi lavoratori, e quindi la disoccupazione diminuisce; le buone prospettive inducono le imprese a effettuare nuovi investimenti, sostituendo gli impianti obsoleti. La più elevata domanda di beni fa aumentare i prezzi: all'inizio aumentano i prezzi all'ingrosso; successivamente la spinta si trasmette anche ai prezzi al minuto.

Se le spinte sui prezzi sono elevate, le autorità monetarie allo scopo di contenere l'inflazione prendono provvedimenti atti a deprimere la domanda globale; ciò determina un calo negli investimenti.

335

modulo 7
La dinamica del sistema economico

L'ECONOMIA CHE NON TI ASPETTI — PAURA E PANICO

Charles Kindleberger (1910-2003), illustre economista del *Massachusetts Institute of Technology* (MIT), si è a lungo soffermato sulle crisi finanziarie. Esse si verificano nei punti più elevati del ciclo economico, e quindi rappresentano il culmine del periodo di espansione e preannunciano la fase discendente del ciclo. In un suo libro famoso, dal titolo *Euforia e panico. Storia delle crisi finanziarie* (Laterza, Bari), Kindleberger esamina numerose crisi finanziarie, a cominciare da quella nota come "Bolle di sapone" della *South Sea* a Londra del 1719, per giungere alla *Grande crisi* del 1929. Per questo studioso le crisi sono determinate dall'alternarsi nell'attività speculativa di fasi di acceso ottimismo ("fase maniacale") a fasi di acceso pessimismo, con punte di panico.

▲ Charles Kindleberger

La speculazione può riguardare i più diversi beni: ferrovie, oro e argento, terreni agricoli ed edificabili, beni di importazione e di esportazione, azioni, obbligazioni ecc. Quando inizia la "fase maniacale" della speculazione le persone si disfano della moneta e contraggono debiti per acquistare attività reali o finanziarie non liquide. Le banche di solito alimentano l'euforia con l'espansione dei crediti (come è avvenuto nella fase precedente il crollo del 1929 negli Stati Uniti).
Non appena si diffonde la consapevolezza della fragilità delle basi economiche su cui si fonda l'ottimismo, oppure interviene un evento che modifica le aspettative, prevalgono paura e isteria. La maggioranza degli operatori si disfa dei beni precedentemente accumulati e ciò può alimentare un clima di panico collettivo.
Anche se ogni successione di eventi ha la propria storia che non si ripete – e ciò vale soprattutto per fenomeni eccezionali come le grandi crisi finanziarie – Kindleberger ritiene che le crisi abbiano sempre origine da uno shock esterno, come l'inizio o la fine di una guerra, una serie di buoni o cattivi raccolti, l'apertura o la chiusura di mercati di vendita, un'innovazione tecnologica ecc. Dalle ricerche di Kindleberger e dagli approfondimenti successivi, risulta che i comportamenti irrazionali sono molto frequenti, in tutte le epoche storiche. Non è perciò da escludere la possibilità di nuove crisi finanziarie, che oggi possono anche essere più gravi del passato, date le strette connessioni tra i mercati finanziari dei singoli Paesi e la rapidità di trasmissione delle loro influenze. Secondo Kindleberger occorre un'autorità monetaria internazionale capace di stabilizzare e controllare le tendenze speculatrici.

Crisi

La **crisi** corrisponde al punto B del grafico. L'espansione non può durare in perpetuo, anzi sviluppa in sé le forze che porteranno a una inversione della congiuntura. L'espansione può venir meno anche indipendentemente dall'adozione di misure restrittive: è sufficiente che cessino di operare le cause che l'hanno originata.
La speculazione di Borsa anticipa l'inversione della congiuntura: le quotazioni azionarie tendono a diminuire, iniziando a diffondere sentimenti di sfiducia fra gli operatori. Le banche, che nella fase di espansione avevano concesso crediti con una certa facilità, tendono a restringerli e a elevare i tassi di interesse. Ciò può cogliere di sorpresa le imprese, che nella fase del boom si erano indebitate oltre i normali limiti prudenziali, soprattutto risultano esposte le industrie produttrici di beni di investimento. Comincia a diffondersi il panico fra gli operatori, anche perché alcune imprese, colpite dalla drastica diminuzione di liquidità, falliscono (v. box qui sopra).

Depressione

La **fase di depressione** è illustrata nel grafico dal punto B al punto C. Gli elementi di sfiducia già affiorati nel punto di svolta superiore, cioè nel periodo di passaggio fra l'espansione e la depressione, si diffondono nel sistema: le imprese più deboli scompaiono dal mercato, e anche quelle più sane incontrano delle difficoltà, sia a causa della diminuzione della domanda e dell'accumularsi delle scorte, sia in relazione al costo del lavoro, che è aumentato nella fase di

C Congiuntura Andamento dell'economia valutato in base a grandezze di vario genere, come la produzione, l'occupazione, i consumi, gli investimenti, le esportazioni ecc. Può riferirsi all'intero sistema, a singoli settori o a particolari aree geografiche. Il suo studio è fondamentale per prevedere l'evoluzione del ciclo economico.

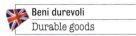
Beni durevoli / Durable goods

espansione. Le imprese, quindi, diminuiscono gli autofinanziamenti, a seguito della diminuzione dei profitti e delle più difficili situazioni di liquidità.

La domanda, che per parte sua aveva alimentato la fase di espansione, tende ora a contrarsi; soprattutto i consumi di beni durevoli diminuiscono, in relazione ai maggiori risparmi che le famiglie tendono ad accantonare per far fronte alla crisi. Gli investimenti diminuiscono sempre di più, come conseguenza della contrazione della domanda e dell'aumento degli interessi che gli imprenditori devono pagare alle banche per ottenere i finanziamenti. Le aspettative degli imprenditori e del pubblico si fanno sempre più pessimistiche, e di conseguenza cadono le quotazioni di Borsa dei titoli azionari. I lavoratori in cerca di prima occupazione trovano sempre maggiori difficoltà, e anche una parte degli occupati perde il posto di lavoro.

La situazione può essere ulteriormente aggravata se, a seguito di una recessione a livello mondiale, le esportazioni, che prima venivano facilmente collocate nei Paesi esteri, troveranno ora difficoltà a espandersi per la difficile congiuntura che ha colpito anche questi Paesi.

Ripresa

La **ripresa** corrisponde al punto C del grafico precedente. Anche la contrazione dell'attività economica non può durare all'infinito: a un certo punto gli imprenditori si accorgono che la produzione è scesa al di sotto delle possibilità di assorbimento della domanda, e comincia a diffondersi nel sistema qualche sintomo di ottimismo. Gli interessi bancari nell'ultima fase della depressione sono scesi, e ciò può spingere gli imprenditori a effettuare investimenti (in misura timida all'inizio, e poi via via con sempre maggiore sicurezza). La politica monetaria espansiva, che le autorità possono adottare, può favorire la ripresa degli investimenti. L'intervento pubblico a fini anticiclici può ulteriormente aiutare il sistema a uscire dalla depressione: molto probabilmente le imprese riprendono a investire. Quindi, gli investimenti in impianti e nel settore edilizio aumentano e ciò fa aumentare la domanda: il sistema è pronto per una nuova fase di espansione.

La fase di ripresa economica si accompagna sempre a un diffuso clima di ottimismo tra gli operatori, ora più inclini a investire e ad avviare nuove attività.

Diverso carattere dei cicli

I cicli economici reali non presentano un andamento lineare e semplice come quello schematizzato: può così accadere che durante la fase di depressione vi sia qualche parziale recupero, che però non è in grado di determinare un'inversione di tendenza; come pure può accadere che durante la fase di espansione vi siano delle cadute, seguite però da un rapido recupero. Inoltre **la durata dei cicli è variabile**. Sta di fatto che **nessun ciclo economico storicamente verificatosi è identico ad altri cicli**: diverse sono le cause che possono averlo generato, come diverse possono essere le misure da adottare per attenuare le conseguenze negative di una crisi. Ciò perché **i caratteri di un ciclo variano in funzione di numerosi fattori**: l'intensità del processo di innovazione industriale, le caratteristiche del Paese considerato, il suo grado di integrazione nell'economia mondiale ecc.

R Recessione Fase del ciclo contrassegnata dalla riduzione dell'attività economica dopo il **boom** e il conseguente **punto di svolta superiore**. Dalla recessione si può passare alla **depressione**, che è la fase discendente del ciclo. Il termine indica quindi un rallentamento dell'attività economica, ma meno grave di quello che si verifica in fase di depressione. Tecnicamente si è soliti parlare di recessione quando il PIL di un Paese diminuisce presentando valori negativi per almeno due trimestri consecutivi.

modulo **7**

La dinamica del sistema economico

Il trend

La congiuntura

Il ristagno

La recessione

Ciclo, trend, congiuntura Il termine **ciclo** (che deriva dal greco *kyclos* = cerchio) allude al fatto che lo sviluppo economico di un Paese non è costante, ma passa attraverso fasi che presentano caratteristiche ricorrenti.

Il punto di partenza e di arrivo di ogni ciclo è diverso: in un'economia in espansione la situazione tende a migliorare rispetto al passato. Nel grafico di pag. 335 è stata tracciata una retta tratteggiata che rappresenta sinteticamente l'andamento dell'economia. Essa prende il nome di *trend* (o *tendenza*), ed è crescente a indicare il progressivo sviluppo delle economie industrializzate.

Con il termine **congiuntura** si indica, invece, il punto del ciclo in cui il sistema si trova in un certo momento: si parla di *congiuntura favorevole* nelle fasi di espansione e di *congiuntura sfavorevole* nelle fasi di recessione o depressione.

Il termine **ristagno** designa una situazione negativa che dura a lungo nel tempo, con un sistema economico (i cui fattori produttivi sono largamente sottoccupati) incapace di trovare la via della ripresa. È questa la fase di depressione vera e propria, da cui gli economisti distinguono la **recessione**, che è un netto rallentamento del tasso di crescita in prossimità del punto di svolta superiore.

1.3 Le teorie del ciclo economico

Tre diverse vedute

Le cause delle fluttuazioni cicliche sono state spiegate in diversi modi dagli economisti. Da un punto di vista storico, esse si possono classificare in tre categorie:

- **spiegazioni esogene**, se fanno riferimento a fattori esterni al sistema economico;
- **spiegazioni endogene**, se si riferiscono a fattori interni al sistema economico;
- **spiegazioni esogene-endogene**, se sono costituite da combinazioni delle due spiegazioni precedenti.

Spiegazioni esogene Sino agli anni della Grande crisi (1929-32), gli economisti hanno respinto l'idea che nel sistema economico si potessero verificare crisi di sovrapproduzione: l'opinione dominante riteneva – sulla scorta della teoria classica che si riassumeva nella legge di Say – che in ogni momento il sistema fosse in equilibrio di piena occupazione. Se si verificavano in alcuni settori delle deviazioni, queste erano corrette da meccanismi automatici. Si pensava, quindi, che la disoccupazione fosse sempre un fenomeno transitorio, dovuto al livello troppo alto del costo del lavoro.

La convinzione di una sostanziale stabilità nello sviluppo dell'economia ha spinto gli studiosi neoclassici a ricercare le cause scatenanti del ciclo al di fuori del sistema economico: sono queste le spiegazioni esogene del ciclo.

Le teorie esogene fanno riferimento a fattori relativi all'ambiente fisico, a variazioni nei tassi di natalità, ai conflitti sociali, e così via. La più nota di queste teorie è quella proposta da **William S. Jevons**, nota col nome di **teoria delle macchie solari**, secondo la quale la causa delle perturbazioni va appunto ricercata nelle macchie solari che provocano «una periodica variazione climatica che interessa tutto il mondo». Secondo Jevons i cicli così determinati hanno una durata di circa dieci anni; essi nascono a causa dei sovrabbondanti raccolti agricoli dovuti alla maggiore irradiazione solare; la grande disponibilità di derrate provoca una drastica caduta nei prezzi, che si trasmette a tutti gli altri settori.

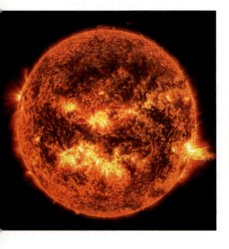

▼ Un'immagine delle macchie solari che, secondo Jevons, influenzano l'andamento del ciclo economico a causa dei loro effetti sulla produzione agricola.

E Equilibrio di piena occupazione Situazione teorizzata dagli economisti classici in cui tutti i fattori produttivi, in particolare il lavoro, risultano pienamente occupati grazie all'azione di meccanismi automatici; eventuali periodi di disoccupazione sono solo temporanei. Questa tesi ottimistica è stata successivamente criticata da Keynes.

unità **1** ■ Il ciclo economico

Cause psicologiche

▲ Arthur C. Pigou

Un'altra teoria esogena che ha avuto una certa importanza nello sviluppo del pensiero economico è quella che fa riferimento alla psicologia, in particolare alle ricorrenti **ondate di ottimismo e di pessimismo**: l'eccesso di ottimismo determina le condizioni perché la realtà smentisca l'eccessiva fiducia nelle possibilità di sviluppo del sistema, originando così la fase depressiva.

Questo filone interpretativo risale a **John S. Mill** (1806-1873), e ha avuto il suo ultimo importante rappresentante in **Arthur C. Pigou** (1877-1959), secondo cui le ondate di ottimismo e di pessimismo agiscono come amplificatori di impulsi dovuti a fattori autonomi (come per esempio guerre, epidemie, cattivi raccolti, scioperi ecc.).

Addensamento dei rimpiazzi

Spiegazioni endogene Le teorie esclusivamente endogene sono pochissime; fra di esse la più nota è la **teoria dei cicli dei reinvestimenti**.

La teoria sostiene che l'origine dei cicli si debba ricercare nel fatto che i capitali investiti, pur avendo una vita produttiva di diversa durata, possono dare luogo a un addensamento dei rimpiazzi in certi periodi, mentre in altri periodi il ritmo delle sostituzioni può essere molto meno intenso. Questo alternarsi di periodi di febbrile attività ad altri in cui i rinnovi sono piuttosto scarsi spiega il ciclo economico.

Questa teoria però non è stata provata, in quanto le verifiche statistiche hanno dimostrato che i rimpiazzi tendono invece a distribuirsi nel tempo in modo piuttosto omogeneo, in relazione all'utilizzazione tecnica ed economica degli impianti. Essa da sola non è dunque in grado di spiegare il ciclo economico.

▲ La formazione dei cicli economici è stata spiegata anche con l'aumento delle sostituzioni di macchinari che si verificherebbe in certi periodi.

Spiegazioni endogene-esogene Oggi le spiegazioni del ciclo economico sono prevalentemente di tipo endogeno-esogeno: i cicli risultano dalla combinazione di fattori esterni e interni al sistema.

La maggior parte degli economisti ritiene che il sistema capitalistico abbia proprio al suo interno dei **meccanismi destabilizzanti**, che producono il ciclo economico. È pur vero che fattori di tipo esogeno possono avere un'influenza rilevante nello scatenare il ciclo (si pensi a una serie di cattivi raccolti, o a conflitti politici), ma la configurazione del ciclo sarà sempre collegata alla natura del sistema economico che condiziona le scelte degli operatori.

Diverse teorie

In sintesi, il ciclo economico è stato spiegato dalle seguenti teorie:
- **teorie monetarie**: il ciclo è la conseguenza della politica monetaria (talvolta sbagliata) della banca centrale, essendo determinato prevalentemente dalle variazioni dell'offerta di moneta;
- **teorie del sottoconsumo**: la concentrazione dei redditi nelle mani delle classi più ricche non consente alla domanda di espandersi in modo da assicurare sbocchi sufficienti alla produzione industriale;
- **teorie della sovracapitalizzazione**: gli eccessivi investimenti aumentano l'offerta di prodotti che la domanda non è in grado di assorbire, tanto che le imprese devono rallentare la produzione, avviando così la fase recessiva;
- **teorie politico-sociali**, secondo le quali il ciclo è causato da fenomeni sociali e politici, ed è collegato alla distribuzione del reddito e ai conflitti fra le diverse classi sociali, in particolare fra imprenditori e lavoratori: quando i sindacati sono deboli le imprese realizzano alti profitti che promuovono l'espansione, quando al contrario i sindacati sono forti i salari aumentano, mentre diminuiscono i profitti e quindi gli investimenti, determinando l'inversione del ciclo;

R **Rimpiazzo** Sostituzione dei macchinari fisicamente esauriti oppure economicamente obsoleti con modelli nuovi e più efficienti, il cui impiego consente di diminuire i costi di produzione e di ottenere prodotti più moderni e competitivi.

modulo 7
La dinamica del sistema economico

- **teorie elettorali**, secondo cui il ciclo dipende dalle scadenze elettorali (**ciclo elettorale** o **politico**), in quanto in prossimità delle elezioni il partito al governo promuove l'occupazione espandendo la spesa pubblica o riducendo le tasse per ottenere più voti e conservare il potere; questa teoria porterebbe ad ammettere l'esistenza di cicli economici distinti per ogni Paese, dato che diverse sono le scadenze elettorali, ma l'esperienza mostra che, attualmente, il ciclo economico tende invece a essere internazionale;
- **teorie reali**, di derivazione keynesiana, che analizzano in particolare il mercato dei beni, accordando minor attenzione al ruolo della moneta.

Nessuna di queste teorie, tuttavia, è in grado, da sola, di spiegare le fluttuazioni cicliche.

1.4 La politica anticiclica

La **politica anticiclica** è costituita da un insieme di strumenti predisposti dallo Stato per attenuare le onde del ciclo economico. Essa viene attuata per evitare i gravi danni delle depressioni.

Costi economici e sociali della depressione Le depressioni, infatti, comportano alti costi per la società, sia dal punto di vista economico, sia da quello sociale.

Sotto il profilo economico, periodi prolungati di depressione determinano la sottoutilizzazione dei fattori produttivi, in particolare la disoccupazione del fattore lavoro. Questa parziale utilizzazione dei fattori produttivi ha come conseguenza diretta la diminuzione del prodotto nazionale: la società nel suo insieme subisce cioè una perdita, che verrà recuperata solo molto faticosamente.

I danni della depressione

Ancora maggiori sono i danni della depressione sotto il profilo sociale: la disoccupazione colpisce le famiglie dei lavoratori, e cioè i soggetti meno protetti, causando una sofferenza che non può trovare riscontro nelle statistiche. I gravi disagi che i singoli e le famiglie devono affrontare possono avere, in certi casi, ripercussioni incontrollabili sulla stessa stabilità politica del sistema.

Si capisce quindi facilmente come i diversi governi abbiano adottato una politica anticiclica, e cioè abbiano predisposto un insieme di strumenti per attenuare le onde del ciclo economico.

Come si vede nella figura qui sotto la **politica anticiclica** tende a stabilizzare la crescita economica: nella fase di espansione è diretta a evitare una crescita puramente nominale del reddito; nella fase depressiva è diretta a evitare il sottoutilizzo della capacità produttiva. Senza politica anticiclica l'andamento del ciclo sarebbe ABCD (linea tratteggiata); con la politica anticiclica l'andamento sarà Abcd (linea continua), più vicino alla linea del trend, che rappresenta la crescita ideale, costante ed equilibrata, del reddito.

▼ Il grafico evidenzia gli effetti della politica anticiclica.

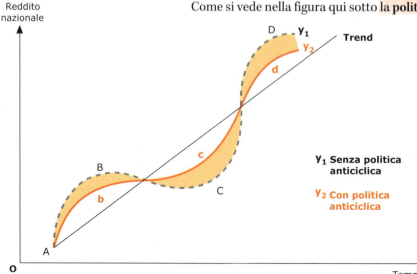

unità **1** ■ Il ciclo economico

L'ECONOMIA CHE NON TI ASPETTI — CICLO POLITICO E CICLO ELETTORALE

Alcuni economisti tengono distinti il ciclo politico dal ciclo elettorale. Analizziamo le loro argomentazioni, che hanno avuto il merito di sottolineare gli stretti rapporti fra l'economia e la politica.
Il **ciclo politico** dipende dalla ripartizione del potere contrattuale fra i sindacati dei lavoratori e quelli delle imprese. Quando l'economia cresce e la disoccupazione diminuisce, i sindacati dei lavoratori hanno molto potere e possono chiedere forti aumenti salariali. Le imprese di conseguenza riducono i profitti e aumentano i prezzi, e ciò disincentiva gli investimenti per la minor redditività delle imprese. Al contrario, se l'economia rallenta cresce la disoccupazione e il potere delle imprese aumenta, con il risultato di un abbassamento dei salari e un aumento dei profitti.
Il **ciclo elettorale** dipende dalle scelte che i Governi fanno in prossimità delle elezioni. Dato che nell'esprimere il loro voto i cittadini sono influenzati

▲ Gli appuntamenti elettorali hanno spesso ripercussioni sull'andamento dell'economia.

dalla situazione economica, normalmente, per essere confermati al potere, i Governi accrescono la spesa pubblica, che stimola l'economia. Il partito che vince le elezioni poi, all'inizio del mandato attua manovre economiche restrittive (per ripianare il bilancio pubblico taglia le spese pubbliche o aumenta le imposte), nella speranza che verranno presto dimenticate dai cittadini. In prossimità delle nuove elezioni il Governo in carica adotterà ancora manovre espansive, per ottenere di nuovo il favore dell'elettorato. Le fluttuazioni cicliche nascerebbero quindi da questo alternarsi di stimoli e freni all'economia impressi dai Governi. L'osservazione empirica ha in effetti riscontrato una certa influenza delle scadenze elettorali sull'andamento dell'economia. Negli Stati Uniti, per esempio, il tasso di crescita dell'economia è risultato determinante nel decidere chi vincerà le elezioni: infatti, se nell'anno delle votazioni il PIL cresce più del 2%, molto facilmente vince il candidato che già detiene la carica presidenziale, in caso contrario vince lo sfidante. Per questa ragione la politica monetaria della Federal Reserve non viene modificata nei sei mesi che precedono le elezioni presidenziali, in modo da non venire accusati di parteggiare per l'uno o l'altro dei candidati, e ciò nonostante la riconosciuta indipendenza e autorevolezza della banca centrale americana.

Gli strumenti anticiclici sono di tre tipi, secondo le indicazioni già avanzate da Keynes nella *Teoria generale*. Essi sono la **politica della spesa pubblica**, la **politica monetaria e creditizia** e la **politica fiscale**; vediamoli in dettaglio.
La **politica della spesa pubblica**, che abbiamo definito nel Mod. 5, par. 2.6, permette di evitare (o attenuare) le crisi assicurando un volume di domanda tale da assorbire l'offerta globale: Keynes suggerisce di integrare la spesa privata, insufficiente, con la spesa pubblica, la quale si aggiunge alla spesa privata (la spesa pubblica deve cioè avere carattere *aggiuntivo* e non *sostitutivo* della spesa privata). La spesa pubblica deve essere diretta alla *costituzione di infrastrutture* (*capitale fisso sociale*) e cioè alla costruzione di strade, ponti, porti, case, scuole ecc. Per l'azione dei meccanismi cumulativi di espansione (*moltiplicatore*), la spesa iniziale produce un aumento della spesa privata, per cui la domanda globale aumenta di un multiplo della spesa finanziata dallo Stato. La spesa pubblica comporta dei deficit di bilancio dello Stato (*deficit spending*), da finanziarsi mediante un aumento dell'offerta di mo-

Politica della spesa pubblica

▼ La realizzazione di grandi infrastrutture è un esempio di spesa pubblica.

C Ciclo elettorale Secondo alcuni economisti le fasi di espansione tendono a coincidere con i periodi pre-elettorali, dato che i governanti ricorrono alla spesa pubblica per aumentare il consenso e restare in carica, mentre le fasi di depressione tendono a coincidere con i periodi post-elettorali, per il conseguente aumento dell'inflazione e della disoccupazione.

M Meccanismo cumulativo Processo che si autoalimenta fino a raggiungere un effetto multiplo rispetto alla spinta iniziale. Tali meccanismi operano, per esempio, nei casi del **moltiplicatore del reddito**, che misura il rapporto tra la variazione del reddito e quella della spesa, e del **moltiplicatore dei depositi**, che misura il rapporto tra la moneta creata dalle banche e il deposito iniziale.

341

modulo 7
La dinamica del sistema economico

PER capire meglio

Gli indici di fiducia

Oggi si fa spesso ricorso a particolari indicatori per prevedere se un'economia in crisi crescerà nell'immediato futuro, oppure per capire se un'economia già in espansione manterrà il suo livello di crescita nel tempo. Per questi scopi previsionali viene elaborato un **indice della fiducia dei consumatori** (*consumer confidence index*), un indicatore molto significativo per sistemi economici in cui la domanda aggregata è la principale determinante del livello di attività economica. L'indice misura le prospettive dell'economia, dato che i consumi dipendono da come le famiglie valutano la loro situazione economica attuale e la sua possibile evoluzione futura.

Il più noto di tali indici è il **Consumer index**, costruito sulla base di indagini svolte su un campione rappresentativo di 5 mila famiglie americane. Esso misura la fiducia dei consumatori sulle prospettive dell'economia e sulla propria situazione economica e finanziaria, in base a domande riguardanti le condizioni attuali dell'economia e le aspettative sull'andamento del proprio reddito per i prossimi sei mesi. Molti Paesi hanno adottato propri indici, elaborati da istituti di ricerca pubblici o privati.

Sono pure molto diffusi gli **indici dei responsabili degli acquisti** (*Purchasing Managers' Indexes*), basati sulle previsioni dei direttori degli acquisti di imprese operanti in un certo settore o in una certa area relative alle prospettive di acquisto delle imprese, in miglioramento o peggioramento rispetto agli acquisti del mese precedente.

▲ L'incremento della spesa dei consumatori è un indice di vitalità dell'economia.

neta, che non avrebbe effetti inflazionistici (dato che nella fase di depressione vi sono fattori produttivi non utilizzati, il suo effetto sarebbe un aumento della produzione).

Politica monetaria e creditizia

La **politica monetaria e creditizia**, sulla quale ci siamo già ampiamente soffermati nell'unità 2 del Modulo 6, consiste nel controllo della moneta in circolazione, allo scopo di assicurare la stabilità dei prezzi. È da notare che attualmente la manovra del tasso di riferimento e le operazioni di mercato aperto – strumenti tipici della politica monetaria e creditizia – sono largamente utilizzate a fini anticongiunturali.

Politica fiscale

La **politica fiscale** consiste nell'utilizzo della leva fiscale a fini anticiclici: nelle fasi di depressione, lo Stato deve adottare politiche di sostegno della domanda globale, non preoccupandosi di accumulare deficit di bilancio; nelle fasi di espansione, lo Stato deve aumentare le entrate fiscali, sia per colmare i deficit accumulati, sia per impedire un eccesso negli investimenti, che può avere effetti inflazionistici (v. Mod. 2, par. 3.4).

La politica fiscale suggerita da Keynes, e largamente adottata a partire dalla fine della seconda guerra mondiale da parte di tutti i Paesi industrializzati, contrastava nettamente con le prescrizioni della teoria tradizionale, che aveva uno dei suoi capisaldi fondamentali nel mantenimento del **bilancio in pareggio**.

Contenimento della spesa pubblica

Dall'inizio degli anni Ottanta del secolo scorso, tuttavia, in relazione all'aggravarsi del problema dell'inflazione e degli enormi deficit di bilancio accumulati in seguito alle politiche monetarie espansive dei decenni precedenti, tutti i Paesi hanno adottato provvedimenti di contenimento della spesa pubblica.

INsintesi

1.1 Definizione di ciclo economico

L'economia non si sviluppa in modo lineare, ma presenta fasi alterne di espansione e depressione. Esistono diversi tipi di ciclo economico:
- **cicli brevi** (**cicli di Kitchin**), della durata di 2-4 anni;
- **cicli propriamente detti** (**cicli di Juglar**), di 4-10 anni;
- **cicli lunghi** (**cicli di Kondratieff**), di 50-60 anni.

Per studiare l'andamento del ciclo è necessario eliminare l'influenza dei fattori di disturbo, come i **fatti accidentali** e i **movimenti stagionali**.

1.2 Le fasi del ciclo economico

Ogni ciclo economico è composto dalle seguenti fasi tipiche:

espansione → crisi → depressione → ripresa

Durante l'**espansione** aumentano investimenti, reddito, occupazione e prezzi.

La **crisi** porta a un'inversione della tendenza espansiva e alla **depressione**, caratterizzata da calo della domanda, fallimento delle imprese più deboli, diminuzione degli investimenti, disoccupazione e minor produzione. Con il ritorno dell'ottimismo riprendono gli investimenti, favoriti dalla discesa dei prezzi e dei tassi di interesse, e si avvia la **ripresa**.

1.3 Le teorie del ciclo economico

Le spiegazioni del ciclo economico sono di diverso genere, e vengono raggruppate in tre tipologie:
- **esogene**, se riferite a fattori esterni all'economia: la più nota è la teoria delle macchie solari di Jevons;
- **endogene**, se riferite a fattori interni: la più nota è la teoria dei cicli dei reinvestimenti;
- **endogene-esogene**, se riferite a fattori sia esterni sia interni all'economia.

Queste ultime sono oggi le spiegazioni più seguite dagli economisti.

1.4 La politica anticiclica

La **politica anticiclica** è costituita dall'insieme degli interventi pubblici attuati allo scopo di attenuare le onde del ciclo economico. Si tratta di una politica a breve termine con l'**obiettivo di garantire la piena occupazione**.

Gli **strumenti della politica anticiclica** sono:
- la **politica della spesa pubblica**, che riguarda la manovra delle entrate e delle spese dello Stato;
- la **politica monetaria e creditizia**, che riguarda la quantità totale di credito da concedere alle imprese o, in varia forma, alle famiglie;
- la **politica fiscale**, che riguarda la modulazione del carico tributario sui contribuenti.

Laboratorio

Vero / Falso
Indica se le seguenti affermazioni sono vere o false.

1. Per capire il reale andamento di un ciclo economico vanno eliminati i fattori di disturbo, come i fatti accidentali e i movimenti stagionali. V F
2. I cicli di Kondratieff, detti anche cicli lunghi, hanno una durata variabile dai 4 ai 10 anni. V F
3. Secondo Schumpeter la causa principale delle fluttuazioni va individuata nell'introduzione delle innovazioni tecnologiche. V F
4. Il trend (detto anche tendenza) rappresenta in modo sintetico l'andamento dell'economia in un certo periodo. V F
5. Tutti i cicli economici hanno la stessa durata e si presentano sempre con le stesse caratteristiche. V F
6. La fase della depressione segue sempre la fase della ripresa. V F
7. Nelle fasi depressive una politica monetaria restrittiva favorisce l'aumento degli investimenti. V F
8. La teoria secondo cui l'andamento del ciclo dipende dall'influsso delle macchie solari è la più nota spiegazione endogena del ciclo economico. V F
9. Secondo la scuola monetarista le crisi economiche sono dovute agli errori di politica monetaria delle banche centrali. V F
10. La politica anticiclica è un aspetto della politica economica con la finalità di attenuare le onde del ciclo economico. V F

Scelta multipla
Completa l'affermazione scegliendo la frase corretta fra quelle proposte.

1. Il ciclo propriamente detto, noto anche come ciclo di Juglar, ha una durata variabile
   a) da 2 a 3 anni
   b) da 3 a 5 anni
   c) da 4 a 10 anni
   d) da 10 a 20 anni

2. Nella fase di espansione del ciclo economico le scorte
   a) variano in modo casuale
   b) rimangono inalterate
   c) diminuiscono
   d) aumentano

modulo 7

La dinamica del sistema economico

Laboratorio

3. Nella fase di depressione del ciclo economico il livello generale dei prezzi
   - a diminuisce
   - b aumenta
   - c varia in modo casuale
   - d varia in relazione al cambio estero

4. Il momento di passaggio tra la fase di espansione e la fase di depressione si chiama
   - a crisi
   - b trend
   - c semionda
   - d ripresa

5. Nella fase di espansione del ciclo economico la domanda di beni e servizi
   - a aumenta
   - b diminuisce
   - c resta inalterata
   - d ha un andamento casuale

6. Nella fase di depressione i consumi di beni durevoli
   - a aumentano
   - b diminuiscono
   - c sono insensibili alle fasi del ciclo
   - d hanno andamento casuale

7. La modifica delle imposte per stabilizzare il ciclo economico rientra nella politica
   - a fiscale
   - b creditizia
   - c monetaria
   - d dei redditi

8. In caso di insufficienza della domanda globale un aumento degli investimenti pubblici rientra nella politica
   - a dei redditi
   - b monetaria
   - c creditizia
   - d fiscale

9. L'utilizzo del bilancio dello Stato a fini anticiclici rientra nella politica
   - a fiscale
   - b della spesa pubblica
   - c monetaria e creditizia
   - d dei redditi

10. L'insieme di strumenti predisposti per attenuare le onde del ciclo economico costituisce la politica
    - a monetaria
    - b creditizia
    - c anticiclica
    - d fiscale

Completamenti

Completa il brano inserendo i termini appropriati scelti tra quelli proposti.

Durante il ciclo economico cambia il ritmo di _____ dell'attività dell'intero Paese, che viene di norma misurata dal prodotto nazionale, calcolato a prezzi _____. Punto di partenza del ciclo può essere considerato il prodotto nazionale di un anno qualunque. Rispetto al trend, che rappresenta la linea di sviluppo tendenziale dell'economia, il _____ mostra un andamento irregolare: a una rapida crescita segue un rallentamento e quindi una caduta; a questa, dopo che si è toccato il fondo, succede di nuovo la ripresa e così via in un continuo saliscendi intorno al trend. Gli economisti distinguono quattro fasi del ciclo: l'espansione, detta anche boom, fino a un punto di _____; la crisi, nel punto più _____ del ciclo; la depressione fino al successivo punto di minimo; la _____, che si realizza quando il prodotto ricomincia a crescere. Quanto dura un ciclo economico, ossia il raggiungimento di due punti di minimo o di massimo consecutivi? Si individua un ciclo _____, che dura 2-4 anni; un ciclo normale, che dura 4-10 anni, un ciclo lungo, che dura 50-60 anni. La durata del ciclo non è identica sempre e ovunque, ma varia in funzione di numerosi _____, le tecniche di produzione, l'intensità delle _____, il grado di integrazione dell'economia mondiale.

alto ▪ basso ▪ breve ▪ costanti ▪ crescita ▪ correnti ▪ fattori ▪ innovazioni ▪ massimo ▪ minimo ▪ prodotto ▪ ripresa

Trova l'errore

Individua l'espressione o il termine errati, e inserisci quelli corretti.

1. Nella fase di espansione del ciclo economico diminuisce la domanda di beni e servizi; diminuiscono pure gli investimenti delle imprese; cade il valore di Borsa delle azioni e si manifesta una diffusa disoccupazione, con gravi effetti negativi in particolare per i giovani in cerca di prima occupazione.

2. La più nota spiegazione endogena del ciclo economico è stata formulata dall'economista inglese William S. Jevons con la teoria delle macchie solari, secondo cui i cambiamenti delle irradiazioni solari condizionano i raccolti agricoli, con ripercussioni su tutti i settori dell'economia.

unità **1** ■ Il ciclo economico

Laboratorio

Collegamenti
Associa ogni termine della prima colonna con un solo termine della seconda.

1. Ciclo breve _____
2. Ciclo stagionale _____
3. Ciclo propriamente detto _____
4. Ciclo lungo _____

a. Dura circa 50 anni, è stato studiato da Kondratieff, che nel periodo 1790 - 1925 ha individuato tre onde lunghe
b. Dura da 2 a 4 anni, è stato studiato da Kitchin ed è causato dalle variazioni delle scorte presso le imprese
c. Dura da 4 a 10 anni, è stato studiato da Juglar, è il ciclo più importante e quindi maggiormente studiato dagli economisti
d. Dura da 60 a 100 anni, è stato studiato da Smith ed ha avuto inizio nella prima fase della rivoluzione industriale

Domande aperte
Rispondi alle seguenti domande.

1. Che cosa si intende per ciclo economico? (1.1)
2. Qual è la causa delle fluttuazioni di lungo periodo secondo Schumpeter? (1.1)
3. Quali sono le fasi del ciclo economico? (1.2)
4. Che cosa avviene in fase di espansione? (1.2)
5. Quali sono i fenomeni tipici che si verificano nelle fasi di depressione? (1.2)
6. Quali sono le principali spiegazioni esogene del ciclo economico? (1.3)
7. Perchè i neoclassici sostengono che le cause del ciclo sono esterne al sistema economico? (1.3)
8. Quali sono i danni economici e sociali di una fase prolungata di depressione? (1.4)
9. Come opera la politica della spesa pubblica a fini anticiclici? (1.4)
10. Come può essere utilizzata la politica monetaria a fini anticiclici? (1.4)
11. In che cosa consiste la politica fiscale? (1.4)

summary CLIL

1.1 Definition of the economic cycle
Economic development is not linear. There are **fluctuations** involving shifts over time between expansions and recessions. Several types of economic cycles exist:
- **short cycles** (Kitchin cycles), which last between 2 to 4 years;
- **standard cycles** (Juglar cycles), which last between 4 to 10 years;
- **long cycles** (Kondratieff cycles), which last between 50 to 60 years.

In order to be able to study the trend of cycles, it is necessary to eliminate **disturbance factors** such as accidental events and seasonal movements.

1.2 The phases of the economic cycle
The **four primary phases** of every economic cycle are:
expansion → crisis → depression → recovery

Expansion is characterised by high investment, high income, low unemployment and high prices. A **crisis** marks the end of a period of growth and brings about **depression**, which is characterised by a drop in demand, bankruptcies, reduced investment, high unemployment and low production. The **recovery** stage begins with low interest rates and an increase in demand,

1.3 The theories of the economic cycle
Explanations for business cycles are tied to exogenous and endogenous factors:
- **exogenous factors** are those which occur entirely outside a particular system (for example, Jevons' sunspot theory);
- **endogenous factors** are internal factors which occur inside a particular economic system (for example, the theory of reinvestment cycles);
- **endogenous-exogenous factors** occur both inside and outside a particular economy, and are the most widely used explanations nowadays.

1.4 The countercyclical policy
A **countercyclical policy** works against the cyclical tendencies in an economy. It is a short-term policy which aims to create full employment.
The **instruments** of a countercyclical policy are:
- the **public expenditure policy**, regarding state revenue and expenditure;
- the **monetary and credit policy**, regarding total credit to be given to companies or households;
- the **fiscal policy**, regarding how the government adjusts its spending levels and tax rates to monitor and influence the nation's economy.

345

modulo **7**
La dinamica del sistema economico

unità **2**

L'inflazione

DI CHE COSA PARLEREMO — Questa unità è dedicata all'**INFLAZIONE**, uno dei pericoli maggiori dell'economia contemporanea. Dopo l'esame del problema della **MISURA DELL'INFLAZIONE**, ne vengono delineate le **CAUSE** e gli **EFFETTI**, e si approfondiscono le sue conseguenze dannose sul risparmio e sulla distribuzione del reddito. Nell'ultima parte sono chiariti i contenuti delle **POLITICHE ANTINFLAZIONISTICHE**, differenziate a seconda del tipo di inflazione, con particolare riguardo alla **POLITICA DEI REDDITI**.

CHE COSA DEVI CONOSCERE
- Il concetto di contabilità nazionale
- I fondamenti delle teorie keynesiana e monetarista
- La nozione di produttività
- Le funzioni della politica economica
- La nozione di consumo e di risparmio
- Gli strumenti della politica monetaria
- I concetti di salario e di profitto

CHE COSA IMPARERAI
- Quali tipi di inflazion possono verificarsi
- Che cos'è l'indice dei prezzi
- Quali danni provoca l'inflazione
- Che cos'è l'indicizzazione
- Che cosa si intende con "spirale salari-prezzi-salari"
- Che cos'è la stagflazione
- Su cosa interviene la politica dei redditi

CHE COSA SAPRAI FARE
- Riconoscere i diversi tipi di inflazione
- Definire il tasso di inflazione
- Spiegare come si misura l'inflazione
- Illustrare i diversi fattori che causano inflazione
- Spiegare gli effetti dell'inflazione e le misure che possono ridurli

2.1 Definizione di inflazione

Se in un sistema economico non vi è stabilità della moneta, nessun altro problema importante dell'economia (disoccupazione, ristagno produttivo, instabilità dei cambi) può essere risolto. Storicamente è accaduto che molti Paesi industrializzati hanno sofferto di aumenti molto elevati dei prezzi, anche per lunghi periodi di tempo: si capisce quindi facilmente che l'obiettivo della stabilità monetaria non è facile da realizzare.

Inflazione
Inflation

> L'**inflazione** è il processo di aumento continuo del livello generale dei prezzi, ossia della diminuzione prolungata nel tempo del valore o potere di acquisto della moneta.

346

Deflazione

Il tasso di inflazione

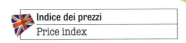

Una realtà variegata

Le cause socio-economiche

Il fenomeno opposto all'inflazione è la **deflazione**, che consiste in una diminuzione del livello generale dei prezzi. Come l'inflazione, ha effetti molto negativi sul sistema economico.

Qualunque sia la causa dell'inflazione, **l'aumento dei prezzi dipende da un aumento eccessivo della massa di moneta in circolazione rispetto ai beni prodotti** (il termine inflazione deriva infatti dal latino *inflare* = gonfiare), cioè dal verificarsi di uno **squilibrio fra flussi monetari e flussi reali**: la moneta in circolazione aumenta oltre i limiti rappresentati dai bisogni degli scambi, generando un aumento persistente del livello generale dei prezzi.

Per sua natura, l'inflazione è un fenomeno dinamico, collegato al trascorrere del tempo; il grado di inflazione si esprime come il tasso di incremento nel tempo di un **indice dei prezzi** opportunamente prescelto.

> Il **tasso di inflazione** è la variazione percentuale del livello generale dei prezzi in un periodo determinato (in genere un anno).

Così, se l'inflazione in un anno è stata del 3%, significa che nel corso di quell'anno i prezzi sono aumentati del 3%: in quell'anno occorrono cioè 103 euro per comprare ciò che un anno prima si comprava con 100 euro.

Vari tipi di inflazione Il termine inflazione copre una realtà assai differenziata, che dipende – come vedremo – da cause diverse, spesso interagenti fra loro.

Intanto è opportuno distinguere tra **diversi tipi di inflazione**, dato che di solito si evidenziano tre livelli di questo fenomeno:

- **inflazione strisciante**, se l'aumento dei prezzi, lento e costante, è inferiore al 5% l'anno;
- **inflazione galoppante**, se l'aumento dei prezzi è superiore al 20-30% l'anno;
- **iperinflazione**, se i prezzi aumentano in modo vertiginoso e incontrollabile, come è accaduto in Germania dopo la prima guerra mondiale oppure in alcuni Stati dell'America Latina (negli anni 1989-90 in Brasile e in Argentina il tasso di inflazione si aggirava intorno al 2000%).

A seconda poi delle cause specifiche che nei vari contesti storici hanno scatenato l'inflazione, la tendenza dei prezzi ad aumentare assume caratteri diversi da caso a caso.

Si deve osservare che i moderni sistemi economici hanno subìto negli ultimi decenni alcune importanti trasformazioni, che hanno preparato un terreno propizio alla diffusione dell'inflazione. Fra di esse ricordiamo in particolare:

- la **lotta** sempre più accesa fra i diversi gruppi sociali per aumentare la propria quota di prodotto nazionale;
- i crescenti **deficit dello Stato**, determinati dall'attuazione (non solo in fase depressiva) delle politiche keynesiane di sostegno della domanda globale;
- l'accentuarsi delle **forme di mercato oligopolistiche**, che consentono alle imprese di trasferire gli aumenti dei costi di produzione sui prezzi.

2.2 La misura dell'inflazione

Indici dell'inflazione

Prima di soffermarci sulle cause dell'inflazione, è opportuno esaminare alcuni dati sull'intensità del fenomeno inflazionistico in Italia e nei più importanti Paesi industrializzati.

Per misurare l'inflazione si possono usare **diversi indici** calcolati dall'Istat:

- **indice dei prezzi all'ingrosso**, cioè quelli percepiti dal venditore in occasione di transazioni commerciali fra imprese;
- **indice dei prezzi al consumo**, cioè quelli relativi alle transazioni intercorrenti fra le imprese e le famiglie;

modulo 7
La dinamica del sistema economico

L'ECONOMIA CHE NON TI ASPETTI · L'INFLAZIONE NEL PASSATO

La storia ci fornisce numerosi esempi di inflazione, da quelli dell'antichità (è documentabile una notevole inflazione durante l'impero di Gallieno, 259-268 d.C.) ai più recenti: tutta l'Europa fu interessata, nel corso del XVI secolo, da un enorme aumento dei prezzi (la cosiddetta "rivoluzione dei prezzi") provocato dall'afflusso di metalli preziosi dal Nuovo Mondo.
L'epoca moderna ci offre numerosi esempi di iperinflazione: durante la Rivoluzione francese, come ci ricorda Stuart Mill, al tempo degli "assegnati", una libbra di burro costava 600 franchi. Il caso forse più noto è costituito dall'iperinflazione tedesca del primo dopoguerra: nel momento della sua maggior intensità occorrevano mille miliardi di marchi-carta per ottenere un marco-oro del 1913. A titolo di curiosità, ricordiamo che negli ultimi giorni del novembre 1923 un chilogrammo di pane costava a Berlino 430 miliardi, un chilogrammo di burro 5.600 miliardi, un giornale 200 miliardi, un biglietto tranviario 150 miliardi di marchi.
Numerosi studi di storia economica hanno ricostruito la dinamica dei processi inflazionistici verificatisi in passato. Queste analisi hanno dimostrato falsa l'opinione secondo cui i secoli trascorsi fossero immuni da vistosi declini del potere di acquisto della moneta (basti pensare che in Spagna dagli inizi

▲ Un assegnato della Rivoluzione francese. La continua emissione di assegnati causò all'epoca una forte inflazione.

del '500 a metà del '600 i prezzi aumentarono di quattro volte). La differenza fondamentale rispetto al passato consiste nel fatto che allora si alternavano fasi opposte di aumenti e diminuzioni di prezzi: i prezzi aumentavano, anche in misura rilevante in concomitanza di eventi bellici, carestie, epidemie ecc.; nei periodi di pace si potevano invece registrare diminuzioni di prezzi anche per diversi decenni consecutivi. È illuminante l'esempio dell'Inghilterra: i prezzi aumentarono rapidamente durante le guerre napoleoniche, ma si dimezzarono nel periodo che va dal 1810 alla metà del secolo; aumentarono poi del 40% dal 1850 al 1875, per diminuire all'incirca della stessa misura nell'ultimo quarto del secolo; crebbero infine di circa il 30% nel periodo che va dal 1900 alla prima guerra mondiale.
In Italia a partire dall'Unificazione si sono alternati periodi di aumenti e di diminuzioni dei prezzi, come si vede nella tabella qui sotto (dati forniti dall'Istat). Ma, dal 1934 al 2001, fino all'entrata dell'euro, la nostra moneta nazionale si è sempre deprezzata, con maggiore o minore intensità.

Potere di acquisto della moneta nazionale (periodo 1861-2001)

1861-1865 in aumento
1866-1868 in diminuzione
1869-1870 in aumento
1871-1874 in diminuzione
1875-1876 in aumento
1877-1879 in diminuzione
1880-1883 in aumento
1884-1890 in diminuzione
1891-1893 in aumento
1894-1898 in diminuzione
1899-1903 in aumento
1904-1925 in diminuzione
1926-1933 in aumento
1934-2001 in diminuzione

Indice dei prezzi al consumo

- **indice del costo della vita**, che differisce dal precedente per una diversa composizione del paniere di spesa, in quanto tiene conto dei consumi di una famiglia-tipo;
- **indice armonizzato dei prezzi al consumo (IAPC)**, che misura la stabilità dei prezzi per l'intera zona euro. È calcolato per ciascun Paese comunitario dal rispettivo Istituto nazionale di statistica sulla base di metodologie comuni.

Un altro indice è costituito dal **deflatore del PIL**, detto anche **indice dei prezzi impliciti della contabilità nazionale**, dato, per un certo anno, dal rapporto fra il PIL valutato a prezzi correnti e il PIL calcolato a prezzi costanti.

Per illustrare in modo realistico l'intensità del fenomeno inflazionistico faremo uso dell'indice dei prezzi al consumo, secondo una prassi largamente consigliata dagli economisti.

Nel grafico della pagina a fronte sono riportati i tassi di variazione annua dei prezzi al consumo in Italia per il periodo 1972-2016. Si nota facilmente dalla figura che il tasso di inflazione è notevolmente alto nel periodo 1973-1985, anni in cui raggiunge livelli molto elevati, paragonabili a quelli dell'immediato secondo dopoguerra, causati dalle vicende belliche che ridussero enormemente la capacità produttiva del settore industriale.

Inflazione da shock petrolifero

Nel periodo 1973-1985 infatti, a causa dell'aumento del prezzo del petrolio e delle materie prime, l'inflazione ha colpito tutte le economie, sino ad assumere dimensioni preoccupanti. L'inflazione è massima nel 1980, e decresce successivamente a partire dal 1981.

L'andamento dell'inflazione in Italia (valori percentuali)

1973-74 Guerra arabo-israeliana 1° shock petrolifero

1979-80 Crisi iraniana 2° shock petrolifero

1985-86 Controshock petrolifero Crolla il prezzo del greggio

1992-93 Abolizione della scala mobile Accordo sul costo del lavoro

1999 Ingresso nella zona euro

2002 Introduzione dell'euro

2008 Inizio crisi economica

2012-16 Diminuzione del prezzo delle materie prime

IN pratica

La variazione del livello dei prezzi, misurata dal tasso annuo di inflazione, è anche una misura del potere di acquisto della moneta. Se il potere di acquisto rimane stabile nel tempo una moneta è considerata "forte"; se si riduce piuttosto rapidamente è considerata "debole".
Nel periodo preso in considerazione dal grafico qui sopra, la perdita di potere di acquisto della lira – quindi il suo indebolimento – ha avuto un andamento più rapido dalla fine degli anni Settanta alla metà degli anni Ottanta del secolo scorso, per presentare poi fluttuazioni più contenute. Dal momento dell'introduzione dell'euro l'inflazione nazionale è stata "agganciata" all'andamento europeo, con variazioni percentuali molto limitate.

L'inflazione in Italia

Negli anni '90 l'inflazione è stata riportata gradualmente sotto controllo, grazie all'impegno del Paese a reciderne le radici (costituite soprattutto dall'espansione del debito pubblico e dalla indicizzazione dei salari, che li faceva crescere automaticamente all'aumentare dei prezzi con gli scatti della **scala mobile**). Tuttavia il tasso di inflazione in Italia nel periodo esaminato è rimasto generalmente più alto che negli altri principali Paesi industriali, come risulta dalla tabella qui sotto e comunque sempre superiore ai valori medi della UE.

PAESI	1985	1990	1995	2000	2005	2010	2015
Stati Uniti	3,5	5,4	2,8	3,4	3,4	1,6	0,1
Canada	4,0	4,8	2,2	2,7	2,1	1,8	1,1
Giappone	2,0	3,1	−0,1	−0,6	−0,3	−0,7	0,8
Germania	2,2	2,7	1,8	2,1	1,4	1,2	0,1
Francia	5,8	3,5	1,7	1,8	1,5	1,7	0,1
Regno Unito	6,1	9,5	3,4	2,7	1,9	3,3	0,1
Italia	9,2	6,5	5,4	2,6	2,0	1,6	0,1
Media UE	6,2	5,7	3,0	2,3	1,9	1,6	0,1

> L'aumento in percentuale dei prezzi al consumo nei principali Paesi industriali.

S Scala mobile Meccanismo che adegua automaticamente la retribuzione del lavoratore alle variazioni del costo della vita, mediante il calcolo delle variazioni dei prezzi al dettaglio di un prefissato paniere di beni e servizi. Lo scopo del meccanismo della scala mobile è quello di salvaguardare il potere di acquisto dei salari dei lavoratori.

modulo 7
La dinamica del sistema economico

PER capire meglio

Come si costruiscono i numeri indici dei prezzi

▼ Anche i prezzi dei voli aerei e dei più moderni device elettronici rientrano nel paniere Istat.

Il **numero indice dei prezzi** esprime il livello medio dei prezzi, relativo a un certo **paniere** di beni, rispetto al livello medio degli stessi prezzi in un determinato periodo di riferimento, preso come **anno base**. Per costruire un numero indice dei prezzi non si può calcolare semplicemente la media di tutte le variazioni dei prezzi dei beni considerati, perché le famiglie spendono di più nell'acquisto di certi beni (come la carne o il pane) e meno per l'acquisto di certi altri beni (come gli stuzzicadenti o i tovaglioli di carta). È necessario perciò dare a ogni variazione di prezzo un diverso "peso", in relazione all'importanza dei diversi beni nei consumi. Per esempio, non si tiene conto solo delle variazioni dei prezzi della carne, ma anche della sua incidenza nel totale dei consumi delle famiglie.
Le variazioni dei prezzi si calcolano confrontando i prezzi del paniere di un certo anno con quelli di un anno-base. Supponiamo che in un certo anno il paniere costi 1.050 euro, mentre nell'anno-base costava 1.000.
La variazione del livello dei prezzi si calcola mediante la seguente proporzione:
$$1.000 : 100 = 1.050 : x$$
Risolvendo si ha:
$$x = 105$$
Possiamo allora dire che la variazione del livello dei prezzi, ossia il **tasso di inflazione**, è pari al 5%.
Come è composto il paniere. Il paniere utilizzato dall'Istat per il calcolo della variazione dell'indice dei prezzi al consumo comprende 901 prodotti, ciascuno con caratteri ben precisi (qualità, tipo, modello ecc.) in modo da rappresentare i beni maggiormente acquistati dai consumatori. Se un prodotto è sostituito da altri, viene automaticamente rimpiazzato con un prodotto analogo, in modo che non si verifichino distorsioni sui prezzi. Ogni mese vengono effettuate oltre 600.000 rilevazioni. Nel paniere entrano beni di largo uso, compresi quelli tecnologicamente avanzati, come computer, voli aerei, tablet ecc. Ciò per tener conto dell'evoluzione delle abitudini degli italiani, della loro tendenza a spendere non solo per l'alimentazione e i bisogni essenziali, ma anche per i viaggi, gli spettacoli, la cultura e il tempo libero.

2.3 Le cause dell'inflazione

Necessità di capire le cause

Le conseguenze molto negative dell'inflazione impongono uno sforzo di ricerca delle diverse cause che la determinano allo scopo di combatterle: infatti, la lotta all'inflazione si basa su una serie di interventi coordinati in più direzioni, che coinvolgono tutte le forze sociali.

Diverse sono le cause dell'inflazione; queste cause possono agire singolarmente o congiuntamente. Purtroppo, quando agiscono congiuntamente, è in genere difficile stimare il diverso contributo di ciascuna all'aumento dei prezzi.

Nonostante queste difficoltà, è importante cercare di individuare i fattori specifici da cui ha origine l'inflazione, perché le politiche antinflazionistiche devono tener conto delle diverse possibili cause che l'hanno determinata.

Richiamo alla teoria quantitativa

Inflazione da eccesso di moneta È questa la **spiegazione monetarista**, che individua la causa dell'inflazione nell'eccesso di emissioni monetarie rispetto al livello richiesto dal volume delle transazioni. Ciò corrisponde alla formula della teoria quantitativa della moneta, secondo cui – essendo costanti la velocità di circolazione della moneta (V) e la quantità delle transazioni (Q) – ogni aumento della quantità di moneta in circolazione (M) determina un aumento dei prezzi (P). Dato che il sistema, secondo i monetaristi, tende all'equilibrio di piena occupazione, ogni eccesso di moneta si scarica necessariamente sui prezzi, perché l'offerta di beni e servizi è già al massimo della sua potenzialità.

unità 2 ■ L'inflazione

> L'inflazione per i **monetaristi** dipende esclusivamente dagli errori delle banche centrali che espandono esageratamente l'offerta di moneta.

Inflazione da domanda È questa la **spiegazione keynesiana**, che ritiene l'inflazione determinata da un eccesso della domanda globale sull'offerta globale. Questo tipo di inflazione è caratteristico delle economie in condizioni di piena occupazione: invece, se esistono capacità produttive inutilizzate, un aumento della domanda provoca una crescita dell'occupazione senza riflessi apprezzabili sui prezzi.

Eccesso di domanda

Quando i fattori produttivi sono pienamente occupati, un eccesso di domanda rispetto all'offerta provoca un aumento generalizzato dei prezzi, in quanto le imprese, nel tentativo di accaparrarsi i lavoratori e le materie prime, offrono salari e prezzi più elevati, diffondendo nel sistema la spinta al rialzo dei prezzi. Anche qui opera il meccanismo classico della domanda e dell'offerta: l'eccesso di domanda rispetto all'offerta fa aumentare i prezzi, e tale aumento è tanto più elevato quanto più alta è la differenza fra domanda aggregata e offerta aggregata.

Vuoto inflazionistico

> L'inflazione da eccesso di domanda si verifica quando la quantità di moneta in circolazione è in eccesso rispetto ai beni prodotti; ciò determina un **vuoto inflazionistico**, che viene colmato da un aumento generalizzato dei prezzi.

Abbiamo già dato la rappresentazione grafica di questa situazione nell'ultima figura del paragrafo 2.7 del Modulo 5.

Componenti della domanda aggregata

In un'economia aperta il processo inflazionistico può essere messo in moto da uno degli elementi della domanda aggregata, e cioè i **consumi**, gli **investimenti**, la **spesa pubblica** e le **esportazioni**. Come già sappiamo, è estremamente difficile individuare l'elemento specifico che ha originato l'inflazione; anche perché in genere è il livello globale della domanda, e non il singolo elemento autonomo, a essere in eccesso rispetto all'offerta.

Inflazione da costi Questa spiegazione, che riflette il conflitto fra i diversi gruppi sociali nella distribuzione del reddito, fa risalire la causa dell'inflazione all'**aumento dei prezzi dovuto all'aumento dei costi di produzione**, soprattutto quelli relativi al lavoro e alle materie prime.

Se i costi aumentano, gli imprenditori reagiscono elevando i prezzi, in modo da salvaguardare i loro profitti. Naturalmente la possibilità di elevare i prezzi dipende dal regime di mercato in cui le imprese operano (per questo motivo tale tipo di inflazione viene detto anche **inflazione da potere di mercato**). Se infatti le imprese operano in regime di concorrenza perfetta, i prezzi di vendita non possono essere aumentati; se invece operano in un mercato oligopolistico, le imprese possono aumentare i prezzi di vendita.

Spirale salari-prezzi-salari

Dato che nei mercati reali prevalgono forme oligopolistiche, si verifica facilmente la seguente situazione: a ogni aumento dei costi di produzione (salari o materie prime), gli imprenditori trasferiscono sui prezzi di vendita questi maggiori costi, innescando la **spirale salari-prezzi-salari** (cioè un aumento dei salari genera un aumento dei prezzi, che a sua volta origina un aumento dei salari, e così via in un ciclo virtualmente ininterrotto). In sostanza, **all'origine dell'inflazione da costi vi è una competizione tra imprenditori e lavoratori allo scopo di ottenere una quota maggiore di reddito.**

Inflazione importata

Una causa di inflazione, sempre collegata agli aumentati costi di produzione, riguarda in particolare i Paesi che intrattengono intense relazioni commerciali con l'estero: è questa l'**inflazione importata**, che può colpire soprattutto quei Paesi, come l'Italia, la cui economia è prevalentemente di **trasformazione di materie prime importate**.

351

modulo 7
La dinamica del sistema economico

Nel periodo 1972-1985, a seguito del rincaro del prezzo del petrolio e delle materie prime, questa componente inflazionistica ha interessato in particolare il nostro Paese, generando una spirale che risultò molto difficile da controllare.

> L'**inflazione da costi** spiega l'aumento dei prezzi con l'aumento dei costi di produzione (lavoro e materie prime), che si trasferisce sui prezzi di vendita, dato che gli imprenditori non intendono rinunciare ai loro margini di profitto.

Effetti benefici di un aumento di produttività

Un modo per neutralizzare gli effetti dei più elevati costi del lavoro (e delle materie prime) consiste nello sforzo inteso ad aumentare la produttività: se gli aumenti dei costi sono uguali agli aumenti di **produttività**, le imprese possono anche non aumentare i prezzi.

Se in un anno la produttività del lavoro aumenta, poniamo, del 3%, e il costo del lavoro aumenta nella stessa misura, il costo del lavoro per unità di prodotto resta invariato.

Un gioco d'anticipo

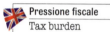
Pressione fiscale — Tax burden

Inflazione da profitti Questa causa dell'inflazione, studiata dagli economisti solo in tempi recenti, si riferisce al comportamento degli imprenditori che, in previsione di variazioni dell'equilibrio economico, intendono modificare la distribuzione del reddito a proprio favore. Per far fronte alle richieste di aumenti salariali o al previsto aumento della pressione fiscale sui profitti, gli imprenditori giocano di anticipo e aumentano i prezzi di vendita dei prodotti.

> L'**inflazione da profitti** deriva dall'aumento dei prezzi causato dagli imprenditori allo scopo di aumentare la propria quota di profitto.

Tensioni irrisolte

Anche questo tipo di inflazione, come quella da costi, è il sintomo di tensioni irrisolte all'interno dell'economia, perché con questo meccanismo gli imprenditori si servono dell'inflazione per neutralizzare in anticipo possibili variazioni nella distribuzione del reddito.

Inflazione da squilibri settoriali Questo tipo di inflazione, detta anche **inflazione strutturale**, si verifica a causa della diversa dinamica dei settori industriali avanzati e di quelli tradizionali. Come è noto, lo sviluppo economico è contrassegnato da diversi ritmi di crescita nei diversi settori produttivi. Alcuni settori sono più dinamici e realizzano notevoli aumenti di produttività, che consentono la corresponsione di più elevati salari reali.

P Pressione fiscale In generale è il rapporto tra la somma complessiva dei tributi pagati dai contribuenti e il reddito nazionale. La pressione fiscale sul profitto è il rapporto tra i tributi pagati dall'impresa e il profitto realizzato dalla stessa.

Le imprese dei settori stazionari, invece, non realizzano elevati aumenti di produttività, dato il grado relativamente basso di tecnologia impiegata. In questi ultimi settori, ogni aumento salariale si trasferisce immediatamente in corrispondenti aumenti dei prezzi, visto che la produttività non aumenta oppure tende ad aumentare in misura limitata. Le organizzazioni sindacali premono, a questo punto, per far sì che gli aumenti salariali concessi dai settori più dinamici si estendano anche agli altri settori; il successo dell'azione sindacale sarà seguito da un aumento dei prezzi generalizzato a tutti i settori.

> L'**inflazione da squilibri settoriali** deriva dal propagarsi degli aumenti salariali dai settori a più alta produttività a quelli stazionari.

Se i lavoratori dei settori, per esempio, delle nanotecnologie e del biomedico ottengono aumenti salariali del 5%, giustificati dall'alta produttività di questi due comparti produttivi, molto probabilmente i lavoratori di altri settori caratterizzati da minore produttività (tessile, mobile ecc.) reclameranno aumenti salariali analoghi, che si trasferiranno immediatamente sui prezzi.

L'eccesso di imposte provoca inflazione

Inflazione da fisco Anche l'aumento delle imposte può provocare inflazione: se infatti lo Stato aumenta i tributi prelevati sulla ricchezza prodotta, i soggetti colpiti cercano di trasferirne il costo su altri soggetti: le imprese aumentano il prezzo dei beni offerti sul mercato e i lavoratori a loro volta reagiscono chiedendo aumenti salariali. Se poi aumentano le imposte indirette, come l'IVA, il trasferimento sul prezzo finale è immediato.

Ricordiamo ancora, perché è un concetto che è bene sia molto chiaro, che **le diverse fonti di inflazione sopra esaminate agiscono spesso contemporaneamente, in un intreccio non facile da sciogliere.**

2.4 Gli effetti dell'inflazione

Gli effetti dell'inflazione sono molto negativi per l'intero sistema. Vediamone le ricadute su ogni soggetto economico.

Ricadute sul reddito

Danni per i lavoratori Durante l'inflazione i singoli prezzi non aumentano in modo uniforme, ma presentano una grande variabilità, con gravi conseguenze nella ripartizione del reddito. Se tutti i prezzi variassero nella medesima proporzione, non sorgerebbero sperequazioni: se, per esempio, tanto i salari che i prezzi di tutti i beni e servizi aumentassero del 10%, non varierebbero le posizioni relative dei soggetti. In realtà, a fronte di prezzi che aumentano continuamente, i salari nominali vengono ricontrattati solo periodicamente, e quindi i salari reali subiscono una riduzione.

I titolari di redditi fissi subiscono gravi perdite, soprattutto quando la loro capacità di copertura (cioè di porre in atto meccanismi difensivi contro l'inflazione) è bassa. È questo, in particolare, il caso dei pensionati, che non possono difendersi dall'inflazione al momento del rinnovo dei contratti: ciò spiega perché, generalmente, le pensioni restano "indicizzate" all'inflazione.

Soggetti svantaggiati

Danni per i risparmiatori e i creditori L'inflazione danneggia i risparmiatori e i creditori, mentre favorisce i debitori: i percettori di redditi fissi (portatori di titoli di Stato, piccoli risparmiatori, titolari di assicurazioni e vitalizi non indicizzati) godono di redditi che restano nominalmente invariati, e non si adeguano all'erosione del potere di acquisto della moneta.

Se nel corso di un anno l'inflazione raggiunge il 5%, il titolare di un'obbligazione che frutta il 3% registra una perdita (**interesse reale negativo**) del 2%. Se invece l'inflazione è del 5% e l'obbligazione frutta il 5%, il potere di acquisto del capitale investito dopo un anno è esattamente uguale al potere di acquisto che aveva un anno prima, al momento dell'investimento (**interesse reale nullo**).

Danni per le imprese Gli imprenditori, almeno in un primo momento, possono trarre vantaggio dalla presenza di tensioni inflazionistiche, favoriti dal fatto di operare con denaro preso a prestito che verrà restituito in moneta svalutata, e dal ritardo con cui l'aumento del costo di produzione si adegua all'aumento dei prezzi dei prodotti finiti. Questo vantaggio viene indicato col nome di **rendita da inflazione**. Ma anche questo vantaggio è illusorio. Dopo un primo tempo, gli investimenti industriali risultano scoraggiati in quanto:

La rendita da inflazione dura poco

- **i tassi di interesse vigenti sul mercato crescono**, e quindi gli imprenditori possono ottenere i finanziamenti solo a costi elevati e crescenti (il tasso di

▼ **Variabilità** Attitudine di un fenomeno ad assumere valori più o meno distanti fra loro. In statistica viene misurata attraverso appropriati indici che prendono il nome di *indici di variabilità* o *indici di dispersione*; il loro utilizzo è molto diffuso in diversi settori economici.

modulo 7
La dinamica del sistema economico

la nuova economia

Aspettative e indicizzazioni

Quando è in atto un processo inflazionistico possono operare dei **meccanismi che propagano l'inflazione** nel tempo; fra questi i più importanti sono l'indicizzazione dei salari e le aspettative dei consumatori. Vediamoli più in dettaglio.

Indicizzazione dei salari Con questo meccanismo i salari variano automaticamente al variare dei prezzi al consumo (l'indicizzazione è infatti un **meccanismo di adeguamento automatico** di una grandezza economica alle variazioni di un'altra). L'obiettivo è garantire ai lavoratori di mantenere costante il potere d'acquisto dei salari a fronte di un aumento dei prezzi, che tende invece a eroderlo. Quando morde l'inflazione, quindi, i salari aumentano in modo automatico, ma ciò porta a un aumento dei prezzi dei beni, innescando così una spirale di aumento prezzi-salari-prezzi.

Questo meccanismo di indicizzazione era vigente in Italia dal 1975 al 1983 (conosciuto come "scala mobile", prevedeva la revisione automatica trimestrale dei salari monetari al tasso di inflazione), ma fu definitivamente soppresso a seguito di referendum popolare con gli accordi del luglio 1992.

Aspettative dei consumatori Anche le **previsioni sul futuro andamento dei prezzi** giocano un ruolo importante sulla propagazione dell'inflazione. Se i consumatori, sulla base dell'esperienza passata, si aspettano un aumento dei prezzi nel futuro, molto probabilmente anticiperanno i loro acquisti per evitare di pagare più avanti prezzi maggiori. Ma a fronte dell'aumentata domanda le imprese, a loro volta, aumenteranno i prezzi di vendita dei loro prodotti, a causa del normale gioco tra domanda e offerta. Il risultato è appunto l'inflazione, provocata in ultima analisi dai timori dei consumatori.

Il **circolo vizioso delle aspettative** si interrompe solo quando un evento esterno introduce una rottura con il passato, o almeno porta un nuovo elemento percepito come tale da consumatori e imprese: è quello che, per esempio, è avvenuto in Italia con la soppressione della scala mobile nel 1992.

Distorsioni nell'allocazione delle risorse

interesse durante l'inflazione cresce perché il sistema bancario deve offrire alla clientela una più elevata remunerazione dei depositi per compensarla della svalutazione monetaria);

- **l'inflazione impedisce alle imprese un corretto calcolo economico**, perché aumentano le difficoltà di previsione e programmazione, e ciò deprime il livello degli investimenti.

L'inflazione provoca gravi perturbazioni all'interno delle imprese; oltre ai danni già visti, si devono ricordare le distorsioni che possono nascere da investimenti in produzioni momentaneamente redditizie, che causano l'insufficiente ammortamento degli impianti e la distribuzione di utili puramente nominali. In periodi di inflazione i prezzi in ascesa possono consentire produzioni a costi elevati; produzioni che, al ritorno di condizioni normali, non reggono alla pressione del mercato.

La perdita di valore della moneta scoraggia il risparmio, rallentando gli investimenti e la formazione di nuovi capitali. Nel suo complesso, l'economia subisce profonde distorsioni, con sviluppo ipertrofico di alcune industrie, e decadenza di altri settori importanti per l'economia nazionale.

Riflessi sul bilancio dello Stato

Danni per le finanze pubbliche Anche la finanza pubblica subisce gravi perturbazioni: se è vero che, inizialmente, l'inflazione alleggerisce l'onere del debito pubblico, è anche vero che presto i tassi di interesse crescono a un livello superiore alla stessa inflazione, perché scontano, oltre all'inflazione, l'instabilità che si diffonde nel sistema. Inoltre l'apparato fiscale non è in grado di ottenere subito entrate adeguate alle spese pubbliche gonfiate dall'inflazione.

Infine, **l'inflazione provoca un'ingiusta redistribuzione del carico fiscale**: il peso delle aliquote sui percettori di redditi fissi aumenta, perché un aumento del reddito monetario che lascia sostanzialmente invariato il reddito reale è colpito da imposte progressive più alte, dato che rientra in scaglioni di reddito più alti; mentre il carico fiscale di industriali e commercianti, favoriti dagli aumenti dei prezzi, può anche risultare alleggerito.

A Aliquota Percentuale che si applica all'imponibile per determinare l'imposta. Se l'aliquota è costante, l'imposta è **proporzionale**; se è crescente, l'imposta è **progressiva**; se è decrescente l'imposta è **regressiva**.

unità 2 ■ L'inflazione

Immaginiamo un lavoratore dipendente che ha registrato in un anno un aumento salariale pari al 6%, passando da 15 mila euro a 15,9 mila euro. Se l'inflazione è stata in quell'anno proprio del 6%, il suo salario reale è rimasto invariato, pur in presenza di un aumento del salario nominale. L'aumento di reddito nominale (cui non corrisponde un aumento reale) fa però rientrare il suo reddito di lavoro in uno scaglione di reddito più alto, fatto che comporta per esempio il passaggio a un'aliquota di tassazione dal 23 al 27%, con un corrispondente aumento delle imposte da pagare da parte del lavoratore.

Un rimedio contro l'inflazione

Le indicizzazioni Quando l'inflazione viene accettata come una realtà ineliminabile, perché si è impotenti a combatterla direttamente, si cercano dei **rimedi difensivi** in occasione della stipula di determinati contratti; il rimedio più diffuso è l'**indicizzazione**: salari, mutui, obbligazioni, contratti di fornitura, titoli pubblici a lunga scadenza vengono "agganciati" all'inflazione facendo riferimento all'indice dei prezzi al consumo, ai tassi di interesse a breve ecc. L'indicizzazione riduce i danni dell'inflazione solo per chi può avvalersene e, una volta diffusa nel sistema, finisce per perpetuare il processo di perdita di valore della moneta rendendo più difficile il rientro dall'inflazione.

Effetti sulle esportazioni

Danni per l'intero sistema Oltre ai gravi problemi sul piano sociale, perché porta a una ingiusta redistribuzione del reddito, l'inflazione riduce la competitività delle esportazioni: infatti, se i prezzi all'interno aumentano, i costi dei prodotti aumenteranno a loro volta, con il risultato di una riduzione delle esportazioni. Per restituire competitività alle esportazioni si potrebbe ricorrere alla svalutazione del cambio della moneta; ma tale misura fa aumentare i prezzi delle importazioni e, quindi, i costi di produzione delle imprese che importano le materie prime e i beni intermedi. Ciò comporta ulteriore crescita dei prezzi e quindi nuova inflazione. Questa situazione può indurre un'ulteriore svalutazione della moneta, innescando un **circolo vizioso**.

▶ L'inflazione riduce il potere di acquisto della moneta, per cui servono più soldi per ottenere lo stesso bene: l'effetto percepito è quello di avere meno denaro a disposizione.

Per le ingiustizie che genera, ma soprattutto per le gravi distorsioni strutturali che determina nel sistema economico (in particolare nella allocazione delle risorse), l'inflazione va combattuta con decisione. I vantaggi temporanei che questo o quel gruppo sociale può sperare di ricavarne, a lungo andare si dimostrano illusori per l'aggravarsi della situazione economica generale.

La difesa del risparmio

Inflazione e risparmio La politica di incoraggiamento del risparmio non può basarsi che sulla stabilità monetaria, dato che l'inflazione vanifica lo sforzo delle famiglie di ottenere un frutto reale dai risparmi e addirittura, come è avvenuto in Italia negli anni di elevata inflazione, compromette la stessa conservazione nel tempo del valore reale delle somme risparmiate.

L'inflazione provoca dunque consistenti perdite alle famiglie, soprattutto a quelle dei piccoli risparmiatori, in genere sprovvisti della capacità di scegliere impieghi meno rischiosi per i propri risparmi.

C Competitività Capacità di un'impresa, di un settore produttivo o di un sistema economico di vendere i beni e i servizi offerti, resi attraenti dai loro prezzi o dalla loro qualità. È assicurata da investimenti finalizzati a innovare e migliorare i prodotti, come pure dalla loro efficiente promozione sui mercati.

S Svalutazione In generale indica la diminuzione del valore di un bene. Riferita alla moneta significa riduzione del suo valore in termini di altre monete, come conseguenza di un atto ufficiale del governo o per effetto del mercato, secondo il gioco della domanda e dell'offerta. Normalmente favorisce le esportazioni.

modulo 7

La dinamica del sistema economico

L'ECONOMIA CHE NON TI ASPETTI — LA STAGFLAZIONE

Nei regimi non concorrenziali le imprese possono trasferire sui prezzi dei beni e dei servizi prodotti gli aumenti dei costi (come già sappiamo, in regime di libera concorrenza l'impresa non può modificare il prezzo di vendita); inoltre, quando la *conflittualità nelle imprese* è elevata, queste ultime rallentano gli investimenti, per cui anche la produzione e l'occupazione ristagnano. Il risultato è allora stagnazione associata a inflazione, cioè *stagflazione* (dall'inglese *stagnation* e *inflation*): il termine è relativamente nuovo, perché rispecchia una situazione che si è venuta a creare per la prima volta solo negli anni '70 del secolo scorso. In precedenza, i periodi di ristagno dell'attività economica erano caratterizzati da una diminuzione dei prezzi, essendo la domanda inferiore all'offerta di beni e servizi. Non era ipotizzabile, quindi, un aumento dei prezzi in periodi di depressione. In Italia la stagflazione si è manifestata in modo acuto dopo lo shock petrolifero del 1973, che ha determinato rincari dei prezzi, diminuzione della domanda e

▲ Un'immagine di Milano durante la crisi petrolifera del 1973, quando l'economia italiana entrò in una fase di stagflazione.

riduzione della produzione. Nel 1975, per esempio, il PIL è diminuito del 3%, mentre l'inflazione ha raggiunto il valore del 17%.

Secondo alcuni economisti la stagflazione dipende in gran parte dal mercato del lavoro: i contratti collettivi prevedono aumenti retributivi anche nelle fasi di depressione. Secondo altri, invece, dipende dal mercato delle materie prime, controllato da oligopoli che aumentano i prezzi indipendentemente dal ciclo dell'attività economica.
Non è facile uscire dalla stagflazione: se infatti si combatte l'inflazione con politiche monetarie restrittive, può ridursi l'attività produttiva; se invece si sostiene la produzione con politiche espansive, l'inflazione può addirittura aumentare. L'unico modo per uscirne è accettare dei sacrifici gravosi: i soggetti danneggiati dagli aumenti dei prezzi devono limitare le loro rivendicazioni economiche e concorrere all'aumento della produttività.

2.5 Le politiche antinflazionistiche

La lotta all'inflazione è uno dei compiti più importanti della politica economica di un Paese. I rimedi sono numerosi, e variano a seconda delle cause che hanno originato l'inflazione.

Controllo della base monetaria

Lotta all'inflazione da eccesso di moneta Se l'inflazione è determinata da un eccesso di moneta, la Banca centrale dovrà **controllare la base monetaria e adottare una politica restrittiva** ricorrendo agli strumenti della politica monetaria, ossia al **rialzo del tasso di riferimento** e a **operazioni di mercato aperto** (v. Mod. 6, par. 2.5). La riduzione del medio circolante, secondo i monetaristi, è sufficiente ad arrestare l'inflazione, dato che, a loro avviso, essa è originata da errori di gestione della politica monetaria.

Interventi sulla domanda globale

Lotta all'inflazione da domanda Questa inflazione è causata da un eccesso di domanda rispetto all'offerta. Quindi l'inflazione da domanda si **combatte adottando un insieme di politiche tendenti a ridurre l'eccesso della domanda globale sull'offerta globale**. Come già sappiamo, l'aumento dei prezzi causato da tale squilibrio si verifica in situazione di piena occupazione (se i fattori produttivi non sono pienamente impiegati, un aumento della domanda sull'offerta

---

C Conflittualità Situazione in cui all'interno di un'impresa le relazioni tra la dirigenza e i lavoratori sono tese e non migliorano con il confronto reciproco. Le ragioni del conflitto possono essere **economiche**, se riguardano i salari o gli orari di lavoro, **normative**, se riguardano le condizioni di lavoro, le mansioni, la ripartizione del potere decisionale ecc.

Possibili contromisure

provoca solo un aumento di occupazione). Poiché la domanda globale è composta dai consumi, dagli investimenti e dalla spesa pubblica, la politica antinflazionistica deve agire su queste componenti della domanda. Le politiche di intervento, secondo i keynesiani, devono porsi i seguenti obiettivi:

- **contenimento dei consumi**, che si può realizzare mediante un aumento del prelievo fiscale (cioè un inasprimento delle imposte), fatti però salvi i redditi più bassi;
- **riduzione degli investimenti**, attuata mediante una politica creditizia restrittiva (per esempio rialzo del tasso di riferimento); ciò non esclude che speciali programmi di investimento possano continuare a godere di un credito agevolato;
- **controllo della spesa pubblica**, allo scopo di contenere gli sprechi e l'inefficienza, promuovendo soltanto quelle spese che sono destinate alla realizzazione di validi programmi sociali.

Come si vede, **l'inflazione da domanda si combatte con diverse combinazioni di politiche fiscali e monetarie**: l'aumento delle imposte (o il contenimento della spesa pubblica) si accompagna a una politica monetaria restrittiva al fine di ridurre la domanda aggregata.

Lotta all'inflazione da costi Questo tipo di inflazione si combatte **frenando, per quanto possibile, l'aumento dei costi di produzione** (che, come sappiamo, si trasferiscono sui prezzi di vendita).

Se dipende dal costo del lavoro

Il problema si presenta in particolare per il costo del lavoro, per le rilevanti implicazioni sociali connesse alla dinamica retributiva. Di fronte a un aumento del costo del lavoro, è possibile intervenire per favorire gli aumenti di produttività (mediante l'introduzione di nuovi metodi produttivi), o mediante una **politica dei redditi** (v. paragrafo successivo) per frenare la crescita dei salari e dei profitti.

Se dipende dalle importazioni

L'inflazione causata dall'aumento dei costi delle importazioni (**inflazione importata**) è molto difficile da combattere, dato l'elevato grado di dipendenza dei Paesi industrializzati dal Resto del mondo. Una terapia potrebbe consistere nel tentativo di selezionare le importazioni, scoraggiando quelle non necessarie, colpendole per esempio con alti **dazi doganali**. È da ricordare che una tale politica non sarebbe possibile nell'ambito dell'UE, data l'abolizione delle **barriere doganali** interne; ma non è consigliabile neppure nei confronti dei Paesi extra-comunitari, perché danneggia l'espansione del commercio mondiale e soprattutto i Paesi in via di sviluppo. Inoltre tali provvedimenti si ripercuotono (*effetto boomerang*) sulle esportazioni del Paese che ha adottato provvedimenti restrittivi sulle importazioni.

Quando l'inflazione deriva dall'aumento del costo dei beni importati è molto difficile da combattere. In questo caso la soluzione migliore è sostenere la propria valuta nel cambio con le divise dei Paesi esportatori.

La migliore terapia contro l'inflazione importata consiste oggi nel sostegno al cambio dell'euro nei confronti di dollaro e yen; infatti la maggior parte delle importazioni da Paesi esterni alla zona euro sono pagate in quelle due monete; è anche importante ottenere contratti in euro con i Paesi fornitori di materie prime, come il petrolio, oggi pagato in dollari.

Lotta all'inflazione da profitti Lo strumento per combattere questo tipo di inflazione è ancora la **politica dei redditi**, che è tuttavia di difficile applicazione nei confronti dei profitti, come vedremo nel prossimo paragrafo. Una scorciatoia potrebbe essere rappresentata dal blocco dei prezzi, che tuttavia non ha mai dato risultati apprezzabili.

modulo 7
La dinamica del sistema economico

Il blocco dei prezzi

In passato si riteneva di poter combattere efficacemente l'inflazione mediante il blocco dei prezzi, o "**calmiere**". La concreta esperienza fatta in un gran numero di Paesi persuade però dell'inefficacia di questa misura. I limiti di tale strumento sono principalmente due: in primo luogo nei sistemi a economia di mercato è molto difficile realizzare un controllo efficiente dei prezzi; inoltre, i costi di lungo periodo di una tale politica sono molto elevati: può accadere che le imprese, per ricostituire i margini di profitto, elevino notevolmente i prezzi non appena i controlli siano stati aboliti.

Lotta all'inflazione da squilibri settoriali L'inflazione da squilibri settoriali può essere combattuta, infine, **attraverso una più efficiente distribuzione delle risorse nei vari settori**, associata a un'autodisciplina dei lavoratori che si realizza mediante accordi fra le parti sociali.

Un impegno comune

Alla luce delle analisi svolte fin qui risulta chiaro quanto sia importante la collaborazione fra tutti gli operatori del sistema economico allo scopo di **combattere insieme l'inflazione**, dato che le difese individuali, o per gruppi separati o contrapposti, servono più a rinviare la soluzione del problema che ad affrontarlo concretamente.

2.6 La politica dei redditi

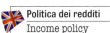
Politica dei redditi
Income policy

L'obiettivo della stabilità monetaria si raggiunge anche mediante la **politica dei redditi**, che consiste essenzialmente in una integrazione delle politiche monetarie e fiscali allo scopo di combattere l'inflazione o di evitarne l'insorgenza.

> La **politica dei redditi** è l'accordo fra le parti sociali al fine di limitare l'aumento dei prezzi, attraverso il contenimento dei salari, dei profitti e degli altri redditi, che vanno mantenuti in limiti compatibili con la stabilità monetaria.

Aumenti salariali e produttività

La **politica dei redditi** si realizza stabilendo un legame fra i salari e la produttività: in pratica le parti sociali concordano di attenersi alla regola secondo **cui l'aumento dei salari non deve superare l'aumento della produttività del lavoro**. Se tanto i salari che la produttività aumentano nella stessa misura percentuale, le imprese non hanno aggravio di costi, e quindi i margini di profitto restano immutati a parità di prezzo di vendita. Ovviamente, un accordo di questo tipo presuppone che le parti sociali (lavoratori e imprenditori) considerino soddisfacente l'attuale distribuzione del reddito. Se invece una delle due parti desidera aumentare la propria quota di reddito, la politica dei redditi viene rifiutata in quanto misura conservatrice della situazione esistente.

Autolimitazione dei redditi

Così come è stata qui delineata, la politica dei redditi si presenta come **una autolimitazione delle diverse categorie sociali al fine di evitare la morsa dell'inflazione**. Si vede però chiaramente che **il carico maggiore di tale politica è posto sui lavoratori**, anche per il fatto che la dinamica salariale è molto più facilmente controllabile di quella dei profitti. Per questa ragione la politica dei redditi non è sempre stata accettata dai sindacati. In linea di principio, si può osservare che i lavoratori possono dimostrarsi disposti ad accoglierla se essa è affiancata da altri provvedimenti di salvaguardia, come per esempio:

- l'uso della leva fiscale per colpire l'evasione e i redditi più alti;
- la riduzione del carico fiscale e previdenziale sui salari;
- il controllo degli altri tipi di reddito, in particolare profitto e rendita.

Politica dei redditi e moneta unica europea

In Italia, nel 1993, i sindacati avevano accettato, con gli **accordi di luglio**, una politica dei redditi allo scopo di contribuire al rientro dall'inflazione, anche in vista della partecipazione del nostro Paese alla moneta unica europea.

unità 2 ■ L'inflazione

IN sintesi

2.1 Definizione di inflazione
L'**inflazione** è un processo prolungato di aumento del livello generale dei prezzi. Si chiama **tasso di inflazione** la variazione percentuale del livello dei prezzi in un periodo determinato, di solito un anno. A seconda della sua intensità, l'inflazione si distingue in:
- **strisciante**, se l'aumento è inferiore al 5% annuo;
- **galoppante**, se l'aumento è superiore al 20-30% annuo;
- **iperinflazione**, se l'aumento dei prezzi diventa vertiginoso e incontrollabile.

2.2 La misura dell'inflazione
Per misurare l'inflazione si può far uso dei seguenti **indici**, tutti calcolati dall'Istat:
- **indice dei prezzi all'ingrosso**;
- **indice dei prezzi al consumo**;
- **indice del costo della vita**.

L'indice utilizzato con maggiore frequenza è quello dei prezzi al consumo. In Italia l'inflazione è stata particolarmente intensa nel **periodo 1973-1985**, raggiungendo il massimo nel 1980 (21,2%).

2.3 Le cause dell'inflazione
È necessario individuare quali sono le diverse **cause dell'inflazione**, perché diverse sono le politiche da adottare per combatterle. In rapporto alla causa, si individuano i seguenti tipi di inflazione:
- **inflazione da eccesso di moneta**;
- **inflazione da domanda**;
- **inflazione da costi**;
- **inflazione da profitti**;
- **inflazione da squilibri settoriali**;
- **inflazione da fisco**.

2.4 Gli effetti dell'inflazione
L'inflazione ha **gravi conseguenze. Danneggia i gruppi più deboli**, e cioè i titolari di redditi fissi (lavoratori e pensionati), i risparmiatori e i creditori. **Provoca danni alle imprese e alle finanze pubbliche. Riduce la competitività delle nostre esportazioni. Scoraggia il risparmio. Porta a una cattiva allocazione delle risorse.** I risparmiatori sono danneggiati dall'inflazione perché, al momento del rimborso, ricevono capitali aventi un potere di acquisto inferiore ai capitali prestati. Lo Stato deve tutelare il risparmio, insostituibile fonte di finanziamento degli investimenti produttivi.

2.5 Le politiche antinflazionistiche
Gli interventi per combattere l'inflazione, cioè le **politiche antinflazionistiche** variano a seconda delle cause che l'hanno generata.
Tra gli interventi più importanti ricordiamo:
- una **politica monetaria restrittiva**;
- il **controllo della spesa pubblica**;
- la **politica dei redditi**.

2.6 La politica dei redditi
La **politica dei redditi** consiste nell'**accordo fra le parti sociali** per limitare l'aumento dei prezzi attraverso il contenimento dei salari, dei profitti e degli altri redditi, allo scopo di combattere insieme l'inflazione. I salari, in particolare, non devono aumentare più della produttività.

Laboratorio

Vero / Falso
Indica se le seguenti affermazioni sono vere o false.

1. Il potere di acquisto della moneta aumenta al diminuire del livello generale dei prezzi. [V] [F]
2. L'indice dei prezzi all'ingrosso riguarda le transazioni che intercorrono normalmente tra imprese e famiglie. [V] [F]
3. La deflazione consiste in un aumento generalizzato del livello dei prezzi. [V] [F]
4. Per i monetaristi l'inflazione dipende sempre da errori della Banca centrale. [V] [F]
5. Si ha inflazione da domanda quando gli aumenti salariali riconosciuti ai settori avanzati si propagano anche ai settori stazionari. [V] [F]
6. I titolari di redditi fissi subiscono gravi danni in periodi di inflazione. [V] [F]
7. L'inflazione danneggia i debitori, mentre favorisce i creditori. [V] [F]
8. Nei periodi di inflazione i prezzi variano in modo uniforme, senza conseguenze importanti sulla ripartizione del reddito. [V] [F]
9. La stabilità monetaria incoraggia il risparmio, fondamentale per finanziare gli investimenti. [V] [F]
10. L'inflazione provoca una ingiusta redistribuzione del carico fiscale. [V] [F]
11. L'inflazione impedisce alle imprese un corretto calcolo economico, con la conseguenza di deprimere il livello degli investimenti produttivi. [V] [F]
12. Se l'inflazione è causata da un eccesso di moneta in circolazione, la Banca centrale può combatterla adottando una politica monetaria espansiva. [V] [F]

359

modulo 7
La dinamica del sistema economico

Laboratorio

Scelta multipla — Completa l'affermazione scegliendo la frase corretta fra quelle proposte.

1. Nel 2010 i prezzi al consumo sono aumentati in Italia dell'1,5%; ciò significa che, in media, un bene che nel 2009 costava 1.000 euro, nel 2010 costa
   - a € 985
   - b € 1.000
   - c € 1.015
   - d € 1.030

2. Il periodo in cui in Italia si sono registrati i valori di inflazione più alti va
   - a dal 1965 al 1972
   - b dal 1973 al 1985
   - c dal 1986 al 1994
   - d dal 1994 al 2001

3. Un'inflazione del 3% è detta
   - a inflazione strisciante
   - b inflazione galoppante
   - c iperinflazione
   - d deflazione

4. Quando l'inflazione dipende dal comportamento degli imprenditori che vogliono aumentare la differenza fra i ricavi totali e i costi totali, si ha inflazione da
   - a domanda
   - b costi
   - c profitti
   - d squilibri settoriali

5. Per Keynes l'inflazione dipende da un eccesso
   - a dei costi delle materie prime
   - b della domanda globale sull'offerta globale
   - c dell'offerta globale sulla domanda globale
   - d dei costi del lavoro

6. L'investimento finanziario più efficace per difendersi dall'inflazione è quello in
   - a titoli di Stato
   - b obbligazioni
   - c titoli indicizzati
   - d derivati

7. L'inflazione derivante da eccesso di moneta si combatte attraverso
   - a una politica monetaria restrittiva
   - b una politica monetaria espansiva
   - c la riduzione dei consumi
   - d la riduzione degli investimenti

8. L'accordo fra imprenditori e lavoratori allo scopo di combattere l'inflazione si chiama politica
   - a industriale
   - b della spesa pubblica
   - c fiscale
   - d dei redditi

9. Un aumento della produttività del lavoro inferiore all'aumento dei salari favorisce
   - a l'inflazione
   - b la deflazione
   - c il risparmio
   - d gli investimenti

Completamenti — Completa il brano inserendo i termini appropriati scelti tra quelli proposti.

L'inflazione è il _____ numero uno del _____ delle famiglie. Comprendere l'inflazione significa familiarizzarsi con la distinzione tra _____ nominale e valore _____; e di conseguenza comprendere l'evoluzione dei prezzi dei beni, l'evoluzione del loro valore, in modo da compiere scelte il più possibile _____ rispetto al valore del proprio patrimonio. Le _____ dell'inflazione sono nefaste, dato che essa provoca un'ingiusta redistribuzione del reddito fra le varie componenti della società. Alcuni riescono a tenere il passo con l'aumento dei _____, altri riescono addirittura a spuntare aumenti maggiori rispetto al tasso di _____, altri infine vedono ridotte le proprie disponibilità reali. Inoltre, se la crescita dei prezzi all'interno è più elevata di quella esistente nei Paesi _____, si ha una perdita di _____ e quindi un _____ dei conti con l'estero.

amico ▪ cause ▪ competitività ▪ complementari ▪ concorrenti ▪ conseguenze ▪ inflazione ▪ miglioramento ▪ nemico ▪ patrimonio ▪ peggioramento ▪ prezzi ▪ protettive ▪ reale ▪ valore

Trova l'errore — Individua l'espressione o il termine errati, e inserisci quelli corretti.

1. Per i monetaristi l'inflazione è determinata da un eccesso della domanda globale sull'offerta globale, mentre per i keynesiani essa dipende esclusivamente dagli errori della banca centrale che espande eccessivamente l'offerta di moneta.

2. La politica monetaria consiste nell'accordo fra le parti sociali al fine di limitare l'aumento dei prezzi, attraverso il contenimento dei salari, dei profitti e degli altri redditi, che vanno mantenuti in limiti compatibili con la stabilità monetaria.

unità **2** ▪ L'inflazione

Laboratorio

Collegamenti
Associa ogni termine della prima colonna con un solo termine delle altre due.

1. Inflazione da eccesso di moneta
2. Inflazione da domanda
3. Inflazione da offerta
4. Inflazione da costi
5. Inflazione importata
6. Inflazione da profitti
7. Inflazione da squilibri settoriali
8. Inflazione da fisco

a. Aumento del costo del lavoro superiore all'aumento della produttività
b. Aumento del prezzo delle materie prime soprattutto energetiche, come il petrolio
c. Aumento del prezzo di vendita dei prodotti per aumentare i profitti
d. Errori della banca centrale che aumenta eccessivamente l'offerta di moneta
e. Domanda globale > di offerta globale
f. Diversa dinamica dei salari nei settori avanzati e in quelli tradizionali
g. Aumento delle imposte, che si trasferiscono sull'aumento dei prezzi

I. Politica dei redditi ed eventualmente blocco dei prezzi
II. Selezionare le importazioni, limitando quelle non essenziali
III. Riduzione dei consumi, degli investimenti e della spesa pubblica
IV. Politica dei redditi e interventi per aumentare la produttività
V. Più efficiente distribuzione delle risorse tra i diversi settori
VI. Riduzione delle imposte
VII. Politica monetaria restrittiva

Domande aperte
Rispondi alle seguenti domande.

1. Che cos'è l'inflazione? (2.1)
2. Quali caratteri dei moderni sistemi economici favoriscono l'inflazione? (2.1)
3. Come si misura l'inflazione? (2.2)
4. Come nasce l'inflazione secondo la spiegazione monetarista? (2.3)
5. Che cosa si intende con il termine inflazione da domanda? (2.3)
6. In quale modo l'aumento dei costi influisce sull'inflazione? (2.3)
7. Come opera la spirale salari-prezzi-salari? (2.3)
8. Che cosa si intende per inflazione da profitti? (2.3)
9. Quali sono le categorie più danneggiate dall'inflazione? (2.4)
10. Quali sono i danni che l'inflazione provoca al sistema economico? (2.4)
11. Perché l'inflazione scoraggia il risparmio? (2.4)
12. Con quali strumenti si contrasta l'inflazione da domanda? (2.5)
13. Perché risulta sempre difficile combattere l'inflazione importata? (2.5)
14. Che cos'è la politica dei redditi? (2.6)

summary CLIL

2.1 Definition of inflation
Inflation is the rate at which the general level of prices rises. The rate of inflation is the percentage increase in the price of goods, usually over the period of a year. Inflation can be: creeping, if it is lower than 5%; galloping, if it is higher than 20-30%; hyperinflation, when prices have spiralled out of control. In Italy inflation was intense between 1973 and 1985, reaching a high of 21% in 1980.

2.2 The measurement of inflation
The following **indexes** can be used to measure inflation: wholesale price index; consumer price index; cost-of-living index. The most widely used is the **consumer price index**.

2.3 The causes of inflation
In order to be able to combat inflation, it is important to identify the **causes**. Different **kinds of inflation** include: monetary expansion inflation; demand-pull inflation; cost-push inflation; profits inflation; sectional inflation; fiscal inflation.

2.4 The effects of inflation
Inflation has serious **consequences**. In particular it affects the **weaker social classes** who are on a fixed income (workers, pensioners, savers and creditors). It affects **companies** and **public finances**. It reduces **export competitiveness** and discourages saving. **Savers** are affected by inflation because, when they are reimbursed, they receive capital which has a lower purchasing power than the capital lent. **The State must guarantee savings**, essential to finance productive investment.

2.5 Anti-inflationary policies
Anti-inflationary policies may be adopted to combat inflation, depending on the cause. They include: a restrictive monetary policy; a control over public expenditure; an income policy.

2.6 The income policy
The **income policy** is an agreement between capital and labour. Measures are taken through which a government attempts to control escalation in incomes (wages, dividends, salaries) to restrain an escalation in prices. In particular, wages must not increase over productivity.

361

modulo 7
La dinamica del sistema economico

unità 3 Il mercato del lavoro

DI CHE COSA PARLEREMO	Dopo aver definito il concetto di DISOCCUPAZIONE e introdotto la sua tipologia, si spiegano le modalità della sua misurazione statistica. Viene poi data un'informazione generale sull'INCIDENZA DELLA DISOCCUPAZIONE IN ITALIA E NELL'UNIONE EUROPEA, e affrontato il problema delle contrapposte spiegazioni della disoccupazione da parte dei MONETARISTI e dei NEOKEYNESIANI, per giungere nella parte finale all'esame dei POSSIBILI RIMEDI, con particolare riguardo alla disoccupazione giovanile.

CHE COSA DEVI CONOSCERE	■ I contenuti della politica anticiclica ■ La situazione di equilibrio di piena occupazione ■ Le nozioni elementari di diritto del lavoro ■ I fondamenti della teoria keynesiana ■ I concetti di domanda e offerta globale ■ Il ruolo dell'operatore Stato

CHE COSA IMPARERAI	■ Quali tipi di disoccupazione esistono ■ Che cos'è la disoccupazione tecnologica ■ Che cosa indica il tasso di occupazione ■ Qual è la corretta definizione di "occupati" e "disoccupati" ■ Cosa può offrire la formazione professionale ■ Che cos'è il *labour mismatch* ■ Quali nuove forme di lavoro stanno nascendo ■ Che cos'è l'economia dell'offerta

CHE COSA SAPRAI FARE	■ Inquadrare in modo chiaro il problema attuale dell'occupazione ■ Spiegare come si misura la disoccupazione e il suo andamento negli ultimi anni ■ Descrivere i collegamenti tra disoccupazione e tecnologia ■ Illustrare le cause della disoccupazione secondo le varie teorie economiche ■ Esporre i possibili rimedi alla disoccupazione ■ Descrivere le nuove forme di lavoro

3.1 Il problema dell'occupazione

Nei Paesi dell'Unione europea i disoccupati nel 2016 erano circa 26 milioni (l'8,7% della forza lavoro); da questi dati drammatici si capisce come **la disoccupazione sia il problema principale che affligge oggi le nostre economie.**

Sviluppo e occupazione

In tutti i Paesi l'occupazione non cresce più nelle fasi espansive del ciclo, come è sempre avvenuto in passato: **i dati recenti indicano che quando diminuisce la produzione, cala notevolmente l'occupazione, ma quando la produzione riprende l'occupazione non aumenta in modo significativo.**

Secondo la maggior parte degli economisti **il sistema economico oggi non è più in grado di garantire una crescita capace di assorbire tutta la forza lavoro**

unità **3** ■ Il mercato del lavoro

Disoccupazione — Unemployment

disponibile, specie in assenza di flessibilità del mercato del lavoro. La disoccupazione provoca un enorme spreco di risorse; il bilancio è particolarmente pesante se si pensa che **le categorie sociali più colpite, i giovani e le donne**, sono **anche i soggetti economicamente più deboli, e quindi meritevoli di protezione**.

Danni economici

I costi della disoccupazione La disoccupazione produce gravi danni, in termini sia economici sia sociali.

Il **costo principale è la perdita di prodotto per l'intera economia**, che produce una quantità inferiore di beni e servizi rispetto a quanto sarebbe nelle sue possibilità. Le famiglie dei disoccupati devono rinunciare ai salari e ridurre il loro livello di vita. Lo Stato deve pagare le indennità di disoccupazione, e riceve minor gettito fiscale a causa del minor reddito prodotto.

La disoccupazione causa ingenti **costi indiretti: la perdita permanente di abilità professionale** e capacità lavorativa da parte di chi è disoccupato da lungo tempo rappresenta infatti un grave danno per l'intera comunità.

Danni psicofisici

La disoccupazione mina anche la **salute fisica e mentale** di coloro che la subiscono: studi recenti evidenziano che essa aumenta la morbilità e la mortalità (anche il numero di suicidi aumenta al di sopra della norma); è stata rilevata, inoltre, una correlazione significativa tra disoccupazione e criminalità.

Danni sociali

Non vanno dimenticati neppure i pericoli per le istituzioni politiche: **il lavoro, insieme a una più equa distribuzione del reddito, è condizione irrinunciabile per una democrazia sostanziale**.

Tipi di disoccupazione La disoccupazione può essere:

Disoccupazione congiunturale

- **congiunturale**, se si verifica durante la fase depressiva del ciclo, quando diminuisce la domanda di beni e servizi. Questo tipo di disoccupazione può essere contrastata con le politiche anticicliche di stabilizzazione, di cui ci siamo occupati nel par. 1.4 di questo modulo;

Disoccupazione frizionale

- **frizionale**, se risulta dai processi di aggiustamento del mercato del lavoro, ed è costituita sia dai lavoratori che si spostano da un impiego all'altro, sia dai "nuovi entranti" (per esempio, un ragazzo appena diplomato che cerca lavoro). È detta anche *fisiologica*, perché l'evoluzione delle tecniche organizzative dà origine a spostamenti di lavoratori tra le diverse attività; inoltre i giovani impiegano un certo tempo a trovare un'occupazione adeguata agli studi effettuati. In passato si riteneva che questa disoccupazione si aggirasse intorno al 2-3% della forza lavoro. Oggi, aumentati il livello di mobilità dei lavoratori e l'istruzione, si aggira intorno al 5%. Un'economia che presenti solo disoccupazione frizionale viene normalmente considerata di pieno impiego;

▲ Un colloquio di lavoro. La ricerca di un'occupazione oggi è più lunga e complessa rispetto al passato.

M Morbilità Rapporto tra i giorni di malattia registrati in un certo periodo di tempo e il numero delle persone esposte al rischio di ammalarsi. Si può calcolare sia per l'intera collettività, sia in relazione a determinate classi di età, sia riguardo ai diversi settori produttivi. Può rappresentare un serio danno per l'economia.

M Mortalità Rapporto tra il numero dei morti in un certo anno e il totale della popolazione. Si può calcolare anche in relazione a determinate classi di età: in tal caso il rapporto va calcolato tra il numero dei morti di una certa età e la popolazione della stessa età. Molto impiegato nei confronti internazionali è il *quoziente di mortalità infantile*.

M Mobilità Disponibilità dei fattori produttivi a spostarsi tra settori o tra aree in funzione della loro remunerazione. La *mobilità orizzontale* riguarda il passaggio del lavoratore da un'unità produttiva a un'altra, la *mobilità verticale* il passaggio da un livello all'altro nell'ambito della stessa struttura gerarchica.

modulo 7
La dinamica del sistema economico

Disoccupazione strutturale

- **strutturale**, quando deriva da cambiamenti fondamentali nella struttura dell'economia, che riducono in modo permanente la domanda di lavoro in certi settori produttivi o in certe aree geografiche. Il mercato non richiede più le abilità professionali del lavoratore, a causa, per esempio, di cambiamenti tecnologici che introducono nuove macchine, oppure per l'irreversibile declino di attività ormai superate, o ancora per una diversa distribuzione del lavoro. Ne è un esempio il calo dell'occupazione nell'industria siderurgica a seguito della riduzione della domanda di acciaio, o all'automazione degli impianti, o al trasferimento della produzione nei Paesi in via di sviluppo. Una parte consistente della disoccupazione strutturale è una forma di **disoccupazione tecnologica**, in quanto originata dall'introduzione di macchine nei processi produttivi.

3.2 La misura della disoccupazione

Ci soffermiamo ora su alcuni parametri statistici che misurano la dimensione del fenomeno occupazionale.

Tasso di disoccupazione

Il **tasso di disoccupazione** è definito come il rapporto fra il numero dei disoccupati (persone in cerca di occupazione) e il totale della forza lavoro (popolazione attiva).

Avremo pertanto:

$$\text{tasso di disoccupazione} = \frac{\text{numero di disoccupati}}{\text{forza lavoro}}$$

Tasso di occupazione

Il **tasso di occupazione** è dato, invece, dal rapporto fra il numero degli occupati e la popolazione totale.

Risulta:

$$\text{tasso di occupazione} = \frac{\text{numero di occupati}}{\text{popolazione}}$$

Tasso di attività

Il **tasso di attività** è dato dal rapporto fra le forze di lavoro e il totale della popolazione.

Si ha quindi:

$$\text{tasso di attività} = \frac{\text{forza lavoro}}{\text{popolazione}}$$

Osserviamo i seguenti dati Istat relativi all'anno 2015 (dati in migliaia):

Anno	Occupati	Disoccupati	Forza lavoro	Popolazione
2015	22.465	3.033	25.498	60.441

- il tasso di disoccupazione (3.033 : 25.498) è uguale a 11,9%;
- il tasso di occupazione (22.465 : 60.441) è uguale a 37,2%;
- il tasso di attività (25.498 : 60.441) è uguale a 42,2%.

Riduzione del tasso di attività

Il tasso di attività in Italia ha registrato una marcata tendenza alla diminuzione a partire dagli anni '70 del secolo scorso. Tra le cause che hanno determinato la sua discesa si ricordano:

- **l'invecchiamento della popolazione**, che ha fatto aumentare il numero degli anziani, riducendo il numero dei soggetti in età di lavoro sul totale;

- **gli atteggiamenti diffusi nella società**: molti giovani proseguono gli studi rimandando il loro ingresso nel mercato del lavoro;
- **la diminuzione degli addetti all'agricoltura**, che ha determinato il ritiro dal lavoro di molti addetti.

3.3 La disoccupazione in Italia e nel mondo

Le forze di lavoro

In Italia le statistiche sul mercato del lavoro sono fornite dall'Istituto nazionale di statistica (Istat), che comprende nelle "forze di lavoro" (popolazione attiva) le persone di almeno 15 anni che si trovano nelle seguenti condizioni:
- **occupati**: le persone che hanno lavorato anche per poche ore nei trenta giorni precedenti;
- **disoccupati**, che si suddividono a loro volta in **disoccupati in senso stretto**, se hanno perduto un posto di lavoro e ne cercano un altro; **persone in cerca di prima occupazione**, cioè persone che cercano un lavoro senza avere mai lavorato in precedenza.

La situazione italiana

Le "forze di lavoro" (o popolazione attiva) rappresentano il 42,2% della popolazione residente, mentre le "non forze di lavoro" (minori di 15 anni, casalinghe, studenti, pensionati, benestanti) rappresentano il rimanente 57,8%.

Lo schema del nostro mercato del lavoro è il seguente (cifre in milioni):

> Il mercato del lavoro in Italia (dati Istat 2015, in milioni di unità).

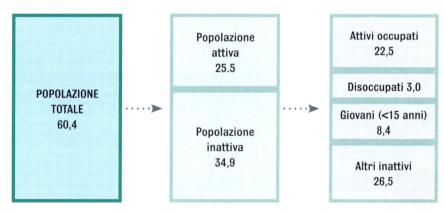

Nel 2015 le forze di lavoro erano, in Italia, 25,5 milioni di unità; gli attivi occupati erano 22,5 milioni, mentre le persone in cerca di occupazione (disoccupati) erano 3 milioni.

Gli occupati per settori di attività economica sono indicati nella seguente tabella:

Settori	1960	%	1980	%	2015	%
Agricoltura	6.607	32,5	2.889	14,1	913	3,7
Industria	6.872	33,8	7.703	37,6	5.715	23,4
Servizi	6.851	33,7	9.895	48,3	17.854	72,9
Totale	**20.330**	**100,0**	**20.487**	**100,0**	**24.482**	**100,0**

Come si vede, dal 1960 al 2015 il terziario ha recuperato molti posti di lavoro, soprattutto nelle amministrazioni pubbliche, nei trasporti e nei settori più innovativi: servizi alle imprese, intermediazione finanziaria, informatica, telecomunicazioni ecc. La diminuzione degli occupati in agricoltura, dovuta a fattori strutturali, si dimostra invece inarrestabile.

modulo 7
La dinamica del sistema economico

Il grafico riporta il **tasso di disoccupazione** in Italia a partire dal 1980.

Diversità Nord-Sud

Se i dati vengono disaggregati per aree, si nota che **la disoccupazione non colpisce nella stessa misura tutto il Paese, ma è molto più alta al Sud rispetto al Nord**.

Dove colpisce la disoccupazione

La disoccupazione inoltre colpisce soprattutto i giovani e le donne: la disoccupazione femminile è molto più alta rispetto a quella maschile.

> Il problema della **disoccupazione giovanile** è, insieme al problema della rinascita del Sud, una vera e propria emergenza nazionale.

Il *labour mismatch*

Circa i 2/3 della disoccupazione italiana è dovuta, secondo recenti analisi, al labour mismatch tra domanda e offerta di lavoro: in certi mercati ci possono essere posti di lavoro vacanti e disoccupazione in altri mercati. Questo tipo di disoccupazione è dovuta sia a squilibri territoriali, sia a squilibri tra offerta e domanda di determinate figure professionali: perciò **è importante un maggior collegamento tra scuola e mondo del lavoro**. Vi è poi il parziale rifiuto da parte dei lavoratori italiani di lavori non qualificati o non graditi, che vengono offerti agli immigrati.

3.4 Disoccupazione e tecnologia

Le conseguenze delle innovazioni tecnologiche sull'occupazione sono state molto dibattute nella storia del pensiero economico, e ancora oggi rappresentano un problema cruciale.

Nell'Inghilterra, all'inizio dell'Ottocento, il movimento dei **luddisti** ritenne che l'introduzione delle macchine causasse disoccupazione, e pensò di salvaguardare i posti di lavoro distruggendole. Oggi la rapidissima evoluzione tecnologica in corso, in particolare l'automazione, la rivoluzione informatica e delle telecomunicazioni, pone seri problemi di ordine occupazionale.

Progresso tecnico e disoccupazione

Secondo molti studiosi **il progresso tecnico contribuisce nel breve periodo ad accrescere la disoccupazione**, dato che i rilevanti aumenti di produttività comportano un risparmio di lavoro; **ma nel lungo periodo può ridurla**, perché nuovi lavoratori vengono assunti per produrre nuove macchine e nuovi prodotti. Le innovazioni tecnologiche possono infatti avere effetti contrapposti: rendere inutili molti lavoratori, che sono sostituiti da macchine più efficienti, e

L Labour mismatch Presenza simultanea di disoccupazione e posti di lavoro vacanti, perché le imprese richiedono competenze diverse da quelle offerte (dall'inglese *mismatch* = discrepanza). Può dipendere da cause istituzionali (mancanza di informazioni, inefficienza del collocamento), territoriali (residenza dei disoccupati in aree diverse da quelle in cui i posti sono vacanti) o formative (mancanza di figure professionali adeguate).

unità **3** ■ Il mercato del lavoro

Saldo positivo o negativo

creare nuovi posti di lavoro, che sono indotti, direttamente o indirettamente, dalle innovazioni.

Secondo alcuni economisti l'effetto netto è favorevole, perché il **saldo dell'occupazione** sarà positivo; per altri, invece, sarà negativo, e il problema dell'occupazione si può risolvere solo riducendo la durata della giornata lavorativa dei già occupati, per creare nuove opportunità di lavoro

▲ Un robot automatizzato al lavoro in uno stabilimento automobilistico.

("lavorare meno, lavorare tutti"). Oggi è diffusa infatti la convinzione che **anche se l'economia tornasse a una rapida crescita, il problema della disoccupazione non sarebbe risolto**: il ritmo crescente del progresso tecnologico, con un aumento più che proporzionale della produttività e l'espulsione del lavoro non necessario (*disoccupazione nascosta*), potrebbe non venire compensato dalla crescita spontanea di posti di lavoro in altri settori.

Il problema risulta particolarmente delicato per l'Italia, che è debole nel settore delle industrie più innovative, e rischia quindi di non beneficiare dei vantaggi diretti e indiretti dell'innovazione.

Nuovi posti di lavoro

Sembra tuttavia possibile creare nuovi posti di lavoro sia nei **settori industriali innovativi**, sia nel **settore dei servizi**. Gli ambiti di attività non mancano: lavori a domicilio, cura della persona, assistenza sociale, custodia del patrimonio culturale, iniziative ambientali, smaltimento dei rifiuti e riciclo di materiali, sostegno alle piccole e medie imprese, attività per il tempo libero e ricreative. Molte di queste attività sono sviluppate dal settore "non profit" che, accanto al volontariato, crea anche veri e propri posti di lavoro.

3.5 Due opposte spiegazioni

Le **cause della disoccupazione** vengono spiegate diversamente dai keynesiani e dai monetaristi.

Il valore delle previsioni

Spiegazione keynesiana Secondo **Keynes** la domanda di lavoro non dipende dal livello dei salari, ma dalle previsioni effettuate dalle imprese sull'efficienza marginale del capitale (ossia del profitto atteso), il cui valore dipende dalle prospettive di vendita sul mercato. Se le previsioni sono positive, le imprese assorbono lavoro; se sono pessimistiche, non utilizzeranno le capacità produttive disponibili e ci sarà disoccupazione. **La disoccupazione dipende quindi dall'insufficienza della domanda globale.**

Secondo i keynesiani la disoccupazione è **involontaria**, nel senso che i disoccupati sono disposti a lavorare, ma manca il lavoro.

Rimedi keynesiani

Secondo gli stessi economisti per combattere la disoccupazione occorre quindi **stimolare la domanda** attraverso adeguate politiche espansive, come per esempio:

- **favorire gli investimenti** attraverso agevolazioni fiscali e creditizie;
- **creare occupazione** attraverso la spesa pubblica.

modulo 7
La dinamica del sistema economico

Spiegazione monetarista Per i monetaristi il mercato del lavoro è un mercato identico a tutti gli altri mercati: in esso l'incontro della domanda e dell'offerta di lavoro determina il prezzo di equilibrio, cioè il **salario**, che uguaglia domanda e offerta di lavoro. **La disoccupazione può esistere solo se – per l'azione delle forze sindacali – i salari sono superiori al livello di equilibrio** che si formerebbe in un mercato concorrenziale.

Per ristabilire la piena occupazione è sufficiente liberalizzare il mercato del lavoro. La disoccupazione è sempre **volontaria**, perché i lavoratori rifiutano salari giudicati troppo bassi. Secondo i monetaristi quindi è dannoso versare indennità consistenti e prolungate ai disoccupati, perché ciò non favorisce il loro reinserimento nel mondo del lavoro.

Il mercato tende automaticamente ad assicurare l'equilibrio di piena occupazione, attraverso le variazioni del salario. La disoccupazione dipende quindi dall'interferenza dei sindacati che, creando un mercato di tipo monopolistico dell'offerta di lavoro, impedisce le diminuzioni del salario necessarie a ristabilire la piena occupazione.

Dato che il sistema tende spontaneamente a raggiungere l'equilibrio di piena occupazione, **qualsiasi intervento dello Stato per ridurre la disoccupazione è controproducente, perché provoca inflazione senza aumentare stabilmente l'occupazione.** In particolare, per i monetaristi sono sconsigliate le politiche keynesiane, che possono avere successo solo nel breve periodo, ma sono del tutto inefficaci nel lungo periodo.

Liberalizzare il mercato del lavoro

▲ La lotta alla disoccupazione rappresenta oggi una delle sfide più complesse delle economie occidentali.

Economia dell'offerta Anche la scuola che fa capo ad **Arthur Laffer** (1940 - vivente) critica la teoria keynesiana, affermando che la disoccupazione non si combatte sostenendo la domanda, ma riducendo drasticamente le imposte.

Questa scuola si concentra sull'offerta e la produzione, secondo il seguente schema:

▼ Schema del meccanismo teorizzato da Arthur Laffer per creare incentivi all'occupazione.

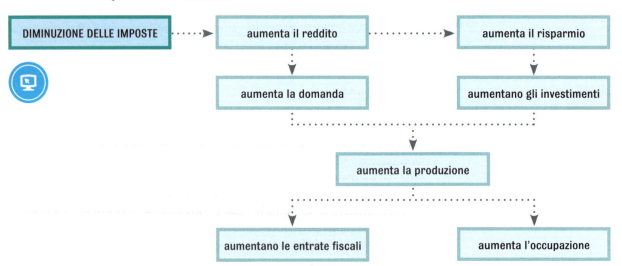

La ricetta di Laffer contro la disoccupazione

La disoccupazione si vince dunque sostenendo l'offerta delle imprese, stimolando le capacità imprenditoriali, tramite la riduzione delle imposte e l'abolizione dei vincoli posti alle imprese (norme sul collocamento, sul controllo della qualità a tutela dei consumatori, sulla tutela ambientale ecc.).

> **C Collocamento** Funzione tesa a disciplinare l'avviamento al lavoro di persone in cerca di prima occupazione o disoccupate perché uscite dal mondo del lavoro. In Italia si è passati dalla gestione pubblica del collocamento a una sua progressiva liberalizzazione, pur non rinunciando alla funzione di controllo pubblico sui processi occupazionali.

Sintesi

La disoccupazione è spiegata diversamente dai **keynesiani** e dai **neoliberisti**. Per i primi lo Stato deve intervenire nel mercato in modo da assicurare un sufficiente livello della domanda globale; per i secondi il mercato, lasciato libero di agire, assorbe spontaneamente la disoccupazione.

Nuova macroeconomia classica

Le aspettative razionali Negli anni '80 del secolo scorso si è affermata una scuola, nota come **nuova macroeconomia classica**, che critica le posizioni keynesiane richiamandosi al pensiero degli economisti classici. Punto di partenza è l'elaborazione di una particolare ipotesi riguardante la formazione delle aspettative, chiamata **ipotesi delle aspettative razionali**. Si fonda sulla convinzione che i comportamenti degli operatori economici si basano sull'esperienza passata e tengono conto degli insegnamenti della teoria economica: **dato che essi fanno un uso efficiente di tutte le informazioni disponibili, non possono commettere errori sistematici di previsione**. In particolare, gli operatori anticipano gli interventi statali di politica economica, annullando tutte le conseguenze a loro sfavorevoli, sapendo già in partenza che un aumento di spesa pubblica si trasferirà in un aumento dei prezzi; quindi **la politica keynesiana di sostegno della domanda globale per assicurare la piena occupazione risulterà del tutto priva di efficacia**. Il mercato del lavoro, pertanto, ammette una sola posizione di equilibrio al tasso naturale di disoccupazione. La disoccupazione può quindi essere solo volontaria, perché i disoccupati hanno fatto una scelta razionale tra il lavorare a un determinato salario o l'accettare un certo livello di sussidio.

Inefficacia delle politiche keynesiane

La conseguenza di questo ragionamento è che **la politica della spesa pubblica è inefficace e dannosa, in quanto un aumento della spesa pubblica produce solo inflazione**: lo Stato non potrà mai fare meglio delle previsioni degli operatori, e quindi occorre avere fiducia nelle forze regolatrici del mercato.

3.6 Le cause della disoccupazione

La disoccupazione può essere il risultato di situazioni diverse, sia strutturali, sia congiunturali.

Disoccupazione congiunturale

La **disoccupazione congiunturale** è quella legata alla diminuzione della domanda che si verifica nella fase depressiva del ciclo.

Le imprese devono in tal caso ridurre la produzione e l'occupazione, altrimenti finiscono con l'accumulare perdite insostenibili, che le costringono a uscire dal mercato.

Disoccupazione strutturale

La **disoccupazione strutturale** si manifesta quando un intero settore produttivo deve sopportare costi di produzione troppo elevati, tali da porlo fuori mercato perché non più concorrenziale.

Ciò avviene, per esempio, nei confronti delle imprese soggette a una forte concorrenza estera. È questo il caso della produzione di certi prodotti intermedi, i cui impianti si stanno spostando dai Paesi avanzati verso i Paesi in via di sviluppo, come oggi avviene nel settore dell'acciaio, del petrolio, dei concimi chimici. Nel commercio, è strutturale la disoccupazione che, nelle economie avanzate, ha origine dalla crisi dei piccoli esercizi che vengono sostituiti dalla grande distribuzione (supermercati e ipermercati).

Disoccupazione tecnologica

La **disoccupazione tecnologica** è quella determinata dalle innovazioni tecniche, come la meccanizzazione in agricoltura o l'automazione nell'industria.

modulo **7**
La dinamica del sistema economico

3.7 I rimedi contro la disoccupazione

Strategie anti disoccupazione

Negli ultimi anni sono emerse **due diverse strategie** per combattere la disoccupazione. La prima, di **impostazione neokeynesiana**, suggerisce di espandere l'occupazione attraverso politiche macroeconomiche di sostegno della domanda. La seconda, di **ispirazione monetarista**, individua le determinanti principali della disoccupazione nelle rigidità istituzionali dei mercati (del lavoro, dei beni, dei servizi e dei capitali); di conseguenza, suggerisce di rendere flessibile il mercato del lavoro e di aumentare la competitività del sistema migliorando le infrastrutture, riducendo la pressione fiscale e retributiva, promuovendo la formazione.

Per combattere la disoccupazione si possono dunque impiegare strumenti diversi. Ricordiamo gli interventi considerati più importanti.

Sostegno della domanda

Aumento della domanda globale Quando la disoccupazione dei lavoratori si associa a sottoimpiego di altre risorse produttive presenti nel sistema (impianti, prodotti intermedi ecc.) lo Stato deve intervenire per aumentare la domanda aggregata. È questa la classica **ricetta keynesiana** che punta sugli investimenti pubblici e sulla politica dei redditi per contrastare possibili effetti inflazionistici.

Sostegno dell'offerta

Incentivi alle imprese Le imprese creano lavoro e assicurano prospettive di sviluppo se operano in un ambiente favorevole, in un clima di fiducia e in un quadro macroeconomico stabile.

Spingono le imprese ad assumere personale i seguenti interventi:

- **concessione di agevolazioni creditizie e fiscali** alle imprese *capital saving* (cioè che impiegano molto lavoro rispetto al capitale);
- **riduzione del cuneo fiscale**, cioè l'incidenza degli oneri sociali che aumentano il costo del lavoro;

C Cuneo fiscale Differenza fra i costi sostenuti dal datore di lavoro e il reddito percepito dal lavoratore. È il costo per le imposte sul lavoro (dirette e indirette) e per i contributi previdenziali e sociali che l'impresa sostiene per ciascun dipendente.

L'ECONOMIA CHE NON TI ASPETTI — L'INDICE DI MISERIA

L'economista americano Arthur Okun (1928-1980) ha proposto l'istituzione di un indice di miseria (detto anche indice di sofferenza o anche indice di infelicità), basato sulla somma del tasso di disoccupazione e del tasso di inflazione. Viene usato per redigere una classifica – assai poco invidiabile – dei Paesi del mondo per i quali i due dati statistici sono disponibili. Ogni anno infatti l'agenzia Bloomberg diffonde i risultati di una ricerca che indica gli Stati destinati a diventare più poveri nell'arco dell'anno. Dall'ultima pubblicazione risulta che i Paesi più "miserabili" sono Venezuela, Iran e Argentina.
Questo metodo, molto semplice ma anche rozzo, è stato molto criticato, soprattutto perché le analisi economiche hanno evidenziato che la disoccupazione ha un'influenza negativa sulla vita delle persone molto più alta dell'inflazione, e quindi l'indice sottovaluta l'infelicità attribuibile alla disoccupazione rispetto a quella attribuita all'inflazione. Tuttavia, quando per un Paese la somma delle due variabili è alta, le popolazioni vivono in uno stato di sostanziale malessere.

▲ Un'immagine dei quartieri più poveri di Caracas, la capitale del Venezuela.

unità **3** ■ Il mercato del lavoro

la nuova economia

Giovane, diventa imprenditore!

Diverse Regioni italiane hanno approvato leggi che favoriscono il decollo di attività imprenditoriali da parte dei giovani. Anche se le singole Regioni, nell'ambito della propria autonomia, prevedono modalità di volta in volta diverse, si osserva in generale che i giovani tra i 18 e i 35 anni (elevati a 40 se si tratta di lavoratori licenziati o in mobilità, di portatori di handicap, lavoratori agricoli ecc.) possono ottenere **contributi** a fondo perduto in conto capitale e in conto interessi per avviare la loro attività. Già molti giovani hanno colto queste opportunità e avviato promettenti iniziative in vari settori. In alcune Regioni sono riconosciute particolari agevolazioni creditizie alle iniziative imprenditoriali femminili, alle imprese che utilizzano nuove tecnologie, ai progetti di recupero e riciclaggio dei rifiuti oppure di risparmio energetico o idrico. Ricordiamo che negli Stati Uniti hanno avuto notevole successo i *business incubators*, finanziati da enti pubblici e privati, con lo scopo di sostenere la formazione di iniziative imprenditoriali giovanili. Sono collegati alle università e hanno già dato origine a 60 mila aziende, che hanno creato oltre 600 mila posti di lavoro, in parte anche nel settore "non profit".

Per incentivare l'attività imprenditoriale dei giovani sono previste agevolazioni e contributi economici.

- **creazione di un quadro legislativo certo** (soprattutto in ambito fiscale), fatto di poche leggi, ma chiare, eque e rispettate;
- **aumento della flessibilità del lavoro**, per poter adeguare la forza lavoro alle necessità dell'impresa (flessibilità dell'orario di lavoro, part-time, varie forme di lavoro a termine);
- **ricostituzione di un dialogo fecondo fra industria e ricerca**, per favorire l'innovazione, dato che la sfida tecnologica dei prossimi anni si vince aumentando il numero dei prodotti avanzati che riusciremo a produrre.

L'importanza della formazione

Formazione professionale Il lavoro, con la sua creatività, è la principale risorsa di cui dispone un sistema economico. Fra gli interventi suggeriti, i più importanti riguardano:

- **una miglior formazione professionale**, perché le capacità dei lavoratori siano adeguate alle realtà economiche di oggi; particolarmente utili in questo senso sono i **contratti di formazione lavoro**, che avvicinano i giovani al mondo del lavoro e permettono loro di acquisire esperienza;
- **più conoscenze di base dell'economia**, che favoriscono nel giovane l'assunzione consapevole del rischio e dello spirito di iniziativa;
- **un sistema di formazione permanente lungo l'intero arco della vita del lavoratore**; oggi anche le qualifiche rilasciate dalle scuole non bastano più: molte tecnologie attuali diventeranno obsolete prima che si concluda l'arco di vita professionale di chi entra ora nel mondo del lavoro. È dunque necessario disporre di centri di riqualificazione che facilitino il trasferimento dei lavoratori dai settori in declino ai settori in espansione, oltre a una formazione professionale di base più flessibile.

Domanda e offerta di lavoro

Interventi nel mercato del lavoro Nel mercato del lavoro si incontrano la domanda e l'offerta di lavoro: la **domanda** proviene dalle imprese, che richiedono il lavoro (il quale, combinato con gli altri fattori produttivi, consente di ottenere la produzione); l'**offerta** proviene dalle forze di lavoro, cioè dai lavoratori che rendono disponibili le proprie capacità professionali. **Il mercato del lavoro**

C Contratti di formazione lavoro Contratto con cui il datore di lavoro si impegna a fornire ai neoassunti (giovani di età compresa fra i 16 e 32 anni) un'adeguata formazione professionale insieme a un'esperienza di lavoro, sulla base di specifici progetti formativi.

modulo 7

La dinamica del sistema economico

determina sia il livello delle **retribuzioni**, sia tutte le altre condizioni economiche e normative che lo disciplinano.

È quindi necessario rendere il più possibile efficiente il mercato del lavoro, favorendo l'incontro della domanda e dell'offerta in un quadro di regole condivise sia dalle organizzazioni dei lavoratori, sia dalle imprese.

Necessità di interventi urgenti

Collocamento e orientamento In questo campo occorre intervenire con urgenza, per facilitare il reperimento di figure professionali adatte alle esigenze dell'impresa ed evitare il *labour mismatch*. Sono da considerare prioritari i seguenti interventi:

- predisposizione di **norme sul collocamento** che facilitino l'incontro fra domanda e offerta di lavoro;
- una **più ampia informazione**, che renda tempestivamente note le esigenze occupazionali delle imprese;
- un'**attività di orientamento** per i giovani, che devono essere indirizzati alle specializzazioni più richieste dal mercato;
- **incentivazione agli spostamenti dei lavoratori**, sia da impresa a impresa, sia da un luogo a un altro; è importante trovare una soluzione al problema della casa, che da noi è uno dei maggiori ostacoli alla mobilità del lavoro.

3.8 Le nuove forme di lavoro

Il lavoro è molto cambiato negli ultimi anni. Oltre alla nascita di nuove figure professionali, dovuta all'introduzione di tecnologie innovative e all'insorgere di nuove necessità (si pensi ai web designer o agli sviluppatori di app per smartphone, figure impensabili solo quindici anni fa), si stanno oggi sviluppando **nuove forme di organizzazione del lavoro**. Esse sono dovute da un lato alle nuove possibilità offerte dalle tecnologie più moderne, dall'altro alla richiesta di una **maggiore flessibilità**, un concetto questo sempre più importante nel quadro di un'economia mondiale in rapida evoluzione. In tale contesto ha avuto una forte influenza anche la crescita del settore terziario, che necessita di una spiccata fluidità nella gestione della risorsa-lavoro.

Un mondo in trasformazione

Vediamo alcune delle nuove forme di lavoro oggi più diffuse: il **telelavoro**, il **lavoro atipico** e, al suo interno, il **lavoro interinale**.

Il lavoro che cambia

Il telelavoro Con l'introduzione delle cosiddette **autostrade informatiche** (reti a banda larga, a fibre ottiche ecc.) si è già avuto – soprattutto negli Stati Uniti e in alcuni Paesi del Nord Europa – un rapido sviluppo del **telelavoro** (*homework*) o **lavoro a distanza**.

> Si tratta di attività effettuate dal lavoratore nella sua abitazione, collegata all'azienda tramite sistemi multimediali che integrano dati, suoni e immagini.

Una forte accelerazione al telelavoro è stata data dalla rete Internet, che ha permesso collegamenti molto semplici: oggi basta un computer collegato a Internet per accedere a informazioni di ogni tipo, e soprattutto per ricevere e inviare e-mail con i relativi allegati: questi documenti contengono in pratica le indicazioni per i compiti da eseguire o lo stesso lavoro svolto.

O Orientamento Attività di informazione, svolta in genere da enti pubblici ma anche da società private, per indirizzare i giovani verso le professioni più richieste sul mercato del lavoro. L'orientamento è fondamentale per evitare il *labour mismatch* e di conseguenza per limitare l'incidenza della disoccupazione, in particolare di quella giovanile.

372

unità **3** ■ Il mercato del lavoro

Diffusione del telelavoro

Il telelavoro è oggi molto diffuso nei Paesi più avanzati: si calcola che interessi 35 milioni di lavoratori negli USA e circa 15 milioni in Europa.

Anche in Italia **il numero dei lavoratori a domicilio sta aumentando**, soprattutto in settori quali l'editoria, la consulenza, le traduzioni, i sondaggi telefonici, la contabilità ecc., ambiti professionali in cui la presenza fisica del lavoratore sul luogo di lavoro non è strettamente necessaria. Da segnalare che si stanno inoltre diffondendo **forme miste**, per cui il lavoratore lavora normalmente da casa e si reca in azienda solo una o due volte alla settimana, per partecipare a riunioni o per illustrare il lavoro svolto.

▲ Con il telelavoro è possibile svolgere direttamente dalla propria casa una lunga serie di compiti, senza la necessità di raggiungere fisicamente l'azienda.

Vantaggi e svantaggi del telelavoro

Il telelavoro presenta indubbi **vantaggi**: l'impresa risparmia sulle spese generali (tale risparmio è stato valutato nella misura del 30-40%), mentre il lavoratore aumenta la qualità della vita evitando il trasferimento quotidiano dalla sua casa al luogo di lavoro, con i relativi costi e disagi. Anche la collettività ne trae benefici: si riduce il numero delle auto in circolazione e quindi l'inquinamento e il numero di incidenti, il sistema dei trasporti pubblici viene alleggerito, oltre al fatto che il tempo che verrebbe altrimenti "sprecato" nei trasferimenti casa-lavoro-casa può essere utilizzato per la famiglia o per i propri interessi, con un miglioramento globale del livello di vita e un possibile aumento dei consumi, soprattutto per il tempo libero (cinema, libri, hobby ecc).

Sono però presenti anche degli **svantaggi**: il lavoratore prova spesso una sensazione di isolamento, si riducono le possibilità di carriera e di aggiornamento professionale, e diventa a volte difficile tenere separata la vita lavorativa da quella familiare. Per queste ragioni, sul telelavoro è aperta una discussione che mira a introdurre una regolamentazione più precisa.

> **Il lavoro atipico** Il **lavoro atipico** è costituito dalle forme di lavoro diverse dal contratto di lavoro subordinato standard a tempo pieno e dalle varie forme di lavoro autonomo.

Si tratta di contratti vigenti nel mercato del lavoro italiano, ma che trovano corrispondenze nella maggior parte dei Paesi industrializzati. Il lavoro atipico nasce dalla necessità oggi assai sentita di una maggiore flessibilità, e si è molto diffuso in settori produttivi (come l'agricoltura, il commercio, il turismo, l'editoria e alcuni particolari comparti industriali) dove a periodi di forte necessità di manodopera si contrappongono periodi di minore attività.

Varie forme di lavoro atipico

Tra le forme di lavoro atipico più diffuse, si segnalano le seguenti tipologie.

■ **Lavoro a tempo determinato**: sono contratti che vincolano il lavoratore a un'azienda per un periodo concordato più o meno lungo (tre mesi, sei mesi, un anno ecc.). Il lavoratore percepisce un regolare salario con i relativi contributi previdenziali e assicurativi, mentre l'azienda può fare fronte alla maggior produzione di un certo periodo senza dover poi sostenere il costo fisso del lavoratore anche nei periodi in cui non ve ne è più necessità.

373

modulo 7
La dinamica del sistema economico

PER capire meglio

Not in education, employment or training

▲ La condizione dei giovani Neet è molto gravosa: privi di occupazione e prospettive, cadono spesso in uno sconforto che può durare a lungo.

L'Istat ha calcolato che in Italia oltre due milioni di giovani con meno di 35 anni non studiano e non lavorano: costituiscono i **NEET** (acronimo di *Not in education, employment or training*), costituiti da giovani, spesso in possesso di diploma o di laurea, che hanno ripetutamente cercato senza successo di inserirsi nel mondo del lavoro, e si sentono ormai demotivati. Sono in una situazione di **scoraggiamento** che li porta a non cercare un lavoro né a impegnarsi in un corso di studio. Il fenomeno è particolarmente acuto nel Sud del nostro Paese (si arriva a punte del 57% in Basilicata e del 55% in Campania e Sicilia), ma si manifesta pesantemente anche in molte aree del Nord. **La situazione è preoccupante: la disoccupazione giovanile in Italia sfiora il 40%**, contro una media OCSE del 23%.

Le statistiche evidenziano che in Italia un giovane su tre non ha lavoro; tra quelli che ce l'hanno, uno su due ha un lavoro precario, è cioè stato assunto con un contratto a termine (purtroppo le diverse forme di flessibilità riguardano soprattutto le giovani generazioni). La conseguenza è che **aumenta il numero dei laureati che vanno all'estero** (soprattutto ingegneri, economisti e statistici). Secondo un'indagine del Consorzio universitario AlmaLaurea provengono prevalentemente da famiglie abbienti e già durante l'università hanno fatto un'esperienza di studio all'estero.
La crisi ha avuto un impatto particolarmente marcato per i giovani, che sono i soggetti più vulnerabili. Per i giovani la situazione si presenta drammatica: periodi di prolungata disoccupazione, soprattutto all'inizio della carriera lavorativa, aumentano il rischio di un'uscita permanente dal mercato del lavoro.
Migliorare le prospettive di lavoro per i giovani è condizione necessaria per la crescita del Paese.

Vantaggi e svantaggi del lavoro atipico

▼ Il lavoro atipico presenta vantaggi e svantaggi, per cui va valutato con attenzione.

■ **Lavoro part-time**: è il lavoro che si svolge con un orario ridotto rispetto a quello normale, a fronte di una retribuzione ridotta. Si può avere un *part-time orizzontale* (lavoro svolto tutti i giorni con un orario ridotto) o un *part-time verticale* (lavoro svolto solo alcuni giorni della settimana – oppure alcune settimane del mese, o alcuni mesi dell'anno – ma con orario normale). Molto utili per i lavoratori con particolari esigenze familiari o personali – si pensi a una giovane donna con figli, o a uno studente senza aiuti economici – permettono all'azienda di mantenere al proprio interno le competenze professionali del dipendente impiegandolo tuttavia in modo parziale, per esempio in un momento di minore produzione, e con costi retributivi proporzionali.

■ **Collaborazioni occasionali**: sono rapporti di lavoro brevi (non superiori a 30 giorni all'anno) e con compensi limitati (il totale dei compensi percepiti dal lavoratore, anche da più committenti, non deve superare i 5 mila euro annui). Queste forme di lavoro sono chiaramente temporanee e, in genere, si configurano come piccoli redditi che incrementano le entrate di studenti o disoccupati.

Le varie forme di lavoro atipico presentano il **vantaggio** di avvicinare con più facilità i giovani e i disoccupati al mondo del lavoro, soprattutto in momenti di stagnazione o stagflazione, quando la richiesta di lavoro da parte delle aziende è inferiore. I giovani inoltre attraverso il lavoro atipico possono maturare una maggiore esperienza, iniziare a conoscere il mondo del lavoro e comunque avere un'occupazione che, seppur temporanea, è preferibile a un lungo periodo di inattività in attesa del "posto" a tempo indeterminato. Dal punto di vista delle imprese, la prospettiva di disporre di lavoratori solo nei momenti di necessità e a tempo determinato è chiaramente un motivo di interesse, e questo costituisce il grosso vantaggio per l'azienda.

I **lati negativi** sono però numerosi. Per i lavoratori ricordiamo la continua sensazione di incertezza, l'impossibili-

Svantaggi per le imprese

tà di contare su redditi fissi e prevedibili (fatta eccezione per il part-time, che tuttavia garantisce solo entrate limitate), la possibilità di incorrere in periodi anche lunghi di inattività e quindi senza retribuzione, con tutti i gravi disagi che questo comporta anche dal punto di vista della società nel suo complesso. Per le imprese gli svantaggi sono inferiori (queste forme di lavoro rispondono infatti alla richiesta delle aziende di maggiore flessibilità), ma comunque

▲ La ricerca di un posto di lavoro non è facile neppure per i giovani più volenterosi. La chiave del successo sta in un'ottima formazione di base.

presenti: il principale è la necessità di istruire e formare ogni volta il nuovo lavoratore, che raramente è in grado di essere immediatamente operativo; in modo analogo, al termine del rapporto di lavoro l'azienda soffre della perdita di professionalità e competenze del lavoratore che essa stessa ha formato.

Tra i lavori atipici è compreso anche il lavoro interinale ma, a causa della sua importanza e attualità, è preferibile esaminarlo separatamente.

Il lavoro interinale

In tutti i Paesi industrializzati è oggi presente una particolare forma di lavoro chiamata **lavoro interinale** (o anche **lavoro temporaneo**, o **in affitto**). Esso rappresenta un aspetto importante della flessibilità del mercato del lavoro.

Una forma di lavoro flessibile

> Il **lavoro interinale** consiste nel lavoro offerto da particolari agenzie, le quali prestano lavoro alle imprese che ne hanno bisogno per periodi di tempo limitati.

Per esempio un'impresa che deve sostituire temporaneamente un dipendente, o che deve fare fronte a ordinativi imprevisti, può rivolgersi a un'agenzia interinale, che le fornisce i lavoratori adatti a quella mansione e per il tempo necessario. D'altra parte, chi è in cerca di lavoro può rivolgersi a un'agenzia interinale, che ha maggior possibilità di collocare i lavoratori nelle aziende che li richiedono temporaneamente. Da sottolineare che è l'agenzia che corrisponde il salario al lavoratore, comprensivo dei contributi previdenziali e assicurativi: l'impresa invece paga all'agenzia il servizio di selezione e fornitura del lavoratore con la competenza richiesta.

Il contratto a tutele crescenti

Il contratto di lavoro a tempo indeterminato **a tutele crescenti** è stato introdotto dal Decreto legislativo n. 23/2015, attuativo del cosiddetto **Jobs Act** (Legge n. 183/2014), ed è applicabile ai lavoratori assunti a tempo indeterminato. Ha lo scopo di **incentivare le assunzioni a tempo indeterminato**, in modo da combattere la disoccupazione specialmente giovanile e far ripartire l'economia. L'espressione "a tutele crescenti" si riferisce alla misura del **risarcimento** spettante al lavoratore in caso di licenziamento dichiarato illegittimo dal giudice: tale indennità aumenta al crescere dell'anzianità di servizio maturata. La nuova disciplina restringe le ipotesi di reintegrazione del lavoratore nell'azienda, individuando nel pagamento di un'indennità risarcitoria la principale sanzione applicabile.

Questa nuova forma contrattuale conviene per ogni contratto a tempo indeterminato, perché al datore di lavoro è riconosciuta la possibilità di ottenere agevolazioni sui contributi previdenziali per 3 anni fino al raggiungimen-

modulo **7**

La dinamica del sistema economico

Quando la reintegrazione è obbligatoria

to di un determinato plafond annuale.

In base alla nuova disciplina, la reintegrazione sul posto di lavoro resta obbligatoria solo per i **licenziamenti discriminatori, nulli o avvenuti per motivi di disabilità fisica o psichica del lavoratore**, oltre a pochi altri casi. Il giudice, dichiarando la nullità del licenziamento, condanna il datore di lavoro alla reintegrazione del lavoratore, al pagamento di un'indennità a favore di quest'ultimo e al versamento dei contributi previdenziali e assistenziali. Fermo restando il diritto a percepire la suddetta indennità, al lavoratore è attribuita la facoltà di sostituire la reintegrazione nel posto di lavoro con un ulteriore indennizzo economico, pari a quindici mensilità dell'ultima retribuzione di riferimento per il calcolo del trattamento di fine rapporto.

Il contratto a tutele crescenti prevede una procedura conciliativa nel caso di un contenzioso sul licenziamento.

La procedura conciliativa

Il Decreto introduce una **procedura conciliativa**, con l'obiettivo di rendere più rapida la definizione del contenzioso sul licenziamento. Essa prevede l'immediato pagamento, da parte del datore di lavoro, di un indennizzo in misura compresa tra 2 mesi di stipendio per ogni anno, da un minimo di 4 a un massimo di 24 mensilità. Le somme si dimezzano nelle aziende con meno di 15 addetti.

3.9 I giovani e il mondo del lavoro

In Italia la **disoccupazione giovanile**, cioè il numero dei disoccupati di età compresa tra i 15 e i 24 anni, è fra le più alte dei Paesi occidentali; siamo agli **ultimi posti della classifica** europea, insieme a Grecia e Spagna. Il fenomeno – vera emergenza nazionale – è esploso durante la recente crisi, raggiungendo livelli drammatici.

Il ruolo dell'istruzione

In altri Paesi, come **Germania** e **Austria**, i tassi di disoccupazione giovanile sono invece molto più bassi. Come mai questa differenza? La spiegazione sta nel fatto che in questi Paesi "virtuosi" le **scuole professionali** garantiscono una formazione di base teorica e pratica legata al mondo del lavoro, dato che forniscono conoscenze coerenti con le variazioni che avvengono nel contesto produttivo. Tali scuole sono legate alla realtà del territorio, quindi alle **necessità delle aziende**: formano cioè proprio quelle figure professionali di cui le aziende hanno bisogno. I programmi sono flessibili alle richieste delle imprese, che a loro volta partecipano alla formazione dei futuri dipendenti. L'esempio di Germania e Austria dimostra dunque che è necessario che la scuola dia una **preparazione orientata al mondo del lavoro**.

L'integrazione fra teoria e pratica è la ragione del successo delle moderne scuole professionali.

Negli ultimi anni sono state introdotte diverse riforme della scuola italiana, e altre sono attese in futuro. Molte innovazioni riguardano proprio il maggior **contatto tra lo studio e l'ambiente di lavoro**: questa vicinanza può essere rafforzata con sistemi che integrino teoria e pratica, combinando lezioni in aula ed esperienze in azienda. Se guardiamo ancora al modello offerto dalla **Germania**, vediamo che il sistema tedesco dell'apprendistato permette ai giovani tra i 15 e i 18 anni di

unità **3** ■ Il mercato del lavoro

Alternanza scuola-lavoro

Lo studente responsabile si prepara alla vita

Investire in istruzione

trascorrere metà del tempo di formazione in azienda: un valore alto, che avvicina fortemente i giovani alla professione futura dando loro la possibilità di vivere esperienze formative di grande utilità.

In quest'ambito, in Italia ha suscitato molto interesse il sistema dell'alternanza scuola-lavoro: si tratta di un modello in cui le scuole dialogano con le imprese e i professionisti del territorio per offrire nuovi percorsi formativi, in grado di formare i ragazzi in una maniera più completa e operativa.

▲ Con l'alternanza scuola-lavoro le scuole si aprono verso le imprese e i professionisti del proprio territorio, in modo da offrire una formazione aderente alle necessità reali del mercato del lavoro.

Se le riforme del sistema scolastico sono senz'altro importanti, **i giovani stessi possono fare molto per la propria formazione**. Si tratta di sviluppare un atteggiamento corretto verso il futuro lavorativo, preoccupandosi della propria preparazione e svolgendo un ruolo attivo e costante per migliorarla.

Il primo passo è **capire quale ruolo si vuole avere nella vita**, e scegliere di conseguenza l'indirizzo di studio più coerente con i propri interessi e le proprie capacità. Attenzione però: è importante anche **capire di che cosa ha bisogno la società**, per evitare di investire in una preparazione che alla fine può rivelarsi non richiesta. Dunque è necessario coniugare due esigenze: ciò che piace con ciò che richiede il mercato.

Un altro consiglio che danno gli esperti è di lavorare alla costruzione del proprio futuro con costanza, serietà e impegno, un vero "stile di vita" che inizia già sui banchi di scuola. **Non si impara l'etica del lavoro se non si impara l'etica dello studio**, oltre al fatto che la preparazione fornita dalla scuola è importante, ed è quindi necessario affrontarla con serietà. Imparare già dalla scuola che i risultati si ottengono con l'impegno, e non con la furbizia o la fortuna, ci abitua ad interiorizzare il concetto di meritocrazia, sempre più importante nel lavoro del futuro.

È bene ricordare poi che **investire in istruzione e formazione rende**: molti studi dimostrano che la laurea, soprattutto nei momenti di crisi, è una garanzia contro la disoccupazione. Lo stesso vale per gli altri studi più avanzati, come i master post laurea e le specializzazione di alto livello. Chi è in possesso di queste qua-

▲ Investire sulla propria formazione è una scelta vincente: varie ricerche dimostrano che i titoli di studio più alti permettono una migliore entrata nel mondo del lavoro.

A Alternanza scuola-lavoro Percorsi progettati e attuati attraverso convenzioni tra scuole e imprese, ordini professionali o enti pubblici, disponibili ad accogliere gli studenti per periodi di apprendimento in una situazione lavorativa. Potenzia l'autonomia scolastica e qualifica l'offerta formativa, rendendola più flessibile.

M Meritocrazia Forma di organizzazione sociale in cui le responsabilità direttive e le cariche pubbliche, e di conseguenza le retribuzioni, sono conferite secondo il criterio del merito, e cioè secondo l'intelligenza, le capacità e l'impegno, e non secondo logiche di appartenenza familiare (nepotismo) o di lobby politica (clientelismo).

M Master Corso di specializzazione di durata variabile, con lo scopo di approfondire o ampliare le conoscenze apprese durante gli studi universitari. Può essere attivato da un'università, che al termine rilascia il relativo titolo accademico, o da privati che promuovono corsi post-laurea o post-diploma. Molte aziende, soprattutto di grandi dimensioni, organizzano anche master "interni", cioè finanziati e promossi dalle stesse.

modulo **7**

La dinamica del sistema economico

lifiche tra l'altro guadagna mediamente più di coloro che hanno diplomi di livello inferiore.

Avere competenze ampie e solide, inoltre, è un "paracadute" che può essere molto utile per **riqualificarsi** nella vita lavorativa: i cambiamenti del mercato o delle politiche produttive, le novità tecnologiche, gli imprevisti sempre possibili nel mondo del lavoro possono essere affrontati più agevol-

Oggi ci si rende conto che nel lavoro sono importanti anche le competenze trasversali (*soft skills*), cioè le capacità di collaborare con gli altri, di adattarsi, di comunicare al meglio, di individuare e risolvere rapidamente i problemi.

mente se si è in possesso di abilità e competenze ampie, perché si dispone di maggiori strumenti per adattarsi a un mondo in perpetuo cambiamento.

Una formazione continua

Un altro elemento da tenere sempre presente è che **la formazione deve essere continua**: non esiste un termine fissato all'apprendimento, perché il lavoro cambia incessantemente e il lavoratore deve restare sempre al passo con le ultime novità, aggiornando le proprie conoscenze. Quindi è bene ricordare che **lo studio ci accompagnerà per tutta la vita**, perché ci sarà sempre qualcosa da imparare, qualcosa di nuovo da sapere. E in fondo, a ben pensarci, questa è una buona prospettiva, perché sarebbe quanto meno noioso passare lunghi anni senza imparare niente di nuovo.

Il valore delle competenze trasversali

È vero però che un buon bagaglio di competenze teoriche o tecniche da solo non basta. Da tempo ormai si parla delle **competenze trasversali** o, con un'espressione inglese, delle **soft skills**. Con questo termine si indica un complesso di capacità particolari, come l'inclinazione a lavorare in gruppo, la propensione a collaborare con gli altri, l'abilità a comunicare e a negoziare, l'attitudine a individuare con chiarezza i problemi e a risolverli rapidamente; anche la capacità di adattarsi ai cambiamenti, di motivare gli altri, di resistere a particolari momenti di pressione fanno parte delle competenze trasversali.

Come è facile capire, queste abilità sono spesso innate o si acquisiscono durante l'intera vita, a partire dalla scuola; in realtà tuttavia **è possibile coltivare e rafforzare le proprie soft skills**, abituandosi a un atteggiamento aperto e positivo verso gli imprevisti e le situazioni complesse che affrontiamo ogni giorno. Collaborare in una squadra ma all'occorrenza saper lavorare in autonomia; risolvere i problemi esaminando i punti di vista di tutti, ma ragionando con la propria testa; saper ascoltare e saper comunicare: tutti questi sono esempi di abilità trasversali importanti nel lavoro, anche se non legate a uno specifico corso di studi. Sono competenze che si sviluppano grazie a una **molteplicità di fattori**: ambiente di vita e di lavoro, obiettivi personali, ambiti di attività, predisposizioni individuali; ma con i comportamenti le scelte che operiamo in prima persona e attraverso le attività indirizzate alla crescita personale, possiamo far crescere queste abilità, sempre più importanti in un ambiente di lavoro ormai molto complesso.

INsintesi

3.1 Il problema dell'occupazione
La **disoccupazione** è il problema principale delle economie attuali. Essa provoca un enorme spreco di risorse e colpisce le fasce sociali più deboli. Gravissimi sono anche i suoi costi umani. La disoccupazione può essere: **congiunturale**; **frizionale**; **strutturale**.

3.2 La misura della disoccupazione
La **misura della disoccupazione** avviene attraverso tre indicatori: **tasso di disoccupazione** (numero dei disoccupati / forza lavoro); **tasso di occupazione** (numero degli occupati / popolazione); **tasso di attività** (forza lavoro / popolazione).

3.3 La disoccupazione in Italia e nel mondo
Le **forze di lavoro** comprendono: gli **occupati** e le **persone in cerca di occupazione**. In Italia il tasso di disoccupazione è molto elevato, e colpisce più il **Sud** rispetto al **Nord**. Anche negli altri Paesi sviluppati la disoccupazione è molto alta.

3.4 Disoccupazione e tecnologia
Non sono ancora chiare le **conseguenze dello sviluppo tecnologico sull'occupazione**: per alcuni economisti esso accresce la disoccupazione, per altri invece nel lungo periodo esercita effetti positivi anche sull'occupazione.

3.5 Due opposte spiegazioni
Secondo i **neokeynesiani** la disoccupazione dipende dall'insufficienza della domanda aggregata. È compito dello Stato stimolare la domanda con politiche espansive.

Secondo i **monetaristi** l'economia tende spontaneamente all'equilibrio di piena occupazione. Gli interventi pubblici a sostegno della domanda sono quindi dannosi.

3.6 Le cause della disoccupazione
Le **cause della disoccupazione** possono essere: i **costi di produzione troppo alti** rispetto alla concorrenza; la **diminuzione della domanda di certi prodotti**; la **rigidità dei salari**, che rende difficile l'incontro della domanda e dell'offerta.

3.7 I rimedi contro la disoccupazione
I campi di intervento per la **lotta alla disoccupazione** riguardano: il **sostegno della domanda** mediante l'aumento degli investimenti pubblici; le **misure atte a favorire le imprese** e a migliorare la formazione professionale; il **miglioramento del mercato del lavoro**.

3.8 Le nuove forme di lavoro
Le **nuove forme di lavoro** vanno verso una maggiore **flessibilità**. Tra le principali si segnalano il **telelavoro** (o **lavoro a distanza**) e varie forme di lavoro atipico: il **lavoro a tempo determinato**, il **lavoro part-time**, il **contratto a tutele crescenti**, le **collaborazioni occasionali** e, tra i più diffusi, il **lavoro interinale**. Ognuna offre vantaggi sia al datore di lavoro sia al lavoratore, ma sono presenti anche diversi svantaggi.

3.9 I giovani e il mondo del lavoro
Un **maggior contatto tra studio e lavoro** può avere effetti positivi sull'occupazione. I giovani devono però **pianificare con attenzione** il loro futuro e impegnarsi con serietà nello **studio**, che li accompagnerà per tutta la vita. È importante anche rafforzare le proprie **abilità trasversali** (*soft skills*).

Laboratorio

Vero / Falso
Indica se le seguenti affermazioni sono vere o false.

1. I cambiamenti del sistema economico, che riducono in modo permanente la domanda di lavoro in certi settori o in certe aree, provocano disoccupazione strutturale. V F
2. L'invecchiamento della popolazione italiana ha contribuito a far aumentare il tasso di attività. V F
3. I luddisti inglesi pensavano che l'introduzione delle macchine favorisse l'occupazione. V F
4. Secondo i keynesiani la disoccupazione è sempre volontaria. V F
5. La disoccupazione congiunturale è quella collegata al calo di domanda che si verifica nella fase discendente del ciclo. V F
6. È strutturale la disoccupazione che nasce dalla chiusura dei piccoli esercizi commerciali a seguito dall'affermarsi della grande distribuzione. V F
7. La disoccupazione si combatte aumentando la flessibilità del lavoro. V F
8. In Italia la disoccupazione colpisce soprattutto i giovani, le donne, gli abitanti del Sud. V F

Scelta multipla
Completa l'affermazione scegliendo la frase corretta fra quelle proposte.

1. La disoccupazione che deriva da cambiamenti fondamentali nella struttura dell'economia si dice
   a congiunturale
   b frizionale
   c tecnologica
   d strutturale

2. La disoccupazione che si verifica durante la fase depressiva del ciclo si chiama
   a strutturale
   b frizionale
   c tecnologica
   d congiunturale

modulo 7
La dinamica del sistema economico

Laboratorio

3. È frizionale la disoccupazione che raggiunge il livello del
   - a 4-5%
   - b 7-8%
   - c 9-10%
   - d 12-15%

4. Il tasso di occupazione è dato dal rapporto fra il numero degli occupati e
   - a la forza lavoro
   - b la popolazione totale
   - c la popolazione attiva
   - d il numero delle persone in cerca di occupazione

5. Il rapporto fra forza lavoro e popolazione dà il
   - a tasso di attività
   - b tasso di occupazione
   - c tasso di disoccupazione
   - d tasso di inattività

6. La popolazione attiva comprende
   - a gli attivi occupati e i disoccupati
   - b solo gli attivi occupati
   - c gli attivi occupati e i disoccupati in senso stretto
   - d gli attivi occupati e le persone in cerca di prima occupazione

7. Secondo Keynes la domanda di lavoro da parte delle imprese dipende dal livello
   - a dei salari
   - b della disoccupazione
   - c delle vendite attese
   - d delle importazioni

8. Secondo i monetaristi la domanda di lavoro da parte delle imprese dipende dal livello
   - a dei salari
   - b della disoccupazione
   - c delle vendite attese
   - d delle importazioni

9. Il lavoro interinale prevede un'occupazione
   - a immediata a tempo indeterminato
   - b da svolgere presso enti pubblici
   - c regolare e a tempo determinato
   - d da svolgere solo nel fine settimana

Completamenti
Completa il brano inserendo i termini appropriati scelti tra quelli proposti.

L'investimento in _____ consente in generale una migliore riuscita sul mercato del _____ . Il _____ di occupazione è infatti fortemente correlato con il titolo di _____ : i giovani laureati risultano occupati per circa l'80% mentre quelli che possiedono solo la licenza elementare risultano occupati per circa il 45%. Il tasso di _____ delle giovani laureate rimane al di sotto di quello dei coetanei maschi, per scelte di vita diverse o anche perché le ragazze tendono a laurearsi in indirizzi (quale quello letterario) che trovano forti difficoltà di assorbimento nel _____ del lavoro. Il possesso di un titolo di studio superiore non sempre basta a garantire dal rischio di _____ . In periodi di _____ economica come l'attuale la difficoltà di trovare un'occupazione è alta per tutti i giovani che si affacciano sul mercato del lavoro, anche per i giovani laureati: costituisce un handicap per tutti la _____ di esperienza professionale. Per entrambi i sessi e in tutte le ripartizioni geografiche, la quota dei disoccupati di lunga durata (oltre un anno) è, per i laureati, inferiore rispetto ai coetanei con titolo di studio meno elevato. In definitiva, in Italia, come in tutti i Paesi sviluppati, col crescere del livello di _____ cresce la probabilità di trovare un lavoro e di conservarlo.

attività ▪ crisi ▪ diplomati ▪ disoccupazione ▪ formazione ▪ inferiore ▪ istruzione ▪ lavoro ▪ mancanza ▪ mercato ▪ occupazione ▪ presenza ▪ studio ▪ sviluppo ▪ tasso

---

Trova l'errore
Individua l'espressione o il termine errati, e inserisci quelli corretti.

1. La disoccupazione frizionale deriva da cambiamenti fondamentali nella struttura dell'economia, che riducono in modo permanente la domanda di lavoro in particolari settori produttivi o in certe aree geografiche.

2. Per i neoliberisti lo Stato deve intervenire nel mercato in modo da assicurare un sufficiente livello della domanda globale, mentre per i keynesiani il mercato, lasciato libero di agire, assorbe spontaneamente la disoccupazione.

380

unità **3** ■ Il mercato del lavoro

Laboratorio

Collegamenti
Associa ogni termine della prima colonna con un solo termine della seconda.

1. Tasso di occupazione
2. Tasso di attività
3. Tasso di lavoro
4. Tasso di disoccupazione
5. Tasso di impiego

a. Rapporto tra il numero dei disoccupati e il totale della forza lavoro
b. Rapporto tra il numero degli occupati e la popolazione totale
c. Rapporto tra la popolazione totale e il numero degli occupati
d. Rapporto tra le forze di lavoro e la popolazione totale

Domande aperte
Rispondi alle seguenti domande.

1. Quali sono i principali costi economici e umani della disoccupazione? (3.1)
2. Come viene calcolato il tasso di disoccupazione con riferimento a un certo anno? (3.2)
3. Quali cause hanno determinato la discesa del tasso di attività? (3.2)
4. Qual è stato l'andamento del tasso di disoccupazione in Italia negli ultimi anni? (3.3)
5. Quali sono le possibili conseguenze del progresso tecnologico sulla disoccupazione? (3.4)
6. Quali sono le cause della disoccupazione secondo i monetaristi? (3.5)
7. In quali direzioni si deve agire per combattere la disoccupazione? (3.7)
8. È importante la formazione professionale per combattere la disoccupazione? (3.7)
9. Quali sono le principali forme esistenti in Italia di lavoro atipico? (3.8)
10. Quali sono i vantaggi e gli svantaggi del lavoro interinale? (3.8)

3.1 The problem of unemployment
Unemployment is a serious problem for the economy. It is a waste of human resources and particularly affects the weaker social classes. Unemployment can be: **cyclical**; **frictional**; **structural**.

3.2 The measurement of unemployment
Unemployment can be measured in different ways: unemployment rate (percentage of total labour force seeking employment); rate of employment (percentage of the labour force that is employed); rate of economic activity (percentage of the population that constitutes the manpower supply).

3.3 Unemployment in Italy and in the world
The **labour force** is the total number of people employed or seeking employment. The unemployment rate in **Italy** is high, and it affects the south of the country in particular. It is also high in many developed countries, and have serious consequences on the economy.

3.4 Unemployment and technology
It is not yet clear how **technological development** has affected employment. For some economists it has caused unemployment, whereas for others, in the long run, it will create employment.

3.5 Two opposing explanations
Keynesian economists believe that unemployment depends on the lack of aggregate demand. It is the State's responsibility to stimulate the demand. **Monetarists** believe that the market is inherently stable and works well when left alone. Government intervention can be harmful.

3.6 The causes of unemployment
The **causes of unemployment** can be: high production costs, compared to those of competitors; fall in demand of some products; wage rigidity, which affects the supply and demand relationship.

3.7 The remedies against unemployment
The **battle against unemployment** involves: creating demand through public investment; taking measures to help companies and improve training; improving the labour market.

3.8 New forms of work
Flexible working is becoming more and more popular. **Teleworking**, **temporary employment**, **part-time employment**, **work for hire** and **temporary agency work** all offer advantages both to the employer and the employee. However, there are many shortcomings involved in this kind of work.

3.9 Youth and the world of work
Education has an important role in the fight against unemployment. For young people it is necessary to have a good preparation, to remain up-to-date, to be engaged in a serious and consistent manner. A closer **connection between school and work** is desirable. Finally, it is recommended to improve the **soft skills**, which are increasingly important in the modern labour market.

modulo 7
La dinamica del sistema economico

Lettura di fine modulo
Lo sviluppo ripartirà dall'ambiente

Si può garantire lo sviluppo nel lungo periodo solo se è sostenibile: suo motore indispensabile è l'innovazione, intesa come ricerca di maggiore efficienza nell'utilizzo delle risorse e sfruttamento di nuove fonti di energia rinnovabile a basso impatto ambientale. Nel brano qui proposto L. Hunter Lovins, fondatrice e presidente di Natural Capitalism Solutions, identifica nelle nuove tecnologie ambientali la più importante sfida del mondo contemporaneo.

> Molti studi prevedono che la tecnologia al servizio dell'ambiente costituirà nel prossimo futuro uno dei maggiori stimoli all'economia.

Il successo negli affari in un periodo di trasformazione tecnologica richiede innovazione. Dalla prima rivoluzione industriale ci sono state almeno sei ondate innovative, e ognuna ha portato notevoli miglioramenti all'economia. Alla fine del '700 i settori tessile e siderurgico, l'energia idroelettrica e la meccanizzazione hanno consentito lo sviluppo del commercio moderno. La seconda ondata ha visto l'introduzione del vapore, dei treni e dell'acciaio. Nel '900 l'elettricità, la chimica e le automobili hanno cominciato a dominare. Verso la metà del XX secolo c'è stata l'epoca del petrolio e dei suoi derivati e della corsa allo spazio, insieme all'avvento dell'elettronica. La più recente ventata di innovazioni ha portato i computer e aperto le porte dell'era digitale o dell'informazione.

Ora che la rivoluzione industriale volge al termine, le attività produttive più vecchie sono destinate a soffrirne gli sconvolgimenti a meno che non realizzino qualcuna delle tecnologie sostenibili che porteranno alla prossima trasformazione. Molte imprese hanno effettuato massicci investimenti in tecnologie ambientali, riducendo drasticamente i gas serra; un importante manager americano ha recentemente affermato: «Siamo convinti di poter migliorare l'ambiente e di guadagnare molti soldi facendolo».

Le imprese che attuano strategie di produzione sostenibili migliorano il valore dell'impresa, il cosiddetto *shareholder value*. Cosa lo fa aumentare? Il profitto netto è sempre

> Un grande parco solare nella Francia meridionale. Già ora la creazione di energia "verde" riveste un certo peso nell'economia di molti Paesi.

stato l'indicatore della redditività di un'impresa: per essere considerata un buon investimento un'azienda doveva far aumentare i profitti e il valore delle azioni. Questo metodo di misurazione è molto discutibile e incompatibile con la valorizzazione a lungo termine di un'impresa. I fautori della sostenibilità hanno proposto il "triplo profitto": raggiungere l'obiettivo economico, ma anche proteggere le persone e il pianeta.

Un approccio molto più utile è quello di una dimensione integrata, che riconosce nel profitto un'unità di misura valida, ma è solo una delle componenti che conferiscono a un'azienda valore nel tempo. La validità di questo approccio nasce da un recente giudizio di Goldman Sachs che ha dimostrato che le società leader nelle politiche ambientali hanno avuto migliori risultati rispetto ai loro concorrenti. Il raggiungimento di uno sviluppo sostenibile richiede cambiamenti nelle modalità con cui produciamo e distribuiamo le nostre merci, ma l'esperienza dimostra sempre più che le imprese che assumono un ruolo di leadership nell'utilizzo più efficiente dell'energia, nel riprogettare il modo di creare i prodotti e nel gestire le operazioni in modo da valorizzare le persone e mantenere gli ecosistemi intatti hanno trovato il modo migliore per avere un maggior profitto. Risolvere le sfide poste dalla transizione verso uno sviluppo sostenibile può scatenare il più grande boom economico dopo la corsa allo spazio; non c'è mai stata una migliore opportunità per gli imprenditori di ottenere buoni risultati agendo nel modo giusto e per le comunità di rafforzare la loro sicurezza energetica, migliorare la qualità della vita e rendere le persone capaci di cavalcare il mutamento verso un futuro più sostenibile.

L. Hunter Lovins, Nòva, «Il Sole 24 Ore»

Verifica
di fine modulo

1. Quali sono le fasi del ciclo economico?
2. Come vengono spiegati i cicli economici dalle teorie endogene?
3. In che cosa consiste la politica anticiclica?
4. Come si misura l'inflazione?
5. Quali sono le cause dell'inflazione?
6. Quali sono gli effetti dell'inflazione?
7. Qual è la causa dell'inflazione secondo la visione dei monetaristi?
8. Come si combatte l'inflazione da domanda secondo i keynesiani?
9. In che cosa consiste la disoccupazione strutturale?
10. Come si può definire la disoccupazione tecnologica?
11. In quali circostanze si verifica la disoccupazione congiunturale?
12. Quali sono i rimedi contro la disoccupazione?
13. Perché è importante la formazione professionale?
14. Che cos'è il lavoro atipico?
15. Che cosa si intende per lavoro interinale?

Attività
di fine modulo

1 Utilizzando i documenti pubblicati dalla Camera di Commercio della tua Provincia, e servendoti anche di giornali locali e di ulteriore bibliografia (per esempio pubblicazioni di storia locale), traccia un profilo economico della tua zona nel periodo tra le due guerre mondiali, confrontandolo con la situazione attuale. Se la ricerca coinvolge l'intera classe, è possibile ripartire i settori produttivi tra più gruppi di lavoro, esaminando per esempio la realtà agricola, quella manifatturiera, quella commerciale ecc. Se possibile, non siano trascurati gli aspetti demografici, a causa della loro rilevante influenza nei fenomeni economici.

Una volta raccolte le informazioni, analizza in particolare la situazione occupazionale nei periodi considerati, cercando di individuare la fase ciclica dell'economia nei due diversi periodi.

Rispondi alle domande

- In quale modo possono sopravvivere le vecchie attività produttive in un mondo in trasformazione?
- Il solo profitto è un buon indicatore della redditività di lungo periodo dell'impresa?
- In che cosa consiste l'obiettivo del "triplo profitto"?
- Realizzano profitti soddisfacenti le imprese che adottano valide politiche ambientali?
- Sono necessari cambiamenti particolari per conseguire l'obiettivo di uno sviluppo sostenibile?
- Quali prospettive positive riveste la transizione verso uno sviluppo sostenibile?

modulo **7**
La dinamica del sistema economico

CLIL

There are several types of unemployment, each one defined in terms of cause and impact on society: cyclical, frictional, structural, technological unemployment and so on. We analyze these various forms of market failure, since nowadays unemployment is a growing problem in many countries, especially among young people.

The various types of unemployment

Many types of unemployment There are many types of unemployment.
Classical unemployment is caused when wages are too high. This explanation of unemployment dominated economic theory before the 1930s, when workers themselves were blamed by economists of the Classic school and statesmen for not accepting lower wages, or for asking for too high wages.
Cyclical unemployment exists when individuals lose their jobs as a result of a downturn in aggregate demand. The term "cyclical" is associated with **cycles or fluctuations** in economic activity. Governments can influence (but not really control) the **rate of unemployment** by the manipulation of tax rates and public sector expenditure, so as to maintain full or nearly full employment.
Frictional unemployment occurs when workers lose their current jobs and are in the process of finding another one. As long as the interval between jobs is not prolonged, frictional unemployment is not a serious problem. This suggests that **full employment is impossible** at any one time because some workers will always be in the process of changing jobs. There may be little that can be done to reduce this type of unemployment, other than provide better information to reduce the search time.
Structural unemployment occurs when certain industries decline because of long-term changes in market conditions. For example, over the last 30 years USA and UK motor vehicle production has declined while car production in the Far East has increased, creating structurally unemployed car workers. In many countries **globalization** (with the rise of new "low cost" overseas competitor countries) is an increasingly significant cause of structural unemployment. Structural unemployment may be encouraged to rise by persistent cyclical unemployment: if an economy suffers from long-lasting low aggregate demand, it means that many of the unemployed become disheartened, while their skills (including job-searching skills) become obsolete. Problems with debt may lead to homelessness and a fall into the **vicious circle of poverty**.
Technological unemployment is a form of unemployment caused by a **mismatch** between the skills that workers can offer and the skills demanded by firms. For example, when automation replaced the workers in the automobile-producing corporations with robots in the 1980s, there was no longer the same demand for welders in that area. However, at the same time, there was a strong demand for welders in other sectors of the economy (such as the oil industry) and in other parts of the country. If welders laid off in the auto industry were informed of these job opportunities – and were sufficiently mobile – they could find employment, so less structural unemployment would exist in the economy. Much technological unemployment is due to the replacement of workers by **machines**. Alternatively, technological unemployment might refer to the way in which steady increases in labour productivity mean that **fewer workers are needed** to produce the same level of output every year. This type of unemployment is often brought about by **technological changes** that make the job skills of many of today's workers obsolete, and can be addressed by either providing better information to workers who are structurally unemployed or by re-training these workers to fill new jobs that are in higher demand in the economy.

Unemployment is one of the main problems of Western economies.

384

modulo 7

▲ Entertainers at a resort. In the tourism sector a certain level of seasonal unemployment is normal.

Seasonal unemployment exists because certain industries produce or distribute their products only at certain times of the year. Industries where seasonal unemployment is common include farming, tourism and construction. For example, many building workers are temporarily unemployed in January and February, when bad weather prevents outside working; the tourist industry employs most of the labour during the summer holidays and, for a much shorter period, at Christmas; much of the labour force is not required for the rest of the year and may be regarded as seasonally unemployed. Official unemployment measures erase this kind of unemployment from the statistics using "seasonal adjustment" techniques.

Voluntary unemployment is defined as a situation when workers choose not to work at the current equilibrium wage rate: for one reason or another, workers may elect not to participate in the labour market. There are several reasons for the existence of voluntary unemployment, including excessively generous welfare benefits and high rates of **income tax**. Voluntary unemployment is likely to occur when the equilibrium wage rate is below the wage necessary to encourage individuals to supply their labour.

bibliographical sources

W. L. Smith, *Macroeconomics*, Irwin, Homewood, Illinois.

M. R. Ford, *The Lights in the Tunnel: Automation, Accelerating Technology and the Economy of the Future*, Acculant Publishing, Amazon.com.

D. Lobley, *Success in Economics*, John Murray Publishers, London.

J. Rifkin, *The End of Work: The Decline of the Global Labor Force and the Dawn of the Post-Market Era*, Putnam, New York.

questions exercises

1. What types of unemployment exist?
2. How do Classicists explain Classical unemployment?
3. What are the causes of cyclical unemployment?
4. Assess the role of Governments in controlling cyclical unemployment.
5. When does frictional unemployment occur?
6. What is the meaning of the term "labour mismatch"?
7. How can the problem of technological unemployment be solved?
8. Why does seasonal unemployment exist?
9. In what ways can the problem of regional unemployment be solved?
10. State whether the following sentences are true or false.
    a) Cyclical unemployment exists when individuals lose their jobs as a result of a downturn in aggregate demand. T F
    b) Frictional unemployment occurs when workers choose not to work at the current equilibrium wage rate. T F
    c) Seasonal unemployment exists because certain industries produce or distribute their products only at certain times of the year. T F
    d) Structural unemployment is caused by a change in the pattern of demand, technological unemployment by a change in the method of production. T F

glossary

• **Rate of unemployment** • Percentage of the total workforce which is unemployed and looking for a paid job. It is one of the most important statistics, because a rising rate is considered as a sign of a weakening economy.

• **Globalization** • Process by which the whole world becomes a single global market, because goods, services, capital and labour are traded on a worldwide basis and information readily flows between countries. Advances in transportation and in telecommunications (Internet and mobile phones) have been the main factors of the increasing worldwide integration of economic, political, cultural and social systems.

• **Income tax** • Tax imposed by Government increasing with the income of the taxpayer. It is calculated as the product of a tax rate for taxable income. They may vary by type or characteristics of the taxpayer. Capital gains are normally taxed at different rates (higher) than other incomes (wages). Credits of various sorts may be allowed that reduce tax. Taxable income of taxpayers is generally total income less expenses and other deductions. Many States allow deductions for some personal expenses. Advance payments of tax by taxpayers may be required.

modulo 8

L'operatore Resto del mondo

Questo modulo si propone di allargare l'orizzonte del lettore, in quanto approfondisce le relazioni fra l'Italia e il Resto del mondo: esaminati i fondamenti del commercio internazionale, si studiano i caratteri salienti dell'import-export italiano, che evidenziano l'interdipendenza dell'Italia con gli altri Paesi del mondo. Si passa a studiare le modalità di funzionamento del sistema monetario internazionale, evidenziandone il profilo storico e le tendenze attuali, per affrontare poi i temi dell'Unione europea e delle altre Organizzazioni economiche internazionali. L'ultima parte del modulo dedica infine adeguato spazio ai gravi problemi del sottosviluppo economico e delle conseguenze della globalizzazione sui Paesi ricchi e sui Paesi poveri.

PREREQUISITI DI MODULO
- Ricordare che la divisione del lavoro aumenta la capacità produttiva
- Essere consapevoli dei vantaggi connessi agli scambi
- Ricordare l'uso del prodotto pro capite come indice di sviluppo
- Riconoscere i fenomeni di squilibrio del sistema economico
- Avere presente i vantaggi della cooperazione internazionale
- Sapere come si misura la crescita economica
- Conoscere il ruolo degli investimenti nel processo di crescita

unità 1
Commercio internazionale e bilancia dei pagamenti

unità 2
Il sistema monetario internazionale

unità 3
L'Unione europea e le altre organizzazioni internazionali

unità 4
Sviluppo e sottosviluppo

OBIETTIVI DI MODULO
- Conoscere i vantaggi del commercio internazionale
- Capire il funzionamento del sistema monetario internazionale
- Saper spiegare i contenuti delle diverse voci della bilancia dei pagamenti
- Conoscere le istituzioni dell'Unione europea
- Essere consci dei problemi del sottosviluppo economico
- Conoscere le origini e gli effetti della globalizzazione

modulo **8**
L'operatore
Resto del mondo

unità **1**

Commercio internazionale e bilancia dei pagamenti

DI CHE COSA PARLEREMO	Una volta affermato il **RUOLO DEL COMMERCIO INTERNAZIONALE** nell'economia moderna, in questa unità vengono esaminate le principali teorie che lo spiegano, approfondendo in particolare la **TEORIA DEI VANTAGGI COMPARATI** e i suoi sviluppi successivi. Si dà poi un'informazione quantitativa sull'**IMPORT-EXPORT ITALIANO** e si analizza il contenuto delle principali voci della nostra **BILANCIA DEI PAGAMENTI**, soffermandosi infine sulle attuali tendenze del commercio mondiale e sui suoi probabili sviluppi futuri.
CHE COSA DEVI CONOSCERE	- Il concetto di mercato - L'interdipendenza fra gli operatori economici - Il meccanismo delle importazioni e delle esportazioni - La nozione di economia di scala - La distinzione fra liberismo e protezionismo - Alcune nozioni elementari di contabilità
CHE COSA IMPARERAI	- Che cosa si intende per divisione internazionale del lavoro - Cosa dice la teoria ricardiana del commercio internazionale - Perché c'è interdipendenza tra le diverse economie del mondo - Che differenza c'è tra libero scambio e protezionismo - Che cos'è la bilancia commerciale - Che cos'è la bilancia dei pagamenti
CHE COSA SAPRAI FARE	- Illustrare carattere e necessità del commercio internazionale - Commentare la teoria dei vantaggi comparati di Ricardo - Spiegare le moderne teorie del commercio internazionale - Evidenziare gli effetti positivi del commercio internazionale sull'economia - Mostrare le caratteristiche degli scambi internazionali dell'Italia

1.1 La distribuzione internazionale delle risorse

Il contributo dei classici

Lo studio delle transazioni economiche fra soggetti appartenenti a Stati diversi costituisce uno dei capitoli più antichi della teoria economica: già i Mercantilisti avevano analizzato il ruolo delle esportazioni come strumento per introdurre nella madrepatria oro e metalli preziosi, considerati indispensabili allo sviluppo dello Stato. Alla teoria del commercio internazionale diedero però contributi fondamentali gli economisti della scuola classica, in particolare **Adam Smith** e **David Ricardo**, tanto che si può affermare che tutta la ricerca successiva affonda le sue radici nelle loro intuizioni originarie.

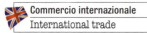
Commercio internazionale
International trade

> Il **commercio internazionale** è costituito dall'insieme degli scambi di beni e servizi fra soggetti che appartengono a Stati diversi.

unità **1** ■ Commercio internazionale e bilancia dei pagamenti

Caratteri del commercio internazionale
L'appartenenza degli operatori a sistemi economici diversi conferisce al commercio internazionale caratteri che lo differenziano profondamente dal commercio interno.

Una grande nave portacontainer in navigazione nell'Oceano Pacifico.

Mobilità del lavoro e dei capitali nel mercato interno

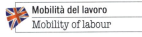
Mobilità del lavoro
Mobility of labour

Infatti, entro ogni Stato è molto alta la mobilità del lavoro e dei capitali, cioè la possibilità che i fattori produttivi si trasferiscano da un settore all'altro, attratti dai più elevati rendimenti offerti. Infatti il lavoro, all'interno di un sistema economico, tende ad affluire verso le occupazioni in cui i salari sono più elevati, spostandosi così dai settori in cui i salari sono più bassi. Ciò determina una tendenza al livellamento salariale fra i diversi settori, secondo il meccanismo della domanda e dell'offerta già esaminato.

In modo analogo, il capitale si trasferisce verso i settori in cui il tasso di profitto è più alto, determinando un tendenziale livellamento del profitto in tutti i settori di impiego del capitale. Questi movimenti sono tendenziali, e si realizzano nel modo migliore solo in regime di concorrenza perfetta.

Ostacoli alla mobilità nel mercato internazionale

Nel mercato internazionale, invece, la mobilità del lavoro e del capitale è più bassa: anche se indubbiamente si realizzano spostamenti di lavoratori e di capitali da un Paese all'altro, tali fenomeni rivestono un'importanza minore rispetto ai movimenti interni. Per quanto riguarda il lavoro, è facile capire che spesso le abitudini, la lingua, l'attaccamento alle proprie radici, impediscono gli spostamenti dei lavoratori, nonostante i differenziali salariali; per quanto poi concerne il capitale, le diverse leggi e i diversi sistemi fiscali, insieme alla maggiore incertezza connessa agli investimenti in Paesi stranieri, possono costituire una remora ai movimenti di capitale.

Queste considerazioni peraltro non escludono l'attuale processo di crescente internazionalizzazione del mercato finanziario (v. par. 2.4), la mobilità di manager e tecnici delle imprese multinazionali (che controllano un terzo del commercio mondiale), nonché le migrazioni di manodopera verso i Paesi sviluppati (v. par. 4.6).

Perché esiste il commercio internazionale?
Ogni Paese scambia beni e servizi con il Resto del mondo.

> Le **importazioni** sono l'insieme dei beni e servizi acquistati da un Paese dal Resto del mondo; le **esportazioni** sono l'insieme dei beni e servizi prodotti dal Paese e venduti al Resto del mondo.

Diversa distribuzione geografica delle risorse

Il commercio internazionale è spiegato dal fatto che le **risorse naturali** e le **capacità produttive** sono in genere distribuite in modo disuguale nelle diverse realtà geografiche. Le risorse naturali dei diversi Paesi sono molto diverse: alcuni possono produrre beni proprio perché dispongono di un insieme di risorse naturali (clima, fertilità della terra, disponibilità di materie prime, fonti energetiche e risorse minerarie ecc.) non presenti in altri.

Diversa storia economica

Anche le **capacità produttive** sono molto differenziate: ogni Paese ha un determinato patrimonio di mezzi di produzione, derivante dalla sua storia economica, che lo rende idoneo a certe produzioni più che ad altre.

Si pensi alla Germania, ricca di una tradizione industriale e di un patrimonio di conoscenze tecnologiche di prim'ordine; e per converso all'Argentina, che ha maggiormente sviluppato le sue potenzialità nel campo dell'agricoltura e dell'allevamento.

modulo 8

L'operatore
Resto del mondo

I diversi Paesi sono in rapporto di scambio, dato che – disponendo di differenti dotazioni di risorse – hanno diversi costi-opportunità nel produrre i beni e i servizi. **Ciascun Paese tende a specializzarsi nelle produzioni nelle quali impiega minori risorse degli altri** e perciò di per sé più vantaggiose.

Divisione internazionale del lavoro

Il commercio internazionale consente a un Paese di ottenere dal Resto del mondo i beni di cui non dispone al suo interno, fornendo in cambio i beni di cui è maggiormente dotato. **Lo scambio realizza quindi i vantaggi della divisione del lavoro e della specializzazione a livello internazionale**, rendendo possibile un più razionale sfruttamento delle risorse economiche mondiali. Come meglio vedremo in seguito, il commercio internazionale favorisce l'**interdipendenza economica** fra tutti i popoli del mondo. Ogni economia è più o meno strettamente integrata con tutte le altre, e perciò le scelte di ciascuna influenzano e sono a loro volta influenzate da quelle di tutte le altre. Il seguente schema illustra il meccanismo operativo del commercio internazionale:

Dinamica del fenomeno

Sviluppo del commercio internazionale Il volume del commercio internazionale è considerevolmente aumentato, soprattutto nel periodo che va dalla fine della seconda guerra mondiale fino al 1975; nel periodo 1975-82 il ritmo di crescita è diminuito, a causa delle ripetute crisi che hanno colpito le economie sviluppate. Si è poi manifestata una considerevole ripresa, anche grazie agli accordi di cooperazione internazionale, su cui ci soffermeremo nel successivo paragrafo 1.8. A partire dal 1950 il commercio internazionale si è sviluppato a tassi medi assai più elevati della produzione mondiale: ciò significa che l'**interdipendenza fra Paesi è oggi notevolmente più profonda che in passato**: si tratta del fenomeno noto come "**globalizzazione dei mercati**".

1.2 La teoria dei vantaggi comparati

Ogni Paese, essendo fornito di una differente dotazione di risorse, produce i diversi beni a costi diversi: i costi sono comparativamente più bassi per quei beni la cui produzione è favorita da una maggior dotazione di risorse, e viceversa. I vantaggi del commercio internazionale derivano dal fatto che ogni Paese può specializzarsi nella produzione dei beni i cui costi sono comparativamente più bassi rispetto agli altri: **la libertà di commercio assicura un guadagno a tutti i Paesi che entrano nel mercato internazionale**.

La teoria di Ricardo

L'economista inglese **David Ricardo** (1772-1823) formulò nel 1817 la **teoria dei vantaggi comparati** (nota anche come **teoria dei costi comparati**), che illustra i vantaggi che i diversi Paesi possono trarre dallo scambio internazionale, mediante un modello che si basa sulle seguenti ipotesi:
- nel mercato interno i fattori produttivi (capitale e lavoro) sono perfettamente trasferibili, mentre nel mercato internazionale la mobilità dei fattori produttivi è nulla;
- il costo dei beni è misurato in termini di tempo di lavoro necessario a produrli;
- i costi di trasporto sono considerati nulli.

Tali ipotesi rispecchiano la situazione di mercato di concorrenza perfetta studiata dalla scuola classica (l'assunzione che il costo dei beni sia espresso in termini di lavoro necessario a produrli risponde alla teoria classica del valore).

unità **1** ■ Commercio internazionale e bilancia dei pagamenti

Supponiamo che due Paesi, Inghilterra e Portogallo, presentino la situazione di costi (espressi in giornate di lavoro per produrre un'unità di bene) evidenziata nella seguente tabella:

PAESI	VINO	TESSUTO
Inghilterra	2	1
Portogallo	3	9

Si nota dalla tabella che l'Inghilterra, nel nostro esempio, gode di un **vantaggio assoluto** nella produzione di entrambi i beni, in quanto i costi di produzione sono inferiori a quelli sostenuti dal Portogallo. Invece, per quanto riguarda i **vantaggi comparati**, l'Inghilterra ha un maggiore vantaggio nella produzione di tessuto, in quanto una unità di tessuto ha un costo pari a 1/2 unità di vino; mentre il Portogallo ha un maggiore vantaggio nella produzione del vino, in quanto una unità di tessuto ha un costo pari a 3 unità di vino.

Il paradosso ricardiano

P Paradosso Affermazione apparentemente assurda o illogica, tale da contraddire il buon senso, ma la cui logicità si può dimostrare in base al ragionamento.

L'esempio non è molto realistico (per motivi climatici è improbabile che l'Inghilterra possa produrre vino a costi inferiori del Portogallo), ma è utile per illustrare il **paradosso** ricardiano. Infatti la teoria di Ricardo afferma che, pur avendo un vantaggio assoluto nella produzione sia del vino che del tessuto, all'Inghilterra conviene importare vino prodotto a costi maggiori in Portogallo, e a questo Paese conviene rinunciare alla produzione di tessuti per acquistarli, in cambio del vino prodotto, dall'Inghilterra, dato che **ciò che conta non è un confronto fra i costi assoluti, ma un confronto fra i costi comparati delle due coppie di beni.**

Se i due Paesi si scambieranno vino (prodotto in Portogallo) contro tessuti (prodotti in Inghilterra) la quantità di giornate lavorative complessive dedicate da entrambi per produrre una determinata quantità dei due beni sarà in ogni caso inferiore alla quantità di giornate lavorative che, per produrre quella stessa quantità, dovrebbero dedicare se lo facessero ciascuno per proprio conto, ossia in regime di autarchia.

Per produrre 10 unità di vino e 10 unità di tessuto l'Inghilterra, da sola, deve impiegare 30 giornate (20 + 10) e il Portogallo 120 giornate (30 + 90). In totale i due Paesi possono produrre, in regime di autarchia, 20 unità di vino e 20 di tessuto con un costo complessivo di 150 giornate (30 + 120). Se invece l'Inghilterra si limita a produrre 20 unità di tessuto impiegherà solo 20 giornate di lavoro e il Portogallo produrrà 20 unità di vino con sole 60 giornate. Perciò la stessa quantità complessiva di prodotto (20 unità di vino e 20 di tessuto) si può ottenere con un totale di 80 giornate contro le 150 necessarie in regime di autarchia.

Dunque, l'Inghilterra avrà vantaggio a esportare tessuti e a importare vino; mentre al Portogallo converrà esportare vino e importare tessuti. **L'Inghilterra si specializzerà nella produzione dei tessuti, mentre il Portogallo si specializzerà nella produzione del vino**.

Sulla base dell'esempio numerico riportato sopra, è possibile sintetizzare la teoria ricardiana del commercio internazionale come segue.

> Secondo la **teoria dei vantaggi comparati** lo scambio di prodotti fra diversi Paesi è conveniente quando esiste una differenza nei costi comparati di produzione, qualunque sia il livello dei costi assoluti.

Il principio del libero scambio

La teoria di Ricardo sta alla base dei principi del **libero scambio (liberismo)** nei rapporti internazionali. Dati i vantaggi oggettivi che, per tutti i Paesi, nascono dalla "specializzazione" e dalla "divisione internazionale del lavoro", le barriere commerciali fra Stati sono nocive all'economia e contrarie all'interesse generale.

modulo 8
L'operatore Resto del mondo

PER capire meglio

La teoria ricardiana spiegata da un Nobel

L'economista americano Paul A. Samuelson (1915-2009).

Paul A. Samuelson, premio Nobel dell'economia, apprezzò molto la formulazione ricardiana dei vantaggi comparati. In un suo scritto affermò che "se le teorie, come le ragazze, potessero partecipare ai concorsi di bellezza, non vi sarebbe alcun dubbio che la teoria dei vantaggi comparati riceverebbe il primo premio, per l'eleganza della sua struttura logica".

Vediamo come il grande economista statunitense la spiegava ai suoi allievi:

«Supponiamo che una donna sia al tempo stesso la migliore avvocatessa e la migliore dattilografa della città. Non pensate che essa si specializzerà nella pratica legale, lasciando la dattilografia a un segretario? Come potrebbe permettersi di sottrarre tempo prezioso all'attività legale, dove il suo *vantaggio comparato* è molto grande, per svolgere un'attività di dattilografa nella quale essa è certo efficiente, ma non ha un *vantaggio comparato*?

Guardiamo ora la stessa situazione dal punto di vista del segretario. Questi è meno efficiente dell'avvocatessa in entrambe le attività, dattilografia e pratica legale: ma il suo svantaggio relativo è minore nel campo della dattilografia. Relativamente parlando, il segretario ha un *vantaggio comparato* nello scrivere a macchina.

Lo stesso vale per gli Stati. Supponiamo per esempio che gli Stati Uniti producano generi alimentari con un terzo della manodopera occorrente in Europa, e vestiario con la metà. Diremo allora che gli USA hanno un *vantaggio comparato* nella produzione alimentare e uno svantaggio comparato nell'abbigliamento; e questo nonostante il fatto che gli Stati Uniti risultino in assoluto più efficienti in entrambi i settori. In modo analogo, l'Europa avrà un vantaggio comparato nell'abbigliamento. La chiave di questo concetto sta nella parola "comparato": la quale implica che ogni Paese ha al tempo stesso un sicuro *vantaggio* in alcuni beni e un sicuro *svantaggio* in altri.»

1.3 Critiche alla formulazione ricardiana

La formulazione ricardiana presenta **alcuni lati deboli**, puntualizzati dalla successiva evoluzione del pensiero economico. Le critiche alla teoria dei vantaggi comparati riguardano i seguenti punti essenziali.

■ **Costanza dei costi di produzione.** Il modello ricardiano presuppone che i costi di produzione siano costanti, indipendentemente dalla quantità prodotta dei singoli beni. La realtà è però in continuo movimento, e ciò comporta variazioni più o meno rapide nella struttura dei costi di produzione. Paesi che in passato godevano di un vantaggio comparato in certi ambiti, li hanno persi per acquistarli in altri settori.

IN pratica

Si pensi al caso dell'Italia, che in passato esportava prevalentemente prodotti agricoli e, successivamente, si è trasformata in Paese esportatore di prodotti industriali; oppure al Giappone, fino all'epoca moderna a economia prevalentemente rurale e che in pochi decenni si è specializzato nella produzione e nell'esportazione di prodotti ad alto contenuto tecnologico.

■ **Mobilità dei fattori produttivi.** L'assunzione ricardiana della perfetta mobilità dei fattori produttivi all'interno dei singoli Paesi è molto lontana dall'odierna realtà industriale: esistono fattori che non possono essere trasferiti da un settore all'altro senza perdite notevoli, come il lavoro altamente specializzato o i capitali investiti in impianti e macchinari. Inoltre è oggi irrealistica l'ipotesi che i fattori produttivi non si possano trasferire sul mercato internazionale: lavoro e capitali varcano sempre più facilmente le frontiere nazionali per cercare impieghi che assicurino più elevati rendimenti.

■ **Insufficienza della teoria del valore-lavoro.** La formulazione ricardiana si basa sulla teoria del valore dei classici, secondo cui il valore dei beni dipende

V Valore-lavoro Secondo i classici, il valore di un bene dipende dal costo del lavoro impiegato per la sua produzione.

dal lavoro incorporato. In realtà il valore dei beni non dipende solo dal costo del lavoro, ma anche dal costo di altri fattori necessari alla produzione (in particolare il capitale).

■ **Sottovalutazione degli aspetti storici e politici.** Già Friedrich List (1789-1846), economista della scuola storica tedesca, aveva criticato la libertà di commercio e la specializzazione del lavoro, perché favorivano i Paesi "primi arrivati" allo sviluppo industriale e penalizzavano gli altri.

La critica di List e i Paesi sottosviluppati

La critica di List mantiene anche oggi una certa efficacia. Mentre i Paesi sviluppati sono specializzati in prodotti industriali ad alto contenuto tecnologico (industria meccanica, farmaceutica, elettronica ecc.), i Paesi sottosviluppati godono di un vantaggio comparato nei settori tradizionali (agricoltura, industria estrattiva, industria tessile, artigianato ecc.), caratterizzati da un minor valore aggiunto. L'applicazione della teoria ricardiana agli scambi fra Paesi a diverso livello di sviluppo **condanna i Paesi più poveri a una situazione di sottosviluppo irreversibile**, in quanto i rendimenti dell'agricoltura e degli altri settori a bassa tecnologia sono difficilmente crescenti, a differenza di quanto avviene nel settore industriale. Se si attuasse rigidamente a livello internazionale la specializzazione del lavoro, verrebbe stabilita la definitiva dipendenza dei Paesi sottosviluppati dai Paesi sviluppati, per cui il processo di industrializzazione di questi ultimi risulterebbe ostacolato, anziché favorito, dal commercio internazionale.

1.4 La moderna teoria del commercio internazionale

Le critiche al modello ricardiano hanno spinto gli studiosi a elaborare **nuove teorie** capaci di spiegare i rapporti commerciali fra i diversi Paesi. Esaminiamo le formulazioni più importanti che si sono via via susseguite.

▲ Eli Heckscher   ▲ Bertil Ohlin

Teoria di Heckscher-Ohlin Questi due economisti scandinavi hanno criticato la teoria ricardiana perché essa, limitandosi a considerare un solo fattore produttivo (il lavoro), non tiene conto delle cause che determinano le differenze internazionali nei costi e nei prezzi dei beni.

Decisiva l'abbondanza di fattori produttivi

Secondo questi studiosi, i costi di produzione nei vari Paesi dipendono dai prezzi dei fattori impiegati nella produzione. Poiché il prezzo di un fattore produttivo è inferiore nei Paesi dove tale fattore è più abbondante, il commercio internazionale dipende in definitiva dalla quantità dei fattori produttivi esistenti nei diversi Paesi:

> la **teoria di Heckscher-Ohlin** afferma che ogni Paese esporta i beni che vengono prodotti impiegando più intensamente il fattore produttivo relativamente più abbondante e importa i beni che vengono prodotti impiegando più intensamente il fattore produttivo relativamente più scarso.

Consideriamo due Paesi: gli USA, che dispongono di elevati capitali, tenderanno a specializzarsi nella produzione e nell'esportazione di beni ad alta tecnologia (prodotti dell'industria elettronica, meccanica, chimica ecc.); l'India, in cui è abbondante il fattore lavoro e scarseggiano i capitali, si specializzerà nelle produzioni a più basso contenuto tecnologico, che richiedono minori investimenti di capitale fisso e maggior lavoro (prodotti tessili, agricoltura, calzature ecc.).

modulo 8
L'operatore Resto del mondo

L'ECONOMIA CHE NON TI ASPETTI — COME SI "RIVITALIZZA" UN PRODOTTO MATURO

Quando un prodotto entra nella fase della maturità – cioè nel momento critico in cui può perdere quote di mercato e la produzione spostarsi nei Paesi più arretrati – il produttore, che di solito risiede in un Paese tecnologicamente avanzato, può cercare di "rivitalizzarlo", allo scopo di mantenere il vantaggio che ha acquisito nei mercati di esportazione. L'esempio tipico di questa strategia è costituito dal mercato dell'automobile: nelle fasi prossime alla maturità di un modello il produttore svolge normalmente un'intensa attività di ricerca per migliorarlo, apportando modifiche come una migliore estetica, una maggiore sicurezza sulla strada, la garanzia di minori consumi o di minore inquinamento. Ciò può rilanciare la domanda da parte dei Paesi importatori, consentendo all'azienda di mantenere la quota già acquisita nel commercio internazionale.

Il ciclo di vita di un'automobile può essere prolungato tramite interventi marginali, spesso di natura prevalentemente estetica.

La teoria del ciclo del prodotto La teoria di Heckscher-Ohlin presuppone rendimenti di scala costanti, cioè esclude l'influenza del progresso tecnico sulla produzione: si tratta di un'ipotesi assai lontana dal vero, in quanto l'applicazione della ricerca tecnologica alla produzione dei beni gioca un ruolo fondamentale nel miglioramento della produttività (v. Mod. 3, par. 2.8).

Una serie di contributi ha cercato di elaborare una teoria del commercio internazionale che tenga conto del progresso tecnico e della sua distribuzione fra i vari Paesi e i vari prodotti scambiati: essa è legata soprattutto al nome dell'economista **Robert Vernon**, ed è nota come **teoria del ciclo del prodotto**.

Innovazioni industriali ed esportazioni

Questa analisi si sofferma soprattutto a **verificare gli effetti delle innovazioni industriali sulle esportazioni di un Paese**; certamente, la teoria ha tratto origine dall'osservazione che il successo delle esportazioni americane era legato ai notevoli capitali investiti in ricerca, i cui risultati venivano prontamente incorporati nei nuovi processi produttivi.

Tre distinte fasi

Secondo i sostenitori di questa teoria, **ogni prodotto attraversa distinte fasi, che appunto costituiscono il suo ciclo di vita**. Esse sono:

- la **fase iniziale**, in cui il prodotto è nuovo e all'avanguardia, in quanto ottenuto con metodi innovativi, basati su un'invenzione recente o su applicazioni originali di invenzioni precedenti. Le ricerche finalizzate al miglioramento del prodotto e al perfezionamento delle tecniche produttive sono di importanza fondamentale. In questa prima fase di vita del prodotto non è possibile introdurre macchine e attrezzature in grado di aumentare rapidamente l'offerta alla crescente domanda del mercato; prevale nell'organizzazione dell'azienda il lavoro ad alti livelli di qualificazione. La novità del prodotto fa sì che l'impresa ne offra una quantità limitata, anche perché la domanda del mercato è verosimilmente rigida rispetto al prezzo;
- la **fase di sviluppo**, contrassegnata dal fatto che il prodotto acquista caratteri definiti per la standardizzazione delle tecniche di produzione. Nella produzione vengono introdotte macchine specializzate, che consentono l'avvio della produzione su larga scala del prodotto; in conseguenza di ciò il prodotto può essere più facilmente collocato sul mercato in quanto la domanda aumenta progressivamente. Ciò fa sì che nuove imprese, anche di altri Paesi, si dimostrino interessate alla produzione del bene;

S Standardizzazione Tendenza a uniformare le tecniche produttive e le proprietà dei beni e servizi prodotti, a causa del fatto che gli stessi, commerciati a livello mondiale, devono presentare funzionalità, caratteristiche e requisiti di qualità simili.

394

unità **1** ■ Commercio internazionale e bilancia dei pagamenti

■ la **fase di maturazione** conclude il ciclo di vita del prodotto: le innovazioni sono limitate, e il prodotto subisce mutazioni marginali (per esempio cambia solo di forma). Nell'impresa si fa sempre più largo uso di macchinari che producono ingenti quantità di beni, mentre diminuisce il livello di qualificazione del lavoro.

▲ La ricerca tecnologica riveste oggi un ruolo di primo piano nella produzione dei beni.

I Paesi industriali più avanzati, che sono in grado di investire nella ricerca scientifica e tecnologica ingenti risorse, si specializzeranno nei prodotti "nuovi", e durante la prima fase di vita dei diversi prodotti effettueranno esportazioni su larga scala verso i Paesi meno avanzati.

Gap tecnologico

Al diffondersi delle conoscenze tecniche (rese possibili dall'espandersi della produzione) e al crescere del reddito degli altri Paesi si devono le premesse per l'aumento delle esportazioni. Col tempo viene però meno il gap tecnologico che divide i Paesi più avanzati da altri Paesi meno sviluppati: quando il prodotto è diventato "maturo", anche questi ultimi possono intraprenderne la produzione. In questa fase diventa importante la concorrenza in termini di prezzo.

Ciclo del prodotto e multinazionali

Secondo alcuni autori, la teoria del ciclo del prodotto può essere utilmente impiegata per spiegare il comportamento delle società multinazionali (v. Mod. 2, par. 2.4): queste imprese producono i beni nuovi nei Paesi ad alta tecnologia (USA, Giappone, Germania ecc.), e li esportano finché il prodotto non entra nella fase matura; in questa fase, poi, localizzano le loro filiali nei Paesi in via di sviluppo, dove il costo del lavoro è molto basso, traendo in tal modo utili enormi.

> Secondo la **teoria del ciclo del prodotto** il commercio internazionale dipende dalla fase attraversata dai prodotti più importanti: i Paesi tecnologicamente avanzati esportano prodotti nuovi; quando i prodotti entrano nella fase dello sviluppo, vengono fabbricati ed esportati anche dagli altri Paesi industrializzati; nella fase della maturità i beni sono prodotti ed esportati dai Paesi sottosviluppati.

Gli sviluppi attuali della teoria Negli ultimi anni gli studi sul commercio internazionale si sono ulteriormente approfonditi, tenendo conto:
■ delle nuove condizioni non concorrenziali del mercato mondiale;
■ delle economie di scala, che assicurano rendimenti crescenti;
■ dei comportamenti strategici delle imprese multinazionali.

▲ Paul Krugman

Economie di scala e multinazionali

Secondo le nuove teorie del commercio internazionale (il cui maggior esponente è l'economista americano **Paul Krugman**, Nobel, 2008), il commercio internazionale è il risultato di due forze: le **diverse dotazioni dei Paesi**, che danno luogo al vantaggio comparato (come sostenuto da Ricardo), e le **economie di scala**, che forniscono un incentivo addizionale alla specializzazione e spiegano il ruolo dominante delle multinazionali.

G **Gap tecnologico** Divario tra i livelli delle conoscenze tecnologiche esistenti fra i diversi Paesi presi in esame. Il termine inglese *gap* (scarto, divario) è di uso frequente in economia, e indica la differenza riscontrabile tra due o più variabili rilevanti.

modulo 8
L'operatore Resto del mondo

1.5 Commercio internazionale e sviluppo economico

Il commercio internazionale ha registrato negli ultimi decenni un **notevole sviluppo**, anche se da qualche anno si può notare un certo rallentamento. Se osserviamo la dinamica degli scambi commerciali internazionali sul lungo periodo, notiamo che negli ultimi due secoli le relazioni fra i Paesi si sono molto intensificate, anche se mai nella storia si è registrata un'accelerazione paragonabile a quella verificatasi a partire dal secondo dopoguerra.

Vantaggi del commercio internazionale

Tutti gli osservatori concordano nell'affermare che il commercio internazionale esercita effetti positivi sullo sviluppo economico.

Con un'espressione incisiva l'economista inglese **Dennis Robertson** (1890-1963) ha qualificato il commercio internazionale come "generatore di sviluppo". Ciò non soltanto per gli effetti che la teoria economica ha individuato fin dai tempi di Ricardo, e che si possono riassumere nel suo **contributo a realizzare l'ottima allocazione delle risorse**; ma anche per il ruolo che ha svolto in passato (e che ancor più deve svolgere nel presente), di costituire **un mezzo di integrazione economica e sociale dei popoli**, agendo come strumento per trasferire il processo di sviluppo economico dai Paesi progrediti ai Paesi sottosviluppati.

Migliore allocazione delle risorse

L'ottima allocazione delle risorse a livello mondiale consiste nell'impiego più razionale delle risorse scarse per ottenere il massimo risultato possibile: è quindi null'altro che l'applicazione del principio di razionalità, su cui ci siamo già soffermati nel Modulo 1, paragrafo 1.1.

La specializzazione del lavoro è una tra le conseguenze positive del commercio internazionale.

Il commercio internazionale comporta notevoli vantaggi: in particolare, la specializzazione del lavoro a livello internazionale consente la realizzazione di **economie di scala** attraverso la costruzione di impianti di notevoli dimensioni. Ciò è possibile grazie alla riduzione della varietà dei prodotti dei singoli impianti (**specializzazione orizzontale**) e alla possibilità di acquisire una maggior efficienza nelle varie fasi della produzione (**specializzazione verticale**). Inoltre, la concorrenza estera favorisce nella generalità dei casi l'introduzione di innovazioni nel processo produttivo. Come sappiamo, tutti questi fattori contribuiscono notevolmente alla riduzione dei costi di produzione.

Interdipendenza fra Paesi Tutti i Paesi del mondo sono in rapporto di stretta interdipendenza. Essa può distinguersi in:

- **interdipendenza finanziaria**, se riguarda flussi internazionali di moneta (movimenti di capitali, investimenti diretti, crediti bancari ecc.).
- **interdipendenza commerciale**, se riguarda lo scambio internazionale di beni e servizi.

Ragioni di scambio

La quantità di beni esportati in cambio di una determinata quantità di beni importati prende il nome di **rapporto** o **ragione** di scambio.

Le ragioni di scambio variano nel tempo: se in un certo anno un Paese esporta un camion contro 100 tonnellate di riso la ragione di scambio è di 1:100 (il camion vale cento volte una tonnellata di riso). Se, successivamente, il camion si scambia contro 150 tonnellate di riso, la ragione di scambio è di 1:150, è cioè migliorata per chi produce camion e peggiorata per chi produce riso.

IN pratica

S Specializzazione del lavoro Suddivisione dell'attività produttiva in modo che ciascuna unità di lavoro sia applicata a una sola fase dell'attività, allo scopo di massimizzare la produzione. Il termine ha lo stesso significato di *divisione del lavoro*.

396

unità **1** ■ Commercio internazionale e bilancia dei pagamenti

Scambio di servizi

I **servizi** scambiati internazionalmente riguardano il turismo, le assicurazioni, i trasporti, i servizi bancari, i noli ecc.

Carattere di fondo dell'economia mondiale è la crescente integrazione dei vari Paesi, che sono tutti interdipendenti: eventi politici, economici, ambientali che si verificano in un Paese hanno effetti in altri Paesi; misure di politica economica adottate da un qualsiasi governo esercitano una notevole influenza sulle performance economiche di altri Paesi. Un grande evento economico-finanziario che si verifica in un importante Paese industriale ha ripercussioni immediate sui suoi diretti vicini e indirette su tutto il sistema internazionale. Si pensi, per esempio, a una brusca inversione del ciclo negli USA, che determina la caduta della domanda sul mercato internazionale.

L'integrazione tra i diversi Paesi

> Tutti i Paesi del mondo sono in **rapporti di stretta interdipendenza**: ciascu- dipende da tutti gli altri, e ciò riduce l'autonomia dei singoli governi.

I rapporti di interdipendenza fra sistemi, intrecciati nell'economia attuale in modo molto complesso, sono studiati dalla teoria dei sistemi.

1.6 Libero scambio e protezionismo

Le politiche relative al commercio internazionale si ispirano, a seconda delle restrizioni imposte agli scambi, ai principi del liberismo o del protezionismo.

> Il **liberismo** (o **libero scambio**) riconosce piena libertà agli operatori di importare ed esportare; è quindi una politica commerciale che non sottopone a restrizioni il commercio internazionale. Il **protezionismo**, al contrario, è una politica commerciale di sostegno ai produttori nazionali, che si realizza attraverso restrizioni all'entrata di prodotti stranieri.

I danni del protezionismo

La scuola classica sosteneva la piena libertà di commercio convinta che tutti i Paesi avrebbero tratto vantaggio dalla libera circolazione dei beni e dei servizi. Considerava invece dannoso il protezionismo perché:

- penalizza i consumatori che pagano più cari prodotti che si potrebbero ottenere dall'estero a minor prezzo;
- impedisce la concorrenza fra imprese, e ciò fa venir meno la migliore allocazione delle risorse a livello mondiale.

Quando il protezionismo è ammissibile

Nel corso del tempo, alcuni economisti hanno però espresso la convinzione che nei seguenti casi il protezionismo fosse necessario:

- **protezione dell'industria nascente**. Dato che i ritmi di sviluppo sono diversi, è necessario che il Paese meno sviluppato protegga l'industria giovane attraverso barriere doganali. Solo quando tale industria è sufficientemente irrobustita, e in grado di affrontare la concorrenza internazionale, possono essere rimosse le misure protezionistiche. È questa la tesi di **Friedrich List** (1789-1846), esponente della scuola storica tedesca (v. Mod. 1, par. 3.7);
- **difesa della piena occupazione**. L'adozione di una politica liberista da parte dei Paesi meno sviluppati potrebbe compromettere il raggiungimento della piena occupazione. Lo Stato può adottare una politica di difesa dell'industria nazionale, con effetti benefici sull'occupazione del lavoro;
- **tutela dell'indipendenza del Paese**. La rinuncia a sviluppare certi settori, in ossequio al principio della divisione internazionale del lavoro, può

T Teoria dei sistemi Ramo della matematica applicata che studia gli schemi di funzionamento dei sistemi complessi in molti ambiti, allo scopo di prevederne l'evoluzione e ottimizzarne i flussi. È un campo di ricerca avviato intorno al 1950 dal biologo austriaco Ludwig von Bertalanffy (1901-1972), e si caratterizza per i suoi aspetti interdisciplinari, che uniscono in particolare le discipline della fisica e dell'ingegneria.

397

modulo 8
L'operatore Resto del mondo

PER capire meglio

L'autarchia

▶ Un manifesto degli anni '30 invita i cittadini italiani a consumare beni di produzione nazionale, in modo da contrastare le sanzioni inflitte al nostro Paese dalla Società delle Nazioni.

L'autarchia è una politica commerciale che si propone di rendere un Paese il più possibile **indipendente dall'estero**, limitando al massimo le importazioni e sostituendole con prodotti interamente fabbricati all'interno, allo scopo di sottrarre il Paese alle ricorrenti fluttuazioni del commercio internazionale.

Sebbene la sua prima proposta risalga al XIX secolo, fu introdotta solo nel 1935 dall'Italia fascista e qualche anno dopo dalla Germania nazista. Si è trattato di una politica dei due **governi autoritari**, adottata per difendersi dalla penetrazione dall'estero di idee democratiche e per proteggere dalla concorrenza estera l'industria nazionale, che sosteneva tali regimi.

Oggi questa politica è **completamente abbandonata**: nessun Paese è in grado di produrre tutti i beni di cui ha bisogno e, soprattutto, non ha interesse a farlo, poiché questa scelta condanna i Paesi che l'adottano alla povertà e all'inefficienza produttiva.

comportare gravi rischi per lo Stato che l'adotta (si consideri un Paese che si specializzi in produzioni particolari e non si sviluppi in altri settori, come per esempio la siderurgia e l'industria pesante, oppure l'agricoltura). Il Paese dipenderebbe dall'estero e, in caso di crisi internazionale (si pensi a una guerra), vedrebbe compromessa la sua stessa libertà politica;

■ lotta al dumping praticato da imprese straniere. Il dumping consiste nel vendere sottocosto un prodotto in un mercato estero, rifacendosi con un prezzo più alto all'interno. Quando la concorrenza estera è stata eliminata, l'impresa che l'ha praticato può elevare i prezzi di vendita. Di fronte a questi tentativi di invasione commerciale da parte di imprese straniere è giusto imporre un dazio a protezione dell'industria nazionale.

IN pratica

Si immagini un'impresa automobilistica giapponese che intenda entrare nel mercato europeo. Il successo di questa iniziativa appare assai problematico, dato che occorre vincere la concorrenza di altre case automobilistiche già ben affermate sul mercato e tali da soddisfare interamente la domanda. L'azienda giapponese può allora ricorrere al dumping, vendendo il suo prodotto a un prezzo molto basso, anche al di sotto del costo di produzione. Attratti dalla convenienza i consumatori europei cominceranno ad acquistare l'auto giapponese, finché gradualmente il nuovo marchio si affermerà nel mercato. Una volta raggiunta una certa quota di mercato, l'azienda potrà allineare i suoi prezzi a quelli della concorrenza. A questo punto i profitti potranno pareggiare le perdite subite nella fase della penetrazione nel nuovo mercato.

Il cammino verso la liberalizzazione Se si esaminano i dati del commercio internazionale, si nota che la liberalizzazione degli scambi si è protratta dalla fine della seconda guerra mondiale sino agli anni 1973-74, cioè sino allo scoppio della crisi petrolifera e alla conseguente recessione mondiale: in questo periodo furono gradualmente eliminate le restrizioni commerciali introdotte nel periodo fra le due guerre.

D Dumping Politica commerciale consistente nel vendere all'estero a prezzi più bassi di quelli praticati sul mercato nazionale; se il suo obiettivo è quello di distruggere l'industria di un Paese per poi esportare in condizioni di monopolio, si ha il *dumping predatorio*. È una pratica proibita dagli accordi commerciali internazionali, che hanno introdotto sanzioni per gli Stati che la praticano.

L Liberalizzazione Insieme di misure adottate dai Governi per attuare il liberismo economico, consistente nella rimozione dei vincoli che limitano la concorrenza. L'entrata nel mercato di nuovi competitori avvantaggia i consumatori, perché possono scegliere il beni e i servizi più convenienti, con un miglioramento della qualità dei prodotti acquistati.

unità 1 ■ Commercio internazionale e bilancia dei pagamenti

Il nuovo protezionismo

La crisi petrolifera, sopraggiunta in un momento di difficoltà per l'economia mondiale, colpita anche da un'alta inflazione, comportò da parte di tutti i Paesi l'adozione di misure protezionistiche, allo scopo di arginare i crescenti deficit nei confronti dei Paesi produttori di petrolio.

L'adozione di politiche antinflazionistiche (v. Mod. 7, par. 2.5) provocò una diminuzione dell'occupazione che determinò il diffondersi del protezionismo in tutti i Paesi industrializzati. Questo **nuovo protezionismo** si basava, a differenza del protezionismo tradizionale – fondato soprattutto sui dazi doganali e la politica tariffaria – su **restrizioni non tariffarie**, consistenti nell'adozione di misure restrittive all'importazione (per esempio, imponendo requisiti di qualità, sicurezza e simili ai prodotti da ammettere all'importazione).

La WTO

Alla fine degli anni '80 del secolo scorso le idee liberiste hanno preso nuovo vigore. I negoziati per diminuire le tariffe sono proseguiti con risultati soddisfacenti: la firma dell'accordo commerciale dell'**Uruguay Round**, che ha drasticamente ridotto i dazi doganali, e l'istituzione della **WTO** (**World Trade Organization**), avvenuti nel 1995, hanno impresso una forte crescita agli scambi internazionali. Questo nuovo organismo, dotato di poteri per far rispettare gli accordi commerciali, ha costituito un forte stimolo per la crescita dell'economia mondiale, creando nuove opportunità di lavoro in tutti i Paesi del mondo.

1.7 Gli strumenti del protezionismo

Due forme di protezionismo

Il protezionismo si realizza attraverso un insieme di misure che penalizzano l'ingresso di prodotti stranieri. Esse si distinguono in due diverse forme:
- **protezionismo tradizionale**, che comprende:
  – i dazi doganali;
  – i contingenti unilaterali all'importazione;
- **nuovo protezionismo**, che comprende:
  – i sussidi statali all'industria;
  – le restrizioni volontarie;
  – l'esasperazione delle formalità burocratiche e la richiesta di particolari standard qualitativi;
  – le svalutazioni competitive del cambio.

Protezionismo tradizionale Come sappiamo, comprende:

Diversi tipi di dazi

- i **dazi doganali** (detti anche **tariffe doganali**), costituiti da tributi pagati sui prodotti importati dall'estero. Se il dazio è commisurato alla quantità di merce straniera che entra nel territorio nazionale (per esempio: 10 euro per ogni quintale di merce) è detto **specifico**; se invece è commisurato al valore (per esempio: il 10% del valore dei beni importati) è detto **ad valorem**. I dazi doganali possono essere **fiscali**, se si propongono come obiettivo il conseguimento di entrate fiscali; **protettivi**, se hanno invece lo scopo di scoraggiare l'entrata di prodotti stranieri nel territorio nazionale; **misti**, se i due obiettivi concorrono. I dazi accrescono il prezzo dei beni importati, riducendone così la quantità introdotta e favorendo i produttori nazionali, perché ne rafforzano la posizione oligopolistica;

▲ Esistono vari sistemi per limitare le importazioni, ma in un'economia moderna i loro effetti sono generalmente dannosi.

modulo **8**
L'operatore
Resto del mondo

Per capire come funziona un dazio protettivo, immaginiamo che in Italia il prezzo all'ingrosso di un apparecchio TV di produzione nazionale sia di 400 euro, mentre un televisore con le stesse caratteristiche può essere importato dal Giappone a 360 euro. Se il governo italiano impone un dazio del 20% sui beni che entrano nel territorio nazionale, all'importatore italiano l'apparecchio TV giapponese verrebbe a costare 432 euro. Ai consumatori italiani conviene a questo punto acquistare il prodotto italiano a prezzo minore. Anche le imprese italiane meno efficienti possono quindi collocare la loro produzione sul mercato interno, aumentando così la produzione nazionale.

Le licenze di importazione

- **i contingenti di importazione**, mediante i quali le autorità politiche fissano unilateralmente le quantità massime di beni da importare. È questa la forma più rigida di controllo degli scambi internazionali, in quanto i contingenti vengono fissati indipendentemente dalla domanda, parte della quale resta insoddisfatta (nel caso dei dazi doganali tutta la domanda è soddisfatta, purché si adatti a pagare un prezzo più alto). Di norma i contingenti di importazione si applicano introducendo un sistema di **licenze di importazione**, in forza del quale l'importazione è subordinata al rilascio di un'autorizzazione dell'autorità amministrativa.

▲ Traffico nel centro di Madrid. Fino al 1999 in tutta Europa erano attive limitazioni alla vendita di auto giapponesi.

Nuovo protezionismo È costituito dalle seguenti pratiche:

- **sussidi statali all'industria nazionale**, per consentire alla stessa di abbassare i prezzi, sia all'interno, sia all'esportazione. Essi possono consistere in agevolazioni creditizie, sgravi fiscali, accollo parziale di oneri sociali sui salari, restituzione di imposte dovute sulle esportazioni ecc., che si risolvono in riduzioni dei costi di produzione;
- **restrizioni volontarie**, frutto di negoziazioni bilaterali, come l'accordo per la limitazione delle entrate di auto giapponesi in Europa fino al 1999;
- **esasperazione delle formalità burocratiche**, che consiste nell'ostacolare l'ingresso dei prodotti importati sottoponendoli a pesanti impedimenti giuridici e amministrativi, con motivazioni tecniche, sanitarie, ecologiche ecc. allo scopo prevalente di difendere l'industria nazionale;
- **richiesta di particolari standard produttivi**, come nel caso delle auto importate negli USA, i cui componenti devono rispondere a particolari requisiti di qualità e sicurezza sulla base di normative federali particolarmente rigide;
- **svalutazioni competitive**, consistenti nell'abbassare il cambio valutario di un Paese per rendere più concorrenziali le sue esportazioni e meno competitive le sue importazioni.

Critica al nuovo protezionismo

Le pratiche di "nuovo protezionismo" dirette a proteggere le industrie nazionali a danno di quelle straniere sono accusate di **esportare disoccupazione**, in quanto la difesa dei posti di lavoro interni è ottenuta con provvedimenti che limitano la produzione estera, e quindi a danno dei lavoratori stranieri.

Quando è giustificabile

Tuttavia quando le misure di nuovo protezionismo sono prese con accordi bilaterali, e hanno valenza solo temporanea, si possono giustificare con la necessità di ridurre l'impatto negativo che l'apertura dei mercati determina talvolta nel breve termine.

L Licenza di importazione Documento che autorizza l'importazione di un bene, rilasciato su domanda dell'importatore, e indicante le sue generalità, la qualità e la quantità della merce importata, il suo valore, il Paese d'origine, la dogana presso cui avviene l'operazione. Con questo strumento lo Stato può controllare la quantità e la qualità dei beni importati.

1.8 La cooperazione commerciale internazionale

Dopo la fine della seconda guerra mondiale, la maggior parte dei Paesi industrializzati si è orientata verso una politica di libertà commerciale, nella certezza che gli scambi, e in generale la cooperazione economica internazionale, costituiscano fattori di progresso per tutti i popoli.

Dal GATT alla WTO

Allo scopo di favorire la liberalizzazione del commercio mondiale, dopo un lungo lavoro preparatorio avviato dalle Nazioni Unite, nel 1947 è stato istituito il **GATT** (*General Agreement on Tariffs and Trade*). L'organismo – a cui hanno inizialmente aderito 23 Paesi, fra cui l'Italia – aveva lo scopo di:
- liberalizzare il commercio internazionale;
- armonizzare le politiche commerciali dei Paesi aderenti.

Per raggiungere questi obiettivi, il GATT ha promosso numerose riunioni internazionali, chiamate **round**. Per rendersi conto dei risultati raggiunti, basti pensare che le protezioni tariffarie, pari al 40% del valore dei beni importati nel 1947, quando è stato creato il GATT, sono scese al 2% nel 2005.

Nell'**Uruguay Round**, iniziato nel 1986, si è stabilito di ridurre le tariffe sui prodotti industriali di oltre un terzo, di liberalizzare i prodotti agricoli e di estendere a molti campi prima esclusi (agricoltura, servizi, proprietà intellettuale, salvaguardia dell'ambiente) l'accordo internazionale sulle tariffe.

All'inizio del 1995 il GATT si è trasformato nella **WTO** (*World Trade Organization*), una struttura permanente specializzata dell'ONU per la collaborazione commerciale nel mondo e in particolare fra Paesi sviluppati e Paesi sottosviluppati.

> **World Trade Organization (WTO)** La WTO, che ha preso avvio nel 1995 con sede a Ginevra, ha il compito di vigilare sulla libertà degli scambi, nella prospettiva di una gestione mondiale dei problemi del sottosviluppo.

Obiettivi della WTO

I suoi **obiettivi** sono:
- **regolare** con norme vincolanti gli scambi mondiali, eliminando le barriere doganali residue;
- **assicurare** l'osservanza di questa normativa, mediante un sistema arbitrale che intervenga in caso di violazione;
- **intervenire** in modo che la libertà commerciale risulti compatibile con la tutela dell'ambiente.

Inoltre dovrà affrontare il problema del rapporto tra il commercio internazionale e la protezione degli standard sociali (fino a che punto un costo del lavoro molto basso perché privo di oneri sociali può mettere in crisi posti di lavoro "socialmente protetti" nei Paesi avanzati?).

Differenze tra GATT e WTO

Contrariamente a quanto avveniva con il GATT, che era un semplice accordo fra Stati, la WTO è un'istituzione permanente dotata di un potere di sanzione, nel senso che un Paese da essa sanzionato deve uniformarsi alla decisione, e non potrà più far ricorso a misure di repressione unilaterale contro un altro Paese.

› L'ingresso della sede della WTO a Ginevra.

modulo 8
L'operatore Resto del mondo

1.9 L'import-export italiano

L'**economia italiana è prevalentemente di trasformazione**, cioè importa materie prime, semilavorati, energia che impiega nel processo produttivo per produrre ed esportare prodotti finiti.

Il suo grado di apertura è quindi molto elevato.

Il grado di apertura

Il **grado di apertura di una economia** è misurato dal rapporto fra la media della quota delle importazioni e delle esportazioni sul reddito nazionale.

Il grado di apertura dell'Italia rispetto al Resto del mondo è illustrato dalla tabella seguente:

> Import-export come quota del PIL e grado di apertura dell'Italia. (Fonte: *Relazione generale sulla situazione economica del Paese*, vari anni)

ANNI	IMPORTAZIONI PIL	ESPORTAZIONI PIL	GRADO DI APERTURA
1990	19,4	19,0	19,2
2000	26,9	25,7	26,3
2010	28,5	26,7	27,6
2015	30,0	28,0	29,0

Quasi il 55% delle imprese italiane con più di 10 addetti esporta all'estero, e la quota complessiva della produzione esportata supera in media un terzo del fatturato.

I più elevati gradi di apertura si riscontrano nei sistemi che esportano notevoli quantità di materie prime, come l'Arabia Saudita; oppure in quelli, di non grandi dimensioni, che operano nel settore della trasformazione con imprese dotate di alti livelli di efficienza, come il Belgio, l'Olanda ecc.; minori gradi di apertura sono invece riscontrabili in economie di più vaste dimensioni, dotate di materie prime e di un grande mercato interno (un esempio tipico sono gli Stati Uniti), oppure in economie arretrate scarsamente integrate nel commercio internazionale. Come dicevamo prima l'economia italiana, che è **trasformatrice** (importa dall'estero non solo per soddisfare i consumi interni, ma per produrre i beni da esportare all'estero), ha un notevole grado di apertura, come gran parte dei Paesi dell'Unione europea: i suoi rapporti commerciali si estendono infatti a tutti i Paesi del mondo.

Conseguenze di un elevato grado di apertura

Un Paese con un elevato grado di apertura è particolarmente soggetto all'influenza di shock esterni, come l'aumento del prezzo delle materie prime, le crisi internazionali, le brusche variazioni nel mercato dei cambi.

I nostri partner commerciali I Paesi con i quali intratteniamo la maggior parte dei nostri rapporti commerciali sono i Paesi industrializzati, verso i quali è diretto il 76% delle nostre esportazioni e dai quali proviene il 72% delle nostre importazioni.

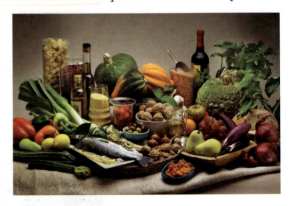

▲ L'Italia è in prevalenza un Paese trasformatore, ma vanta anche pregiate esportazioni nel settore agroalimentare.

unità **1** ■ Commercio internazionale e bilancia dei pagamenti

la nuova economia

Aiutare le imprese a competere

Il baricentro della crescita economica si sta spostando a Oriente. Nettamente, irreversibilmente. Le previsioni del FMI per i prossimi anni forniscono dati senza appello: ci si aspetta infatti che i tre grandi *newcomers* dell'economia globale (Cina, India, Russia) continuino a crescere a tassi consistenti, che vanno dal 6 al 9% annuo, mentre gli Stati Uniti e l'Europa potranno crescere molto meno.
Dunque l'aggressività commerciale cinese, su cui sono puntati i riflettori della cronaca, è solo la punta di un iceberg. Dietro di essa si intravede una diversa geografia della crescita mondiale. Da un lato, entrano in campo giganti che la geopolitica dei blocchi aveva tenuto ai margini del mercato mondiale, e che adesso si fanno avanti, con le immense riserve di lavoro, di spazi e di ambiente a basso costo che contengono. Dall'altro, l'Occidente sta rapidamente perdendo il monopolio dell'economia della conoscenza su cui si è basata, finora, la divisione del lavoro a scala mondiale. Conoscenze scientifiche, tecniche produttive, prodotti che contengono il know-how accumulato in Occidente passano sempre più rapidamente ai nuovi venuti, in modo legale, semilegale, clandestino e in altri modi ancora. I Paesi sviluppati ad alto costo del lavoro – Italia compresa – non possono che riposizionarsi, nel minor tempo possibile, in questa nuova divisione del lavoro su scala mondiale.

▲ Operaie di un'azienda cinese attiva nel settore dell'ottica.

Ormai la Cina è tra noi. Un'azienda su quattro soffre già gli effetti della concorrenza cinese sul proprio mercato, e questa sofferenza aumenta nei settori del made in Italy (calzature, metalmeccanico, legno e arredo, tessile-abbigliamento). Per rompere l'assedio bisogna, prima di tutto, entrare nel circuito dell'assediante, andando a produrre nei luoghi più vantaggiosi con proprie linee o con alleanze locali, e cominciando a penetrare, nelle forme possibili, su un mercato che promette grandi cose. Molte imprese hanno già cominciato a farlo.

Enzo Rullani, «Il Sole 24 Ore», Milano

Il grande peso dell'UE

Come si osserva dai seguenti diagrammi, la maggior parte dei rapporti di scambio avviene con i Paesi dell'UE, seguiti nella graduatoria dai Paesi in via di sviluppo e dagli altri Paesi sviluppati dell'OCSE:

> I due grafici mettono a confronto il complesso delle importazioni e delle esportazioni italiane nel 2015.

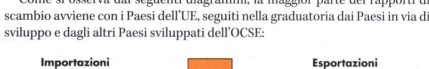

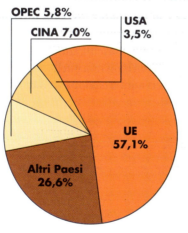

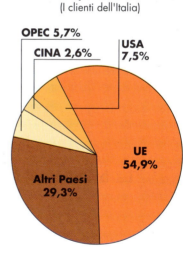

Import-export italiano

Risulta molto elevato l'interscambio commerciale sia con i Paesi dell'UE, sia con i Paesi dell'OPEC, con gli USA e con la Cina. I Paesi dell'OPEC (l'organizzazione dei grandi produttori di petrolio) sono i nostri principali fornitori di energia. Il resto dell'interscambio è rivolto ai Paesi in via di sviluppo (PVS), e ai Paesi dell'America Latina.

Import

Cosa importiamo, cosa esportiamo Importazioni. Fra le voci italiane più significative delle importazioni figurano i mezzi di trasporto, i prodotti minerari e in metallo, i prodotti chimici e gli apparecchi elettronici.

modulo 8
L'operatore Resto del mondo

Export

Esportazioni. Al primo posto delle esportazioni figurano le macchine e gli apparecchi meccanici (punto di forza del nostro export), particolari prodotti in metallo, i prodotti tessili e dell'abbigliamento (all'avanguardia nel mondo) e mezzi di trasporto ad alta tecnologia.

Il nostro export è molto avanzato per il design ma, se si escludono alcune produzioni di eccellenza, è **concentrato nei settori tradizionali** (prodotti tessili e abbigliamento, calzature, mobili ecc.), a basso e medio contenuto tecnologico; risulta debole nei settori più innovativi, caratterizzati da alta tecnologia. Ciò preoccupa, anche in vista della progressiva liberalizzazione del commercio internazionale: infatti i beni a basso contenuto tecnologico sono facilmente imitabili da parte degli altri Paesi. Sulle nostre esportazioni incombe infatti il rischio di subire la concorrenza in termini di prezzo da parte dei Paesi in via di sviluppo, dove il costo del lavoro è molto basso.

Le avveniristiche architetture di Singapore, una delle "tigri asiatiche" più attive nel commercio internazionale.

Dove va il commercio mondiale?

Tendenze del commercio mondiale L'economia mondiale si è andata polarizzando attorno a tre grandi aree di sviluppo, che rappresentano oggi i tre pilastri del commercio internazionale: l'**area degli USA**, che comprende anche Canada e Messico uniti nel **NAFTA** (**North America Free Trade Agreement**), e che attira gran parte dell'America Latina; l'**area dell'UE**, che attrae le economie dei Paesi dell'Europa dell'Est e delle coste afro-asiatiche del Mediterraneo; e infine l'**area del Giappone e delle "tigri asiatiche"**, che hanno rapidamente colmato il gap che le divideva dai Paesi industrializzati. Qui è in grande trasformazione la Cina, un gigante di oltre 1,3 miliardi di abitanti che, specie attraverso Hong Kong e Shanghai, intreccia sempre più stretti rapporti con il Resto del mondo.

Queste tre grandi aree, ciascuna dotata di una propria moneta, rispettivamente **dollaro**, **euro** e **yen** (con una più larga penetrazione mondiale del dollaro come moneta di riserva internazionale) hanno tra loro intensi rapporti commerciali e finanziari.

1.10 La bilancia dei pagamenti

Importanza della bilancia dei pagamenti

Allo stesso modo in cui la contabilità nazionale (v. Mod. 5, par. 1.1) aiuta a capire il funzionamento dell'economia dell'intero Paese, così **la bilancia dei pagamenti aiuta a capire le relazioni economiche fra il nostro Paese e il Resto del mondo.** Un esame della bilancia dei pagamenti fornisce importanti notizie sulla domanda e l'offerta di moneta determinata dagli scambi internazionali di merci, capitali e servizi.

> La contabilità nazionale registra nel conto chiamato **bilancia dei pagamenti** l'insieme delle transazioni economiche intercorse annualmente tra i residenti in un dato Paese (persone fisiche e giuridiche) e il Resto del mondo. In essa quindi figurano tutti i movimenti valutari (qualunque ne sia la causa) intercorrenti fra residenti e non residenti.

404

unità **1** ▪ Commercio internazionale e bilancia dei pagamenti

> Prospetto riepilogativo dei rapporti dell'Italia con l'estero, comprendente lo schema della bilancia dei pagamenti e della posizione netta sull'estero.

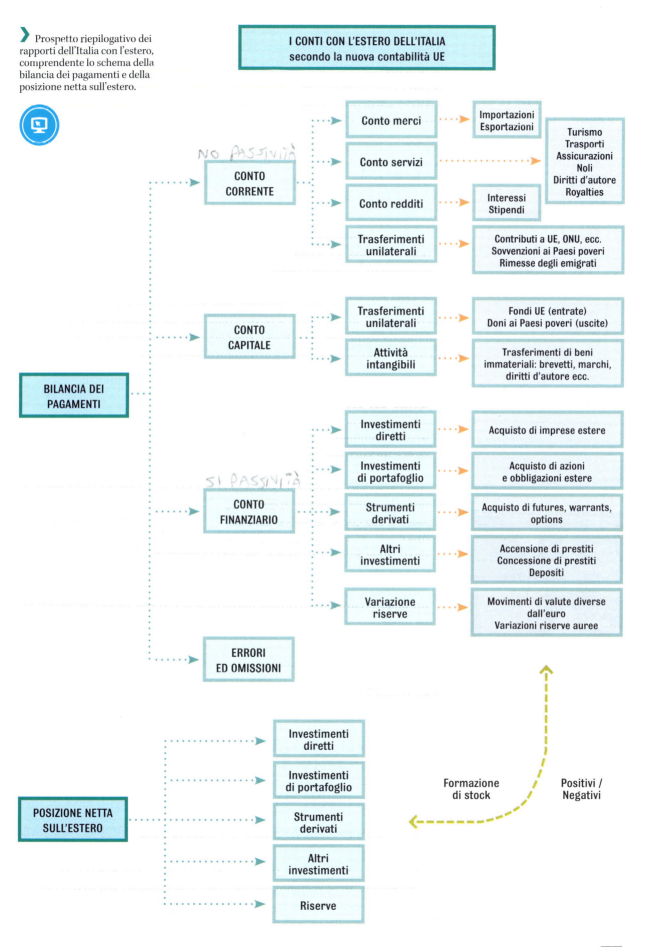

modulo 8
L'operatore Resto del mondo

Una "foto" dell'economia di un Paese

La bilancia dei pagamenti è uno schema contabile che registra le transazioni intervenute tra residenti e non residenti, relative al passaggio di proprietà di risorse sia reali (beni, servizi, redditi) che finanziarie (attività o passività finanziarie). **La bilancia dei pagamenti si basa sul principio della partita doppia, in quanto ogni transazione origina due distinte registrazioni di uguale importo ma di segno contrario.** È un documento essenziale per capire il funzionamento di un'economia, capace com'è di fotografare i rapporti economici di un Paese con il Resto del mondo. Dal suo esame si può capire, per esempio, qual è la forza produttiva di un Paese, la sua capacità di esportare ciò che produce, come pure la sua capacità di attirare capitali dall'estero e la misura in cui i residenti investono il loro risparmio in altri Paesi.

Due documenti contabili

I rapporti economici del nostro Paese con il Resto del mondo sono sintetizzati in due documenti contabili:
- la **bilancia dei pagamenti**
- la **posizione netta sull'estero**.

Essi presentano strette analogie con il conto economico e lo stato patrimoniale delle imprese: **nella bilancia dei pagamenti si registrano i flussi che si sono verificati nel corso dell'anno, nella posizione netta sull'estero si valuta lo stock di attività e passività del Paese verso il Resto del mondo (lo stock è originato nel tempo, anno dopo anno, dalla somma dei flussi annuali).**

Bilancia dei pagamenti La bilancia dei pagamenti è costituita da:
- conto corrente;
- conto capitale;
- conto finanziario;
- errori e omissioni.

Il conto corrente

Il **conto corrente** include le operazioni che ricorrono ogni anno con l'estero e che incidono sul reddito del Paese. Comprende i seguenti conti:
- **conto merci** (o **bilancia commerciale**), che considera il solo interscambio di merci, registra all'attivo le esportazioni e al passivo le importazioni;
- **conto servizi**, che recepisce gli scambi di servizi: i trasporti (per esempio spese di spedizione di merci), i viaggi all'estero (per turismo o affari), altri servizi (finanziari, assicurativi, alle imprese);
- **conto redditi**, in cui sono compresi i flussi da e verso l'estero dei redditi di capitale (incassi di residenti connessi alla detenzione di attività finanziarie estere o pagamenti a non residenti connessi alla detenzione di attività finanziarie italiane) e di lavoro (salari e stipendi ricevuti da non residenti);
- **trasferimenti unilaterali correnti**, come i versamenti di contributi alle organizzazioni internazionali, gli aiuti ai Paesi in via di sviluppo non costituiti da beni capitali (perché in tal caso andrebbero nel conto capitale) e le **rimesse** degli emigrati.

▲ Una donna invia denaro alla sua famiglia all'estero.

Il conto capitale

Il **conto capitale** registra i trasferimenti unilaterali di beni capitali (come gli investimenti di fondi UE, o le donazioni di attrezzature ai Paesi poveri: per esempio la costruzione di un ospedale) e i movimenti dei capitali intangibili (o immateriali, come la proprietà di diritti d'autore, brevetti, marchi).

Il conto finanziario

Il **conto finanziario** registra gli investimenti all'estero. È formato dai seguenti capitoli:
- **investimenti diretti**, che riguardano l'acquisto di imprese all'estero;
- **investimenti di portafoglio**, dove vengono registrate le transazioni finanziarie

R Rimesse Trasferimenti di valori da un luogo a un altro. Le rimesse degli emigrati riguardano l'invio di denaro alle famiglie d'origine da parte di lavoratori residenti all'estero.

unità **1** ■ Commercio internazionale e bilancia dei pagamenti

relative a titoli azionari e obbligazionari tra residenti e non residenti (come per esempio l'acquisto da parte di un italiano di azioni di una società americana o di titoli di Stato italiani da parte di un fondo pensione canadese);
- **strumenti derivati**, che comprendono le transazioni relative a tali strumenti finanziari (v. Mod. 6, par. 3.6), tenuti separati dagli investimenti di portafoglio in quanto particolarmente rischiosi;
- **altri investimenti**, dove vengono registrati i crediti commerciali (che nascono dalle transazioni internazionali di merci e servizi per cui non c'è stato ancora il pagamento, oppure il pagamento è stato anticipato ma mancano ancora i movimenti dei beni), i prestiti (che riguardano appunto i prestiti ricevuti o effettuati con una controparte all'estero, come nel caso di un'impresa italiana che si indebita con una banca estera) e i depositi;
- **variazione delle riserve ufficiali** (dette anche "riserve valutarie"), che comprende le attività in valuta diverse dall'euro detenute in contropartita da non residenti nell'area della moneta unica (è un conto della Banca centrale che riflette i movimenti del conto corrente e del conto finanziario).

IN pratica
Se un imprenditore italiano vende una partita di scarpe a un importatore americano, questi pagherà la merce ricevuta in dollari, che l'esportatore italiano cambierà in euro. I dollari entrati in Italia affluiranno alle riserve ufficiali già esistenti e serviranno agli importatori italiani in cambio di euro per effettuare il pagamento in dollari della merce importata.

Quando il Paese esporta più capitali di quanti ne importi il conto finanziario è negativo, perché le esportazioni di capitali originano un pagamento (sono registrate col segno −) mentre le importazioni originano un incasso (sono registrate col segno +). Il contrario avviene nel conto corrente.

Errori e omissioni

Il conto **errori e omissioni** comprende sia gli errori di rilevazione (per esempio una sopravvalutazione delle importazioni), sia le omissioni (come la mancata segnalazione di un investimento all'estero). Secondo la Banca d'Italia almeno metà del suo importo maschera le esportazioni di capitali, in particolare i proventi di esportazioni di cui non è stato comunicato l'incasso.

IN pratica
Se per esempio un esportatore italiano ha ottenuto, come pagamento delle merci esportate, un terreno all'estero su cui costruirà una nuova fabbrica, oppure ha utilizzato i proventi per costituire una *joint venture* (casi che accadono frequentemente con gli operatori dell'Europa dell'Est), verrà a mancare il relativo flusso finanziario e ciò aumenterà l'importo di questo conto.

Posizione netta sull'estero   Nella bilancia dei pagamenti **il conto corrente misura il saldo dei conti con l'estero di un Paese**: se il suo saldo è attivo, il Paese produce più di quello che consuma; se il saldo è passivo, il Paese produce meno di quello che consuma. Attraverso l'accumularsi dei suoi saldi si determina la posizione netta del Paese verso l'estero. Nel primo caso, il Paese accumula crediti verso il Resto del mondo; nel secondo caso, accumula debiti.

La posizione netta del Paese verso l'estero è il saldo delle attività e delle passività con l'estero degli operatori residenti (famiglie, imprese, Stato, banche e Banca centrale). Si noti che nelle riserve valutarie nette della Banca centrale è incluso l'oro, che per convenzione viene considerato un'attività sull'estero, come se fosse un titolo denominato in moneta estera.

Il valore dell'oro

J Joint venture Accordo di collaborazione fra imprese per realizzare progetti richiedenti ingenti finanziamenti. È frequente nell'attività economica internazionale per l'aggiudicazione di appalti pubblici. La cooperazione tra imprese si concretizza nella formazione di un gruppo, guidato da un'impresa capogruppo.

modulo 8
L'operatore Resto del mondo

Le voci sono le stesse del conto finanziario, e comprendono quindi investimenti diretti, investimenti di portafoglio, strumenti derivati, altri investimenti e riserve.

Metodo della partita doppia

Sotto il profilo contabile, la bilancia dei pagamenti accoglie registrazioni tenute secondo il metodo della partita doppia: ogni operazione è iscritta due volte, una dal lato delle entrate e l'altra dal lato delle uscite. La voce del saldo che si somma alle entrate o alle uscite per uguagliarle rappresenta il risultato (passivo o attivo) della bilancia dei pagamenti.

Convenzionalmente si segnano in attivo i flussi monetari in entrata e in passivo i flussi monetari in uscita.

> La tabella mostra le voci che compongono la bilancia dei pagamenti, con la suddivisione in conto corrente, conto capitale e conto finanziario.

ATTIVO (entrate)	PASSIVO (uscite)
Conto corrente	
• Esportazioni di beni • Proventi di noli attivi e di assicurazioni relative a trasporti internazionali • Proventi per il turismo straniero in Italia • Proventi dall'estero per l'utilizzo di brevetti, diritti d'autore ecc. • Interessi e dividendi su capitali investiti all'estero • Stipendi pagati a residenti da imprese e soggetti esteri • Rimesse degli emigrati italiani	• Importazioni di beni • Pagamenti di noli passivi e di assicurazioni relative a trasporti internazionali • Spese per il turismo di italiani all'estero • Pagamento di royalties su brevetti esteri, diritti esteri d'autore ecc. • Interessi e dividendi su capitali stranieri investiti in Italia • Stipendi pagati all'estero da soggetti italiani • Rimesse degli immigrati stranieri • Contributi pagati a UE, ONU ecc. • Sovvenzioni ai paesi poveri
Conto capitale	
• Vendita all'estero di brevetti, diritti di proprietà intellettuale • Investimenti di Fondi strutturali UE	• Acquisto all'estero di brevetti, diritti di proprietà intellettuale • Donazioni di beni capitali ai Paesi poveri
Conto finanziario	
• Vendita di imprese italiane a non residenti • Investimenti esteri in titoli nazionali (azioni, obbligazioni, derivati) • Diminuzione dei crediti o aumento dei debiti bancari italiani sull'estero • Aumenti delle riserve ufficiali	• Acquisti di imprese all'estero • Investimenti di italiani in titoli esteri (azioni, obbligazioni, derivati) • Aumento dei crediti bancari o diminuzioni di debiti bancari italiani sull'estero • Diminuzione delle riserve ufficiali

Il saldo della bilancia dei pagamenti Dato che ogni transazione dà luogo a un'iscrizione all'attivo e a un'altra al passivo di uguale importo, la somma di tutte le registrazioni all'attivo deve essere uguale alla somma di tutte le registrazioni al passivo. **Il valore del saldo si dovrà quindi ricercare nel suo significato economico e non contabile: e ciò si può fare calcolando i saldi parziali delle diverse sezioni della bilancia dei pagamenti.**

Significato economico dei saldi parziali

In tal modo il saldo della bilancia commerciale ci fa conoscere se le esportazioni sono o no maggiori delle importazioni; il saldo della bilancia turistica ci dice se e in quale misura questa voce ha contribuito alle nostre entrate valutarie; il saldo dei movimenti finanziari ci illumina sulla dinamica della posizione creditoria e debitoria del Paese nei confronti dell'estero.

408

INsintesi

1.1 La distribuzione internazionale delle risorse

Il **commercio internazionale** è costituito dall'insieme degli scambi fra soggetti residenti in Paesi diversi. Nasce dalla diversa distribuzione delle risorse naturali e delle capacità produttive fra i vari Paesi, e ciò rende **tutti i popoli del mondo interdipendenti**.

Il commercio internazionale è molto aumentato negli ultimi decenni. Dovrebbe ancora aumentare in futuro, grazie all'istituzione di organismi internazionali come la **WTO**.

1.2 La teoria dei vantaggi comparati

Secondo la **teoria dei vantaggi comparati**, proposta da Ricardo, un Paese ha convenienza a specializzarsi nella produzione di beni nei settori dove gode di un vantaggio comparato maggiore, e importare beni prodotti nei settori dove ha un vantaggio comparato minore.

1.3 Critiche alla formulazione ricardiana

La teoria dei vantaggi comparati è stata criticata perché presuppone:
- costanza dei costi di produzione, mentre cambiamenti strutturali possono provocare variazioni nei costi;
- mobilità dei fattori produttivi all'interno del Paese e immobilità all'esterno, condizioni lontane dalla realtà;
- dipendenza del valore solo dal lavoro, mentre il valore dipende anche dal costo degli altri fattori produttivi.

1.4 La moderna teoria del commercio internazionale

Esistono teorie più recenti sul commercio internazionale. Secondo la **teoria di Heckscher-Ohlin** ogni Paese esporta i beni che contengono una maggior quantità del fattore produttivo relativamente più abbondante, e importa i beni che contengono una maggior quantità del fattore produttivo più scarso.

Secondo la **teoria del ciclo del prodotto** i Paesi più avanzati esportano prodotti nuovi ad alta tecnologia; quando questi prodotti si sviluppano su larga scala, vengono fabbricati ed esportati anche da altri Paesi industrializzati; quando entrano nella fase della maturità, infine, vengono esportati anche dai Paesi in via di sviluppo.

1.5 Commercio internazionale e sviluppo economico

Il commercio internazionale ha **effetti positivi sullo sviluppo economico**. Esso, oltre all'ottima allocazione delle risorse, consente di realizzare **l'integrazione economica e sociale fra i popoli**, perché può trasferire il processo di sviluppo ai Paesi sottosviluppati. Oggi **tutti i Paesi del mondo sono interdipendenti**: ciascuno dipende da tutti gli altri, e ciò deve far nascere uno **spirito di solidarietà a livello mondiale**.

1.6 Libero scambio e protezionismo

Il **liberismo** è una politica commerciale che non pone restrizioni al commercio internazionale; il **protezionismo** ostacola l'ingresso in patria di prodotti stranieri, allo scopo di avvantaggiare i produttori nazionali.

Secondo alcuni economisti il protezionismo è giustificato nei casi di:
- protezione dell'industria nascente;
- difesa della piena occupazione;
- tutela dell'indipendenza del Paese;
- lotta al *dumping*.

1.7 Gli strumenti del protezionismo

Per penalizzare l'ingresso di prodotti stranieri esistono **due forme di protezionismo**:
- **protezionismo tradizionale** (dazi doganali, contingenti alle importazioni);
- **nuovo protezionismo** (sussidi statali all'industria, restrizioni alle importazioni, esasperazione della burocrazia, svalutazioni competitive).

1.8 La cooperazione commerciale internazionale

La **cooperazione internazionale** può aiutare molto il commercio tra i diversi Paesi. Per favorire il processo di liberalizzazione nel 1947 è stato istituito il **GATT**, che ha abbattuto le tariffe doganali. Nel 1995 si è trasformato nella **WTO**, una struttura permanente dell'ONU dotata di poteri regolamentari e sanzionatori.

1.9 L'import-export italiano

Per quanto riguarda l'**import-export italiano**, i nostri maggiori partner commerciali sono i Paesi dell'UE e i Paesi industrializzati dell'OCSE.

L'Italia ha un elevato grado di apertura internazionale, essendo un Paese trasformatore.

Importiamo soprattutto prodotti ad alta tecnologia, prodotti energetici e materie prime.

Esportiamo principalmente prodotti meccanici e prodotti del settore tessile-abbigliamento. Il nostro export è concentrato nei settori a basso e medio contenuto tecnologico, e ciò rappresenta una debolezza per la nostra economia. **L'Italia deve potenziare i settori più innovativi**.

1.10 La bilancia dei pagamenti

I rapporti economici del nostro Paese con il Resto del mondo sono sintetizzati nella **bilancia dei pagamenti** e nella **posizione netta sull'estero dell'Italia**, che rilevano rispettivamente i flussi e gli stock dei nostri rapporti con il Resto del mondo.

modulo 8
L'operatore Resto del mondo

Laboratorio

Vero / Falso
Indica se le seguenti affermazioni sono vere o false.

1. La mobilità dei fattori produttivi è più alta nel mercato internazionale che nel mercato interno. **V F**
2. La teoria dei vantaggi comparati sostiene che lo scambio fra Paesi è conveniente quando c'è una differenza nei costi assoluti di produzione. **V F**
3. La teoria dei vantaggi comparati presuppone costanza nei costi di produzione. **V F**
4. Secondo la teoria di Heckscher-Ohlin ogni Paese esporta i prodotti che incorporano più intensamente il fattore produttivo relativamente più abbondante e importa beni che incorporano più intensamente il fattore produttivo più scarso. **V F**
5. Per Friederich List, esponente della scuola storica tedesca, il protezionismo è necessario per proteggere le "industrie nascenti". **V F**
6. Il "nuovo protezionismo" si basa su restrizioni non tariffarie, come la concessione di sussidi pubblici all'industria nazionale o l'introduzione di formalità burocratiche che scoraggiano le importazioni. **V F**
7. La svalutazione competitiva consiste nella riduzione del valore della moneta nazionale per rendere più concorrenziali le esportazioni. **V F**
8. Il *dumping* consiste nel vendere a prezzi alti i prodotti nazionali all'estero, per poter vendere gli stessi all'interno a prezzi più bassi. **V F**
9. Le spese che i turisti stranieri effettuano in Italia sono una voce attiva del conto corrente. **V F**
10. L'acquisto all'estero di un brevetto da parte di un'impresa italiana costituisce una voce del passivo del conto capitale. **V F**

Scelta multipla
Completa l'affermazione scegliendo la frase corretta fra quelle proposte.

1. La teoria ricardiana dei vantaggi comparati si basa anche sull'ipotesi che
   a. siano considerati nulli i costi dei trasporti
   b. il valore dei beni sia misurato dal costo del capitale impiegato per produrli
   c. nel mercato interno i fattori produttivi non siano trasferibili
   d. nel mercato internazionale i fattori produttivi siano trasferibili

2. La teoria secondo cui un Paese esporta i beni prodotti impiegando più intensamente il fattore produttivo più abbondante è nota come teoria di
   a. Heckscher-Ohlin   c. Ricardo
   b. Leontief   d. Rostow

3. Alla base della teoria del ciclo di vita del prodotto elaborata da Vernon vi è l'influenza esercitata sulle esportazioni
   a. dai consumi privati
   b. dagli investimenti fissi
   c. dalle innovazioni tecnologiche
   d. dal reddito nazionale

4. L'agenzia permanente dell'ONU specializzata nel favorire la liberalizzazione del commercio internazionale e la cooperazione fra Paesi si chiama
   a. FAO (*Food and Agriculture Organization*)
   b. OCSE (Organizzazione per la cooperazione e lo sviluppo economico)
   c. ICE (Istituto per il Commercio Estero)
   d. WTO (*World Trade Organization*)

5. Sono uno strumento tipico del nuovo protezionismo
   a. i contingenti all'importazione
   b. i dazi doganali protettivi
   c. i sussidi statali all'industria
   d. i dazi doganali fiscali

6. L'insieme delle transazioni economiche che intercorrono tra i residenti e il Resto del mondo è registrato nella
   a. bilancia delle riserve ufficiali
   b. posizione netta sull'estero
   c. bilancia commerciale
   d. bilancia dei pagamenti

7. Il conto che registra all'attivo le esportazioni e al passivo le importazioni di merci si chiama conto
   a. finanziario
   b. merci o bilancia commerciale
   c. servizi
   d. redditi

8. La rimessa di un immigrato in Italia alla sua famiglia di origine viene registrata nel
   a. conto corrente
   b. conto capitale
   c. conto finanziario
   d. conto economico

410

Laboratorio

9. Un investimento che riguarda l'acquisto di un'impresa all'estero viene registrato nel capitolo
   a. investimenti di portafoglio
   b. trasferimenti di capitale
   c. variazione delle riserve ufficiali
   d. investimenti diretti

10. Un trasferimento unilaterale di capitali, come per esempio il finanziamento della costruzione di una scuola primaria in un Paese in via di sviluppo, viene registrato nel conto
    a. corrente
    b. capitale
    c. finanziario
    d. servizi

11. La bilancia dei pagamenti accoglie registrazioni tenute secondo il metodo della
    a. partita semplice
    b. partita doppia
    c. partita unilaterale
    d. partita finanziaria

Completamenti

Completa il brano inserendo i termini appropriati scelti tra quelli proposti.

La nozione di vantaggi _____ è molto importante per spiegare perché un Paese produca determinati beni e non altri. Spiega inoltre perché gli scambi commerciali _____ assumono determinate direzioni e non altre. Il vantaggio comparato consiste nella maggiore abilità di un Paese a produrre uno specifico bene rispetto alla _____ di produrlo di un altro Paese. Tale maggiore abilità consente al primo Paese di _____ un determinato bene con un costo inferiore rispetto a quello che dovrebbe sostenere il secondo Paese; in altre parole, il singolo Paese tende a produrre in più quei beni per i quali utilizza _____ risorse di quelle che sarebbero necessarie a un altro Paese per produrre lo stesso bene. Questa logica spiega la ragione per cui i Paesi si specializzano in determinate produzioni. Il vantaggio comparato nel breve periodo si può considerare dato; nel _____ periodo, invece può cambiare, in particolare in seguito a iniziative del Governo volte a spingere determinate produzioni ritenute _____ per la crescita del Paese.

capacità ▪ comparati ▪ essenziali ▪ internazionali ▪ inutili ▪ lungo ▪ maggiori ▪ minori ▪ nazionali ▪ produrre

Trova l'errore

Individua l'espressione o il termine errati, e inserisci quelli corretti.

1. Secondo la teoria dei vantaggi comparati, elaborata dall'economista David Ricardo, lo scambio di prodotti fra diversi Paesi è conveniente quando esiste una differenza nei costi assoluti di produzione, qualunque sia il livello dei costi relativi.

2. Il protezionismo riconosce piena libertà agli operatori nazionali di importare ed esportare, non sottoponendo ad alcuna restrizione il commercio internazionale, al contrario del liberismo che ostacola l'entrata in patria di prodotti stranieri.

Collegamenti

Associa ogni termine della prima colonna con un solo termine della seconda.

1. Teoria dei vantaggi comparati _____
2. Teoria del ciclo del prodotto _____
3. Teoria di Adam Smith _____
4. Teoria di Heckscher-Ohlin _____
5. Teoria di Leontief _____
6. Teoria keynesiana _____
7. Teoria di Krugman _____

a. Il commercio internazionale dipende dalla fase attraversata dai prodotti: quelli nuovi sono esportati dai Paesi tecnologicamente più avanzati, poi dai Paesi industrializzati e infine dai Paesi sottosviluppati
b. Lo scambio tra Paesi è conveniente quando esiste una differenza fra i costi relativi di produzione, indipendentemente dai costi assoluti
c. Un Paese esporta i beni che impiegano più intensamente il fattore produttivo relativamente più abbondante e importa i beni prodotti impiegando più intensamente il fattore relativamente più scarso
d. Il commercio internazionale è il risultato di due forze: le diverse dotazioni dei Paesi e le economie di scala

modulo 8
L'operatore Resto del mondo

Laboratorio

Domande aperte — Rispondi alle seguenti domande.

1. Perché il commercio internazionale presenta caratteri particolari rispetto al commercio interno? (1.1)
2. Che cosa afferma la teoria ricardiana dei vantaggi comparati? (1.2)
3. Su quali ipotesi si basa la teoria ricardiana? (1.2)
4. Che cosa sostiene la teoria di Heckscher-Ohlin? (1.4)
5. Che cosa sostiene la teoria del ciclo del prodotto di R. Vernon? (1.4)
6. Perché il commercio internazionale favorisce lo sviluppo economico? (1.5)
7. Per quali ragioni la scuola classica sosteneva il libero scambio? (1.6)
8. In che cosa consiste il protezionismo? (1.6)
9. Quali sono gli strumenti tipici del protezionismo tradizionale? (1.7)
10. Quali strumenti utilizza il nuovo protezionismo per scoraggiare le importazioni? (1.7)
11. Quando è stata creata la WTO, e quali scopi si prefigge con la sua attività? (1.8)
12. È elevato il grado di apertura della nostra economia? (1.9)
13. Che cos'è la bilancia dei pagamenti? (1.10)
14. Di quali parti si compone la bilancia dei pagamenti di uno Stato? (1.10)

1.1 The international distribution of resources
International trade is the exchange of capital, goods and services across international borders. It originated from the unequal distribution of natural resources and production capacities of different countries, making the peoples of the world interdependent upon one another.
International trade has increased significantly in recent years, and is likely to increase further in the future thanks to international organisations such as the WTO.

1.2 The theory of comparative advantage
According to the **theory of comparative advantage**, developed by **Ricardo**, a country has a comparative advantage over another in producing a particular good if it can produce that good at a lower relative cost.

1.3 Criticism of the Ricardian formulation
Several arguments have been advanced **against the theory of comparative advantage**: • it requires stable production costs (structural changes can result in a variation in costs); • it assumes that the factors of production are mobile internally and immobile internationally, and this is not realistic; • it takes only labour costs into consideration, and neglects non-labour costs.

1.4 The modern theory of international trade
More **recent theories** have been advanced including: the **Heckscher-Ohlin theory**, which advocates that countries export what they can most easily and abundantly produce, and that they import goods that they cannot produce as efficiently; the **product life-cycle theory** suggests that more developed countries export new high-tech products; when these products are produced on a large scale they are subsequently produced in and exported from other industrialised countries; in the maturing product stage the products are also exported from developing countries.

1.5 International trade and economic development
International trade has a positive effect on the economy. It makes economic and social integration possible, since the process of production can be transferred to underdeveloped countries. Nowadays **all the countries in the world are interdependent** and this results in worldwide solidarity.

1.6 Liberalism and protectionism
Liberalism is a policy which imposes no restrictions on international trade; **protectionism limits** the importation with the intent of protecting domestic industries. According to some economists, protectionism is justified in order to protect new industries, defend full employment, guarantee the independence of a country and fight dumping.

1.7 The tools of protectionism
To restrain trade between countries, **two protectionist policies** are used: **traditional protectionism** (customs duties, tariffs on imported goods); **new protectionism** (subsidies to industries, increased bureaucracy, competitive devaluation).

1.8 International trade cooperation
International cooperation can encourage trade between different countries. In order to favour free trade the **GATT** was introduced and customs duties were abolished. The **WTO** officially commenced in 1995 and regulates international trade.

1.9 Imports and exports of Italy
Italy's top import and export partners are EU countries and industrial OSCE countries. **Italy has a high level of international exposure** since it is concerned with processing goods. Italy imports above all high-tech goods, energy products and raw materials, and exports mechanical products, textiles and clothing. The technology content of Italian exports is comparatively low, which represents a problem.

1.10 The balance of payments
The **economic relationship** between Italy and the rest of the world can be found in the balance of payments and the net position of Italy abroad.

modulo 8

L'operatore
Resto del mondo

unità

2

Il sistema monetario internazionale

DI CHE COSA PARLEREMO

In questa unità introduciamo i **FONDAMENTI DEL MERCATO VALUTARIO**, descrivendo le forze che determinano il **LIVELLO DEI CAMBI** e dei **SISTEMI DI PAGAMENTO INTERNAZIONALE**. Tracciamo quindi la storia degli **ACCORDI MONETARI INTERNAZIONALI**, con particolare riferimento agli accordi di **BRETTON WOODS** e all'attività degli organismi creati per assicurare un sistema dei cambi ordinato e stabile (**FONDO MONETARIO INTERNAZIONALE**, **BANCA MONDIALE**). Infine, esaminiamo i **CARATTERI DEL SISTEMA MONETARIO ATTUALE**.

CHE COSA DEVI CONOSCERE

- Le funzioni della moneta nel sistema economico
- Gli strumenti della politica economica
- Gli effetti della politica economica sull'economia
- I contenuti della bilancia dei pagamenti
- I vantaggi e gli svantaggi della globalizzazione

CHE COSA IMPARERAI

- Che cos'è il tasso di cambio
- Che cos'è il mercato dei cambi
- Che cosa si intende per globalizzazione finanziaria
- Come funzionano le transazioni internazionali

- Che cosa sono i diritti speciali di prelievo
- Che cosa hanno stabilito gli accordi di Bretton Woods
- Come si mantiene la stabilità finanziaria internazionale

CHE COSA SAPRAI FARE

- Esporre le caratteristiche del mercato valutario
- Illustrare i diversi regimi di cambio
- Spiegare come avvengono i movimenti internazionali dei capitali
- Esporre l'importanza del sistema di Bretton Woods e il suo superamento
- Ricordare le funzioni del Fondo Monetario Internazionale e della Banca Mondiale
- Illustrare il funzionamento del sistema monetario attuale

2.1 Il mercato valutario e il cambio

Mercato valutario
Currency market

Il mercato valutario

Ogni transazione internazionale origina uno scambio fra moneta nazionale e moneta straniera. In ciascun Paese entrano **valute** e **divise estere** (le valute sono banconote, mentre le divise sono titoli di credito, come gli assegni e le cambiali) in relazione alle operazioni di esportazione, ai noli, al turismo; contemporaneamente escono valute e divise estere per il pagamento delle importazioni, per il pagamento dei noli a compagnie straniere, e così via.

> L'insieme delle operazioni di compravendita delle valute straniere prende il nome di **mercato valutario** (detto anche **mercato delle valute**).

413

modulo 8

L'operatore Resto del mondo

Nel mercato valutario avvengono le operazioni di acquisto e di vendita delle monete straniere. Per ogni valuta si incontrano una domanda e un'offerta, che determinano (se il mercato è perfettamente libero, cioè non controllato dalle autorità monetarie) il **cambio**.

Il cambio

> Il **cambio** può essere definito come la quantità di moneta nazionale necessaria per ottenere una unità di moneta estera.

Come in ogni altro mercato, **la domanda e l'offerta di valuta estera sono in funzione del cambio**: la domanda è funzione inversa del cambio, nel senso che diminuisce quando il cambio aumenta; mentre l'offerta è funzione diretta del cambio, nel senso che varia nella stessa direzione del cambio.

Se in un certo momento la domanda di una moneta estera è superiore all'offerta, il cambio tende a salire; se invece l'offerta di valuta supera la domanda, il cambio scende. Ciò in perfetta analogia a quanto abbiamo visto a suo tempo (v. Mod. 4, par. 1.2) a proposito del prezzo di equilibrio di mercato.

La speculazione sui cambi

L'instabilità del cambio può sollecitare la **speculazione**, che consiste in acquisti e in vendite di grandi quantità di valuta nella speranza di trarre profitto dalle variazioni dei cambi.

Si noti tuttavia che l'attività di speculazione potrebbe anche avere una **funzione stabilizzatrice**. Se per esempio la speculazione acquistasse una moneta straniera quando il suo corso è basso rispetto a quello di equilibrio, ciò contribuirebbe a elevarne il corso, e viceversa. Questo in teoria: l'esperienza dimostra però che nella realtà **l'attività speculativa crea gravi problemi nel commercio internazionale**, in quanto amplifica le oscillazioni dei cambi e così introduce ulteriori elementi di rischio.

Il mercato dei cambi Il mercato dei cambi è formato da due segmenti: gli **operatori con l'estero**, che domandano e offrono divise per le normali operazioni con il Resto del mondo, e gli **speculatori**, che traggono guadagni dalle oscillazioni dei cambi. Quest'ultimo segmento acquista un'importanza sempre maggiore: è stato calcolato che dell'enorme cifra trattata ogni giorno nel mercato mondiale dei cambi meno del 5% riguarda il commercio estero, il 15% gli investimenti e ben l'80% i movimenti speculativi.

▲ I valori di cambio delle valute sono il risultato di un meccanismo complesso in cui sono presenti molti soggetti, compresi gli stessi governi.

La manovra dei cambi Le autorità monetarie cercano di contrastare le ondate speculative mediante la manovra dei cambi, allo scopo di assicurarne la stabilità nel tempo. La manovra si concretizza in una **serie di interventi finalizzati ad avvicinare il cambio effettivo al cambio di equilibrio, cioè a quello che uguaglia in modo stabile la domanda e l'offerta di valute**. Quando il cambio sale, le autorità monetarie intervengono vendendo valuta estera, attingendola dalle riserve: così il corso dei cambi tende a scendere. In caso contrario, le autorità acquistano valuta estera, e ciò fa risalire il cambio.

Deprezzamento e apprezzamento

Se il corso del cambio, nonostante gli interventi della banca centrale, si muove costantemente nella stessa direzione, lo squilibrio non è temporaneo ma stabile, e pertanto si impone una revisione del livello del cambio: se il nuovo livello è superiore a quello precedente (si richiede cioè più moneta nazionale in cambio della moneta estera) si ha **deprezzamento** (o svalutazione del cambio); in caso contrario, si ha **apprezzamento** (o rivalutazione del cambio).

Inflazione e svalutazione

Se in un Paese vi sono forti tensioni inflazionistiche, che si riflettono in un aumento continuo dei prezzi, anche una parità difesa dalle autorità monetarie deve essere abbandonata. Ciò perché i residenti trovano più conveniente

414

Domanda e offerta di valuta

acquistare i beni all'estero, pagandoli in moneta nazionale (facendo così aumentare le importazioni), mentre gli stranieri acquisteranno le merci del Paese colpito dall'inflazione in misura minore di prima (e ciò fa diminuire le esportazioni). Per il gioco della domanda e dell'offerta di valuta straniera, il suo corso sale in termini di moneta nazionale.

I simboli delle principali valute internazionali: da sinistra l'euro, il dollaro americano, la sterlina britannica, lo yuan cinese e lo yen giapponese (che usano lo stesso simbolo).

Quando le riserve valutarie si rivelano insufficienti a sostenere la moneta nazionale, le autorità monetarie devono rinunciare alla precedente parità e procedere alla **svalutazione del cambio**, riconoscendo che la moneta nazionale ha un valore più basso, sia rispetto alle merci, sia rispetto alle monete straniere.

Perché occorre un sistema monetario internazionale? Gli operatori con il Resto del mondo hanno bisogno di disporre della liquidità internazionale necessaria a far fronte ai pagamenti. Una parte delle divise occorrenti agli importatori è fornita dagli esportatori, tramite l'intermediazione del sistema bancario; il resto deve essere pagato in una valuta capace di assolvere alle funzioni classiche della moneta (mezzo di pagamento, misura dei valori, riserva dei valori) e perciò liberamente accettata dagli operatori internazionali. La regolazione del mercato valutario e dei rapporti monetari fra Stati è assicurata da accordi internazionali, che mirano ad assicurare la stabilità dei cambi.

Accordi per la stabilità

> Il **sistema monetario internazionale** è costituito dall'insieme degli accordi, degli strumenti e delle istituzioni che regolano il mercato dei cambi allo scopo di assicurarne la stabilità.

Come vedremo nel corso di quest'unità, nell'ultimo secolo si sono succeduti diversi sistemi monetari internazionali, sia in conseguenza dei profondi cambiamenti verificatisi nei sistemi monetari interni (che si sono gradualmente ma definitivamente allontanati dall'oro), sia in seguito al variare dei rapporti di forza (economica e politica) fra gli Stati.

2.2 I diversi regimi di cambio

La trattazione dei diversi sistemi di pagamento internazionale richiede la conoscenza dei caratteri dei diversi tipi di cambio.

Sistema a cambi fissi Questo regime si è realizzato fino al 1914, durante il sistema del *gold standard* (v. Mod. 6, par. 1.3).

> Nel **gold standard** i cambi sono fissi perché esiste un unico rapporto di cambio fra ciascuna coppia di monete, determinato dai rispettivi contenuti in oro.

Caratteri del *gold standard*

Le caratteristiche del *gold standard* sono:
- **stabilità dei cambi**, che possono oscillare entro limiti molto ristretti, detti "punti dell'oro";
- **esistenza di correttivi automatici**, che, in caso di oscillazione dei cambi, riportano spontaneamente il cambio al livello di equilibrio.

L'abbandono del *gold standard*

Per la rigidità dovuta allo strettissimo legame con l'oro, il regime del *gold standard* non sopravvisse alla bufera determinata dalla prima guerra mondiale. Il regime dei cambi fissi rappresenta oggi solo un ricordo storico.

modulo 8
L'operatore Resto del mondo

PER capire meglio
Gli effetti della svalutazione

In caso di persistenti saldi passivi della bilancia dei pagamenti, le autorità monetarie devono ricorrere alla **svalutazione del cambio**.

La svalutazione di una moneta può comportare l'aumento delle sue esportazioni e la diminuzione delle sue importazioni (e infatti questa era una manovra utilizzata ampiamente in passato): la svalutazione avrà un effetto positivo sulla bilancia dei pagamenti solo se il Paese è in grado di ridurre le importazioni e aumentare le esportazioni. In caso contrario, l'aumento del prezzo dei beni importati può generare inflazione, destando la spirale svalutazione-inflazione, con un continuo aumento dei prezzi interni e la totale perdita del vantaggio competitivo.

La svalutazione, tuttavia, modifica solo lentamente i flussi commerciali: nei mesi immediatamente successivi alla svalutazione, le esportazioni aumentano lentamente, come scende lentamente la quantità di merci importate. Subito dopo la svalutazione si verifica normalmente un **peggioramento temporaneo** della bilancia commerciale, in quanto gli acquirenti esteri hanno bisogno di una minor quantità di moneta nazionale per acquistare la stessa quantità di beni che acquistavano prima della svalutazione.

In seguito a una svalutazione, quindi, in un primo tempo la bilancia commerciale non registra un vantaggio immediato; perché la svalutazione produca i suoi effetti e la bilancia commerciale migliori, devono passare alcuni mesi, in modo che la crescita delle esportazioni – stimolata dal loro minor prezzo – permetta di compensare il rincaro delle importazioni.

Il *gold exchange standard*

Fra le due guerre si diffonde il **gold exchange standard**:

> nel **gold exchange standard** cessa il diritto di coniazione e fusione dei privati, ora riservato esclusivamente alle banche centrali. Le monete non sono più convertibili in oro, ma possono essere convertite in divise estere di Paesi la cui moneta è convertibile in oro.

Dalla fine della prima guerra mondiale, **la sterlina e il dollaro**, che avevano fissato una parità con l'oro ed erano convertibili, diventano le principali valute di riserva delle banche centrali di tutto il mondo.

Scostamenti dalla parità

Il cambio poteva discostarsi dalla parità con l'oro **entro limiti molto ristretti**, superati i quali la banca centrale doveva intervenire per difendere il cambio ufficiale della moneta, facendo ricorso alle proprie riserve valutarie. Se tuttavia lo squilibrio permaneva, era necessario variare la parità ufficiale, svalutando la moneta.

Sistema a cambi flessibili

Sistema a cambi flessibili (o fluttuanti) In questo regime i cambi non rispettano una parità ufficiale, ma dipendono unicamente dalla domanda e dall'offerta di divise estere. La situazione è tipica dei sistemi monetari cartacei a corso legale, caratterizzati dalla mancanza dell'obbligo della convertibilità.

Nel sistema dei cambi flessibili il cambio è libero di fluttuare in relazione al variare della domanda e dell'offerta di valute estere, dipende cioè dalle contrattazioni che avvengono nel mercato dei cambi.

Fluttuazione libera

Se il cambio dipende unicamente dalla domanda e dall'offerta, in quanto le banche centrali non intervengono nel mercato, si ha una **fluttuazione libera**. Essa si può rappresentare come segue:

> Schema del sistema di cambio a fluttuazione libera.

416

Fluttuazione manovrata

In genere, tuttavia, le autorità monetarie intervengono abitualmente nel mercato dei cambi, specialmente allo scopo di ridurre i danni derivanti al Paese da operazioni speculative. In questo caso si ha una **fluttuazione manovrata**.

> Schema del sistema di cambio a fluttuazione manovrata.

In questo sistema la banca centrale interviene quando la valuta è sottoposta a oscillazioni troppo forti, vendendo o acquistando moneta nazionale o estera, e attenuando così la volatilità del cambio.

2.3 I "fondamentali" del cambio

Si usa il termine **fondamentali** (dall'inglese "*fundamentals*", parola di origine latina, con il significato di "ciò che sta alla base") per indicare le variabili più importanti che determinano il cambio di una moneta.

Da che cosa dipende il cambio?

Come per ogni altro bene, il corso del cambio deriva dall'incontro della domanda e dell'offerta di una certa moneta. La **domanda di moneta** di un Paese dipende dalla domanda dei suoi beni, servizi e investimenti, effettuata dal Resto del mondo. Ciò perché i relativi pagamenti devono essere fatti nella sua moneta nazionale. L'**offerta di moneta** di un Paese dipende, invece, dalle sue importazioni di beni e di servizi, e dai suoi investimenti all'estero.

Come avviene per tutti i beni, anche il prezzo di una moneta, e cioè il suo cambio, aumenta quando aumenta la domanda, e diminuisce quando aumenta l'offerta. Il prezzo che uguaglia domanda e offerta è detto **cambio di equilibrio**.

Quali sono i fondamentali che determinano il cambio di equilibrio?

I fattori determinanti

Il **cambio è influenzato da numerosi fattori**, i più importanti dei quali sono:
- **la situazione della bilancia dei pagamenti**, dato che un suo persistente deficit comporta esborsi monetari verso l'estero, che indeboliscono la valuta nazionale;
- **il tasso di inflazione**, perché se l'inflazione è più alta all'interno rispetto agli altri Paesi, la valuta inflazionata si deprezza rispetto alle altre;
- **il differenziale nei tassi di interesse**, dato che gli investimenti sono attirati nei Paesi dove, a parità di rischio, è più alto il tasso di interesse che remunera i capitali investiti;
- **l'aumento della produttività**, che comporta una diminuzione dei costi di produzione e favorisce le esportazioni;
- **la sicurezza degli investimenti**: viene domandata con fiducia la moneta di un Paese in sviluppo, con prezzi stabili, esportazioni differenziate e competitive. In esso gli investimenti esteri sono attirati dal "**fattore porto sicuro**" (**safe-haven factor**), perché i capitali investiti in quel Paese non corrono rischi eccessivi;
- **l'aspettativa di guadagni in conto capitale**, che si possono realizzare quando nel sistema aumenta il reddito e l'occupazione, e l'inflazione è sotto controllo;
- **l'andamento ciclico**, che condiziona la produzione e l'occupazione, e consente di prevedere con buona approssimazione l'evoluzione futura dell'economia.

modulo 8
L'operatore Resto del mondo

La volatilità dei cambi

I fondamentali determinano il cambio di equilibrio, che perciò assume il significato di un indice sintetico dello stato dell'economia di un Paese, dato che ne riassume i rapporti con tutti i sistemi che fanno parte del Resto del mondo.

Poiché l'andamento di un'economia dipende sia dal ciclo economico sia dalla politica economica, è evidente **l'influenza esercitata sul cambio dalla credibilità dei responsabili della politica economica**: un Governo apprezzato nei mercati internazionali per la sua capacità di condurre una politica economica rigorosa giova alla stabilità della moneta. Governi deboli e facilmente soggetti a crisi possono accentuare la volatilità.

Nel **breve periodo**, sotto la spinta della speculazione che guadagna sulle loro oscillazioni, i cambi sono sensibili a ogni evento, sia reale o psicologico: è ormai esperienza quotidiana la rapida variazione dei cambi in risposta a eventi come la pubblicazione di statistiche sull'occupazione, gli sviluppi della situazione politica, la notizia di nuove imposte, una decisione della banca centrale ecc.

> Negli ultimi anni si è verificato più volte il caso che la notizia di contrasti tra i ministri delle finanze dell'UE abbia danneggiato il corso dell'euro, e che indiscrezioni sulle buone prospettive di crescita dell'economia americana abbiano determinato l'aumento del corso del dollaro.

IN pratica

Nel **periodo lungo**, tuttavia, sono i fondamentali del cambio a giocare un ruolo determinante. Per quanto riguarda l'Italia va osservato che **l'introduzione dell'euro ha molto contribuito a ridurre la volatilità della moneta**.

2.4 I movimenti internazionali dei capitali

La globalizzazione finanziaria

Negli ultimi anni è enormemente cresciuta la **mobilità dei capitali**, grazie alla liberalizzazione dei mercati e alle nuove tecnologie telematiche.

Si è realizzata una **globalizzazione finanziaria**, anche grazie alla rimozione degli ostacoli di ordine politico-economico che in passato impedivano la libera circolazione dei capitali. Le transazioni internazionali per movimenti di capitali sono ormai preponderanti: si calcola che nel mercato mondiale oltre il 98% delle compravendite di valute sia originato da movimenti di capitale.

Il differenziale dei tassi di interesse

In generale i capitali affluiscono dove possono ottenere il **rendimento più elevato**: quando aumenta il tasso di interesse, aumentano i capitali che affluiscono in un Paese, viceversa quando i tassi diminuiscono.

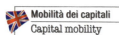

Mobilità dei capitali — Capital mobility

Sono importanti anche le **aspettative degli operatori** sui futuri livelli dei cambi. Queste spiegano i movimenti speculativi di capitali (*hot money*), che vengono investiti nelle valute di cui si attende l'apprezzamento (che verranno vendute ad apprezzamento avvenuto per realizzare il guadagno speculativo).

I movimenti di capitale

I fattori più importanti che spiegano i movimenti internazionali di capitali sono i **differenziali dei tassi di interesse** tra i Paesi e le aspettative sui futuri livelli dei tassi di cambio.

I flussi internazionali di capitale sono determinati anche dalle **scelte delle imprese**. La globalizzazione dei mercati stimola le imprese a effettuare investimenti produttivi anche in altri Paesi. Le imprese così si internazionalizzano, dato che gli investimenti dipendono dalla redditività attesa nei diversi Paesi.

L'influenza sul cambio

Poiché, come abbiamo visto, i movimenti di capitale giocano un ruolo determinante nella domanda e offerta di moneta, il cambio di equilibrio ne sarà profondamente influenzato.

> **T Transazioni internazionali** Accordi fra due o più parti residenti in Stati diversi allo scopo di creare o trasferire un diritto, come l'acquisto, la vendita, l'affitto, il prestito o altre forme di trasferimento di beni in cambio di denaro o di altri beni.

2.5 Il sistema di Bretton Woods

Nel periodo fra le due guerre mondiali i rapporti economici internazionali incontrarono gravi ostacoli, soprattutto di natura politica. Tutti i Paesi, a partire dall'inizio degli anni '20, adottarono una politica protezionistica, con grave danno per le possibilità di sviluppo. La seconda guerra mondiale, poi, sconvolse il sistema degli scambi internazionali, già pesantemente compromessi dalla Grande crisi del 1929-32.

Per ovviare a questa situazione, verso la fine della seconda guerra mondiale (luglio 1944) vennero presi a **Bretton Woods** accordi finalizzati a regolare i rapporti monetari fra i diversi Stati.

La cooperazione internazionale

Gli accordi di Bretton Woods vanno inquadrati in un più vasto programma politico, che aveva alla sua base l'idea che **la pace debba trovare presidio in rapporti economici internazionali fondati sulla cooperazione**. L'idea fondamentale che ha ispirato gli accordi è che **nessun Paese, per quanto solida sia la sua economia, può realizzare una stabilità monetaria durevole senza un'efficace cooperazione internazionale**.

Il sistema di Bretton Woods assicurava la convertibilità del dollaro in oro al valore fisso di 35 dollari per oncia.

Il meccanismo dei pagamenti multilaterali Secondo il sistema di Bretton Woods, gli squilibri delle bilance dei pagamenti si potevano correggere sulla base di un **meccanismo di pagamenti multilaterale**. Per realizzare questi fini vennero creati due importanti organismi, il **Fondo Monetario Internazionale (FMI)** e la **Banca Internazionale per la Ricostruzione e lo Sviluppo (BIRS)**, più nota con il nome di **Banca Mondiale**. Ci soffermeremo più avanti sul loro ruolo, soprattutto sul funzionamento del FMI, cui fu demandato il compito di gestire il nuovo sistema monetario internazionale. Vediamo ora come, in base agli accordi di Bretton Woods, doveva operare il meccanismo di pagamenti multilaterale.

> In base agli **accordi di Bretton Woods** ciascun Paese aderente doveva dichiarare una parità iniziale della propria moneta rispetto al dollaro, impegnandosi a mantenere tale parità entro limiti di oscillazione (in più o in meno) dell'1%.

Se per correggere gli "squilibri fondamentali" era necessario apportare variazioni che nel complesso superavano il 10% della parità iniziale, occorreva l'autorizzazione del FMI.

La convertibilità del dollaro

In questo sistema, mentre ciascun Paese doveva dichiarare la parità della propria moneta rispetto al dollaro, **gli USA si erano assunti l'obbligo di cambiare i dollari in oro al prezzo fisso di 35 dollari per oncia di metallo fino (1 oncia = g 31,103)**. Era questo il prezzo ufficiale dell'oro, fissato dal Presidente Roosevelt nel 1934 e rimasto inalterato fino al 1972. Le banche centrali dei diversi Paesi aderenti potevano cioè chiedere la conversione in oro dei dollari posseduti. Come si vede, **il sistema di Bretton Woods era una versione del gold exchange standard** (v. par. 2.2): le riserve delle banche centrali dei Paesi aderenti erano costituite principalmente da dollari convertibili. Perciò il sistema è stato definito anche **dollar exchange standard**.

Il dollaro divenne così l'unica base di riferimento di tutte le transazioni internazionali.

Il ruolo internazionale degli Stati Uniti

D'altra parte gli USA erano negli anni '50 del secolo scorso il maggior sistema economico mondiale, detentore di circa il 70% delle riserve auree totali e di una posizione assolutamente dominante nel commercio internazionale.

modulo 8
L'operatore Resto del mondo

Le quotazioni in dollari dell'oro (come anche del platino e dell'argento) utilizzano come unità di misura l'*oncia troy*, sistema di origine anglosassone che equivale a 31,1034768 grammi (*troy* deriva dalla città francese di Troyes, base del sistema monetario britannico introdotto da Enrico II d'Inghilterra). Per sapere quanto vale un grammo d'oro in un certo giorno è necessario dividere la quotazione ufficiale per 31,1034768 e convertire poi in euro il risultato.

Facciamo un esempio: il 4 agosto 2016 l'oro è quotato 1.351,33 dollari l'oncia al London Bullion Market; per conoscere la quotazione in euro al grammo occorre: 1) dividere 1.351,33 per 31,1034768, ottenendo (arrotondato) 43,45, cioè il prezzo in dollari di un grammo d'oro; 2) dato che il cambio euro/dollaro allo stesso giorno è 1,12, il valore di un grammo d'oro risulta essere 38,80 euro.

IN pratica

Il sistema di Bretton Woods, ancorando tutte le monete al dollaro, faceva di questa moneta **la valuta di riferimento mondiale**, e della *Federal Reserve* degli USA una specie di banca di emissione a cui riferire la liquidità dell'economia dell'intero pianeta.

2.6 Il Fondo Monetario Internazionale

▲ Il logo del Fondo Monetario Internazionale.

> Il **Fondo Monetario Internazionale (FMI)**, previsto negli accordi di Bretton Woods, è entrato in funzione nel 1946 e ha sede a Washington. Vi aderiscono praticamente tutti i Paesi del mondo.

Ogni Paese aderente versa una quota, rapportata al volume del proprio commercio estero e del proprio reddito nazionale.

> **Scopo fondamentale del FMI** è quello di assicurare, con la collaborazione di tutti gli Stati membri, un sistema ordinato e stabile dei cambi, concedendo crediti ai Paesi in disavanzo di bilancia dei pagamenti, a condizione che si impegnino a riequilibrare i loro conti con l'estero.

Queste finalità vengono raggiunte mediante cessioni in valuta ai Paesi membri, a 2-3 anni, per consentire loro di far fronte a squilibri temporanei delle bilance dei pagamenti (**diritti di prelievo**).

Gli strumenti finanziari del FMI Esaminiamo ora le principali facilitazioni di credito predisposte da questa organizzazione allo scopo di accrescere la liquidità internazionale.

- **Diritti di prelievo** (*drawing rights*). Sono le prime forme di credito create dal FMI: si tratta di accordi bilaterali fra le banche centrali dei Paesi con difficoltà di bilancia dei pagamenti e il FMI con i quali le Banche centrali ottengono valuta estera (soprattutto dollari) cedendo moneta nazionale, ma impegnandosi a riacquistarla entro un certo termine.
- **Diritti speciali di prelievo** (*special drawing rights*). Si tratta di facilitazioni automatiche, entrate in vigore nel 1970. Esse sono registrate in un conto speciale, aperto dal FMI ai Paesi membri: quelli che hanno avanzi nella bilancia dei pagamenti versano al FMI una parte delle loro riserve valutarie, e i Paesi in deficit possono prendere a prestito le somme necessarie a far fronte alle loro difficoltà valutarie.

L'azione positiva del FMI

L'introduzione dei diritti speciali di prelievo e di altre forme di credito ha notevolmente giovato al commercio internazionale, in quanto ha contribuito ad alimentare la liquidità mondiale in un periodo in cui l'oro e le valute di riserva si sono dimostrati insufficienti ad assicurare uno sviluppo regolare all'interscambio mondiale.

I nuovi compiti del FMI

La globalizzazione della finanza ha rafforzato i legami fra i Paesi del mondo: le turbolenze che si verificano anche in aree lontane hanno notevoli ripercus-

unità **2** ■ Il sistema monetario internazionale

sioni in tutte le economie, anche in quelle geograficamente molto distanti. Per questa ragione, è stato riconosciuto a questo organismo un ruolo strategico quale istituzione garante della stabilità finanziaria internazionale: per assicurare le sue funzioni di prevenzione delle crisi sono stati infatti rafforzati i suoi poteri di sorveglianza sulle condizioni finanziarie dei singoli Paesi.

2.7 La Banca Mondiale

▲ Il logo della Banca Mondiale.

Gli scopi della Banca Mondiale

Gli accordi di Bretton Woods prevedevano anche l'istituzione di un organismo di credito internazionale, da affiancare al FMI, con lo scopo di **concedere prestiti a lunga scadenza alle economie sottosviluppate**, per favorire il miglior sfruttamento delle risorse economiche di questi Paesi al fine di elevarne le condizioni di vita: questo organismo è la **Banca Internazionale per la Ricostruzione e lo Sviluppo (BIRS)**, più comunemente nota con il nome di **Banca Mondiale**. La Banca Mondiale ha sede a Washington e il suo capitale è versato dai Paesi membri del FMI.

La Banca Mondiale integra il FMI, in quanto concede prestiti a lunga scadenza ai Paesi in via di sviluppo finanziando progetti nei settori ritenuti più importanti per mettere in moto un processo di sviluppo autonomo (trasporti, energia elettrica, industria, agricoltura). Come già abbiamo visto, invece, il FMI accorda aiuti limitati nel tempo soltanto per compensare squilibri ritenuti passeggeri nella bilancia dei pagamenti degli Stati associati.

La Banca Mondiale si finanzia emettendo **obbligazioni**.

L'aiuto alle imprese private

Nel 1956 la Banca Mondiale ha promosso la costituzione dell'**International Finance Corporation (IFC)**, che ha lo scopo di incoraggiare la costituzione e lo sviluppo di iniziative private nelle aree meno sviluppate dei Paesi membri. Suo carattere distintivo è il finanziamento di imprese private, mentre la Banca Mondiale concede prestiti soprattutto ai Governi.

L'aiuto ai Paesi poverissimi

L'altra affiliata della Banca Mondiale, l'**International Development Association (IDA)**, istituita nel 1959, ha lo scopo di **promuovere gli investimenti produttivi nei Paesi poverissimi**, utilizzando un fondo alimentato dai contributi dei Paesi ricchi.

La Banca Mondiale svolge anche un'utile attività di raccolta di dati statistici e una funzione di informazione riguardo alla popolazione mondiale, all'economia e alla situazione ecologica del nostro pianeta.

la nuova economia

La Banca Mondiale ha cambiato strategia

La Banca Mondiale ha messo al centro delle sue azioni la **lotta alla povertà**, ampliandone i contenuti, ricordando che povertà non vuol dire soltanto un reddito insufficiente, ma anche mancanza di istruzione, condizioni sanitarie minime, costrizione dei diritti umani, assoggettamento a guerre e oppressione, inefficienza e corruzione del settore pubblico.

La povertà, dice uno studio della Banca Mondiale, significa "non avere potere, non avere voce, essere vulnerabili, avere paura".
La Banca ha modificato i suoi interventi: nel 1980, il 21% dei prestiti andava a progetti nel settore dell'elettricità, oggi questa percentuale è scesa al 2%. Viceversa i prestiti all'istruzione, alla sanità, alla nutrizione sono più che quadruplicati, dal 5 al 22% del totale. **La strada da percorrere è lunghissima** anche per raggiungere gli obiettivi di riduzione della povertà che la comunità internazionale si è posta per il 2020, fra cui il dimezzamento della percentuale della popolazione mondiale che vive in condizioni di estrema indigenza (meno di un dollaro al giorno).

In un'epoca in cui molti Paesi hanno raggiunto una ricchezza senza precedenti, quasi la metà della popolazione mondiale vive con meno di 2 dollari al giorno. Il numero dei bambini che muoiono prima di raggiungere i 5 anni di età è cinque volte superiore nei Paesi poveri che in quelli ricchi.

Alessandro Merli, «Il Sole 24 Ore»

421

modulo 8
L'operatore Resto del mondo

2.8 Dalla scarsità all'eccesso di dollari in Europa

La seconda guerra mondiale aveva distrutto quasi completamente il potenziale industriale europeo e giapponese; solo l'economia americana usciva dalla guerra rafforzata, soprattutto nell'apparato produttivo.

Il Piano Marshall

Gli Stati Uniti elaborarono programmi di aiuti all'Europa (fra tutti basti ricordare il Piano Marshall), che prevedevano l'invio di forti rimesse in dollari a titolo di donazione. I dollari affluiti vennero usati dai Paesi europei per acquistare generi alimentari e impianti industriali principalmente dagli USA. Pertanto, i dollari ritornarono negli Stati Uniti, anche perché le esportazioni europee erano allora molto scarse.

Gli aiuti affluiti a seguito del Piano Marshall servirono principalmente a equilibrare le bilance dei pagamenti dei Paesi europei.

La ripresa dell'Europa

La situazione cominciò a cambiare verso il 1960 soprattutto per due ordini di ragioni. In primo luogo, i Paesi europei e il Giappone avevano dimostrato **una considerevole capacità di recupero**, con un notevole sviluppo della produttività. Gradualmente le esportazioni di questi Paesi aumentarono, sia verso gli USA, sia verso gli altri Paesi del mondo. In maniera corrispondente, le esportazioni statunitensi dimostrarono tendenza alla contrazione. In secondo luogo, **le spese degli USA crebbero enormemente**, soprattutto per il costo crescente della guerra del Vietnam e il mantenimento delle loro forze armate in diverse parti del mondo (tra cui in Germania e in altre zone d'Europa).

La situazione stava rapidamente mutando: la bilancia commerciale americana vedeva ridursi il suo *surplus*, mentre aumentava via via il *deficit* della bilancia dei pagamenti. Di conseguenza, **gli USA dovevano far fronte a un enorme deficit, con l'invio all'estero di oro e di dollari in pagamento.**

Il calo delle riserve auree USA

Il *gap* fra dollari (in circolazione fuori dagli USA) e riserve d'oro si coglie facilmente osservando il seguente grafico:

> Circolazione di dollari fuori dagli USA e riserve auree statunitensi fino al crollo del sistema di Bretton Woods.

A partire dalla metà degli anni '60, dunque, i dollari depositati nelle banche centrali dei Paesi europei e del Giappone erano abbondanti: **si era passati da una situazione di scarsità di dollari a una situazione di eccesso di dollari.**

Gli investimenti delle multinazionali

Gli USA restavano tuttavia la maggior potenza mondiale, e i flussi commerciali fra USA e Paesi industrializzati si intensificavano sempre di più; la stessa prepotente affermazione delle **imprese multinazionali**, che investono ingenti

P **Piano Marshall** La locuzione indica l'*European Recovery Program*, E.R.P. (Piano per la ripresa europea), attuato dagli USA dal 1948 al 1951 per la ricostruzione dell'Europa dopo la seconda guerra mondiale. Prese il nome dal segretario di Stato americano George Marshall, e consisteva in un programma di ingenti aiuti economici da parte statunitense per la rinascita dell'Europa, uscita stremata dall'ultimo grande conflitto.

422

Eurodollari e petrodollari

quantità di dollari nei diversi Paesi, contribuiva all'abbondanza di dollari circolanti fuori dagli USA.

Si sviluppò così il mercato dell'**eurodollaro**, costituito dai dollari posseduti dai privati e dalle banche (escluse le banche centrali) residenti al di fuori degli Stati Uniti e specialmente in Europa.

Agli eurodollari si aggiunsero i **petrodollari**, costituiti da un'enorme massa di dollari depositati nelle banche europee e americane dai residenti nei Paesi produttori di petrolio.

La forte richiesta di petrolio da parte dei Paesi occidentali ha portato enormi masse di denaro (i cosiddetti petrodollari) nelle casse dei Paesi produttori di greggio.

La crisi di Bretton Woods

L'aumento dei dollari detenuti dalle banche centrali e dai privati (soprattutto imprese e banche ordinarie), connesso ai crescenti disavanzi della bilancia dei pagamenti statunitense, mise in crisi il sistema nato a Bretton Woods, **per l'impossibilità degli USA di aderire alle richieste di conversione in oro dei dollari che circolavano fuori dagli Stati Uniti.**

2.9 La fine del sistema di Bretton Woods

Dato il crescente squilibrio fra la quantità di dollari esistente nei Paesi industrializzati e la quantità di oro posseduta dagli USA, il sistema fondato a Bretton Woods non aveva possibilità di essere mantenuto.

Lo squilibrio tra riserve e circolante

La massa di dollari che si trovava fuori dagli USA era molto superiore alla quantità di oro custodita a Fort Knox, che costituiva le riserve auree statunitensi. Se i possessori di dollari avessero chiesto la conversione in base alla parità ufficiale (35 dollari l'oncia), gli USA non sarebbero stati in grado di convertire in oro neppure il 20% del totale; nel 1971 (anno in cui gli USA dichiararono unilateralmente l'**inconvertibilità del dollaro in oro**) circolavano all'estero 53,3 miliardi di dollari, mentre le riserve auree degli USA ammontavano a meno di 10 miliardi di dollari.

Cala la fiducia nel dollaro

La fiducia nella moneta americana cominciava a declinare, in relazione al diffondersi della persuasione che il persistente disavanzo della bilancia dei pagamenti statunitense non avrebbe mai più permesso la convertibilità dei dollari in oro. Iniziarono a serpeggiare critiche, sia da parte di economisti, sia di uomini politici, al vigente sistema monetario internazionale, che accordava al dollaro, e quindi agli USA, **una ingiusta posizione di privilegio**, a danno di tutti gli altri Paesi che aderivano al sistema di Bretton Woods.

Le continue richieste di conversione dei dollari in oro a 35 dollari l'oncia costringevano gli Stati Uniti a vendere oro, impoverendo progressivamente le loro riserve auree. Nel 1968 gli USA ottennero dai Paesi aderenti al FMI l'assenso alla creazione del **doppio mercato dell'oro**: il **mercato ufficiale**, riservato alle banche centrali, in cui il prezzo dell'oro restava fissato al livello di 35 dollari l'oncia; e il **mercato libero**, riservato ai privati (imprese e banche ordinarie), in cui il prezzo dell'oro era determinato dall'incontro della domanda e dell'offerta.

Fine del *dollar standard*

Il sistema monetario internazionale, creato a Bretton Woods, era praticamente finito: gli USA non potevano più difendere il prezzo dell'oro in termini di dollari, né conseguentemente convertire in oro gli eurodollari sulla base delle parità concordate.

modulo 8
L'operatore Resto del mondo

la nuova economia

Una proposta per il futuro

Vasti consensi (ma anche numerose critiche) ha ricevuto la proposta avanzata dal premio Nobel **Robert A. Mundell** (1932, nella foto) – riprendendo un'idea già avanzata da Keynes – di creare una moneta unica a livello mondiale. Inizialmente si dovrebbero conservare le quattro valute forti (dollaro, euro, yuan, yen), per evitare gli effetti psicologici relativi alla rinuncia alla propria moneta, legandole però con un tasso di cambio fisso. La politica monetaria a livello mondiale dovrebbe essere affidata a un organismo internazionale, formato dai rappresentanti della Federal Reserve, della Banca centrale europea e della Banca del Giappone, con il compito di fissare un *target* sull'inflazione a livello mondiale. Nella fase finale del progetto, **una sola moneta circolerebbe in tutto il mondo**.

Nell'agosto 1971 il Presidente Nixon fu costretto a dichiarare l'**inconvertibilità del dollaro** in oro, sancendo così la fine ufficiale del sistema di Bretton Woods.

Il periodo successivo è caratterizzato da ricorrenti **crisi monetarie**, che hanno originato una catena di svalutazioni in diversi Paesi del mondo con conseguenze molto negative sia nei Paesi in via di sviluppo, sia nei Paesi industrializzati.

2.10 Il sistema monetario attuale

Dollaro, euro, yuan, yen

Dopo il crollo del sistema fondato a Bretton Woods, la Comunità internazionale cerca faticosamente (e purtroppo con molti insuccessi) di sottrarsi all'instabilità dei cambi determinata dalla fluttuazione libera delle monete sul mercato valutario. Anche gli sforzi compiuti dagli organismi dell'Unione europea (UE) (v. par. 3.5) si inquadrano in questa prospettiva.

Venuto meno il ruolo speciale del dollaro convertibile, dal punto di vista valutario si sono costituite aree distinte, formate grosso modo come segue: **il continente americano è dominato dal dollaro**, che pure è presente in misura notevole in altre aree (come il bacino del Mediterraneo) ed è ancora oggi la principale moneta di riserva; **l'Europa ha visto prima il predominio del marco tedesco e ora dell'euro**; infine, **l'area del Pacifico è dominata dallo yuan cinese e dallo yen giapponese**.

Perché sono forti?

Queste monete (dollaro, euro, yuan, yen) sono attualmente le monete "forti" del commercio mondiale, sia perché sono relativamente più stabili delle altre monete, sia perché ciascuna ha alle proprie spalle sistemi economici di prima grandezza, con operatori presenti su tutti i mercati del mondo.

La quota del dollaro nel commercio internazionale tende a scendere, mentre tende a salire la quota dell'euro. È convinzione generale che la formazione **di aree monetarie organizzate contribuisce a stabilizzare il sistema monetario internazionale**. Esso peraltro dovrà essere riformato per frenare la speculazione sui cambi e tenere in maggior conto le necessità dei Paesi sottosviluppati. Infatti anche le monete forti, in regime di cambi flessibili, sono soggette a fluttuazioni che possono essere artificiosamente ampliate da **ondate speculative**, originate da movimenti dei capitali finanziari.

Tobin tax

L'economista americano **James Tobin** (1918-2002), Nobel per l'economia (1981), ha proposto di colpire i movimenti speculativi di capitali, che aumentano la vulnerabilità del sistema economico, con un'imposta, chiamata appunto **Tobin tax**, il cui gettito potrebbe essere destinato agli aiuti ai Paesi in via di sviluppo. Questa proposta, avversata dagli USA, è stata recentemente ripresa dal FMI, seppure con alcune modifiche.

424

INsintesi

2.1 Il mercato valutario e il cambio
Il **mercato valutario** è costituito dall'insieme delle operazioni di compravendita delle valute straniere.
Il **cambio** è la quantità di moneta nazionale necessaria per acquistare una unità di moneta estera.
Il **sistema monetario internazionale**, costituito dall'insieme degli accordi, degli strumenti e delle istituzioni che regolano i pagamenti fra i diversi Paesi, mira ad assicurare la stabilità dei cambi.

2.2 I diversi regimi di cambio
Sono possibili **due regimi di cambio**:
- **cambi fissi**, se il cambio fra tutte le coppie di monete è fisso e viene mantenuto nel tempo;
- **cambi fluttuanti** (o flessibili), se i cambi dipendono unicamente dalla domanda e dall'offerta di divise estere.

2.3 I "fondamentali" del cambio
Quando la domanda e l'offerta di moneta sono uguali, il cambio è in equilibrio; se la domanda di una moneta è maggiore dell'offerta, il cambio si apprezza; si deprezza in caso contrario. I cambi variano in relazione a eventi sia reali che psicologici, che costituiscono i **fondamentali** del cambio.

2.4 I movimenti internazionali dei capitali
La **mobilità internazionale dei capitali** è molto alta, grazie alla liberalizzazione dei mercati e alle nuove tecnologie telematiche. I movimenti dei capitali si spiegano con i differenziali dei tassi di interesse e con le aspettative sui futuri livelli dei cambi.

2.5 Il sistema di Bretton Woods
Il **sistema di Bretton Woods** era un meccanismo di pagamenti multilaterale, che ha funzionato dal 1946 al 1971.
Ogni Paese fissava una parità con il dollaro; le banche centrali dei diversi Paesi potevano chiedere la **conversione in oro** dei dollari posseduti al prezzo di 35 dollari l'oncia.

2.6 Il Fondo Monetario Internazionale
Il **Fondo Monetario Internazionale** (**FMI**), fondato a Bretton Woods, ha lo scopo di promuovere la cooperazione monetaria internazionale, mantenendo la stabilità dei cambi.
La **liquidità** del FMI è costituita da:
- **diritti normali di prelievo** (*drawing rights*);
- **diritti speciali di prelievo** (*special drawing rights*);

2.7 La Banca Mondiale
La **Banca Mondiale** concede **prestiti a lunga scadenza** ai Paesi sottosviluppati, per facilitare lo sfruttamento delle loro risorse economiche allo scopo di elevarne le condizioni di vita.

2.8 Dalla scarsità all'eccesso di dollari in Europa
All'inizio degli anni '60 del secolo scorso la **bilancia dei pagamenti americana** si trovò per vari motivi in situazioni di crescente deficit. Verso la fine del decennio le riserve auree statunitensi erano del tutto insufficienti a far fronte all'impegno di convertire in oro i dollari in circolazione.

2.9 La fine del sistema di Bretton Woods
Nell'agosto 1971 il presidente americano Nixon dichiarò l'**inconvertibilità del dollaro in oro**: era la **fine del sistema di Bretton Woods**, che venne sostituito da un regime di cambi flessibili tuttora in vigore.

2.10 Il sistema monetario attuale
Il sistema monetario attuale è basato su un regime di **cambi fluttuanti**. Si sono costituite distinte aree, dominate da quattro monete "forti": il **dollaro** predomina nel continente americano e in alcune altre aree; l'**euro** è la moneta "forte" in Europa; lo **yuan** e lo **yen** prevalgono nell'area del Pacifico.

Laboratorio

Vero / Falso
Indica se le seguenti affermazioni sono vere o false.

1. L'insieme delle operazioni di compravendita di valute straniere costituisce il mercato valutario. Ⓥ Ⓕ
2. Nel mercato valutario operano anche gli speculatori, che realizzano guadagni sulle oscillazioni dei cambi. Ⓥ Ⓕ
3. Nel mercato dei cambi gli esportatori domandano e gli importatori offrono divise estere. Ⓥ Ⓕ
4. Nel sistema dei cambi flessibili il cambio dipende dalla domanda e dall'offerta di valute estere. Ⓥ Ⓕ
5. La situazione della bilancia dei pagamenti non esercita alcuna influenza sul cambio. Ⓥ Ⓕ
6. I diritti speciali di prelievo (DSP) sono stati creati per fornire prestiti ai Paesi in deficit per far fronte alle loro difficoltà valutarie. Ⓥ Ⓕ
7. La Banca Mondiale fornisce prestiti a lunga scadenza ai Paesi in via di sviluppo allo scopo di elevarne le condizioni di vita. Ⓥ Ⓕ
8. Il sistema monetario istituito a Bretton Woods e crollato nel 1971 era basato sull'inconvertibilità del dollaro in oro. Ⓥ Ⓕ
9. Gli eurodollari sono costituiti dai dollari posseduti dai privati e dalle banche (non centrali) residenti fuori dagli Stati Uniti. Ⓥ Ⓕ
10. Le monete "forti" del commercio mondiale sono il dollaro, l'euro e il franco svizzero. Ⓥ Ⓕ

modulo 8
L'operatore Resto del mondo

Laboratorio

Scelta multipla — Completa l'affermazione scegliendo la frase corretta fra quelle proposte.

1. L'insieme delle operazioni di compravendita di valute straniere costituisce il
   - a mercato bancario
   - b mercato monetario
   - c mercato valutario
   - d mercato finanziario

2. Il cambio di equilibrio di una moneta è quello che
   - a uguaglia la domanda e l'offerta
   - b viene fissato dalla legge
   - c massimizza le riserve auree
   - d massimizza le esportazioni

3. L'insieme degli accordi che regolano il mercato dei cambi per assicurarne la stabilità costituisce il
   - a sistema monetario internazionale
   - b sistema delle bilance dei pagamenti
   - c sistema creditizio internazionale
   - d sistema delle Banche centrali

4. Nel *gold standard* i cambi delle monete sono
   - a fluttuanti, perché seguono il prezzo dell'oro
   - b fluttuanti, perché dipendono dall'inflazione
   - c fissi, perché determinati dai contenuti in oro
   - d fissi, perché determinati dai poteri di acquisto

5. Quando le monete nazionali non sono direttamente convertibili in oro, ma in divise estere a loro volta convertibili in oro, si ha il
   - a *gold standard*
   - b *gold exchange standard*
   - c sistema a cambi flessibili
   - d sistema a cambi fluttuanti

6. Sul livello del cambio i "fondamentali" svolgono un ruolo determinante nel
   - a breve periodo
   - b lungo periodo
   - c caso di due Paesi industrializzati
   - d caso di due Paesi sottosviluppati

7. Secondo gli accordi di Bretton Woods le riserve valutarie dei Paesi aderenti al sistema erano costituite da
   - a dollari non convertibili in oro
   - b dollari convertibili in oro
   - c diverse monete convertibili in oro
   - d oro in lingotti

8. Il sistema creato a Bretton Woods crollò nel 1971 perché gli Stati Uniti
   - a avevano riserve auree eccedenti le loro necessità
   - b avevano scelto una politica isolazionista
   - c erano entrati in una grave recessione
   - d non avevano riserve auree sufficienti ad assicurare la convertibilità del dollaro

Completamenti — Completa il brano inserendo i termini appropriati scelti tra quelli proposti.

Il cambio tra le diverse _____ dipende da vari fattori _____ . Tra gli altri, sono particolarmente importanti: 1) l'andamento della _____ dei pagamenti: un Paese che _____ più di quanto esporta vede emergere un deficit nel conto _____ della sua bilancia dei pagamenti, deficit che deve essere finanziato acquistando moneta _____ , e ciò deprezza il cambio; 2) il tasso di inflazione: un tasso _____ di inflazione interna rispetto a quella dell'estero rende meno competitive le merci nazionali per le _____ , con effetti negativi sul cambio; 3) il differenziale tra i tassi d'interesse: se aumenta questo differenziale tra due monete si produce un _____ della moneta che garantisce una remunerazione maggiore; 4) l'aumento della produttività: un Paese con una solida struttura industriale, commerciale, finanziaria e tecnologica attira i capitali destinati agli investimenti. Questo processo produce un apprezzamento della valuta del Paese.

apprezza ▪ apprezzamento ▪ bilancia ▪ consumi ▪ corrente ▪ crescente ▪ deprezzamento ▪ esportazioni ▪ estera ▪ fondamentali ▪ importa ▪ importazioni ▪ monete ▪ nazionale

Trova l'errore — Individua l'espressione o il termine errati, e inserisci quelli corretti.

1. Nel *gold standard* solo le banche centrali hanno il diritto di coniazione; le monete non sono convertibili in oro, ma possono essere convertite in divise estere di Paesi la cui moneta è convertibile in oro.

2. Nel *gold exchange standard* i cambi sono fissi perché esiste un unico rapporto di cambio fra ciascuna coppia di monete, determinato dai rispettivi contenuti in oro.

unità **2** ■ Il sistema monetario internazionale

Laboratorio

Collegamenti
Associa ogni termine della prima colonna con un solo termine della seconda.

1. Gold exchange standard
2. Gold standard
3. Sistema dei cambi amministrati
4. Sistema a cambi flessibili
5. Sistema dei cambi fissi

a. Il cambio è libero di fluttuare in relazione al variare della domanda e dell'offerta di valuta estera
b. I cambi sono fissi e sono determinati dal contenuto in oro fino di ciascuna coppia di monete
c. Le monete non sono convertibili in oro, ma in divise di Paesi la cui moneta è convertibile in oro

Domande aperte
Rispondi alle seguenti domande.

1. Che cos'è il mercato valutario? (2.1)
2. Che cosa si intende per sistema monetario internazionale? (2.1)
3. Quali sono i possibili regimi di cambio? (2.2)
4. In che cosa consiste il regime dei cambi flessibili? (2.2)
5. Quando la fluttuazione si dice "manovrata"? (2.2)
6. Quali sono i fondamentali del cambio? (2.3)
7. Quali sono i fattori che spiegano i movimenti internazionali dei capitali? (2.4)
8. Quali erano i principali fondamenti del sistema di Bretton Woods? (2.5)
9. Di quali strumenti dispone il FMI? (2.6)
10. Come ha funzionato il sistema di Bretton Woods fino alla fine degli anni '60? (2.8)
11. Per quali ragioni nell'agosto 1971 è crollato il sistema di Bretton Woods? (2.9)
12. Quali caratteri presenta oggi il sistema monetario internazionale? (2.10)

  summary CLIL

2.1 Foreign exchange market and exchange rate
The **foreign exchange market** is a global decentralised market for the trading of currencies. The **exchange rate** is the rate at which one currency is exchanged for another. The **international monetary system** is a global network of governments and commercial institutions within which currency exchange rates are determined.

2.2 Different exchange rate regimes
There are **two exchange rate regimes**: the **fixed exchange rate**, where a currency's value is fixed to another country's currency; the **flexible exchange rate**, where the exchange rate fluctuates depending on supply and demand of a currency in relation to other currencies.

2.3 The "fundamentals" of the exchange market
When demand and supply are equal, the exchange rate is in equilibrium; if the demand for a currency is higher than the supply, then the exchange rate increases, and vice-versa. **Rates vary depending on both real and psychological factors**.

2.4 International mobility of capital
International mobility of capital is very high, thanks to market liberalisation and computer technology. The movement of capital is explained by interest rate differentials and the expectations of future levels of the exchange rate.

2.5 The Bretton Woods system
The **Bretton Woods system** was used to control the value of money between different countries and lasted from 1946 to 1971. Each country had a monetary policy that kept the exchange rate within a fixed value; central banks were able **to exchange dollars for gold** at a price of $35 an ounce.

2.6 The International Monetary Fund
The **International Monetary Fund (IMF)**, founded at Bretton Woods, aims to foster global monetary cooperation, maintaining the stability of exchange rates. The liquidity of the IMF is made up of: drawing rights; special drawing rights.

2.7 The World Bank
The **World Bank** grants long term loans to Third world countries, in order to help them exploit their resources and improve their living conditions.

2.8 From shortage to excess of dollars in Europe
At the beginning of the **1960s, the US had a growing balance of payments deficit**. Towards the end of the 60s the gold reserves proved insufficient to remove the debt.

2.9 The end of the Bretton Woods system
In **August 1971** the American President Nixon declared the **non-convertability of the dollar**. It was **the end of the Bretton Woods system**, which was replaced by a regime based on **free floating flat currencies** in place to the present day.

2.10 The current monetary system
The present-day monetary system is based on a regime of flexible exchange rates. Four areas are "dominated" by four "strong" currencies: the **dollar** in America and some other areas; the **euro** in Europe; the **yuan** and **yen** in the Pacific.

427

modulo 8

L'operatore
Resto del mondo

unità

3

L'UE e le altre organizzazioni internazionali

DI CHE COSA PARLEREMO

Dopo una breve storia del cammino che ha portato alla realizzazione dell'UNIONE EUROPEA, in questa unità si traccia un rapido profilo delle ISTITUZIONI COMUNITARIE, per illustrare quindi l'introduzione dell'EURO, la moneta unica europea, che dal 2002 sostituisce le singole valute nazionali. Nella parte finale viene esaminato il ruolo delle ORGANIZZAZIONI ECONOMICHE INTERNAZIONALI che hanno come obiettivo la cooperazione di tutti i Paesi del mondo per lo SVILUPPO ECONOMICO E SOCIALE.

CHE COSA DEVI CONOSCERE

- Le nozioni di funzione legislativa, esecutiva, giudiziaria
- Gli effetti della politica monetaria sull'economia
- La nozione di equilibrio di mercato

- L'organizzazione e le funzioni del sistema bancario
- Il concetto di distribuzione territoriale del reddito
- Gli effetti negativi dell'inflazione

CHE COSA IMPARERAI

- Che cos'è e come funziona l'Unione europea
- Quali novità sono state introdotte dal Trattato di Maastricht
- Come si è arrivati alla moneta unica europea
- Che cos'è il patto di stabilità
- Di che cosa si occupa l'OCSE

CHE COSA SAPRAI FARE

- Ripercorrere lo sviluppo e la storia dell'Unione europea
- Illustrare il ruolo e il funzionamento delle istituzioni comunitarie
- Spiegare le caratteristiche dell'Unione economica e monetaria
- Mostrare gli strumenti dell'UE per ridurre gli squilibri interni
- Esporre le ragioni che hanno portato alla nascita dell'euro
- Ricordare le altre organizzazioni economiche internazionali

3.1 La Comunità europea

Il movimento federalista

L'idea dell'Europa unita è molto antica, risale addirittura al Medioevo. Questa idea è stata riproposta in Italia nel 1941, nel periodo più buio del secondo conflitto mondiale, da **Ernesto Rossi**, **Eugenio Colorni** e **Altiero Spinelli**, allora al confino nell'isola di Ventotene per la loro attività antifascista. Con il **Manifesto per l'Europa unita e libera**, noto come **Manifesto di Ventotene**, quegli uomini lungimiranti posero le basi del **Movimento federalista europeo**, che molto ha contribuito alla diffusione in Italia di una coscienza europea.

La CECA

Con il **Trattato di Parigi** del 1951, sei Paesi (Francia, Germania, Italia, Belgio, Olanda e Lussemburgo) misero in comune le risorse allora considerate fondamentali, il carbone e l'acciaio, per creare la **CECA** (**Comunità europea del carbo-**

unità **3** ■ L'UE e le altre organizzazioni internazionali

ne e dell'acciaio), primo esperimento di gestione sovranazionale e premessa alla fondazione della Comunità economica europea. Scopo di questa prima organizzazione era la costituzione di un **mercato comune** delle due materie prime allora indispensabili allo sviluppo, che prevedeva l'abolizione dei dazi nazionali interni e l'istituzione di una tariffa doganale comune nei confronti degli altri Paesi.

La CEE

Gli stessi Paesi aderenti alla CECA costituirono, con i **Trattati di Roma** firmati il 25 marzo 1957, la **Comunità economica europea** (CEE), che prevedeva la creazione di un mercato comune senza frontiere, caratterizzato dalla libera circolazione di merci, persone e capitali, anche in vista dell'**unione politica**. Gli obiettivi della CEE erano così delineati:

- **creazione di un'unione sempre più stretta fra i popoli europei**, da realizzarsi mediante l'abbattimento delle barriere fra Stati;
- **coordinamento delle politiche monetarie dei Paesi membri** per prevenire gli squilibri delle bilance dei pagamenti;
- **miglioramento delle condizioni di vita e di lavoro** mediante la promozione dello sviluppo economico e sociale;
- **salvaguardia della pace e della libertà**.

I Paesi aderenti

Al Trattato istitutivo, sottoscritto nel 1957 da Francia, Germania, Italia, Belgio, Olanda e Lussemburgo, hanno poi aderito Gran Bretagna, Irlanda e Danimarca (1973), Grecia (1981), Spagna e Portogallo (1986). L'ingresso di Austria, Finlandia e Svezia nel 1995 ha allargato la Comunità a quindici Paesi.

Il 1° maggio 2004 sono entrati a far parte della Comunità dieci "nuovi Paesi": Polonia, Slovacchia, Lituania, Lettonia, Estonia, Malta, Repubblica Ceca, Slovenia, Ungheria e Cipro. Nel 2007 sono entrati Romania e Bulgaria, e nel 2013 la Croazia. Hanno fatto domanda di adesione anche Turchia, Macedonia e Montenegro. Nel 2016, a seguito di un referendum, la Gran Bretagna è uscita dalla UE.

Con il **Trattato di Maastricht** (1992) i Paesi comunitari hanno creato una nuova entità politico-economica, l'**Unione europea** (UE), in cui circola l'**euro**, la moneta unica europea.

> L'**Unione europea** ha lo scopo di promuovere la coesione economica e sociale tra i Paesi membri, mediante la creazione della cittadinanza europea e di uno spazio senza frontiere interne da realizzarsi attraverso l'adozione di una moneta unica.

▲ Le firme dei partecipanti al Trattato di Maastricht.

3.2 Le istituzioni comunitarie

Provvedono al funzionamento dell'Unione europea le seguenti istituzioni.

1. Il Consiglio europeo Riunisce due volte all'anno i capi di Stato o di governo, assistiti dai rispettivi ministri degli esteri. Ha il compito di fornire all'UE l'impulso al suo sviluppo, definendone gli orientamenti generali e le priorità politiche.

2. La Commissione europea I suoi membri sono nominati, previa approvazione del Parlamento europeo, di comune accordo dai Governi degli Stati, per un periodo di cinque anni. I componenti della Commissione non possono ricevere istruzioni dai vari governi e sono sottoposti al controllo del Parlamento

L Libera circolazione I più recenti accordi di libero scambio fra i Paesi comunitari includono non solo l'abbattimento dei dazi doganali, ma anche la riduzione delle barriere non tariffarie, la reciproca apertura di servizi (trasporti e telecomunicazioni, finanza, appalti pubblici), la protezione della tutela geografica dei prodotti alimentari, la condivisione del mercato del lavoro.

C Coesione Con la locuzione "coesione economica e sociale" si indica la riduzione delle disparità strutturali tra le regioni dell'Unione europea. Fin dal Trattato di Roma (1957), l'Europa ha ricercato una maggior coesione interna attraverso una pluralità di interventi finanziari, in particolare quelli organizzati nei Fondi strutturali e nel Fondo di coesione.

europeo. Solo quest'ultimo, con un voto di sfiducia, può far dimettere collegialmente la Commissione dalle sue funzioni.

Poteri della Commissione

La Commissione, che è l'**organo esecutivo della Comunità**, ha i seguenti poteri:
- **obbliga al rispetto delle regole comunitarie** e vigila sulla corretta applicazione dei Trattati e delle decisioni prese dalle istituzioni comunitarie;
- **esercita il potere di iniziativa legislativa**, in quanto propone al Consiglio dei ministri della Comunità misure per lo sviluppo delle politiche comunitarie;
- **applica le politiche comunitarie** derivanti dalle decisioni del Consiglio o direttamente dalle disposizioni dei Trattati.

Potere legislativo

3. Il Consiglio dei ministri È l'organo che detiene i maggiori poteri, dato che prende decisioni vincolanti l'intera Unione europea ed emette i regolamenti che hanno natura di leggi comunitarie. È quindi l'**organo legislativo della Comunità** ed esercita tale potere congiuntamente al Parlamento europeo. Ha sede a Bruxelles. La sua composizione varia in relazione alle materie in discussione, essendo formato di volta in volta dai ministri degli Stati membri, competenti per le materie in discussione (i ministri dell'agricoltura si occupano dei prezzi agricoli, i ministri del lavoro dei problemi dell'occupazione ecc.). Di particolare rilievo è l'**Ecofin**, Consiglio dei ministri economici, che decide la politica economico-finanziaria dell'Unione. La presidenza del Consiglio viene assunta a turno dai ministri dei vari Stati, che rimangono in carica ciascuno per sei mesi.

Atti del Consiglio dei ministri

Nella sua attività il Consiglio emette:
- i **regolamenti**, che sono vere e proprie leggi comunitarie;
- le **direttive**, che fissano obiettivi obbligatori che i vari Stati aderenti devono tradurre in leggi;
- le **decisioni**, destinate agli Stati membri o a privati;
- le **raccomandazioni**, che sono invece atti non vincolanti.

Maggioranza necessaria

Eccetto i casi in cui è richiesta l'unanimità, il Consiglio decide a maggioranza qualificata. Il voto unanime è indispensabile qualora il Consiglio intenda discostarsi dalle posizioni della Commissione e per la maggior parte delle decisioni riguardanti la politica estera, la sicurezza interna e la giustizia.

4. Il Parlamento europeo È composto da membri eletti a suffragio universale diretto; essi non sono organizzati in gruppi nazionali, ma in gruppi politici, ciascuno dei quali riunisce i parlamentari di uguale tendenza ideologica. Il Parlamento europeo, che ha sede a Strasburgo, non dispone di poteri legislativi analoghi a quelli dei parlamenti nazionali: nel sistema comunitario l'iniziativa legislativa spetta alla Commissione, e il Consiglio dei ministri e il Parlamento esercitano congiuntamente il potere legislativo (**processo di codecisione**).

Poteri del Parlamento

Il Parlamento è titolare dei seguenti poteri:
- **può far dimettere la Commissione** con una mozione di sfiducia approvata a maggioranza di due terzi;
- **controlla la Commissione e il Consiglio**, ai quali può rivolgere interrogazioni scritte e orali;

- di concerto con il Consiglio dei ministri, **decide regolamenti e direttive** nei nuovi settori previsti dal Trattato di Maastricht, quali le reti di comunicazione transeuropee, la protezione dei consumatori, l'istruzione, la cultura e la sanità;
- **approva il bilancio proposto dalla Commissione**, al termine di una procedura di concertazione con il Consiglio dei ministri.

V **Voto di sfiducia** In un'assemblea parlamentare, è il voto che esprime dissenso dalla linea politica adottata dal Governo. Attraverso questo atto il Parlamento manifesta il venir meno del rapporto di fiducia con il Governo. Viene chiamato anche *mozione di sfiducia* o *di censura*. Può portare alle dimissioni dell'esecutivo.

M **Maggioranza qualificata** Maggioranza richiesta in occasione di particolari votazioni, stabilita in misura superiore al 50% dell'assemblea. Nell'UE viene richiesta per adottare decisioni in particolari ambiti, tra i quali gli accordi commerciali, la politica industriale, la cooperazione economica, finanziaria e tecnica con i Paesi terzi.

unità **3** ■ L'UE e le altre organizzazioni internazionali

I poteri della Corte

5. La Corte dei conti Ha il compito di controllare l'esecuzione del bilancio, e cioè la **corretta gestione finanziaria della Comunità**. I suoi membri sono designati dal Consiglio dei ministri per un periodo di sei anni. La Corte dei conti, con sede a Strasburgo, dispone di ampi poteri per verificare la legalità e regolarità delle entrate e delle spese della Comunità.

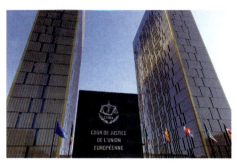

La sede della Corte di Giustizia europea, a Lussemburgo.

6. La Corte di giustizia È formata da un giudice per ogni Stato membro, assistiti da otto avvocati generali, con il compito di presentare pareri motivati sulle cause sottoposte al giudizio della Corte. Sono nominati di comune accordo dagli Stati membri per un periodo di sei anni.

La Corte ha i seguenti poteri:

- **assicura il rispetto del diritto comunitario** nell'interpretazione e nell'applicazione dei Trattati;
- **annulla gli atti** della Commissione, del Consiglio dei ministri o dei governi giudicati incompatibili con i Trattati;
- su richiesta di un tribunale nazionale, **pronuncia in merito all'interpretazione o alla validità delle disposizioni del diritto comunitario**. Nel campo del diritto comunitario, le decisioni della Corte di giustizia prevalgono su quelle dei tribunali nazionali.

Organi consultivi

7. Il Comitato economico e sociale Le proposte della Commissione, prima di venire adottate dal Consiglio dei ministri, vengono trasmesse non solo al Parlamento europeo, ma anche al Comitato economico e sociale della Comunità, **organo consultivo**, con sede a Bruxelles, composto da rappresentanti dei datori di lavoro, dei sindacati e di numerosi altri gruppi sociali.

8. Il Comitato delle Regioni Ha sede a Bruxelles ed è formato dai rappresentanti delle comunità locali. Deve essere obbligatoriamente consultato prima dell'adozione di decisioni di interesse regionale, e può altresì formulare pareri di propria iniziativa.

9. La Banca europea per gli investimenti (BEI) Con sede a Lussemburgo, contribuisce a finanziare le iniziative necessarie allo sviluppo dell'Unione: trasporti e telecomunicazioni, tutela dell'ambiente, rafforzamento della competitività delle piccole e medie imprese ecc. Essa concede anche prestiti a Paesi del Terzo mondo e dell'Europa centrale e orientale.

3.3 L'Unione economica e monetaria

Dal 1° gennaio 1993 tutte le barriere interne di carattere doganale e amministrativo sono cadute e l'Unione europea è divenuta uno **spazio senza frontiere**, in cui è assicurata la libera circolazione delle merci, dei servizi, dei capitali e delle persone.

L'Unione economica e monetaria

Il Trattato firmato a Maastricht (Olanda) nel 1992 ha impegnato i Paesi aderenti a trasformare il mercato unico in una **Unione economica e monetaria (UEM)** che abbia come obiettivi "una crescita sostenibile, non inflazionistica e che rispetti l'ambiente; un elevato grado di convergenza dei risultati economici; un elevato livello di occupazione e di protezione sociale; il miglioramento del tenore di vita dei cittadini; la coesione economica e sociale; la solidarietà tra gli Stati membri".

modulo **8**
L'operatore
Resto del mondo

PER capire meglio

A Maastricht è nata l'unione politica dell'Europa

Nel Trattato firmato nella cittadina olandese non sono contenuti solo gli obiettivi dell'Unione economica e monetaria, ma vengono affermati anche i principi che daranno vita all'unione politica fra tutti gli Stati europei. Fra i più importanti ricordiamo:

1. l'attuazione di una **politica estera e di difesa comune**: per le relative decisioni i Paesi aderenti decideranno di volta in volta su quali materie è richiesta l'unanimità oppure la maggioranza dei due terzi;

2. la progressiva **armonizzazione delle legislazioni sociali**: verranno unificate le norme sulla sicurezza dei lavoratori, la cogestione delle imprese, le pari opportunità uomo-donna, l'inserimento dei portatori di handicap, l'armonizzazione delle politiche fiscali;

3. il **principio di sussidiarietà**, in base al quale le decisioni devono essere prese al più basso livello possibile (cioè il più vicino possibile al cittadino): la Comunità interviene "solo e fino a quando gli obiettivi dell'azione proposta non possono essere conseguiti in modo sufficiente dai singoli Stati membri";

4. l'istituzione della **cittadinanza europea**, garanzia di una "unione sempre più stretta tra i popoli d'Europa". Il Trattato stabilisce che "cittadino dell'Unione è chiunque abbia la cittadinanza di uno Stato membro": quindi, ogni europeo, pur mantenendo la sua cittadinanza nazionale, acquista nuovi diritti, come, ad esempio, il diritto di eleggere ed essere eletto negli organi rappresentativi delle amministrazioni locali del Comune europeo in cui risiede, o la protezione diplomatica e consolare nei territori dei Paesi terzi dove il suo Stato non ha rappresentanze diplomatiche.

Contenuti del Trattato di Maastricht

Per realizzare questi **obiettivi** il Trattato prevede:
- una politica comune nei settori della produzione agricola, della pesca e dei trasporti;
- il rafforzamento della coesione economica e sociale;
- la promozione della ricerca e dello sviluppo tecnologico;
- lo sviluppo di reti transeuropee;
- un'economia di mercato aperta e concorrenziale, nel rispetto degli interessi dei consumatori.

Il seguente diagramma evidenzia gli effetti macroeconomici del mercato unico attualmente in atto:

> Diagramma riassuntivo degli effetti macroeconomici del mercato unico europeo.

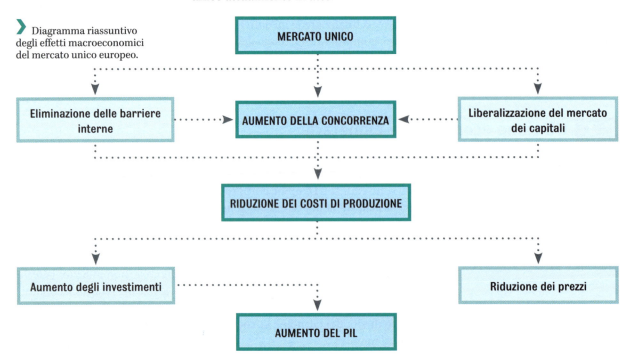

3.4 La politica sociale dell'Unione europea

Squilibri regionali

Gli obiettivi che l'UE si è fissati riguardano anche la **riduzione degli squilibri fra Paesi ricchi e Paesi poveri**: infatti all'interno della Comunità il reddito pro capite dei Paesi ricchi supera di ben 4-5 volte quello dei Paesi poveri. Prima dell'allargamento le aree più povere si trovavano specialmente in Grecia e in Portogallo, ma anche in Spagna e nell'Italia meridionale. Attualmente le aree di maggior povertà si concentrano nei Paesi dell'Est; è tuttavia facile prevedere che il basso costo del lavoro in tali Paesi (pari a meno di un terzo della media UE) provocherà un forte flusso di investimenti esteri.

Fondi strutturali   Per ridurre gli squilibri l'Unine europea ha creato i seguenti **Fondi strutturali**:
- **Fondo europeo di sviluppo regionale (FESR)**, creato allo scopo di ridurre gli squilibri regionali, stimolare la creazione di nuove imprese e la formazione di nuovi posti di lavoro;
- **Fondo sociale europeo (FSE)**, istituito per sostenere interventi di formazione professionale, di riconversione dei lavoratori e di assunzione di giovani;
- **Fondo europeo di orientamento e garanzia (FEOGA)**, che agisce per il miglioramento della produzione e commercializzazione in agricoltura;
- **Fondo di coesione**, con il compito di finanziare progetti in materia di ambiente e reti transeuropee nel settore dei trasporti.

Fondo Sociale Europeo

Finanziamento di progetti

I progetti da realizzare con finanziamenti dei fondi strutturali sono generalmente definiti per **obiettivi**; i principali di questi sono:
- sviluppo delle regioni povere di infrastrutture;
- riconversione di aree industriali in declino;
- lotta alla disoccupazione, specie giovanile e femminile;
- adattamento dei lavoratori ai mutamenti dei sistemi di produzione.

3.5 L'euro, moneta unica europea

Lo SME

Il primo passo verso la creazione di una **moneta unica europea** è stato fatto con l'istituzione dello **SME (Sistema monetario europeo)**, entrato in vigore nel 1979. Il suo scopo era la stabilità dei prezzi all'interno dei diversi Paesi e la stabilità dei cambi tra le monete della Comunità.

L'ECU

Dallo SME all'UEM   Come unità monetaria lo SME adottava l'ECU (**European Currency Unit**), moneta di riferimento, moneta cioè non effettivamente circolante e il cui valore era determinato da tutte le monete nazionali della Comunità, in proporzione al peso di ciascuna economia. Erano ammesse oscillazioni nei cambi fra le monete dei Paesi aderenti, ma solo entro limiti prefissati da "bande di oscillazione" intorno alle parità centrali.

Costituzione dell'UEM

Il **Trattato di Maastricht** ha accelerato il cammino verso l'integrazione economica con la decisione di introdurre una **moneta unica europea**, a fondamento dell'**Unione economica e monetaria (UEM)**.

modulo 8

L'operatore Resto del mondo

PER capire meglio

Euro, la moneta per l'Europa

Dal 1° gennaio 2002 l'euro è diventato la nuova moneta dell'Europa: le monete nazionali dei Paesi di Eurolandia lasciano il posto a **sei nuove banconote** e a **otto monete metalliche**. Le banconote e le monete hanno corso legale in tutti in Paesi membri dell'UEM, indipendentemente dallo Stato emittente.

Il nuovo sistema monetario – la cui adozione va considerata come la più importante transizione monetaria della storia – ha inciso profondamente nella vita quotidiana di quasi 400 milioni di cittadini europei.

Le **banconote**, stampate dalle officine cartevalori dei diversi Stati, sono disponibili in tagli da 5, 10, 20, 50, 100 e 200 euro; le **monete metalliche**, coniate dalle zecche di Stato, sono invece disponibili in tagli da 1, 2, 5, 10, 20 e 50 centesimi, 1 e 2 euro (un euro è diviso in 100 centesimi).

Disegni simbolici. I disegni sulle banconote sono ispirati al tema "Età e stili d'Europa". Il concorso indetto nel 1996 per la scelta dei bozzetti, cui hanno partecipato artisti segnalati dalle banche centrali dell'UE, è stato vinto dall'austriaco **Robert Kalina**. Le banconote raffigurano stili architettonici tipici di sei diverse epoche della storia dell'arte europea: architettura classica, romanica, gotica, rinascimentale, barocca e del ferro-vetro (Ottocento). I soggetti sono incentrati su tre principali elementi: finestre, portali e ponti. Sul fronte delle banconote sono riprodotti le finestre e i portali, che simboleggiano lo spirito di apertura e di cooperazione che anima i Paesi europei. Vi figurano anche le dodici stelle dell'Unione europea, che rappresentano la volontà di coesione dell'Europa contemporanea. Sul retro è rappresentato un ponte, negli stili delle diverse epoche della storia dell'Europa, a simboleggiare la volontà di favorire i contatti con il resto del mondo.

Le sei banconote. Le banconote si distinguono sia per il colore dominante, sia per la dimensione, in rapporto al valore.

I colori delle banconote sono i seguenti: € 5 (stile classico): grigio; € 10 (stile romanico): rosso; € 20 (stile gotico): blu; € 50 (stile rinascimentale): arancione; € 100 (stile barocco): verde; € 200 (stile del ferro-vetro): giallo-marrone.

Le banconote, realizzate non in carta ma in fibra di cotone, presentano caratteristiche di sicurezza tali da proteggerle dalla contraffazione. Sono dotate di fibrille fluorescenti e di una filigrana in chiaroscuro, caratteristiche che non possono essere facilmente riprodotte dalle fotocopiatrici o dai comuni sistemi di stampa. Presentano anche altre misure di protezione assai efficaci, come il filo di sicurezza, la banda olografica e speciali lamine metalliche interne. Ogni banconota riporta, oltre alla sigla della BCE, il logo della Banca emittente (in Italia, la Banca d'Italia).

Le banconote prodotte dalle diverse Banche centrali sono identiche, ma è possibile identificare le singole produzioni attraverso la lettera che apre la sequenza di numerazione impressa su ogni biglietto: l'Italia, per esempio, ha la lettera S. Ecco le lettere attribuite ad altri Paesi: L Finlandia, M Portogallo, N Austria, P Olanda, R Lussemburgo, T Irlanda, U Francia, V Spagna, X Germania, Y Grecia, Z Belgio.

Le otto monete. Le monete si differenziano per dimensione, peso, materiale, spessore e colore. Per facilitarne l'uso ai non vedenti, ciascuna presenta un bordo differente. Su una delle due facce della moneta è riprodotto un disegno comune a tutti i Paesi dell'euro (che riporta la configurazione geografica della UE). La seconda faccia raffigura invece un simbolo collegato all'identità nazionale dei singoli Paesi (per l'Italia, ad esempio, la moneta da un euro riporta un noto disegno di Leonardo, e quella da due euro il volto di Dante). Un avanzato sistema di controllo della qualità assicura che le monete possano essere utilizzate in tutta l'area dell'euro nei distributori automatici.

Per finire, una curiosità: il simbolo grafico dell'euro (€) si riferisce all'iniziale della parola Europa, e le linee parallele simboleggiano l'obiettivo principale della BCE: la **stabilità della moneta**.

▲ Le banconote in euro adottano soluzioni tecnologiche d'avanguardia per ridurre le possibilità di contraffazione. Qui vediamo la banda olografica dei tagli da 50 euro, un elemento molto difficile da riprodurre.

unità **3** ■ L'UE e le altre organizzazioni internazionali

PER capire meglio

I tassi dell'euromercato

Con l'introduzione dell'euro è diventato pienamente operativo l'**Eurosistema** (Sistema europeo di banche centrali, **SEBC**), costituito dalla BCE e dalle banche centrali nazionali degli Stati partecipanti, a cui compete la gestione della politica monetaria unica in Eurolandia.

Come già abbiamo visto nel Modulo 6, par. 2.5, le autorità monetarie dispongono di una serie di strumenti per raggiungere l'obiettivo della stabilità dei prezzi. Tra tali strumenti assume particolare rilevanza la fissazione dei tassi del mercato monetario, attraverso i quali la Banca centrale orienta la politica monetaria, immettendo o drenando liquidità nel sistema. Il più importante di essi è il tasso ufficiale di riferimento (**TUR**), determinato dalla BCE, che è articolato in tre voci:

- tasso di interesse sulle operazioni di rifinanziamento principali;
- tasso di interesse sulle operazioni di rifinanziamento marginali;
- tasso di interesse sui depositi presso la banca centrale.

Le variazioni del tasso ufficiale di riferimento disposte dalla BCE sono "recepite" dalle singole banche centrali nazionali (in Italia dalla Banca d'Italia), mediante provvedimenti che comunicano all'interno dei singoli Stati le sue variazioni nel tempo. Oltre al TUR, sono operativi nell'Euromercato i seguenti tassi:

- **euribor**: tasso sui depositi interbancari, che si forma sui mercati nazionali in cui le banche si scambiano depositi senza copertura di garanzie per soddisfare le proprie esigenze di liquidità;
- **overnight**: tasso interbancario applicato al trasferimento di fondi tra due controparti lo stesso giorno in cui avviene la contrattazione. La BCE fissa un corridoio di tassi, sopra e sotto il tasso delle operazioni di rifinanziamento principali: il tetto minimo della banda è il tasso al quale le banche possono effettuare i depositi overnight presso le Banche centrali nazionali, il tetto massimo è il tasso al quale le stesse banche possono ottenere liquidità overnight presso le Banche centrali nazionali. Le oscillazioni del tasso sul mercato interbancario nell'area euro sono quindi delimitate dalle bande di questo corridoio;
- **prime rate**: tasso applicato dalle banche ai prestiti concessi alla clientela più affidabile, ossia quello riconosciuto alle aziende ritenute più solvibili.

Il tasso ufficiale di riferimento (TUR), i tassi del mercato interbancario e il prime rate sono importanti punti di riferimento, ai fini della valutazione del costo effettivo del denaro.

▲ L'introduzione dell'euro e la parallela creazione del Sistema europeo di banche centrali (SEBC) hanno portato a un aumento della stabilità monetaria in Europa.

Nell'UEM circola soltanto l'**euro**, che dal 1° gennaio 2002 sostituisce negli Stati dell'area euro le monete nazionali (v. box nella pagina precedente). L'euro è emesso da una nuova istituzione, la **Banca centrale europea** (**BCE**), responsabile della politica monetaria nell'UEM (v. Mod. 6, par. 2.2).

Necessità di una moneta comune

Perché una moneta unica? Le ragioni principali che hanno spinto alla creazione della moneta unica sono le seguenti:

- innanzitutto i Paesi comunitari, pur costituendo la prima area economica del mondo, non avevano una posizione monetaria adeguata a questa realtà, perché nel commercio internazionale prevalevano dollaro e yen, le cui politiche monetarie derivavano da situazioni e interessi diversi da quelli europei. **La moneta unica consente oggi all'Europa di trattare su un livello di parità con i suoi concorrenti** (Stati Uniti e Giappone);
- vi è poi una ragione ancora più importante: **un mercato comune non può consolidarsi se non si trasforma in un sistema economico unitario**. Fino a quan-

A **Area euro** Detta anche "Eurozona" (oppure, con un'espressione giornalistica, "Eurolandia"), è costituita dall'insieme degli Stati membri dell'Unione europea che hanno adottato l'euro come valuta ufficiale, abbandonando quindi le rispettive monete nazionali.

modulo 8
L'operatore Resto del mondo

La moneta unica ha ridotto le distorsioni e rafforzato la stabilità del sistema europeo. Una politica monetaria comune rende inoltre l'Europa più forte sui mercati internazionali.

do gli Stati della Comunità hanno avuto ciascuno una propria moneta e politiche monetarie diverse, con differenti tassi di inflazione, ci sono state continue fluttuazioni dei cambi, svalutazioni competitive e rivalutazioni, spostamenti speculativi di capitali ecc. che hanno causato turbolenze nel mercato delle merci, dei servizi e dei capitali.

La creazione di una moneta unica ha eliminato definitivamente all'interno della Comunità:

- le distorsioni dei prezzi dovute alle fluttuazioni dei cambi;
- le rendite finanziarie dovute ai differenziali dei tassi di interesse;
- la distorsione nell'allocazione delle risorse dovuta alle politiche competitive dei tassi di interesse praticate dalle diverse banche centrali;
- le svalutazioni competitive del cambio fra Paesi della Comunità, per favorire le esportazioni;
- l'instabilità economica che deriva alle imprese dalle aspettative riguardo alle diverse politiche monetarie.

Tre condizioni essenziali

I parametri di convergenza Il Trattato di Maastricht ha stabilito che i Paesi membri dell'UEM devono tenere sotto controllo i conti delle rispettive finanze pubbliche con:

- **bilanci pubblici in equilibrio**: il rapporto disavanzo/PIL deve essere inferiore al 3% (si deve tendere all'equilibrio fra entrate e spese);
- **riduzione del debito pubblico**: il rapporto debito/PIL deve essere inferiore al 60% o tendere a quel livello;
- **bassa inflazione**: l'aumento dei prezzi non deve superare il 2% circa.

È questo il **patto di stabilità** che lega i Paesi membri dell'UEM e che serve a garantire la solidità della moneta comune.

SEBC e BCE

Il Sistema europeo di banche centrali Con la costituzione dell'UEM è stato istituito il **Sistema europeo di banche centrali (SEBC)**, che dirige collegialmente la politica monetaria dell'Unione (l'argomento è stato ampiamente affrontato nell'Approfondimento del Modulo 6, par. 2.2) e agisce in larga autonomia sia dai Governi nazionali che dalle istituzioni comunitarie. È composto dalla **Banca centrale europea (BCE)** e dalle **banche centrali nazionali**: ha l'obiettivo di assicurare la stabilità dei prezzi nell'UEM, di fissare il tasso ufficiale di riferimento, sorvegliare il cambio dell'euro con le altre monete, preparare l'ingresso nell'UEM dei Paesi comunitari che ancora non ne fanno parte.

Governo della moneta

Il SEBC ha il governo effettivo della moneta, perché a esso compete autorizzare l'emissione di banconote e orientare i tassi di interesse bancari: suo è infatti il compito di **controllare la quantità di moneta in circolazione**.

La nuova sede della BCE a Francoforte, una struttura alta 185 metri caratterizzata da soluzioni tecniche avveniristiche e rispettose dell'ambiente.

S Svalutazioni competitive Riduzione del valore della moneta e conseguente aumento del cambio (cioè della quantità di moneta nazionale necessaria per acquistare un'unità di moneta estera) in modo da aumentare la competitività internazionale del Paese: l'effetto che si ottiene è infatti la riduzione del prezzo in moneta estera dei beni esportati, e contemporaneamente l'aumento del prezzo in moneta nazionale dei beni importati.

La **BCE è l'unica responsabile della gestione della politica monetaria,** che è condotta in modo uniforme nei Paesi che compongono l'area dell'euro.

La stabilità dei prezzi è misurata dall'**indice armonizzato dei prezzi al consumo (IAPC)** che riguarda l'intera area dell'euro: le decisioni della BCE si basano cioè su valutazioni che riguardano l'area dell'euro nel suo complesso e non i singoli Paesi, i quali non sempre hanno rispettato i parametri di convergenza.

3.6 Le altre organizzazioni economiche internazionali

Ci soffermiamo ora sulle organizzazioni economiche che hanno come scopo la cooperazione per lo sviluppo. Della WTO, che opera per la liberalizzazione del commercio mondiale, abbiamo già trattato nel paragrafo 1.8.

L'OCSE

L'**OCSE (Organizzazione per la Cooperazione e lo Sviluppo Economico)** riunisce i Paesi industrializzati del mondo. Si propone di favorire la crescita dell'economia dei Paesi membri, stimolare gli investimenti nei Paesi in via di sviluppo, promuovere l'espansione del commercio mondiale, tutelando gli interessi dei Paesi in via di sviluppo. L'OCSE raggiunge i suoi scopi sia attraverso studi sia attraverso un'attività di consulenza presso i Governi dei Paesi aderenti.

L'EFTA

L'**EFTA (European Free Trade Association)** è stata costituita nel 1960 per creare una zona di libero scambio fra i Paesi europei che non avevano aderito alla CEE. Ne fanno parte oggi soltanto Norvegia, Islanda e Svizzera, dato che gli altri Paesi hanno ottenuto l'ingresso nell'UE. A differenza della UE, l'EFTA è solo un'associazione di libero scambio, senza scopi di ordine politico.

Il NAFTA

Il **NAFTA (North America Free Trade Agreement)** è un accordo stipulato nel 1993 fra Stati Uniti, Canada e Messico per la creazione di un mercato unico nel continente nord-americano. In seguito a tale accordo, le tariffe doganali sono state fortemente ridotte, in vista di una loro futura abolizione completa.

Il MERCOSUR

Il **MERCOSUR (Mercado Común del Sur)** è un accordo stipulato nel 1995 fra Brasile, Argentina, Uruguay e Paraguay per la costituzione di un'unione doganale fra questi Paesi.

L'ASEAN

L'**ASEAN (Association of South East Asian Nations)** costituita nel 1967, riunisce diversi Stati emergenti, come la Malesia, Singapore, le Filippine, l'Indonesia, Brunei e la Thailandia. L'associazione si è unita con i Paesi del NAFTA e con altri Paesi del Pacifico, come l'Australia, la Nuova Zelanda e il Cile per formare una vastissima area di cooperazione economica, l'APEC.

L'APEC

L'**APEC (Asia-Pacific Economic Cooperation)** riunisce vari Paesi che si affacciano sul Pacifico (Stati Uniti, Canada, Messico, Cile, Giappone, Cina, Taiwan, Hong Kong, Corea del Sud, Filippine, Indonesia, Malesia, Singapore, Thailandia, Brunei, Australia, Nuova Zelanda, Papua Nuova Guinea).

L'ILO

L'**ILO (International Labour Organization)**, affiliato all'ONU e con sede a Ginevra, ha lo scopo di indirizzare agli Stati aderenti raccomandazioni per migliorare le condizioni dei lavoratori. A questo fine elabora tra l'altro progetti in materia di prevenzione degli infortuni, orari di lavoro, pari opportunità ecc.

La FAO

La **FAO (Food and Agriculture Organization)**, fondata nel 1945, ha sede a Roma. Questa organizzazione dell'ONU, a cui partecipano quasi tutti i Paesi del mondo, si propone di migliorare le condizioni di vita delle popolazioni dei Paesi sottosviluppati, soprattutto mediante la promozione del progresso tecnico-produttivo in agricoltura e nelle principali produzioni alimentari. Questa organizzazione presta assistenza ai Governi, soprattutto nel campo della programmazione economica per lo sviluppo.

modulo 8
L'operatore Resto del mondo

IN sintesi

3.1 La Comunità europea
La **Comunità economica europea** (**CEE**) fu istituita con il **Trattato di Roma** del 25 marzo 1957, che prevedeva un mercato comune senza frontiere, in cui persone, merci e capitali potevano circolare liberamente. Il Trattato fu sottoscritto inizialmente da Francia, Germania, Italia, Belgio, Olanda e Lussemburgo; hanno poi aderito altri Paesi, fino ad arrivare al numero di 27, per un totale di oltre 500 milioni di abitanti. Con il **Trattato di Maastricht** del 1992 i Paesi della **Comunità Europea** (**CE**) hanno dato vita a una nuova entità politico-economica, l'**Unione europea** (**UE**).

3.2 Le istituzioni comunitarie
Gli **organi comunitari** sono illustrati nella tabella in basso.

3.3 L'Unione economica e monetaria (UEM)
In Europa si è progressivamente passati **da un mercato unico all'unione economica**. Dal 1993 la Comunità europea è realmente **uno spazio senza frontiere**, in cui circolano liberamente merci, persone, servizi e capitali.

3.4 La politica sociale dell'Unione europea
L'UE si propone non solo di realizzare un mercato unico, ma anche di **ridurre i divari fra regioni ricche e regioni povere** all'interno della Comunità. Appositi fondi strutturali finanziano progetti di sviluppo definiti per obiettivi. L'UE favorisce lo **sviluppo dei Paesi poveri**, sia con finanziamenti agevolati, sia con contributi a fondo perduto.

3.5 L'euro, moneta unica europea
Il primo passo verso l'**unione monetaria** si è realizzato con la creazione dello **SME** (**Sistema monetario europeo**), la cui unità monetaria era l'**ECU** (*European currency unit*).
Il **Trattato di Maastricht**, siglato nel febbraio del 1992, ha introdotto la moneta unica europea, l'**euro**, che dal 2002 sostituisce, come moneta circolante, tutte le singole valute nazionali. La gestione della politica monetaria spetta al **SEBC**, il **Sistema europeo di banche centrali**, e alla **BCE**, la **Banca centrale europea**.

3.6 Le altre organizzazioni economiche internazionali
Esistono varie importanti **organizzazioni economiche internazionali**. Fra le principali ricordiamo:
- l'**OCSE** (*Organizzazione per la Cooperazione e lo Sviluppo Economico*) che riunisce i Paesi più industrializzati per favorirne la crescita economica;
- il **NAFTA** (*North American Free Trade Agreement*), accordo fra Stati Uniti, Canada e Messico per la creazione di un mercato unico;
- il **MERCOSUR** (*Mercado Común del Sur*), accordo fra Brasile, Argentina, Uruguay e Paraguay per la costituzione di un'unione doganale;
- l'**ASEAN** (*Association of South East Asian Nations*), associazione che unisce alcuni fra i maggiori Paesi del Sud-est asiatico;
- l'**APEC** (*Asia-Pacific Economic Cooperation*), accordo fra 18 Paesi dell'area del Pacifico per facilitare l'interscambio commerciale;
- la **FAO** (*Food and Agricolture Organization*), organizzazione con lo scopo di migliorare l'agricoltura e l'alimentazione dei Paesi sottosviluppati.

ORGANO	COMPOSIZIONE	COMPETENZE
Consiglio europeo	Capi di Governo, assistiti dai Ministri degli esteri	Definizione degli indirizzi politici generali
Commissione europea	Membri nominati di comune accordo dagli Stati aderenti	Funzioni esecutive, di vigilanza e di proposta legislativa
Consiglio dei ministri	Formato dai ministri degli Stati aderenti	Funzioni legislative
Parlamento europeo	Eletto a suffragio universale diretto dai cittadini europei; i suoi membri sono organizzati in gruppi di parlamentari di uguale tendenza ideologica	Poteri legislativi in concertazione con la Commissione europea. Controlla la Commissione e approva il bilancio comunitario
Corte dei conti	Membri nominati dal Consiglio dei ministri	Poteri di controllo delle entrate e delle spese della Comunità
Corte di giustizia	Membri nominati di comune accordo fra gli Stati aderenti	Annulla gli atti giudicati incompatibili con la legislazione comunitaria
Comitato economico e sociale	Rappresentanti dei diversi gruppi sociali, nominati dal Consiglio dei ministri	Funzioni consultive sulle proposte della Commissione europea
Comitato delle Regioni	Rappresentanti delle collettività locali	Funzioni consultive su temi di interesse locale

unità **3** ■ L'UE e le altre organizzazioni internazionali

Laboratorio

Vero / Falso
Indica se le seguenti affermazioni sono vere o false.

1. Il Trattato di Parigi (1951) ha dato vita alla CECA, cioè la Comunità europea del carbone e dell'acciaio. V F
2. Il Parlamento europeo, con sede a Bruxelles, dispone di poteri legislativi analoghi a quelli dei parlamenti nazionali. V F
3. Il Consiglio dei ministri economici (Ecofin) decide la politica economica dell'UE. V F
4. La Corte di giustizia ha il compito di controllare l'esecuzione del bilancio comunitario. V F
5. La Banca europea per gli investimenti (BEI) finanzia le iniziative necessarie per lo sviluppo economico dei Paesi dell'UE. V F
6. Il Trattato di Maastricht (1992) ha impegnato gli Stati aderenti all'UE a creare un'unione economica e monetaria (UEM). V F
7. Il patto di stabilità serve a garantire la solidità della moneta comune. V F
8. Il conseguimento di un rapporto deficit/Pil inferiore al 3% è uno dei parametri di convergenza stabiliti dal Trattato di Maastricht. V F
9. L'introduzione dell'euro non è servita ad eliminare le svalutazioni competitive. V F
10. Nell'Unione europea il governo della moneta compete alle Banche centrali dei singoli Stati membri. V F
11. L'OCSE (Organizzazione per la Cooperazione e lo Sviluppo economico) riunisce tutti i Paesi sottosviluppati del mondo. V F
12. La FAO ha l'obiettivo di promuovere il progresso tecnico in agricoltura, per migliorare le condizioni di vita dei Paesi più poveri. V F

Scelta multipla
Completa l'affermazione scegliendo la frase corretta fra quelle proposte.

1. Il Trattato di Roma del 25 marzo 1957, costitutivo della Comunità economica europea, fu sottoscritto dai seguenti Paesi fondatori:
   a Francia, Germania, Italia, Belgio, Olanda, Lussemburgo
   b Francia, Germania, Austria, Grecia, Italia, Spagna
   c Francia, Germania, Italia, Olanda, Grecia, Svezia
   d Francia, Italia, Belgio, Danimarca, Svezia, Olanda

2. Nell'Unione europea la funzione legislativa è esercitata in modo non esclusivo
   a dal Consiglio dei ministri
   b dal Comitato delle Regioni
   c dalla Commissione europea
   d dalla Corte dei conti

3. Le norme emesse dal Consiglio dei ministri che hanno la natura di leggi comunitarie si chiamano
   a regolamenti   c decisioni
   b direttive   d raccomandazioni

4. La banca centrale responsabile della politica monetaria nell'Unione economica e monetaria (UEM) è la
   a Commissione europea
   b Banca dei regolamenti internazionali
   c Banca centrale europea (BCE)
   d Banca d'Italia

5. Il Trattato di Maastricht ha stabilito che il rapporto debito/PIL non può superare il
   a 30%   c 50%
   b 40%   d 60%

6. L'euro, che dal 1° gennaio 2002 sostituisce nell'area dei Paesi dell'UEM le singole monete nazionali, è stato introdotto con il Trattato di
   a Londra (1946)   c Roma (1957)
   b Parigi (1951)   d Maastricht (1992)

7. La stabilità dei prezzi all'interno della Unione europea è misurata
   a dal deflatore del PIL
   b dall'indice del costo della vita
   c dall'indice dei prezzi all'ingrosso
   d dall'indice armonizzato dei prezzi al consumo

8. Non rientra fra i parametri di convergenza da osservarsi dai Paesi membri dell'UEM
   a la riduzione del debito pubblico
   b l'equilibrio dei conti pubblici
   c la stabilità monetaria
   d la riduzione della disoccupazione

9. L'organizzazione dell'ONU che ha il compito di rivolgere agli Stati raccomandazioni per migliorare le condizioni dei lavoratori è
   a l'ASEAN   c l'APEC
   b l'EFTA   d l'ILO

10. L'organizzazione che si propone di migliorare le condizioni di vita delle popolazioni dei Paesi sottosviluppati, soprattutto mediante lo sviluppo dell'agricoltura, è la
    a FAO   c WTO
    b ILO   d APEC

439

modulo 8
L'operatore Resto del mondo

Laboratorio

Completamenti
Completa il brano inserendo i termini appropriati scelti tra quelli proposti.

I vantaggi della moneta unica sono numerosi. Per esempio, con una _____ unica i viaggiatori dell'UE non hanno bisogno di cambiare denaro, perdendo su ogni _____ come accadeva prima dell'introduzione dell'euro. I benefici sono rilevanti soprattutto per le piccole imprese, perché i pagamenti e i trasferimenti fra _____ membri sono diventati più rapidi e affidabili, nonché meno onerosi. Per le imprese e per consumatori una moneta unica significa la fine delle incertezze sul _____ di vendita delle merci. In passato, infatti, le _____ improvvise dei cambi potevano cancellare margini di _____ nel giro di poche ore. Per le _____ grandi e piccole, è diventato ora più facile operare in tutta la zona dell' _____ e non solo nel proprio Paese. Il fatto che i prezzi dei beni e dei servizi vengano fissati in una sola moneta ha incrementato considerevolmente l'effetto competitivo del mercato _____, con grande vantaggio per l'Unione nel suo complesso. In questo modo la moneta unica ha contribuito a stimolare la crescita e l'occupazione.

cambiale ▪ contante ▪ euro ▪ guadagno ▪ imprese ▪ interno ▪ moneta ▪ Paesi ▪ pagamento ▪ potere ▪ prezzo ▪ transazione ▪ variazioni

Trova l'errore
Individua l'espressione o il termine errati, e inserisci quelli corretti.

1. Il Parlamento europeo è l'organo che in ambito comunitario detiene i maggiori poteri, dato che prende decisioni vincolanti l'intera Comunità ed emette i regolamenti che hanno natura di leggi comunitarie. Ha sede a Bruxelles ed è l'organo legislativo della Comunità.

2. Alla Commissione europea spetta il governo effettivo della moneta in ambito comunitario, perché a essa compete autorizzare l'emissione di banconote e orientare i tassi di interesse bancari, strumenti fondamentali per controllare la quantità di moneta in circolazione.

Collegamenti
Associa ogni termine della prima colonna con un solo termine della seconda.

1. Trattato di Lisbona _____
2. Trattato di Londra _____
3. Trattato di Maastricht _____
4. Trattato di Parigi _____
5. Trattato di Roma _____

a. Ha fondato l'Unione economica e monetaria (UEM), in cui circola l'euro, moneta unica europea
b. Ha dato vita alla CECA, primo esperimento di gestione sopranazionale delle risorse energetiche e premessa alla fondazione della Comunità economica europea
c. Ha dato origine alla Comunità economica europea (CEE), con la creazione di un mercato comune che garantiva la libera circolazione di persone, merci e capitali

Domande aperte
Rispondi alle seguenti domande.

1. Quale Trattato istituì la Comunità Europea? (3.1)
2. Quali erano gli obiettivi della CEE? (3.1)
3. Quali sono i compiti della Commissione delle Comunità europee? (3.2)
4. Come è composto il Consiglio dei ministri? (3.2)
5. Quali sono gli scopi del Trattato di Maastricht? (3.5)
6. Quali sono i vantaggi della moneta unica? (3.5)
7. Che cos'è il Sistema europeo di banche centrali (SEBC)? (3.5)
8. Che cos'è e quali obiettivi si propone l'OCSE? (3.6)
9. Quali Stati aderiscono all'accordo NAFTA? (3.6)
10. Quali sono gli obiettivi della FAO? (3.6)

unità 3 ■ L'UE e le altre organizzazioni internazionali

3.1 The European Community

The **European Economic Community** (**EEC**) was created on March 25th 1957 with the **Treaty of Rome**; it aimed to bring about economic integration between its member states, and enable people, goods and capital to circulate freely. The Treaty was signed by the six founding countries: France, Germany, Italy, Belgium, the Netherlands and Luxembourg. Over the years other countries have joined the EEC, and now it comprises 27 countries and a total of nearly 500 million inhabitants. Other countries are expected to join in the near future. With the Treaty of Maastricht of 1992 the EEC countries created a new political and economic entity, the **European Union** (**EU**).

3.2 EU institutions

The main EU bodies are listed below.

3.3 The Economic and monetary union (EMU)

Europe has moved from being a single market to **an economic union**. Since 1993 the European Union has been **an area without borders** in which goods, people, services and capital may circulate freely.

3.4 The EU social policy

EU aims to create a single market, but it also tries **to reduce the gaps between the rich and the poor areas** within the Union. Structural funds finance development projects in poorer countries. The **EU promotes development in poorer countries** with subsidised loans and non-refundable loans.

3.5 The euro, the European currency

The first step towards a **monetary union** was taken when the **European Monetary System** was created. The **European Currency Unit** (**ECU**) had a value which was determined by all the currencies of the member states.
The 1992 **Treaty of Maastricht** introduced the **euro** which, since 2002, has substituted all the single currencies of the EU. The **European System of Central Banks** and the **European Central Bank** are responsible for monetary policies.

3.6 Other international economic organizations

The most important international economic organisations are:
- the **OECD** (*Organisation for Economic Co-operation and Development*), which brings together the most industrialized countries to promote economic growth;
- the **NAFTA** (*North American Free Trade Agreement*), an agreement between the US, Canada and Mexico to create a single market;
- the **MERCOSUR** (*Mercado Común del Sur*), an agreement between Brazil, Argentina, Uruguay and Paraguay (and other countries), a customs union and trading bloc;
- the **ASEAN** (*Association of Southeast Asian Nations*), an association with the aim to accelerate economic growth, social progress and cultural development in Southeast Asian countries;
- the **APEC** (*Asia-Pacific Economic Cooperation*), an agreement between 18 countries in the Pacific which promotes free trade throughout the Asia-Pacific region;
- the **FAO** (*Food and Agriculture Association*), which leads international efforts to defeat hunger in underdeveloped countries.

EU BODY	COMPOSITION	POWERS AND FUNCTIONS
European Council	Heads of State or government of the Union with the assistance of their Foreign affairs ministers	Defines, in meetings held twice per years, the EU's policy agenda, improving the way it operates
European Commission	Members are nominated by member states	Executive powers, supervisory functions, drafts legislation
European Council of Ministers	Ministers of member states	Legislative functions
European Parliament	Elected by direct universal suffrage of European citizens	Legislative powers; controls the executive and holds budgetary authority
European Court of Auditors	Members nominated by European Council of Ministers	Checks that funds available to the EU are used legally, efficiently and for legal purposes
European Court of Justice	One judge per member state	Enforces EU law, outranking national supreme courts
Economic and Social Committee	Assembly composed of representatives of different socio-economic groups	Consultative functions on the proposal of the European Commission
European Committee of the Regions	Assembly of local and regional representatives	Consultative functions at local or regional level

modulo **8**
L'operatore Resto del mondo

unità 4 — Sviluppo e sottosviluppo

DI CHE COSA PARLEREMO

Dopo aver delineato il concetto di **SVILUPPO ECONOMICO**, definito come aumento della quantità di beni e servizi disponibili, vengono presentati alcuni **MODELLI CAPACI DI SPIEGARE IL PROCESSO DI SVILUPPO** nei Paesi sviluppati e nei Paesi sottosviluppati. L'unità illustra poi la situazione economica e sociale dei Paesi poveri, le cui popolazioni devono ogni giorno fronteggiare il **PROBLEMA DELLA FAME**, per concludere con l'esame degli interventi necessari ad affrontare i gravi problemi del sottosviluppo.

CHE COSA DEVI CONOSCERE

- La nozione di ciclo economico
- Le caratteristiche delle fasi che compongono il ciclo economico
- Lo scopo della politica anticiclica e gli strumenti di cui si avvale
- I problemi delle aree arretrate
- Le maggiori organizzazioni internazionali di aiuto ai Paesi poveri
- I forti collegamenti economici fra tutte le aree del mondo

CHE COSA IMPARERAI

- Che cosa si intende con sviluppo sostenibile
- Come si definisce lo sviluppo e il sottosviluppo
- Che cosa sono i modelli di sviluppo e che cos'è la spirale del sottosviluppo
- Che cosa comporta il servizio del debito per i Paesi poveri
- Quali sono i vantaggi e gli svantaggi della globalizzazione

CHE COSA SAPRAI FARE

- Definire lo sviluppo economico e la sua programmazione
- Illustrare i vari modelli teorici di sviluppo
- Spiegare il circolo vizioso del sottosviluppo
- Indicare quali indici misurano il grado di sviluppo di un Paese
- Ripercorrere il sistema di aiuto ai Paesi poveri
- Spiegare in cosa consiste la globalizzazione e quali conseguenza porta

4.1 Perché è importante lo sviluppo economico?

Definizione

Per **sviluppo economico** si intende l'aumento della quantità di beni e servizi mediamente a disposizione di ciascun soggetto, e ciò si realizza quando l'aumento del prodotto nazionale è superiore all'aumento della popolazione.

La misura dello sviluppo

Il PIL come indice sintetico di sviluppo Per valutare la crescita di un sistema economico si utilizza il concetto di **prodotto pro capite**, perché misura la quantità di beni e servizi mediamente a disposizione di ciascun componente la collettività. Naturalmente, il PIL pro capite deve essere calcolato **a prezzi co-**

unità **4** ■ Sviluppo e sottosviluppo

L'ECONOMIA CHE NON TI ASPETTI

L'INFLUENZA DEI FATTORI NON ECONOMICI NELLO SVILUPPO

Lo sviluppo economico dipende da molti fattori, sia economici che non economici: essi lo influenzano e ne sono a loro volta profondamente influenzati.
Particolarmente importanti sono i fattori di natura non economica: pensiamo per esempio alla positiva influenza sullo sviluppo di un ordinamento giuridico giusto ed efficiente, di un ambiente protetto e rispettato, del consenso e della pace sociale, che sono parte viva della storia di un Paese. Di grande importanza è anche la qualità e la coerenza dell'azione politica.

In proposito, è significativa l'osservazione di Moses Abramovitz (1912-2000), studioso statunitense dei problemi dello sviluppo, il quale affermò che per spiegare lo sviluppo economico aveva quasi sempre dovuto far ricorso a fattori non economici.

stanti, in modo da depurarlo dall'influenza della perdita del potere di acquisto della moneta.

L'indice di sviluppo umano (ISU) Il Prodotto interno lordo (PIL) viene considerato il più importante indicatore di sviluppo nonostante presenti diversi **limiti**, in particolare il fatto che il PIL è una misura valida della capacità produttiva di un Paese, ma non è in grado di misurare il grado di benessere di una popolazione.

Altri indicatori di sviluppo

Alcuni economisti hanno pensato quindi di affiancarlo ad **altri indicatori**, quali per esempio il grado di distribuzione della ricchezza, il livello di protezione sociale dei cittadini, il tasso di occupazione ecc. Altri, proprio per questi limiti, hanno suggerito l'uso di un indicatore più complesso, chiamato **indice di sviluppo umano (ISU)**, che aspira a misurare il benessere di una collettività considerando gli

▲ L'inconfondibile Times Square a New York, con le sue innumerevoli insegne pubblicitarie, è un simbolo della moderna società capitalistica.

aspetti umani dello sviluppo oltre a quelli economici. Esso, elaborato dal **Programma per lo sviluppo dell'Organizzazione delle Nazioni Unite (UNDP)** a partire dal 1990, tiene conto dei seguenti fattori:

Sviluppo economico
Economic development

- speranza di vita alla nascita;
- tasso di alfabetizzazione degli adulti;
- PIL pro-capite reale, che tiene conto del suo effettivo potere di acquisto.

Applicando questo indice risulta una graduatoria mondiale del benessere sensibilmente diversa da quella basata solo sul PIL; infatti negli ultimi anni sono apparsi al primo posto Stati come Norvegia, Australia, Nuova Zelanda e Islanda, che nella graduatoria dei Paesi più ricchi sono lontani dalle prime posizioni, ma offrono tutele sociali e uno stile di vita di livello molto alto.

Dimensione internazionale dello sviluppo Lo sviluppo (in modo analogo a tutti i fenomeni a esso connessi, come per esempio l'occupazione, l'inflazione, la stabilità del cambio ecc.) viene trasmesso da un Paese all'altro attraverso i rapporti commerciali e finanziari, dato che viviamo in un'**economia globale** in condizioni di interdipendenza.

Economia globale

Se, per esempio, i Paesi industrializzati registrano un rilevante aumento del PIL, i Paesi in via di sviluppo ne sono avvantaggiati, perché aumentano le esportazioni dei loro prodotti. Lo sviluppo ha quindi **effetti cumulativi**, che riguardano cioè l'insieme di tutte le economie del mondo.

443

modulo 8
L'operatore Resto del mondo

4.2 I modelli di sviluppo

Per interpretare lo sviluppo economico sono stati proposti diversi modelli. Vediamone tre fra i principali: la "legge degli stadi di sviluppo" di Rostow, lo "sviluppo con abbondante offerta di lavoro" di Lewis e lo "sviluppo trainato dalle esportazioni", elaborato da Kindleberger.

▲ Walter Rostow

Gli stadi di Rostow

La legge degli stadi di sviluppo Walter W. Rostow (1916-2003) ha studiato lo sviluppo economico da un punto di vista essenzialmente storico, ponendo in luce i fattori non economici che caratterizzano i diversi stadi di sviluppo. Secondo Rostow, tutti i Paesi industrializzati hanno attraversato gli stessi stadi, e per essi passeranno anche i Paesi arretrati: pertanto, se questi ultimi vogliono dare avvio al processo di sviluppo, devono seguire le tracce lasciate dai Paesi industrializzati.

Le fasi fondamentali attraverso cui si realizza lo sviluppo economico sono:
- lo **stadio della società tradizionale**: il sistema è contrassegnato da stazionarietà, sia nel campo economico, sia in quello sociale. L'attività economica prevalente è l'agricoltura, basata su tecniche poco produttive; il prodotto è basso e consumato pressoché interamente;
- lo **stadio dei pre-requisiti per il decollo**: questa fase è distinta da radicali cambiamenti. Fra di essi, è da segnalare l'emergenza di una élite proveniente in buona parte da gruppi fino a un recente passato ancora emarginati, e perciò critica nei confronti del sistema. Da tale élite vengono espressi i primi imprenditori, che mobilitano il risparmio e assumono il rischio d'impresa. Si sviluppa la tecnologia, anche l'agricoltura adotta tecniche più moderne e cominciano a realizzarsi le prime infrastrutture;
- lo **stadio del decollo (take-off)**, in cui la crescita è regolare e mette in moto processi cumulativi in tutti i settori produttivi, per merito soprattutto di alcuni settori industriali, dove operano imprese ad alta produttività, dette imprese trainanti. Gli investimenti raggiungono un livello elevato, e sono favoriti da una struttura politico-sociale che assicura una continuità al processo di sviluppo;

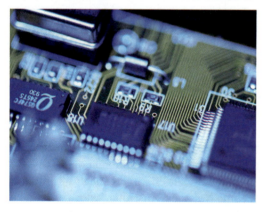

▼ Processori e circuiti integrati per telecomunicazioni. Nella società post-industriale hanno molto peso le produzioni elettroniche avanzate, in particolare legate alla gestione di dati e informazioni.

- lo **stadio della maturità**, caratterizzato dalla diffusione della tecnologia moderna a tutti i settori produttivi. Gli addetti al settore agricolo diminuiscono, mentre aumentano gli addetti all'industria, determinando fenomeni di urbanizzazione;
- lo **stadio dei consumi di massa**, in cui la produzione è principalmente finalizzata al soddisfacimento di bisogni tipici delle società industriali avanzate (automobili, elettrodomestici ecc.). Crescenti risorse vengono dedicate a forme di assistenza e alla sicurezza sociale, e in generale alla realizzazione dello stato sociale (*welfare state*);
- lo **stadio della società post-industriale**, in cui prevale il terziario avanzato, ossia il settore che produce servizi innovativi (informatica, telecomunicazioni, servizi alla persona ecc.).

E Élite Minoranza di persone che esercita effettivamente il potere in campo economico e politico. In quest'ultimo caso si parla di "classe politica", capace di condizionare la nascita, le trasformazioni e il succedersi di tutte le forme storiche di organizzazione degli Stati.
U Urbanizzazione Concentrazione di persone e attività produttive in aree urbane che presentano ritmi accelerati di crescita in quanto capaci di assicurare economie di scala nella produzione e nel consumo. La sua prima manifestazione si è avuta in Inghilterra durante la Rivoluzione industriale, ma in seguito fenomeni di urbanizzazione hanno interessato tutti i Paesi del mondo.
S Stato sociale Stato che garantisce il massimo benessere a tutti i cittadini mediante la riduzione delle disuguaglianze e l'erogazione di prestazioni gratuite (assistenza medica, pubblica istruzione, pensioni sociali). Fu introdotto in Gran Bretagna subito dopo la seconda guerra mondiale e successivamente nei Paesi scandinavi.

unità **4** ■ Sviluppo e sottosviluppo

Il modello di Lewis

▲ Arthur Lewis

Lo sviluppo con abbondante offerta di lavoro Questo modello spiega il processo di sviluppo nei Paesi arretrati, con prevalenza di manodopera sottoccupata nel settore agricolo. Proposto nel 1954 da **Arthur Lewis** (1915-1991, premio Nobel per l'economia nel 1979), si può esporre come segue: l'economia è divisa in due settori, uno stazionario e uno moderno; il primo è costituito dall'agricoltura, il secondo dall'industria. Il processo di sviluppo ha inizio con un'espansione della domanda di prodotti industriali che provoca uno spostamento di manodopera dall'agricoltura all'industria. Nell'intero sistema, dato l'eccesso di offerta di lavoro, i salari tendono al livello di sussistenza. I bassi salari nel settore industriale determinano un notevole aumento dei profitti, che verranno reinvestiti nel medesimo settore. Il processo di accumulazione continuerà finché ci sarà un eccesso di manodopera.

Il modello di Lewis si può applicare al processo di sviluppo nei Paesi attualmente sottosviluppati; e può anche spiegare il decollo che si è verificato, nel corso dell'Ottocento, nei Paesi industrializzati.

Il modello di Kindleberger

Lo sviluppo trainato dalle esportazioni Il modello ora all'esame è stato elaborato da **Charles Kindleberger** (1910-2003) nel corso degli anni '60 del secolo scorso. Secondo questo modello, lo sviluppo è dovuto principalmente a una causa esogena, cioè alle esportazioni, che hanno consentito il decollo di molte economie. Il meccanismo si può così descrivere: le esportazioni consentono l'espansione della produzione; questa, attraverso le economie di scala, riduce i costi di produzione; ciò provoca una maggiore competitività della produzione interna e consente un ulteriore aumento delle esportazioni. Questo modello può spiegare oggi lo sviluppo dei Paesi esportatori del Sud-est asiatico.

4.3 La programmazione per lo sviluppo

Inconvenienti dello sviluppo

Nelle moderne economie **il processo di sviluppo può dar luogo a effetti indesiderabili**: si pensi alle crisi cicliche, oppure alla formazione di aree in cui il reddito pro capite è molto inferiore alla media nazionale. Il processo di sviluppo spontaneo porta anche, molto spesso, a uno squilibrio tra il soddisfacimento dei consumi privati e quello dei consumi pubblici: **le società capitaliste non sempre sono in grado di soddisfare razionalmente i propri bisogni, ma spesso presentano un contrasto tra offerta abbondante di beni destinati al consumo privato e insufficienza di servizi di pubblica utilità.**

Correzione degli squilibri

Se lo sviluppo spontaneo comporta distorsioni del tipo sopra esemplificato, è necessario che l'iniziativa pubblica intervenga allo scopo di modificare l'ambiente economico. Così, per quanto riguarda la questione del sottosviluppo, sarà compito degli organi pubblici rimuovere le cause che ostacolano lo sviluppo economico delle aree arretrate; come, in relazione allo squilibrio nei consumi, spetta all'iniziativa statale intervenire per favorire lo sviluppo dei consumi sociali (sanità, istruzione, assistenza e sicurezza sociale ecc.).

La programmazione economica

La **programmazione economica** è lo strumento con il quale lo Stato organizza razionalmente i suoi interventi in economia, allo scopo di migliorarne l'evoluzione spontanea.

S Settore stazionario Costituito dall'insieme dei settori produttivi in cui il valore della produzione è costante o cresce molto lentamente, i processi produttivi sono poco innovativi e l'insufficiente accumulazione di capitale non consente di effettuare gli investimenti che incorporano il progresso tecnico.

C Causa esogena Variabile esterna al sistema economico, che ne determina la dinamica senza esserne influenzata. Il caso tipico è costituito dalle esportazioni, il cui volume è determinato dalla propensione all'importazione dei Paesi del Resto del mondo. Quando la variabile è interna al sistema si dice *endogena*.

modulo 8
L'operatore Resto del mondo

La programmazione esplicita:
1) gli **obiettivi** che la comunità intende raggiungere;
2) le **politiche** da attuare per raggiungere gli obiettivi;
3) gli **strumenti** necessari alla realizzazione di tali politiche.

Gli strumenti della programmazione

Gli strumenti della programmazione sono: a) **la politica monetaria e creditizia**; b) **la politica della spesa pubblica**; c) **la politica fiscale**. Su tali politiche ci siamo già intrattenuti nel paragrafo 2.8 del Modulo 5.

La programmazione oggi in Italia

In Italia, gli obiettivi di sviluppo del reddito e dell'occupazione sono fissati nel Documento di economia e finanza (DEF), presentato ogni anno al Parlamento dal ministro dell'Economia e delle finanze.

Tali obiettivi sono successivamente assunti dal bilancio pluriennale di previsione, scorrevole, di durata triennale, elaborato ogni anno spostandone la decorrenza e il termine in avanti di un anno (per poterlo aggiornare con gli elementi di valutazione emersi durante l'anno).

4.4 Come uscire dal sottosviluppo?

Lasciati a se stessi, i Paesi sottosviluppati non sono in grado di dare avvio a un autonomo processo di sviluppo. Molto spesso accade che i capitali, seppure scarsi, che si formano in questi Paesi, siano investiti all'estero alla ricerca di rendimenti più elevati; in tal modo, i Paesi poveri si trovano immersi, senza possibilità di uscirne, nella **spirale del sottosviluppo**.

Sottosviluppo — Underdevelopment

Tale spirale, che è stata analizzata in tutte le sue implicazioni da **Gunnar Myrdal** e **Ragnar Nurkse**, può essere sintetizzata nello schema seguente:

▲ Gunnar Myrdal

La spirale del sottosviluppo

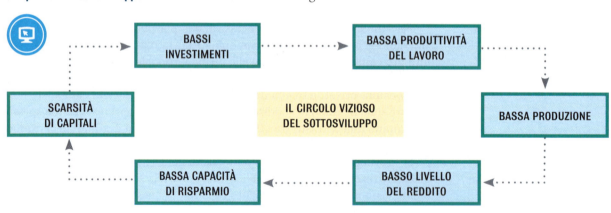

Il basso livello del reddito non consente la formazione del risparmio, che finanzia gli investimenti produttivi. Ne consegue una bassa produttività, che non consente un significativo aumento del reddito.

D DEF Acronimo di "Documento di economia e finanza", previsto dalla legge 7 aprile 2011 n. 39. Il DEF è il principale documento di programmazione finanziaria e di bilancio nell'ambito delle nuove regole adottate dall'Unione europea in materia di coordinamento delle politiche economiche fra tutti gli Stati membri. La struttura del documento è articolata in tre sezioni: "Programma di stabilità dell'Italia", "Analisi e tendenze della finanza pubblica" e "Programma nazionale di riforma".

B Bilancio pluriennale di previsione Documento contabile in cui vengono elencate le entrate e le spese dello Stato previste in un periodo successivo rispetto all'anno al quale è riferito il bilancio annuale. Serve a verificare la compatibilità della spesa pubblica con gli obiettivi di politica economica del Paese, e costituisce un fondamentale strumento di programmazione dei flussi finanziari.

B Bilancio scorrevole Bilancio i cui obiettivi vengono via via aggiornati ed eventualmente modificati.

unità **4** ■ Sviluppo e sottosviluppo

La teoria di Nurkse

Sulla strategia da adottare per dare avvio al processo di sviluppo vi sono state molte discussioni teoriche. In questa sede ci limitiamo a ricordare due teorie contrapposte, che hanno per lungo tempo diviso gli studiosi.

La prima, nota col nome di **teoria dello sviluppo equilibrato**, è stata proposta da **Ragnar Nurkse** (1907-1959). Questa teoria afferma che gli investimenti industriali, effettuati per dare avvio al processo di sviluppo, non devono essere concentrati in un solo settore, ma si devono realizzare in numerosi settori diversi. L'impianto di un'impresa isolata, per quanto grande, non può giovare allo sviluppo economico del Paese. È invece indispensabile procedere alla costituzione simultanea di diverse imprese in diversi settori, in modo da aumentare sensibilmente il potere di acquisto e l'occupazione.

> Non giova, secondo Nurkse, effettuare massicci investimenti in un solo grande impianto, come per esempio un porto marittimo o un'acciaieria, perché se manca nell'area un tessuto produttivo adeguato e un capitale umano dotato delle capacità necessarie al successo dell'iniziativa, alla lunga l'investimento non promuoverà lo sviluppo.

IN pratica

La teoria di Hirschman

La seconda teoria, diametralmente opposta alla precedente, è nota col nome di **teoria dello sviluppo squilibrato**. Secondo il suo principale esponente, **Albert O. Hirschman** (1915-2012), lo sviluppo equilibrato comporta spese tanto ingenti da non poter essere sostenute da un Paese sottosviluppato; inoltre, anche nel caso in cui sia possibile realizzare un massiccio investimento in una regione, si avrebbero in definitiva aree autosufficienti, incapaci di trasmettere l'impulso di sviluppo al resto del Paese. È quindi opportuno concentrare gli investimenti in alcuni settori-chiave, che a loro volta potranno determinare l'avvio del processo di crescita in tutto il Paese.

▲ Albert O. Hirschman

> A parere di Hirschman un robusto investimento in un settore trainante, come per esempio una fabbrica di autobus in un Paese che vuole sviluppare l'industria turistica o un cantiere navale in un altro Paese che vuole creare una rete di collegamenti marittimi, potrebbe propiziare la crescita economica di una vasta area, creando un indotto che favorisce l'occupazione e lo sviluppo.

IN pratica

Teoria dello sviluppo bilanciato

Negli ultimi anni è aumentata l'importanza attribuita agli obiettivi sociali, e si dà molto rilievo al concetto di **sviluppo economico bilanciato**, che comprende le politiche sanitarie, l'istruzione e il soddisfacimento dei bisogni giudicati minimi. La novità più recente consiste nell'attenzione ai temi dell'ambiente, e gli studiosi più sensibili al problema hanno elaborato una serie di strategie di sviluppo sostenibile sul piano ambientale.

> Lo sviluppo di un'area arretrata non è sostenibile se, accanto agli investimenti industriali, mancasse una serie di **economie esterne** capaci di sostenerne la crescita: pensiamo alla formazione tecnica che può fornire una scuola, alla tutela della salute che è offerta da un sistema ospedaliero efficiente, a una rete stradale e ferroviaria che faciliti i trasporti.

IN pratica

S Sviluppo sostenibile Sviluppo capace di soddisfare i bisogni delle generazioni presenti senza compromettere il soddisfacimento dei bisogni delle generazioni future. È dunque uno sviluppo in grado di assicurare un *reddito sostenibile*, quello cioè che si può ottenere senza intaccare la dotazione delle fonti naturali da cui deriva. Lo sviluppo deve dunque tener sempre conto anche delle problematiche ambientali.

447

modulo 8

L'operatore Resto del mondo

Le cause internazionali del sottosviluppo

Da alcuni anni si attribuisce grande importanza alle **cause internazionali del sottosviluppo**: si ritiene cioè che la divisione internazionale del lavoro abbia spinto i Paesi poveri a specializzarsi nella produzione di materie prime e derrate alimentari (rame, zinco, cotone, caffè, cacao ecc.), mentre i Paesi sviluppati hanno sempre più migliorato la loro capacità di produrre manufatti industriali. Ciò ha gravemente compromesso la possibilità di sviluppo dei Paesi poveri, sempre più dipendenti dai Paesi ricchi. Venuti meno i rapporti di forza che avevano permesso in passato lo sfruttamento delle colonie, **all'indipendenza politica non ha fatto seguito l'indipendenza economica**, per cui continua lo sfruttamento dei Paesi poveri da parte di quelli sviluppati.

Questa tesi, sostenuta in particolare dagli economisti marxisti (tra gli altri, in tempi recenti, da **A. G. Frank**), considera **il sottosviluppo come il risultato dello stesso processo di sviluppo**: l'interdipendenza fra le diverse aree, che in modo crescente si è manifestata negli ultimi secoli, ha scatenato un insieme di forze e di processi che ha portato a uno **sviluppo disuguale**.

4.5 La spirale del sottosviluppo

Sino ad ora ci siamo occupati soprattutto del funzionamento dei sistemi economici sviluppati, con riguardo particolare alle economie industrializzate, la cui organizzazione si basa sostanzialmente sul funzionamento del mercato, pur in presenza di notevoli interventi pubblici. Allarghiamo il nostro orizzonte, per considerare il problema dello sviluppo a livello mondiale.

Paesi ricchi e Paesi poveri

Per inquadrare meglio le osservazioni che svolgeremo, riportiamo nella tabella nella pagina a fronte alcuni dati statistici particolarmente significativi, tratti principalmente dal *World Bank Atlas* pubblicato ogni anno dalla Banca Mondiale: sono di per sé eloquenti e in grado di quantificare l'**enorme distanza che separa i Paesi ricchi dai Paesi poveri**.

I parametri più significativi

Prodotto pro capite in dollari USA I valori, che si riferiscono al 2016, sono calcolati in base alle parità dei poteri di acquisto (*Purchasing Power Parity*, PPP), cioè tenendo conto del potere di acquisto della moneta, ossia del costo della vita (misurato dal livello generale dei prezzi) all'interno dei diversi Paesi.

Tasso di sviluppo del reddito Calcolato come media dei tassi di sviluppo del periodo 2012-2016. I tassi di sviluppo dei Paesi più poveri sono mediamente più alti di quelli dei Paesi più ricchi, e ciò fa sperare che alcuni di loro possano uscire, seppur lentamente, dallo stadio del sottosviluppo.

Tasso di sviluppo della popolazione Media del periodo 2010-2016. Si noti come i dati relativi ai Paesi più ricchi siano sistematicamente inferiori a quelli dei Paesi più poveri.

Speranza di vita alla nascita Media del periodo 2010-2016. Questi valori, insieme ai due che seguono, forniscono un'idea sulle condizioni di vita e di salute delle popolazioni dei diversi Paesi. Nei Paesi ricchi la vita media supera in genere gli 80 anni, nei Paesi poveri raramente si raggiungono i 70 anni.

Tasso di natalità Media del periodo 2013-2016. Numero di nati per donna. Si osservi il notevole divario fra la natalità nei diversi Paesi.

Mortalità infantile Media del periodo 2010-2016. È il numero dei morti con

▲ Nei Paesi in via di sviluppo il tasso di natalità è in genere alto, ma la mortalità infantile è ancora troppo elevata.

W World Bank Atlas Atlante annuale pubblicato dalla Banca Mondiale, indicante per ogni Paese del mondo i dati demografici ed economici più significativi, quali la popolazione, il suo tasso di sviluppo e la sua struttura per età, i tassi di natalità e mortalità, il tasso di attività, la speranza di vita alla nascita, il reddito nazionale lordo e pro capite, l'indice dei prezzi al consumo.

P Parità dei poteri di acquisto Teoria secondo cui il cambio tra due monete tende a uguagliare nel lungo periodo il rapporto tra i livelli generali dei prezzi all'interno dei due Paesi. L'uso di questo metodo corregge quindi le distorsioni nei confronti internazionali che si verificherebbero qualora si usasse il cambio, che nel breve periodo si può allontanare anche notevolmente dalla parità.

unità **4** ■ Sviluppo e sottosviluppo

meno di un anno di età su 1.000 nati. Basta questo confronto per misurare l'enorme distanza fra le condizioni di vita e di salute fra i Paesi con diverso livello di reddito.

La tabella dà un quadro impressionante dell'enorme **divario** esistente fra i Paesi sviluppati e i Paesi sottosviluppati.

Il divario tra Paesi sviluppati e sottosviluppati

Il **sottosviluppo** è il risultato di un complesso molto differenziato di fattori, e si presenta come una situazione caratterizzata da un livello di reddito pro capite così basso da rendere problematica la soddisfazione dei bisogni più elementari della popolazione.

PAESI	Prodotto pro capite in $	% prodotto pro capite USA	Tasso di sviluppo reddito	Tasso di sviluppo popolazione	Speranza di vita alla nascita	Tasso di natalità ‰	Mortalità infantile ‰
I PAESI PIÙ RICCHI							
Stati Uniti	56.430	100,0	2,4	0,75	79	1,9	5,2
Paesi Bassi	48.400	85,8	0,6	0,35	81	1,8	3,7
Germania	48.260	85,5	1,4	0,06	81	1,4	3,5
Danimarca	47.810	84,7	1,5	0,42	80	1,7	4,1
Austria	47.510	84,2	1,0	0,36	81	1,5	4,2
Svezia	47.390	84,0	2,1	0,83	82	1,9	2,7
Australia	44.570	79,0	2,8	1,57	82	1,8	4,5
Belgio	44.100	78,1	1,0	0,66	81	1,8	4,2
Canada	43.970	78,0	2,3	1,04	82	1,6	4,8
Finlandia	40.840	72,4	− 0,2	0,50	81	1,8	3,4
Regno Unito	40.550	71,9	3,2	0,63	81	1,9	4,5
Francia	40.470	71,7	0,4	0,45	82	2,1	3,3
Giappone	38.870	68,9	1,3	- 0,12	84	1,4	2,2
Nuova Zelanda	35.850	63,5	3,6	0,72	81	2,0	4,6
Italia	35.680	63,2	− 0,2	0,07	83	1,4	3,3
Spagna	34.490	61,1	1,3	- 0,21	83	1,5	3,4
I PAESI PIÙ POVERI							
Filippine	8.900	15,8	6,2	1,58	68	3,1	18,2
Bolivia	6.840	12,1	5,8	1,56	68	2,7	39,8
India	6.020	10,7	5,6	1,26	68	2,5	42,0
Nigeria	5.800	10,3	7,0	2,67	53	5,2	73,0
Vietnam	5.690	10,1	5,5	1,12	76	1,8	19,6
Laos	5.380	9,5	7,4	1,66	66	2,8	56,1
Pakistan	5.350	9,5	4,0	2,11	66	2,8	59,4
Nicaragua	5.050	8,9	4,0	1,17	75	1,9	21,9
Sudan	4.080	7,2	3,0	2,16	63	3,8	54,2
Ghana	4.070	7,2	4,5	2,39	61	4,1	39,7
Mauritania	3.710	6,6	6,8	2,49	63	4,0	57,5
Zambia	3.660	6,5	6,5	3,05	60	5,7	68,6
Yemen	3.660	6,5	1,9	2,57	64	3,9	51,9
Bangladesh	3.550	6,3	6,2	1,20	72	2,4	47,3
Cambogia	3.290	5,8	7,2	1,62	68	2,6	52,7
Costa d'Avorio	3.240	5,7	8,5	2,40	53	3,5	61,7
Cameroon	3.080	5,5	5,1	2,51	55	4,8	58,5
Kenya	3.060	5,4	5,3	2,65	62	3,3	42,2
Tanzania	2.620	4,6	7,2	3,16	65	4,9	45,1
Uganda	1.780	3,2	5,9	3,27	58	5,9	62,5
Etiopia	1.620	2,9	8,2	2,53	64	5,1	58,3
Mozambico	1.170	2,1	8,3	2,80	55	5,2	74,6
Burundi	730	1,3	4,7	3,34	57	6,1	58,9

Fonte: Banca Mondiale, *World Bank Atlas*, 2016; Fondo Monetario Internazionale, *World Economic Outlook Database*, 2016.

modulo 8
L'operatore Resto del mondo

Essiccazione delle arachidi in Senegal. In molti Paesi del Sud del mondo l'attività principale continua ad essere quella agricola, spesso condotta con metodi arretrati e poco produttivi.

Il sottosviluppo economico presenta caratteri ricorrenti: vediamoli di seguito.

Basso livello del prodotto pro capite Questa grandezza viene di solito usata come indice del grado di sviluppo di un sistema economico; presenta però delle insufficienze (v. Mod. 5, par. 1.2), e quindi serve più per dare un'idea approssimativa delle distanze economiche esistenti fra i diversi Paesi che non come misura corretta delle differenze reali. Al momento non esiste tuttavia un criterio migliore, e pertanto tutte le analisi devono far ricorso a questo concetto.

I dati disponibili mostrano che il reddito pro capite dei Paesi sviluppati è molto più alto del reddito pro capite dei Paesi sottosviluppati. Il divario è enorme: se prendiamo in esame due realtà che possono essere considerate come rappresentative dei Paesi sviluppati e dei Paesi sottosviluppati, e cioè gli USA e il Burundi, constatiamo che il rapporto fra il livello dei loro prodotti pro capite è pari a circa 77.

Ineguale distribuzione del reddito

Ineguale distribuzione del reddito all'interno dei Paesi Nei Paesi a basso livello di reddito pro capite, la ricchezza è concentrata in poche mani, mentre larghe masse della popolazione vivono nella povertà più assoluta.

Le statistiche sulla distribuzione dei redditi all'interno dei singoli Paesi sono piuttosto scarse: e ciò vale in particolare per i Paesi sottosviluppati. Secondo i dati più recenti si può tuttavia affermare che **la distribuzione del reddito è più equa nei Paesi ricchi che nei Paesi poveri**.

Prevalenza dell'agricoltura

Prevalenza dell'attività agricola Nei Paesi poveri oltre il 60% della popolazione è occupato nel settore agricolo e nelle attività connesse all'agricoltura. Ciò comporta almeno due conseguenze particolarmente gravi: in primo luogo, la loro economia dipende quasi esclusivamente dall'andamento dei raccolti, e quindi è soggetta al rischio delle condizioni meteorologiche e delle fluttuazioni dei prezzi; in secondo luogo, la bassa produttività che caratterizza l'agricoltura di queste aree non permette l'ottenimento di risorse addizionali da impiegare nell'avvio del processo di sviluppo.

Disoccupazione nascosta

Mentre nei Paesi sviluppati si è registrata una notevole diminuzione della mano d'opera impiegata nel settore agricolo, e un corrispondente notevole e rapido aumento di quella impiegata nell'industria e nel terziario, caratterizzati da una più elevata produttività, nei Paesi sottosviluppati la percentuale di lavoratori impiegati nei settori agricoli è rimasta pressoché stazionaria. Nel settore primario sono spesso occupati lavoratori quasi del tutto improduttivi: ciò significa che il prodotto agricolo non diminuirebbe, anche nel caso in cui tali lavoratori fossero distolti da questa attività. Tale fenomeno è noto col nome di **disoccupazione nascosta**: ciò perché la produttività di questi lavoratori è praticamente nulla, e quindi possono essere considerati disoccupati.

Bassa produttività

Bassa produttività del lavoro Essa costituisce la causa del basso reddito pro capite, che caratterizza le economie sottosviluppate. A sua volta, l'insufficiente produttività del lavoro è conseguenza della scarsità di investimenti, dovuta all'inadeguata formazione di capitale. Il lavoro si combina con impianti e tecniche

I Indice Strumento statistico usato per misurare le dimensioni di una grandezza economica, allo scopo di esprimerne in sintesi le variazioni quantitative nel tempo e nello spazio. Nasce da un rapporto tra due quantità dello stesso fenomeno in un dato momento, o tra le entità dello stesso fenomeno in tempi diversi, di cui una viene assunta come base.

Il circolo vizioso della povertà

primitive, e quindi la sua produttività è scarsa. Ma la scarsa produttività del lavoro non consente l'accumulazione di capitale, che è possibile solo quando la produzione è eccedente rispetto al consumo necessario alla sopravvivenza.

Questo **circolo vizioso della povertà** condanna le economie povere a rimanere in una condizione sostanzialmente stazionaria.

Coltivazione del riso in Bangladesh. La bassa produttività dell'economia può portare un intero Paese a entrare nel circolo vizioso della povertà.

A rendere bassa la produttività del lavoro concorre anche lo scarso livello di istruzione della popolazione: mentre nei Paesi sviluppati la totalità della popolazione è alfabeta, nei Paesi sottosviluppati il tasso di analfabetismo è ancora molto elevato.

L'effetto di imitazione

Scarsa propensione al risparmio Nei Paesi sottosviluppati la formazione di risparmio è assai bassa: la maggior parte del reddito viene consumata per la sussistenza della popolazione; una quota di reddito viene poi destinata ai consumi delle classi ricche, che imitano i consumi tipici dei Paesi sviluppati.

Si realizza cioè, a livello internazionale, un **effetto di imitazione** (fenomeno studiato soprattutto da **Ragnar Nurkse**), che spinge i Paesi più poveri (e all'interno di questi, in particolare le classi più agiate) a imitare i consumi dei Paesi più ricchi.

Nei Paesi sottosviluppati, quindi, è sempre più difficile contenere i consumi e aumentare i risparmi. L'insufficiente formazione di risparmio, unitamente alla mancanza di capacità imprenditoriale e di opportune **infrastrutture**, non consentono la formazione di investimenti, soprattutto nel settore industriale, caratterizzato da più alta produttività. Il problema forse più grave che le economie sottosviluppate devono affrontare è quello della mancanza di una classe imprenditoriale, che abbia la capacità di dar vita a iniziative industriali.

Ragnar Nurkse

4.6 Lo sviluppo nei Paesi ricchi e nei Paesi poveri

Alcune luci e molte ombre

Negli ultimi decenni le condizioni di vita dei Paesi poveri sono, in generale, migliorate: la vita media è aumentata, la mortalità infantile è diminuita, molte malattie infettive sono quasi scomparse, anche il reddito pro capite è aumentato. Ma la realtà è molto diversa nei vari continenti: mentre in America Latina e soprattutto nell'Estremo Oriente diversi Paesi emergenti si avviano o hanno già superato la fase del decollo industriale, in Africa si concentrano i Paesi più poveri del mondo, in alcuni dei quali vi è stato un peggioramento delle condizioni di vita anche a causa di guerre recenti.

Enormi sperequazioni

Le statistiche del prodotto pro capite, essendo basate su un valore medio, nascondono le **enormi sperequazioni** esistenti all'interno dei diversi Paesi. L'ONU ha calcolato che quasi la metà della popolazione mondiale vive con meno di due dollari al giorno, oltre un miliardo di persone vive addirittura con meno di un dollaro al giorno. Ciò significa fame, malattie ed elevati tassi di mortalità nelle fasce poverissime della popolazione.

modulo 8
L'operatore Resto del mondo

NIC

I Paesi di nuova industrializzazione Con la sigla NIC (Newly Industrializing Countries) si designa un gruppo di Paesi dell'Asia sud orientale e dell'area del Pacifico (Corea del Sud, Singapore, Taiwan, Thailandia, Malesia, Indonesia, Filippine) che hanno registrato negli ultimi anni una rapida crescita dell'occupazione e del reddito, collocandosi fra i Paesi più dinamici

▲ In un mondo fortemente globalizzato le interdipendenze tra le economie dei vari Paesi sono sempre più rapide e marcate.

dell'export mondiale. Il basso costo del lavoro, dovuto all'abbondanza di manodopera, ha consentito un rapido aumento delle esportazioni e un considerevole sviluppo del reddito. Per la loro aggressività commerciale questi Paesi sono anche chiamati "le tigri d'Oriente".

BRICS

Secondo molti osservatori, alcuni Paesi (Brasile, Russia, India, Cina e Sud Africa), designati come BRICS, sono destinati in futuro a dominare la scena mondiale, sia per la numerosità della loro popolazione, sia per la grande disponibilità di risorse naturali.

Esportazioni di beni primari I Paesi più poveri esportano prevalentemente **beni primari** (prodotti agricoli e minerari). L'esportazione di tali prodotti presenta elementi di debolezza che si possono così elencare:
- la domanda e l'offerta di beni primari hanno una bassa elasticità rispetto al prezzo, cioè anche se il prezzo diminuisce, la loro domanda aumenta di poco (v. Mod. 3, par. 1.7);
- la domanda da parte dei Paesi sviluppati presenta notevole rigidità rispetto al reddito, cioè non aumenta anche se il reddito dei Paesi importatori aumenta di molto;
- l'offerta può subire diminuzioni improvvise per cause naturali (siccità, gelate, alluvioni, tempeste tropicali ecc.);
- le esportazioni sono sovente concentrate in pochi prodotti.

Deterioramento delle ragioni di scambio I prezzi dei beni primari, esportati prevalentemente dai Paesi poveri, hanno subìto un declino progressivo, mentre i prezzi dei prodotti industriali, esportati prevalentemente dai Paesi ricchi, sono gradualmente aumentati. Quindi, i Paesi industrializzati, con una certa quantità delle loro esportazioni, sono stati in grado di acquistare una quantità sempre maggiore di beni primari.

Popolazione e sviluppo Le statistiche evidenziano un altro fenomeno di particolare interesse: i Paesi poveri presentano tassi di aumento della popolazione molto più elevati di quelli dei Paesi ricchi. Esiste una relazione inversa fra

---

B BRICS Acronimo di Brasile, Russia, India, Cina e Sud Africa, i Paesi che domineranno l'economia mondiale nei prossimi decenni. Hanno una grande popolazione, un territorio molto esteso, abbondanza di materie prime, vantano una forte crescita del PIL e della quota nel commercio mondiale.

B Beni primari Beni indispensabili alla vita, come il cibo, il vestiario, la casa dove vivere ecc. Nel commercio internazionale l'espressione qualifica i prodotti agricoli e le materie prime esportate allo stato naturale, che saranno trasformate in semilavorati o prodotti finiti una volta importate nei Paesi industrializzati.

unità 4 ■ Sviluppo e sottosviluppo

PER capire meglio

Fame, un popolo di un miliardo di persone

Se si pensa ai milioni di vite umane stroncate o segnate dalla fame cronica non c'è dubbio che la fame sia moralmente inaccettabile. L'apporto calorico insufficiente e le carenze di vitamine e minerali essenziali costano ogni anno la vita a più di cinque milioni di bambini; costano ai nuclei familiari nel mondo in via di sviluppo più di 220 milioni di anni di vita produttiva; costano alle economie dei Paesi in via di sviluppo miliardi di dollari. Perdite di tali dimensioni costituiscono chiaramente un ostacolo significativo per gli sforzi nazionali di sviluppo.

▲ Distribuzione di cibo a bambini del Benin.

I costi del mancato avvio di provvedimenti immediati ed efficaci che riducano la fame nel mondo sono, dunque, sbalorditivi. Per quanto sia alto, il costo della fame non ha però stimolato un'azione sufficientemente efficace per combatterlo. Secondo le ultime stime della FAO, il numero delle persone che soffrono la fame è aumentato nel corso degli ultimi cinque anni, e ora ammonta a circa un miliardo di persone. Le previsioni non sono, tuttavia, interamente fosche, anzi ci sono segni di speranza. Più di 30 Paesi in via di sviluppo hanno dimostrato che un progresso rapido è possibile. Con una popolazione complessiva di più di 2,2 miliardi di persone – quasi la metà della popolazione del mondo in via di sviluppo – questi Paesi hanno ridotto la denutrizione del 25%.

In termini morali, il solo affermare che ogni cinque secondi un bambino muore in seguito alla fame e alla malnutrizione dovrebbe essere sufficiente a dimostrare che non possiamo permettere il perdurare di questo flagello. In termini economici, l'argomento non è meno convincente. La domanda non è se possiamo permetterci di intraprendere l'azione urgente necessaria per raggiungere gli obiettivi posti dal Vertice mondiale sull'alimentazione, cioè ridurre della metà entro il 2020 la cifra complessiva delle persone che soffrono la fame. La domanda è se possiamo permetterci di non farlo.

Jacques Diouf, Direttore generale della FAO, «Il Sole 24 Ore»

---

tasso di sviluppo del reddito pro capite e incremento demografico: più il Paese è povero, più la sua popolazione aumenta, e presenta quindi un'età media più bassa, con larga prevalenza della popolazione giovanile.

Indici di vecchiaia

I Paesi sviluppati, infatti, presentano elevati **indici di vecchiaia** (con questa espressione si intende il rapporto fra la popolazione con età superiore ai 65 anni e la popolazione totale): per i Paesi sviluppati l'indice di vecchiaia si attesta intorno al 12-14%, mentre per i Paesi sottosviluppati tale indice è quasi sempre inferiore al 5%.

Flussi migratori La difficile situazione economica e demografica dei Paesi poveri ha generato massicce correnti migratorie verso i Paesi ricchi. Questi ultimi, a causa della propensione della propria forza lavoro ad accettare soltanto lavori qualificati, hanno bisogno, per far funzionare le loro economie, di immigrati disposti a fare i lavori più umili. Ciò è particolarmente vero per l'Italia, interessata anche da un calo delle nascite e da un rapido invecchiamento della popolazione.

Immigrati e mercato del lavoro

I critici della società multirazziale affermano che l'immigrazione riduce il benessere dei Paesi di arrivo. Ciò è profondamente sbagliato, in quanto gli immigrati non competono con i nostri lavoratori, poco inclini a esercitare le mansioni a cui i primi possono aspirare. La disponibilità degli immigrati ad accettare i lavori meno qualificati migliora quindi, anziché peggiorare, il funzionamento del mercato del lavoro nei Paesi di accoglienza.

Naturalmente va combattuta ogni forma di clandestinità, che spesso si associa allo sfruttamento dell'immigrato e al **lavoro illegale** (*lavoro nero*), parte cospicua dell'economia sommersa.

453

modulo **8**
L'operatore
Resto del mondo

4.7 Gli aiuti ai Paesi poveri

Debito dei Paesi poveri

L'evoluzione del commercio internazionale fra Paesi sviluppati e Paesi sottosviluppati è in gran parte responsabile dei forti disavanzi nelle bilance dei pagamenti dei Paesi poveri, i quali sono conseguentemente gravati da debiti rilevanti nei confronti dei Paesi più ricchi. Il debito estero dei Paesi in via di sviluppo censiti dalla Banca Mondiale è aumentato considerevolmente. **Per i sistemi economici poveri il servizio del debito (costituito dagli interessi sul capitale preso a prestito e dalle quote di ammortamento) diventa spesso un peso insopportabile.** D'altra parte, l'elevato fabbisogno di importazioni, dovuto alla scarsa disponibilità interna, rende necessaria l'acquisizione all'estero di una grande quantità di beni. La debolezza delle esportazioni di beni primari, tuttavia, fa sì che i Paesi poveri non possano contare molto sui proventi derivanti dalle esportazioni.

▲ Un gruppo di bambini del Malawi chiede un piccolo aiuto al fotografo. In questo Stato dell'Africa sud-orientale tre quarti della popolazione vive con meno di 1,25 dollari al giorno.

Necessità di capitali stranieri

I Paesi sottosviluppati hanno necessità di ricorrere ai capitali stranieri per finanziare le iniziative di sviluppo. La situazione debitoria di questi Paesi è diventata insostenibile quando, all'inizio degli anni '80 del secolo scorso, i tassi di interesse sono aumentati e la stagflazione in molti Paesi industrializzati ha ridotto le importazioni dai Paesi poveri. Ne è conseguita una spaventosa crisi finanziaria. I termini di rimborso del debito sono stati allungati, vincolando per molti anni i Paesi più sfavoriti al pagamento di somme ingenti per i loro precari bilanci.

La possibilità per i Paesi indebitati di sostenere nel prossimo futuro il **servizio del debito** è strettamente legata alla stabilità dei cambi fra le monete utilizzate nel commercio internazionale, al contenimento dei tassi di interesse e alla stabilità della crescita economica sia nei Paesi poveri, sia nei Paesi industrializzati.

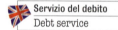

Servizio del debito
Debt service

Aiuti permanenti

Il programma ONU di aiuti ai Paesi poveri L'Assemblea Generale dell'ONU aveva approvato nel 1970 un programma di aiuti permanenti ai Paesi più poveri, mediante versamenti annuali a fondo perduto a carico dei Paesi industrializzati, che dovevano raggiungere lo 0,7% del loro PIL. In realtà tali aiuti non hanno superato in media lo 0,35%.

I Paesi sviluppati devono rendersi conto che una più equa distribuzione del reddito a livello internazionale risponde all'interesse di tutti i popoli del mondo. Negli ultimi anni, anche a causa della grave crisi scoppiata nel 2007, gli aiuti da parte dei Paesi ricchi hanno subìto una battuta d'arresto. Ma non vi sono strade alternative da percorrere per giungere a un più soddisfacente equilibrio mondiale: **solo la cooperazione fra i popoli può avviare a soluzione il problema dell'ingiustizia sociale a livello internazionale.**

▼ Un'operatrice umanitaria dell'Unicef in Africa.

unità **4** ■ Sviluppo e sottosviluppo

PER capire meglio

Il mondo in una tazzina di caffè

Per renderci conto di quanto la globalizzazione interessi ogni dettaglio della nostra vita quotidiana, proviamo a vedere cosa c'è dietro il caffè che beviamo ogni giorno al nostro bar.

Ogni cosa ha una sua storia: questa percorre un lungo cammino che inizia con la raccolta dei chicchi (ne servono 100 per una tazzina) e si avvale del lavoro e del materiale proveniente da vari Paesi del mondo. La raccolta, per esempio, è fatta in una fattoria della Colombia e richiede, per la crescita e lo sviluppo dei semi, svariate applicazioni di insetticidi prodotti in Germania. I chicchi sono imballati in confezioni a quattro strati fatti di polietilene, nylon, poliestere e alluminio. I primi tre, in materiale plastico, sono realizzati negli Stati Uniti con il petrolio arrivato dall'Arabia Saudita, il foglio di alluminio è realizzato con la bauxite estratta in Australia. La confezione arriva in Europa su una nave da carico giapponese, realizzata con acciaio fuso in Corea ma spinta da motori russi.

Questa è una ricostruzione verosimile, molto vicina al percorso reale, della storia di una comune tazza di caffè, sorseggiata mentre si chiacchiera, dietro una mente annoiata o forse affollata da chissà quali pensieri.

Da *World-Watch*

4.8 La globalizzazione

Fin dall'antichità più remota erano relativamente frequenti gli scambi di prodotti fra i diversi Paesi del mondo conosciuto; tuttavia solo negli ultimi due decenni del XX secolo i rapporti commerciali e finanziari a livello mondiale si sono così intensificati da diventare **una caratteristica dell'economia moderna**.

> Si chiama **globalizzazione** il fenomeno di crescita progressiva delle relazioni e degli scambi a livello mondiale, il cui effetto finale sarà una decisa convergenza economica e culturale tra tutti i Paesi del mondo.

Interdipendenza fra i Paesi

Nell'economia globalizzata ogni attività economica può essere esercitata con le stesse modalità in qualsiasi parte del mondo: **la produzione tende a realizzarsi dove i costi sono più bassi e i beni e servizi prodotti sono venduti a prezzi più alti**. Le moderne tecnologie della comunicazione e dei trasporti hanno consentito una forte integrazione degli scambi commerciali internazionali e una crescente interdipendenza fra tutti i Paesi del mondo: la conseguenza di questo processo è che ciò che avviene in un Paese si ripercuote su tutti gli altri Paesi, anche i più lontani.

La speculazione finanziaria è in grado di spostare in pochi minuti enormi quantità di denaro, talvolta di molto superiori ai bilanci di uno Stato di media grandezza: per avere un'idea, si pensi che i trasferimenti di capitali speculativi sono stimati in circa 15 volte l'ammontare dei pagamenti dei beni e servizi scambiati a livello internazionale.

La difesa del lavoro

I lavoratori dei Paesi occidentali, soprattutto quelli non qualificati, ne risultano gravemente danneggiati: un bene prodotto, per esempio, in Italia deve competere con lo stesso tipo di prodotto fabbricato in Paesi dove non vige la nostra normativa, e quindi il costo del lavoro è molto più basso, non osservando gli standard minimi di sicurezza o usando materie prime di qualità inferiore. I posti di lavoro si trasferiscono dove i costi sono più convenienti, con **perdita di lavoro** nel nostro Paese; la produzione e la distribuzione si localizza in Paesi diversi per godere delle migliori condizioni fiscali, pagando le tasse dove più conviene. Un prodotto può essere costituito da una numerosa serie di componenti, fabbricati e venduti in diversi Paesi del mondo.

455

modulo 8
L'operatore Resto del mondo

IN pratica

Gli enormi progressi compiuti nella telematica e l'abbattimento delle barriere commerciali consentono a una multinazionale, per esempio, di avere il centro di produzione nelle Filippine o in Thailandia (dove il costo del lavoro è molto basso per la scarsa protezione sociale dei lavoratori), i laboratori di ricerca a Londra (per avvalersi dell'alto livello della ricerca scientifica inglese), la sede decisionale a New York (per utilizzare le alte professionalità manageriali lì disponibili), la direzione finanziaria in Svizzera, le direzioni commerciali sparse nei centri di consumo più importanti. I responsabili dei diversi settori possono collegarsi in videoconferenza, permettendo così all'azienda di agire come un organismo unitario.

Globalizzazione e democrazia

Con la globalizzazione **la forza dei mercati tende a prevalere sulle istituzioni politiche nazionali**. Mentre fino a un recente passato il potere del capitale incontrava dei limiti nelle istituzioni politiche nazionali, oggi le forze del capitalismo internazionale condizionano le politiche economiche e monetarie nazionali e ciò può compromettere i fondamenti democratici su cui si basano le istituzioni politiche dei singoli Paesi. **Se i governi perdono le leve di controllo dell'economia, può essere compromessa la vita democratica di un Paese.** Dato che i flussi da governare hanno dimensioni che superano le capacità di intervento dei singoli Governi, **aumenta l'instabilità dei mercati e si riduce la sovranità dei singoli Stati**.

Globalizzazione e divari di reddito

Nei Paesi più globalizzati sono aumentati i divari nella distribuzione del reddito fra i lavoratori con compiti direttivi e i lavoratori con compiti esecutivi. L'**economia di mercato**, mentre genera disuguaglianze sempre più vistose fra i lavoratori con diversa qualifica, **tende a livellare verso il basso i salari dei lavoratori con compiti esecutivi**: un fenomeno questo che si registra ormai a livello mondiale.

Gli strati più deboli della popolazione sono molto penalizzati, e aumenta enormemente la forbice fra i ricchi e i poveri: una recente ricerca evidenzia che nei Paesi industrializzati il salario orario medio dei lavoratori con compiti esecutivi negli ultimi venti anni è diminuito di oltre il 20%, mentre chi esercita funzioni direttive ha migliorato nettamente le sue condizioni economiche con un conseguente aumento delle disuguaglianze sociali.

4.9 La globalizzazione e i Paesi sottosviluppati

Il nostro tempo è caratterizzato da un acceso dibattito sui vantaggi e gli svantaggi della globalizzazione, avversata profondamente dai critici del capitalismo e osannata dai sostenitori del mercato di libera concorrenza. Come già sappiamo, le moderne tecniche informatiche e telematiche consentono di fabbricare beni e servizi dove i costi di produzione sono più bassi, e di vendere i medesimi dove i prezzi sono più alti: il mondo è diventato un **grande mercato**, dominato da poche grandi **imprese multinazionali** che operano in **mercati oligopolistici**, con la possibilità di praticare politiche aggressive per realizzare i profitti più elevati possibili.

Cause della globalizzazione

L'intensificazione degli scambi internazionali è dovuta a una serie di cause, di cui le principali sono:
- la **liberalizzazione del commercio internazionale**, iniziata verso la metà del secolo scorso con l'abbattimento dei dazi doganali e delle altre restrizioni (tariffarie e non tariffarie);
- la maggior **facilità di trasferimento delle merci** da un continente all'altro, grazie alle moderne tecnologie che hanno notevolmente ridotto i costi dei trasporti;

456

unità 4 ■ Sviluppo e sottosviluppo

- il **progresso tecnologico soprattutto in campo informatico**, che ha trasformato il mondo in un "villaggio globale", dove le comunicazioni sono rapide e poco costose;
- la **distribuzione del reddito** più ineguale nei Paesi sviluppati, dato che i lavoratori non qualificati subiscono la concorrenza dei lavoratori stranieri a basso costo a causa della delocalizzazione di molte imprese, mentre i professionisti più qualificati (pensiamo solo alle superstar del calcio, della moda e del cinema) beneficiano di un mercato globale che spesso supervaluta enormemente i loro talenti.

Globalizzazione e sviluppo

Studi recenti hanno evidenziato che i Paesi maggiormente globalizzati (Argentina, Cile, Cina, Corea del Nord, Filippine) hanno registrato nell'ultimo decennio tassi di crescita molto elevati (circa il 7% all'anno), mentre i Paesi meno globalizzati (Egitto, Indonesia, Malesia, Messico e Turchia) hanno realizzato tassi di sviluppo sensibilmente minori. La globalizzazione dunque può essere una leva per **promuovere lo sviluppo** dei Paesi che dispongono già di un terreno favorevole, in quanto sono usciti dal circolo vizioso del sottosviluppo. In generale, possiamo osservare che senza la globalizzazione la quota di popolazione mondiale che vive sotto la soglia definita dalla Banca Mondiale di "estrema povertà" (meno di 1 dollaro al giorno) si sarebbe accresciuta notevolmente.

Conseguenze negative

Nel processo di globalizzazione non mancano tuttavia delle ombre, sottolineate dal recente dibattito, che ha investito anche importanti istituzioni sopranazionali, come l'ONU, e che si possono così riassumere:

- protrarsi della **dipendenza economica** dei Paesi poveri dai Paesi ricchi, per l'endemica incapacità delle economie più sfavorite di far fronte agli impegni assunti in sede internazionale per la restituzione dei debiti contratti;
- sempre maggiore sfruttamento delle risorse non rinnovabili, con conseguente **degrado dell'ambiente naturale**: come è noto, proprio in molti Paesi sottosviluppati il mancato rispetto delle norme di protezione ambientale ha creato i maggiori problemi, danneggiando spesso in modo irreparabile la salute dei cittadini.

▲ Una veduta del processo di deforestazione in atto in Amazzonia. Queste gravi ferite inferte all'ambiente sono dovute ai tentativi dei Paesi più poveri di avviare una crescita economica, ma spesso creano danni sociali di enorme portata.

Il valore della globalizzazione

La globalizzazione può dunque essere un'opportunità per favorire lo sviluppo delle economie povere, purché si introducano strumenti giuridici idonei a un effettivo governo sovranazionale dell'economia.

D Delocalizzazione Politica delle imprese consistente nel trasferire in tutto o in parte la produzione in altri Stati per ridurre i costi di produzione (soprattutto il costo del lavoro) e guadagnare in competitività. Oggi molti Governi adottano una politica fiscale più favorevole e snelliscono la burocrazia allo scopo di attirare imprese straniere.

modulo 8
L'operatore Resto del mondo

INsintesi

4.1 Perché è importante lo sviluppo economico?
Lo **sviluppo economico** consiste nell'aumento della quantità di beni e servizi a disposizione di ciascun soggetto. È il risultato di molti fattori, economici e non economici. Si misura attraverso il **reddito pro capite**, che tiene conto della popolazione dei diversi Paesi.

4.2 I modelli di sviluppo
I più noti modelli di sviluppo sono i seguenti:
- **modello di Rostow**, secondo cui il processo di industrializzazione passa attraverso precise fasi già percorse dai Paesi sviluppati;
- **sviluppo con abbondante offerta di lavoro**: se abbonda la forza-lavoro disponibile, i profitti sono molto elevati, per cui si rendono possibili notevoli investimenti;
- **sviluppo trainato dalle esportazioni**: le alte esportazioni consentono un aumento della produzione e del reddito.

4.3 La programmazione per lo sviluppo
La **programmazione** si realizza attraverso il **programma economico**, che indica:
- gli **obiettivi** da raggiungere;
- le **politiche** che servono per raggiungerli;
- gli **strumenti** necessari per attuare tali politiche.

4.4 Come uscire dal sottosviluppo?
I Paesi poveri devono lottare contro il **circolo vizioso del sottosviluppo**, che dà origine a una spirale molto pericolosa dal punto di vista economico.
I Paesi poveri non sono in grado da soli di uscire dalla spirale del sottosviluppo, ed è quindi fondamentale la **cooperazione internazionale**.

4.5 La spirale del sottosviluppo
I Paesi sottosviluppati presentano **problemi gravi e ricorrenti**:
- il reddito medio è estremamente basso, e ciò determina una bassa propensione al risparmio (e dunque agli investimenti);
- la distribuzione del reddito è notevolmente sperequata;
- l'agricoltura ha un eccessivo peso nel sistema produttivo;
- la produttività del lavoro è molto bassa.

4.6 Lo sviluppo nei Paesi ricchi e nei Paesi poveri
Negli ultimi anni **le condizioni di vita nei Paesi poveri sono migliorate**. Il **quadro è però molto differenziato**: mentre in Africa si concentrano i Paesi più poveri del mondo, in Estremo Oriente (e anche in America Latina) diversi Paesi emergenti hanno avviato o già superato la fase del decollo industriale.

4.7 Gli aiuti ai Paesi poveri
I Paesi poveri necessitano di capitali stranieri per finanziare il proprio sviluppo. Negli ultimi decenni molti capitali sono affluiti in tali Paesi, che hanno quindi contratto un **forte debito**. La restituzione di questi capitali comporta grandi difficoltà per i Paesi più poveri.

4.8 La globalizzazione
La **globalizzazione** è il fenomeno di crescita progressiva delle relazioni e degli scambi a livello mondiale. Se non opportunamente controllata dai singoli Stati nazionali, presenta i seguenti **svantaggi**:
- aumenta i divari nella distribuzione del reddito;
- accentua l'instabilità dei mercati e riduce la sovranità economica dei singoli Stati;
- può portare i mercati a prevalere sulle istituzioni politiche nazionali.

4.9 La globalizzazione e i Paesi sottosviluppati
È tuttora acceso il dibattito sui vantaggi e gli svantaggi della **globalizzazione dell'economia**. In sintesi si può dire che la globalizzazione può favorire lo sviluppo economico dei Paesi sottosviluppati, purché vengano introdotti strumenti idonei a un effettivo governo sovranazionale dell'economia e a un controllo delle sue conseguenze più negative.

Laboratorio

Vero / Falso
Indica se le seguenti affermazioni sono vere o false.

1. Con lo sviluppo economico aumenta la quantità di beni e servizi mediamente a disposizione di ciascun componente la collettività. [V] [F]
2. Il tasso di natalità indica il numero di anni che, in media, può vivere un neonato. [V] [F]
3. Il PIL pro capite è un indice sintetico del grado di sviluppo di un sistema economico. [V] [F]
4. Lo sviluppo dipende solo da fattori economici, essendo pressoché nulla l'influenza esercitata dai fattori extraeconomici. [V] [F]
5. Se il reddito nazionale aumenta del 2% e la popolazione aumenta dell'1%, allora il reddito pro capite diminuisce. [V] [F]
6. La propensione al risparmio è più alta nei Paesi sottosviluppati che nei Paesi sviluppati. [V] [F]
7. Lo stadio del decollo si è verificato in Inghilterra alla fine del XIX secolo e in Francia verso la metà del XX secolo. [V] [F]
8. Il tasso di aumento della popolazione è più alto nei Paesi poveri che nei Paesi ricchi. [V] [F]
9. Nei Paesi sviluppati si ha scarsa formazione

unità 4 ■ Sviluppo e sottosviluppo

di risparmio e di conseguenza anche gli investimenti sono insufficienti. [V] [F]

10. Le classi ricche dei Paesi poveri risparmiano poco, perché tendono a imitare i consumi delle classi agiate dei Paesi più ricchi. [V] [F]

11. Nei Paesi sviluppati la globalizzazione migliora la distribuzione del reddito fra le diverse classi sociali. [V] [F]

12. La globalizzazione rappresenta sempre un vantaggio per i Paesi poveri. [V] [F]

Scelta multipla — Completa l'affermazione scegliendo la frase corretta fra quelle proposte.

1. Lo sviluppo di un sistema economico si misura utilizzando come indice sintetico il
   a. bilancio economico nazionale
   b. prodotto nazionale lordo
   c. prodotto nazionale netto
   d. PIL pro capite

2. Nel modello di Rostow lo stadio in cui gli investimenti sono elevati, la crescita è robusta e si mettono in moto processi cumulativi che favoriscono l'aumento del reddito, si chiama
   a. stadio del decollo
   b. stadio della maturità
   c. stadio dei consumi di massa
   d. stadio della società post-industriale

3. Il modello di sviluppo elaborato da A. Lewis (premio Nobel 1979) spiega lo sviluppo dei Paesi arretrati con
   a. l'abbondante offerta di lavoro
   b. l'aumento delle esportazioni
   c. l'aumento delle importazioni
   d. l'affermazione di una classe imprenditoriale

4. Il modello di sviluppo elaborato da Kindleberger si basa sull'idea che il decollo dell'economia possa essere dovuto
   a. alle importazioni
   b. alle esportazioni
   c. ai bassi salari
   d. all'intervento dello Stato

5. Nel nostro Paese gli obiettivi annuali di sviluppo del reddito e dell'occupazione sono fissati nel
   a. Bilancio dello Stato
   b. Bilancio economico nazionale
   c. Documento di economia e finanza (DEF)
   d. Conto economico delle risorse e degli impieghi

6. La teoria di Nurkse, secondo cui per avviare il processo di sviluppo sono necessari investimenti in diversi e numerosi settori, è nota come teoria dello
   a. sviluppo equilibrato
   b. sviluppo sostenibile
   c. sviluppo bilanciato
   d. sviluppo squilibrato

7. La teoria, proposta da Hirschman, secondo cui il processo di sviluppo richiede massicci investimenti in settori strategici, è nota come teoria dello
   a. sviluppo equilibrato
   b. sviluppo sostenibile
   c. sviluppo bilanciato
   d. sviluppo squilibrato

8. Negli ultimi decenni le ragioni di scambio dei beni primari nei confronti dei prodotti industriali sono
   a. peggiorate
   b. rimaste invariate
   c. leggermente migliorate
   d. migliorate

9. Nella restituzione dei prestiti ricevuti i Paesi poveri sono spesso in difficoltà a far fronte al "servizio del debito", che comprende
   a. le quote di ammortamento più gli interessi
   b. le quote di ammortamento meno gli interessi
   c. solo le quote di ammortamento del debito
   d. solo gli interessi sul debito

10. La domanda di beni primari da parte dei Paesi sviluppati è, rispetto al reddito degli stessi Paesi
    a. elastica
    b. assolutamente elastica
    c. neutrale
    d. rigida

11. Rispetto ai Paesi ricchi, nei Paesi poveri la distribuzione del reddito fra le persone e le famiglie è normalmente
    a. meno concentrata
    b. più concentrata
    c. più ugualitaria
    d. casuale

12. Nel corso del tempo i prezzi dei beni primari, esportati prevalentemente dai Paesi poveri, rispetto ai prezzi dei prodotti industriali, esportati prevalentemente dei Paesi ricchi, sono progressivamente
    a. diminuiti
    b. aumentati
    c. molto diminuiti
    d. molto aumentati

modulo 8
L'operatore Resto del mondo

Laboratorio

Completamenti
Completa il brano inserendo i termini appropriati scelti tra quelli proposti.

Presentata come la possibile soluzione alle _____ nel mondo, la globalizzazione ha innescato nell'ultimo decennio anche processi fortemente antidemocratici, penalizzando gli strati più _____ della popolazione mondiale. Nei processi di globalizzazione c'è qualcosa di drammatico, la mancanza di _____ democratica. Decisioni di estrema importanza per noi e per i nostri figli sono state prese nel corso dei decenni da poche migliaia di persone in tutto il mondo, dislocate a Washington (Banca Mondiale), Basilea (Banca dei regolamenti internazionali), Bruxelles (Unione _____), Francoforte (_____ centrale europea). Se davvero volessimo realizzare una globalizzazione dal volto umano, è ora che la base formata da quei cittadini del mondo per i quali la democrazia vive di partecipazione e di rappresentanza comincino a farsi sentire. Certo, discutere quale sia la globalizzazione che vorremmo, pretendere che essa abbia un _____ umano, discutere in tutte le sedi il più ampiamente possibile, è soltanto un primo passo; tuttavia, avviare una partecipazione della società _____ è comunque un risultato non da poco, visto il silenzio che ha sino ad oggi avvolto l'avanzata senza freni della _____ e la passività degli stessi soggetti che ne hanno subito gli effetti perversi.

L. Gallino, *Globalizzazione e disuguaglianze*, Laterza, Bari

Banca ■ civile ■ deboli ■ disuguaglianze ■ economia ■ europea ■ forti ■ globalizzazione ■ partecipazione ■ politica
■ volto

Trova l'errore
Individua l'espressione o il termine errati, e inserisci quelli corretti.

1. La teoria dello sviluppo squilibrato, proposta da Hirschman, sostiene che per avviare lo sviluppo gli investimenti industriali non devono essere concentrati in un solo settore, ma si devono dirigere verso numerosi settori: l'impianto di un'impresa isolata, per quanto grande, non può giovare allo sviluppo economico del Paese.

2. Nei Paesi sottosviluppati è alta la formazione del risparmio: solo una parte del reddito viene consumata per la sussistenza della popolazione; il resto viene risparmiato e quindi, tramite le banche, destinato all'investimento per aumentare la capacità produttiva del sistema economico e per avviare nuove attività imprenditoriali.

Collegamenti
Associa ogni termine della prima colonna con un solo termine della seconda.

1. Sviluppo economico bilanciato _____
2. Sviluppo economico sbilanciato _____
3. Sviluppo sostenibile _____
4. Sviluppo programmato _____
5. Teoria dello sviluppo equilibrato _____
6. Teoria dello sviluppo squilibrato _____

a. Sfruttamento delle risorse capace di soddisfare i bisogni delle generazioni presenti senza compromettere il soddisfacimento dei bisogni delle generazioni future
b. Proposta da Nurkse, afferma che per avviare lo sviluppo gli investimenti non devono essere concentrati in un solo settore, ma diffusi in diversi settori industriali
c. Proposta da Hirschman, afferma che per avviare lo sviluppo occorre concentrare gli investimenti in alcuni settori-chiave, strategici per l'avvio del processo di crescita
d. Processo di sviluppo che dà importanza non solo agli obiettivi economici, ma anche a quelli sociali (sanità, istruzione, soddisfacimento dei bisogni elementari)

unità 4 ■ Sviluppo e sottosviluppo

Laboratorio

Domande aperte — Rispondi alle seguenti domande.

1. Che cosa si intende per sviluppo economico? (4.1)
2. Perché lo sviluppo economico ha una dimensione internazionale? (4.1)
3. Che cosa sostiene la legge degli stadi di sviluppo di Rostow? (4.2)
4. Come opera il modello di Lewis? (4.2)
5. In che cosa consiste e come si realizza la programmazione economica? (4.3)
6. Che cos'è un modello economico? (4.4)
7. Sai descrivere come opera il circolo vizioso del sottosviluppo? (4.5)
8. I Paesi ricchi e i Paesi poveri registrano lo stesso incremento demografico? (4.6)
9. Come sono variate nel tempo le ragioni di scambio dei beni primari? (4.6)
10. Qual è la situazione debitoria dei Paesi poveri? (4.7)
11. È stato realizzato il programma di aiuti ai Paesi sottosviluppati approvato dall'ONU? (4.7)
12. Che cosa si intende per globalizzazione? (4.8)
13. Per quali motivi l'economia tende oggi a diventare sempre più globalizzata? (4.8)
14. La globalizzazione porta reali vantaggi ai Paesi poveri? (4.9)
15. Quali sono le possibili conseguenze negative della globalizzazione? (4.9)

 summary **CLIL**

4.1 Why economic growth is important?
Economic growth is defined as the progress in an economy. It refers to the adoption of new technologies and general improvement in living standards. It is the result of many factors – economic and non-economic. It is measured through **income per capita** of the populations of different countries.

4.2 Development models
Models of economic growth include:
- **Rostow's model**: a model according to which the industrialisation process passes through different stages; underdeveloped countries should model themselves after the West if they want to aspire to a "modern" state of capitalism and democracy;
- **development with abundant supply of labour**: if there is an abundant supply of labour, profits and capitalist accumulation are high, and high investment ensures increased income;
- **development driven by exports**: high exportation leads to an increase in production and income.

4.3 Programmes for development
Economic programmes aim to improve the spontaneous development of the economy. Programmes indicate the **objectives** to be reached, the **policies** needed in order to reach these objectives; the **instruments** required in order to activate these policies.

4.4 How can we solve the problem of underdevelopment?
Poor countries need to fight against the **vicious circle of poverty**: the income level is so low that it is not enough for investment, and savings are low; low investment does not allow for an increase in income, and so the circle is complete. Poor countries are often caught in vicious circles of poverty and are unable to break them without **international co-operation**.

4.5 The spiral of underdevelopment
Underdeveloped countries represent **serious recurrent problems**: the income per capita is low, and low income leads to low savings and investment; there is an uneven distribution of wealth; agriculture plays an overly important role in the productive system; productivity is very low.

4.6 Development in rich and in poor countries
In recent years **the standard of living in poor countries has improved**. However, **some countries are growing at a faster rate than others**: while the poorer countries in the world are in Africa, industrial development has brought economic prosperity to a number of countries in the Far East and Latin America.

4.7 Aid to poor countries
Underdeveloped countries need foreign capital to finance development. Over recent decades these countries have received capital which has contracted **high debt**. Poor countries have found it **increasingly difficult to repay capital received**.

4.8 Globalization
If **globalisation** is not properly controlled by single states it can have **several drawbacks**: it increases the gap in the distribution of income; it accentuates the instability of the market and reduces the economic sovereignty of single countries; it can result in markets prevailing over national policies.

4.9 Globalization and underdeveloped countries
There is still much debate regarding the **pros and cons of globalisation**. However, it can be said that globalisation can promote the development of the economy of poorer countries, provided that fair trade dealings and ethical practices are followed.

modulo 8
L'operatore Resto del mondo

Lettura di fine modulo
Bretton Woods: come crolla un sistema monetario internazionale

La lettura qui proposta rievoca le drammatiche ore che portarono all'abbandono del sistema di Bretton Woods. L'evento, qui ricostruito nei dettagli, segnò l'evoluzione successiva del sistema monetario internazionale.

Mercoledì 11 agosto 1971, mattino – Il segretario al Tesoro americano, John Connally, telefona al presidente Nixon comunicandogli l'urgenza di fissare un incontro fra i più importanti consiglieri economici; gli attacchi speculativi sul dollaro all'estero crescevano ogni giorno di intensità; le riserve d'oro erano scese di altri 200 milioni di dollari, al livello di 10,1 miliardi, il più basso dal 31 dicembre 1935; e vi era la certezza che, entro la settimana, la Banca d'Inghilterra avrebbe chiesto la conversione in oro per almeno 2 miliardi di dollari.

Venerdì 13 agosto, mattino – Gli uomini chiave della gestione economica giungono alla Casa Bianca, convocati dal Presidente. Un elicottero ha già i motori accesi e decolla subito per Camp David, nelle montagne del Maryland. Ufficialmente la riunione servirà per analizzare problemi relativi al bilancio militare ma sia Wall Street sia la stampa specializzata si attendono misure protettive, anche se nessuno immagina il ciclone che sta per scatenarsi.

Venerdì 13 agosto, sera – Dopo un lungo e duro dibattito, le posizioni sono definite e all'alba di sabato Nixon accetta per intero il programma economico di Connally. In pratica mette la parola fine sugli accordi di Bretton Woods che da venticinque anni regolavano il sistema finanziario internazionale. Il resto del week-end è dedicato alla stesura di un sapiente discorso politico destinato a ottenere – come di fatto otterrà – un ampio consenso nell'opinione pubblica americana.

▲ John B. Connally

▲ Richard M. Nixon

Domenica 15 agosto – Mentre il mondo si sta godendo il Ferragosto, le telescriventi delle agenzie internazionali di stampa cominciano a «battere» le decisioni prese a Camp David. Il dollaro non sarà più convertibile in oro; su tutti i prodotti importati negli Usa graverà una tassa del 10%; gli aiuti economici all'estero sono ridotti del 10%.

Come si era giunti al Ferragosto più lungo del mondo finanziario? In quel periodo l'America era praticamente uscita da un'economia di guerra; aveva un tasso di inflazione del 4% e un tasso di disoccupazione del 6% (storicamente altissimi); aveva difficoltà a rispettare gli obiettivi di crescita del prodotto nazionale lordo stimati fra il 7 e il 9% e un forte deficit nella bilancia dei pagamenti che aveva portato il dollaro ai minimi dal 1949. Nelle sue memorie, Nixon ricorda che i primi mesi del 1971 avevano segnato il punto più basso del suo primo mandato, la stampa intensificava la critica alle sue scelte di politica economica, sia i repubblicani che i democratici premevano per l'adozione di azioni decisive contro la disoccupazione e il tasso di inflazione, la maggioranza degli economisti chiedeva un controllo di prezzi e salari tanto che il Presidente, con il suo staff, temeva di perdere perfino la nomination per le elezioni del 1972. Nonostante una brutta figura da un punto di vista internazionale, Nixon, nella mattinata di sabato, comunicò ai suoi la decisione e si appartò subito dopo con il suo aiuto, Bill Safire, per scrivere il discorso che avrebbe letto alla nazione il giorno successivo.

Il discorso televisivo di Nixon ebbe grande successo in America. Il Presidente, aprendo sui progressi compiuti verso la fine della guerra in Vietnam, disse che «l'America aveva la migliore opportunità in questo secolo di raggiungere due dei suoi più importanti ideali: di crescere nuove generazioni di pace e creare nuova prosperità senza guerra». I sacrifici del suo Nep (*New Economic Program*) definito da lui come il più importante pacchetto economico dai tempi di Roosevelt, furono accettati come sacrosanti e inevitabili. Lunedì l'indice Dow Jones guadagnò 32,93 punti in una sola giornata, i Governi europei reagirono con disappunto e confusione, le Borse estere persero valore in generale, le monete cominciarono a fluttuare rivalutandosi sul dollaro, in Giappone il Governo fu obbligato ad acquistare 2 miliardi di dollari per sostenere il rapporto con lo yen a 360 e la Borsa di Tokio perse il 20% per un totale di 11 miliardi di dollari.

L'avversario democratico McGovern definì il discorso «una fuga a gambe levate, irrilevante e misteriosa»; i giornali riportavano anche corrispondenze dall'Europa e il Wall Street Journal scrisse in un editoriale che gli Stati Uniti sembravano come se «un pilota con problemi al motore a 10 mila metri di altezza decide di ripararseli da solo quando ha a disposizione un campo d'aviazione poco sotto con una squadra di meccanici di molte nazionalità a dare un'occhiata».

Pochi giorni dopo le decisioni di Nixon il nuovo sistema a cambi fluttuanti aveva fissato un aumento del 7,57% per il marco tedesco a quota 3,425 rispetto alla parità ufficiale di 3,66 marchi, dell'1,92% per la sterlina a 2,4395 dollari rispetto alla parità ufficiale di 2,40, dell'1,8% per il franco francese a 5,44% franchi contro 5,5542 e dell'1,6% nel valore della lira a 615 lire contro 625.

Il prezzo dell'oro fissato a 35 dollari l'oncia dal 1934, oscillava sul mercato libero fra i 42,76 e i 43,35 dollari l'oncia. Entro pochi anni avrebbe toccato quota 800.

Mario Platero, «Il Sole 24 Ore»

Verifica
di fine modulo

1. Che cosa sostiene la teoria dei vantaggi comparati?
2. Quali sono le voci più importanti della bilancia dei pagamenti?
3. Da che cosa dipende il cambio di una moneta?
4. Quali sono le funzioni del Fondo Monetario Internazionale?
5. Quali sono i più importanti organi dell'Unione europea?
6. L'introduzione dell'euro ha avvantaggiato l'economia europea?
7. Quali sono i caratteri del sottosviluppo economico?
8. Come si può favorire lo sviluppo dei Paesi poveri?
9. Che cosa si intende per circolo vizioso della povertà?
10. Perché le esportazioni dei Paesi poveri sono instabili?

Attività
di fine modulo

1 Entra nel sito della Banca d'Italia (http://www.bancaditalia.it) e ricerca il testo dell'ultima Relazione annuale all'assemblea dei partecipanti (le "Considerazioni finali" vengono lette dal Governatore il 31 maggio di ogni anno). All'interno del documento esamina la sezione relativa al commercio internazionale; per maggiore praticità puoi scaricarne il file in formato pdf e stamparlo: si tratta di numerose pagine. Dopo aver letto il testo con attenzione, sintetizzane il contenuto evidenziando:

- le tendenze del commercio internazionale;
- l'andamento congiunturale del mercato delle materie prime;
- la dinamica delle esportazioni dell'Unione europea;
- la particolare posizione dell'Italia;
- le prospettive per il futuro.

Rispondi alle domande

- Quale importante avvenimento caratterizzò il 15 agosto 1971?
- Che cosa cambiò nel prezzo dell'oro?
- Quali provvedimenti furono presi, contemporaneamente alla dichiarazione di inconvertibilità del dollaro?
- Dopo la decisione di Nixon, le altre monete si svalutarono o si rivalutarono rispetto al dollaro?
- Con quali argomentazioni Nixon comunicò al popolo americano la sua decisione?
- Con il nuovo sistema a cambi fluttuanti il prezzo dell'oro aumentò o diminuì?

modulo 8
L'operatore
Resto del mondo

Between today and tomorrow 40,000 children will die of hunger; the day after tomorrow another 40,000 children will die, and so on. In a "world of plenty" the number of human beings dying or suffering from hunger, malnutrition and hunger-related diseases is staggering. Over half of these people live in South Asia; most of the remainder in Sub-Saharan Africa and East Asia. The contrast between these peoples and the populations of rich countries is a stark one. These contrasts raise the question of whether people living in rich nations have an obligation to aid those in poor nations.

The debt of developing countries

The debt of developing countries refers to the **external debt** incurred by governments of these countries, generally in quantities beyond the governments' ability to repay. The term **unpayable debt** defines the **debt service**, i.e. the external debt with interest that exceeds what the country can collect from taxpayers, based on the Nation's Gross Domestic Product (GDP). Some of the current levels of debt were amassed following the 1973 oil crisis: increases in oil prices forced many poorer nations' governments **to borrow heavily** to purchase essential supplies for people. At the same time, OPEC funds deposited in banks of rich countries provided a ready source of funds for loans. While a proportion of borrowed funds went towards infrastructure and economic development financed by central governments, a proportion was lost to corruption and spent on arms.

Debt cancellation There are many reasons why the **Third world** debts should be cancelled:
- many governments want to spend more money on **poverty** reduction but they use their money to pay off their debts;
- the lenders knew that they were giving funds to dictators or **oppressive regimes** and thus, they are responsible for their actions, not the people living in the countries of those regimes (for example, South Africa received a lot of money to stimulate the apartheid regime, and the external debt has increased, as has the number of people in the housing backlog);
- many lenders knew that much of the money would be stolen through **corruption**;
- the developing projects that some loans would support were often unwisely led and failed because of the **lender's incompetence**;
- many of the debts were signed with **unfair terms**, several of the loan takers have to pay the debts in foreign currency such as dollars, which makes them vulnerable to world market changes (unfair terms can make a loan

▼ The Jubilee Debt Campaign in 2000 in Scotland.

modulo 8

Myanmar farmer plowing his field with cows.

extremely expensive, many of the loan takers have already paid the sum they loaned several times, but the debt grows faster than they can repay it).

Debt relief

Debt relief is one part of a much larger effort, which also includes **aid flows**, to address the development needs of low-income countries and make sure that debt sustainability is maintained over time. Debt relief frees up resources for social spending. Under the Jubilee 2000 banner, a coalition of groups joined together to demand debt cancellation at the **G7 meeting** in Cologne (Germany). As a result, Finance ministers of the world's wealthiest Nations agreed to debt relief on loans owed by qualifying countries. Many impoverished countries (39) received **partial or full cancellation of loans** from foreign governments and international financial institutions, such as the IMF and World Bank. Although the largest creditors (the World Bank, the African Development Bank, the IMF, the Inter-American Development Bank and all Paris Club creditors) have provided their full share of debt relief, others are lagging behind.

According to IMF analyses, the aided countries have increased markedly their expenditure on health, education, and other social services. However, many remain **vulnerable to shocks**, particularly those affecting exports, as seen during the global economic crisis started from 2008. To reduce their debt vulnerabilities decisively, countries need to pursue cautious borrowing policies and strengthen their public debt management.

The extent of our duty to poor nations

Currently, a minimal part of the total world Gross National Product (GNP) is devoted to aiding poverty-stricken nations; the **World Bank** urged the international community to increase aid to poor countries to 0.7% of their GNP. If this goal is reached, poverty could be reduced by as much as 40% in a few years.

Do we have an obligation to aid poor countries?

Many believe that the citizens of rich nations have **a moral obligation** to aid poor nations. All persons, some have argued, have a moral obligation to prevent harm when doing so would not cause comparable harm to themselves. It is clear that suffering and death from starvation are harms. It is also clear that **minor financial sacrifices on the part of people of rich nations** can prevent massive amounts of suffering and death from starvation. **Peter Singer**, a contemporary philosopher, writes: "Just how much we will think ourselves obliged to give up will depend on what we consider to be of comparable moral significance to the poverty we could prevent: stylish clothes, expensive dinners, a sophisticated stereo system, overseas holidays, a second car, a larger house, private schools for our children... none of these is likely to be of comparable significance to the reduction of absolute poverty".

glossary

- **Debt service** • Money required for the payment of the principal and the interest at maturity on a debt.
- **Third world** • Originally the term arose during the Cold war to define non-aligned countries, i.e. not allied with either NATO (United States and Western Europe, *First world*) and the Communist block (Soviet Union, China, Cuba and allies, *Second world*). The Third World was normally seen to include many countries with colonial past in Africa, Latin America and Asia. Nowadays the term indicates the Less Developed Countries (LDC).
- **Corruption** • Obtaining private gains from public officials through extortions, bribes or embezzlement of public funds. In the juridical sector corruption is a specific form of misconduct designed to obtain benefits in exchange for not pursuing an investigation.
- **World Bank** • An international financial institution that provide loans to poor countries, with the official goal to reduce poverty promoting capital investments and international trade. World Bank has an affiliate, the International Bank for Reconstruction and Development (IBRD), that can give loans to private sector borrowers.

465

modulo 8
L'operatore Resto del mondo

bibliographical sources

L. R. Brown, *State of the World. A Worldwatch Institute Report on Progress Toward a Sustainable Society,* Norton, New York.

World Bank, *World Development Report*, Oxford University Press, Oxford.

World Commission on Environment and Development, *Our common future*, Oxford University Press, Oxford.

> The Australian philosopher Peter Singer.

questions exercises

1. Define the concept of debt of developing countries.
2. What do you understand by the term "unpayable debt" of developing countries?
3. Explain briefly the meaning of the term "debt service".
4. Consider the reasons why the external debt of developing countries should be cancelled.
5. "Debt relief frees up resources for social spending". Comment.
6. Do we have a moral obligation to aid poor countries?
7. "Much of the poverty of developing nations is the result of unjust and exploitative policies of Governments and corporations in wealthy countries". Comment.
8. Why the protectionist trade policies of rich nations have driven down the prices of exports of poor nations?
9. Do all human beings have the right to live in dignity, possessing the goods necessary to satisfy their basic needs?
10. State whether the following sentences are true or false.
    a) The "debt service" is the sum of the external debt and the interest paid for it. T F
    b) All the lenders did not know that a great proportion of the money would be stolen through corruption. T F
    c) Currently, a large part of the world Gross National Product (GNP) is devoted to aid poor nations. T F
    d) Aided poor countries have markedly increased their expenditure on social services. T F

In making a case for aid to poor nations, others appeal to the **principle of justice**. Justice demands that people be compensated for the harms and injustices suffered at the hands of others. Much of the poverty of developing nations, they argue, is the result of unjust and exploitative policies of Governments and corporations in wealthy countries. **Protectionism**, a long-run trade policy of rich nations, for example, has driven down the price of exports of poor nations.

The right to satisfy basic needs Finally, it is argued, all human beings have dignity deserving of respect and are entitled to what is necessary **to live in dignity**, including a right to life and a right to the goods necessary to satisfy one's basic needs. This **right to satisfy basic needs** takes precedence over the rights of others to accumulate wealth and property. When people are without the resources needed to survive, those with surplus resources are obligated to come to their aid.
In the coming decade, the gap between rich nations and poor nations will grow and appeals for assistance will multiply. How peoples of rich nations respond to the plight of those in poor nations will depend, in part, on how they come to view their duty to poor nations – taking into account **justice** and **fairness**, the benefits and harms of aid, and **moral rights**, including the right to accumulate surplus and the right to resources to meet basic human needs.

glossary

• **Protectionism** • Policy of restriction of international trade through methods such as tariffs on imported goods, restrictive quotas and a variety of other regulations. According to proponents this trade policy is designed to allow fair competition between imports and goods and services produced domestically, preventing unemployment or capital losses in sectors threatened by imports. This policy contrasts with *free trade*, where government barriers to trade are kept to a minimum.

466

Appendice

L'economia dell'Italia unita

Questo corso si conclude con un esame della storia economica del nostro Paese in una prospettiva di lungo periodo, adatta a cogliere i caratteri salienti della nostra economia. Ci soffermiamo sui nodi strutturali e sui problemi ancora irrisolti dell'economia nazionale, ma anche sulle sfide che le attuali generazioni devono affrontare per risolvere i problemi della crescita. Leggendo questa Appendice si può anche comprendere come le difficoltà attuali siano il risultato della nostra storia, e come il futuro che i giovani devono affrontare sia legato al presente ma anche al passato.

1861-1945	1946-1950	1951-1963	1964-1972	1973-1983	1984-2006	2007- oggi
UN'ECONOMIA STAZIONARIA	IL PERIODO DELLA RICOSTRUZIONE	IL "MIRACOLO ECONOMICO"	IL PERIODO DEL RISTAGNO	LA GRANDE INFLAZIONE	VERSO IL RISANAMENTO	GLI ANNI DELLA CRISI

Appendice
L'economia dell'Italia unita

Lo sviluppo economico italiano

DI CHE COSA PARLEREMO

Si presenta qui l'**EVOLUZIONE DELL'ECONOMIA ITALIANA** a partire dall'Unificazione (1861). Ci soffermeremo sui momenti più significativi della nostra storia economica: il periodo della **RICOSTRUZIONE**, il "**MIRACOLO ECONOMICO**", la "**GRANDE INFLAZIONE**" e il periodo del **RISANAMENTO**, fino alla **CRISI FINANZIARIA** iniziata nel 2007 e alla situazione attuale. Tratteremo infine in dettaglio alcuni importanti **PROBLEMI**, come il divario tra Nord e Sud, la disoccupazione, le disuguaglianze sociali e il debito pubblico.

A.1 Dall'Unità alla fine della seconda guerra mondiale: 1861-1945

L'evoluzione del nostro sistema può essere meglio compresa se si confrontano alcuni parametri fondamentali, che possono assumere il ruolo di **indici dello sviluppo economico** del nostro Paese. Fra di essi, il più importante è il livello del **prodotto pro capite**.

I dati fondamentali

Nella tabella qui a fianco sono stati riportati gli indici del prodotto pro capite (valori medi decennali a prezzi costanti) per l'intero periodo 1861-2020. Come si vede facilmente, nell'ultimo quarantennio dell'Ottocento il prodotto pro capite è rimasto stazionario.

Un'economia arretrata basata sull'agricoltura

La maggior parte della popolazione traeva i propri magri redditi dall'agricoltura, sovente al limite del livello di sussistenza. Il Prodotto interno lordo aumentava a un ritmo paragonabile a quello registrato negli altri Paesi europei, ma in Italia veniva quasi interamente assorbito dall'incremento della popolazione.

Il nostro Paese presentava i **connotati tipici delle economie arretrate**: basti pensare che la mor-

ANNI	INDICI DEL PRODOTTO PRO CAPITE
1861-1870	100,00
1871-1880	103,26
1881-1890	102,89
1891-1900	104,72
1901-1910	124,95
1911-1920	136,94
1921-1930	159,83
1931-1940	173,28
1941-1950	151,07
1951-1960	247,81
1961-1970	401,49
1971-1980	540,93
1981-1990	701,32
1991-2000	1.183,82
2001-2010	1.219,74
2011-2020	1.250,00*

▶ Prodotto interno lordo pro capite a prezzi costanti dal 1861 al 2020.
(Fonte: elaborazione su dati Istat)
Dato stimato

468

Appendice ■ Lo sviluppo economico italiano

La scarsa produttività del settore agricolo

talità infantile raggiungeva punte elevatissime (22,7% nel decennio 1861-1870; 21,5% nel decennio 1871-1880; 19,5% nel decennio 1881-1890).

Sempre nell'ultimo quarantennio dell'Ottocento il prodotto nazionale proveniva per circa il 50% dall'**agricoltura**, che tuttavia presentava in generale (a parte alcune zone) bassa produttività e metodi tecnicamente superati. Lo sviluppo industriale era ai suoi albori, e le imprese venivano condotte per lo più con criteri artigianali: in particolare, scarsi erano gli investimenti produttivi e molto carenti le capacità imprenditoriali.

❯ Distribuzione settoriale del Prodotto interno lordo (1861-2020, valori percentuali).
(Fonte: elaborazione su dati Istat)
* Dato stimato

ANNI	AGRICOLTURA	INDUSTRIA	SERVIZI
1861-1870	54,4	18,7	26,9
1871-1880	54,1	18,2	27,7
1881-1890	48,3	19,7	32,0
1891-1900	47,6	18,2	34,2
1901-1910	43,8	22,0	34,2
1911-1920	40,3	25,1	34,6
1921-1930	36,0	29,5	34,5
1931-1940	26,6	29,2	44,2
1941-1950	33,7	34,3	32,0
1951-1960	19,5	36,2	44,3
1961-1970	12,5	38,6	48,9
1971-1980	9,0	39,0	52,0
1981-1990	5,0	33,6	61,4
1991-2000	2,9	32,2	64,9
2001-2010	2,8	30,4	66,8
2011-2020	2,1*	23,0*	74,9*

I caratteri del sottosviluppo italiano

L'Italia presentava i **caratteri tipici del sottosviluppo** (v. Mod. 8, unità 4), e cioè un basso livello di prodotto pro capite, la prevalenza di attività agricole, una struttura industriale assai fragile, un trascurabile tasso di incremento del prodotto. A ciò si aggiungono le note emergenze di carattere sociale che accompagnano il sottosviluppo economico, e cioè l'alto tasso di mortalità, il diffuso analfabetismo, l'ineguale distribuzione del reddito, l'insufficiente dieta calorica e proteica, gli insoddisfacenti standard abitativi ecc.

La tabella qui sopra fornisce, sempre per il periodo 1861-2020, le quote del prodotto dell'agricoltura (che comprende anche l'allevamento e la pesca), dell'industria e dei servizi sul Prodotto interno lordo.

Il periodo che va **dall'inizio del secolo scorso alla seconda guerra mondiale** si caratterizza per un ritmo di aumento del prodotto pro capite più sostenuto, per una progressiva diminuzione della quota dell'agricoltura e per un corrispondente aumento delle quote dell'industria e dei servizi sul Prodotto interno lordo. L'aumento del reddito non fu però uniforme lungo questo arco di tempo: la guerra del 1915-18 causò un arresto nel processo di sviluppo (solo nel 1922 si riuscì a superare il valore del prodotto pro capite registrato nel 1913); anche la crisi mondiale del 1929-32 incise profondamente sul nostro tessuto economico e sociale (il livello del prodotto pro capite del 1929 venne superato solo nel 1935).

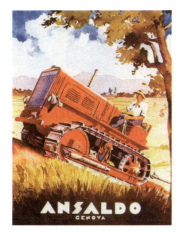

▲ La meccanizzazione dell'agricoltura in un manifesto degli anni '30 del secolo scorso.

Appendice
L'economia dell'Italia unita

▲ Immagine della fabbrica Breda di Milano nel 1892.

La fase che si conclude con lo scoppio della seconda guerra mondiale è caratterizzata da una **progressiva riduzione delle distanze fra l'Italia e gli altri Paesi industrializzati**. Tuttavia, al di là dei dati quantitativi, la nostra economia presentava connotati del tutto particolari rispetto agli altri Paesi: la politica protezionistica adottata dal governo fascista consentiva alle imprese italiane, meno avanzate sul piano tecnologico di quelle straniere, di sopravvivere vendendo i prodotti all'interno del Paese, grazie a un regime doganale che scoraggiava l'importazione dall'estero. In generale, la nostra struttura industriale era piuttosto fragile, e assai poco competitiva a livello internazionale.

La seconda guerra mondiale determinò il crollo dell'intero sistema economico: il prodotto lordo del 1945 era inferiore a quello registrato nel biennio 1902-1903, mentre il prodotto pro capite (sempre espresso in moneta a potere di acquisto costante) era il più basso dell'intero periodo 1861-1945.

A.2 Gli anni della ricostruzione: 1946-1950

L'Italia uscì molto indebolita dal secondo conflitto mondiale, non solo per i gravissimi danni subiti dall'apparato produttivo, in gran parte distrutto dagli eventi bellici, ma per una serie di problemi ereditati dagli anni precedenti.

Una situazione complessa

La situazione nel dopoguerra La situazione del nostro Paese, alla metà del secolo scorso, poteva così essere riassunta:
- il **livello di industrializzazione** era piuttosto basso: oltre il 40% della forza-lavoro trovava impiego nell'agricoltura, caratterizzata a sua volta da tecniche produttive arretrate. L'autarchia attuata dal regime fascista aveva impedito l'introduzione di innovazioni tecnologiche sia nell'industria, sia nell'agricoltura;
- la **disoccupazione** presentava livelli molto elevati: i disoccupati "palesi" si aggiravano attorno ai due milioni; ancora più alto era il numero dei disoccupati "nascosti";
- la **sperequazione** nella distribuzione dei redditi era molto elevata rispetto agli altri Paesi occidentali;

I divari territoriali
- lo **squilibrio fra il Sud e il Nord** era molto grave: il reddito pro capite del Mezzogiorno raggiungeva appena il 36% di quello delle regioni nord-occidentali. L'arretratezza delle regioni meridionali era determinata dalla prevalenza dell'agricoltura, peraltro poco efficiente e ancora estensiva, e dal carattere artigianale dell'industria.

Il risanamento economico In questo quadro, per molti versi scoraggiante, il Paese affrontò nel periodo della ricostruzione due problemi di notevole rilievo e dalle importanti conseguenze per il futuro: la **difesa del potere di acquisto della lira** e l'**inserimento dell'Italia nei mercati internazionali**.

L'inflazione nell'immediato dopoguerra

Nell'immediato dopoguerra si ebbe un'**esplosione inflazionistica** senza precedenti nella nostra storia unitaria: dal 1943 al 1947 i prezzi aumentarono di circa venti volte. L'aumento dei prezzi fu determinato dalla politica di ricostruzione intrapresa dalle autorità politiche, che avevano abolito i controlli sui prezzi e favorito il finanziamento alle imprese; tuttavia, i beni prodotti rimanevano scarsi, a fronte di una sensibile dilatazione della domanda che durante la guerra era stata enormemente compressa. L'inflazione fu anche favorita dal **disavanzo dello Stato**, le cui entrate erano molto diminuite, mentre la spesa

Appendice ■ Lo sviluppo economico italiano

pubblica continuava a crescere. Per colmare il deficit si doveva emettere cartamoneta in quantità sempre maggiore, e ciò certamente aggravava le pressioni inflazionistiche in atto.

I provvedimenti di Einaudi

Una serie di provvedimenti di politica economica, adottati nel 1947 dietro suggerimento di valenti economisti (fra cui in particolare **Luigi Einaudi**, divenuto Governatore della Banca d'Italia), riuscì a stabilizzare il potere di acquisto della moneta. L'ascesa dei prezzi venne bloccata: in alcuni settori, anzi, si verificarono diminuzioni di prezzi. L'obiettivo della **stabilizzazione** venne raggiunto, grazie all'efficacia della strumentazione predisposta dalle autorità monetarie (tra i vari provvedimenti adottati, ricordiamo l'introduzione delle **riserve obbligatorie**, cioè dell'obbligo fatto alle banche ordinarie di mantenere un rapporto minimo fra le riserve liquide e i depositi della clientela (v. Mod. 6, par. 1.8).

La stabilizzazione della moneta

Francobollo commemorativo emesso nel 1974, in occasione del centenario della nascita di Luigi Einaudi.

La manovra monetaria non fu certo indolore: la riduzione di liquidità provocò, come era naturale, una caduta degli investimenti e una compressione della domanda globale. L'economia italiana dovette sopportare una fase di depressione, che impose rilevanti sacrifici soprattutto alle classi sociali più povere (la disoccupazione colpì in particolare le aree più depresse del Mezzogiorno). Ma l'obiettivo della **stabilità monetaria** venne raggiunto.

L'apertura al mercato internazionale

La politica del **commercio estero** si pose come traguardo finale l'inserimento dell'economia italiana nei mercati internazionali. Il primo passo fu costituito dall'abolizione delle restrizioni quantitative alle importazioni (nel 1946 ben il 97% delle importazioni era soggetto a licenza); seguì l'adesione all'**Unione europea dei pagamenti** (1950) e alla **CECA** (1951), premesse per il successivo ingresso dell'Italia nella **Comunità economica europea** (1957).

L'abbandono del protezionismo e dell'autarchia, che avevano caratterizzato la politica economica italiana degli anni fra le due guerre, aprì la nostra economia all'interscambio mondiale: aumentarono le esportazioni e le importazioni dell'Italia con tutti i Paesi, soprattutto con quelli che daranno vita alla Comunità economica europea.

La stabilità politica

Le **elezioni politiche del 1948**, che avevano decretato la vittoria della Democrazia cristiana sui partiti della sinistra, avevano inserito l'Italia nel blocco occidentale: **la raggiunta stabilità politica garantì un quadro propizio allo sviluppo dell'economia**. La politica economica dell'Italia era sostanzialmente liberista, corretta tuttavia dall'intervento pubblico nei settori più deboli dell'economia. Nel 1950 venne istituita la **Cassa per il Mezzogiorno**, con il compito di finanziare e gestire gli interventi a favore delle aree meridionali.

▼ Propaganda elettorale per le elezioni politiche del 1948, le prime dell'Italia repubblicana.

Nel 1950 il processo di ricostruzione post-bellico era terminato: il tessuto industriale del nostro Paese poteva considerarsi sostanzialmente ricomposto e il tasso di sviluppo del reddito abbastanza soddisfacente. Nello stesso anno il prodotto pro capite raggiunse il livello più elevato da esso registrato prima dello scoppio della seconda guerra mondiale.

🇺 **Unione europea dei pagamenti** Fu istituita nel 1950 allo scopo di facilitare il commercio tra i Paesi membri, attraverso un meccanismo di compensazioni multilaterali nei pagamenti internazionali: gli Stati avrebbero compensato i loro deficit o surplus presso la Banca dei regolamenti internazionali di Basilea. Cessò di operare nel 1958, con il ritorno al regime di convertibilità delle monete.

471

Appendice
L'economia dell'Italia unita

A.3 Il "miracolo economico": 1951-1963

Il periodo che seguì alla fase della ricostruzione è stato spesso designato come "**miracolo economico**". Ciò a causa del rapido sviluppo sia in termini di Prodotto interno lordo globale e pro capite, sia in termini di occupazione.

Diversi fattori in azione

Il termine "miracolo" può essere accettato per comodità, a patto di tener presente che i rilevanti risultati conseguiti dalla nostra economia furono il frutto dell'azione concomitante di diversi fattori, non certo il risultato di eventi "miracolosi" esterni al nostro sistema.

Vediamo innanzitutto alcuni effetti determinati dall'azione di questi fattori.

Notevole aumento del reddito pro capite

- **Il reddito pro capite aumentò molto velocemente**, a un tasso annuo di circa il 5%. Tale tasso è assai alto, sia se raffrontato a esperienze precedenti e successive nel nostro Paese, sia se riferito agli incrementi di reddito contemporaneamente realizzati nelle altre economie di mercato. La tabella qui sotto evidenzia con chiarezza il forte sviluppo nel periodo 1951-1963.

▶ Prodotto interno lordo e prodotto pro capite (a prezzi 1975). (Fonte: elaborazione su dati Istat)

ANNI	PRODOTTO INTERNO LORDO (miliardi di lire)	PRODOTTO PRO CAPITE (migliaia di lire)	INDICI DEL PRODOTTO PRO CAPITE	INCREMENTO % DEL PRODOTTO PRO CAPITE
1951	36.220	764	100,00	6,26
1952	37.823	794	103,93	3,93
1953	40.661	848	110,99	6,80
1954	42.144	873	114,27	2,95
1955	44.959	924	120,94	5,84
1956	47.060	962	125,92	4,11
1957	49.554	1.008	131,94	4,78
1958	51.957	1.050	137,43	4,17
1959	55.346	1.111	145,42	5,81
1960	58.850	1.172	153,40	5,49
1961	63.667	1.260	164,92	7,51
1962	67.589	1.329	173,95	5,48
1963	71.342	1.393	182,33	4,82

Come si vede nell'ultima colonna, lo sviluppo del prodotto pro capite rimase molto sostenuto durante l'intero periodo, e raggiunse la punta massima negli anni 1959-1962.

Il boom dell'industria

- **Aumentò notevolmente l'incidenza dell'industria**, sia nella formazione del reddito nazionale, sia in termini di occupazione. Corrispondentemente diminuì la quota dell'agricoltura, che – come già sappiamo – era caratterizzata da

▲ Uscita degli operai dallo stabilimento Fiat di Mirafiori, presso Torino. Negli anni '50 questo era il più grande complesso industriale italiano.

Appendice ■ Lo sviluppo economico italiano

▲ Emigranti italiani in partenza per il Belgio, dove lavoreranno all'estrazione del carbone. La foto risale al 1953.

una minore produttività rispetto all'industria. La conseguenza dell'industrializzazione fu quindi un forte **aumento della produttività**, soprattutto nei settori industriali più avanzati.

L'industrializzazione trasformò la struttura economica del nostro Paese. Sorsero **nuovi e moderni settori industriali**, caratterizzati da alta produttività e aperti alla concorrenza internazionale. La popolazione si riversò dalle campagne alle grandi città, dove maggiore era la possibilità di trovare lavoro nell'industria o nei servizi. Forti correnti migratorie dal Sud al Nord e verso gli altri Stati europei concentrarono la popolazione verso le zone dove stava nascendo la nuova industria.

Nel periodo considerato **diminuì gradualmente il numero dei disoccupati**. Il tasso di disoccupazione (cioè il rapporto fra il numero dei disoccupati e la forza lavoro), che nel 1951 era prossimo al 9-10%, scese con regolarità, fino a raggiungere nel 1963 il 2,5%, che rappresenta il minimo storico per l'economia italiana del dopoguerra.

Le cause del "miracolo" Molto si è discusso sulle cause che hanno determinato lo sviluppo economico dell'Italia negli anni del "miracolo". Alla luce dell'esperienza successiva, si possono individuare tre determinanti fondamentali.

Il basso livello delle retribuzioni
■ **I bassi salari** e la conseguente bassa quota dei redditi da lavoro **consentirono la formazione di ingenti mezzi finanziari** che le imprese investirono per espandere la produzione. Il costo del lavoro in Italia era all'epoca fra i più bassi delle economie industrializzate: per avere un'idea delle differenze in quel periodo fra i Paesi della Comunità, si pensi che – fatto pari a 100 il costo del lavoro in Italia nel 1959 – esso era uguale a 106 in Olanda, a 116 in Francia, a 122 in Belgio, e addirittura a 125 in Germania.

I bassi salari assicurarono elevati margini di profitto alle imprese, che reinvestiti prontamente consentirono di espandere ulteriormente la produzione. Ciò favorì anche l'introduzione di innovazioni tecniche, soprattutto nelle industrie che producevano per l'esportazione.

Il boom delle esportazioni
■ **Le esportazioni italiane aumentarono a un ritmo sostenuto**, superiore a quello registrato dalle altre economie industrializzate. Le esportazioni furono determinanti nel promuovere lo sviluppo economico in questo periodo, in quanto la domanda globale interna non era sufficiente (dati i bassi livelli salariali) ad assicurare un soddisfacente incremento del reddito.

Il basso costo delle materie prime
■ Le **ragioni di scambio** (*terms of trade*) erano favorevoli ai prodotti industriali, e ciò avvantaggiava i Paesi esportatori di tali beni, mentre danneggiava i Paesi esportatori di beni primari. Negli anni 1951-63 le ragioni di scambio erano favorevoli all'Italia, che importava materie prime ed esportava prevalentemente prodotti finiti; nel periodo successivo il vantaggio venne meno, soprattutto per il progressivo aumento dei costi delle materie prime e delle fonti di energia. Furono proprio l'aumento dei costi di produzione e il ristagno delle esportazioni a segnare la fine del "miracolo".

In sintesi, possiamo concludere che

> il **"miracolo economico"** si è basato soprattutto sui **bassi salari**, che hanno consentito prezzi all'esportazione competitivi rispetto ai prezzi degli altri Paesi.

R Ragioni di scambio Rapporto tra i prezzi all'esportazione e i prezzi all'importazione: se i prezzi all'esportazione aumentano più velocemente dei prezzi all'importazione, migliorano le ragioni di scambio di un Paese, con vantaggio dell'intera economia.

Appendice
L'economia dell'Italia unita

A.4 Gli squilibri del "miracolo"

Il boom degli anni del "miracolo economico" causò, come abbiamo visto, un rilevante aumento del reddito pro capite; ma non risolse (e in alcuni casi aggravò) una serie di squilibri economici e sociali. I problemi principali della nostra società all'inizio degli anni '60 (in parte ancora oggi insoluti) sono i seguenti.

Il ritardo del Mezzogiorno

- **Arretratezza del Mezzogiorno**: il divario tra le aree del Centro-Nord e le aree meridionali si accrebbe ulteriormente. Infatti, il tasso di sviluppo del reddito nelle aree meridionali aumentò a un ritmo sensibilmente inferiore a quello del Centro-nord. La politica meridionalistica, consistente nella creazione di infrastrutture e nell'incentivazione degli investimenti industriali nel Sud, non raggiunse gli obiettivi prefissati: tutta la vasta area meridionale rimase incapace di avviare un meccanismo di sviluppo autopropulsivo, e buona parte dell'aumento di reddito provenne dall'intervento pubblico.

Settori dinamici e settori arretrati

- **Coesistenza di settori industriali efficienti con altri arretrati**. Il nostro apparato industriale era diviso in due settori: il primo dinamico, con alta produttività e salari in genere più elevati, spesso coincidente con le imprese esportatrici; il secondo, che produceva per il mercato interno, impostato su basi semiartigianali e con scarsa produttività.

Una forte urbanizzazione

- **Congestione nelle aree industrializzate del Nord e nelle grandi città**, determinata dall'esodo rurale e dalla localizzazione delle industrie in zone dotate di adeguate infrastrutture (triangolo industriale). I grandi insediamenti urbani crebbero rapidamente e in modo caotico, in assenza di una seria programmazione urbanistica, originando gravi problemi, come l'aumento del prezzo delle case e degli affitti, la distruzione del verde pubblico e degli edifici storici, la congestione del traffico urbano.

▲ La crescita urbanistica degli anni '50 a Milano.

Bassa produttività agricola

- **Aziende agricole piccole e sottocapitalizzate**. L'esodo dalle campagne si svolse in modo spontaneo, indipendentemente dalle capacità produttive delle diverse zone. L'indirizzo di politica agraria favorì la conduzione familiare, e cioè di dimensioni tali da scoraggiare l'introduzione di macchinari e innovazioni produttive. Queste ragioni spiegano in parte l'accrescersi, nel decennio successivo, del nostro deficit alimentare, per la necessità di importare sempre maggiori quantitativi di prodotti alimentari.

Forti sperequazioni nei redditi

- **Forte sperequazione nella distribuzione dei redditi**. La disuguaglianza nella distribuzione dei redditi era ancora molto elevata: gran parte della ricchezza del Paese si concentrava in un numero ristretto di famiglie. Ciò fu all'origine delle tensioni sociali che caratterizzarono il periodo successivo.

Servizi pubblici insufficienti

- **Distorsione nella struttura dei consumi**. Nel periodo considerato i consumi privati aumentarono notevolmente, mentre i consumi pubblici registrarono un'espansione lenta e, soprattutto nelle regioni meridionali, assolutamente insufficiente a far fronte ai bisogni della popolazione. I servizi sociali, alla fine del miracolo economico, erano ancora carenti: mancavano case, scuole, ospedali, trasporti pubblici ecc.

S Sviluppo autopropulsivo Processo di crescita economica in grado di autosostenersi nel tempo, senza la necessità di interventi esterni, soprattutto da parte dello Stato. È l'obiettivo che intende [perseg]uire l'intervento pubblico nelle aree depresse.

T Triangolo industriale Con questa espressione negli anni del "miracolo economico" si indicavano le regioni italiane più sviluppate (Lombardia, Piemonte e Liguria), i cui capoluoghi, uniti da linee immaginarie, formano un triangolo.

A.5 Il periodo del ristagno: 1964-1972

Il rinnovo dei contratti di lavoro

Nel 1962 si ebbero in Italia i primi scioperi per i rinnovi dei contratti nazionali di lavoro: i sindacati operai si erano rafforzati negli ultimi anni del periodo precedente, sia per l'affermazione di nuovi orientamenti ideologici (che porteranno nel 1963 alla costituzione del primo governo di centro-sinistra), sia per il conseguimento della piena occupazione, soprattutto nelle regioni del Nord; anzi, in queste ultime aree la manodopera qualificata era inferiore alle richieste degli imprenditori, i quali cercavano di assicurarsi i lavoratori offrendo loro salari superiori al minimo contrattuale. Ciò si è tradotto, ovviamente, in aumenti salariali in occasione dei periodici rinnovi contrattuali.

Il sistema economico italiano si dimostrò incapace di assorbire un aumento dei salari, tale da riportarli a livello degli altri Paesi industrializzati: in effetti, nell'anno 1963 il costo del lavoro per unità di prodotto crebbe di circa il 12%, mentre i margini di profitto scesero dell'8%.

La caduta di profitti e investimenti

La diminuzione dei profitti fece cadere gli investimenti, con conseguenze negative sull'occupazione. Contemporaneamente, il maggior potere di acquisto dei lavoratori (diretta conseguenza dell'aumento dei salari) fece aumentare la domanda di beni di consumo.

Di conseguenza:

- **aumentarono i prezzi dei beni di consumo**, innescando notevoli tensioni inflazionistiche;
- **si creò uno squilibrio nella bilancia dei pagamenti**, in quanto aumentarono i beni di consumo importati dall'estero.

La fine del "miracolo economico" Gli aumenti salariali ottenuti dai lavoratori in occasione dei rinnovi del 1963 determinarono la fine del "boom" economico. La crescita del PIL diminuì e il processo di accumulazione subì un notevole rallentamento. **Seguirono anni di recessione e inflazione**, con sistematici interventi dell'autorità monetaria allo scopo di arginare l'aumento dei prezzi.

La fuga dei capitali all'estero

A questo punto si verificò la **fuga dei capitali all'estero**, che privò il nostro Paese di ingenti risorse finanziarie, trasferite in Stati ritenuti più sicuri, soprattutto dal punto di vista politico.

La lotta all'inflazione

In questa situazione, le autorità monetarie assunsero una serie di decisioni tendenti a restringere la base monetaria, cioè a diminuire la liquidità del sistema. Secondo le regole classiche, ciò avrebbe provocato una diminuzione degli investimenti, e di conseguenza un aumento della disoccupazione; ma in compenso avrebbe interrotto il processo inflazionistico e riequilibrato i conti con l'estero.

L'autunno "caldo" del '69

Gli effetti della restrizione monetaria sull'economia italiana furono gravi: il reddito nazionale, negli anni 1964/65, aumentò a un ritmo marcatamente più basso rispetto al decennio precedente. Si giunse così, nell'autunno del 1969, alla scadenza dei contratti nazionali di lavoro. In occasione dei rinnovi contrattuali, i sindacati sferrarono una

▼ Manifestazione operaia durante l'autunno caldo del 1969.

C Contratti nazionali di lavoro Accordi tra le organizzazioni dei lavoratori e dei datori di lavoro validi non solo per gli iscritti alle organizzazioni stesse, ma per tutti i lavoratori e datori di lavoro del settore. Durano normalmente tre anni e fissano condizioni economiche e normative minime, nel senso che sono derogabili solo a favore del lavoratore.

Appendice
L'economia dell'Italia unita

Le manifestazioni studentesche di Berkeley, in California.

lotta decisa, sostenuti dai lavoratori e dai partiti di sinistra. La novità della battaglia sindacale consistette nell'emergere accanto a **istanze rivendicative** (aumenti salariali sostenuti, miglioramenti nelle condizioni di lavoro, abolizione del lavoro straordinario, maggior tutela sanitaria ecc.), di **istanze riformiste**, relative alla partecipazione delle forze lavoratrici alla formulazione del modello di sviluppo della società. Ai lavoratori si affiancarono gli studenti, che si posero l'obiettivo di discutere non solo l'organizzazione scolastica (in particolare universitaria), ma anche l'insieme delle strutture politiche e organizzative della società. Queste rivendicazioni più radicali avevano un precedente nella "contestazione" che, a metà degli anni '60, era giunta in Europa dalle università americane, dove studenti e intellettuali protestavano contro la guerra in Vietnam, l'autoritarismo, il materialismo della "società dei consumi".

Una legge a tutela del lavoro

Lo Statuto dei lavoratori, approvato dal Parlamento nel maggio 1970, era un riflesso dei mutati rapporti di forza nel Paese. Lo Statuto conteneva una serie di misure a tutela dei lavoratori (ad esempio i licenziamenti nella grande impresa dovevano essere discussi con le rappresentanze sindacali).

La produttività non aumenta

L'aumento del costo del lavoro non venne però accompagnato da un corrispondente aumento della produttività, e quindi i prezzi continuarono a salire. Ma l'aumento dei costi del lavoro provocò la **caduta dei profitti**: e ciò causò a sua volta la diminuzione degli investimenti e dell'occupazione.

La **bilancia dei pagamenti** risentì negativamente di questa situazione, in quanto i prodotti italiani, divenuti più costosi, non erano più competitivi sul mercato internazionale. I rinnovi contrattuali del 1972 consentirono ai sindacati di rafforzare la propria posizione, e il costo del lavoro subì un ulteriore aumento, destinato a tradursi in un rincaro dei prezzi.

A.6 Gli anni della "grande inflazione": 1973-1983

La situazione della bilancia dei pagamenti divenne particolarmente pesante nel corso del 1973.

Fine del cambio fisso

Il Governo decise di **abbandonare il regime dei cambi fissi** e di lasciare fluttuare liberamente la lira: i cambi vennero quindi determinati dall'incontro della domanda e dell'offerta, senza che la Banca d'Italia dovesse intervenire per difendere la parità ufficiale.

Un'inflazione galoppante

Svalutazione della lira La lira si deprezzò rapidamente (la svalutazione superò in poco tempo il 30%); di conseguenza, le merci importate dall'estero vennero a costare di più, mentre per gli stranieri diminuì il prezzo delle merci importate dall'Italia. Nei calcoli delle autorità monetarie, la svalutazione della lira avrebbe riequilibrato la bilancia dei pagamenti. Purtroppo, i risultati sperati non furono raggiunti, in quanto le importazioni italiane diminuirono di poco (dato che l'Italia è un'economia di trasformazione, le importazioni non si possono agevolmente comprimere); d'altra parte, le esportazioni non aumen-

S Società dei consumi Società ricca e ad alto tenore di vita, in cui gran parte dei consumi riguarda beni e servizi non necessari, indotti spesso da massicce campagne pubblicitarie. A breve termine l'aumento dei consumi tipici di tale società può avere effetti benefici per l'economia, ma nel lungo periodo produce conseguenze negative di ordine sociale ed ecologico.

S Statuto dei lavoratori Approvato con legge 20 giugno 1970 n. 300, regola i principali diritti dei lavoratori: ne tutela la libertà, la dignità e la sicurezza, sostiene la presenza del sindacato nei luoghi di lavoro come garanzia del rispetto della dignità del lavoratore. Nel nostro ordinamento è la fonte più importante del diritto del lavoro dopo la Costituzione.

Appendice ■ Lo sviluppo economico italiano

La crisi petrolifera

tarono nella misura attesa, a causa della caduta della domanda internazionale.

L'effetto più rilevante del provvedimento fu l'**aumento dei prezzi** interni: in Italia, il tasso di inflazione fu il più elevato di tutti i Paesi industrializzati.

Negli ultimi mesi del 1973 il **prezzo del petrolio** subì un aumento vertiginoso. Il capovolgimento di tendenza dei *terms of trade* comportò un deflusso di ricchezza dai Paesi industrializzati a favore dei Paesi produttori di petrolio.

La dipendenza energetica dell'Italia

L'Italia venne fortemente colpita dall'aumento del prezzo del petrolio, data la notevole dipendenza energetica dall'estero (nel nostro Paese circa l'80% dei consumi di energia era fornito dagli idrocarburi importati).

Aumentò la **conflittualità nei rapporti di lavoro**; i salari nominali crescevano mentre la produttività ristagnava, anche a causa della scarsa flessibilità nell'utilizzazione della forza-lavoro.

La crisi del sistema si aggravò sempre di più: nel periodo 1974-77 il tasso di inflazione si aggirava mediamente sul 17-18%; solo nel 1978 scese a circa il 12%, per poi risalire con rinnovato vigore nel 1979. Nel 1980 l'**inflazione** raggiunse il suo massimo storico: 21,2%.

Il deficit dei conti con l'estero

La svalutazione della lira, associata al forte aumento del prezzo del petrolio e delle materie prime, alimentò l'inflazione e produsse un forte deficit dei nostri conti con l'estero.

L'alto costo del denaro unitamente al crescente costo del lavoro crearono problemi di gestione alla maggior parte delle imprese: le più colpite furono quelle più grandi, maggiormente sottoposte al controllo sindacale. Aumentò la disoccupazione, soprattutto nelle aree meno favorite; vennero colpite in particolare alcune categorie di lavoratori, come quelle femminili e giovanili. Un fenomeno tipico fu la **disoccupazione intellettuale**, che riguardava i laureati e i diplomati, con particolare riguardo ai residenti nelle regioni meridionali.

Inflazione più stagnazione

La stagflazione Eravamo ormai in piena **stagflazione**: tassi elevati di inflazione si accompagnavano alla stagnazione dell'economia e all'aumento della disoccupazione in vaste zone del Paese.

Le peggiorate condizioni di lavoro nelle fabbriche e il deterioramento della qualità della vita diedero esca alla frustrazione di larghe masse di lavoratori, anche per la mancata realizzazione di riforme più volte promesse (scuola, sanità, casa ecc.). Il disagio era particolarmente avvertibile nelle grandi città, dove si viveva sempre meno a misura d'uomo, per la violenza, l'inquinamento, la speculazione e la congestione edilizia.

Cresce la spesa pubblica

Durante l'intero periodo si verificò un consistente aumento della spesa pubblica, soprattutto di parte corrente (interessi passivi, spese per il personale, consumi pubblici ecc.): **i deficit di bilancio via via accumulati ingrossarono il debito pubblico e alimentarono l'inflazione**.

▲ Operai si recano al lavoro con un veicolo a pedali autocostruito durante la crisi petrolifera del 1973.

▲ Pozzi petroliferi iraniani. L'aumento del prezzo del petrolio del 1973 provocò gravi ricadute in tutto l'Occidente.

477

Appendice
L'economia dell'Italia unita

A.7 Il lungo cammino verso il risanamento: 1984-2006

I nostri competitor

L'industria italiana era particolarmente esposta alla concorrenza internazionale: per quanto riguardava i prodotti ad alta tecnologia, il nostro Paese subiva la pressione dei **Paesi avanzati** (USA, Germania, Giappone), avvantaggiati da un sistema industriale ad alto sviluppo tecnologico; per i prodotti tradizionali, invece, la concorrenza proveniva dai **Paesi di nuova industrializzazione** (Hong Kong, Singapore, Taiwan e Corea del Sud), che grazie ai bassi costi del lavoro riuscivano ad esportare i loro manufatti a prezzi molto competitivi.

La ristrutturazione industriale Era quindi necessario affrontare un **processo di ristrutturazione industriale**, cioè una riorganizzazione dell'attività produttiva che consentisse di ottenere i prodotti a prezzi concorrenziali.

Nuovi massicci investimenti

La cura non è stata indolore: la trasformazione degli impianti ha richiesto massicci investimenti e una riduzione degli addetti, soprattutto nei settori ad alta intensità di lavoro come il tessile, l'artigianato e i servizi. I sindacati, dal canto loro, accettarono una maggiore flessibilità nei contratti collettivi (più ampio uso dello straordinario, mobilità del lavoro ecc.).

Nel giro di pochi anni si è realizzato un aumento della produttività maggiore dell'aumento dei salari, con la conseguenza della diminuzione dei costi per unità di prodotto. Nelle industrie di medie e grandi dimensioni le catene di montaggio sono state sostituite da robot, cioè macchine completamente automatizzate che eseguono lavori pericolosi o insalubri. Gli investimenti effettuati dalle industrie all'avanguardia sono stati prevalentemente *labour-saving* (cioè ad alta intensità di capitale, per "risparmiare" il fattore lavoro divenuto più caro).

Inizia la fase postindustriale L'Italia, come gli altri Paesi industrializzati, è entrata in una nuova fase, chiamata **postindustriale**, caratterizzata da una rivoluzione tecnologica che ha interessato soprattutto l'industria e il terziario.

La terziarizzazione dell'economia

L'industria ha ceduto personale ai servizi, che assorbono oggi oltre il 70% della forza-lavoro e producono circa il 75% del PIL. È ulteriormente avanzato il **processo di terziarizzazione**, e cioè un sempre maggior ampliamento degli occupati nel terziario rispetto a quelli nell'industria e nell'agricoltura. Dalla fine degli anni '80, infatti, il settore terziario avanzato (banche, assicurazioni, servizi finanziari e informatici) ha assorbito quote crescenti di lavoro, aprendo le opportunità della *new economy* e del cosiddetto settore "quaternario".

In campo monetario, l'ingresso dell'Italia nella moneta unica europea – con l'impegno a rispettare il "patto di stabilità" (v. Mod. 8, par. 3.5) – ha consentito alla nostra economia di disporre di una moneta affidabile, che ha permesso al nostro Paese di affrontare la grave crisi economica che a partire dal 2008 ha interessato tutti i Paesi del mondo.

Sopravvivono però **gravi problemi**, che si possono così sintetizzare:

- **elevata disoccupazione**: sono diminuite le possibilità di far intervenire gli ammortizzatori sociali, che si impiegavano largamente in passato (Cassa integrazione guadagni e prepensionamenti), per il loro alto costo per la società. Il fenomeno si presenta in modo disuguale nel Paese: la disoccupazione è molto più elevata nel Mezzogiorno (dove colpisce soprattutto i giovani e le donne) che nelle altre regioni del Paese;

▲ Interno di una banca. La terziarizzazione ha portato tra l'altro a una notevole diffusione degli istituti di credito.

C Catena di montaggio Sistema di produzione studiato in modo da ridurre i tempi di lavoro. Consente di giungere al prodotto finito mediante il progressivo assemblaggio di pezzi che i lavoratori effettuano in tempi sincronizzati quando il semilavorato passa davanti a ciascuno di essi su un nastro trasportatore.

A Ammortizzatori sociali Strumenti di sostegno del reddito per gli espulsi dal mondo del lavoro prima del raggiungimento della pensione. Il più importante è costituito dalla Cassa integrazione guadagni, che nei casi di crisi temporanea dell'impresa garantisce al lavoratore l'80% del salario.

Appendice ■ Lo sviluppo economico italiano

- **notevoli disuguaglianze personali e territoriali nella distribuzione del reddito**: ciò è un notevole freno alla crescita, poiché limita l'apporto dei meno abbienti alla produttività, oltre che ai consumi e al risparmio nazionale;
- **alto livello del debito pubblico**, che ha ormai superato il 130% del PIL, rendendo gravoso il servizio del debito; lo squilibrio nei conti pubblici, invece di combattere la disoccupazione e assicurare condizioni di sviluppo, ha spesso coperto l'inefficienza dell'amministrazione statale, con grave danno per le generazioni future;
- **calo degli investimenti esteri**, poco attirati dalle prospettive di rendimento dell'Italia, sia perché nel Mezzogiorno le infrastrutture sono scarse e i livelli di sicurezza bassi, sia perché i vincoli burocratici all'imprenditorialità sono più elevati rispetto ad altri Paesi;
- **perdita di quote di mercato**, per gli alti costi del *made in Italy* e per la prevalenza nelle nostre esportazioni di prodotti scarsamente innovativi e a bassa tecnologia;
  - **scarsità degli investimenti**, che renderebbero possibili le innovazioni promosse dal progresso tecnico, capaci di aumentare la produttività del sistema;
  - **scarso rispetto per l'ambiente**, anche se si sta ormai diffondendo una maggiore consapevolezza dell'importanza dei problemi ambientali;
  - **arretramento dello Stato sociale** (*Welfare State*), a causa dei tagli di spesa introdotti per risanare i bilanci pubblici, con l'aggravarsi della situazione soprattutto nelle aree più deboli del Paese.

▼ Lo sviluppo economico ha prodotto enormi masse di rifiuti, il cui smaltimento presenta gravi problemi.

A.8 La crisi finanziaria e i problemi attuali: 2007-oggi

L'inizio della crisi

La crisi finanziaria, scoppiata negli Stati Uniti nel 2007 per l'incapacità di molte famiglie americane di far fronte al pagamento dei mutui contratti per l'acquisto della casa – trasformati dalle banche creditrici in titoli speculativi (*mutui subprime*) acquistati da altri istituti finanziari – ha avuto conseguenze rilevanti a livello mondiale. Nell'economia mondiale ha operato una specie di **effetto domino**: dapprima sono fallite importanti banche di investimento, come la Lehman Brothers; successivamente gli Stati sono intervenuti per salvare dal default le grandi banche che avevano acquistato i titoli-spazzatura; la situazione si è poi ulteriormente aggravata con la crisi dei debiti sovrani di diversi Paesi (Irlanda, Grecia, Portogallo), che ha avuto rilevanti effetti sistemici sull'economia mondiale.

Le difficoltà del nostro Paese

Le conseguenze sono state particolarmente negative per l'Italia, sia per l'alto livello del nostro debito pubblico, sia per la scarsa crescita della nostra economia, con il conseguente ristagno della produzione nazionale, dei consumi e degli investimenti.

S Servizio del debito Somma che comprende le rate di ammortamento del debito pubblico, il pagamento degli interessi ed eventuali oneri finanziari accessori.

D Default Insolvenza di un'istituzione o di un intero Paese per il mancato rimborso di una quota di capitale o per il mancato pagamento di una rata di interesse sul debito contratto. In generale, è l'incapacità di un'emittente di rispettare le clausole previste nel contratto che ha regolato il finanziamento.

T Titolo spazzatura Titolo speculativo (in inglese *junk bond*) che presenta elevati rischi per l'investitore, data la possibilità di non essere rimborsato in tutto o in parte alla scadenza. Per tale motivo questo genere di titoli viene remunerato con un rendimento piuttosto alto, in modo da attirare i sottoscrittori e compensarli per il rischio affrontato.

D Debito sovrano Durante il medioevo era il debito contratto dal sovrano, solitamente nei confronti di banchieri privati. Oggi con questo termine si intende il debito di uno Stato, costituito normalmente da titoli obbligazionari denominati in valuta straniera e detenuti da altri Stati, da istituzioni internazionali, o da banche e altri istituti finanziari.

479

Appendice
L'economia dell'Italia unita

Ne è risultato il **declassamento** (*downgrade*) per il nostro Paese da parte delle più importanti **agenzie di rating**, e ciò ha creato ulteriori difficoltà alla nostra economia.

La crisi delle famiglie

Molte famiglie in condizioni di povertà La crisi ha colpito soprattutto le famiglie: la perdita del lavoro di uno o più membri del nucleo familiare ha notevolmente ridotto il **tenore di vita** di una parte consistente della popolazione italiana; la **stretta creditizia** ha reso difficile la sostenibilità dei mutui, compromettendo i bilanci delle famiglie che si erano indebitate per l'acquisto della casa. A ciò si aggiungano i tagli alle politiche sociali e i consistenti aumenti delle **tariffe** dei servizi pubblici. **Una parte notevole di famiglie vive oggi in condizioni di povertà, e forte è l'esigenza di provvedimenti a favore dei ceti più deboli**, soprattutto se si pensa alla sperequazione nella distribuzione dei redditi: in Italia il 10% più ricco della popolazione possiede ben il 45% della ricchezza nazionale, mentre sempre più precaria diventa la situazione delle famiglie, soprattutto se vivono nelle aree meno favorite del Paese.

Il problema del lavoro

Aumento della disoccupazione In tutte le situazioni di crisi, e in particolare in questa che stiamo vivendo, aumenta la disoccupazione, soprattutto dei giovani e delle donne, e i nuovi posti di lavoro sono in gran parte precari. In particolare in Italia sono scarsi gli strumenti a sostegno di chi perde il lavoro: gli **ammortizzatori sociali** sono nel complesso insufficienti, e inoltre non è previsto un **reddito minimo di inserimento**, a differenza di quanto avviene in altri Paesi.

Il problema dei giovani e delle donne

Dare un futuro ai giovani e alle donne I giovani sono le principali vittime della crisi: moltissimi non sono ancora entrati a pieno titolo nel mercato del lavoro, essendo titolari di **contratti di lavoro flessibili**: ai primi sintomi di difficoltà dell'impresa perdono il lavoro e spesso vanno a ingrossare le fila dei **NEET** (*Not in education, employment or training*) (vedi Mod. 7, par. 3.8).

Scarsa partecipazione femminile

È anche necessario **aumentare la partecipazione femminile**: in Italia l'occupazione delle donne registra i valori più bassi rispetto a tutti i Paesi europei, soprattutto nelle posizioni più elevate, e ciò causa perdita di competitività del nostro sistema produttivo.

Valorizzare il capitale umano

Cosa fare per stimolare la crescita Per stimolare la crescita è necessario investire nella formazione dei giovani: una maggiore istruzione ha ricadute positive sul sistema economico, perché aumenta la produttività e consente alle imprese di crescere e competere.

D Declassamento Riduzione del giudizio sulla solvibilità di un debitore da parte di un'*agenzia di rating*, a seguito di un esame dei fondamentali di bilancio dello stesso debitore. L'esame può riguardare sia aziende, sia enti pubblici e privati, sia lo stesso Stato. Il declassamento produce effetti negativi sul costo del finanziamento per il debitore, in quanto aumenta il tasso di interesse da corrispondere ai creditori.

A Agenzie di rating Enti privati che forniscono giudizi sulla bontà del credito di un emittente di obbligazioni, sia esso uno Stato, un istituto di credito, una società. La loro scala di valutazione va dalla tripla A (affidabilità massima) alla D (*default*, cioè insolvenza). Le principali sono Moody's, Standard & Poor's, Fitch.

T Tenore di vita Modalità di comportamento dei soggetti in relazione alle condizioni economiche e sociali degli stessi; viene misurata generalmente considerando la quantità e la qualità dei consumi delle famiglie in relazione al loro reddito.

S Stretta creditizia Diminuzione improvvisa del credito concesso dalle banche (in inglese *credit crunch*), accompagnata da un inasprimento delle condizioni praticate alla clientela, consistenti in genere in un aumento del tasso di interesse. Ne conseguono situazioni problematiche per le imprese (sino al fallimento) e gravi difficoltà per le famiglie debitrici.

T Tariffe Prezzo pagato per la fornitura di servizi, come ad esempio l'erogazione di energia elettrica, acqua, gas.

A Ammortizzatori sociali Insieme di misure per sostenere il reddito dei lavoratori che hanno perso il posto di lavoro. I principali sono la cassa integrazione guadagni, l'indennità ordinaria di disoccupazione, la mobilità (lunga o breve), i prepensionamenti.

R Reddito minimo di inserimento Forma di sostegno economico nei confronti di coloro che hanno perso temporaneamente il lavoro, finalizzata al soddisfacimento dei bisogni di base (alimentazione, disposizione della casa, abbigliamento ecc.).

N NEET Sono i giovani tra i 15 e i 29 anni che non studiano, non lavorano e non frequentano corsi di formazione professionale. In Italia sono attualmente oltre 2 milioni, e costituiscono circa il 21% della popolazione giovanile.

Appendice ■ Lo sviluppo economico italiano

Necessità di riformare il sistema Per assicurare le condizioni di crescita del nostro Paese è necessario introdurre riforme strutturali. Fra le più importanti ricordiamo l'**aumento dell'età pensionabile**, la **lotta all'evasione**, la **riduzione della pressione fiscale su lavoratori e imprese**.

Riconoscimento del merito

È infine necessario valorizzare la meritocrazia: la preparazione e la volontà devono essere i soli passaporti per l'ascesa sociale.

A.9 Il problema meridionale

Il problema del **sottosviluppo** e dell'**arretratezza economica** non esiste solo su scala mondiale; anche all'interno delle zone sviluppate esistono aree rimaste ai margini del processo di sviluppo.

Il gap fra Nord e Sud

All'interno dell'Italia (ma il problema non è tipico dell'Italia, anche se qui riveste carattere di particolare gravità) vi sono aree che presentano un livello di reddito inadeguato. Se ordiniamo le Regioni italiane in graduatoria decrescente del reddito pro capite, notiamo che le Regioni meridionali presentano un reddito pro capite che va dall'85% al 60% della media nazionale.

Il ritardo del Sud ha caratteri di particolare gravità: nel Mezzogiorno risiede il 36% della popolazione italiana, su uno spazio che è all'incirca il 42% del territorio nazionale: per peso territoriale e demografico, il nostro Sud è paragonabile all'insieme di Belgio, Olanda e Lussemburgo.

I dati del divario

Come è facile immaginare, **il problema meridionale non è soltanto economico, ma sociale e politico**. Il divario del Sud dal Centro-Nord è dovuto al fatto che il Mezzogiorno presenta particolari situazioni economiche, e in particolare:

- **un basso livello di occupazione**, e di conseguenza un **alto tasso di disoccupazione**;
- **una quota relativamente elevata dell'agricoltura** rispetto all'industria;
- **uno sviluppo abnorme del settore dei servizi**, perché non ancora collegato alla presenza di un settore industriale adeguato che li richieda.

▲ Manifestazione di contadini meridionali nel 1949 a sostegno della riforma fondiaria.

Le origini del problema meridionale sono antiche; ma è diventato un problema nazionale solo al momento dell'Unificazione, e da allora è stato assai vivace il dibattito sulle sue cause e sui possibili modi di intervento dello Stato per avviare un autonomo processo di sviluppo nelle Regioni del Sud.

L'emigrazione al Nord

Negli anni della ricostruzione, il Mezzogiorno d'Italia presentava in modo molto più accentuato di oggi le caratteristiche del sottosviluppo: il reddito pro capite non superava il 60% della media nazionale; l'emigrazione verso il Nord era assai elevata. Solo nel 1950 il nostro Paese introdusse una politica globale a favore del Mezzogiorno: per la prima volta si usciva dal frammentarismo che aveva caratterizzato i decenni precedenti.

R Riforme strutturali Complesso di interventi che riducono l'ammontare delle spese oppure aumentano l'ammontare delle entrate dello Stato, incidendo in modo permanente sul bilancio pubblico. Ne sono esempi l'aumento dell'aliquota dell'IRPEF o dell'IVA.

M Meritocrazia Forma di organizzazione in cui gli incarichi di responsabilità, e quindi le retribuzioni, sono conferiti secondo il criterio del merito, e non di appartenenza familiare (nepotismo) o di lobby politica (clientelismo).

Appendice
L'economia dell'Italia unita

> L'intervento di maggior impegno nel settore agricolo fu la **riforma fondiaria** del 1950: essa era finalizzata all'espropriazione delle terre (soprattutto quelle di maggior dimensione, e cioè il latifondo) per redistribuirle alle famiglie contadine, e al miglioramento delle coltivazioni, grazie a un piano di assistenza tecnico-economica, che aveva lo scopo di creare moderne aziende agricole di piccole e medie dimensioni.

La Cassa per il Mezzogiorno

Nel 1950 fu approvato un programma di interventi straordinari finalizzato alla creazione del capitale fisso sociale nel Sud, considerato indispensabile per dar avvio a una politica di industrializzazione. La legge istituì la **Cassa per le opere straordinarie di pubblico interesse nell'Italia Meridionale (Cassa per il Mezzogiorno)**, con il compito di predisporre i programmi di opere pubbliche, finanziarli e curarne l'esecuzione.

L'intervento della Cassa nei suoi primi anni di attività riguardò soprattutto l'**agricoltura**, con lo scopo di migliorare l'assetto produttivo (opere di bonifica, sistemazioni montane, acquedotti, viabilità); essa intervenne altresì allo scopo di migliorare le condizioni di vita della popolazione, portando nei centri abitati acqua potabile, luce, scuole ecc.

Gli incentivi all'industria

A partire però dal 1955-56, gli interventi della Cassa si qualificarono sul piano industriale: l'impegno per l'agricoltura e le infrastrutture si è relativamente ridotto, mentre è andata accrescendosi l'incentivazione all'**industrializzazione**. Gli incentivi sono consistiti soprattutto in sgravi fiscali, concessioni di mutui a basso tasso di interesse (credito agevolato) e contributi a fondo perduto. Inoltre, nelle aree meridionali sono stati effettuati grandi investimenti da parte delle imprese pubbliche (raffineria di petrolio a Gela, creata dall'ENI; centro siderurgico a Taranto dell'Italsider; Alfa-Sud a Napoli).

Gli investimenti pubblici

▲ Un'immagine del polo petrolchimico di Gela, inaugurato dall'ENI nel 1965.

Le critiche

Molte **critiche** sono state avanzate nei confronti della politica degli incentivi: una delle più ricorrenti rileva che in prevalenza gli investimenti sono stati *capital-intensive*, cioè ad alta intensità di capitale (si pensi alla petrolchimica), e pertanto hanno creato pochi posti di lavoro. Per questo non si è potuto creare nel Sud un tessuto industriale formato da tante piccole e medie imprese, in grado di creare occupazione.

Necessità di uno sviluppo autonomo del Sud In sintesi, non si è stati capaci di mettere in moto nel Sud un processo di sviluppo autonomo in grado di autoalimentarsi a un ritmo adeguato. Il processo di industrializzazione è stato troppo lento e le regioni più povere sono spesso sopravvissute grazie a trasferimenti e sussidi, essendo scarse le iniziative autenticamente produttive.

Gli interventi più recenti

La Cassa per il Mezzogiorno, istituita nel 1950, doveva inizialmente operare dieci anni, ma è stata via via prorogata fino al 1980. A partire dal 1977 si è avviata una **nuova fase di interventi**, che finanziano progetti speciali per dotare il Sud di infrastrutture essenziali nei settori dell'agricoltura, del territorio, dell'ir-

> **C Contributi a fondo perduto** Finanziamenti concessi a singoli o ad aziende per sostenere la realizzazione di un determinato progetto (in genere l'avvio di un'attività produttiva), di cui non viene chiesta la restituzione, a condizione che il progetto venga effettivamente avviato e risponda a specifici requisiti di qualità, dimensioni ecc.

482

rigazione, del potenziamento della distribuzione commerciale, della ricerca scientifica applicata.

La nuova politica di intervento a favore delle aree meridionali può avvalersi dei finanziamenti messi a disposizione dal **Fondo regionale di sviluppo (FRS)** dell'Unione europea e dal Fondo per le aree sottoutilizzate (FAS), e delle altre possibilità di crediti agevolati e contributi per l'agricoltura, la pesca, l'istruzione professionale, la promozione delle piccole e medie imprese, previste dalla nostra legislazione e consentite dalla normativa UE.

Il federalismo meridionale

Le amministrazioni locali del Sud hanno l'importante ruolo di coordinamento e di stimolo delle iniziative di sviluppo. **Un ragionevole federalismo può essere una strategia valida** per riequilibrare i poteri e le responsabilità fra centro e periferia del Paese. Oggi, sotto la spinta dell'integrazione europea, **non vi sono più margini per un'economia protetta e assistita a tempo indefinito.** Per lo sviluppo del Meridione occorre elevare il livello di legalità, valorizzare il capitale umano, migliorare la qualità della vita, diffondere la cultura di impresa. **L'autonomia locale va infatti intesa come scuola di responsabilità e di controllo per autorità e cittadini.** La scelta del federalismo è legata al principio di sussidiarietà, adottato dall'Unione Europea, che fissa le competenze fra i diversi livelli di governo e fa intervenire l'autorità superiore ove quella sottostante risulti inadeguata.

Il Mezzogiorno dispone di forza lavoro qualificata, importante per lo sviluppo sia delle imprese del Centro-Nord, che non riescono a trovarla sul loro territorio, sia delle imprese piccole e medie (PMI) che sono ora in crescita anche al Sud, grazie a incentivi fiscali e contributivi. Imprese molto avanzate nel settore informatico si sono affermate in alcune città, come Catania e Cagliari, e nuovi distretti industriali, come quello pugliese del mobile, si sono sviluppati a somiglianza di quanto già avvenuto lungo la dorsale adriatica del Centro-Nord.

Segnali incoraggianti

Va considerato come sintomo positivo il fatto che il Mezzogiorno ha accelerato sulle **nuove tecnologie**: la penetrazione del computer è agli stessi livelli delle famiglie del Nord, annullando il gap che si era evidenziato negli anni passati. Purtroppo però l'attuale crisi rende più difficile il processo di sviluppo soprattutto nelle aree meridionali, rischiando di ampliare il divario economico tra Nord e Sud.

Per favorire gli investimenti nel Sud è necessario introdurre sgravi fiscali alle imprese e agevolazioni per le nuove assunzioni (fiscalità di vantaggio), oltre a interventi appropriati per semplificare la burocrazia, rilanciare il turismo e investire in ricerca e sviluppo.

Un problema nazionale

Lo sviluppo dell'Italia non può avvenire senza un sostanziale riequilibrio dell'economia meridionale rispetto al resto del Paese. **Il problema meridionale è un problema nazionale, il banco di prova che può verificare la capacità e la volontà di crescita economica e democratica dell'Italia unita.**

F Fondo per le aree sottoutilizzate (FAS) Introdotto dalla Legge finanziaria 2003, è uno strumento di politica regionale con lo scopo di ridurre gli squilibri territoriali. Destina le risorse disponibili per l'85% al Sud e per il 15% al Centro-Nord. Opera sotto la supervisione del Ministero dell'economia e delle finanze.

P Principio di sussidiarietà Norma di comportamento secondo cui le istituzioni devono assumere le decisioni al livello dimensionale più basso, in modo da essere quanto più è possibile vicino ai cittadini; le decisioni possono essere trasferite ai livelli più elevati soltanto quando il livello inferiore non è in grado di assumerle.

F Fiscalità di vantaggio Trattamento fiscale di favore accordato a determinati soggetti che operano in aree particolarmente svantaggiate. Sinonimo di fiscalità compensativa, espressione largamente usata per indicare i bonus fiscali riconosciuti alle imprese che operano nel Mezzogiorno.

Appendice

L'economia dell'Italia unita

IN sintesi

A.1 Dall'Unità alla seconda guerra mondiale: 1861-1945

Dopo l'Unità d'Italia (1861) la nostra economia, basata essenzialmente sull'agricoltura, presenta forti **elementi di arretratezza e sottosviluppo**. Le tecniche agricole sono arretrate, con una produttività (a parte alcune zone del Nord) piuttosto bassa. Lo sviluppo industriale è solo agli inizi e gli investimenti sono inferiori a quelli registrati negli altri Paesi europei. La mortalità infantile raggiunge punte assai elevate, mentre risulta basso il livello di scolarizzazione. Tra il 1900 e il 1940 inizia un lento **decollo industriale**, interrotto però dalle distruzioni della seconda guerra mondiale che portano a un **drammatico crollo dell'economia**: nel 1945 il prodotto pro capite è il più basso dell'intero periodo 1861-1945.

A.2 Gli anni della ricostruzione: 1946-1950

Tra il 1946 e il 1950 inizia la **ricostruzione**, avviata da un'attenta politica monetaria che porta al risanamento economico e al controllo dell'inflazione. Il **potere di acquisto della lira** si stabilizza grazie a una serie di provvedimenti adottati da **Luigi Einaudi**, divenuto Governatore della Banca d'Italia. Negli stessi anni l'Italia si apre ai **mercati internazionali**, anche grazie all'abolizione delle restrizioni quantitative all'importazione. La **stabilità politica** favorisce lo sviluppo dell'economia, tanto che nel 1950 il processo di ricostruzione può considerarsi terminato, con un tasso di sviluppo del reddito nel complesso soddisfacente.

A.3 Il "miracolo economico": 1951-1963

Il "**miracolo economico**" del periodo 1951-1963 è caratterizzato da una forte crescita del reddito, da un notevole sviluppo industriale e dal boom delle esportazioni. Il numero dei disoccupati diminuisce, sino a raggiungere nel 1963 il 2,5%, valore che costituisce il minimo storico per la nostra economia. Gli ottimi risultati raggiunti si devono principalmente ai **bassi salari** (che consentono alle imprese di effettuare ingenti investimenti con il risultato di un notevole aumento della produzione) e al **basso costo delle materie prime** (che avvantaggia i Paesi esportatori di prodotti industriali).

A.4 Gli squilibri del "miracolo"

Il "miracolo economico" lascia irrisolti molti problemi, alcuni dei quali sono ancora presenti nell'Italia di oggi: tra i principali si segnalano l'**arretratezza del Sud**, la **permanenza di settori industriali e agricoli arretrati**, l'abbandono delle campagne per un'**urbanizzazione "selvaggia"**, le forti **disuguaglianze nella distribuzione dei redditi**. Questi squilibri sono all'origine delle tensioni sociali che condizioneranno l'economia italiana nel periodo successivo.

A.5 Il periodo del ristagno: 1964-1972

Tra il 1964 e il 1972, con la fine del "miracolo economico", inizia una **fase di ristagno**: cresce il costo del lavoro; si riducono i profitti delle imprese e di conseguenza gli investimenti; si verifica una fuga di capitali all'estero; aumentano i prezzi dei beni di consumo, con la diffusione di tensioni inflazionistiche; si crea uno squilibrio nella bilancia dei pagamenti. In occasione dei rinnovi contrattuali del 1969 ("**autunno caldo**"), i lavoratori ottengono significativi miglioramenti salariali, ma **i prodotti italiani perdono competitività**.

A.6 Gli anni della "grande inflazione": 1973-1983

Il decennio 1973-1983 è ricordato per la "**grande inflazione**", che nel 1980 supera il 21%. L'aumento del prezzo delle materie prime (1971-72) e soprattutto l'impennata del costo del petrolio (1973) porta ulteriori difficoltà all'economia. La lira si svaluta e si crea un forte deficit dei conti con l'estero: è l'epoca della **stagflazione**, caratterizzata dalla presenza contemporanea di **stagnazione** e **inflazione**. Nello stesso tempo cresce notevolmente la **spesa pubblica**, con la conseguenza che i rilevanti deficit di bilancio ingrossano il debito pubblico, portandolo a livelli mai raggiunti in tempi di pace.

A.7 Il lungo cammino verso il risanamento: 1984-2006

Dopo il 1983 inizia la lunga strada verso il **risanamento**. Si avvia una **ristrutturazione industriale** allo scopo di conseguire una maggiore produttività, e inizia la fase di **terziarizzazione dell'economia**, con la conseguente diminuzione del prodotto e degli occupati nell'agricoltura. L'ingresso nella **moneta unica europea**, nel rispetto di precisi vincoli economici, ha permesso al nostro Paese di affrontare le turbolenze provocate dalla crisi finanziaria, iniziata nel 2007. Permangono tuttavia **gravi problemi**: l'alto livello di disoccupazione, la persistenza di sensibili disuguaglianze nella distribuzione del reddito, l'elevato debito pubblico, la scarsità degli investimenti, un insufficiente rispetto dell'ambiente.

A.8 La crisi finanziaria e i problemi attuali: 2007-oggi

La crisi finanziaria ha avuto **conseguenze molto negative per l'Italia**: è aumentata la disoccupazione, soprattutto giovanile e femminile, molte famiglie hanno dovuto ridurre i consumi, le banche hanno ristretto il credito alle imprese, che hanno difficoltà a reperire i capitali da investire. Per assicurare condizioni di crescita sono necessarie **riforme strutturali**, come l'**aumento dell'età pensionabile**, una seria **lotta all'evasione fiscale**, lo **snellimento della burocrazia** e il riconoscimento del **merito**, in modo da valorizzare il capitale umano.

A.9 Il problema meridionale

Tra i maggiori problemi dell'economia italiana rimasti aperti vi è il **divario tra Nord e Sud**. La creazione, nel 1950, della **Cassa per il Mezzogiorno**, con i suoi massicci interventi in campo agricolo e industriale, non ha dato i risultati sperati. Il dislivello permane, nonostante non siano mancati **segnali di miglioramento**. Per favorire la rinascita del Sud sono necessari provvedimenti fiscali per agevolare le nuove assunzioni, leggi per semplificare la burocrazia, investimenti in ricerca e sviluppo, interventi per garantire la legalità e l'osservanza delle leggi. Lo sviluppo del nostro Paese non può avvenire senza un **sostanziale riequilibrio** fra tutte le aree del Paese.

Appendice ■ Lo sviluppo economico italiano

Laboratorio

Vero / Falso
Indica se le seguenti affermazioni sono vere o false.

1. In Italia alla fine dell'Ottocento la quota maggiore del prodotto era fornita dai servizi. V F
2. Negli anni 1861-1890 un bambino su cinque moriva entro il primo anno di vita. V F
3. Il PIL italiano nel 1945 risultò inferiore a quello registrato nel 1902. V F
4. A Luigi Einaudi va il merito di aver stabilizzato nel 1948 il valore della lira attraverso una serie di interventi di politica economica. V F
5. Dal 1943 al 1947 i prezzi aumentarono in Italia di circa 20 volte. V F
6. Il "miracolo economico" fu favorito dai bassi salari, che consentirono alle imprese alti profitti, prontamente reinvestiti. V F
7. Con "terziarizzazione dell'economia" si intende il progressivo aumento del numero degli occupati nel settore industriale. V F
8. La riforma fondiaria, realizzata in Italia negli anni della ricostruzione, aveva l'obiettivo di distribuire ai contadini le terre espropriate al latifondo allo scopo di creare moderne aziende agricole. V F
9. Per il principio di sussidiarietà, la competenza è divisa fra i vari livelli di governo in modo che il livello superiore intervenga solo quando il livello inferiore è inadeguato. V F
10. La Cassa per il Mezzogiorno fu istituita nel 1950 con il compito di promuovere le opere pubbliche nel Meridione. V F

Scelta multipla
Completa l'affermazione scegliendo la frase corretta fra quelle proposte.

1. Come indice dello sviluppo economico di un Paese viene normalmente usato
   a il PIL
   b il PIL pro capite
   c il valore delle esportazioni
   d il valore delle importazioni

2. Nel periodo 1861-1900 la quota del prodotto dell'agricoltura sul Prodotto interno lordo era pari al
   a 30%
   b 40%
   c 50%
   d 60%

3. Nel 1947 Einaudi, Governatore della Banca d'Italia, per stabilizzare il valore della lira introdusse
   a la scala mobile
   b la mobilità del lavoro
   c la rendita del consumatore
   d la riserva obbligatoria

4. Negli anni del "miracolo economico" (1951-1963) il prodotto pro capite in Italia aumenta a un tasso annuo di circa il
   a 3%
   b 4%
   c 5%
   d 6%

5. Nel 1980 il tasso di inflazione raggiunge il massimo del periodo, attestandosi al
   a 12,8%
   b 18,6%
   c 21,2%
   d 24,9%

6. Durante gli anni del "miracolo economico" (1950-1963) le ragioni di scambio per l'Italia sono
   a variate a caso
   b rimaste invariate
   c migliorate
   d peggiorate

7. La causa principale della fine del "miracolo economico italiano" dopo il 1963 è costituita da
   a la diminuzione del risparmio
   b l'aumento della popolazione
   c la diminuzione dei consumi
   d l'aumento dei salari

8. Il decennio che va dal 1973 al 1983 è caratterizzato in Italia da
   a un'alta inflazione
   b un notevole aumento della produttività
   c un surplus dei conti con l'estero
   d un sensibile apprezzamento della lira

9. La stagflazione risulta dalla presenza contemporanea di
   a debito pubblico e deficit di bilancio
   b disoccupazione e lavoro nero
   c inflazione e stagnazione
   d deflazione e inflazione

10. Gli enti politico-amministrativi che assumono decisioni al livello dimensionale più basso possibile osservano il principio di
    a sussidiarietà
    b sussistenza
    c razionalità
    d scarsità

485

Appendice
L'economia dell'Italia unita

Laboratorio

Completamenti
Completa il brano inserendo i termini appropriati scelti tra quelli proposti.

Nel corso dei passati dieci anni il Prodotto lordo è aumentato in Italia meno del 3%; del 12% in Francia, Paese europeo a noi simile per popolazione. Il divario riflette integralmente quello della produttività: ferma da noi, salita del 9% in Francia. Il deludente risultato italiano è uniforme sul territorio, da Nord a Sud. Se la _____ ristagna, la nostra economia non può crescere. Il sistema produttivo perde _____ . Si aprono _____ crescenti nella bilancia dei _____ Si inaridisce l'afflusso di _____ esteri: nel decennio sono entrati in Italia capitali per investimenti diretti pari all'11% del _____ , contro il 27% in Francia. La nostra produttività ristagna perché il sistema non si è ancora bene adattato alle nuove _____ , alla globalizzazione: occorre riformare il nostro sistema di _____ , con l'obiettivo di innalzare i livelli di apprendimento, che sono tra i più _____ del mondo occidentale. Troppo ampi restano i _____ interni al Paese: tra Sud e Nord, tra scuole della stessa area, anche nella _____ dell'obbligo. Secondo valutazioni dell'OCSE, il distacco del sistema educativo italiano dalle migliori pratiche mondiali potrebbe implicare a lungo andare un _____ tasso di _____ del PIL fino a un punto percentuale.

Banca d'Italia, *Relazione all'Assemblea Ordinaria dei Partecipanti*, 31 maggio 2011

alti ▪ avanzi ▪ bassi ▪ competitività ▪ crescita ▪ disavanzi ▪ divari ▪ esterno ▪ interno ▪ investimenti ▪ istruzione ▪ maggior ▪ minor ▪ pagamenti ▪ PIL ▪ produttività ▪ scuola ▪ tecnologie

Trova l'errore
Individua l'espressione o il termine errati, e inserisci quelli corretti.

1. In Italia nel quarantennio compreso tra il 1861 e il 1900 il prodotto pro capite è molto cresciuto, grazie al notevole aumento della produttività registrato nel settore agricolo e all'affermazione dell'industria, che poneva il nostro Paese all'avanguardia fra tutti gli Stati europei.

2. Gli anni 1951-1963 furono caratterizzati da un notevole ristagno, anche a causa dell'alta inflazione che colpì il nostro sistema economico, mentre negli anni 1973-1983 si realizzò una notevole crescita, tanto che riferendosi a quel periodo si parla comunemente di "miracolo economico".

Collegamenti
Associa ogni termine della prima colonna con un solo termine della seconda.

1. Servizio del debito
2. Ammortizzatori sociali
3. Statuto dei lavoratori
4. Terziarizzazione dell'economia
5. Aumenti salariali
6. "Autunno caldo"
7. Cassa per il Mezzogiorno

a. Interventi dello Stato a favore dei lavoratori disoccupati, posti per un certo periodo di tempo in cassa integrazione, per assicurare loro un reddito minimo prima del pensionamento
b. Istituita nel 1950 con il compito di gestire interventi a favore delle aree meno favorite del Sud, doveva durare 10 anni, ma è stata successivamente prorogata fino al 1980
c. Contiene una serie di misure a tutela dei lavoratori, come ad esempio la limitazione della libertà di licenziamento delle imprese
d. Si verifica nel 1969, in occasione dei rinnovi contrattuali, i sindacati dei lavoratori chiedono consistenti aumenti salariali e migliori condizioni di lavoro, oltre che di partecipare alla formulazione del modello di sviluppo della società
e. Indica un sempre maggior aumento degli occupati nel settore dei servizi rispetto a quelli dell'industria e dell'agricoltura

Appendice ■ Lo sviluppo economico italiano

Laboratorio

Domande aperte — Rispondi alle seguenti domande.

1. Quali caratteri presentava l'economia italiana alla fine dell'Ottocento? (A.1)
2. Quali provvedimenti furono suggeriti da Einaudi nel 1947 per stabilizzare il valore della lira? (A.2)
3. Quali sono state le caratteristiche del "miracolo economico" italiano? (A.3)
4. Quali problemi lasciò irrisolti il "miracolo economico" italiano? (A.4)
5. Quali sono i principali contenuti dello Statuto dei lavoratori? (A.5)
6. Quali sono gli effetti negativi di una situazione di stagflazione? (A.6)
7. Che cosa si intende con l'espressione "ammortizzatori sociali"? (A.7)
8. Che cosa si intende per processo di terziarizzazione dell'economia? (A.7)
9. Quali conseguenze negative ha avuto la crisi economica iniziata nel 2007? (A.8)
10. Quali riforme sono necessarie per avviare un processo di crescita? (A.8)
11. Che cosa si intende per "sussidiarietà", e come si realizza in pratica? (A.9)
12. Per quali finalità e con quali strumenti si applica la fiscalità di vantaggio? (A.9)

A.1 From Unification to World War II: 1861-1945

After Unification (1861) the Italian economy presented strong elements of **underdevelopment**. Agricultural techniques are underdeveloped and industrial development is just beginning. Infant mortality is very high, while the level of schooling is low. Between 1900 and 1940 a slow industrial development began, but it was interrupted by **World War II** that led to a **dramatic collapse** of the economy: in 1945 the GDP is at its lowest ever since 1861.

A.2 The years of reconstruction: 1946-1950

Reconstruction began between 1946 and 1950, initiated by a **careful monetary policy** leading to an economic recovery and to a control of inflation. Once the purchasing power of the lira was stabilized, Italy opens to **international markets** and political stability promotes **economic development**: in 1950 the reconstruction process is completed.

A.3 The "economic miracle": 1951-1963

The "**economic miracle**" period is characterized by a significant increase in income, remarkable industrial development and an export boom. The unemployment rate decreases, reaching 2.5% in 1963 – an all-time low for the Italian economy. These **excellent results** are mainly due to low wages and to the low cost of raw materials.

A.4 The imbalances of the "miracle"

The "economic miracle" leaves many problems unresolved: **backwardness in the South**, permanence of **underdeveloped industrial and agricultural sectors**, significant **inequalities** in income distribution. These imbalances are at the root of the social unrest that will shape Italy in the years to follow.

A.5 The stagnation period: 1964-1972

Between 1964 and 1972 there is a **phase of stagnation**: growing labour costs; a decrease in corporate profits (and thus investments); an increase in inflationary pressures; an imbalance in the balance of payments. On the occasion of the contract renewals of 1969 ("**hot autumn**") workers get significant wage increases, but **Italian products lose their competitiveness**.

A.6 The years of the "great inflation": 1973-1983

The decade 1973-1983 is known for the "**great inflation**", mainly due to the increase in the price of raw materials and oil. The Italian lira is devalued and a large deficit of the external balance is created: it is the era of **stagflation**. At the same time **public spending increases** significantly, with the result that the substantial budget deficits swell the national debt.

A.7 The long road to recovery: 1984-2006

After 1983 the long road to **recovery** begins. **Industry** achieves greater productivity, and the **service sector** becomes increasingly important. Entry into the **European Monetary Union** enables Italy to deal with the turmoil caused by the financial crisis. However, **serious problems** remain: high unemployment, inequalities in income distribution, high public debt, low investment, lack of respect for the environment.

A.8 The crisis and the current problems: 2007-today

The **financial crisis** had very negative consequences for Italy: high unemployment, reduction of consumption, restricted lending from banks to businesses. To ensure growth **structural reforms are needed**, such as increasing the retirement age, a serious fight against tax evasion, the streamlining of bureaucracy and an effort to enhance human capital.

A.9 The problem of Italian southern regions

One of the major problems of the Italian economy is the **gap between the North and the South**. The creation in 1950 of the **Cassa per il Mezzogiorno**, with its massive interventions in agriculture and industry, has not yielded the expected results. To promote the rebirth of the South it is necessary to introduce fiscal measures to facilitate the creation of jobs, laws to simplify the bureaucracy, to make investment in research, and take measures to ensure legality. The development of Italy cannot occur without a **substantial rebalancing** between all the areas of the country.

Appendice

L'economia dell'Italia unita

Lettura di fine modulo

Le "due Italie" al momento dell'Unità

Il brano che segue illustra la situazione dell'Italia al momento dell'Unificazione nazionale. Il Nord e il Sud presentavano già allora caratteri molto diversi: nel Nord l'agricoltura era evoluta e, ciò che ancora più conta, erano presenti le due condizioni essenziali allo sviluppo economico, la mentalità mercantile e lo spirito imprenditoriale, che purtroppo mancavano nelle aree meridionali.

La sala piegatura del cotonificio Cantoni di Castellanza, in Lombardia, in una foto di fine Ottocento.

Nel 1861 le Regioni settentrionali avevano una loro sostanziale unità e un'agricoltura altamente evoluta e differenziata, anche se la bassa pianura emiliana e veneta, malariche e solo in parte bonificate, erano ancora in condizioni primitive. Sul grosso delle terre la proprietà fondiaria e le imprese agricole avevano già una struttura non dissimile da quella che in seguito consentirà un cospicuo sviluppo produttivo.

E – ciò che più importa ai fini dello sviluppo economico – le aree settentrionali e centrali già presentavano un intenso rapporto tra campagna e città: le numerose città e cittadine artigiane e commerciali, sorte molti secoli prima, avevano già un elevato grado di commercializzazione della produzione agricola. Le due condizioni essenziali al moderno sviluppo economico – mentalità mercantile e spirito di impresa – vi erano, cioè, già allora largamente diffuse.

La ben diversa situazione delle regioni meridionali richiede un'attenta analisi. Anzitutto il Mezzogiorno era, allora, assai più di oggi, il "regno della discontinuità". La configurazione geografica, la prevalente montuosità e la diffusa e feroce malaria, rendevano difficilissime le comunicazioni interne e condannavano all'isolamento la maggior parte dei centri abitati, sorti da secoli, se non da millenni, e restati esclusivamente pastorali e agricoli. Le poche zone a più intensa agricoltura e ad attivi rapporti tra campagna e città erano a loro volta separate l'una dall'altra e incapaci quindi di reciproche relazioni e di continuativi scambi commerciali.

A ben guardarle le ragioni della differenza tra Nord e Sud sono tre:
– il diverso rapporto tra l'aumento della produzione e del reddito e l'aumento della popolazione;
– il diverso sviluppo dei rapporti mercantili;
– la diversa funzione della rendita fondiaria, ossia il diverso carattere delle classi possidenti e dirigenti.

Si tratta di ragioni che continueranno a operare a lungo nel tempo e che operano tuttora.

Per quanto considerevole sia stato nel Sud l'aumento della produzione agricola in questo periodo, esso è certamente restato inferiore a quello del Nord, non foss'altro che per la maggior modestia e variabilità delle rese unitarie.

L'aumento della popolazione, invece, è stato nel Sud considerevolmente più rapido che nel Nord. Tra il 1771 e il 1851 la popolazione del Centro-Nord crebbe, infatti, del 40%; quella del Mezzogiorno con le Isole del 57%. L'aumento demografico neutralizzò, cioè, in misura più elevata nel Sud, l'aumento del reddito e di conseguenza la capacità di risparmio e la formazione di capitali.

Le altre differenze sono tra loro legate. Se si fa eccezione per una parte, molto modesta, dell'olivo, del vino, del grano, della lana e del be-

La campagna meridionale a metà Ottocento, in un dipinto di Michele Cammarano (1835-1920).

stiame, che già allora avevano dato luogo a un sistema più o meno stabile di commercializzazione, il grosso della produzione agricola meridionale restava irretito nelle maglie dell'auto-consumo, delle prestazioni in natura e dei modesti scambi sui mercati e le fiere di paese. Nulla di paragonabile alla commercializzazione dei prodotti agricoli nel Nord, coi bozzoli, il formaggio, il riso, la canapa, oltre che, ma in misura maggiore, il bestiame, il grano, il vino e gli stessi foraggi.

Nel Nord, cioè, la mentalità mercantile investiva un po' tutta l'agricoltura, e dal commercio dei prodotti agricoli, oltre che tra gli stessi agricoltori e proprietari fondiari, emergevano sempre più numerosi gli imprenditori, pronti a spostarsi verso altri rami di attività. Nel Mezzogiorno invece succedeva l'inverso: la mentalità mercantile era propria solo di un ristretto numero di commercianti (di cui si ricordano persino i nomi) e non investiva le campagne, che ne erano solo sfiorate attraverso la camorristica rete dei piccoli intermediari.

Ancor più importante è la terza delle differenze.

La proprietà fondiaria, trasformatasi negli ultimi decenni da nobiliare, demaniale ed ecclesiastica in proprietà borghese, aveva tratto vantaggio dalla crescente pressione demografica e dall'eccedenza di manodopera a basso costo. Solo raramente aveva assunto su di sé il rischio dell'impresa, preferendo di avvalersi dei contratti di affitto a coltivatore diretto.

Una parte del reddito si è indubbiamente investita anche nel Sud nelle migliorìe (piantagioni, recinzioni, pozzi e costruzioni), tuttavia la maggior parte di esso fu destinato all'acquisto di nuove terre e a garantire ai nuovi proprietari, come agli antichi, la posizione di redditieri, con la conseguenza di rafforzare il carattere prevalentemente parassitario delle classi possidenti e dirigenti e di togliere loro anche la tentazione di avventurarsi in altri campi e in imprese di rischio di qualsiasi tipo.

A prescindere, dunque, dalla diversa capacità di risparmio e di formazione di capitali, che già allora distingueva il Nord dal Sud, nella società meridionale risultarono particolarmente scarse e contrastate quelle qualità imponderabili e decisive per lo sviluppo economico, che si chiamano lo spirito mercantile, lo spirito d'impresa e, nel funzionamento, lo spirito pratico e l'efficienza – qualità che, all'inverso, erano largamente diffuse e consistenti nella società settentrionale.

Manlio Rossi-Doria,
Considerazioni sulla questione meridionale,
in "Studi in onore di P. Saraceno",
Giuffrè, Milano

Verifica
di fine modulo

1. Come erano configurati i rapporti città-campagna nelle Regioni settentrionali e in quelle meridionali?

2. Perché si dice che a metà Ottocento il Mezzogiorno era il regno della discontinuità?

3. Quali sono, secondo l'autore, le ragioni della differenza tra Nord e Sud?

4. Le rese unitarie della produzione agricola erano maggiori al Nord o al Sud?

5. Nei decenni pre-unitari la popolazione crebbe di più al Nord o al Sud?

6. I proprietari fondiari del Meridione erano propensi ad assumere il rischio d'impresa?

Attività
di fine modulo

1 Insieme ai tuoi compagni intervista qualche persona anziana che ha vissuto gli anni della seconda guerra mondiale e del dopoguerra. Cerca di capire quali erano le condizioni di vita della popolazione italiana, soprattutto per quanto riguarda il reddito, le condizioni di lavoro, i consumi delle famiglie. Confronta poi la situazione di allora con quella di oggi, traendo le tue conclusioni.

Rispondi alle domande

- Qual era lo stato dell'agricoltura nelle aree del Nord e del Sud Italia al momento dell'Unità?

- Sai indicare le ragioni della differenza dell'economia agraria nelle regioni settentrionali rispetto a quelle meridionali?

- Si sono rilevate differenze nella dinamica demografica fra le diverse aree dell'Italia unificata?

- Erano diverse le capacità di risparmio e di accumulazione del capitale nel Nord e nel Sud del nostro Paese?

Appendice
L'economia dell'Italia unita

Since the Unification (1861) Italy has had to face many social and economic problems: a significant difference in GDP per capita between Northern and Southern areas (huge regional disparities still persist); widespread political corruption; pervasive organized crime; a high unemployment rate; inefficient public administration. Another important problem is public finance, with the burden of public debt.

The economic history of Italy

From Unification to World War I (1861-1921)

In the first two decades after Unification (1861) **production was largely artisanal**, but from the 1880s, as **modernization accelerated**, industry became more concentrated in Lombardy and Piedmont, with the boom in the textile industry (also in Liguria, with the shipbuilding industry in the province of Genoa). But the diffusion of the industrialization process, which characterized the Northern and Central parts of the country, completely excluded large areas of **Southern Italy**, where a lack of land reforms, heavy taxes and the removal of protectionist tariffs on agricultural goods, created serious problems. For these reasons, nearly 26 million Italians emigrated between 1880 and 1921 – one of the biggest **mass migrations** of contemporary times.

The period of fascism and World War II (1922-1945)

The **Fascist Party** came to power in 1922, at the end of a period of **social unrest**, as Italy emerged from World War I in a poor and weakened condition. During the first four years of the new regime the fascist government had a generally laissez-faire economic policy, reducing taxes, regulations and trade restrictions. However, once Mussolini acquired a firmer hold of power, laissez-faire and free trade were progressively abandoned in favour of **government intervention and protectionism**. Between 1929 and 1932 Italy was hit hard by the **Great Depression**. Throughout the 1930s, the Italian economy maintained the **corporatist model** adopted during the crisis. Italy's involvement in **World War II** as a member of the Axis required the establishment of a war economy. The Allied invasion of Italy in 1943 caused the **collapse of the economy**. By the end of the war the Italian economy had been all but destroyed, and per capita income was at its lowest point since the beginning of the 20th century.

The years of reconstruction (1946-1950)

In the post-war period, **Italy was transformed** from an agricultural based economy – which had been severely affected by the consequences of the World Wars – into **one of the world's most industrialized nations**, and a leading country in world trade and exports.

Post-war economic miracle (1951-1963)

These favorable developments, combined with the presence of a large labour force, laid the foundations for **spectacular economic growth**: the Italian economy experienced an average rate of growth of GDP of 5.3% per year between 1951 and 1963 (in 1953 the rate of growth was 6.8%, in 1961 7.5%, the highest in Italian economic history).

From growth to stagnation (1964-1972)

This was a period of **economic and political turmoil, and social unrest**. Unemployment rose sharply, especially among the young. The massive strikes and social unrest between 1964 and 1970, culminated with the **hot autumn** in 1969, combined with the later 1973 oil crisis, put an abrupt end to the

▼ A painting by Angiolo Tommasi depicting Italian emigrants waiting for their ship (1896).

Appendice

Italian Guardia di Finanza makes controls against tax evasion.

prolonged boom. The **budget deficit** became permanent and intractable, averaging about 10% of the gross domestic product (GDP), higher than any other industrial country.

The "great inflation" (1973-1983)

The Italian economy of the 1970s was booming, thanks to increased productivity and surging exports, but **unsustainable fiscal deficits** drove the growth. The **economic recession** went on into the mid-1980s until **a set of reforms** were introduced: a significant reduction of the indexation of wages that dramatically reduced inflation rates, from 21.2% in 1980 to 4.7% in 1987.

The road to equilibrium (1984-2006)

In the 1990s, the new **Maastricht criteria** boosted the urge for Italy to curb the public debt. However, the main problem which plagued the 1990s, and still plagues the economy today, was **tax evasion** and **underground "black market" business**, whose value is an estimated 25% of the country's gross domestic product. Despite social and political attempts to reduce the **difference in wealth between the North and South**, and Southern Italy's modernisation, the economic gap remained still pretty wide. In recent decades, however, Italy's economic growth has been particularly stagnant, with an average of 1.23% compared to an EU average of 2.28%.

The recession and current problems (2007-today)

Italy was hit hard by the **Great Recession** and the subsequent European **debt crisis**. The national economy shrunk by 6.8% during the whole period, totalizing various years of recession. In 2016 the Italian government debt stood at 132% of GDP. Even at present, huge **regional disparities** persist. Problems in Southern Italy still include widespread political corruption, pervasive organized crime, and very high unemployment rates. Italy has a smaller number of global multinational corporations than other economies of comparable size, but there is **a large number of small and medium-sized enterprises**, many of them grouped in **clusters**, which are the backbone of the Italian industry. This has produced a manufacturing sector often focused on the **export** of niche market and **luxury products**, that on one side is less capable of competing on quantity, but on the other side is more capable of facing the competition from emerging economies based on lower labor costs, with higher quality products.

Despite these achievements, the country's economy today suffers from **structural and non-structural problems**. The last two decades' average annual growth rates lagged below the EU average; moreover, Italy was hit particularly hard by the late-2000s recession. The **stagnation in economic growth**, and the political efforts to revive it with massive government spending from the 1980s onwards, produced **a severe rise in public debt**, the main problem of the Italian economy.

bibliographical sources

Paul Ginsborg, *A History of contemporary Italy*, Palgrave Mac Millan, New York.

G. Toniolo, *The Oxford Handbook of the Italian economy since 1861*, Oxford University Press, Oxford.

D. Lobley, *Success in Economics*, John Murray Publishers, London.

Economic History of Italy, in Wikipedia, https://en.wikipedia.org/wiki/Economic_history_of_Italy

questions exercises

1. Comment on the economic situation of Southern area in the two decades after Unification.
2. Where is Italian industry concentrated between 1880 and 1900?
3. What is the situation of our country at the end of World War II?
4. What is meant by the expression "economic Italian miracle"?
5. When did Italy experience a period of high inflation?
6. What are the main problems of present-day Italy?
7. State whether the following sentences are true or false.
   a) In the first two decades after Unification (1861) production was largely artisanal, but from the 1880s modernization accelerated. T F
   b) Between 1951 and 1963 Italy underwent spectacular growth. T F
   c) The reduction of the indexation of wages strongly increased inflation rates in the period between 1980 and 1987. T F
   d) One of the main problems of the Italian economy is the high level of public debt. T F

Strumenti di consultazione

Indice dei nomi

Indice degli argomenti e delle definizioni

Indice del glossario

Indice dei termini inglesi

Indici

Indice dei nomi

A

Aristotele 34
Arkwright, Richard 41

B

Baumol, William J. 153, 180
Becker, Gary S. 61, 69
Beveridge, William H. 250
Blanc, Louis 204
Bodin, Jean 36, 236
Bowley, Arthur L. 191

C

Cantillon, Richard 36
Cartwright, Edmund 41
Clark, Colin 216
Colbert, Jean-Baptiste 35
Copernico, Niccolò 8, 35
Cournot, Augustin 186, 191

D

Davanzati, Bernardo 36, 279
Deaton, Angus 127
Dupont de Nemours, Pierre-Samuel 37

E

Einaudi, Luigi 471
Engel, Ernst 68, 134, 216

F

Fisher, Irving 36, 279
Fourier, Charles 204
Frank, Andre G. 448
Friedman, Milton 52, 286
Frisch, Ragnar 131

G

Giffen, Robert 133
Gossen, Hermann H. 48, 123

Gresham, Thomas 277

H

Hargreaves, James 41
Heckscher, Eli 393
Hildebrand, Bruno 47
Hilferding, Rudolf 204
Hirschman, Albert O. 447

J

Jevons, William S. 47, 204, 208, 338
Juglar, Clement 333

K

Keynes, John Maynard 11, 33, 39, 50, 51, 201, 227, 241, 244, 246, 256, 266, 281, 285, 303, 341, 367
Kindleberger, Charles 336, 445
King, Gregory 36
Kitchin, Joseph 333
Knies, Carl 47
Kondratieff, Nikolaj D. 334
Krugman, Paul 395

L

Laffer, Arthur 52, 250, 368
Le Mercier de la Rivière, Pierre-Paul 37
Leontief, Wassily 227
Lewis, Arthur 445
List, Friedrich 47, 393, 397
Luxemburg, Rosa 204

M

Malthus, Thomas R. 41, 203, 208
Malynes, Gerard 36
Marshall, Alfred 3, 49, 61, 134, 204, 205, 208
Marx, Karl 44, 45, 110, 204, 206
Menger, Karl 47, 48, 204
Mill, John S. 61, 339
Mirabeau, Victor Riqueti 37
Montchréstien, Antoine de 3, 36

Morgenstern, Oskar 194
Mun, Thomas 36
Mundell, Robert A. 424
Myrdal, Gunnar 446

N

Neumann, John von 194
Newton, Isaac 35
Nurkse, Ragnar 446, 451

O

Ohlin, Bertil 393
Okun, Arthur 370
Owen, Robert 204

P

Pareto, Vilfredo 50
Pigou, Arthur C. 179, 339
Platone 34

Q

Quesnay, François 37, 39

R

Ricardo, David 42, 201, 203, 206, 208, 388, 390
Robbins, Lionel 9, 61
Robertson, Dennis H. 396

Roscher, Wilhelm G.F. 47
Rostow, Walter W. 444

S

Samuelson, Paul A. 58, 61, 392
Say, Jean Baptiste 43, 46, 61, 179, 240, 338
Schmoller, Gustav 47
Schumpeter, Joseph A. 151, 334
Sismondi, Jean Charles 204
Smith, Adam 33, 39, 43, 60, 174, 201, 206, 388
Sombart, Werner 47
Sraffa, Piero 195
Stephenson, George 41

T

Thurow, Lester 250
Tobin, James 287, 424
Tommaso d'Aquino 34
Turgot, Robert-Jacques 37

V

Veblen, Thorstein 133
Vernon, Robert 393

W

Walras, Léon 47, 48, 50, 204
Watt, James 41
Weber, Max 35, 47

Indici

Indice degli argomenti e delle definizioni

A

Assicurazione, contratti di 321
Attività, tasso di 364
Azioni 311

B

Bene 124
Bilancia dei pagamenti 404
Bilancio economico nazionale 232
Bisogno economico 122
Bretton Woods, accordi di 419

C

Cambio 414
Ciclo del prodotto, teoria del 395
Ciclo economico 333
Ciclo produttivo 77, 141
Commercio internazionale 368
Concorrenza imperfetta v. Concorrenza monopolistica
Concorrenza monopolistica 195
Consumi 231
Consumo 22
Contabilità economica nazionale 226
Contratti di lavoro, validità dei 203
Contratti di assicurazione 321
Costi fissi 147
Costi variabili 147
Costo, in funzione dell'offerta 169
Costo marginale 148
Costo medio 148
Costo-opportunità 5
Costo totale 146
Costo unitario 148
Curva di domanda, spostamenti della 169

Curva di offerta, spostamenti della 169

D

Decrescenza dell'utilità marginale, legge della 127
Disoccupazione (per i keynesiani e i neoliberisti) 369
Disoccupazione, tasso di 364
Disoccupazione congiunturale 369
Disoccupazione giovanile 366
Disoccupazione strutturale 369
Disoccupazione tecnologica 369
Distretti industriali 87
Distribuzione 21
Distribuzione commerciale 89
Distribuzione del reddito 200
Distribuzione funzionale del reddito 213
Distribuzione personale del reddito 214
Distribuzione settoriale del reddito 216
Distribuzione territoriale del reddito 215
Dividendo 311
Domanda, elasticità della 135
Domanda, funzione della 132
Domanda, legge della 132
Domanda aggregata 242
Domanda di moneta 281, 417
Domanda globale v. domanda aggregata
Duopolio 191

E

Economia dinamica 7
Economia normativa 6

Economia politica 3
Economia positiva 6
Economia statica 7
Economie esterne 178
Economie interne 177
Efficienza marginale del capitale 260
Elasticità della domanda 135
Elasticità dell'offerta 149
Elasticità rispetto al reddito 136
Equilibrio dell'imprenditore 146
Equilibrio del monopolista 186
Esportazioni 389

F

Famiglie 64
Fisiocrazia 37
Fondi comuni di investimento 317
Fondo monetario internazionale (FMI) 420
Funzione aggregata della produzione 239
Funzione della domanda 132
Funzione di produzione 143
Funzione equilibratrice (nel mercato monetario) 285
Funzione macroeconomica della produzione v. Funzione aggregata della produzione
Futures 319

G

Globalizzazione 455
Gold exchange standard 416
Gold standard 415
Grado di apertura di una economia 402

I

Importazioni 389
Impresa cooperativa 84
Impresa marginale 177
Imprese multinazionali 82
Inflazione 346
Inflazione (per i monetaristi) 351
Inflazione, tasso di 347
Inflazione da costi 351
Inflazione da profitti 352
Inflazione da squilibri settoriali 352
Input 143
Interesse 206
Interesse, tasso di 206
Investimenti 231, 259
Investimento 22
Investimento ottimo 261

L

Lavoro atipico 373
Lavoro interinale 375
Legge degli sbocchi v. Legge di Say
Legge della decrescenza dell'utilità marginale 127
Legge della domanda 132
Legge della domanda e dell'offerta 166
Legge dell'offerta 149
Legge delle produttività marginali ponderate 146
Legge del livellamento delle utilità marginali ponderate 130
Legge di Engel 68
Legge di Say 240
Leggi scientifiche 7
Liberismo 397
Libero scambio v. liberismo
Livellamento delle utilità marginali ponderate, legge del 130
Livello degli investimenti 260

M

Macroeconomia 5
Manovre monetarie (secondo i neokeynesiani) 303
Mercantilismo 34
Mercato 165
Mercato creditizio v. Mercato monetario
Mercato delle valute v. Mercato valutario
Mercato finanziario 292
Mercato monetario 281, 292
Mercato valutario 413
Metodo deduttivo 8
Metodo induttivo 8
Microeconomia 5
Miracolo economico 472
Miracolo economico, cause del 473
Modello economico 9
Moneta, aumento di 304
Moneta, domanda di 281, 417
Moneta, offerta di 282, 417
Moneta, potere di acquisto della 279
Moneta, quantità in circolazione della 279
Moneta, valore della 279
Moneta, velocità di circolazione della 280
Moneta bancaria 284
Monopolio 184
Monopolio bilaterale 189

O

Obbligazione 311
Occupazione, tasso di 364
Offerta, elasticità della 149
Offerta, in funzione dei costi 169
Offerta, legge della 149
Offerta aggregata 242
Offerta di moneta 282, 417
Offerta globale v. offerta aggregata
Offerta pubblica di acquisto (OPA) 317
Oligopolio 192
Operatore imprese 76
Option, contratto di 320
Output 143

P

Periodo breve, variazione del prezzo nel 168
Periodo lungo, variazione del prezzo nel 168
Politica anticiclica 340
Politica dei redditi 249, 358
Politica di bilancio v. Politica fiscale
Politica economica 6, 248
Politica fiscale 248
Politica industriale 80
Politica monetaria 249, 301
Politica monetaria (secondo i monetaristi) 304
Politica monetaria (secondo i neokeynesiani) 304
Politica monetaria espansiva 301
Politica monetaria restrittiva 301
Potere di acquisto della moneta v. Valore della moneta
Premio assicurativo 321
Prezzi, livello generale dei 279
Prodotto interno lordo (PIL) 229
Prodotto interno lordo (PIL) pro capite 230
Prodotto marginale 145
Prodotto medio 145
Prodotto nazionale lordo (PNL) 227
Prodotto nazionale lordo, calcolo del 229
Prodotto nazionale netto (PNN) 229
Prodotto nazionale (lordo o netto) ai prezzi di mercato 229
Prodotto nazionale (lordo o netto) al costo dei fattori 229
Produttività marginali ponderate, legge delle 146
Produzione 21, 140
Produzione, funzione di 143
Profitto 142, 205
Programmazione economica 445
Progresso tecnico 150
Propensione marginale al consumo 243, 257
Propensione marginale al risparmio 257
Propensione media al consumo 243
Protezionismo 397

Q

Quantità domandata di un bene, funzione della 133
Quantità ottima dell'investimento 261

Indici

R

Ragione di scambio v. Rapporto di scambio
Rapporti di stretta interdipendenza 397
Rapporto di scambio 396
Reddito di piena occupazione v. Reddito nazionale potenziale
Reddito disponibile 231
Reddito nazionale (RN) 126, 230
Reddito nazionale e domanda aggregata 241
Reddito nazionale effettivo 239
Reddito nazionale potenziale 239
Rendita 207
Rendita del consumatore 188
Rendita differenziale 208
Ricchezza 126
Risparmio 22, 68

S

Salario 201
Salario, valore normale del 203

Saldo della bilancia commerciale 231
Scarsità 4
Sistema economico 15
Sistema monetario 277
Sistema monetario internazionale 415
Soggetto economico, comportamento razionale del 129
Sottosviluppo 449
Spesa pubblica, compito della 246
Standardizzazione dei conti 227
Stato, funzione dello 101
Storia del pensiero economico 32
Sviluppo economico 42, 442

T

Tasso di attività 364
Tasso di disoccupazione 364
Tasso di inflazione 347
Tasso di interesse 206
Tasso di occupazione 364
Telelavoro 372

Teoria dei vantaggi comparati 391
Teoria del ciclo del prodotto 395
Teoria di Heckscher-Ohlin 393

U

Unione Europea 428
Utilità 126
Utilità marginale 127
Utilità marginale ponderata 129
Utilità totale 128

V

Valore della moneta 279
Valore normale del salario 203
Velocità di circolazione della moneta 280
Vuoto inflazionistico 351

W

Warrants 320
World Trade Organization (WTO) 401

Indice del glossario

A

Abuso di posizione dominante 189
Agenzie di rating 480
Aggiotaggio 315
Aliquota 354
Allocazione delle risorse 167
Alternanza scuola-lavoro 377
Ammortamento 229
Ammortizzatori sociali 478, 480
Area euro 435
Autarchia 17
Autofinanziamento 65
Automazione 26

B

Banca centrale 52
Bancomat 298
Barriere di mercato 175
Bene rifugio 70
Beni e servizi intermedi e finali 228
Beni liberi 124
Beni primari 452
Bilancia commerciale 35
Bilancia dei pagamenti 36
Bilancio d'esercizio 314
Bilancio pluriennale di previsione 446
Bilancio scorrevole 446
Bisogni privati 125
Bisogni pubblici 101
Bisogni risorgenti 3
BOT 311
Break-even point 150
Brevetto 28
Brevetto industriale 185
BRICS 452
BTP 311
Business plan 154

C

Capitale umano 22
Capitalismo 39
Carta di credito 276
Catena di montaggio 478
Causa esogena 445
CCT 311
Ceteris paribus 50
Ciclo elettorale 341
Coesione 429
Collocamento 368
Colonie 39
Commercializzazione 141
Competitività 355
Complementarietà 123
Comportamento ottimizzante 4
Concentrazioni di imprese 189
Conflittualità 356
Congiuntura 336
Consumismo 195
Contratti di formazione lavoro 371
Contratti nazionali di lavoro 475
Contributi sociali 19
Contributo a fondo perduto 154, 482
Contributo alla produzione 229
Copertura 319
Core Tier 300
Corporativismo 106
Corvée 25
Costi delle transazioni 179
Costo marginale 186
Costo sociale 178
Credito al consumo 246
Credito alla produzione e al consumo 297
Credito overnight 302
Crescita demografica 43
CTZ 311

Cuneo fiscale 370

D

Debito pubblico 51
Debito sovrano 299, 479
Declassamento 480
DEF 446
Default 299, 479
Deflazione 241
Delocalizzazione 457
Depressione 333
Deregulation 52
Diagramma a torta 71
Diritto d'autore 28
Disavanzo dello Stato 104
Disoccupazione 6
Dividendo 66
Divise estere 278
Divisione del lavoro 25
Dose 127
Dumping 398

E

E-banking 298
Economia di mercato 142
Economie di scala 81
Ecotassa 93
Efficienza 88
Elasticità 36
Élite 444
Entrate correnti 259
Equilibrio di piena occupazione 338
Equilibrio economico 39
Équipe 151
Erario 65
Esternalità positive 84
Euribor 322
Eurosistema 296
Evasione fiscale 106
Extraprofitto 177

Indici

F

Fatto accidentale 334
Fatturato 85
Filiera 87
Fine tuning 296
Fiscalità di vantaggio 483
Flessibilità del lavoro 152
Fondo - Flusso 126
Fondo per le aree sottoutilizzate (FAS) 483
Formazione professionale 152
Formazioni sociali 3
Funzione 143

G

Gadget 194
Gap tecnologico 395
Giudizi di valore 9
Giustizia sociale 111

H

Hedge fund 314

I

Illuminismo 37
Imposta diretta 231
Imposta sui consumi 249
Imposte 16
Impresa 77
Indagini campionarie 214
Indice 450
Industria 4.0 27
Induzione statistica 8
Inflazione 6
Infrastrutture 91
Input 142
Interdisciplinarietà 256
Investitore istituzionale 314
IRPEF 102
IRES 102
Istantaneità 132
Istat 67
IVA 102

J

Joint venture 407

K

Know-how 141

L

Labour mismatch 366
Laissez faire 40
Lavoro nero 232
Leader 190
Legge di stabilità 313
Legislazione antitrust 80
Libera circolazione 429
Liberalizzazione 398
Libor 322
Licenza di importazione 400
Liquidità 70
Livello di sussistenza 203

M

Maggioranza qualificata 430
Management 78
Mano invisibile 175
Marketing 78
Master 377
Matematica attuariale 321
Meccanismo cumulativo 341
Mercato contendibile 179
Mercato dei capitali 165
Mercato del lavoro 165
Mercato mobiliare 316
Meritocrazia 377, 481
Microimpresa 153
Mobilità 363
Modellistica economica 39
Moltiplicatore 245
Moneta 16, 273
Moneta-merce 273
Monopsonio 185
Morbilità 363
Mortalità 363
Mutui subprime 299
Mutuo agevolato 154

N

NEET 480
Neoliberismo 248

O

Obbligazione 80

Obsolescenza 262
Oligopolio 82
Orientamento 372
Output 142

P

Paesi dell'area euro 296
Paradosso 391
Parità dei poteri di acquisto 230, 448
Pensione integrativa 321
Periodo breve 49
Periodo lungo 49
Pianificazione finanziaria 300
Piano Marshall 422
Politica dei prezzi 191
Politica fiscale espansiva 107
Politica fiscale restrittiva 107
Polizza assicurativa 321
Portafoglio 287
Potere liberatorio 273
Povertà 214
Prelievo fiscale 17, 102
Prelievo parafiscale 102
Pressione fiscale 352
Prezzi costanti 231
Prezzo politico 111
Price maker - Price taker 186
Principio di sussidiarietà 483
Prodotto finito 142
Profitti 49
Profitto normale 177
Proletariato 46
Propensione al rischio 106, 255
Protezionismo 35

R

Ragioni di scambio 473
R & S - Ricerca e sviluppo 259
Recessione 337
Reddito nazionale 5
Redditività 70
Reddito minimo di inserimento 480
Redistribuzione del reddito 19
Regolamentazione economica 105
Relazioni interdipendenti 50
Rendite 49
Ricavo marginale 186

Riforme strutturali 481
Rimesse 406
Rimpiazzo 339
Rischio d'impresa 77
Riserva valutaria 231
Riserve matematiche 321
Riserve tecniche 321
Rivoluzione industriale 26

S

Salari 49
Scala mobile 349
Scatola cinese 320
Schema SEC 230
Sciopero 190
Sconto cambiario 282
Scorte 333
Scuole di pensiero 3
SEBC 296
Semilavorato 166
Serrata 190
Servizio del debito 479
Settore stazionario 445
Sgravio fiscale 169
SICAV 318
Sicurezza 70
SIM 316
Sindacato 109, 190
Sistema economico misto 53
Sistema-paese 91

Società dei consumi 67, 476
Soggettività 123
Solvibilità 207
Sostituto d'imposta 202
Sottoccupazione 51
Sovranità del consumatore 179
Sovrappiù 25
Sovrapproduzione 43
Specializzazione del lavoro 396
Speculatore 314
Spesa pubblica 246
Spese correnti 103, 259
Spese per investimenti 103
Stagnazione 51
Standardizzazione 394
Stato gendarme 105
Stato sociale 444
Statuto dei lavoratori 476
Stazionarietà 42
Stretta creditizia 480
Svalutazione 355
Svalutazioni competitive 436
Sviluppo autopropulsivo 474
Sviluppo sostenibile 447

T

Tariffe 480
Tasse 16
Tasso di rifinanziamento 296
Tecnologia 150

Tenore di vita 480
Teoria dei sistemi 397
Titolo indicizzato 312
Titolo spazzatura 479
Toro - Orso 313
Tracciabilità 275
Trading on line 298
Transazioni internazionali 418
Trasferimenti intra-aziendali 84
Triangolo industriale 474

U

Unione europea dei pagamenti 471
Urbanizzazione 444
Usura 34

V

Valore attuale 276
Valore intrinseco 278
Valore-lavoro 392
Variabilità 353
Vendita allo scoperto 314
Verifica empirica 131
Volatilità 313
Voto di sfiducia 430

W

World Bank Atlas 448

Indice dei termini inglesi

Nella versione eBook+ selezionando il termine inglese è possibile accedere a una finestra con la spiegazione in lingua del termine stesso.

A

Aggregato economico
Economic aggregate 5
Ammortamento
Depreciation 229
Attività finanziarie
Financial assets 71
Automazione
Automation 26
Azioni
Shares 311

B

Banca centrale
Central Bank 293
Baratto
Barter 25
Barriere all'entrata
Barriers to entry 179
Beni concorrenti /
Beni complementari
Competing goods/
Complementary goods 168
Beni durevoli
Durable goods 66, 337
Bilancia commerciale
Trade balance 35
Bilancia dei pagamenti
Balance of payments 36
Bilancio aziendale
Balance sheet 79
Borsa
Stock Exchange 311

C

Capitalismo
Capitalism 39
Ciclo economico
Economic cycle 333

Ciclo produttivo
Productive cycle 77
Collettivismo
Collectivism 111
Commercio internazionale
International trade 388
Competitività
Competitiveness 81
Concorrenza monopolistica
Monopolistic competition 170
Concorrenza perfetta
Perfect competition 169
Consumo
Consumption 22
Contabilità economica nazionale
National income accounting 226

D

Deflazione
Deflation 347
Disoccupazione
Unemployment 363
Distretto industriale
Industrial district 87
Distribuzione
Distribution 21
Divisione del lavoro
Division of labour 25
Domanda di moneta
Demand for money 281
Duopolio
Duopoly 191

E

Economia di mercato
Market economy 142
Economia mista
Mixed economy 53
Economia politica
Economics 3

Economie di scala
Economies of scale 81, 152
Elasticità
Elasticity 134
Elasticità della domanda
Elasticity of demand 135
Equilibrio di mercato
Market equilibrium 166
Esportazioni/importazioni
Exports/imports 243
Esternalità
Externality 84
Evasione fiscale
Tax evasion 106

F

Famiglia
Household 16
Fattori produttivi
Factors of production 141
Funzione di produzione
Production function 143

G

Globalizzazione
Globalization 27

I

Imposta diretta
Direct tax 102
Imposta indiretta
Indirect tax 102
Imprenditore
Entrepreneur 26
Impresa
Firm 16
Indice dei prezzi
Price index 347
Inflazione
Inflation 346

Infrastruttura
Infrastructure 91
Innovazione
Innovation 79
Interesse
Interest 206
Investimento
Investment 22

L

Legge dei rendimenti
decrescenti
Law of diminishing returns 144
Liberismo
Free trade 108
Liquidità
Liquidity 70, 275

M

Mercato
Market 112
Mercato contendibile
Contestable market 179
Mercato finanziario
Financial market 308
Mercato monetario
Monetary market 285
Mercato valutario
Currency market 413
Mobilità dei capitali
Capital mobility 418
Mobilità del lavoro
Mobility of labour 389
Modello economico
Economic model 39
Monopolio
Monopoly 169
Monopolio bilaterale
Bilateral monopoly 189
Monopsonio
Monopsony 169

O

Obbligazioni
Bonds 311
Offerta di moneta
Money supply 282
Oligopolio
Oligopoly 82, 170

P

Periodo breve/ Periodo lungo
Short run/ Long run 168
Pianificazione economica
Economic planning 110
Politica anticiclica
Anti-cyclical policy 340
Politica dei redditi
Income policy 358
Politica economica
Economic policy 107
Politica fiscale
Fiscal policy 107
Politica industriale
Industrial policy 80
Politica monetaria
Monetary policy 107
Pressione fiscale
Tax burden 352
Prodotto nazionale lordo (PNL)
Gross national product (GNP)
227
Prodotto nazionale netto (PNN)
Net national product (NNP) 229
Produzione
Production 21
Profitto
Profit 16
Progresso tecnico
Technical progress 150
Protezionismo
Protectionism 35
Pubblicità
Advertising 131

R

Reddito
Income 126
Reddito nazionale (RN)
National income (NI) 230
Redistribuzione del reddito
Redistribution of income 19
Rendita
Rent 207
Rendita del consumatore
Consumer rent 188
Ricchezza
Wealth 126
Risparmio
Saving 22

Rivoluzione industriale
Industrial revolution 26

S

Salario
Salary 19
Scienza delle finanze
Public finance 10
Servizio del debito
Debt service 454
Settore primario
Primary sector 23
Settore secondario
Secondary sector 23
Settore terziario
Tertiary sector 24
Sindacato
Trade union 109
Sottosviluppo
Underdevelopment 446
Sovranità del consumatore
Consumer sovereignty 179
Sovrappiù
Surplus 25
Spesa pubblica
Public expenditure 16
Stagflazione
Stagflation 51
Stagnazione
Stagnation 51
Stato del benessere
Welfare State 105
Sviluppo economico
Economic development 443
Sviluppo sostenibile
Sustainable development 95

T

Tassa
Tax 20

U

Utilità marginale
Marginal utility 127

Annotazioni